国家社会科学基金重大项目"国家创新驱动发展战略的
财税支持政策研究"(16ZDA028)

国家创新驱动发展战略的财税支持政策研究

王 乔 匡小平 杨得前 等◎著

科学出版社

北 京

内 容 简 介

"十四五"规划指出"坚持创新在我国现代化建设全局中的核心地位，把科技自立自强作为国家发展的战略支撑"。创新是新发展阶段引领发展的第一动力，是建设现代化经济体系的战略支撑。本书深入探讨财税政策支持创新驱动发展战略的内在机理；实证考察财税政策影响基础研究、企业技术创新、科技成果转化、创新资源配置与综合集成的效应，揭示其作用机制；提出了完善现行财税支持创新驱动发展战略的政策建议，为加速建设创新型国家提供参考。

本书体系完整，内容翔实，可读性强。可供高等学校、科研院所和政府机构等从事相关领域教学、科研和实务工作的人员阅读和参考。

图书在版编目（CIP）数据

国家创新驱动发展战略的财税支持政策研究 / 王乔等著. —北京：科学出版社，2022.12

ISBN 978-7-03-071569-2

Ⅰ. ①国… Ⅱ. ①王… Ⅲ. ①国家创新系统–发展战略–财政政策–研究–中国 Ⅳ. ①F204 ②G322.0

中国版本图书馆 CIP 数据核字（2022）第 029931 号

责任编辑：魏如萍 / 责任校对：邹慧卿
责任印制：张　伟 / 封面设计：有道设计

科学出版社 出版
北京东黄城根北街 16 号
邮政编码：100717
http://www.sciencep.com

北京建宏印刷有限公司 印刷
科学出版社发行　各地新华书店经销

*

2022 年 12 月第 一 版　　开本：720×1000　1/16
2022 年 12 月第一次印刷　印张：40 1/2
字数：800 000

定价：298.00 元
（如有印装质量问题，我社负责调换）

作者简介

王乔，男，1960年9月生，博士、二级教授、博士生导师。曾任江西财经大学校长、党委书记。现为"赣鄱英才555工程"领军人才，江西省人民政府特殊津贴获得专家，"江西全面建成小康社会决策支持协同创新中心"首席专家。主要研究方向为财税理论和政策。

长期从事财税理论与政策教学与研究，在国内外重要期刊发表论文三十余篇，出版专著、教材12部；主持研究国家社会科学基金重大项目、重点项目和一般项目，国家自然科学基金项目及财政部、商务部、国家税务总局等省部级课题20余项；多项成果获得省部级以上奖励，主持的"《中国税制》课程教学改革的探索与实践"获2014年教育部国家级教学成果二等奖，2020年《法制中国背景下的中国税制建设》专著获教育部人文社会科学优秀成果二等奖，《共和国税收征管70年》专著获中国税务学会2020年度税收学术研究优秀成果特等奖。

主要社会职务：国家社会科学基金学科评审组专家、全国税务专业学位研究生教育指导委员会委员、教育部高等学校财政学类专业教学指导委员会副主任委员、第七届全国高等学校设置评议委员会委员、中国财政学会副会长、中国税务学会副会长等。

序　言

习近平总书记指出："当今世界百年未有之大变局加速演进……不稳定性不确定性明显增加。新冠肺炎疫情影响广泛深远……科技创新成为国际战略博弈的主要战场……[①]"在"两个一百年"奋斗目标的历史交汇点，中国经济社会的发展对加快科技创新提出了比以往任何时候都更为迫切的要求。

我们深知，创新是经济长期增长的基石，是新阶段引领发展的第一动力。立足新发展阶段、贯彻新发展理念、构建新发展格局、推动高质量发展，必须深入实施创新驱动发展战略，完善国家创新体系。

我们也深知，创新活动往往具有高风险、长周期、正外部性的特点，需要长期的资源投入。为此，许多国家都不断完善支持创新的政策体系，以期减少创新风险，营造有利于创新的经济社会环境。作为政府宏观调控手段的重要组成部分，财税政策以其特有的引导、激励、协调、化险等功能，在促进创新驱动型经济发展方式形成和深入实施创新驱动发展战略中发挥着特别重要的作用。

我们也深知，高水平自立自强是构建新发展格局最本质的特征。作为国家治理基础和重要支柱的财政，在新发展阶段必须积极有为，精准发力，为创新发展、高水平的科技自立自强提供有效支撑。

正是基于创新在新发展阶段的特殊重要性，《中华人民共和国国民经济和社会发展第十四个五年规划和 2035 年远景目标纲要》明确提出，"坚持创新在我国现代化建设全局中的核心地位，把科技自立自强作为国家发展的战略支撑"。

为此，如下几个方面的问题亟须我们深入研究：财政如何更为有效支持基础研究？如何更为有效激励企业技术创新？如何更为有效促进科技成果转化？如何更为有效引导创新资源的有效配置与综合集成？

清晰地回答这一系列问题，特别是运用跨学科方法与工具，从理论和实践相结合角度深入研究这一系列问题，不仅具有重要科学价值，而且可以为国家创新政策体系的完善提供经验证据和重要参考。

[①] 习近平：《加快建设科技强国　实现高水平科技自立自强》，http://www.qstheory.cn/dukan/qs/2022-04-30/c_1128607366.htm[2022-04-30].

我欣喜地看到，围绕上述问题的研究，王乔教授主持的国家社会科学基金重大招标项目"国家创新驱动发展战略的财税支持政策研究"做出了贡献。

读者面前的这本书，是在该课题研究报告的基础上，经系统修改加工而成的。在我看来，它具有以下几个鲜明特点。

其一，独辟蹊径，体系完整。该书在研究框架设计上独辟蹊径，令人耳目一新。该书选择了影响创新驱动发展的几个关键环节作为研究切入点，可以更为深刻地理解与准确把握创新内生过程及其相应的政策工具。基于这一研究思路，全书共分五篇，分别是第一篇，总论；第二篇，支持基础研究的财税政策：实证分析与政策优化；第三篇，激励企业技术创新的财税政策：实证分析与政策优化；第四篇，促进科技成果转化的财税政策：实证分析与政策优化；第五篇，引导创新资源高效配置与综合集成的财税政策：实证分析与政策优化。各篇既相对独立，又互相支撑，形成一个完整体系，共同回答了"财政如何更有效地支持创新驱动发展战略"这一重要问题。

其二，基础坚实，创新性强。该书综合运用应用经济学、公共管理学、统计学等理论与方法对财政支持基础研究、激励企业技术创新、促进科技成果转化与引导创新资源高效配置与综合集成等四个关键环节进行了系统考察，取得了一系列创新成果。例如，以面板数据为基础，对财政投入基础研究的效率进行了评估，揭示了基础研究投入效率的影响因素及其作用机理；对激励企业技术创新的财税政策效应进行了评估，揭示了不同财税政策的激励效应；构建了财政投入与税收优惠对我国科技成果转化绩效影响的实证模型；对引导创新资源的高效配置与综合集成的财税政策效应进行仿真模拟分析，揭示了其引导效果的空间异质性和影响因素的差异性。这些成果富有开拓性，在一定程度上丰富了财政学科体系、学术体系和话语体系。

其三，着眼实践，对策立地。中国丰富的改革实践为财税政策研究提供了"富矿"。本书在研究过程中开展了大量有针对性的调研，对这一"富矿"进行了有效挖掘。将研究建立在对政策前沿和实践动态的有效掌握上，使本书充满鲜活的时代气息。在研究中注重理论与实践的互动，以实际丰富理论，使所提的政策建议高度契合中国实际，具有针对性和前瞻性。本书的政策建议可以为相关决策部门提供重要参考。

当然，创新的影响因素众多，创新过程复杂，财税影响创新的机理与对策尚待更多更深入探索。我热切地期待王乔教授带领的研究团队不断开拓，再接再厉，取得更为丰硕的高质量研究成果。

是为序。

高培勇

2021年10月28日于北京

前　言

世界经济发达国家的发展历程表明，先进的科学技术是促进一个国家经济社会发展的重要变量。科技兴，则国家兴。回顾新中国成立七十余年来尤其是改革开放四十余年来的发展成就，科技创新一直发挥了巨大的推动作用。创新驱动发展战略是党和国家在党的十八大根据国内外经济社会发展形势提出的重大战略，创新已成为新阶段引领经济社会发展的第一动力，是我国建设社会主义现代化强国的重大战略保障。因而，"十四五"规划强调"坚持创新驱动发展，全面塑造发展新优势"。深入实施创新驱动发展战略离不开财税政策的大力支持，财税政策作为政府宏观调控手段的重要组成部分，以其特有的引导、激励、协调、化险等功能，在促进创新驱动型经济发展方式形成和深入实施创新驱动发展战略中发挥着至关重要的作用。本书对国家创新驱动发展战略的财税支持政策进行研究，对拓展和深化创新理论、充分发挥财税工具支持创新的政策优势、保障国家创新驱动发展战略的有效实施具有重要意义。

本书在系统梳理支持基础研究、激励企业技术创新、促进科技成果转化的现有财税政策的基础上，探讨财税政策支持创新驱动发展战略的内在机理，对财税支持创新驱动发展战略的政策效应进行实证分析，归纳总结现行财税支持政策的主要问题，在借鉴国际经验的基础上，结合我国新时代创新驱动发展的实际状况，对支持基础研究、激励企业技术创新、促进科技成果转化、引导创新资源高效配置与综合集成的财税支持政策进行优化设计，从而构建科学合理的促进国家创新驱动发展战略实施的财税支持政策体系，为加速建设创新型国家提供参考。

本书瞄准财税支持国家创新驱动发展战略关键环节和重点领域的政策设计，遵循"创新理论梳理—基础研究—企业技术创新—科技成果转化—创新资源配置与综合集成"这一思路，深刻理解与把握创新内生过程及其相应的政策工具，探求支持创新的财税政策的可行性与操作性，并对现有财税政策体系进行优化。在结构安排上，全书分为五篇30章，其中每部分6章，每篇的最后一章为本篇小结。第一篇为总论，第二至五篇依据创新的自然过程及其关键环节和重点领域，对支持基础研究、激励企业技术创新、促进科技成果转化、引导创新资源高效配置与综合集成四个方面的财税政策进行实证分析与政策优化，着重研究财税作用方式、政策效应、政策问题、国际比较及政策优化设计，并结合当前我国创新政策的国内外经济环境与形势，在构建财税政策促进创新驱动发展的理论框架基础上，设计促进创新的具体财税政策体系。

主要研究结论如下。

（1）深入实施国家创新驱动发展战略，离不开财税政策的大力支持。财税政策作为国家宏观调控经济发展的重要工具，其政策主体是政府部门；但创新主要是经济活动，必须充分发挥市场的决定性作用。市场机制本身无法从根本上解决创新主体在创新活动中存在的问题，这就导致市场无法在这些领域内充分地发挥其作用，使得自主创新活动出现了市场的低效区及失效区，于是财税政策成了政府介入创新活动的一个重要方式。政府通过财税政策手段介入创新活动，形成了刺激有效需求的有效供给，从而将引导与诱发创新主体规模化的创新活动。

（2）量化评估了财政投入基础研究的效率及其影响因素。一是构建基础研究效率评估的指标体系，运用数据包络分析（data envelopment analysis，DEA）方法对2009~2016年30个省区市（不包括西藏、香港、澳门和台湾地区）基础研究投入效率进行测算和分解。测算结果显示2009~2016年我国基础研究综合技术效率的平均值为0.72，整体上看，我国财政基础研究总投入未得到有效使用，存在资源浪费的情况。动态Malmquist指数表明，我国整体基础研究投入效率在2009~2016年的平均值为0.96，表明基础研究领域全要素生产率年均下降速度为4%，其中纯技术效率指数以年均1%的速度增长，但技术进步年均下降4%。分省份来看，省际基础研究投入效率存在一定的差异，江苏、浙江、河南三省实现效率最优并保持稳定的状态；分地区层面看，东部地区、中部地区整体的效率值优于西部地区及东北部地区，表明地区间存在明显的差异性。

二是采用Tobit模型对影响基础研究投入效率的相关因素进行了分析。结果发现，经济发展水平、贸易开放度、人力资源水平三个变量通过了显著性检验，且系数均为正，说明这三个变量与基础研究投入效率存在正相关关系，对于提升基础研究投入效率具有促进作用。而社会信息化水平、财政支出结构虽然也通过了显著性检验，但系数为负，说明二者对于我国基础研究投入效率表现出负向影响。

（3）支持基础研究的财政投入体制有待完善。表现在以下几个方面：财政科学技术支出预算权限在分配上没有实现统一与制衡；基础研究投入强度相较于其他发达国家处于较低水平；财政科技支出结构偏向严重，中央财政科技支出中以应用研究为主，地方的财政科技支出以技术研究与开发（research and development，R&D，以下简称研发）为主，均未给予基础研究应有的重视；未形成多元投入机制，我国基础研究投入渠道单一，企业对基础研究的重视程度和参与度不足；财政投入地区不均衡，基础研究投入效率有待提高；等等。

（4）揭示了激励企业技术创新财税政策中存在的问题。首先，政府采购政策方面的问题是,激励企业技术创新的立法目标未能明确,缺乏政策废止下的创新激励主观能动性,绿色政府采购政策的落实力度有待提高,对高新技术企业发展的激励效应不充分,政府认知及执行缺陷制约政策实际效果。其次,税收优惠政策的问题是,政策法律级次低及与税制结构不对称,税收优惠政策的普惠性激励力度较弱,直接优惠方式弱化了间接优惠的效果,优惠环节侧重点忽视创新价值链衔接。再次,财政投入政策的问题是,财政科技投入的总量和强度均不高,财政科技投入在不同领域分配不均,中央与地方科技财政事权与支出责任错位,单一化财政投入方式影响政策绩效。最后,政府引导资金的问题是,新兴产业政策是政府机制配置资源,政府机制决定新兴产业的地区布局,政府机制决定扶持项目与申请流程,政府机制决定投资条件与退出方式,这导致引导资金政策的效果低于预期目标。

(5)阐明了财税政策与企业技术创新活动的关联。通过实证分析与问题分析发现,不同类型财税政策在企业技术创新活动中发挥不同的作用。首先,政府采购政策有利于增加企业技术创新的机会;其次,税收优惠政策有利于扩大企业盈利空间;再次,财政补贴政策有利于提升企业的创新能力;最后,政府引导资金有利于促进企业创新发展。

(6)分析了财税因素对我国科技成果转化的影响。实证结果表明以下几点:①企业在科技成果转化过程中扮演着极其重要的角色,它们熟悉本行业的技术前沿,是新产品、新技术创新的主体。②全国不同地区的研发经费内部支出中,西部地区和东北部地区的政府资金投入比重最大,均超过 30%,而科技成果转化却无法取得相应的成效,造成了资金的浪费。此外,国家财政科技拨款占公共财政支出的比重也逐年下降。③政府投资和国外投资在企业科技成果过程中起到的是辅助作用,企业自身的投入才是提升科技成果转化绩效的原动力。④税收优惠对全国科技成果转化有一定的促进作用,其效果弱于财政支出政策。⑤增加研发人员的投入对科技成果转化绩效有较大的促进作用。

(7)提出了财税政策支持科技成果转化的政策建议。①提高研发投入并建立平稳增长机制,保障科技成果转化的资金需求。②优化财政科技支出结构,在各环节、各领域内合理分配资源。③推广和完善财政科技投入评价体系,创新投入模式和经费管理方式。④完善财政引导基金模式和财政贴息、信用担保体系,缓解"融资难"问题。⑤进一步健全与完善税收优惠政策。⑥强化政府采购的支持功能,加强政府采购对科技成果转化的推动作用,完善政府首购首用制度,探索政府与社会资本合作(public private partnership,PPP)模式在科技成果转化中的应用与推广。

(8)阐明了财税引导创新资源配置效率的空间异质性及影响因素。采用四阶段 DEA 方法,考察了我国 30 个省区市(不包括西藏、香港、澳门和台湾地区)

的引导创新资源配置的财税政策效率。发现我国大部分地区的创新资源配置财税政策效率大于1，财税政策对创新资源配置的引导发挥了较好作用。通过影响因素回归分析发现，政府资金强度和创新资源市场环境对财税政策引导创新资源配置与综合集成效率的影响具有互补现象，地区环境和状况是制约财税政策实施效果的主要因素。通过模拟发现：当前江西省政府资金的投入对企业创新投入产生了挤出效应，要使得财政政策发挥激励效应，更多地要考虑其投入结构的问题；人才是创新的关键要素，当前财税政策对科技投入人员的影响很弱；企业增值税率、企业所得税率和研发税收抵扣率三个变量对各创新变量的影响方向一致；当前税收优惠对创新资源配置和集成的作用明显要低于财政政策。

（9）提出了引导创新资源高效配置和综合集成的财税政策建议。①充分释放财政投入政策功效，主要从界定财政创新投入的基本原则、改善创新财政投入结构、落实创新财政投入的战略和建立合适的创新财政投入机制几个方面入手。②优化税收优惠政策，主要从提升税收优惠政策法律层面及其具体政策、优化税收优惠政策的覆盖范围、优化税收优惠的具体方式几个方面入手。③协同各类创新政策，主要包括协同财税政策与科技、产业政策，协同财税政策与人才培养政策。

主要创新点如下。

（1）将创新理论、经济发展理论与财政理论进行有机融合。创新理论与经济发展理论之间有着紧密的联系，但促进经济发展的因素很多，创新只是其中的一种因素。财税政策则是国家调控经济发展的重要工具，也是促进创新驱动发展的有力保障。本书将创新理论、经济发展理论与财政理论进行有机融合，为构建科学合理的支持创新驱动发展战略的财税政策体系奠定理论基础。

（2）评估了财政投入基础研究的效率，揭示了其影响因素及作用机理。基于2009~2016年省际面板数据，运用DEA方法对我国30个省区市（不包括西藏、香港、澳门和台湾地区）财政投入基础研究的效率进行评估，并通过构建Tobit模型，考察了影响基础研究投入效率的相关因素的作用机制及其影响。选取1999~2016年1971名长江学者特聘教授为研究对象，通过实证分析挖掘拔尖人才的成长规律、影响因素及作用机理，提出完善支持基础研究人才成长的财政政策建议。

（3）对激励企业技术创新的财税政策效应进行了评估，揭示了不同财税政策的激励效应。通过实证分析发现，不同类型财税政策在企业技术创新活动中发挥不同的作用。首先，政府采购政策有利于增加企业技术创新的机会；其次，税收优惠政策有利于扩大企业盈利空间；再次，财政补贴政策有利于提升企业的创新能力；最后，政府引导资金有利于促进企业创新发展。

（4）阐明了财税因素对我国科技成果转化的影响。根据所构建的科技成果转化绩效评价指标体系对2009~2015年全国，东部、中部、西部地区，以及典型省份的科技成果转化绩效进行了主成分分析，得到全国各省份排名，并采用

OBLIMIN 方法对因子负载矩阵进行斜交旋转找出科技成果转化绩效的主要影响因素，为全国及各地区提升科技成果转化绩效找到了最优路径。构建了财政投入与税收优惠对我国科技成果转化绩效影响的实证模型，并得出了有效结论，为相应的问题分析与政策建议提供了数据支撑。

（5）揭示了财税引导创新资源配置效率的空间异质性及影响因素。只有在深刻了解其对创新资源配置的作用效果和影响因素后，才能够为更好地优化创新资源配置中的财税政策提供精准的参考。本书采用四阶段 DEA 方法对引导创新资源配置的财税政策效率进行测算，从而将财税政策也纳入了创新的生产过程，改变了以往研究中将其作为一个外生变量分析其财政支出效率或作用。运用系统动力学方法构建创新生产系统动力学仿真系统，从而整体判断引导创新资源高效配置与综合集成的财税政策的作用效果。

目 录

第一篇 总 论

第1章 绪论 ··· 3
1.1 研究背景及意义 ·· 3
1.2 研究思路及内容 ·· 7
1.3 国内外文献综述 ··· 10
1.4 研究视角与方法 ··· 38
1.5 本书的创新之处 ··· 40

第2章 创新理论的形成及其演变 ··· 42
2.1 创新理论主流学派的创新思想 ··· 42
2.2 不同层次和形式的创新理论 ·· 51
2.3 创新系统及其范式的发展脉络 ··· 55

第3章 中国创新政策的演变、制定与分类 ··· 60
3.1 中国创新政策的演变历程 ··· 60
3.2 中国创新政策的制定主体 ··· 64
3.3 中国创新政策的分类体系 ··· 73

第4章 创新驱动发展战略与经济发展方式转变 ··································· 83
4.1 创新驱动发展战略的理论分析 ··· 83
4.2 创新驱动发展战略与经济发展方式转变的内在逻辑 ···························· 90
4.3 粗放型经济增长方式的评估和反思 ··· 96
4.4 创新驱动发展战略对经济发展方式转变的促进作用 ·························· 101

第5章 财税支持创新驱动发展的内在机理 ······································· 105
5.1 财税支持创新驱动发展的理论分析 ··· 105
5.2 财税支持创新驱动发展的职责定位 ··· 108
5.3 财税支持创新驱动发展的传导机制 ··· 110

5.4 财税支持创新驱动发展的主要方式……………………………………112

第6章 第一篇小结…………………………………………………………119
 6.1 研究结论………………………………………………………………119
 6.2 创新之处………………………………………………………………121
 6.3 研究展望………………………………………………………………122

第二篇 支持基础研究的财税政策：实证分析与政策优化

第7章 支持基础研究的财税政策现状分析……………………………127
 7.1 基础研究的内涵与特点………………………………………………127
 7.2 基础研究发展现状……………………………………………………132
 7.3 财政投入政策…………………………………………………………138
 7.4 政府采购政策…………………………………………………………150
 7.5 税收优惠政策…………………………………………………………152

第8章 支持基础研究的财税政策的实证分析…………………………155
 8.1 财政投入基础研究的效率分析………………………………………155
 8.2 基于Tobit模型的影响因素分析……………………………………164
 8.3 财政支持基础研究人才成长路径分析………………………………169

第9章 支持基础研究的财税政策存在的问题分析……………………183
 9.1 支持基础研究财政政策体系的主要问题……………………………183
 9.2 支持基础研究人才发展的主要问题…………………………………190

第10章 支持基础研究的财税政策的国际比较及启示…………………193
 10.1 美国基础研究的财税支持政策………………………………………193
 10.2 日本基础研究的财税支持政策………………………………………198
 10.3 韩国基础研究的财税支持政策………………………………………203
 10.4 国外支持基础研究的财税政策的启示………………………………207

第11章 支持基础研究的财税政策优化…………………………………210
 11.1 优化财政投入机制体制………………………………………………210
 11.2 调整结构，提升效率…………………………………………………212
 11.3 改进财政政策，促进人才成长………………………………………215
 11.4 强化基础研究的税收政策……………………………………………217
 11.5 完善综合性配套措施…………………………………………………220

第12章 第二篇小结…………………………………………………………224

12.1	主要研究内容	224
12.2	主要创新点	227
12.3	研究展望	228

第三篇　激励企业技术创新的财税政策：实证分析与政策优化

第13章	激励企业技术创新的财税政策现状	231
13.1	政府采购政策的现状	231
13.2	税收优惠政策的现状	236
13.3	财政投入政策的现状	243
13.4	政府引导资金政策的现状	250

第14章	激励企业技术创新财税政策的实证分析	257
14.1	政府采购政策的实证分析	257
14.2	税收优惠政策的实证分析	265
14.3	财政投入政策的实证分析	288
14.4	政府引导资金的绩效评价	294

第15章	激励企业技术创新的财税政策问题分析	304
15.1	政府采购政策的主要问题	304
15.2	税收优惠政策的主要问题	307
15.3	财政投入政策的主要问题	309
15.4	政府引导资金的主要问题	311

第16章	激励企业技术创新的财税政策国际比较与启示	324
16.1	政府采购政策国际比较与启示	325
16.2	税收优惠政策国际比较与启示	329
16.3	财政投入政策国际比较与启示	335
16.4	政府引导资金政策国际比较与启示	336

第17章	激励企业技术创新的财税政策优化	340
17.1	改进政府采购政策，增加企业创新机会	340
17.2	完善税收优惠政策，扩大企业盈利空间	344
17.3	优化财政投入政策，提升企业创新能力	346
17.4	改革政府引导资金政策，促进企业创新发展	351

第18章	第三篇小结	354
18.1	主要研究内容	354

  18.2 主要创新点 ·· 357
  18.3 研究展望 ·· 358

第四篇 促进科技成果转化的财税政策：实证分析与政策优化

第 19 章 我国科技成果转化及其财税支持政策的现状分析 ················· 361
  19.1 我国科技成果转化的描述性分析 ··· 361
  19.2 我国科技成果转化过程中存在的问题 ··································· 370
  19.3 我国财税政策支持科技成果转化的困境分析 ························· 373

第 20 章 我国科技成果转化绩效评价指标体系构建及量化评估 ············ 385
  20.1 科技成果转化绩效评价指标体系构建 ··································· 385
  20.2 我国科技成果转化绩效评价的实证分析 ······························· 391

第 21 章 财税政策影响我国科技成果转化绩效的实证分析 ··················· 412
  21.1 我国科技成果转化过程中财政投入描述性分析 ····················· 412
  21.2 财政投入影响科技成果转化绩效的实证分析 ························· 418
  21.3 税收优惠影响科技成果转化绩效的实证分析 ························· 425
  21.4 典型省份财税政策的科技成果转化绩效分析 ························· 428

第 22 章 财税政策促进科技成果转化的国内外经验借鉴 ······················ 439
  22.1 发达国家与地区促进科技成果转化的财税政策 ····················· 439
  22.2 国内典型省份促进科技成果转化的财税政策 ························· 448
  22.3 科技成果转化的财政政策经验与启示 ··································· 455

第 23 章 促进科技成果转化的财税政策优化策略 ································· 458
  23.1 加大财政支出扶持力度 ··· 458
  23.2 优化税收优惠激励措施 ··· 464
  23.3 强化政府采购的支持功能 ·· 468
  23.4 健全与完善相关配套措施和制度建设 ··································· 469

第 24 章 第四篇小结 ·· 473
  24.1 主要研究内容 ··· 473
  24.2 创新之处 ·· 476
  24.3 研究展望 ·· 477

第五篇 引导创新资源高效配置与综合集成的财税政策：实证分析与政策优化

第 25 章 创新资源的配置现状·····481
- 25.1 我国创新投入现状·····481
- 25.2 我国创新产出现状·····497
- 25.3 我国各地区创新资源配置效率测算·····504

第 26 章 引导创新资源配置与综合集成的财税政策现状与问题·····516
- 26.1 引导创新资源配置与综合集成的财税政策现状·····516
- 26.2 财税政策对创新资源配置与综合集成的影响·····534
- 26.3 财税引导创新资源配置与综合集成存在的主要问题·····538

第 27 章 引导创新资源配置的财税政策效率及其影响因素分析·····540
- 27.1 引导创新资源配置的财税政策效率·····540
- 27.2 引导创新资源配置的财税政策效率的影响因素分析·····545
- 27.3 主要实证结论·····553

第 28 章 引导创新资源高效配置与综合集成的财税政策模拟——以江西省为例·····554
- 28.1 方法选择与模型假设·····554
- 28.2 财税引导创新资源配置系统因果关系·····557
- 28.3 系统量化模型·····561
- 28.4 江西省引导创新资源配置的财税政策模拟·····566

第 29 章 引导创新资源配置与综合集成的财税政策优化·····596
- 29.1 充分释放财政投入政策功效·····596
- 29.2 优化税收优惠政策·····599
- 29.3 协同各类创新政策·····601

第 30 章 第五篇小结·····604
- 30.1 主要内容·····604
- 30.2 主要创新·····606
- 30.3 研究展望·····607

参考文献·····608

后记·····628

第一篇

总　　论

第1章 绪　　论

1.1　研究背景及意义

1.1.1　研究背景

近代以来，人类先后创造的每一次技术革命都产生了具有颠覆性和里程碑式意义的重大技术革新，这些新兴技术为一个国家的经济发展带来了源源不断的财富，也助力意大利、英国、德国、美国成为当时的世界强国。时至今日，美国凭借强大的科技实力仍然是称雄世界的头号强国。世界经济发达国家的发展历程表明，先进的科学技术是促进一个国家经济社会发展的重要变量。科技兴，则国家兴。回顾新中国成立70余年来尤其是改革开放40余年来的发展成就，科技创新一直发挥了巨大的推动作用。今天，创新已成为引领经济社会发展的首要力量，创新驱动发展战略是引领经济社会全面发展的重大战略部署，是我国建设社会主义现代化强国的重大战略保障。

改革开放40余年来，我国经济飞速发展，取得了世界瞩目的巨大成就。但这些成就的取得是靠要素驱动和投资驱动的，是建立在粗放型经济增长方式基础之上的，是难以维持和可持续发展的。随着我国人口红利和资源红利的逐渐弱化、经济发展与生态环境的关系愈加紧张、基础设施建设投资速度放缓等问题的出现，以要素驱动和投资驱动的粗放型经济增长方式已不能适应经济社会发展的需要，必须探索创新驱动的新型经济增长方式[①]。面临经济发展新常态阶段遇到的瓶颈问题，必须依靠科技创新来加以解决。21世纪以来，我国先后提出了"提升自主创新能力""建设创新型国家""深入实施创新驱动发展战略""建设世界科技强国""实现科技自立自强"等一系列一脉相承的创新发展政策，创新驱动发展已成为我国促进经济发展方式转型升级和实现可持续发展的重大战略。

党的十八大报告正式提出创新驱动发展战略，深入实施创新驱动发展战略成为党的十八大之后经济社会发展的重要任务。为此，党中央、国务院先后出台了

---

① 美国著名学者、"竞争战略之父"迈克尔·波特在其著作《国家竞争优势》中提出了一个国家竞争发展的4个阶段：要素驱动、投资驱动、创新驱动和财富驱动阶段。我国目前正处于由要素驱动和投资驱动转向创新驱动的发展阶段。

一系列重要文件，为深入实施创新驱动发展战略提供了制度保障。2015年3月，中共中央、国务院印发了《关于深化体制机制改革加快实施创新驱动发展战略的若干意见》，这是党的十八大之后第一份针对加快实施创新驱动发展战略的专项政策文件。该文件分9个部分30条指导性内容，对创新驱动发展战略的总体思路、主要目标、实施重点和保障措施等提出了明确的具体意见。党的十八届五中全会提出了"创新、协调、绿色、开放、共享"五大发展理念，把"创新"作为五大发展理念之首，突显了创新的战略性地位，对进一步深入实施创新驱动发展战略提出了新的要求。为体现创新引领经济社会发展的突出地位，强化创新统领全面发展的核心作用，2016年5月，中共中央、国务院印发了《国家创新驱动发展战略纲要》，该纲要分为战略背景、战略要求、战略部署、战略任务、战略保障、组织实施6个部分，该文件是进一步加快实施创新驱动发展战略的行动指南。2016年8月，国务院印发了《"十三五"国家科技创新规划》，该规划共8篇27章，明确了"十三五"时期科技创新的总体思路、发展目标、主要任务和重大举措，对我国迈进创新型国家行列具有重大的指导意义。

党的十九大报告指出"中国特色社会主义进入了新时代"[1]。创新成为新时代引领发展的第一动力，是建设现代化经济体系的战略支撑。党的十九大以来，世界经济形势和政治格局发生了深刻变化。尤其是2018年以来，中美贸易战愈演愈烈，持续了多个回合，对两国的经济社会发展造成了严重的影响。而科技领域则是贸易战的主阵地，我国的中兴、华为等科技类企业已成为美国在贸易战中的重要目标。面对美国不确定的贸易战形势，过去的"以市场换技术"策略已失去了实施的基础，只有加强科技创新能力，将"大国重器"的创新技术和"卡脖子"的关键技术牢牢掌握在自己手中，才能不畏惧美国的技术封锁。中美贸易战的加剧，进一步促使我国加快实施创新驱动发展战略，不断提升整个国家的科技创新能力。纵观国家创新驱动发展战略的主要内容，其战略重点是基础研究、应用研究、企业创新、成果转化等贯穿创新全链条的关键节点。因此，大力实施创新驱动发展战略，充分发挥科技创新在全面创新中的引领作用，就必须加强基础研究，提高原始创新能力；强化企业创新的主体地位，发挥企业在创新中的主导作用；促进科技成果转化，完善产业创新链；合理配置创新要素，聚焦国家区域发展战略，坚持全球视野，全方位推进开放创新。

财税政策作为政府宏观调控手段的重要组成部分，以其特有的引导、激励、协调、化险等功能，在促进创新驱动型经济发展方式形成和深入实施创新驱动发展战略中发挥着至关重要的作用。《关于深化体制机制改革加快实施创新驱动发展

---

[1]《习近平：决胜全面建成小康社会　夺取新时代中国特色社会主义伟大胜利——在中国共产党第十九次全国代表大会上的报告》，http://www.xinhuanet.com//politics/19cpcnc/2017-10/27/c_1121867529.htm[2021-03-10]。

战略的若干意见》《国家创新驱动发展战略纲要》《"十三五"国家科技创新规划》等重要文件均对财税政策如何促进国家创新驱动发展战略的实施进行了具体部署，成为本书的重要基础。近年来，国家先后出台了《关于全面加强基础科学研究的若干意见》《关于大力推进大众创业万众创新若干政策措施的意见》《促进科技成果转移转化行动方案》等专项政策文件，提出了支持基础研究、激励企业技术创新、促进科技成果转化的财税政策；并制定了《关于深化中央财政科技计划（专项、基金等）管理改革的方案》《科技领域中央与地方财政事权和支出责任划分改革方案》等财税支持创新驱动发展战略的专项政策文件。上述政策文件形成了当前国家创新驱动发展战略的财税支持政策体系。根据党的十九届五中全会精神，2021年起我国进入新发展阶段。这是在全面建成小康社会、实现第一个百年奋斗目标之后，全面建设社会主义现代化国家、向第二个百年奋斗目标进军的发展阶段。习近平提出的"准确把握新发展阶段，深入贯彻新发展理念，加快构建新发展格局，推动'十四五'时期高质量发展，确保全面建设社会主义现代化国家开好局、起好步"[①]，在新发展阶段实现新的更高目标提供了思想遵循和行动指南。《中华人民共和国国民经济和社会发展第十四个五年规划和2035年远景目标纲要》对"十四五"时期财税政策如何支持国家重大科技项目、重大科技创新平台、基础研究、企业技术创新和科技成果转化等进行了战略擘画。本书在系统梳理支持基础研究、激励企业技术创新、促进科技成果转化的现有财税政策的基础上，探讨财税政策支持创新驱动发展战略的内在机理，对财税支持创新驱动发展战略的政策效应进行实证分析，归纳总结现行财税支持政策的主要问题，在借鉴国际经验的基础上，结合我国新时代创新驱动发展的实际状况，对支持基础研究、激励企业技术创新、促进科技成果转化、引导创新资源高效配置与综合集成的财税支持政策进行优化设计，从而构建科学合理的促进国家创新驱动发展战略实施的财税支持政策体系，为加速建设创新型国家提供参考。

1.1.2 研究意义

创新驱动发展战略是党和国家在党的十八大根据国内外经济社会发展形势提出的重大战略，创新已成为新时代引领经济社会发展的第一动力。深入实施创新驱动发展战略离不开财税政策的大力支持，本书对国家创新驱动发展战略的财税支持政策进行研究，对拓展和深化创新理论、充分发挥财税工具支持创新的政策优势、保障国家创新驱动发展战略的有效实施具有重要意义。

---

① 《习近平在省部级主要领导干部学习贯彻党的十九届五中全会精神专题研讨班开班式上发表重要讲话》，https://china.huanqiu.com/article/41Twq1fV3u6[2021-01-12]。

（1）有利于拓展和深化驱动经济社会发展的创新理论。创新理论发轫于西方，其主要代表人物有熊彼特、波特等。自熊彼特1912年在其代表作《经济发展理论》一书中提出"创新"概念以来，学术界对创新理论进行了广泛的探讨，积累了丰富的研究文献，形成了多个创新理论学派。近百年来，创新理论在实践中得到了广泛的应用，对促进世界各国的经济发展发挥了重要作用；与此同时，创新理论在解决实践问题的运用中又进一步得到了丰富和发展。新中国成立70余年特别是改革开放40余年来，中国经济社会快速发展，其中科技创新的贡献功不可没。创新理论在中国具有丰富多彩的实践应用，并与中国特色社会主义制度紧密联系在一起。党的十八大做出实施创新驱动发展战略的重大决策部署，是我国在新的历史起点上实现中华民族伟大复兴的战略选择。2016年全国科技创新大会的隆重召开及《国家创新驱动发展战略纲要》《"十三五"国家科技创新规划》等文件的密集出台，表明党和政府已经充分认识到创新在我国具有十分重要的现实紧迫性。本书结合新时代经济社会发展的新形势和创新的迫切需要，将创新理论与经济发展相结合，重点探讨创新促进经济发展方式转变的内在机理，结合与习近平新时代中国特色社会主义思想紧密联系的创新实践，从而进一步拓展和深化驱动经济社会发展的创新理论体系。

（2）有利于发挥财税政策支持创新驱动发展战略的重要优势。梳理党的十八大以来促进创新驱动发展战略的各类政策文件可以发现，几乎每个文件都要提到财税政策，并把财税政策工具作为深入实施创新驱动发展战略的重要保障。实践证明，财税政策的特点决定了其不仅能促进创新，而且具有重要优势。财税政策作为政府政策体系中的重要组成部分，已在创新驱动发展战略中发挥重要作用。财政工具已成为创新的助推器，其在创新驱动发展中具有引导、激励、协调、化险等功能。在创新驱动发展战略的实施过程中，财税政策始终贯彻其中，成为重要的政策工具。在基础研究领域，由于基础研究的项目周期长、投入大、不确定性强和高风险等特征，必须要加强政府财政的支持力度，尤其是中央财政的支持力度。为激励企业技术创新，强化企业的创新主体地位，国家通过结构性减税的方式，实施普惠性财税政策，并通过企业所得税和研究费用加计扣除、优先采购中小企业的创新产品等方式予以支持。为促进科技成果的转化，国家设立了科技成果转化引导基金，并通过信贷、投资等方式吸引社会资本投入，多元化资金投入方式对促进科技成果转化发挥了重要作用。本书聚焦创新驱动发展战略中的基础研究、企业创新、成果转化、创新资源配置综合集成等关键领域，运用定量分析方法对支持创新驱动发展战略的财税政策效应进行实证研究，从而进一步发挥财税政策支持创新驱动发展战略的重要优势。

（3）有利于完善促进创新驱动发展战略的财税制度。财税政策作为促进创新驱动发展战略的重要政策工具，在多个创新政策文件中均有所提及，这些政策文件既有综合性的创新政策文件，也有针对某个创新环节的专项政策文件。前者如

《国家创新驱动发展战略纲要》《"十三五"国家科技创新规划》等，后者如《关于全面加强基础科学研究的若干意见》《关于大力推进大众创业万众创新若干政策措施的意见》《促进科技成果转移转化行动方案》等专项政策文件，提出了支持基础研究、激励企业技术创新、促进科技成果转化的专门政策。这些政策文件中均有财税政策方面的内容，但总体呈现零散性、碎片化的特征，没有形成政策体系。党的十八大以来，促进创新驱动发展战略的专项财税政策文件主要有三个，分别是《关于深化中央财政科技计划（专项、基金等）管理改革的方案》《关于进一步完善中央财政科研项目资金管理等政策的若干意见》《科技领域中央与地方财政事权和支出责任划分改革方案》。本书对现有促进创新驱动发展战略的综合政策及财税专项政策进行"解剖麻雀"式的细致分析，运用内容分析法并从政策工具视角对政策文本内容进行"全景扫描"式的综合分析，归纳总结现有财税政策的不足之处，在借鉴国际先进经验的基础上，进一步完善促进创新驱动发展战略的财税制度。

1.2 研究思路及内容

1.2.1 研究思路

本书瞄准财税支持国家创新驱动发展战略关键环节和重点领域的政策设计，遵循"创新理论梳理—基础研究—企业技术创新—科技成果转化—创新资源配置与综合集成"这一思路，深刻理解与把握创新内生过程及其相应的政策工具，探求支持创新的财税政策的可行性与操作性，并对现有财税政策体系进行优化，总体研究思路与技术路线如图1-1所示。

具体研究思路简述如下。首先，对创新理论进行梳理，并阐述创新、经济发展及财税政策间的逻辑关系，解决财税政策作用载体、工具选择及具体政策效应等方面的基础性问题。其次，依据创新的自然过程及其关键环节和重点领域，重点分析支持基础研究、激励企业技术创新、促进科技成果转化与引导创新资源高效配置与综合集成四个方面的财税作用方式、效应、经验教训及政策设计。最后，结合当前我国面临的国内外经济环境与形势，在构建财税政策促进创新驱动发展的理论框架基础上，提出促进创新的具体财税政策建议，为相关决策部门提供理论证据与参考依据。

1.2.2 研究内容

根据本书的总体研究目标和研究思路，研究内容主要包括以下五个部分。

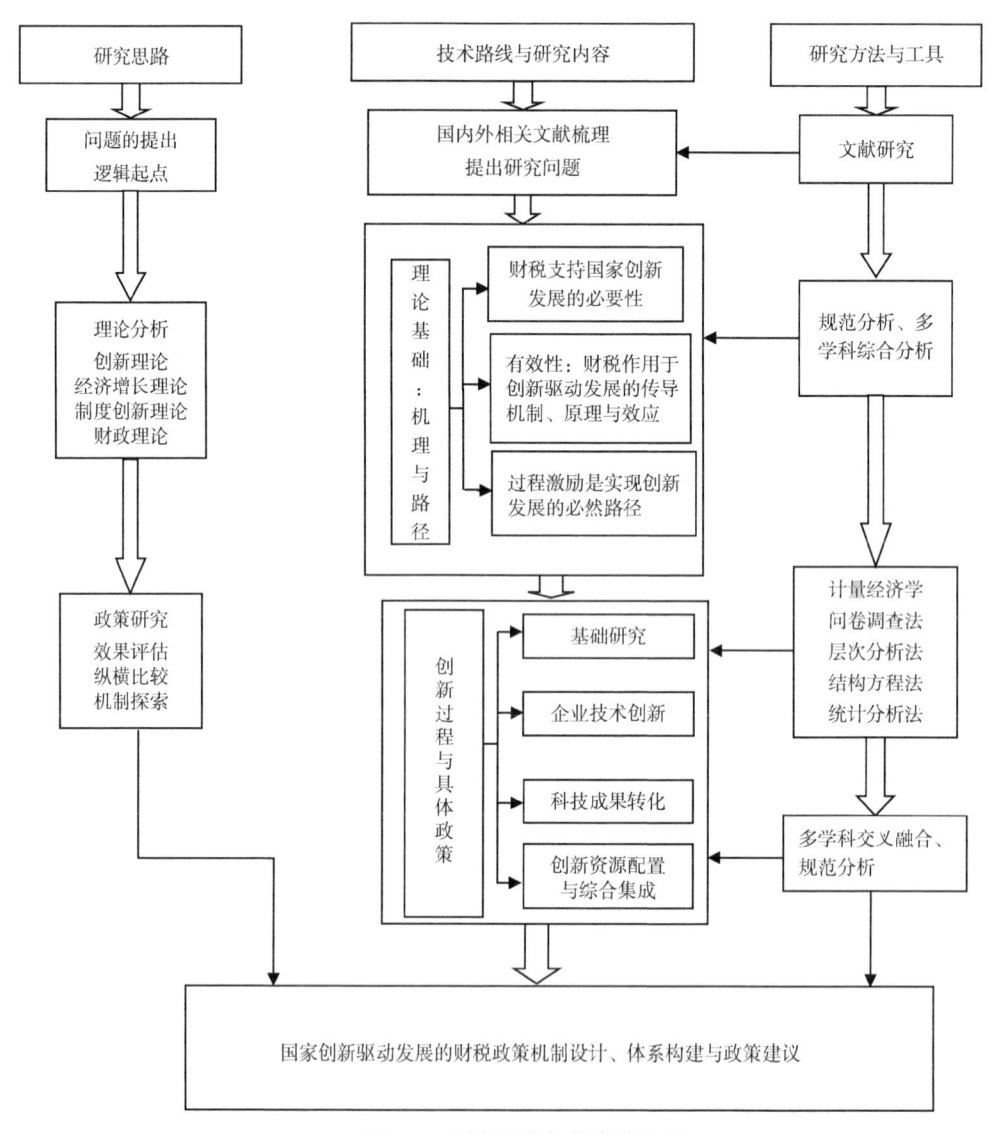

图 1-1　研究思路与技术路线图

1. 财税支持创新驱动发展的理论基础与政策演进

财税政策作为政府宏观调控手段的重要组成部分，在促进创新驱动型经济发展方式形成中发挥着至关重要的作用。作为本书的总论，本节先追溯创新驱动发展战略的理论渊源，对不同学派、不同层次、不同形式的创新思想进行系统性梳理，把握创新理论的发展脉络。结合新中国成立 70 余年来的创新实践，重点探讨中国创新政策的发展历程、制定主体和分类体系。在对粗放型经济增长方式进行全面评估和反思的基础上，深刻理解创新驱动发展战略与经济发展方式转变的内在逻辑，全面阐述创新驱动发展战略对经济发展方式转变的促进作用。准确把握财税政策工具与经济发展间的关系及作用机理，重点探讨财税支持创新驱动发展的职责定位、传导机制和主要方式，为后续研究奠定理论和政策基础。

2. 支持基础研究的财税政策

加强基础研究是提高我国原始创新能力、积累智力资本的重要途径。本篇以阐述基础研究的特征、整理财税支持基础研究相关文献为起点展开研究，首先分析基础研究的特征及其公共产品属性，阐明财税作用于基础研究的内在机理；其次在对相关文献与理论进行整理后，对我国支持基础研究的财税政策现状进行阐述，并从财政投入效率和人才成长路径两方面进行实证分析；再次，发现我国支持基础研究财税政策存在的问题；最后，在对比国外支持基础研究发展的财税政策后，提出优化支持基础研究的财税政策建议。

3. 激励企业技术创新的财税政策

在国家创新驱动发展战略当中，企业是自主创新的主体，自主创新主要是技术创新，即企业是技术创新的主体。在创新驱动发展战略中，政府主要研究与确立科技发展战略，保障基础研究和重大科技项目的投入，配合企业技术创新的需求，引导社会资源支持企业的技术创新活动，为企业技术创新提供保障。本篇从激励企业技术创新财税政策的现状特点出发，探寻财税政策与企业技术创新活动的关联与内在规律，以内在规律为理论基础，分析财税政策表面问题背后的理论根源，在借鉴先进国家激励企业技术创新财税政策经验的基础上，提出改进我国激励企业技术创新财税政策的建议。

4. 促进科技成果转化的财税政策

科技创新与科技成果转化是我国走向现代化、走向民族复兴的重要抓手，是我国政府在当前经济领域的重要任务。本篇以科技成果转化与财税支持政策为研究对象，从把握我国科技成果转化的现状及影响因素出发，分析资金投入、人才、技术、科技中介服务、政策、体制机制、经济环境等因素对科技成果转化的影响。探讨科技成果转化的运行机制，揭示财税政策促进科技成果转化的影响因素与有效方式，构建评价科技成果转化绩效的指标体系，着力构建促进科技成果转化的财税政策支持体系。

5. 引导创新资源高效配置与综合集成的财税政策

国家创新驱动发展战略的实施离不开创新资源的聚集与合成，创新资源配置状况如何决定着创新能力的形成。本篇在全面分析我国创新资源配置现状、引导创新资源配置的财税政策后，实证分析创新资源配置效率、引导创新资源配置的财税政策效率及其影响因素与其空间差异性，通过系统动力学构建财税引导创新资源配置的系统仿真模型。通过政府财税政策对创新资源配置的引导状况进行分析，以期为财税政策引导创新资源高效配置与综合集成提供政策建议。

1.3 国内外文献综述

遵循上述研究思路和主要内容，本书主要在创新的理论基础、支持基础研究、激励企业技术创新、促进科技成果转化、引导创新资源高效配置与综合集成五大方面围绕创新内涵、创新机制、财税政策、效果评价、政策设计等进行系统的文献梳理，为后续研究奠定坚实基础。

1.3.1 财税支持创新驱动发展的理论基础

创新理论最早来源于经济发展理论，财税则是公共经济与公共管理理论的重要组成部分。由此可见，创新理论与财税理论具有共同的理论渊源，财税对创新驱动发展的支持作用显而易见。国内外学术界对财税支持创新驱动发展的理论研究已较为广泛，此处分别从创新理论的形成及其演变、公共财政支持创新驱动发展的理论研究、公共财政支持创新驱动发展的实证研究三个方面进行文献综述。

1. 创新理论的形成及其演变

创新是一项复杂的社会活动，人类很早就有了创新的实践，人类社会正是在持续不断的创新实践中才一直向前发展。人类对创新实践的认识和创新规律的把握也是不断探索和总结出来的，最终才形成较为系统的创新理论。创新的活动形式非常丰富，常见的有科技创新、管理创新、制度创新、理念创新等。经济学中的创新一般是指科技创新，主要包括科学理论创新和技术创新两个方面。创新在英文中称为"innovation"，最早是由美籍奥地利裔经济学家熊彼特在其1912年出版的成名作《经济发展理论》中首先引入经济发展研究当中的。熊彼特认为，创新是一种经济活动，并列举了创新的五种具体形式。后人把熊彼特看作是"创新理论之父"，因为他最早提出了"创新"这个概念，并把创新与经济发展紧密联系在一起，把创新看作经济发展的要素。但熊彼特研究的创新主要是针对企业的创新，他把创新看作企业家行为，企业家通过创新活动推动企业不断发展。

熊彼特开创性地提出了"创新"这个概念，并引起了学术界的广泛关注，国内外学者对创新的概念、形式、内容、影响等进行了深入研究，使得创新理论不断丰富起来。国外的代表性学者有弗里曼（Freeman）、多西（Dosi）、伦德尔瓦（Lundvall）、尼尔森（Nelson）等；国内的代表性学者有傅家骥、张宗庆、柳卸林、陈劲、穆荣平、薛澜等。这些学者延续了熊彼特对创新理论的研究，并扩展到创新系统、创新能力、自主创新、开放创新、协同创新、创新驱动发展等领域。傅家骥（1999）把20世纪50年代以来的创新理论研究分成三个阶段：第一个阶段是20世纪50年代初至60年代末，这个阶段的学者主要探讨创新的动力、创新的组织形式、创新的效应等研究领域；第二个阶段是20世纪70年代初至80年代初，这个阶段的学者主要聚焦于技术创新领域的研究，把创新的形式划分为科学理论创新和技术创新两个方面；第三个阶段是20世纪80年代至90年代末，这个阶段的学者主要探讨创新的过程、创新的演化规律、创新的综合集成等。傅家骥的研究成果为学术界厘清创新领域的研究脉络具有重要的启示作用，也为后来的创新研究指明了方向。

（1）创新系统理论。国外学者在20世纪90年代掀起了一股研究创新的热潮，弗里曼、尼奥西（Niosi）、尼尔森、巴多罗买（Bartholomew）等众多学者发表了一系列关于创新领域的研究论文。这些学者的研究成果拓展了熊彼特对创新的定义，他们认为创新不仅仅是企业和企业家行为，也不只是某项发明或技术革新一个方面，而是一个较为复杂的系统，影响创新的因素也是多样化的，不同国家和地区、不同企业之间的创新行为存在差异（Freeman，1991；Niosi et al.，1993；Bartholomew，1997）。上述学者意识到创新是一个复杂的系统，但尚没有对创新系统进行定义。Radosevic（2002）对创新系统进行了较为完整的定义，他认为创新系统（innovation system）是不同的创新主体通过专业化分工进行创新活动而形成的整体，从不同的层次来看，可以分为国际、国家、区域、企业等层次。后来的学者又进一步把创新系统拓展到企业创新系统、国家创新系统、区域创新系统和创新集群系统四个层面，从而使得创新系统的研究更加多元化。

（2）创新能力理论。和国外学者关注创新定义与创新系统所不同的是，国内学者更关注创新能力的研究，如国家自主创新能力、区域创新能力、企业创新能力等。魏江是国内较早研究创新能力的学者，他首先对企业技术创新能力进行了界定，并提出了技术创新能力构成的五要素（魏江和寒午，1998）。王一鸣和王君（2005）则把企业技术创新能力看作企业自主创新能力的一个方面，还包括企业产品创新、吸收再创新等方面。部分学者对处于中观层次的区域创新能力进行了较为系统的研究。柳卸林和胡志坚（2002）对中国的区域创新能力做了一个基本判断，并探讨了中国区域创新能力的政策意义和启示。刘凤朝等（2005）以我国的八大经济区为基本单元，运用集对分析法对我国区域自主创新能力进行了分析评价。李习保（2007）进一步对中国区域创新能力的变迁做了实证分析，发现我国区域创新能力差异日益扩大。针对区域创新能力的差异，魏守华等（2010）试图寻找造成差异的影响因素，发现区域创新能力受到研发活动规模、区域创新效率等因素的影响。还有学者对宏观层面的国家创新能力进行了研究，如范红忠（2007）发现收入差距对一国研发投入和自主创新能力有着十分重要的决定性影响。近年来，越来越多的学者从多维角度来研究创新能力，如李湛等（2019）发现，科技创新政策对企业不同创新阶段能力及企业创新具有显著影响；康淑娟和安立仁（2019）基于全球价值链的视角来研究网络嵌入、创新能力与知识权力之间的复杂关系，发现全球价值链嵌入能提升企业创新能力和知识权力。

（3）自主创新理论。学者在研究创新系统和创新能力时发现，自主创新是决定一个国家或主体创新能力的最大因素，也是创新的核心要求，成为学术界广泛关注的热点问题。陈劲是国内较早关注自主创新的学者，他在研究企业的技术创新能力时提出，企业的技术创新应以自主创新为主，要摆脱技术引进的依赖（陈劲，1994）。但自主创新的要求很高，不可能一蹴而就，模仿创新成为走向自主创新的阶梯。杨德林和陈春宝（1997）首先对模仿创新进行了界定，并把模仿创新看作自主创新的前期阶段，能促进高技术企业的成长。柳卸林（1997）则认为，模仿创新虽然能让企业创新少走弯路，但有很多局限性，应根据技术轨道的发展规律进行自主技术创新。万君康（2000）进一步研究了技术引进、模仿创新和自主创新三者之间的关联与差异。江小涓（2004）认为，在科技全球化趋势下，科技要素在全球范围内优化重组，能够通过"引进来""走出去"和更多新的资源组织方式充分利用外部技术资源，并利用这种机遇提升我国产业技术水平和创新能力，在自主创新和利用外部技术资源之间形成良性互动关系。胡锦涛同志在2006年1月9日召开的全国科学技术大会上做了题为《坚持走中国特色自主创新道路 为建设创新型国家而努力奋斗》的讲话[①]。此后，学术界掀起了研究自主创新的热潮。宋河发等（2006）分析了自主创新的内涵、特征和模式，并对自主创新的"自主性"进行了测度。吴永忠（2007）揭示了中国特色自主创新的特殊含义，并分析了我国科技资源的配置对开展自主创新的制约作用。2006~2020年，学术界对自主创新的研究热度长久不衰，每年都有上百篇相关文献发表。2018~2020年，学术界对自主创新的研究呈现高度发散的特征，研究成果非常丰富，如谢治春和赵兴庐（2017）基于动态能力理论，分析了三种典型的模仿者动态能力（组合创

[①] 《坚持走中国特色自主创新道路 为建设创新型国家而努力奋斗——在全国科学技术大会上的讲话》，http://www.gov.cn/ldhd/2006-01/09/content_152487.htm[2021-11-25]。

新能力、吸收创新能力、情报创新能力）在特定产业环境下对自主创新绩效的影响。郑安和沈坤荣（2018）运用数值模拟了"税收优惠""信贷补贴""直接研发补贴"三种产业政策如何影响平衡增长路径上的自主创新绩效及经济增长速率等内生变量。谢其军等（2019）研究了区域创新合作网络、知识产权能力影响区域自主创新的机制，为促进区域自主创新发展政策的制定提供了参考。

（4）协同创新理论。随着创新系统的复杂化和创新主体的增加，学者开始关注不同创新主体之间的协同问题，协同创新成为一种新的创新范式。Ansoff（1987）首次提出了"协同"这一概念，并把协同定义为"相对于各独立组成部分进行简单汇总而形成的企业群整体的业务表现，是基于资源共享的基础上，两个企业之间共生互长的关系。"此时的协同思想主要应用于企业之间资源共享方面的研究，但协同理念很快就成了理论界和企业界研究诸多问题的指导原则。后来 Haken（1987）经过持续研究，创立了协同学理论。到 20 世纪 90 年代初，Freeman（1991）和 Lundvall（1992）开创了以国家创新系统为代表的第三代协同创新理论，协同创新的思想和理论逐渐在区域发展管理实践中得到推广和应用。继此之后，国外诸多学者和机构对区域协同创新理论进行了坚持不懈的研究。其中，Freeman（1991）最早使用了"创新网络"的概念，将其视为"应付系统创新的一种基本制度安排，其主要联结机制是企业间的创新协同关系"。后来尼尔森基于创新进化论探讨了技术创新和制度创新的融合路径，Tidd（2000）研究了系统技术要素和制度要素间的协同过程，Aiginger（1998）着重关注了协同创新网络的创新主体与创新绩效等问题。这些开创性的研究为后来者奠定了扎实的基础。随着国外协同创新理论研究的不断繁荣，我国学者从 20 世纪 90 年代开始从哲学、系统科学、社会学、经济学和管理学等角度对协同创新问题进行了一系列的探讨。国内学者对协同创新的研究热点主要集中在集群协同创新、技术协同创新、知识协同创新、全面协同创新、协同论在协同创新中的应用研究、产学研协同创新、区域协同创新、协同创新网络等领域。

（5）开放式创新理论。在经济全球化背景下，创新资源的整合变得尤其重要，仅仅依靠内部资源的封闭式创新已不能满足创新主体的需要，开放式创新通过整合内外部创新资源，能获得最大化的创新产出（杨武和申长江，2005）。王圆圆等（2008）、彭正龙等（2011）对封闭式创新与开放式创新进行了多个方面的比较，归纳了开放式创新的显著优势。陈钰芬和陈劲（2009）认为开放式创新能显著提升中国企业自主创新能力。王雎和曾涛（2011）建立了一个整合性的理论框架来界定开放式创新的内涵与维度，高良谋和马文甲（2014）建立了包括开放式创新原因、过程和结果 3 个因素及其关系的整合框架，提出了开放式创新在中国情境下需要研究的现实与理论问题。经过近十年的实践，开放式创新已经成为一种模式（刘振和陈劲，2010；韦铁和鲁若愚，2011），对企业技术创新能力、创新资源共享都有不同程度的影响（杨静武，2007；王海花等，2012）。随着开放式创新的发展，越来越多的学者开始关注开放式创新对创新绩效的影响。陈钰芬和陈劲（2009）探讨了开放式创新促进创新绩效的机理；蔡宁和闫春（2013）提出了开放式创新绩效的概念及其维度构成，从财务和战略两个角度构建了开放式创新绩效的理论测度量表；李显君等（2018）研究了开放式创新与吸收能力对创新绩效的影响。刘海兵（2019）在深入分析创新情境、开放式创新和创新能力动态变化轨迹的基础上，构建了一个"创新情境—开放式创新—创新能力"的整合性分析模型。开放式创新经过持续发展，将形成开放式创新网络，从而充分整合各类创新资源。彭华涛和Bert（2014）揭示了开放式创新网络与战略网络、商业生态系统的关联性及内在逻辑；应瑛等（2018）研究了开放式创新网络中的价值独占机制，构建了"后发企业从开放式创新网络中价值独占"的理论框架。

（6）创新驱动发展理论。21世纪以来，中国经济发展驶入快车道，迅速成长为世界第二大经济体，但经济增长主要是由要素驱动和投资驱动带来的。面对粗放型经济增长方式带来的发展压力，转变经济增长方式迫在眉睫。根据世界经济发达国家的发展历程，我国必须由靠要素驱动和投资驱动转变为靠创新驱动。创新驱动发展的实践和研究以党的十八大的召开为明显转折点。在党的十八大召开之前，创新驱动发展的实践尚不多见，学术界的理论研究也是凤毛麟角。科学技术部（以下简称科技部）前部长万钢较早提出创新驱动发展理念，2008年北京奥运会圆满成功后，万钢（2008）认为，北京奥运会是一场科技奥运，体现了创新驱动发展理念，丰富了对创新内涵的认识和理解。随后，中国科学技术发展战略研究院（2010）呼吁"调整我们的思路和政策：以创新驱动发展"。梁运文和劳可夫（2010）是学术界较早提出创新驱动发展理念的学者，他们在研究中指出，中国国家发展突破"创新驱动"断裂的宏观战略，必须建立中国国家"创新驱动"发展传导保障机制。2012年之前，学术界关于创新驱动发展的文献还不多见，每年只有零星几篇。2012年11月8日召开的党的十八大明确提出"实施创新驱动发展战略"[①]，此后，关于创新驱动发展的研究文献呈现爆炸式增长，2013年至2020年，每年都有150篇以上的相关文献发表出来。中国知网收录的期刊文献变化趋势如图1-2所示。

从图1-2可以看到，2010~2016年篇名中含有"创新驱动发展"的文献不断增加，其中2012~2013年的增幅最大，这主要是因为党的十八大明确提出"实施创新驱动发展战略"，2013年研究创新驱动发展的文献急剧增加，在2016年达到顶峰。2017年及以后，创新驱动发展的研究热度有所下降，导致2016~2020年篇

---

① 《胡锦涛在中国共产党第十八次全国代表大会上的报告》，http://www.gov.cn/ldhd/2012-11/17/content_2268826_3.htm[2021-11-25]。

名中含有"创新驱动发展"的文献在不断减少。

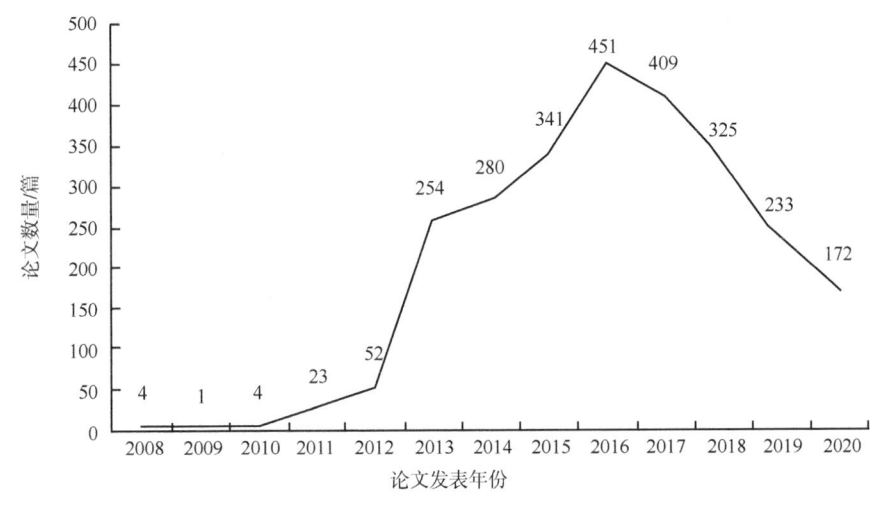

图 1-2 中国知网收录的期刊中篇名含有"创新驱动发展"文献数量变化趋势

梳理 2008~2020 年的所有文献，发现学术界对"创新驱动发展"的研究呈现以下几个特点。第一，创新驱动发展的研究以党的十八大的召开为明显转折点，2013 年之前每年只有零星几篇文献，2010~2016 年文献急剧增加，在 2016 年达到顶峰，2016~2020 年文献在不断减少。第二，在所有相关文献中，文献主题涉及较多的有"创新驱动发展""创新驱动发展战略""创新驱动""企业管理""科技创新""科技体制改革""创新创业"等，这些主题词基本勾勒出创新驱动发展战略的核心内容。第三，学术界对"创新驱动发展"的研究呈现出阶段性、聚集性、递进性等特征。由于党的十八大才正式提出"实施创新驱动发展战略"，此前学术界对创新驱动发展的研究并不多，对创新驱动发展的认识也很浅显，因此2012~2014 年的文献主要聚焦于创新驱动发展的内涵、战略意义、理论渊源、关键要素、路径选择等方面，该阶段的文献基本属于理论研究范畴。随着创新驱动发展战略的深入实施，各地的实施情况和效果成为学术界的研究热点，2015~2017年出现了大量研究地方创新驱动发展战略实施情况的文献，如广东、上海、浙江、江苏、山东、河南等地，这些文献主要探讨地方创新驱动发展战略的实施现状、问题、对策等内容；该阶段还出现了较多研究行业领域创新驱动发展状况的文献，如制造业、金融业、互联网、农业、知识产权等。2017 年之后的文献更多地关注创新驱动发展战略的实施效果、能力测度、评价体系、绩效评估、发展趋势等深层次的研究，实证分析类和定量研究类的文献明显增多，表明学术界对创新驱动发展的研究已由对内涵的理论研究过渡到对地方的实践研究再深入到对效果的实证研究，形成了具有中国特色的创新驱动发展研究体系。

2. 公共财政支持创新驱动发展的理论研究

由于创新具有很大的不确定性，需要充足的资金保障，政府的财政支持是实施创新驱动发展战略的有力保障。财政支持科技创新的理论依据与作用机理是学者关注的重要内容之一。关于政府干预技术创新合理性问题，Arrow（1962）与Nelson（1959）最早应用了"市场失灵"理论，他们认为，由于技术创新具有收益的非独占性、过程的不可分割和不确定性的特点，资源不能在单纯依靠市场力量的情况下达到最优配置。财政能够实现外部效应内部化和降低风险，增加科技公共产品的供给，为此，财政是推动科技发展的重要动力（邓子基和方东霖，2008）。Cohen（1994）研究指出，在解决研发风险问题中，非常有效的方式当属政府补贴。利用税收补贴制度不仅有利于实施政府采购制度，而且能够惠及相关研发活动，从而提高企业进行研发的积极性。但作为市场主体的企业，其生产经营的目标是获取利润最大化，而基础研究具有较大的风险性，需要长期的持续投入，会形成高昂的机会成本。因此，企业没有动力投资基础研究，这就需要政府通过财政投入来加以保障，并通过科技政策引导社会资本进行投入（Bellais，2004）。但是，企业是重要的创新主体，尤其是对高新技术企业而言，加大研发投入才能保障企业的创新产品。Palazzi（2011）进一步从理论上探讨了政府税收优惠政策对科技创新的作用机理。

国内学者也就财政政策，特别是税收政策，如何推动科技创新进行了深入分析。在理论研究层面，学者的研究主要集中在财税政策对促进创新的作用、财税政策介入创新的理由和必要性、财税政策的激励效应、财税政策的边界、财税政策的功能等方面。

财税政策作为政府使用频率较高的宏观经济政策之一，对促进企业技术创新具有重要作用，具体表现在促进企业技术创新机制的健全与完善、增强企业创新能力、刺激企业创新欲望、规范企业创新行为、创造良好的企业技术创新外部环境等方面（夏兴萍，1998）。企业创新的重点是实现自主创新，坚持自主创新是建设创新型国家的重要路径。但自主创新具有很大的不确定性和风险性，加上市场本身具有的外部性和信息不对称等缺陷，这些特征和缺陷要求政府通过实施财税政策来促进企业的自主创新（曲顺兰，2006）。实践表明，政府的财税政策在促进自主创新方面的作用明显，并且不同的财税政策在激励自主创新方面的效应是不一样的（曲顺兰和路春城，2007）。刘军民（2009）也认为，财税政策对于促进、引导和激励企业的自主创新活动，提高其创新能力具有至关重要的作用。财税政策的功能主要在于为企业提供创新动力和持续性的经济激励，并创造良好的共同条件和外部环境。那么，财税政策究竟是如何促进技术创新和自主创新的呢？首先要合理界定政府介入创新的边界，袁浩然（2010）认为，科技创新财税政策的合理边界应由科技创新活动外部性的大小来界定。其次要对不同财税政策的激励作用进行区分，范柏乃和班鹏（2008）的研究发现，科学合理的税率、贴息率、固定资产折旧率等财税政策是增强企业自主创新动力和提高企业自主创新能力的重要因素。最后还要对不同创新阶段的财税政策进行分类，创新一般包括研发、成果转化、产业化生产等过程，邓子基和杨志宏（2011）的研究发现，在研发阶段与成果转化阶段，财政支持与税收优惠都很重要，但研发阶段对财政支持更为敏感，而成果转化阶段对财政支持与税收优惠的敏感性大体相当；在产业化生产阶段，政府采购政策与税收政策具有重要影响，对政府采购政策更为敏感。宁靓和李纪琛（2019）从财政补贴、税收优惠政策两个维度，运用多元回归模型实证分析了财税政策对科技型中小企业技术创新活动中的创新投入与创新产出阶段的激励效应。实证结果表明：财政与税收政策对科技型中小企业技术创新活动的激励效应程度存在着差异；在创新投入阶段，财政补贴的激励效应更为显著；在产出阶段，税收优惠的激励效应更为显著；财政补贴中的研发补贴、利息补贴，以及税收优惠中的直接优惠、间接优惠的激励效应也分别存在着差异。

财税政策不仅在促进创新中扮演了重要角色，还是实现产业结构优化升级的重要政策工具。王华和龚珏（2013）认为，我国已经建立了以税收抵免为中心的鼓励科技创新的财税政策体系。但现行财税政策在制度设计、调节引导、激励机制、贯彻执行等方面还存在不足之处（辜胜阻和王敏，2012）。张新和任强（2013）研究发现，政府对企业研发直接补贴带来的增长效应最为显著；同时，税收结构调整有助于实现税收制度对企业创新激励的最大化；而目前我国的财税政策工具之间并不存在明显的抵消效应。曹艳杰等（2018）研究了财税政策与创新转化机制、创新效率的内在联系。研究发现，政府财税政策虽然对企业创新投入和创新产出有不同程度的激励作用，却在总体上损害创新转化机制运行，导致创新主体错位、创新动力扭曲、创新风险约束松弛，进而对企业创新效率产生负面作用。徐建斌和李春根（2020）的研究发现，我国政府采购在整体上对企业技术创新产生了显著的促进作用，但该影响效应存在明显的行业差异性。

3. 公共财政支持创新驱动发展的实证研究

政府支持创新的财税政策始终伴随着创新活动的开展，针对政府通过财税政策支持创新的影响、效果、作用等，学者进行了深入的实证研究。国外学者的实证研究主要集中在税负、税率、研发补贴对技术进步与创新的影响等方面。Jorgenson 和 Fraumeni（1981）是国际上较早关注税负对技术进步影响的学者，他们通过实证研究发现，税负与技术进步增长率之间存在负相关关系，即较低的税负有利于促进技术进步，而较高的税负则会阻碍技术进步。企业作为技术创新的主体，离不开政府财税投入的支持，Hussinger（2008）的实证研究表明，政府投入的公共资金对企业的研发投入具有放大效应，从而促进了企业的创新产出。在企业的创新产出中，专利拥有量是个非常重要的衡量指标，而在专利研发的投入中，政府税率是个不可忽视的影响因素。Waegenaere 和 Sansing（2012）的实证研究发现，一个国家税率对专利研发投资水平的影响与生产国具有密切的联系，如果是在国内进行生产，较高的国内税率会降低专利研发投资水平；如果是在国外进行生产，较高的国内税率反而会增加专利研发投资水平。此外，政府对企业给予的研发补贴对企业的研发支出具有较大的激励效应，尤其是针对涉及国际合作的中小企业而言，政府的财政补贴和企业的私人融资对企业的研发产出具有不同程度的影响，财政补贴所带来的社会资本投入能显著增强创新产品的竞争力（Hottenrott and Lopes-Bento，2014）。

国内学者的实证研究主要集中在税收政策对企业研发投入的影响、财政科技投入对创新的影响等方面。税收优惠政策能降低企业的经营成本，让企业有更多的资金投入对创新活动的支持中，从而增加了企业的研发投入。李丽青等（2005）发现研发税收优惠政策对企业研发投入具有正向的影响。蒋建军和齐建国（2007）的研究也发现，税收激励政策促进企业增加研发投入的效应是明显的。匡小平和肖建华（2008）的研究进一步发现企业自主创新活动对所得税的反应较为敏感。除了税收政策对企业创新具有显著的影响，财政投入也能促进科技创新。李惠娟和朱福兴（2008）的实证分析发现，地方财政科技投入与科技创新之间呈现出长期稳定的特征，地方政府通过财政科技投入推动了地方科技创新。张同斌和高铁梅（2012）考察了财政激励政策与税收优惠政策对高新技术产业发展的影响，发现财政激励政策比税收优惠政策能够更加有效地促进高新技术产业的产出增长。崔也光等（2017）从会计的视角研究了区域创新能力对财税政策与企业研发强度关系的影响，实证分析了以研发相关的政府补贴和所得税优惠为主的财税政策对企业研发强度的作用效果，并验证了区域创新能力对财税政策与研发强度关系的调节作用。

随着财税政策体系的完善和财税政策工具的多元化，支持创新的财税政策既有直接支持方式也有间接支持方式，既有财政补贴、税收优惠的单一政策，也有两者同时实施的组合政策，学者对这些财税政策支持创新的效果进行了实证分析。从高新技术企业的创新来看，庞兰心和官建成（2018）的研究发现，政府的直接资金资助对高技术企业非市场化导向的创新产出作用更为显著，而间接的减免税政策更有助于企业市场化导向的创新活动。他们还发现，企业年龄和企业规模对政府财税政策与企业创新具有调节作用，政府直接资金资助对初创期企业创新产出的作用更强，而减免税对促进新创企业创新的经济绩效的作用并不显著，甚至有时候作用为负。张娜和杜俊涛（2019）研究了财税政策及其不同组合对高新技术企业和国有、非国有企业创新效率的影响，研究结果表明，财政补贴对高新技术企业创新效率的影响要大于税收优惠；财政补贴和税收优惠通过交互作用共同作用于高新技术企业的创新效率；财政补贴和税收优惠对非国有企业创新效率的促进作用大于对国有企业创新效率的促进作用。姚林香和冷讷敏（2018）的研究发现，税收优惠、财政补贴政策两者之间的激励效应和作用机理差异明显，对不同行业的激励效应也不尽相同。税收优惠政策不仅显著激励了企业创新，还通过显著增加企业研发资金和研发人员间接激励企业创新；财政补贴政策显著抑制了企业创新，但通过显著增加企业研发资金间接激励企业创新。肖建华和谢璐华（2020）的实证分析发现，营业税改增值税（以下简称营改增）能有效引导企业创新资源流向，改善企业创新资本资源和人力资源配置情况。席卫群（2020）运用普通最小二乘法（ordinary least squares，OLS）估计和阶段最小二乘法（stage least squares，SLS）估计建立回归模型分析了财政补贴对企业创新活动的影响，发现财政补贴降低了制造企业的创新成本、分散了研发风险，鼓励企业进行发明专利的研究，并且对低资本密集度企业的创新研发影响显著，但对高资本密集度企业的研发人员比率与发明型专利申请影响不显著。

1.3.2 支持基础研究的财税政策

基础研究是原始创新的重要来源，也是一个国家科技创新能力的重要体现，因而得到世界各国的高度重视。基础研究由于研究周期长、研究结果的不确定性高、研究过程的风险大等特征，市场力量没有动力投入基础研究，往往需要政府财政资金的大力支持。政府财政对基础研究的直接支持是科技发达国家的普遍做法，也得到了科技界和学术界的广泛认同。此处分别从财政支持基础研究的影响因素、财政投入基础研究的效果评价、财政投入基础研究存在的问题、财政投入基础研究的有效路径、不同财政工具对基础研究的影响效果五个方面进行文献综述。

1. 财政支持基础研究的影响因素

一个国家及其地方政府财政支持基础研究受到多个因素的影响，其中影响较大的因素有经济开放度、宏观环境等。

经济开放度对政府基础研究投入的影响。Gersbach 等（2013）在假定经济增长被基础研究投资和领先技术进口所推动的基础上，研究了基础研究投入与经济开放度的关系，研究发现：一方面，经济开放度的提高导致基础研究投入的增加；另一方面，如果领先技术有进口的可能，开放度的提高反而会降低一国基础研究的投入。开放经济条件下一国对基础研究的投入随着一国人力资本水平上升、自身市场规模下降而增加（Gersbach et al.，2013）。雷小苗和李正风（2020）的研究发现,"市场导向型基础研究"是支撑技术成熟型高科技产业发展的逻辑基础,具有与市场需求链接强度大、研究成果可转化性强等特征。

宏观环境对政府基础研究投入的影响。吴林海和杜文献(2008)对1991～2005年我国研发投入与经济增长的相关数据进行协整分析与因果关系检验后建立了误差修正模型,证实我国经济增长与研发投入存在着某种长期的均衡关系,但二者之间不存在双向的影响关系。黄荣晓等(2014)以2006～2010年《高等学校科技统计资料汇编》中的数据为基础,分析了政策因素、历史因素、学术环境因素对高校基础研究的影响。Czarnitzki 和 Thorwarth(2012)在验证基础研究拉动效应中加入了企业异质性的特征,发现基础研究投入对低技术企业技术进步无正向溢出效应。周文燕(2006)从内因和外因分析了影响我国高校原创性基础研究水平的因素,内部因素中高校变革对基础研究的推动作用还没有起到明显的效果,人才培养和挽留机制还不完善,高校目前的治学导向影响了基础性研究的发展;外部因素中我国现行科研体制、机制和政策对提高我国高校原创性基础研究的水平不利,政府科研投入不足。以上研究分析了不同因素对财政支持基础研究发展的关联情况,对于制定合理的基础研究财政支持政策具有重要的启示意义。

2. 财政投入基础研究的效果评价

对于基础研究政策的研究主要集中在战略方向、投入力度、政策评价等方面。基础研究投入是产生原创性成果的重要物质基础,科研队伍水平、政策支持力度对于提升创新效率具有显著作用(刘树峰等,2019)。一些学者对我国基础研究政策文本进行量化分析并进行了效果评价。在系统梳理我国1972～2017年基础研究政策文本后,黄倩等(2019)提出,我国基础研究政策内容侧重项目管理和人才培养,忽视设施建设,且大部分基础研究政策较为"温和",形式以通知、办法、意见为主,而此类政策不具有强制性,整体影响程度小,执行力度低。李春艳等(2019)认为,与发达国家相比,我国科技政策演进较快,但鼓励基础研究的政策效率不足;政策工具缺乏协调性,需求政策在数量和效力上不及供给政策和环境政策;进一步对具体政策分析发现,专利制度、政府拨款在我国得到了重视,而税收优惠政策、政府采购政策有所欠缺。整体上,我国科技创新能力落后于经济发展(朱正奎,2013)。罗珵(2019)运用我国30个省区市1998～2014年省级面板数据测度我国基础研究投入对技术进步的影响,发现基础研究投入对我国技术进步具有促进作用且影响显著,但其通过知识溢出、人力资本、专利等方式促进技术进步的作用并不明显。

部分文献以企业为研究对象,探讨了财政支持基础研究的政策效果。Arrow(1962)、Yager 和 Schmidt(1997)提出,由于单个企业无法获得创新成果的大部分收益,所以企业投入的主动性受限,整体投入水平低于社会的最佳水平。而政府的资助可以调整企业自身收益与社会共享收益的差距，同时可以降低企业整体研发的成本和市场风险，激励企业对于研发的投入。Hussinger（2008）利用参数和半参数选择模型进行实证检验，结果发现公共研发经费增加了企业的研发产出。对于涉及国际合作的中小企业，相对于私人融资，政府有针对性地对企业研发提供补贴所诱发的投资在创新产品的市场转化上更有效（Hottenrott and Lopes-Bento，2014）。张龙鹏和邓昕（2021）发现，以国家重点实验室为依托的基础研究发展能够通过知识溢出机制显著提升企业的技术创新能力。但部分学者提出了相反的意见，认为财政投入对基础研究存在挤出效应。Herrera 和 Sánchez-González（2013）提出，政府研发经费投入刺激了企业对应用研究和技术开发领域的投入，但对基础研究领域的投资并未产生影响。

3. 财政投入基础研究存在的问题

尽管世界多国政府普遍通过财政支持本国基础研究，但在具体的支持过程中，财政投入基础研究仍然存在一些问题，这些问题也引起了学术界的广泛讨论。综合来看，这些问题主要集中在经费投入、经费使用、经费来源、经费区域分布、项目成本管理等方面。

（1）基础研究经费投入的问题。总体而言，我国基础研究经费投入比重呈下降趋势，基础研究经费投入比重和强度整体偏低，与科技经济发展水平不相适应（高茹英等，2008；王利政，2011；姚常乐和高昌林，2011）。刘云等（2013）对美国基础研究管理体系、经费投入进行分析后，发现我国基础研究总体支出较少，1953~2014 年，美国基础研究经费年均增长率为 6.2%，超过国内生产总值（gross domestic product，GDP）年均增长率 3.3%和研发经费年均增长率 4.6%。20 世纪 90 年代以来，美国基础研究经费占研发经费比例维持在 15%~19%，而我国该比例多年来持续保持在 5%左右，显示出我国对基础研究的重要性认识长期不足。

（2）基础研究经费使用的问题。从研发投入上看，相对于资金投入强度，更多地区表现出人力资本投入不足，且经费在使用过程中存在分配不合理、浪费、考核体系脱离实际等问题（刘树峰等，2019）。在我国基础研究绩效评估方面，存在国家目标缺位、评估原则不明确、评估方法特别是同行评议法的使用不合理等问题（郑栋伟和陈宏民，2009），政府用于促进科技创新的科技投入资金使用效率较低，尚需改进（吴芸，2014）。从基础研究产出上看，朱军文和刘念才（2010）利用科学计量方法，对 1978~2009 年我国高校基础研究产出规模及其影响力变迁轨迹进行研究，结果表明我国高校基础研究产出的整体影响力仍低于世界平均水平。整体上，我国在政策制定上存在突出实用导向、弱化科学导向，突出研发投入强度、弱化基础研究投入，突出高校成果转化、弱化基础研究要求等方面的缺陷（张炜等，2016）。

(3)基础研究经费来源的问题。2008年金融危机后,世界发达国家在基础研究的投资更倾向具有前瞻性、卓越性、能够化解危机能力的研究领域。各国政策报告中,均体现出对于强调高风险研究和追求高水平知识创新能力的政策倾向。新形势下,政府作为基础研究政策的唯一制定者远远不够,将利益相关者引入基础研究的决策过程已成为各界共识(丁大尉等,2015)。在我国,中央财政科技拨款是基础研究经费的主要来源,地方财政投入极少,财政基础研究科目经费中用于基础研究的比例只有六成,且高校研发经费中用于基础研究的比例偏低(王利政,2011;姚常乐和高昌林,2011)。吕薇(2020)认为我国基础研究薄弱的主要原因是缺乏有效推进基础研究的政策和体制机制、资金来源单一、主要依靠中央政府投入。

(4)基础研究经费区域分布问题。方勇等(2011)的研究发现,我国基础研究的经费投入在地区分布上高度集中。其中,华北地区占研发机构基础研究经费支出的46%,华东地区占23%,其他地区均不超过10%,这反映了我国基础研究投入在华北、华东地区集聚的特点。国家自然科学基金委员会是我国基础研究经费的重要来源,马廷灿等(2011)通过对"国家自然科学基金竞争能力指数"进行测算后发现,我国31个省区市的基础研究力量在地理分布上存在严重的不均衡现象,省区市之间的差异较大,其中东北部的竞争力最强。

(5)基础研究项目成本管理问题。一些研究分析了基础研究领域科研项目成本管理中存在的问题:科研项目间接成本概念不清晰,缺乏科学核算方法;科研项目成本补偿编制内人员工资没有得到有效规范(阿儒涵和李晓轩,2014)。同时注意到政府科研项目的间接费用补偿不仅实现了机构层面的收支平衡,还成为政府激励依托机构和个人的重要管理工具。阿儒涵和李晓轩(2014)比较了美、英、日三种典型的间接费用补偿模式,系统梳理并分析了我国间接费用补偿模式的发展历程及存在的问题,进一步提出了对政府科研项目间接费用补偿模式改革的政策建议。

4. 财政投入基础研究的有效路径

财政资金通过何种方式投入基础研究?具体路径有哪些?有效性如何?田华等(2007)认为越是经济发达的国家,越是注重基础研究经费的投入,其经费投入具有两个特点:一是"撒胡椒面"式地全面投入基础研究的各个领域;二是重点投入各自优先发展的领域。李红林和曾国屏(2008)提出,国家必须要有基础研究计划,政府应当成为基础研究的主要投入者,由核心部门主导,由事业性中介机构实施和协调;企业也要成为基础研究投入的重要力量;基础研究优先投入领域要有动态性,要体现政府与科学家共同体的互动性。为了提高中国产业的核心技术创新能力,应该推进政府计划与市场机制在资源配置上的互补,加强产业驱动型基础研究（柳卸林和何郁冰，2011；徐雪芳和杨爱华，2008；眭纪刚等，2013）。于绥生（2015）探讨了增加基础研究投入的几个路径，提出建立和完善国家基础研究的中心和实验室等具有世界一流水平的科研基地、改进和完善基础研究评价方式、加强国际交流与合作及优化学术环境是提高基础研究原始创新能力的重要途径。孙昌璞（2020）认为，实现基础研究的多元协同支持是解决当前"卡脖子"问题的关键。

此外，大量文献介绍了国内外基础研究项目资助管理体制（刘芳等，2014；李明，2010）。郝君超等（2015）分析了美国国防部高级研究计划局（Defense Advanced Research Projects Agency，DARPA）的科研项目组织模式。段异兵等（2010）以澳大利亚、加拿大、英国和美国的医学基础研究资助机构为研究对象，探讨其同行评议程序、评议指标和决策过程，发现医学基础研究同行评议高度重视会议评审环节，强调对健康事业的应用价值，注重发挥主评审人的作用，重视引入利益相关者参与机制。陈强和朱艳婧（2020）梳理了美国联邦政府支持基础研究的发展历程及管理体系，发现联邦政府支持基础研究具有四个特点：重视政策立法的宏观引导、建立稳定的经费投入机制、采取灵活多样的资助方式、实施严谨公正的评估机制。范旭和张毅（2020）建议，地方政府要切实提高对基础研究的重视、不断加强对基础研究的政策支持、探索建立地方基础研究的交流合作机制、持续加大对基础研究的财政投入力度、进一步优化研发投入结构等。

5. 不同财政工具对基础研究的影响效果

随着财政政策工具在支持基础研究领域的广泛使用，学者开始关注财政工具的支持效果及对基础研究产生的影响。Holemans 和 Sleuwaegen（1988）、Antonelli（1989）、Klette 和 Moen（2012）、Toivanen 和 Niininen（2000）分别利用比利时、意大利、挪威、芬兰企业层面的数据，以企业研发支出为因变量，政府直接资助为自变量进行回归分析，研究均发现政府直接资助对企业研发活动的影响为正，从而证明二者之间为互补关系。柳卸林（1993）较早对支持科技发展的政策工具进行了分类，根据政策工具的作用方式将其分为供给政策、需求政策与环境政策三种类型。其中，供给政策主要是政府为激励创新实施的财税政策，包括财政拨款、财政补贴、税收优惠、税收减免等；需求政策主要是政府为企业创新活动提供机关支持的政策，包括政府采购、风险投资、创新引导资金等；环境政策主要是政府为鼓励企业创新所给予的法律法规等方面的支持政策。在基础研究领域，财政补贴、税收优惠、政府采购是三种最常见的财政政策工具，也是学术界研究比较集中的工具。

（1）财政补贴。Cohen（1994）研究指出，在解决研发风险问题中，非常有效的方式当属政府补贴。利用财政补贴制度不仅有利于实施政府采购制度，而且能够惠及相关研发活动，从而能够提高企业进行研发的积极性（Stoneman，1991）。特别是对于基础研究而言，由于它的长期性和风险性，使用公司的资本金或当期利润进行基础研究，会形成高昂的机会成本。因此，公司投资基础研究的热情小，政府就要干预，通过科技政策加以引导，构建出调动全社会科技投入的良性机制（Bellais，2004）。Wu（2005）研究也认为，私人企业如果能够获得政府税收优惠政策，将会被激发出对研发活动的投资热情；同时，政府对大学的研发经费投入会带动私人企业投资研发活动。刘楠和杜跃平（2005）、柳剑平等（2005）等采用博弈论方法对税收优惠及财政补贴两种政策工具进行了比较分析，认为财政补贴无法提高对企业研发努力程度的激励。苏盛安和赵付民（2005）通过广义矩估计（generalized method of moments，GMM）分析了政府科技投入政策工具对大中型工业企业科技投入的影响，结果发现政府直接资助对于大中型企业科技投入的弹性是-0.254，对科研机构的弹性是0.166，对高校的弹性是0.136。同时，政府资助会产生滞后两期的挤出效应，而对于科研机构和大学研究则产生同期的外溢效应。陈远燕（2016）通过实证分析发现我国财税政策激励了企业的研发投入，相比较而言，财政补贴较税收优惠激励效应更强。姚林香和冷讷敏（2018）以141家战略性新兴产业上市公司为研究对象，对比财政补贴与税收优惠的政策效果，发现税收优惠不仅直接激励企业创新，且间接增加了企业研发资金投入及研发人员的研发热情，而财政补贴抑制了企业创新，仅在间接层面激励企业研发。

（2）税收优惠。综合来看，学术界比较认同税收优惠政策对促进创新活动的激励效应。Bloom等（1998）利用8个国家的研发税收优惠数据，对企业的成本利润率进行了测算，发现税收优惠政策能显著减少企业的纳税支出。Guellec和van Pottelsberghe（2003）进一步将研究对象扩展到17个经济合作与发展组织（Organization for Economic Co-operation and Development，OECD）国家，同样发现税收优惠在减少企业税负的同时，也促进了企业研发支出的增加。Ernst等（2014）通过研究税收对欧洲企业专利申请的影响，发现研发税收激励显著影响研发投资，税负主要影响研发的投资规模和专利申请数量。李嘉明和乔天宝（2010）实证分析发现，研发税收优惠政策所带来的经济整体社会回报率明显高于企业带来的预期回报率。宁靓和李纪琛（2019）从财政补贴、税收优惠政策两个维度分析了财税政策对科技型中小企业技术创新活动中的创新投入与创新产出阶段的激励效应。实证结果表明：在创新投入阶段，财政补贴的激励效应更为显著；在创新产出阶段，税收优惠的激励效应更为显著；财政补贴中的研发补贴、利息补贴及税收优惠中的直接优惠、间接优惠的激励效应也分别存在着差异。

（3）政府采购。在政府采购对研发活动的影响上，Edler和Georghiou（2007）指出：第一，政府采购形成了重要的"本地需求"，而且政府采购很可能就是首购者，起到市场示范作用；第二，政府采购起到了降低市场失灵的作用，政府采购克服了买卖双方的信息不对称,政府巨大的采购规模很容易达到需求的临界点,因而减少了因网络外部性造成的转换成本。

政府采购制度对鼓励企业开发创新产品具有重要的引导作用,虽然不能直接作用于基础研究,但创新产品的首要环节是基础研究的突破,政府采购政策通过调节市场需求,对创新产品进行首购,从而间接激励基础研究(刘慧,2005)。基础研究是原始创新的重要来源,原始创新则是自主创新的核心要义,学者普遍认为政府采购政策能促进企业自主创新能力的提升(王丛虎,2006;艾冰和陈晓红,2008;李建军和朱春奎,2015)。那么,政府采购政策是如何激励企业创新的呢?激励效应如何?王铁山和冯宗宪(2008)探讨了政府采购对产品自主创新的激励机制,发现了政府采购促进产品自主创新的3个企业内部要素和3个社会环境因素,以及它们对自主创新的推动和拉动作用。但也有学者认为政府采购政策的促进作用有限,并表现出较大的差异。李燕和朱春奎(2016)的研究结果表明,政府采购并没有对技术创新产生积极的推动作用,且政府采购对技术创新的影响作用在不同类型的创新产出之间与不同地区之间呈现出明显的差异。桂黄宝(2017)运用空间计量模型评估后发现,中国政府采购政策在实施初期阶段不仅没有促进技术创新,反而显著地阻碍了创新,但随着中国政府采购政策自主创新激励目标的确定,其政策效果有所改善,不过其促进技术创新的政策功能仍十分有限。

1.3.3 激励企业技术创新的财税政策

时至今日,自主创新能力已成为国际竞争的重要"筹码"。我国自主创新能力不足影响了我国国际竞争力的进一步提升,同时制约了我国经济持续和谐发展。因此,要突破自主创新瓶颈,防止"技术空心"化,实现国家科技竞争战略,必须提高自主创新能力,尤其是企业技术创新能力。本节从财税支持企业技术创新的关键领域和主要政策工具进行文献综述。

1. 财税支持企业技术创新的关键领域

自主创新是一个复杂的过程,一些国家能够取得良好的效应而另一些国家为此支付了巨大的成本,效果却不好,其实关键的问题在于税收激励没有找准自主创新培育与成长的核心领域。当前,学术界对财税支持企业技术创新关键领域的研究集中在以下三个方面。

(1)支持企业研发活动的财税政策:发达国家近十几年来越来越重视创新需求鼓励政策,以税收优惠政策带动了相关领域的创新活动(湖北省税务学会课题组,2015)。OECD国家对大中型企业的研发项目支出采用所得税抵免政策;对小微企业的研发项目支出则实施应税收入抵免政策。当企业经营亏损时，其研发支出可以向以后年度经营期间进行抵扣，即所谓亏损后转政策（刘斌等，2013）。美国建立了技术准备金制度，企业从应纳税所得额中提取投资准备金、风险准备金和研发准备金，而无须缴税（刘晓凤，2013）。日本政府允许企业提取科研专项准备金。计算机厂商可以在税前提取销售额的10%作为损失准备金（徐鹿和王艳玲，2012）。卜祥来（2014）发现，我国政府资金的扶持、所得税优惠、货物劳务税优惠及企业自身的盈利情况和发展周期都会影响企业的研发活动。杨雪等（2015）的研究结果表明：我国自主创新政策总体实施效果良好，从产出效率来看，不同部门存在发展不均衡的特点，企业研发投入对产出的促进作用最高；从产出结构来看，政策对高校专利申请量及企业发明专利申请量的推动效果更显著。李传喜和赵讯（2016）研究发现，税收优惠与政府补助均能够促进企业研发投入，且两种政策工具之间具备协同效应。

（2）支持企业家创新行为的财税政策：在企业创新活动中，企业家感知市场需求与技术机会更敏感，他的价值取向与管理偏好是企业创新的主要动力。因此，财税优惠政策必须靠企业家发挥影响。熊彼特（1999）在20世纪就指出企业家是社会经济增长的源泉，因为企业家的创新观念促进生产率提高。财税优惠政策通过影响企业家来支持企业的技术创新，企业所得税税率低于个人所得税有助于鼓励企业家冒风险开展技术创新活动（Gordon，1998）；Gentry和Hubbard（2003）也证明个人所得税率累进税率会弱化企业家承担风险的能力，不利于开展毁灭性的创新活动；而Cullen和Gordon（2002）通过分析税收体系对于企业家活动的影响，并利用美国1964~1993年的数据实证验证了上述观点。沙亦鹏等（2019）发现，企业家参与研发的发明专利成果会显著提升公司业绩，但发明专利成果对公司业绩的贡献大于企业家参与研发的外观设计及实用新型成果对公司业绩的贡献。

（3）支持企业人力资本投资的财税政策：税收优惠政策对于人力资本投资与积累的效应比研发支出的影响还复杂。Lucas（1988）认为人力资本在技术创新、经济增长过程中具有重要作用。Schultz（1961）通过研究个人所得税与公司税的差异，发现了税收制度不利于人力资本积累的问题。但是Boskin和Peggy（1975）对Schultz的这种观点进行了批评，他认为放弃的机会收入是人力资本的最重要成本，而不是学费，因此，税收优惠政策对人力资本投资的影响是中性的。Eaton和Rosen（1980）根据威利斯等对读大学概率的影响因素分析，对美国税收对就读大学的概率的影响进行了分析，结果发现个人累进所得税确实降低了就读大学的概率（Rosen and Willis，1979）。此后，有学者也从风险确定与不确定、人力资本等内容方面分析（Eaton and Rosen，1980；Rosen and Willis，1979；Sgontz，1982）。在关于自主创新财税政策设计方面，我国近年来出现了很多富有思想的研究成果。

胡子昂（2007）要求鼓励人力资本投资的税收优惠政策。研究表明，税收优惠政策对人力资本投资会有重大影响。邹洋等（2016）的研究结果表明：政府补助、税收优惠对企业研发投入均有激励效应，其中政府补助的激励效应大于税收优惠。税收优惠中，流转税优惠的激励作用大于所得税优惠。马永军等（2020）认为企业取得高创新绩效的路径有两条，即海外留学经历-税收优惠主导型和性别-海外留学经历-财政补贴主导型。

2. 财税支持企业技术创新的主要政策工具

财税支持企业技术创新的政策工具很多，整个财政收支过程都可以作为财政政策工具来使用，不同的政策工具对自主创新活动的支持特点各不相同，从已有文献来看，对企业技术创新的财税支持政策工具的关注主要集中于以下十个领域。

（1）支持企业技术创新的财政支出政策。公共支出是政府提升企业技术创新能力的有效手段。严成樑等（2010）在考察财政政策对经济增长的传递机制时发现，政府资本性支出比例上升，会使资本和劳动边际回报上升，同时会使政府的研发支出比例下降，这降低了经济增长的速度，因此，政府支出结构对于创新研发和经济增长都重要。苗文龙等（2019）研究发现，政府财政支出是企业技术创新支出增加的主要外在推动力，对企业创新具有显著的助推作用，对宏观经济及发展具有重要的正向作用，但具体效果还取决于企业创新投入情况。相比较而言，当创新企业技术投入率达到一定界值时，政府财政支出的效率会更高。

（2）支持企业技术创新的财政补贴政策。刘和东（2009）认为，初始企业结构、补贴政策力度等因素决定了补贴政策对创新的激励效应，其依据是对财政补贴的优化结构效应和分配效应的分析。董霄（2014）主张由企业先进行技术研发，取得研发成果并通过相关考核的，财政给予奖励；如果研发失败，则财政适当补偿。赵戊生（2015）认为技术研发补贴与政府采购政策有效地降低了企业技术创新成本。郭研和张皓辰（2020）发现，政府给予企业的创新补贴通过正向的溢出效应作用于经济增长，创新补贴通过水平溢出效应显著促进了区域内受资助行业的增长。

（3）支持企业技术创新的政府采购政策。李建军和朱春奎（2015）认为，近年来随着创新政策范式由供给面向需求面的逐渐转变，政府采购在各国推行的需求面创新计划中位于核心地位。政府采购可以为创新型服务或产品创造需求，加速新产品和服务商业化、扩散和应用的进程，从而对创新活动产生激励作用。从现行政策来看，虽然合芜蚌自主创新综合配套改革试验区对自主创新产品实行政府"首购制度"；但是缺乏实施细则，最终导致政府采购对试验区自主创新活动的激励作用不强（韩东林，2010）。王刚等（2015）通过大样本数据调研发现，政府采购政策对自主创新的正向作用最大，其他政策对自主创新的正向作用从大到小依次为政府重点投入政策、财税政策、管理政策、金融政策和环境政策。赵宇(2019)认为,我国政府采购在扶持企业技术创新方面起到了积极作用,明确的政策导向功能提高了政府采购激励技术创新的效应。徐建斌和李春根(2020)的研究进一步发现,我国政府采购在整体上对企业技术创新产生了显著的促进作用,但该影响效应存在明显的行业差异性。

(4)支持企业技术创新的科技投入政策。瑞典和德国政府科研投入稳定增长,政府科研经费重点投向基础研究(欧文汉,2012)。当前,国家科技经费投入结构不合理,企业从政府获得的科技活动经费偏低,财政资金政策缺乏配套协调,重点不突出,存在着"撒胡椒面"的现象,企业享受优惠成本过高(刘军民,2009)。徐博和王自强(2010)认为政府的科技投入重研发轻成果转化。窦鹏辉(2010)主张建立财政科技经费的绩效评价体系。陈庆江(2017)发现,政府科技投入提高了企业技术创新产出水平,但对企业技术创新效率的影响不显著。

(5)支持企业技术创新的流转税优惠政策。李晗(2010)认为,现行税制以流转税为主,而科技税收优惠政策却主要以所得税为主,这使以所得税为主的税收优惠政策对企业技术创新起不到预期的作用。吴则稳和薛道喆(2012)认为我国增值税支持企业自主创新的力度不够。智力投入能抵扣的当期进项税额十分有限,同时自主创新产品的附加值高,当期销项税额多,结果增值税应纳税额高,严重影响了企业技术创新的积极性。赵戊生(2015)发现技术研发投资及新产品税收减免可以提高企业资金使用效率。

(6)支持企业技术创新的所得税优惠政策。孙晓峰(2008)认为,税基优惠的实践效果针对性更强,传导的信号也更明确,税率优惠的刺激效果没有税基优惠那么明显。建立公平、透明、具有普惠制的税收激励机制,建立技术准备金制度,降低企业研发风险,允许企业所有研发费用在所得税前列支(马静,2012)。李欣洁等(2015)发现,我国现行所得税优惠政策对企业从事研发活动具有显著的激励效应。李远勤(2016)研究发现,政府背景能够强化企业所得税法对民营上市公司技术创新投入的激励效果。邱洋冬(2020)研究发现,所得税税基改革政策有效提升了国有企业三类专利申请数量,但整体上抑制了国有企业创新质量,特别表现在实用新型专利质量方面。

(7)支持企业技术创新的区域与行业优惠税收政策。赵春生(2013)指出,我国大部分支持自主创新的税收政策是特惠制,即区域"特惠"与行业"特惠",不利于企业技术创新。薛菁(2015)对福建省支持企业自主创新的主要财税政策在实践中的作用有效性进行实证分析,发现政府的财税支持政策对企业的自主创新活动产生了正向的激励效应;企业对财政激励政策支持其自主创新的有效性评价高于税收优惠政策;支持企业自主创新的所得税相关优惠政策在实践中应用最广;企业对间接税收优惠政策支持效应的评价大于直接税收优惠政策;行业特点影响着不同财税支持政策的作用效果；企业对享受政策带来效益与成本的比较、政府部门服务质量、企业运用政策的能力是影响企业申请和享受财税支持政策主动性意愿的关键因素。谢获宝等（2020）研究发现，营改增有助于促进企业技术创新投入，而税收征管强度削弱了营改增促进企业技术创新投入的积极效应。

（8）支持企业技术创新的政府引导基金。当前政府引导基金支持企业技术创新的效果如何一直是学术研究的热点话题。杨敏利等（2014）发现，在创业投资发展成熟省份，设立政府引导基金会挤出社会资金；但在创业投资发展落后省份，设立政府引导基金对社会资金有一定的引导作用。施国平等（2016）通过双重差分模型方法实证分析 CVSource 数据库数据发现：政府引导基金能引导私人创投机构投向早期企业，但不能引导国资创投机构投向早期企业；政府引导基金既不能引导私人创投机构投向高科技企业，也不能引导国资创投机构投向高科技企业。邓晓兰和孙长鹏（2019）通过实证分析，发现政府引导基金促进企业研发投资，企业研发投入促进产业升级，政府引导基金具有通过促进企业创新推动产业升级的作用机制。程聪慧和郭俊华（2019）通过分析 1996~2017 年的 114 篇国内外文献发现，创业投资政府引导基金对创业企业成长、创新活动活跃乃至整个经济发展都有显著的推动作用。程聪慧和王斯亮（2018）通过 50 家创业企业的研究样本，使用固定效应模型，检验引导基金对创业企业创新产出的影响，发现受引导基金支持的创业企业比未受引导基金支持的创业企业有更多创新产出。但是，国有创投资本偏好轮次较早但是阶段较晚的企业，这补充了创投市场的空白；2010 年国有创投资本持股豁免转持社保基金政策削弱了国资创投的影响；国资创投的政府越低层次，则投资轮次后移越大（丛菲菲和张强，2019）。

（9）支持企业技术创新的具体行业财政政策。韩国政府从 1989 年起免除了"国民车"的特别消费税。韩国企划财政部决定自 2009 年 7 月起至 2012 年底对混合动力汽车实行减税优惠。消费者在购买混合动力车时，购买一辆最多可节省 330 万韩元（程燕红和吕未林，2012）。梁正席和梁东瑾（2011）认为，财政政策对外资汽车业和合资汽车业的倾斜抑制了国产汽车企业自主创新，国家对于汽车产业自主创新的扶持和研发投入不够，缺乏引导自主创新汽车消费的财政激励政策。

（10）支持企业技术创新的财政政策效应。韩莉（2010）认为财政政策在企业自主创新方面发挥了补偿成本、分担风险、调控引导的作用。胡德期（2009）建议探索建立税收支出预算制度，科学管理科技税收优惠政策。刘雪凤和高兴（2015）通过定量分析发现，财政税收措施对于经济绩效的负面影响较大。因此有必要对财政税收措施进行优化和改革，促进专利市场化、产业化。要注重政策之间的协同，财政税收政策要和激励创新的政策保持一致，改进政策之间的执行，注意隐性目标带来的政策功能抵消。袁始烨和周晓珺（2021）研究发现，营改增可以通过改善生产性服务业与制造业间的分工协作形成产业集群，进而激励集群内企业进行技术创新。

1.3.4 促进科技成果转化的财税政策

科技成果转化可以按不同的标准进行分类，按范围可以分为国家层面、区域层面；按主体可以分为高校、科研机构、企业科技成果转化；按环节可以分为研发阶段、转移阶段、转化阶段、中试阶段、生产阶段等。促进科技成果转化的财税政策也可以按上述标准进行相应的分类。

1. 促进科技成果转化的财税政策的问题与建议

从实践来看，我国促进科技成果转化的税收优惠政策主要包括企业所得税、个人所得税、营业税三个方面，构成了一个相对完整的体系（梁凯和李廉水，2005）。刘海涛和邵冰（2006）提出，要加速科技成果转化的步伐，应增强公共财政在促进科技成果转化过程中的作用。王乔等（2019）认为，科技成果转化具有明显的技术外溢效应，科技成果转化过程也不同程度地存在正外部性，单纯依靠市场机制在一定程度上会导致生产扭曲，市场资源配置低效。因此，政府作用必不可少，要通过相应的资金投入和优惠政策来发挥引导及支持作用。马海涛和姜爱华（2010）认为，我国促进科技成果转化和产业化过程中的税收政策仍主要运用降低税率、减半征收、免税期、亏损结转等直接税收优惠方式。但是，随着我国市场经济的发展和科技进步进程的加快，税收政策在促进科技成果转化中存在的问题也逐步暴露出来（梁凯和李廉水，2005）。究其原因，除了科技发展政策与管理模式本身的问题外，财税政策的不适应与不匹配也是重要原因（王乔等，2019）。张继伟（2016）认为，进一步完善个人所得税和企业所得税的税收优惠政策，是解决科技成果转化落地问题的根本举措。针对完善我国促进科技成果转化财税激励政策的对策，陈远燕等（2019）提出了四条建议：对公共研究机构实行竞争性资助；加强对科技成果转化的财政支持力度；加大对风险投资的持有阶段与退出阶段的税收优惠力度；扩大享受个人所得税优惠的科技人员范围。王乔等（2019）认为，政府应从宏观角度推动科技成果转化，不仅要通过财政支出政策给予直接的资金支持，而且要进一步落实对科研实体的税收优惠政策，尤其是进一步落实新一轮减税降费政策中针对科技型中小微企业的各项举措，并通过金融等其他配套措施降低科技成果转化的综合成本，强化科技成果转化的现实动力。

2. 促进区域科技成果转化的财税政策

为促进区域科技成果转化，不同层面的区域出台了具有针对性的财税政策，这些区域一般是省会城市、直辖市、省级城市或城市群。吴宇军等（2008）对武汉市科技成果转化的现状进行了综合分析，阐明了公共财政在促进科技转化中的重要作用。曾彦佳（2015）探讨了重庆市政府财政促进科技成果转化的问题，从财政投入、政府采购、风险投资体系、税收激励几个方面提出了优化建议。孙龙和雷良海（2019b）选取上海市46份相关政策文件作为样本，采用内容分析法对地方政府促进科技成果转化的财政政策进行量化分析，发现财政政策体系中"政出多门"和"部门协调"的情况同时存在、政策工具落实细则不足、政策着力点目标导向的实操性不强、不同类型的财政政策尚未形成合力等问题。李忠华和王誉（2018）发现，辽宁促进科技成果转化财政政策存在着资金支持总量不足、结构不合理、增长缓慢、支持效果不明显、地区分布不合理等问题，应扩大与提高财政支持的总体规模和水平，优化财政支持的结构，争取更多的国家、民间组织、国际组织的资金，逐步缩小财政支持的地区差异，改善财政支持的效果，从而对其加以改进和完善。董丽英等（2017）建议，设立京津冀区域技术市场，促进京津冀区域科技成果迅速转化为生产力，推动河北和天津产业快速完成转型升级，亟须统一京津冀区域科技成果转化的财税政策，包括创新政府引导基金的管理模式、完善财政补助与投资机制、健全资金的投入产出机制、完善税收优惠政策等。

3. 促进高校、企业、科研机构科技成果转化的财税政策

高校、企业、科研机构都是重要的科技创新主体，已有的相关文献中，研究高校科技成果转化财税政策的文献相对较多，研究企业和科研机构的较少。高校虽然科技成果数量较多，但转化率低，其中财税激励不足是重要原因（高志勇，2019）；郑学党等（2019）也认为财税激励政策不足是当前制约我国高校科技成果转化的关键问题。财税激励政策不足的主要表现有科技成果转化应用融资较为困难，科技成果作价入股存在现实问题，股权激励政策受限或难以落实，国有资产处置受限、时效性差且保值难、增值慢，激励措施不足难以吸引优质管理人才，财税政策未能充分兼顾知识产品外溢性六个方面（郑学党等，2019）。高志勇（2019）认为，财税激励不足是重要原因。制约高校科技成果转化的财税问题，主要体现在科技成果转化应用融资较为困难、税收优惠力度少、税制设计不规范、财税信息不对称等方面。孔祥银（2017）提出，要促进高校科技成果转化，应建立财政科技成果转化评价体系，拓展财政科技成果转化的对象范围，发挥财政科技资本社会杠杆作用，丰富财政科技支出多元化的形式，建立科技成果转化的税收支持体系，建立科技成果转化公共服务平台。研究企业和科研机构科技成果转化财税政策的文献凤毛麟角。孟卫东和杨琰（2010）采用逆向归纳法对企业和政府各自的行为决策进行分析，研究了垄断市场下政府推动企业科技成果转化的财税政策。

研究发现：政府采用财税政策能够激励企业科技成果转化。对生产日常必需品的企业宜采用税收优惠政策；对生产非日常必需品及奢侈品的企业宜根据产品固定成本的比例来选择补贴方式；对固定成本比例高而变动成本比例很低的企业宜采用投入补贴的方式；对固定成本比例低而变动成本比例高的企业宜采用税收优惠的方式。

4. 促进不同环节科技成果转化的财税政策

孙龙和雷良海（2019a）通过对企业、高校和中介的调研，采用基于扎根理论的多案例研究方法，深入分析财政政策功能实现动态过程和不同类型财政政策落实效果的影响因素。研究发现：政策对象复杂多样性和政策操作手段技术水平会影响政策制定；创新投入压力和单位规模分别通过影响政策获悉意愿和能力，从而导致不同的政策获悉效果；申请成本和审批制度影响单位申请积极性，发展战略和申请条件形成政策申请壁垒，共同作用政策申请环节；拨款速度和项目监管则关系政策落实情况；而四种不同类型财政政策在功能实现过程中的问题表现各异。因此，政府应注重财政政策差异化设计、部门间协调配合、信息渠道建立、政策组合运用及政策法律关系厘清等，从政策功能实现角度解决现实问题，以提高科技成果转化效率。

1.3.5 引导创新资源高效配置与综合集成的财税政策

目前，在国内外研究中，对于如何运用政策来引导创新资源高效配置与综合集成问题的研究颇为丰富，但对于财税政策的研究较为缺乏。通过对国内外文献的整理可以发现，当前学者对于财税政策在创新资源配置中的作用目标主要持三种观点。第一，财税政策能够消除创新生产过程中的滞后状况，创新是一个漫长的过程，从思想到专利再到相应的科技成果，均需要大量的时间去完成，所以创新具有时滞性（尚林和林泉，2004）。贝尔纳等（1990）指出一个科学原理由第一次被发现到第一次被运用到实际当中，这个过程不管是在以前还是在现在均需要很长的时间，对于这种客观存在的时滞性，市场可能不能够有效地解决，政府则可以通过制定相关的政策来缩短创新生产过程中的时间，如通过降低市场风险和增加个人收益等政策，降低创新的风险（尚林和林泉，2004）。第二，政府能够帮助企业克服市场失灵问题。创新生产的过程中同样会面临着市场失灵，同时政府支持创新的方式和对象也与创新市场失灵的状况紧密相关。沙赫（2000）认为创新市场失灵一个很明显的表现是创新项目的资助者和实施者两个主体之间存在着信息不对称性和不确定性，从而导致创新资助者的资助状况不佳。所以对于财税引导创新资源配置，需要基于环境、需求和供给三个层面考虑（肖鹏，2005），从而来提高资源、信息和知识的扩散速度，进而提高创新资源配置效率（Lundvall，1992）。第三，政府财税政策可以为企业提供良好的基础设施环境。任何活动都需要基于一定的环境，好的环境能够带来更好的收益，创新活动也一样，良好的基础设施条件是我国创新生产的前提，政府则可以通过创新相关的基础环境建设来激励企业的创新生产，进而提高区域创新能力（Freeman，1987）。Nelson（1993）分析了20多个较为发达的国家和地区的创新制度环境后发现，现代国家的政府干预创新发展，为其提供制度保障的过程是一个非常复杂的过程。因此，创新基础设施的提供必须通过政府行为来干预（程雁和李平，2007）。

税收政策对企业技术创新的激励方式主要包括税收抵扣、减免和优惠等，现有研究主要采用两种方法来分析税收政策对企业技术创新作用的有效性：一种是价格弹性评估方法，一种是边际有效税率分析方法。边际有效税率模型估算了技术先导企业可享受五年免税期的激励效应，这种税收优惠旨在促进特定活动的投资，这种税收优惠政策要求获得收益的企业对于其全部的相关投资可以获得较小的净补贴，但是伴随着很大的债务扭曲效应，尤其是不同部门之间，这种扭曲差距更大（鲍德威，2000）。而动态要素需求模型显示，投资税收抵免激励的私人投资少于政府放弃的税收收入，而对研发支出允许作为费用完全列支的税收政策则具有成本有效性（沙赫，2000）。对于政府利用税收政策来鼓励企业创新的原因主要包括企业可以促进经济增长，同时企业创新的特性导致私人投资市场失灵。研发税收优惠政策的作用在于可激励创新主体提高研发投入。税收优惠政策能极大促进企业对研发的投资（Russo，2004），Klassen和Shackelford（1998）以加拿大和美国的数据为研究样本，发现加拿大和美国政府在促进企业创新方面都更喜欢采取适当的税收优惠政策的方式。也有学者发现税收政策促进企业创新主要有税收抵免、税前扣除和税收递延三种方式，而具体选择哪种方式则需要考虑企业所得税特点、企业规模、工业结构和国家的总体创新水平（代明等，2010）。只有实施制度性的税收激励，建立对所有企业适用的普惠性的创新激励机制，允许符合条件的科技开发项目实行税前费用扣除，形成税收政策与财政政策、金融政策紧密配合的政策体系才能有效激励企业自主创新（岳树民和孟庆涌，2006）。与此同时，应大力推进增值税改革，为科技事业的发展创造良好的税收条件（夏杰长和尚铁力，2006）。

提高财政对科技创新的投入主要是指政府通过财政拨款或者无偿预付款直接资助企业的技术创新，主要就是研发补贴政策。政府资助的对象主要是私人部门有创新溢出的技术创新项目，其作用是刺激私人部门技术创新支出的增长，引导产业技术创新的方向，从而达到促进技术创新发展和调整产业结构的目的（胡明勇和周寄中，2001）。之所以要加大财政科技投入规模，是因为研发活动不仅能带来私人效益，还能带来社会效益。而在目前的工业化后期，政府研发投入的比例明显下降，研发投入来源结构过渡到企业主导型模式（邓向荣和文青，2004）。

从具体的创新扶持政策对技术创新成本影响的角度来看，确立产权和规律、创造一个市场、公共支出和税收均是纠正外部性的政策手段。石林芬等（2003）以 OECD 成员国为研究对象，研究政府科技投入对企业创新的影响，并检验了税收政策、直接补助和科技外溢等政策工具促进企业创新的有效性，结果显示政府直接投资对企业创新具有正效应，且影响系数为 1.7，表明政府每增加 1 美元的科技投入，企业会相应增加 1.7 美元的创新投入，而税收优惠政策与财政科技投入政策之间存在着相互替代的关系。有学者选取了在创新上具有代表性的国家，包括印度、新加坡、澳大利亚、韩国、法国和日本等，分析对比其财税政策的作用效果，发现政府科技投入强度的增加能够使政府在创新活动中的主导作用加强（匡小平和肖建华，2007）。现有研究均表明财税政策对促进创新发展具有一定作用，但是由于政策本身和实施过程的问题，实际中政策效果没有得到体现。基于我国当前的财税政策和创新发展状况，财政科技投入和税收优惠两个政策中，财政科技投入对促进创新的作用效果更好些（曲顺兰和路春城，2007）。根据我国的实际国情，应当进行产学研相结合，确保政府科技投入稳定增加，保证科研经费的增长幅度高于财政经常性收入的增长幅度（戴毅等，2009）。

政府采购也是一种常用的政策工具，楼继伟（1999）指出政府采购指的是在财政的监督下，各政府通过运用法定的程序、方法和方式，对服务、工程和货物进行购买。政府采购通过两条渠道影响创新：第一是扩大市场需求，激励技术创新；第二是降低技术创新的不确定性（胡凯等，2013）。Cabral 和 Leiblein（2001）认为创新是政府采购的副产品，通过政府采购能够改变市场的结构状况，能够扩大新产品的市场需求，也能够使得新技术更方便被采用。Ruttan（2006）指出没有政府对创新产品的需求，在 20 世纪美国将会有许多创新项目得不到有效发展。政府采购政策同财政科技支出和税收优惠政策相比，其优势是通过政府的需要来带动企业创新生产，即政府提出一个本身所需要的产品，然后由企业来生产实现（Aschhoff and Sofka，2009）。从经济学的角度来说，可以基于供给和需求两个角度来分析政策的效果，政府供给推动包括了采用人员、机构和计划来进行推动，而需求推动则体现在政府采购和委托研究两个方面（Aschhoff and Sofka，2009）。王丛虎（2006）认为政府采购作为一种需求推动方式，能够降低企业创新生产的风险，同时，要使得政府采购能够很好地在创新中发挥作用，也需要相关政策的协调。

随着创新重要地位的日益凸显，政府采购对提升创新能力的作用也不容忽视。创新发展是一个高风险、长时期的过程，在创新生产的过程中需要长时期投入大量的资金和人员，一般的企业在该过程很容易遭遇瓶颈，而政府采购则能够为企业创新生产减少一定风险，增加企业创新的积极性（刘慧，2005）。当然政府也不是会对所有创新产品进行采购，在这个过程中，政府会为创新产品的界定制定较为严密的体系，从而能够做到客观公正（徐焕东，2005），政府采购政策在引导创新资源配置和综合集成时，不仅要考虑单一政策，也要考虑与中小企业扶持政策的协调，采取政策组合的方式来促进创新发展（李庚寅，2003）。同时环境因素也是影响政府采购效应的一个因素，政府采购市场的环境因素能够决定政府对待所有卖方是否公平，从而影响企业的创新生产（胡凯等，2013）。

风险投资政策也是一种促进创新生产的常用政策工具，代明等（2010）基于相关国际风险投资状况分析发现政府的政策导向能够对风险投资行业产生重大影响，政策导向的风险投资包括信用担保、权益投资、优惠信贷和财政补贴等。风险投资作为一种以"自由市场"方式来决定创新企业融资问题的方法，能够有效地解决企业在创新生产过程中的资金缺乏问题（华蓉晖，2013）。在创新资源配置过程中风险投资能够起作用的原因主要有两个。一个是投资者与创新生产者二者之间信息不对称，很容易导致一些具有良好创新生产基础的企业由于资金问题错失创新生产机会。另一个则是风险投资，它是一个多阶段过程，即投资者并不是一次性投资完成，而是针对创新的不同阶段进行分阶段投资，同时投资者若觉得项目无法达到预期要求，则可以要求放弃项目，这样的过程也使得投资者对创新生产起到了监督作用，从而使得投资者能够让道德成本得到有效控制（Wang and Zhou，2004），与传统的信贷方式相比，风险投资能够使得高新技术产业的特殊资金需求得到满足（许长新和宋敏，2003）。

风险投资对促进创新集成的作用在于为创新型科技企业提供资本支持和增值服务，分段注资为风险投资家保留放弃继续投资的权利，避免遭受更大的损失；在过程中促进资本与技术的融合，并为创新企业分担风险（武巧珍，2009）。要充分发挥风险投资在创新资源配置中的作用，就必须要有良好的政策环境，其中包括健全的法律制度、合理的税收优惠力度、活跃的金融市场、高流动性的货币供给及可靠的抵御机制（Bygrave and Timmons，1992）。当前高新技术产业是我国风险投资政策的主要对象，然而，高新技术产业认定门槛高、政府对相关产品需求不高和相关税收优惠政策力度限制问题，使得风险投资的数量和规模无法扩大（范柏乃等，2000）。当然，政府在风险投资中扮演的角色应是引导者与鼓励者，而不宜成为风险投资的主体，以此提供一个有利于风险投资行业发展的大环境（辜胜阻和曾庆福，2003）。苟燕楠和董静（2013）研究发现，风险投资进入企业的时期越早，对企业技术创新的影响越积极。政府背景风险投资的参与、公司背景风险投资的参与及混合资本背景风险投资的参与与企业研发投入呈负相关关系，风险投资机构的经验越丰富，对企业研发投入的影响越积极（苟燕楠和董静，2014）。张春香（2019）研究发现，风险投资金额与企业技术创新之间存在显著的倒"U"形关系，投资金额与企业技术创新所需资金之间具有最优匹配关系；风险投资参与机构和企业之间的地理距离与企业的技术创新之间也存在一定的最优匹配关系；风险投资机构参与数量对企业的技术创新是线性促进关系。

1.3.6 文献述评与总结

从上述五大方面的文献来看，关于创新的研究在我国从多个学科角度形成了较为丰富且有价值的研究成果。我们看到，随着国际化竞争的加剧，创新能力越来越成为影响一国竞争力的关键因素。然而，多年来我国在财政支持创新方面投入多，但产出与投入极不匹配，基础研究仍然较为薄弱、企业技术创新能力还不足、科技成果转化率低、创新资源配置效率低下等制约了我国创新能力与国家竞争力的进一步提升。近年来，我国财政政策在上述各领域有了一些改变，对创新方面的研究也在原有基础上有了大量的成果，这些成果及实践为创新研究奠定了良好的基础，为本书研究提供了极为重要的参考。同时，我们从文献中也注意到现有研究中的改进空间与方向。

（1）既有文献对创新驱动发展战略与财税政策进行了较为全面的理论与实证研究，但尚有下列五方面的研究亟待加强。第一，对创新驱动发展的研究主要体现在科技创新本身，与经济发展的联系不紧密，存在科技与经济"两张皮"的现象，对创新如何驱动发展的内在机理研究不足。第二，与创新驱动发展战略相关的财税政策研究存在碎片化的现象，现有文献多是从创新的某个方面或某个环节的财税政策进行研究，如和基础研究、企业技术创新、科技成果转化等相关的财税政策，但从整体性角度研究财税政策如何支持创新驱动发展战略实施的文献并不多，这也是本书需要解决的重要问题之一。第三，在研究方法的运用上，理论研究和一般分析的文献较多，运用计量模型和定量分析方法进行实证研究的文献相对较少。第四，财政支出政策如何影响创新驱动发展缺乏深入研究。既有研究主要分析了税收优惠政策对科技创新的影响，而对财政支出政策如何影响科技创新缺乏深入分析。第五，未能对财政政策影响创新驱动发展的渠道机制展开分析。财政政策对创新驱动发展的影响是直接的还是间接的？对于这一问题的回答，需要展开渠道机制分析，但既有研究并未涉足此领域。因此，拓展创新驱动发展战略的研究需要系统化界定概念、把握内涵、梳理脉络、明确困境、找准路径，结合全面深化改革的路线图，立足国内经济发展新形势，构建系统的创新驱动发展战略理论体系，充实和丰富中国特色社会主义经济理论，为创新驱动发展战略的现实推进提供坚实的学理支撑。

（2）支持基础研究的财税政策尚有三方面问题亟待研究。现有文献提出的政策建议还亟须加强可操作性，其根本原因在于现有研究未能有效回答以下问题。第一，我国现阶段"三个比例"的适宜区间是多少？具体地说，研发经费应以何种比例在基础研究与应用研究之间分配,基础研究经费应以何种比例在自由探索性基础研究与国家战略性基础研究之间分配?稳定支持经费和竞争性支持经费分配的适宜比例是多少?基础研究强度受多种因素的影响,我国现阶段适宜的基础研究强度是多少,等等。亟须引入新的方法对这些问题进行量化评估。第二,我国基础研究投入过度依赖中央财政投入,来源渠道单一,财政应如何有效引导地方政府及企业增加基础研究投入,以逐步改善我国基础研究投入结构?第三,如何对基础研究项目实施有效的管理。

(3)激励企业技术创新的财税政策要避免"制度引入陷阱"。从理论上看,自主创新理论已经进入了国家创新体系建设的新阶段,无论在国外还是在国内,将来的竞争将更多地表现为国家层面上的竞争。因此,我国自主创新战略的提出适应了国际竞争大潮流,为财税支持企业技术创新明确了方向。我国过去为吸引外国直接投资(foreign direct investment,FDI)、发展高技术企业给予了足够的区域税收优惠与财政扶持政策,但几十年过去了,我国企业的创新能力依然没有得到明显改善,关键技术仍然受控于他人,这就说明我国的财税激励政策并没有取得良好绩效。其中原因自然纷繁复杂,财政缺乏研发投入的强度、企业缺乏技术创新的热情、自主创新的领域选择不合适、产权制度不合理、基于市场激励的财税政策不协调等都可能制约我国自主创新能力的提高。自主创新能力培育的关键问题在于要设计出符合技术创新理论的财税激励机制,切合中国实际,避免盲目地效仿与"制度引入陷阱"。

(4)促进科技成果转化的财税政策需要强化过程研究。学术界关于科技成果转化的文献非常丰富,但直接研究促进科技成果转化财税政策的文献相对缺乏。已有文献中,讨论促进科技成果转化的财税政策的现状、问题、建议的比较多,其次是不同区域层面和不同创新主体层面的财税政策,这些研究主要是从宏观或中观的视角出发,把科技成果转化当作一项整体工作。实际上,科技成果转化涉及的环节比较多,一般包括研发、应用、中试、生产等环节,而每个环节需要的财税支持政策是不一样的。但当前文献中针对不同环节财税政策的研究很少,或流于宽泛地讨论而缺乏细致深入地剖析。科技成果转化机制研究相对陈旧,缺乏对当下新情况的研究。科技成果转化机制的研究是进一步对财政政策研究的基础,然而相关较权威的研究成果多集中于1998~2004年。因此,要研究促进科技成果转化的财税政策需要对时下科技成果转化的问题和运行机制进行重新审视,再进一步讨论相关财税政策的改进与完善。科技成果转化大系统中部分环节与机制的研究往往脱离科技成果转化来研究。比如,风险机制、信用担保机制、收益分配机制等研究往往就该问题进行独立研究,很少将其作为科技成果转化的一部分来研究。因此,如何在拆分研究的基础上,以审视全局的眼光将各部分细致深入的研究纳入整个系统中是未来研究的探索方向。

（5）引导创新资源高效配置与综合集成的财税政策应强化微观研究。目前国内外关于创新资源配置的研究大多数都偏于应用研究，对创新资源配置的理论研究较少涉及，尚未形成关于创新资源配置的完整理论体系。理论研究与应用研究两者均衡发展才可以相互促进、形成合力，进而更好地发挥对实践的指导作用。因此，对现有理论体系的完善将成为创新资源配置研究的重要方面。同时，国内外相关研究在研究内容和方法上存在一定的差异，主要体现在研究内容的侧重点与研究方法的不同。国外关于科技创新资源配置的研究主要集中在研发资源配置方面且以企业作为研究对象，注重对各国研发数据的比较和影响研发资源配置行为的分析且以微观因素为主；而国内关于科技资源配置的研究则强调整体的科技投入与产出且以区域研究为主，关于科技资源配置问题的研究主要集中在科技资源配置中存在的问题研究，并强调对科技资源配置效果的测度研究，影响因素分析则较少涉及。在我国，创新资源效率评价单一，对创新资源高效配置与整合影响因素的研究很少。对创新资源整合共享效率的定量研究甚少，影响因素的探析也主要是通过现状分析之后进行的宏观判断得出。税收优惠、政府资助、政府采购、风险投资作为主要的创新导向性财税政策工具在引导资源高效配置的财税政策中面临着诸多的问题：现行税收激励政策比较散乱，缺乏系统性。对于企业研发费用的列支、技术引进国产设备的抵免及引进技术和自主创新等方面目标导向都显得不够明确；在政府的资助上，对于财政科技投入的总量不足，投入的结构也不够合理，财政资金的使用效率较低，并不能形成完善的创新资金管理体系；在政府采购方面，现阶段我国的政府采购包括公开招标采购，不仅没有优化创新资源配置，甚至阻碍了创新资源高效配置，市场竞争影响政府采购的资源配置效应，政府采购与市场竞争具有互补性；对于风险投资而言，我国风险投资中政府资金比例过高，投资主体错位，融资渠道较窄使得资金总体规模小，风险投资无法在创新技术产业中发挥主导作用。针对我国财税政策引导创新问题所存在的诸多不足，结合国内外研究的现状，合理地设计引导创新资源高效配置与综合集成的财税政策体系，使得财税政策效应最大化，进一步推动创新能力的提高及资源的高效配置，这是本书所要研究的重点和难点。

1.4 研究视角与方法

1.4.1 研究视角

本书采取跨学科研究视角，主要采用应用经济、公共管理、统计学等理论与方法，并从以下视角进行研究。

（1）科技政策比较视角。本书通过创新理论脉络的梳理，从创新驱动发展理念的起源入手，阐释创新理论在各类社会思想下的理论演进路径与理论形成，最终落脚到财税政策的理论基础上，为我国创新驱动发展需要财税支持提供历史经验、现实镜鉴与理论支撑。

（2）交易成本理论视角。交易费用是新制度经济学的核心内容之一，也是制度变迁的关键因素。交易成本分析为具体解析我国财税支持创新驱动发展提供了一个独特的研究视角。创新各利益方在中央政府的政策安排下可能存在各类博弈关系，本书也将以此为研究视角，运用新制度经济学，从交易成本理论的视角分析财税支持创新驱动发展中所遇到的障碍，分析各利益相关方的动机及发展策略。

（3）有效财税政策形成视角。本书将财税政策、经济发展、创新驱动置于统一分析框架范围内，主要分析财税政策对创新驱动发展战略的影响机理、政策评估与政策设计，在实证分析财税政策对于创新过程的具体影响程度与效果的基础上，对实证结果给出合理分析与解释，归纳与提炼具体制约因素，主要为进一步改善政策提供经验证据与思路，从而制定出符合实际且执行性强的财税政策。

（4）政策效应评估视角。创新资源配置的深度融合、跨界拓展及精细定位和发展需要财税政策，但财税政策能否发挥作用在某种程度上取决于能否对过去财税政策做出科学、合理的效应估算，基础研究、自主创新、科技成果转化、创新资源的高效配置与综合集成等财税政策的出台都需要在效应评估基础上完成，本书主要以创新驱动发展为研究主线，运用空间计量经济学、公共管理学、统计学、技术经济学等学科知识，力求全面、系统分析与评价财税政策在其中所发挥的作用及政策功能。

1.4.2 研究方法

本书综合使用理论研究与实证研究相结合的方法，注重理论与实践的融合，注重文献分析与实地调研相结合，注重应用科学的整合和多学科的交融，并将数据分析与理论分析相结合，注重从理论到实践的多次往复，注重计量经济学的应用，主要采用的研究方法如下。

（1）文献分析与调查研究相结合。通过查阅图书、国内外期刊及学位论文等方面的文献资料，结合本书的研究目标，收集相关的文献，通过整理、总结和归纳前人的研究成果，为本书的研究进展奠定扎实基础。通过深度访问创新驱动发展各环节中利益相关体，了解其对财税支持的基本态度，与政府管理部门、企业、研究人员、专职研究机构等进行访谈与问卷调查，了解财税政策在创新激励过程中的具体效果与管理现状等第一手资料，为本书的研究积累数据。同时，通过意愿调查直接询问受访者对财税激励创新的评价，研究改革利益相关者对财税改革方案和政策组合的评价和反应。

（2）规范分析与实证分析相结合。对创新驱动发展的财税支持政策进行理论分析，主要采用规范分析法，并从制度经济学、交易成本理论、博弈论等视角分析财税作用的机理，定性分析财税支持创新驱动发展中可能遇到的问题和应采取的措施。在收集相关宏观与微观数据的基础上，注重因子分析、随机前沿、数据包络、一般动态均衡、空间计量等方法的运用，分析财税政策对创新驱动发展中的基础研究、企业技术创新、科技成果转化、创新资源高效配置与综合集成的影响程度与具体效果，动态模拟拟采取政策的预期效果等，使理论与实证互为补充。

（3）系统分析与比较分析相结合。财税支持创新驱动发展是个复杂的系统过程，涉及财税政策、科技政策、产业政策、创新政策等多个政策体系，本书运用扎根理论、文献史等政策分析工具进行系统分析；运用比较分析法对国内外财税支持创新驱动发展的主要措施、经验和教训等进行归纳和总结。以美国、德国和日本等国家为主要样本，以国内部分省份的先进做法为案例，分别就科技成果转化的财政支出政策、税收支出政策等方面进行比较分析，总结一些共性的和具有规律性的经验，并结合我国的国情，提炼出具有参考价值的借鉴与启示。

（4）多学科综合分析法。本书涉及财政学、公共管理、统计学、新制度经济学等学科的理论和方法，并实现了对相关理论的综合梳理与应用。例如，对创新理论、我国创新驱动发展的政策研究路径、我国创新驱动发展过程各环节的财税政策等进行梳理与考量。

1.5 本书的创新之处

本书将创新理论、经济发展理论与财政理论进行有机融合，为构建科学合理的支持创新驱动发展战略的财税政策体系奠定理论基础。综合运用应用经济学、公共管理学、统计学等理论与方法对支持基础研究、激励企业技术创新、促进科技成果转化和引导创新资源的高效配置与综合集成等的财税政策的理论与实践问题进行系统研究，问题的选择具有交叉性、前沿性与重大的现实性。本书的创新之处主要体现在以下五个方面。

（1）将创新理论、经济发展理论与财政理论进行有机融合。创新理论与经济发展理论之间有着紧密的联系，但促进经济发展的因素很多，创新只是其中的一种因素。财税政策则是国家调控经济发展的重要工具，也是促进创新驱动发展的有力保障。本书将创新理论、经济发展理论与财政理论进行有机融合，为构建科学合理的支持创新驱动发展战略的财税政策体系奠定理论基础。

（2）对财政投入基础研究的效率进行了评估，揭示了基础研究投入效率的影响因素及其作用机理。基于2009~2016年省级面板数据，运用数据包络分析方法对我国30个省区市财政投入基础研究的效率进行评估，并通过构建Tobit模型，考察了影响基础研究投入效率的相关因素的作用机制及其影响。发现基础研究活动全要素生产率变动总体上出现下降的趋势，但是不同年份下降的情况不同，原因也各不相同；经济发展水平、贸易开放度、人力资源水平对于提升基础研究投入效率具有促进作用。选取1999~2016年1971名长江学者特聘教授为研究对象，通过实证分析挖掘拔尖人才的成长规律、影响因素及作用机理。发现长江学者特聘教授在学科的分布上存在集中趋势，主要分布在工学和理学两个学科上；拥有国际化教育背景、本硕博直读型培养方式、分学科分类别交叉型教育模式有利于加速拔尖人才的形成。

（3）对激励企业技术创新的财税政策效应进行了评估，揭示了不同财税政策的激励效应。政府采购对企业技术创新的影响主要体现在合作创新维度，而政府采购对企业自主创新与模仿创新的激励效应并不显著。所得税的税收优惠对企业的研发投入有激励作用，但流转税实际税率与企业的研发投入没有通过显著性检验。政府研发资助有效地促进了企业技术创新能力的提升；政府研发资助同样能推动企业人力资本水平的提升；企业人力资本水平在政府研发资助与企业技术创新能力之间起着中介作用，并且全部通过了显著性检验。政府引导资金拨付及时到位，降低了企业发展中的财务成本，同时提高了信贷机构对企业的信任，撬动了企业与金融机构之间的合作，使得企业创新发展势头良好。

（4）科技成果转化是正外部性强的准公共品，需要财税的有力支持与风险分担。根据所构建的科技成果转化绩效评价指标体系对2009~2015年全国，东部、中部、西部地区，以及典型省份的科技成果转化绩效进行了主成分分析，得到全国各省份排名，并采用OBLIMIN方法对因子负载矩阵进行斜交旋转找出对科技成果转化绩效的主要影响因素，为全国及各地区提升科技成果转化绩效找到了最优路径。构建了财政投入与税收优惠对我国科技成果转化绩效影响的实证模型，并得出了有效结论，为相应的问题分析与政策建议提供了数据支撑。

（5）对引导创新资源高效配置与综合集成的财税政策效应进行仿真模拟分析，研究了其引导效果的空间异质性和影响因素的差异性。在创新驱动发展战略的要求下，财税政策作为一个引导创新资源配置的重要工具，只有在深刻了解其对创新资源配置的作用效果和影响因素后，才能够为更好地优化创新资源配置中的财税政策提供精准的参考。本书采用四阶段DEA方法对引导创新资源配置的财税政策效率进行具体测算，并以江西省政策为研究对象，运用系统动力学方法构建创新生产系统动力学仿真系统进行政策模拟测试，从整体上帮助判断财税政策的作用效果。

第 2 章　创新理论的形成及其演变

创新驱动发展战略把"创新"与"发展"两个重要活动有机融合到一起，对有效解决科技与经济"两张皮"问题具有重要的促进作用。要理清创新驱动发展理论的演进脉络，首先要梳理创新理论的形成与演变过程。从经济学的角度来研究创新肇始于美籍奥地利裔经济学家熊彼特在其 1912 年出版的成名作《经济发展理论》，在该书中熊彼特把创新视作经济活动，并探讨了创新的具体形式。此后，学术界对"创新"的相关研究长盛不衰，形成了丰富的创新理论。"创新"的外延也在不断扩大，从早期的"创新等同于技术创新或科技创新"，扩展到后来的覆盖产业创新、制度创新、管理创新等的全面创新，但其核心始终是科技创新。可以从不同的角度对这些创新理论进行梳理。从具有代表性的创新思想来看，包括熊彼特创新理论、外生经济增长理论、内生经济增长理论、新制度创新理论、国家创新系统理论等；从创新的层次和形式来看，包括自主创新、协同创新、开放式创新等；从创新的系统与范式来看，包括企业创新系统、区域创新系统、创新集群系统、国家创新系统等。本章按照每个理论的提出时间和时代背景进行梳理，挖掘创新理论的内在演变逻辑和规律。

2.1　创新理论主流学派的创新思想

创新活动一直伴随着人类社会的发展，是促进人类社会进步的重要力量，但人类对创新活动的理论认识在近代以后才有了较大的提高。20 世纪以来，创新活动引起了经济学家们的广泛关注，并从不同角度进行了探讨。首先把创新行为与经济活动联系起来的是熊彼特，他建立了较为系统的创新理论。此后，越来越多的学者对创新进行了广泛的研究，并形成了较为丰富的创新思想。其中具有代表性的是索洛（Solow）的外生经济增长理论、罗默（Romer）的内生经济增长理论、诺斯（North）的制度创新理论、弗里曼的国家创新系统理论。

2.1.1　熊彼特创新理论

人类文明史也是一部创新史，正是源源不断的创新推动人类社会不断进步。

可以说，创新是一项古老的活动，一直伴随着人类前进的步伐。创新在英文中称为"innovation"，最早将创新行为与经济活动联系到一起的是美籍奥地利裔经济学家熊彼特，他在1912年出版了《经济发展理论》一书，书中阐述的创新理论对后人产生了巨大的影响，该书也因此成为熊彼特的成名作。他后来又陆续出版了《经济周期》《资本主义、社会主义与民主》两本书，进一步阐述了创新行为与经济发展、经济增长、经济周期、经济制度之间的关系，形成了较为系统的创新理论，因而获得了"创新理论之父"的美誉。

熊彼特对创新行为的研究主要是通过研究资本主义生产方式、企业生产活动、企业家行为来进行的。资本的本质特征是逐利性，资本主义生产方式的目的就是获得源源不断的超额利润。随着原材料、劳动力价格的上升，生产成本在不断增加，超额利润越来越少，企业必须不断改进生产方式才能继续获得超额利润。如何改进呢？唯有创新，只有发明更加高效和低成本的新兴生产技术和生产方法。这些都需要依靠技术的进步。为发明新的生产技术和设备，企业家鼓励工人进行技术改进和创新。熊彼特提出，企业的创新就是要把现有的生产要素进行重新配置，以实现新的生产函数和组合，从而带动经济的发展。熊彼特通过观察资本主义生产方式、企业生产活动、企业家行为，提出了较为系统的创新理论，主要集中在六个方面。

第一，创新行为是在生产过程中内在发生的。经济的发展依赖于生产活动，生产过程中降低生产成本、提高生产效率，需要对生产要素进行重新配置，需要革新生产工具，这些现实需要都是要靠创新来解决的。生产工人在生产过程中发挥聪明才智，改造和改进生产工具，提高生产效率，这些改造和改进都是创新，这些创新都是在生产过程中发生的。

第二，创新带来的是革命性的变化。创新不是对过去的生产方式进行修修补补，而是对原有生产资源进行重新配置，对原有生产工具进行彻底革新。创新具有突发性和间断性的特点，创新一旦发生，带来的将是革命性的变化，这种变化又将催生新的创新，从而使得创新活动源源不断地进行下去。

第三，创新意味着一种自我更新。生产要素的重新组合并不是由原来同一批人去执行，而是通过竞争的方式消灭原有的落后组合方式。因此，竞争对创新十分重要，在完全竞争状态下，企业将获得充分的竞争，创新活动也得以持续下去。在创新活动成为规律性的行为后，企业也将把创新视作进步的内在动力，形成一种自我更新机制。

第四，创新需要创造出新的价值。熊彼特对发明和创新进行了区分，他认为，先有发明，再有创新。发明就是制造新的生产工具或提出新的生产方法，而创新是运用这些新的生产工具和方法去解决生产中的问题，所以创新是对发明成果的应用。如果发明成果没有得到应用，创新就起不到经济上的作用。因此，不能把发明和创新割裂开来,强调创新是对发明成果的应用,就必须产生新的经济价值,只有产生了新的经济价值,才能反哺创新行为。

第五,创新能促进经济发展。熊彼特认为,经济增长和经济发展具有内在差别。经济增长主要是靠人口、资本、劳动资料等生产要素实现的,但它没有产生新的现象,只是一种适应过程。但经济发展是要打破原来的发展状态,实现新的均衡状态,是一种曲折上升的过程。经济发展的实现靠的是创新动力对原有发展状态的破灭,得益于生产过程中的发明创造和技术创新,从而促进经济发展。

第六,创新的主体是"企业家"。熊彼特对"企业"和"企业家"进行了特别的界定。他认为,"企业"就是实现新的生产组合的特定组织,而"企业家"则是以"企业"为职业的群体。因此,他主张"企业家"的核心职能并不是从事生产经营和管理活动,而是要实现生产过程中的新组合,这才是真正的企业家。熊彼特对"企业"和"企业家"的特殊界定,正是为了突出创新的重要性。一个企业家只有把创新当作自己的天然使命,这个企业才会产生源源不断的创新产品。

2.1.2 外生经济增长理论

外生经济增长理论也被称为新古典经济增长理论,是美国麻省理工学院经济学教授索洛在其《对经济增长理论的贡献》一文中提出来的。索洛由于建立了系统的外生经济增长理论而获得了1987年的诺贝尔经济学奖。索洛批判性地继承了哈罗德-多马经济增长模型的优点,建立了一种没有固定生产比例假设的长期增长模型。哈罗德-多马经济增长模型认为,经济增长取决于投资的规模和资本产出率的大小,而投资来源于储蓄,因而经济增长最终由一国的储蓄率与资本的投资效率决定。索洛在此基础上,提出了一个强调技术进步的经济增长模型,该模型设定了内生变量和外生变量两种类型的变量,其中内生变量只有投资一个变量,外生变量包括储蓄率、人口增长率、技术进步率三个变量。根据这个模型,索洛区分了经济增长的两种不同的来源:由要素数量增加而产生的"增长效应"(growth effect)和因要素技术水平提高而带来的经济增长。索洛把后者称之为"水平效应"(level effect),其含义是指在不增加要素投入的情况下,技术进步可以改变生产函数,从而使生产函数向上移动,达到经济增长的目的。所以,外生经济增长理论认为经济增长是由经济理论不能预见的所谓外生的技术进步推动的。索洛模型以其简洁性和实用性成为宏观经济学家工具箱中不可缺少的工具,经济学家在回答有关经济增长的问题时,通常都从索洛模型开始。

在传统的经济增长模型中,资本与劳动力是两个重要变量。索洛的外生经济增长模型中,投资、储蓄属于资本变量,人口属于劳动力变量,在这些变量的基础上,索洛特别强调技术进步变量的重要性。索洛的研究表明,资本存在"深化"

和"广化"两种情况,当经济中的全部储蓄转化为投资后,一部分用于提高人均资本拥有量(资本的深化),另一部分则用于为新增人口提供平均数量的资本装备(资本的广化)。外生经济增长理论表明,长期增长率是由劳动力增加和技术进步决定的,前者不仅指劳动力数量的增加,而且还含有劳动力素质与技术能力的提高。所以,索洛的外生经济增长模型打破了一直为人们所奉行的"资本积累是经济增长的最主要的因素"的理论,向人们展示了长期经济增长除了要有资本以外,更重要的是靠技术的进步、教育和训练水平的提高。外生经济增长理论为发展中国家促进经济发展提供了重要参考。索洛建议,发展中国家不能把本国经济的发展仅仅依赖于资本和劳动力的增长上。发展中国家,特别是起步较晚国家,要更多地研究如何在现有工业的基础上逐步提高劳动生产率、推动技术和教育进程,这样就能有效地跟上世界经济的发展。

索洛模型虽然可以满足竞争性均衡条件,但均衡的增长率仍然等于劳动力增长率。如果不存在外生的技术进步,经济就会收敛于一个人均收入不变的稳定状态,即零增长。这就是说,经济增长依赖于一个自己都无法把握的外生因素——技术进步。其根源在于它们将知识外生于物质生产过程,构造出来的生产函数是收益递减的,致使经济增长仅仅依赖于资本积累或人口积累,因而是收敛的、趋同的和短期的。各国经济增长率和人均收入水平长期而巨大的差别,在这种增长理论中无法得到解释。

2.1.3 内生经济增长理论

内生经济增长理论的主要代表人物是美国纽约大学经济学教授罗默。20世纪80年代,罗默开始在"索洛模型"的基础上进一步优化和反思,他提出了"内生经济增长理论"。1986年罗默在《政治经济学杂志》发表文章"收益递增与长期增长",文章中罗默引入了"规模报酬递增"的概念来对持续的增长进行解释。他提出不同于其他要素的规模报酬具有的递减性,"知识"作为一种公共品,具有非竞争性和非排他性。当这种要素投入生产时,就会产生强大的正外部性,从而导致规模报酬递增的出现。一旦有了规模报酬递增,持续的增长也就成了可能。这一理论开辟了在一般均衡模型中研究内生经济增长的决定因素的可能性。1990年,罗默又在《政治经济学杂志》经济增长特刊上发表了论文"内生技术变迁",提出了他的四要素三部门模型,该理论进一步奠定了他在经济增长研究领域的地位。在这两篇文章的基础上,罗默的内生经济增长理论基本形成。内生增长理论指出,经济增长的动力来自对人力资本、创新和知识的投资。最简单的理解就是"科学技术就是第一生产力"。罗默提出的内生经济增长理论对一个国家的经济发展具有重要的启示意义,他本人也因为这个理论贡献获得了2018年的诺贝尔经济学奖,并于 2016~2018 年担任世界银行首席经济学家兼高级副行长。

内生经济增长理论认为,长期增长率是由内生因素解释的。也就是说,在劳动投入过程中包含着因正规教育、培训、在职学习等而形成的人力资本,在物质资本积累过程中包含着因研发、发明、创新等活动而形成的技术进步,从而把技术进步等要素内生化,得到因技术进步的存在要素收益会递增而长期增长率是正的结论。这与 20 世纪 60 年代以来最流行的新古典经济增长理论,依据以劳动投入量和物质资本投入量为自变量的柯布-道格拉斯生产函数建立的增长模型,把技术进步等作为外生因素来解释经济增长而得到的当要素收益出现递减时长期经济增长停止的结论恰好相反。内生经济增长理论认为,经济增长取决于经济系统本身,而不是像新古典增长理论那样认为经济增长是外生的。

1990 年,罗默构建了第二个内生增长模型。与第一个模型不同的是,他把经济增长来源在模型中予以明确化,其形式是不同的、专业化的生产投入数量的增长。进一步明确生产要素有四个,即资本、非技术劳动、人力资本和新知识。其中,知识是最重要的,投资促进知识,知识促进投资并能提高投资的收益,因此知识是经济长期增长的驱动力。研究开发部门具有动态的增长,内生经济增长的真正动力正是来源于此。新增长理论的出现,使人们认识到长期经济增长的决定因素才是关键的。此外,将决定长期经济增长的许多外生变量内生化,突破新古典经济增长模型的束缚。新增长理论将技术视为经济系统的内生变量,突破了新古典增长理论的研究框架,把技术纳入经济学的研究范围之内,强调了长期以来一直为主流经济学所忽视的经济联系的重要因素,应该说这一研究框架是比较合理的。新增长理论关于知识、技术是现代经济增长的决定因素的论证,有助于我们认识技术创新在现代经济中所具有的至关重要的作用。

2.1.4 制度创新理论

前文所述的新经济增长理论在强调知识、技术和人力资本的同时,忽略了制度、市场等因素。后来的学者发现,制度演变与创新对经济增长也有不可忽视的影响,并创立了制度创新理论。制度创新理论是制度经济学与熊彼特创新理论两个学术流派的融合。制度创新理论的代表性人物包括美国经济学家诺思、戴维斯(Davis)、汤玛斯(Thomus)等。制度创新理论认为,能够使创新者获得追加或额外利益的是对现存政治经济制度(如教育制度、金融制度、税收制度、公司制度、工会制度等)的变革。促成制度创新的因素有三种:市场规模的变化,生产技术的发展,以及由此引起的特定社会集团或个人对自己收入预期的变化。制度创新理论运用现代产权理论明确了制度变迁与经济增长的关系,表明经济增长最终由制度决定,新制度经济学比新经济增长理论又前进了一步。

1. 诺思的制度创新理论

诺思是新制度学派最重要的代表人物，因对制度学派的理论进行了创新而获得 1993 年的诺贝尔经济学奖。在《制度变迁与美国经济增长》《西方世界的兴起》《制度、制度变迁与经济绩效》等著作中，他构建了一个完整的理论框架，重点分析经济发展中的制度创新和制度安排。诺斯发展了熊彼特的创新理论，他对制度创新的基本因素、制度创新的动力及制度创新的基本过程进行了研究，并且把制度创新理论用于经济史的研究，被誉为是新经济史学的代表人物。诺斯作为新制度经济学家，第一次真正运用经济学理论来分析经济发展史，实现了经济理论与经济史的统一。

诺思认为，制度创新是使创新者获得追加利益的现存制度安排的一种变革。制度之所以会被创新，是因为创新的预期净收益大于预期的成本，而这些收益在现存的制度安排下是无法实现的，只有通过人为地、主动地变革现存制度中的阻碍因素，才可能会获得预期的收益。一般情况下，制度的创新通常通过个人、自愿合作性的安排和政府的安排来实现，具体形式的选择取决于成本、收益及决策者影响力的大小。制度创新与技术创新虽然都是采用一种新的发明，但技术创新是技术上的新发展和新发现，而制度的创新是通过组织形式的变革和经营管理的改进来实现的。

2. 制度创新的两种类型

制度经济学认为，制度创新基本上可分为两种类型：一种是诱致性制度变迁，另一种是强制性制度变迁。

诱致性制度变迁指的是现行制度安排的变更或替代，或者是新制度安排的创造，它由个人或一群人，在响应获利机会时自发倡导、组织和实行。发生诱致性制度变迁，必须要有某些来自制度不均衡的获利机会。也就是说，由于某种原因，现行制度安排不再是这个制度安排选择集合中最有效的一个了。从某个起始均衡点开始，有四种原因能引起制度不均衡：①制度选择集合改变；②技术改变；③制度服务的需求改变；④其他制度安排改变。这些因素引发的制度不均衡将产生获利机会，为得到由获利机会带来的好处，新的制度安排将被创造出来。因为制度结构由一个个制度安排构成，所以一个特定的制度安排不均衡就意味着整个制度结构不均衡。许多制度安排是紧密相关的，一个特定制度安排的变迁，也将因此引起其他相关制度安排不均衡。因此，当发生不均衡时，制度变迁过程最大可能是从一个制度安排开始，并只能是渐渐地传到其他制度安排上去。制度变迁过程中，大多数制度安排都可以从以前的制度结构中继承下来。虽然某个制度结构中的基本特性，在个别制度安排变迁累积到一个临界点时会发生变化，但制度变迁的过程仍类似于一种进化的过程。

强制性制度变迁由政府命令和法律引入和实行。国家是一种在某个给定地区内对合法使用强制性手段具有垄断权的制度安排。国家的基本功能是提供法律和秩序,并保护产权以换取税收。因为在使用强制力时有很大的规模经济,所以国家属于自然垄断的范畴。作为垄断者,国家可以比竞争性组织以低得多的费用提供制度性服务。诱致性制度变迁必须由某种在原有制度安排下无法得到的获利机会引起。然而,强制性制度变迁可以纯粹因在不同选民集团之间对现有收入进行再分配而发生,而且国家有能力去设计和强制推行由诱致性制度变迁过程所不能提供的、适当的制度安排。

2.1.5 国家创新系统理论

国家创新系统的思想最早源于德国经济学家李斯特(List)和美籍奥地利经济学家熊彼特的理论思想的综合。李斯特在其1841年出版的《政治经济学的国民体系》著作中提出了"国家体制"(national system)概念,而熊彼特则在1912年首次提出了"创新"概念。比较起来,李斯特对国家创新系统理论的发展更主要是起一个方向的作用,而真正起到理论支撑作用的还是熊彼特的创新理论。20世纪80年代,学术界开始对国家创新系统(national innovation system,NIS)进行了广泛研究。经济学家弗里曼、尼尔森、佩特尔(Patel)和帕维蒂(Pavitt)、伦德瓦尔、波特等均对国家创新系统理论进行了一定程度的深入研究,OECD的研究进一步拓展了国家创新理论,国家创新理论已逐步成为很多国家制定发展战略和相关政策的基础。

1. 弗里曼的国家创新系统理论

1987年,英国经济学家弗里曼在《技术和经济运行:来自日本的经验》中首次提出了国家创新系统的概念,即"公共部门和私营部门中的各种组织机构以促进新技术启发、引进、改造和扩散为目的而构成的网络"。弗里曼强调应该特别关注四个要素在国家创新系统中的作用,即:将创新系统作为核心的企业、企业间的相互竞争协作关系的表现——产业结构、政策制定者——政府、教育培训机构——大学,而政府应根据技术创新的需求变化,及时对经济社会发展范式进行调整,推进企业之间的学习和合作网络建设,通过创新公共资源提高创新能力和国家竞争力。弗里曼从这些方面通过对日本经济进行研究,发现以企业技术创新为核心,政府引导、制度创新和组织创新相互辅助的国家创新系统是日本经济近几十年间迅速崛起的根本原因。而英国、德国、美国等其他技术领先的国家的高速发展都源于国家创新系统的有力推动。

2. 尼尔森的国家创新系统理论

美国经济学家尼尔森分别于 1988 年和 1993 年出版了《作为演化过程的技术变革》和《国家（地区）创新系统：比较分析》两本著作。《作为演化过程的技术变革》通过考察美国的大学、政府、企业在新技术生产中的作用，系统全面地研究了美国国家创新系统。《国家（地区）创新系统：比较分析》则通过对全球具有代表性的 15 个国家和地区的创新系统进行深入剖析和研究比较，发现历史背景、民族文化、资源禀赋、产业组合和制度环境的不同，使各国的国家创新系统表现出不同的演化特征。与弗里曼强调技术创新的主导作用不同，尼尔森则更加注重宏观制度安排所体现出的作用，可以说将国家创新系统理论与制度创新理论相结合，进一步推动了国家创新系统理论的发展。他认为创新是促进创新要素进行交流互动的一种复合机制，这种机制是通过大学和企业等一系列的相关机构联结产生的，而在技术的公有和私有之间平衡和趋向平衡的动力通过相关制度安排来保证。此外，尼尔森还提出由于科学技术发展的不确定性，国家宏观制度安排需要根据科学技术的发展特征进行调整，以保证其创新系统的分享和合作机制的作用充分发挥。弗里曼和尼尔森虽然最早提出国家创新系统的理论，但都没有明确对其进行定义。

3. 佩特尔和帕维蒂的国家创新系统理论

英国学者佩特尔和帕维蒂把国家创新系统定义为决定一个国家新知识和新技术的学习方向和速度，由国家制度、激励机制及竞争力相互作用而有机结合形成的整体。佩特尔和帕维蒂指出，国家创新系统的激励结构是对行为主体（政府、企业、学校及金融支持部门）和创新系统的制度（政府有关政策、对创新进行投资的企业进行的研究与发展、大学和机构提供的基础研究、教育和相关培训、特定的产业部门、有利于促进技术进步的财政与金融支持）创新活动的激励，目的是提高持续创新能力。此外，佩特尔和帕维蒂还指出关键技术对创新系统竞争力的作用非常显著。佩特尔和帕维蒂将激励加入国家创新理论中，使理论研究和政策制定有效结合，因此他们提出的创新系统被看作"国家创新系统的实践篇"。

4. 伦德瓦尔的国家创新系统理论

1992 年，丹麦奥尔堡大学经济学教授伦德瓦尔出版了名为《国家创新系统：构建创新和互动学习的理论》的著作，研究了创新系统中"用户"和"厂商"的相互作用关系及国家创新系统各组成部分的构成与运作。伦德瓦尔指出"在知识进行生产、扩散和使用的过程中，由各种构成的要素及各种相互作用关系形成的系统就是国家创新系统,而这些各种构成要素及各种相互作用关系位于或者说根植于一国的疆界之内"。国家创新系统本质仍然是一个以知识的交流、传播及主体之间相互作用的互动学习机制为核心行为的社会体系,通过用户之间、生产者之间和用户与生产者之间形成的交互式学习机制,推动新技术、新产品、新市场和新组织形式的产生,形成更大范围内的国家创新系统的创新过程。分析一个国家创新系统的关键就在于互动学习互动机制,以及这种机制在一个国家经济社会系统中如何实现经济效益。伦德瓦尔对国家创新系统提出了狭义和广义概念。狭义的国家创新系统主要以参与新知识和新技术研发的技术研发部门、高校、科研院所等为主;而广义的国家创新系统则包括经济社会中的所有发生学习活动的研发系统、生产系统、公共部门、金融系统和营销系统等所有涉及的机构和部门。该理论弥补了对微观和中观研究不足的问题,同时适用于创新活动的所有阶段,具有一定的理论和现实意义。

5. 波特的国家创新系统理论

1990 年,美国经济学家波特在《国家竞争优势》一书中提出了"产业集群"的概念,并构建了"钻石模型"。波特指出创新是提高企业生产力、产业集群影响力和国家竞争力的动力,所以国家创新体系成为企业发展创新效能的基本保障。波特指出,产业集群对国家竞争优势产生作用是基于以下几个方面:提高在该领域的公司的生产力;提高创新进度;促进生产力的持续增长;加强产业集群能力;改变竞争格局。在这个过程中,创新促进了单个企业生产力的提高、产业集群影响力的加强和国家竞争力的提升。波特认为,产业竞争力的优势取决于以下四个因素:需求条件、要素条件、相关支持产业和企业战略与竞争状况,通过合理利用机遇并成功创新和政府从各方面影响企业创新来形成产业竞争力的优势。一国能否合理利用机遇和政策工具形成有效的竞争性环境是衡量一个国家产业竞争力强弱的关键。《国家竞争优势》被认为是对国家创新系统理论发展有着巨大贡献的一部著作,它和波特后续的相关理论研究,肯定了创新在加强产业发展和提高国家竞争优势过程中的作用。

6. OECD 的国家创新系统理论

1994 年,OECD 对国家创新系统的相关研究项目进行了研究,并在 1997 年公布了研究报告——《国家创新系统》。在这一过程中 OECD 对国家创新系统的运行机制、动力系统等进行了全面的研究。结果表明:国家创新体系提高创新效用的基本前提是每个主体之间要进行有效沟通。创新主体主要包括:高校和科研机构、企业、中介机构和政府,企业是核心。国家创新系统的作用是利用产业发展政策和相关职能优化,构建创新系统内的动态相互作用和反馈的网络,增强企业间、企业与科研机构、高校之间相互创新合作，以中介机构为桥梁，推进科学技术知识在国内的传递、扩散和发展。报告指出，知识、信息和技术在主体间高效流动是创新合作建立的基础，然后将在流动过程中的所有知识、信息和技术按照创新系统的内部逻辑进行优化组合，从而形成能够在创新过程直接作用的知识流。国家创新系统应该将能促进知识流传递运转的因素都加入。此外，报告从企业间的相互作用，企业、大学与公共研究机构间的相互作用，知识和技术的扩散，以及人员流动四个角度建立了有关国家创新系统运行绩效的评估指标体系。

2.2 不同层次和形式的创新理论

创新理论在发展过程中不断得到丰富和拓展，也在世界各国产生了丰富的创新实践。随着各个国家对创新活动的高度重视，创新的层次和形式也越来越多，其中具有代表性的包括自主创新、协同创新、开放式创新等创新形式，并在实践中得到进一步的应用。

2.2.1 自主创新

进入 21 世纪，科技竞争力对国家综合竞争力的影响越来越大，科学技术作为第一生产力对经济发展的促进作用也更加突出。从世界经济发达国家来看，科技进步贡献率在其国民经济发展中普遍达到 60%以上。微软、苹果、英特尔等科技类公司也在世界 500 强企业中排位不断前移。这一切表明，科技创新已经成为一个国家发展进步的不竭动力。与 20 世纪不同的是，21 世纪很多国家都意识到具有自主知识产权的创新才是最有价值的，这类创新被称为自主创新。自主创新是相对于模仿创新和技术引进而言的，强调创新成果是自己的，而不是别人的。中国从 21 世纪初期开始，也在不断推进自主创新。时任国家主席胡锦涛同志在 2006 年 1 月 9 日召开的全国科学技术大会上，发表了题为《坚持走中国特色自主创新道路 为建设创新型国家而努力奋斗》的重要讲话。此后，自主创新成为中国科技创新的重大战略。自主创新从形式上看一般包括原始创新、集成创新和引进消化吸收再创新，无论是哪种形式的自主创新，一般都要求具有自主知识产权，这是自主创新与其他创新形式的重要区别。原始创新、集成创新和引进消化吸收再创新是自主创新的三个有机组成部分，也是一个必然的发展过程。原始创新为科技创新提供动力源泉；集成创新、引进消化吸收再创新利用别人的原始创新成果，使自己的创新能力借势成长。三者不可偏废。但是，原始创新、集成创新和引进消化吸收再创新三者在资金投入、创新周期、创新风险及对技术能力和技术积累方面的要求都是不同的。

（1）原始创新。原始创新是自主创新中难度最大、要求最高、分量最重的创新形式。原始创新的成果要求是人类前所未有的重大科学发现、技术发明、科学原理、颠覆性技术等。原始创新一般聚焦在基础研究和高新技术研究领域，其表现形式一般为科学理论、科学原理、科学方法、科学公式或发明专利等。原始创新的成果展现形式一般是科学论文、科学著作、知识产权、发明专利等。原始创新是最根本的创新，是最能体现人类智慧的创新形式，其创新成果为全人类所共有，体现了科学无国界的特点。近代以来，从哥白尼提出"太阳中心学说"，到牛顿提出"万有引力"，再到爱因斯坦的"相对论"，自然科学领域的原始创新成果熠熠生辉。从瓦特发明双向通用蒸汽机、爱迪生发明电灯、贝尔发明电话到冯·诺依曼发明真正意义上的电脑，这些都是近代以来的重大发明创造，在人类发展史上具有里程碑式意义。随着科学技术的不断发展，人类要再实现重大原始创新的难度越来越大了。

（2）集成创新。集成创新是对已有的技术进行重新整合、改进和集成，以形成新的具有新功能和新特点的新兴技术。集成创新的目的是有效集成各种要素，在主动寻求最佳匹配要素的优化组合中产生"1+1＞2"的集成效应。集成创新的理论源泉是1998年马可·伊恩斯蒂提出的技术创新，而早期的集成创新也主要是围绕技术创新所展开。但随着经济全球化、信息技术与互联网的快速发展，集成创新的构成要素也在不断发生变化。集成创新不只是集中在技术方面，还要考虑组织、战略、知识等方面。集成创新是技术融合的进一步延伸，是产品、生产流程、创新流程、技术和商业战略、产业网络结构和市场创新的集成。

（3）引进消化吸收再创新。引进消化吸收再创新指在引进国内外先进技术的基础上，通过学习、分析、借鉴进行再创新，最终形成具有自主知识产权的新技术。引进消化吸收再创新是提高自主创新能力的重要途径之一。它一般需要经过四个阶段。在引进阶段，主要是通过资金购买国外的先进技术或设备，为我所用。在消化阶段，对所引进的技术进行学习和分析，掌握其内在原理。在吸收阶段，对消化后的技术原理进行吸收，再融合其他相关技术，结合本土技术基础进行重新整合。在再创新阶段，经过对引进的原有技术做进一步改进，创造出一种比原有技术更先进的新型技术。一项变革性技术往往需要经过长时间的基础研究、应用开发阶段，资金投入大、周期长、风险高，对很多发展中国家和落后国家而言，成本太高。而通过向发达国家直接引进先进技术，尤其是通过利用外商直接投资方式获得国外先进技术，经过消化吸收实现自主创新，不仅大大缩短了创新时间，而且降低了创新风险。

2.2.2 协同创新

Ansoff（1987）首次提出了"协同"这一概念，并把协同定义为"相对于各独立组成部分进行简单汇总而形成的企业群整体的业务表现，是在资源共享的基础上，两个企业之间共生互长的关系"。此时的协同思想主要应用于企业之间资源共享方面的研究，但协同理念很快就成了理论界和企业界研究诸多问题的指导原则。后来 Haken（1987）经过持续研究，创立了协同学理论。到 20 世纪 90 年代初，弗里曼和伦德瓦尔等开创了以国家创新系统为代表的第三代协同创新理论，继而引发了区域创新系统、产业创新系统、技术创新网络、集群创新等关注制度、环境、网络方面的研究热潮，协同创新的思想和理论逐渐在区域发展管理实践中得到推广和应用。我国学者从 20 世纪 90 年代开始从哲学、系统科学、社会学、经济学和管理学等角度对协同创新问题进行了一系列的探讨。国内学者对协同创新的研究热点主要集中在集群协同创新、技术协同创新、知识协同创新、全面协同创新、协同论在协同创新中的应用研究、产学研协同创新、区域协同创新、协同创新网络等领域。协同与创新本是两个独立的概念，随着研究对象的复杂化，越来越多的学者将两者进行了有机结合。Corning（1998）指出，协同创新是一项复杂的创新组织方式，其关键是通过知识创造主体和技术创新主体间的深入合作和资源整合，产生系统叠加的非线性效用。后来，协同创新的理论与方法被广泛应用于企业创新、集群创新、区域创新、知识创新等领域。

随着创新活动的复杂化，参与创新的主体越来越多，创新资源的共享也更加普遍。协同创新理论的出现，正是为了应对复杂的创新活动。协同创新包括协同主体和创新资源两个部分。参与协同的主体主要有政府、企业、高校、科研机构、中介机构和用户等。政府主要为创新活动提供政府引导和支持，尽管创新活动有特定的规律和边界，政府和市场在创新活动中都要发挥重要作用。政府代表的是国家的立场，对国家需要优先发展的创新领域，政府可以引导市场力量积极参与，同时提供大量的政策支持，如财税政策、金融政策、优惠政策等。企业是创新最重要的主体，所有的创新成果都有赖于企业来实现和应用。创新的最终成果往往是科技产品，这些产品只有经过企业化生产后才能进入市场，才能到消费者手中。企业的创新职能主要是产品研发和生产，这也是创新能力的重要体现。高校在创新活动中扮演了两个极为重要的角色，一是为创新活动培养大量的科技人才；二是直接进行科学研究活动。高校是基础研究的主力军，对原始创新具有重要作用。科研机构是专门从事科学研究的专业部门，聚焦了大量的科研人员，是科技创新活动的主阵地。中介机构是创新活动中的桥梁和纽带，主要为政产学研合作提供中介服务，包括科技中介、金融中介等部门。协同创新的作用对象是创新资源，实现创新资源在创新主体之间的优化配置。创新资源是产生创新成果，推动经济与社会发展的经济、制度、技术和社会等要素的总和。创新资源既包括企业组织内部所需的有形资产（如人才、资金、基础设施、生产物质资料等）和无形资产（知识、信息、技术、专利等），又包括大学、企业、科研机构、技术中介服务组织和培训机构等。协同创新通过国家意志的引导和机制安排，促进企业、大学、研究机构发挥各自的能力优势、整合互补性资源、实现各方的优势互补，加速技术推广应用和产业化，协作开展产业技术创新和科技成果产业化活动，已经成为当今科技创新的新范式。

2.2.3 开放式创新

开放式创新是相对于封闭式创新而言的，是在经济全球化和科技全球化背景下出现的一种新的创新范式。开放式创新就是要打破创新主体的组织界限，充分整合各类创新资源，实现创新效应的最大化。大到一个国家，小到一个企业，都可以进行开放式创新。就一个国家而言，开放式创新就是要打破国与国之间的界限，不同国家的创新主体之间进行充分的交流与合作。在一个国家内部，区域、研究机构、企业之间也可以进行广泛的开放式创新。

开放式创新的优势是充分整合各类创新资源以实现创新效应的最大化。创新活动具有很大的不确定性，投入大、周期长、风险高。在科技全球化的背景下，创新主体并不需要什么都依靠自身力量进行创新，而是可以整合各类创新资源。创新链条一般包括基础研究、技术开发、产品试验、生产经营等，开放式创新环境中一个创新主体并不需要完成上述链条的所有环节，而是通过产学研合作的方式来进行。企业是最重要的创新主体，企业的最大优势是技术研发和产品创新。而技术创新离不开基础研究，只有基础研究的重大突破才能产生全新的产品。但基础研究并不是企业的优势，而是高校和科研机构的优势。高校和科研机构在基础研究的重大突破可以通过技术转让或专利许可的方式给企业，由企业进行产品开发。因此，产学研合作是最常见的开放式创新模式。英特尔公司就是产学研合作的典范。英特尔公司通过赞助大学的研究活动，并与校外研究机构建立开放性合作实验室的方式来进行创新。产学研合作不仅减少了英特尔公司的直接研发投入，降低了研发风险，还让英特尔公司始终与技术前沿保持密切的联系。

此外，企业与企业之间的合作创新也日渐成为开放式创新的重要方式。这些企业往往处于一个产品的不同环节，需要相互合作才能实现产品创新。21世纪以来，越来越多的企业开始寻求开放式创新，并取得了很大的成功。苹果手机之所以能开创智能手机时代，就是因为苹果公司与手机应用企业进行的开放式创新。苹果手机中那些丰富的应用程序很多并不是苹果公司自己开发的，而是其他软件设计企业开发的，苹果手机只是提供了一个软件应用的集成平台，从而实现了苹果公司与软件开发企业的双赢。

在开放式创新模式中，顾客与用户也是重要的创新来源。用户通过向企业反馈使用体验和新的需求，促使企业不断改进产品。智能家电的产生就是用户参与创新的最好例证。海尔的智能家居产品就是海尔基于开放式创新理念研发成功的智能产品。在互联网时代，海尔的理念便是"世界是我们的研发中心"，研发的过程要让用户参与进来，也要让全球创新者参与进来。基于此，海尔开放创新平台于 2013 年 10 月正式上线，2014 年 6 月进行了改版升级，新增的海尔生活创意社区也将成为用户全流程参与研发设计的线上互动平台。海尔开放创新平台遵循开放、合作、创新、分享的理念，整合全球一流资源、智慧及优秀创意，与全球研发机构和个人合作，为平台用户提供前沿科技资讯及超值的创新解决方案。最终实现各相关方的利益最大化，并使得平台上所有资源提供方及技术需求方互利共享。目前，在海尔开放创新平台上成功达成的技术合作案例已有 200 余起。

2.3 创新系统及其范式的发展脉络

从创新的系统与范式来看，当前不同层次和范围的创新系统主要包括企业创新系统、区域创新系统、创新集群系统、国家创新系统等。其中，企业创新系统是微观层次的创新系统，是创新活动的基本单元；区域创新系统和创新集群系统是中观层次的创新系统，是创新系统的中坚力量；国家创新系统是宏观层次的创新系统，是创新能力的综合体现。

2.3.1 企业创新系统

企业是创新活动的微观单元，也是最重要的创新主体。广义上的企业创新包括产品创新、技术创新、组织创新、管理创新、制度创新等，狭义上的企业创新一般指技术创新。不同类型的企业其创新形式也有一定的区别，劳动密集型和资本密集型企业主要靠低廉的劳动力成本和资金的投资收益获取利润，对创新的要求不高。技术驱动型企业主要靠关键技术的突破来获得产品的核心竞争力，对技术创新的要求极高。从产品收益来看，技术含量高的产品附加值明显高于技术含量低的产品，这也充分说明了技术创新的极端重要性。

企业创新系统一般包括内外两个子系统。企业内部创新系统主要由企业员工和专门的研发部门组成。创新型企业一般都建立了专门的研发部门，有专门的研发人员，他们的部门职责就是进行技术研发，提升产品的技术含量，从而增强产品竞争力。企业的内部创新系统主要依靠自身的创新资源来进行创新，对企业的研发投入要求较高。随着市场竞争的加剧，仅仅依靠自身的创新，企业很难在激烈的市场竞争中立于不败之地。如何充分利用企业外部创新资源就显得十分重要。企业外部创新系统是一个开放式系统，由企业、高校、科研院所、中介机构、政府部门和用户等主体构成。在这个外部创新系统中，企业可以与其他创新主体进行广泛合作，充分整合各类创新资源，实现创新效应最大化。

2.3.2 区域创新系统

区域创新系统（regional innovation system）属于中观层次的创新系统，是一定范围内的创新主体开展各类创新活动所形成的创新系统。在一个国家内部，区域创新系统包括跨行政区的大区域创新系统和单个行政区内的小区域创新系统。例如，在中国内部，存在跨省级行政区的区域创新系统，如长三角、珠三角等城市群创新系统；省级创新系统；省内跨行政区的区域创新系统，如长株潭城市群创新系统；市级和县级创新系统等层次。从世界范围来看，最早提出区域创新系统这个概念的学者是英国卡迪夫（Cardiff）大学的库克（Cooke）教授。1992年，库克发表了一篇文章《区域创新体系：新欧洲的竞争规则》，对区域创新系统进行了初步定义，把区域创新系统看作是企业在以根植性为特征的制度环境中系统地从事交互学习的行为体系。这个定义把区域创新系统的主体界定为企业，系统的特征是根植性，创新行为是从事交互学习。库克此时对区域创新系统的认识还是初步的、不够深入的。1996年，库克在其代表作《区域创新系统：全球化背景下区域政府管理的作用》一书中再次对区域创新系统进行了明确定义，这次他把区域创新体系视作由在地理上互相分工与关联的企业、高校、科研院所等主体构成的区域性组织体系，这些主体通过这种体系的支持进行合作创新。相比1992年的概念界定，这次的认识更加深刻，强调了区域创新系统的地理邻近性和系统性特征，加上根植性特征，库克基本上较为完整地界定了区域创新系统的主要特征。

目前学术界对区域创新系统的概念还没有形成一致的意见，较为广泛接受的是对其基本内涵的确定应该包括以下六个方面：一是区域创新系统属于中观层次的创新系统，其中的区域具有特定的地域空间和地理边界；二是区域创新系统的创新主体包括区域内的企业、高校、科研院所、中介服务机构和地方政府等政产学研用资主体；三是区域创新系统的创新主体之间通过交互式学习及多边合作形成了区域创新网络，通过网络结点构成了区域创新系统的组织和空间结构；四是强调技术创新和制度创新是区域创新系统的两大核心要素，区域通过技术创新和制度创新双轮驱动整体创新；五是强调创新政策在区域创新系统中的引导作用，政府在创新主体中扮演了重要角色；六是区域创新系统的目的是促进区域内创新活动的开展，增强区域创新能力和竞争力。

根据上述基本内涵的确定，发现区域创新系统的构成要素主要有主体要素、功能要素及环境要素三大类，具有输出技术知识、物质产品和效益三种功能。其中主体要素包括区域内的企业、高校、科研院所、中介服务机构和地方政府等创新主体；功能要素包括技术创新、管理创新、制度创新和服务创新等创新形式；环境要素包括创新资源、创新政策、体制机制、基础设施建设和保障条件等。在这些构成要素中，企业是最重要的创新主体，技术创新是区域创新系统的核心，创新资源是区域创新系统的基础，创新政策是区域创新系统的保障。区域创新网络是区域创新系统的主要形式和有效载体。

2.3.3 创新集群系统

1999年，OECD发布了《集群——促进创新之动力》研究报告，首次提出了"创新集群"（innovative clusters）思想；2001年，OECD在另一份研究报告《创新集群：国家创新体系的推动力》中，对发达国家的"创新集群"现象进行了深入考察和详细解读。此后，创新集群这一新兴现象受到了国内外学者的广泛关注和研究。综合国内外学者对创新集群的研究来看，创新集群是指由企业（主要是高新技术企业）、高校、科研院所、中介服务机构等组织构成，通过知识学习、产业链条、价值创新等机制形成战略联盟并深入开展创新合作，具有创新集聚性和知识溢出效应的规模化创新网络。从范围上来看，创新集群系统介于国家创新系统和区域创新系统之间，全国性的区域创新系统就是国家创新系统，区域内的结构化创新系统就是创新集群系统。但三者也有一定的区别，国家创新系统和区域创新系统的创新主体中一般都包含了国家和地方政府，但创新集群系统的创新主体中一般不包含各级政府部门，主要是产学研等主体。从创新集群的概念界定来看，创新集群具有三个基本特征：一是创新集群的构成要素呈现多元化，参与创新活动的主体也是多元化的，使得创新集群成为一个复杂的创新系统；二是创新集群的内部主体之间一般通过建立战略联盟的方式来开展合作创新，是否建立联盟成为判断创新主体是否形成集群的重要依据；三是创新集群的外部作用方式是通过创新联盟形成创新合力，从而形成一定区域范围内具有比较竞争优势的产业集群。

从创新集群的理论渊源来看，创新来源于熊彼特的经济发展理论，集群来源于马歇尔和韦伯等的集群思想，后经德国经济学家门斯、荷兰经济学家杜因、弗里曼、波特等的继承和发展，创新集群思想基本形成，最后由OECD首次明确提出"创新集群"概念。从创新集群的发展实践来看，国内外学者普遍认为创新集群是产业集群的高级发展阶段，认为创新集群是"创新性高新技术产业集群"的简称。可见，高新技术企业是创新集群的最重要主体。综合来看，创新集群的形成和发展是在经济学家的理论研究和产业集群发展实践的双轮驱动下建立起来的。从创新集群的组成要素来看,包括高新技术企业、高校、科研机构、中介服务机构等,这些主体之间通过创新网络进行创新合作。创新集群中的高新技术企业并不是分散的、毫无关联的企业,而是同类的或形成了产业链条的企业,具有规模效应。同类企业的创新集群有利于形成区域产业特色,有的是市场自发形成的,有的是地方政府主动规划引导的,这种类型的创新集群具有较强的规模效应。由产业链条不同终端企业形成的创新集群有利于发挥产业链条的组合功能,降低生产成本。无论是哪种类型的创新集群,创新集群的形成一般都需要具备以下三个条件:一是创新集群内的主体具有较强的知识学习能力,能发挥知识溢出效应;二是创新集群的内外环境有利于吸引高新技术企业的加盟和发展,形成规模效应或产业链条的互补效应;三是有支持创新集群形成和发展的市场环境和政府政策,能引导创新集群的有序发展。创新集群的形成和发展,对提升区域创新能力,建设创新型国家具有重要意义。

2.3.4 国家创新系统

国家创新系统这个名词最早是英国经济学家弗里曼 1987 年在《技术和经济运行:来自日本的经验》一书中提出来的,该书主要研究了日本经济增长和技术追赶成功的原因。弗里曼发现日本的成功在于建立了国家创新系统,并把该系统定义为"公共部门和私营部门中的各种组织机构以促进新技术启发、引进、改造和扩散为目的而构成的网络"。此后,国内外学术界对国家创新系统的研究长盛不衰,至今仍是学术界的研究热点。

尽管国内外学术界对国家创新系统的研究成果非常丰富,但对国家创新系统的认识仍有很多争论,至今对国家创新系统的定义都没有形成一致意见,对其基本内涵的理解可以概括为以下六个方面:一是国家创新系统属于宏观层面的创新系统,它是一个国家为了提升创新能力而构建的具有全局性和战略性的创新系统;二是国家创新系统的核心是技术创新和制度创新,同时包括了组织创新、管理创新和服务创新等,是一个具有全面创新意义的复杂创新系统;三是国家创新系统是推动科技创新与经济发展的关键力量,是解决科技与经济"两张皮"现象的重要举措;四是国家创新系统的落脚点是知识创造和知识学习,通过知识的溢出效应来发挥系统的创新效应,促进创新能力的提升;五是国家创新系统具有层次分明的内部结构,包括中观层次的区域创新系统和微观层次的产学研创新系统;六是国家创新系统的理论基础是技术创新理论、人力资本理论和经济增长理论。

国家创新系统的主要功能是促进新知识和新技术的生产、扩散和应用。具体地讲,国家创新系统具有创新活动的执行和评估、创新资源(包括人力、财力、信息资源等)的供给和配置、创新制度与创新政策建设、创新基础设施建设等功能。

（1）创新活动的执行和评估。以企业为主体，同教育培训机构和科研机构一起，从事新知识和新技术的创造、传播和应用。中介机构为创新提供良好服务。政府可根据国家的目标，采取组织重大创新计划和项目、组织产学研合作、推广创新成果、开展国际合作与交流等多种形式，促进创新活动的发展。

（2）创新资源的供给和配置。以市场为主体，市场和政府联合发挥作用，生产、提供和配置创新资源。创新资源系统应包括有利于创新活动的财政金融管理体系、创新人才的教育与培训体系、创新信息服务体系和创新资源的分配体系。

（3）创新制度与创新政策建设。国家创新系统应为全社会的创新活动提供良好的制度环境，具体的工作包括政策和法律的制定、知识产权的保护、社会保障体系、创新风险保险系统、维护国家和公众的利益、规范创新主体的行为等。

（4）创新基础设施建设。国家创新系统应能为创新活动提供良好的条件，这些条件是创新活动必需的，而且不可能由单个行为主体自行解决的基本条件，包括国家科技基础设施、教育基础设施、信息基础设施等。

第3章 中国创新政策的演变、制定与分类

创新是推动一个国家不断向前发展的永续动力，新中国成立 70 余年来，特别是改革开放 40 余年来的发展成就，离不开科技创新的大力推动。本章对新中国成立 70 余年来的创新政策进行回顾，探索创新政策的演变规律；对创新政策的制定过程、制定主体等进行分析，并对中国创新政策进行分类，对不同类别的创新政策进行探讨，提炼中国创新政策的特色。

3.1 中国创新政策的演变历程

新中国成立 70 余年来，历届党中央领导集体和中央人民政府都高度重视科技事业的发展，在不同的发展阶段制定了具有针对性的创新政策，形成了丰富的科技创新政策体系，推动着我国科技事业的蓬勃发展。在这些科技创新政策体系中，凝聚了一条一脉相承的创新政策主线，即新中国成立初期的"向科学进军"战略—改革开放初期的"科学技术是第一生产力"思想—21 世纪初期的科教兴国战略和建设创新型国家战略—新时代的创新驱动发展战略和建设世界科技强国战略。这些重大创新战略成为我国创新政策体系的核心和主导力量，形成了具有中国特色的科技创新政策体系。综合目前学术界的主要观点，本书把新中国成立 70 余年来我国创新政策的演变历程大致划分为三个阶段：第一阶段是新中国成立初期至改革开放前的创新政策（1950~1977 年），第二阶段是改革开放时期至 21 世纪前的创新政策（1978~1999 年），第三阶段是 21 世纪初期至今的创新政策（2000 年至今）。

3.1.1 新中国成立初期至改革开放前的创新政策（1950~1977 年）

新中国成立后，第一代中央领导集体高度重视科技事业的发展，开始制定系统的科技创新政策。"文化大革命"十年间，由于科技事业的发展几乎停滞不前，已经制定的科技创新政策文件也被搁置一边，无法得到有效实施。"文化大革命"结束后，新一届中央领导集体重新审视科技创新的重要性，开始梳理已有政策文件，并着手制定新的政策文件，我国科技事业的发展迎来了新的春天。由此可见，新中国成立后至改革开放前的这一时期，我国创新政策的发展可以分为两个阶段。

第一个阶段是1949年新中国成立后到1966年"文化大革命"开始。这一阶段的创新政策主要是根据中国的基本国情来设计政策文件，目的是改变落后的生产技术与工具，发展现代科学技术。这个阶段的创新政策主要是围绕经济建设的恢复和科学技术的发展而展开。代表性事件是成立了中国科学院和国家科学技术委员会（以下简称国家科委），制定了第一个（1956～1962年）和第二个（1963～1972年）科技发展长远规划。

科技创新事业必须由专业人才来推动，为此国家相继成立了一批专业的科研机构。1949年11月成立中国科学院，此后各省份也相继设立一些研究机构，旨在提高相关行业的科技水平，进一步作用于经济建设。1956年国务院组建了科学规划委员会和国家技术委员会[两个委员会于1958年合并为国家科委，即科学技术部（以下简称科技部）的前身]，从全国科学家中遴选了600多位科学技术专家进入委员会，该委员会的主要任务是制定我国第一个长期科学技术发展规划（即1956～1967年的12年规划），包含基础研究、应用研究、发展研究等57项课题任务，该规划的主要任务在1962年底提前完成。中国科学院和国家科委的成立，是新中国成立初期大力发展科技事业的重要保障，也奠定了我国科技事业发展的重要基础。时至今日，科技部已经成为国务院的组成部门，是我国科技行政管理的最高机关；中国科学院已成为我国自然科学研究的专门科研机构，是我国自然科学研究实力最强的研究机构。1961年党中央批准国家科委和中国科学院共同制定了《关于自然科学研究机构当前工作的十四条意见（草案）》，要求科研机构加大力度"出成果、造人才"。这份文件的出台标志着我国科技创新政策开始走向制度化，揭开了通过制定政策文件来促进科技事业发展的帷幕。1962年3月，国务院在广州召开全国科技工作会议，并着手制定第二个科技发展长远规划（1963～1972年）。随着该规划的实施，我国科技事业呈现蓬勃发展的良好势头。然而，1966年开始的"文化大革命"致使科技事业的发展遭受重创，几乎陷于停滞状态。

第二阶段是1966年"文化大革命"开始至1977年改革开放前期。此阶段由于历史因素，中国国内情况复杂，首先关于"科学技术是第一生产力"理论方面受到严重阻碍和质疑，其次作为科研创新孵化基地的科研机构与设备受到严重毁坏，最终导致中国的科技创新道路停滞不前，没有制定和实施新的相关创新政策。1976年10月粉碎"四人帮"后，我国科技事业的发展秩序才开始得到逐步恢复，迎来了新的发展阶段。

3.1.2 改革开放时期至21世纪前的创新政策（1978～1999年）

"文化大革命"结束后，我国开始酝酿实施改革开放，我国科技事业也迎来了新的发展阶段，新的创新政策文件纷纷制定出来，并得到了实施。改革开放时期至21世纪前的这一时期，我国创新政策的发展可以分为两个阶段。第一阶段为1978

年至 1992 年党的十四大召开之前。这一阶段我国通过改革开放重新走上创新道路，属于科技创新政策的恢复重建期。1978 年 3 月召开了全国科学大会，邓小平同志在会上提出了"科学技术是生产力"的论断[①]。随后 12 月召开了党的十一届三中全会，邓小平同志发表了《解放思想，实事求是，团结一致向前看》的重要讲话，目的在于解放全国人民的思想，迎接科学技术发展的浪潮，使得国家的重心重新回到经济建设上来。同年党中央发布《1978—1985 年全国科学技术发展规划纲要》，对生产生活各方面给出了具体的指导意见，尤其对于科学技术方面给出了具体措施。1982 年党中央提出了"经济建设必须依靠科学技术，科学技术工作必须面向经济建设"[②]的战略指导思想，明确科技创新的首要任务是振兴国民经济。然而，在国内经济建设发展过程中，不断发现科技创新政策在促进生产力发展方面存在一些问题，1985 年 3 月 13 日，中共中央发布《关于科学技术体制改革的决定》，改变以往单一地由政府主导管理科学技术工作的局面，开始运用经济杠杆和借助市场的调节作用，同时弥补以往对于科学技术方面相关的体制建设不足问题。1986 年 3 月，为应对高科技领域的激烈竞争，我国启动实施了国家高技术研究发展计划（即 863 计划）。1988 年，国家科委制订实施了中国国家高新技术产业化发展计划（即"火炬计划"），着重发展计算机、微电子、激光、生物工程、新型材料等重要领域。1988 年 5 月 3 日，国务院发布《关于深化科技体制改革若干问题的决定》，明确提出"进一步建立科技与经济紧密结合的机制，提高我国科学技术水平，推动经济和社会发展"。1991 年，为了加强基础性研究，国家科委又制订了"攀登计划"，极大促进了数学、物理、化学、地学、天文、基础医学、生物学、农学等基础科学的发展。

第二阶段为 1992～1999 年进入 21 世纪之前。这一阶段是中国改革开放的深化期，随着改革开放的全面推行，中国的对外交流越来越活跃。在科技领域，我国开始实行"以市场换技术"的策略，通过引进、学习、模仿国外的先进技术进行"国产化"研发，以实现科学技术的快速更新和跟进。该阶段除了迅速推进"以市场换技术"策略，党中央还把科教兴国战略和人才强国战略确立为基本国策，做出了一系列重大科技创新战略部署。在高等教育领域，先后启动了"211 工程"和"985 工程"项目，提出建设若干世界一流大学的目标。随着科技体制改革的深入，从宏观层面的国家法制制度、同行评议等到微观层面的多项科学技术计划，都在全面推进我国科技创新事业的发展。在这期间发布了几项比较重要的创新政策文件。1995 年 5 月，中共中央、国务院发布《关于加速科学技术进步的决定》，首次确立科教兴国战略，明确提出以科技和教育带动经济发展的方向，使生产力产生新的飞跃。1999 年 8 月，中共中央、国务院出台《关于加强技术创新，发展

---

① 《人民日报》1978 年 3 月 22 日第 1 版。
② 《改革开放以来科技政策大事记（1978—2006）》，http://www.reformdata.org/2012/0305/1278.shtml[2021-03-05]。

高科技，实现产业化的决定》，从宏观指导、创新科技成果商品化与产业化、政策环境三个方面提出了相应的要求，进一步细化和完善了我国科技创新事业的发展蓝图。这个阶段有关部门还相继出台了13项全国重大科技计划和项目规划，如针对基础研究的"国家重点基础研究发展计划"（即973计划）、中国科学院的知识创新工程、国家技术创新工程、国家大学科技园项目等。这些计划和项目的实施，为进入21世纪我国科技事业发展迈上新台阶奠定了扎实的基础。

3.1.3 21世纪初期至今的创新政策（2000年至今）

进入21世纪后，世界科技竞争更加激烈和复杂，此前的科技创新政策已无法满足激烈竞争的需要，进一步完善科技创新政策体系迫在眉睫。21世纪初期至今的这一时期，我国创新政策的发展可以分为三个阶段。

第一阶段为2000~2005年。这一阶段是我国开始构建完整创新政策体系的初期。20世纪90年代实行的"以市场换技术"策略虽然让我国的科学技术短时间内有了很大的进步，但核心技术受制于人也面临着重大风险，加强原始创新和自主创新成为21世纪初期的重要科技发展目标。特别是2001年随着我国加入世界贸易组织（World Trade Organization，WTO），我国创新主体面临来自国内与国际同业的竞争压力，为提高我国创新动力，国家先后从科研人才、企业激励、科研基础设施等方面出台了一系列相应的激励政策，极大地丰富了科技创新政策体系。

第二阶段为2006~2012年。在这一阶段，我国已经成为世界第二大经济体，科技创新不再局限作用于经济方面，开始制定中长期的创新政策，为建设创新型国家而努力。2006年1月，胡锦涛同志在全国科学技术大会上系统阐述了建设创新型国家的战略目标及具体措施，建设创新型国家成为国家重大发展战略。同年2月9日，国务院发布了《国家中长期科学和技术发展规划纲要（2006—2020年）》（以下简称《规划纲要》），确定了"自主创新，重点跨越，支撑发展，引领未来"的科技发展方针。为保证《规划纲要》的顺利实施，中共中央、国务院出台了《关于实施科技规划纲要增强自主创新能力的决定》，并发布《实施〈国家中长期科学和技术发展规划纲要（2006—2020年）〉的若干配套政策》的通知。《规划纲要》的实施对建设创新型国家具有重大意义。2007年12月修订了《中华人民共和国科学技术进步法》（以下简称《科学技术进步法》），2008年颁布了《国家知识产权战略纲要》，科技创新政策体系得到进一步的发展和完善。2011年7月26日，科技部发布《关于印发国家中长期科技人才发展规划（2010—2020年）的通知》。2012年9月23日，中共中央、国务院印发《关于深化科技体制改革加快国家创新体系建设的意见》，目标在于加快推进创新型国家建设，充分发挥科技对经济社会发展的支撑引领作用。

第三阶段为2013年至今。这一阶段的主要任务是深入实施创新驱动发展战略，开启建设世界科技强国的新征程。2012年11月召开的党的十八大提出了"创新驱动发展战略",创新成为国家层面的重大发展战略。此后,深入实施创新驱动发展战略成为全国上下科技领域的行动指南,一项项创新政策如春笋般纷纷颁布,涉及各行各业。2015年3月23日,中共中央、国务院发布《关于深化体制机制改革加快实施创新驱动发展战略的若干意见》,对加快实施创新驱动发展战略进行了全面部署。2016年5月19日,中共中央、国务院印发《国家创新驱动发展战略纲要》,成为深入实施创新驱动发展战略的思想指引。2017年10月召开的党的十九大做出实施创新驱动发展战略的新部署,为新时代科技创新发展指明了方向。2018年1月31日,国务院印发《关于全面加强基础科学研究的若干意见》,这是党的十九大召开以来,科技创新领域首个"重量级"政策文件。2018年5月28日,习近平总书记在中国科学院第十九次院士大会、中国工程院第十四次院士大会上再次强调,要"建设世界科技强国"[①]。2019年5月22日,国务院办公厅印发了《科技领域中央与地方财政事权和支出责任划分改革方案》,要求"抓紧形成完整规范、分工合理、高效协同的科技领域财政事权和支出责任划分模式,加快建立权责清晰、财力协调、区域均衡的中央和地方财政关系"。党的十九届五中全会提出,"坚持创新在我国现代化建设全局中的核心地位,把科技自立自强作为国家发展的战略支撑……加快建设科技强国"[②]。这一重要论断丰富和深化了我国对科技创新规律的认识,将科技自立自强的重要性提上了历史的新高度,为我国加快建设科技强国提供了科学指导。

由此可见,进入21世纪以来,我国的科技创新政策体系不断完善,从提升自主创新能力到建设创新型国家,从深入实施创新驱动发展战略到建设世界科技强国,创新已经成为全面引领经济社会发展的第一动力,成为建设社会主义现代化强国的重要引擎。

3.2　中国创新政策的制定主体

我国科技创新政策的制定主体经历了由政府单一主体到政府、科研机构、高校、企业多元主体的转变。在计划经济体制时期,国家实行的是"举国科技体制",体现了集中力量办大事的体制优势,所有的科技创新政策都由中央及地

---

① 《习近平:在中国科学院第十九次院士大会、中国工程院第十四次院士大会上的讲话》,http://www.gov.cn/xinwen/2018-05/28/content_5294322.htm[2021-11-28]。

② 《中共中央关于制定国民经济和社会发展第十四个五年规划和二〇三五年远景目标的建议》,http://www.gov.cn/zhengce/2020-11/03/content_5556991.htm[2020-11-03]。

方政府部门制定。随着科技事业的发展，科技创新政策所涉及的领域越来越广泛，创新政策的制定主体也更加多元化。在创新驱动发展战略的实施过程中，我国陆续出台了系列创新政策，这些政策可以划分为国家、区域、个体三个不同层次，分别代表宏观、中观、微观层次的政策，如图 3-1 所示，其制定主体和政策特征如表 3-1 所示。

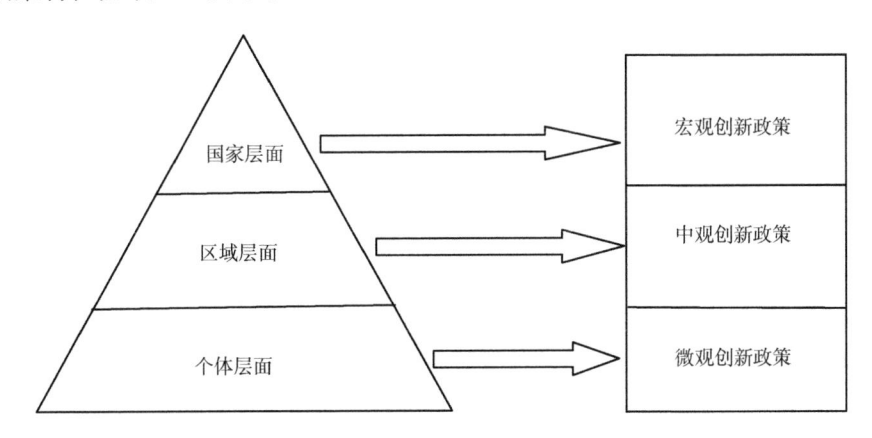

图 3-1 不同层面的创新政策类型

表 3-1 中国不同层级创新政策的制定主体和政策特征

创新政策层级	制定主体	政策特征
国家层面	中共中央、国务院、相关部委	面向整个国家的宏观创新政策，规格高，综合性强，适用面最广，政策指导性最强，但政策的针对性一般
区域层面	地方党委、人民政府、相关职能部门	面向某个特定区域的中观创新政策，规格较高，综合性较强，仅适用于该区域的创新活动，政策指导性和针对性比较强
个体层面	科研机构、高校、企业等个体	面向某个特定创新主体的微观创新政策，规格较低，综合性较弱，仅适用于该个体的创新活动，政策指导性一般，但针对性很强

3.2.1 国家层面的创新政策制定主体

国家层面的创新政策制定主体主要包括中共中央（含办公厅）、国务院（含办公厅）、相关部委等部门，这些主体制定的创新政策一般是面向整个国家的宏观创新政策，规格高，综合性强，适用面最广，政策指导性最强，但政策的针对性一般。从近几年已发布的创新政策来看，发文机关规格最高的是中共中央和国务院的联合发文，如《国家创新驱动发展战略纲要》《关于深化体制机制改革加快实施创新驱动发展战略的若干意见》两份政策文件。其次是中共中央办公厅和国务院办公厅的联合发文，如《深化科技体制改革实施方案》《关于进一步加强科研诚信建设的若干意见》《关于进一步完善中央财政科研项目资金管理等政策的若干意见》三份政策文件。再次是国务院的单独发文，这类创新政策文件较多，如《关于推动创新创业高质量发展打造"双创"升级版的意见》《关于全面加强基础科学研究的若干意见》《国家技术转移体系建设方案》等政策文件。最后是中共中央办公厅或国务院办公厅的单独发文，中共中央办公厅单独发文的创新政策文件如《科协系统深化改革实施方案》，国务院办公厅单独发文的创新政策文件如《科技领域中央与地方财政事权和支出责任划分改革方案》《关于深化科技奖励制度改革的方案》《关于县域创新驱动发展的若干意见》等。从数量上来看，国务院办公厅的发文数量最多，其次是国务院。上述部门发布的创新政策构成了我国创新政策体系的顶层文件，权威性极强。比较有代表性的国家层面的创新政策文件如表 3-2 所示。

表 3-2　近年来比较有代表性的国家层面的创新政策文件

政策名称	制定时间	发文机关
国家创新驱动发展战略纲要	2016-05-19	中共中央、国务院
关于深化体制机制改革加快实施创新驱动发展战略的若干意见	2015-03-13	中共中央、国务院
深化科技体制改革实施方案	2015-09-24	中共中央办公厅 国务院办公厅
关于进一步加强科研诚信建设的若干意见	2018-05-30	中共中央办公厅 国务院办公厅
关于进一步完善中央财政科研项目资金管理等政策的若干意见	2016-07-31	中共中央办公厅 国务院办公厅
关于进一步做好稳就业工作的意见	2019-12-13	国务院
关于推动创新创业高质量发展打造"双创"升级版的意见	2018-09-18	国务院
关于全面加强基础科学研究的若干意见	2018-01-19	国务院
国家技术转移体系建设方案	2017-09-15	国务院
关于强化实施创新驱动发展战略进一步推进大众创业万众创新深入发展的意见	2017-07-21	国务院
"十三五"国家科技创新规划	2016-07-28	国务院
关于大力推进大众创业万众创新若干政策措施的意见	2015-06-11	国务院
科协系统深化改革实施方案	2016-03-27	中共中央办公厅
关于推广第三批支持创新相关改革举措的通知	2020-01-23	国务院办公厅
科技领域中央与地方财政事权和支出责任划分改革方案	2019-05-22	国务院办公厅

续表

政策名称	制定时间	发文机关
关于推广第二批支持创新相关改革举措的通知	2018-12-23	国务院办公厅
关于推广支持创新相关改革举措的通知	2017-09-07	国务院办公厅
关于深化科技奖励制度改革的方案	2017-05-31	国务院办公厅
关于县域创新驱动发展的若干意见	2017-05-11	国务院办公厅
关于建设大众创业万众创新示范基地的实施意见	2016-05-08	国务院办公厅
关于深入推行科技特派员制度的若干意见	2016-05-01	国务院办公厅
关于印发《促进科技成果转移转化行动方案》的通知	2016-04-21	国务院办公厅
关于加快众创空间发展服务实体经济转型升级的指导意见	2016-02-14	国务院办公厅

国家层面的创新政策制定主体除了中共中央（含办公厅）、国务院（含办公厅）外，国务院的相关部委也是重要的政策制定主体，其中科技部是制定科技创新政策的专门机构，制定的创新政策数量最多。既有科技部单独发文的创新政策，如《关于加快建立国家科技报告制度的指导意见》，也有与其他部委联合发文的创新政策，如国家发展和改革委员会（以下简称国家发改委）、科技部、财政部、教育部、中国人民银行、国家税务总局、国家知识产权局、中国科学院、中国工程院等九个部门联合制定的《关于促进自主创新成果产业化的若干政策》等。由国务院相关部委制定的创新政策一般是针对创新的某个具体领域或工作，这类政策数量众多，指导性和针对性也比较强。

下面以"大众创业、万众创新"政策（以下简称"双创"政策）为例，对其政策制定主体进行简要分析。根据2013~2020年"双创"政策的统计分析，参与制定"双创"政策的国务院部委达10余个。其中部委发文数量在10份以上的有13个，数量较多的有财政部、国家税务总局、国家发改委、科技部、国家工商行政管理总局[①]、教育部6个部门，说明这些部门是"双创"政策的核心制定部门，政策主题集中在财税政策、宏观指导、科技创新、企业创新、毕业生创业等领域。从发文形式来看，国务院文件主要是独立发文，只有4份文件是与中共中央（含办公厅）联合发文，反映了国务院在"双创"政策制定过程中的绝对主体地位。部委文件中独立发文比联合发文略多，个别部委只有联合发文。在138份联合发文中，发文单位为2个的有48份，发文单位为3~5个的有73份，发文单位为6个及以上的有17份。众多政府部门参与联合发文充分说明"双创"活动具有涉及面广、综合性强、复杂程度高、协调事项多等特征，这在专项政策文本中是较为

[①] 2018年3月，根据第十三届全国人民代表大会第一次会议批准的国务院机构改革方案，将国家工商行政管理总局的职责整合，组建中华人民共和国国家市场监督管理总局；将国家工商行政管理总局的商标管理职责整合，重新组建中华人民共和国国家知识产权局；不再保留国家工商行政管理总局。

少见的。国务院相关部委制定的代表性"双创"政策如表3-3所示。

表3-3 国务院相关部委制定的代表性"双创"政策文件

政策名称	制定时间	发文机关
关于开展社会服务领域双创带动就业示范工作的通知	2020-03-26	国家发改委
国家产业创新中心建设工作指引（试行）	2018-01-11	国家发改委
关于推进国家技术创新中心建设的总体方案（暂行）	2020-03-23	科技部
关于进一步推动科技型中小企业创新发展的若干意见	2015-01-10	科技部
关于落实创新驱动发展战略 加快科技改革发展的意见	2015-01-08	科技部
关于深化高等学校科技评价改革的意见	2013-11-29	教育部
关于促进中小企业"专精特新"发展的指导意见	2013-07-16	工业和信息化部
关于进一步加大创业担保贷款贴息力度全力支持重点群体创业就业的通知	2020-04-15	财政部 人力资源和社会保障部 中国人民银行
关于进一步推动返乡入乡创业工作的意见	2019-12-10	人力资源和社会保障部 财政部、农业农村部
关于构建市场导向的绿色技术创新体系的指导意见	2019-04-15	国家发改委、科技部
关于进一步支持和促进重点群体创业就业有关税收政策的通知	2019-02-02	财政部、国家税务总局 人力资源和社会保障部 国务院扶贫办
国家科技成果转化引导基金设立创业投资子基金管理暂行办法	2014-08-08	科技部、财政部
关于支持打造特色载体推动中小企业创新创业升级实施方案	2018-08-08	财政部、科技部 工业和信息化部
关于继续实施扶持自主就业退役士兵创业就业有关税收政策的通知	2017-06-12	财政部、民政部 国家税务总局
关于支持科技创新进口税收政策管理办法的通知	2017-01-14	财政部、教育部、国家发改委、科技部、工业和信息化部、民政部、商务部、海关总署、国家税务总局、国家新闻出版广电总局
关于实施大学生创业引领计划的通知	2014-05-22	人力资源和社会保障部、国家发改委、教育部、科技部、工业和信息化部、财政部、中国人民银行、国家工商行政管理总局、共青团中央
关于促进互联网金融健康发展的指导意见	2015-07-18	中国人民银行、工业和信息化部、公安部、财政部、国家工商行政管理总局、国务院法制办、中国银行业监督管理委员会、中国证券监督管理委员会、中国保险监督管理委员会、国家互联网信息办公室

3.2.2 区域层面的创新政策制定主体

区域层面的创新政策制定主体主要包括地方党委、人民政府及其相关职能部门。区域层面的创新政策是面向某个特定区域的中观创新政策，规格较高，综合性较强，仅适用于该区域的创新活动，政策指导性和针对性比较强。根据区域的行政等级可以具体划分为省级、设区市级、县级、乡镇级四个不同的层级。区域层面的创新政策一般分为两种类型，一种是贯彻执行国家层面（或上级政府部门）的创新政策，一种是面向本区域的具有地方特色的创新政策。统计发现，科技创新活动越活跃的区域，出台的创新政策文件越多，北京、上海、江苏的创新政策文件数量居全国前三位。此处分别以北京和江西为例，对区域层面的创新政策制定主体进行简要分析。

北京作为首都，拥有丰富的创新资源，是全国重要的科技创新中心。北京制定了丰富的创新政策文件，制定主体主要包括中共北京市委（含办公厅）、北京市人民政府（含办公厅）、相关市直部门等；直辖市以下层面的创新政策制定主体主要包括该层级的地方党委、人民政府及其相关职能部门。具体如表3-4所示。

表3-4 北京市制定的代表性创新政策文件

政策名称	制定时间	发文机关
北京市促进科技成果转化条例	2019-11-27	北京市人民代表大会常务委员会
关于新时代深化科技体制改革加快推进全国科技创新中心建设的若干政策措施	2019-11-15	北京市人民政府
北京市加快医药健康协同创新行动计划（2018—2020年）	2018-09-27	北京市人民政府
关于加快科技创新构建高精尖经济结构用地政策的意见（试行）	2017-12-31	北京市人民政府
关于大力推进大众创业万众创新的实施意见	2015-10-19	北京市人民政府
北京市科技专家库管理办法（试行）	2020-01-03	北京市科学技术委员会
北京市技术先进型服务企业认定管理办法（2019年修订）	2019-10-24	北京市科学技术委员会 北京市商务局 北京市财政局 北京市税务局 北京市发展和改革委员会
强化创新驱动科技支撑北京乡村振兴行动方案（2018—2020年）	2019-01-31	北京市科学技术委员会 北京市农业农村局 北京市园林绿化局 北京市水务局
首都科技创新券资金管理办法	2018-03-06	北京市财政局 北京市科学技术委员会

续表

政策名称	制定时间	发文机关
关于深入推进科技特派员工作的实施意见	2016-12-29	北京市科学技术委员会
关于促进北京市智能机器人科技创新与成果转化工作的意见	2015-06-16	北京市科学技术委员会
北京市促进金融科技发展规划（2018年—2022年）	2018-10-22	中关村科技园管理委员会、北京市金融工作局、北京市科学技术委员会
关于促进国家科技金融创新中心建设发展的若干意见	2018-07-30	北京市海淀区人民政府
关于支持和鼓励高校、科研机构等事业单位专业技术人员创新创业的实施意见	2017-05-31	北京市人力资源和社会保障局
关于促进中关村虚拟现实产业创新发展的若干措施	2016-10-11	中关村科技园区管理委员会、石景山区人民政府

江西省级层面的创新政策制定主体主要包括中共江西省委（含办公厅）、江西省人民政府（含办公厅）、相关省直部门等；省级以下层面的创新政策制定主体主要包括该层级的地方党委、人民政府及其相关职能部门。具体如表3-5所示。

表3-5 江西省制定的代表性创新政策文件

政策名称	制定时间	发文机关
江西省创新驱动发展纲要	2017-09-22	中共江西省委 江西省人民政府
关于大力推进科技协同创新的决定	2012-10-23	中共江西省委 江西省人民政府
江西省深化科技奖励制度改革实施方案	2019-01-24	江西省人民政府
江西省技术转移体系建设实施方案	2019-01-24	江西省人民政府
加快新型研发机构发展办法	2018-06-06	江西省人民政府
关于加快科技创新平台高质量发展十二条措施	2018-06-06	江西省人民政府
关于加快县域创新驱动发展的意见	2018-01-20	江西省人民政府
江西省促进科技成果转移转化行动方案（2017—2020年）	2017-01-23	江西省人民政府
关于加快众创空间发展服务实体经济转型升级的实施意见	2017-01-07	江西省人民政府
关于深入推行科技特派员制度的实施意见	2017-03-02	江西省人民政府
江西省加大全社会研发投入攻坚行动方案	2017-03-02	江西省人民政府
江西省鼓励科技人员创新创业的若干规定	2016-04-20	江西省人民政府
关于大力推进大众创业万众创新若干政策措施的实施意见	2015-07-18	江西省人民政府
关于科技创新"六个一"工程的实施意见	2009-06-15	江西省人民政府
江西省众创空间认定管理办法（试行）	2016-01-22	江西省科技厅

续表

政策名称	制定时间	发文机关
江西省科技型中小企业技术创新基金项目管理暂行办法	2015-06-18	江西省财政厅、江西省科技厅
江西省大学科技园认定管理办法	2014-08-15	江西省科技厅、江西省教育厅
江西省技术转让所得减免企业所得税认定办法	2010-07-02	江西省科学技术厅 江西省地方税务局
关于深入推进创新驱动发展战略加快创新型城市建设的实施意见	2016-10-25	中共南昌市委 南昌市人民政府
关于深入推进科技协同创新的实施意见	2013-05-07	中共南昌市委 南昌市人民政府
南昌市高新技术企业量质"双提升"行动方案	2019-07-22	南昌市人民政府
南昌市贯彻落实江西省创新驱动发展纲要实施方案	2018-12-18	南昌市人民政府
南昌市推动企业研发机构建设攻坚行动计划（2018—2023年）	2018-11-27	南昌市人民政府
南昌市支持新型研发机构发展办法	2018-10-14	南昌市人民政府
南昌市深入推行科技特派员制度的实施意见	2017-10-15	南昌市人民政府
南昌市洪城众创备案管理与绩效评估办法	2018-05-22	南昌市科学技术局 南昌市财政局
南昌市科技发展引导基金管理暂行办法	2016-11-25	南昌市财政局 南昌市科学技术局
进一步推动企业利用资本市场加快发展的若干扶持政策	2019-07-04	南昌高新区[1]管理委员会
支持鼓励创新创业若干措施的实施办法	2018-08-08	南昌高新区管理委员会
南昌高新区促进科技创新发展若干措施	2018-03-09	南昌高新区管理委员会

1) 高新技术产业开发区，以下简称高新区

从表3-4和表3-5可以看到，区域层面的创新政策主要由省级和设区市级人民政府制定，其中规格最高的是省委、省政府联合制定的政策，如中共江西省委、江西省人民政府联合制定的《江西省创新驱动发展纲要》《关于大力推进科技协同创新的决定》两份政策文件。这两份文件既是为了贯彻执行国家层面的创新政策，又是结合了江西的实际状况而制定的。《江西省创新驱动发展纲要》中明确指出，该《纲要》既是"为全面落实《国家创新驱动发展战略纲要》"，又是为贯彻江西省委"创新引领、绿色崛起、担当实干、兴赣富民"工作方针。《关于大力推进科技协同创新的决定》既是"为贯彻落实中共中央、国务院《关于深化科技体制改革加快国家创新体系建设的意见》（中发〔2012〕6号）"，又是为了贯彻中国共产党江西省第十三次代表大会决策部署，加快江西省经济发展方式向创新驱动为主转变。由江西省人民政府发布的创新政策文件数量最多，江西省科技厅、教育厅、

财政厅、税务局是省直部门中制定创新政策较多的部门；设区市级的创新政策文件的制定与省级的情况类似，这里不再赘述。由县级及乡镇级制定的创新政策几乎没有，因为基层主要负责执行上级部门制定的创新政策。一般而言，省级层面的创新政策指导性较强，设区市级的创新政策针对性较强，如南昌市人民政府出台的《南昌市高新技术企业量质"双提升"行动方案》《南昌市推动企业研发机构建设攻坚行动计划（2018—2023年）》等政策文件，都是针对南昌市的实际情况制定的，有明显的地方特色。设区市级以下制定创新政策较多的是高新区管理委员会，因为高新区是科技创新的主阵地，如南昌高新区管理委员会就制定了《进一步推动企业利用资本市场加快发展的若干扶持政策》《支持鼓励创新创业若干措施的实施办法》《南昌高新区促进科技创新发展若干措施》等文件。

3.2.3 个体层面的创新政策制定主体

个体层面的创新政策制定主体主要包括各类科研机构、高校、企业等产学研机构。从数量上来看，个体层面的创新政策数量是最多的，但这些政策的规格较低，综合性较弱，仅适用于该个体的创新活动，但政策指导性和针对性很强。此处以中国科学院、清华大学、华为公司为例，对科研机构、高校、企业等微观个体制定的创新政策进行简要分析，如表3-6所示。

表3-6 中国科学院、清华大学、华为公司制定的代表性创新政策文件

政策名称	发文机关
中国科学院中长期发展规划纲要（2006—2020）	中国科学院
中国科学院关于加强战略研究体系建设的指导意见	中国科学院
中国科学院关于新时期加快促进科技成果转移转化指导意见	中国科学院
中国科学院杰出科技成就奖条例	中国科学院
清华大学关于深化科研体制机制改革的若干意见	清华大学
清华大学科技成果评估、处置与利益分配管理办法（试行）	清华大学
清华大学关于深化创新创业教育改革的实施方案	清华大学
清华大学知识产权管理规定	清华大学
华为公司研发投入支持办法	华为公司
华为公司创新平台管理办法	华为公司
华为公司知识产权管理办法	华为公司
开源软件及软件开源管理办法	华为公司
关于尊重第三方知识产权及其它合法权益的管理规定	华为公司

中国科学院是我国自然科学最高学术机构、自然科学与高技术综合研究发展中心，是我国极为重要的创新主体。中国科学院的创新政策覆盖面广，既有处于战略地位的中长期发展规划，还有涉及基础研究、技术创新、开发研究、成果转化、成果奖励等具体领域的政策。清华大学作为我国最为著名的高等学府，其定位即是研究型大学，研究力量雄厚，研究成果丰硕。清华大学制定的创新政策主要是为师生的创新活动服务的，既有激励性政策，又有奖励性政策。华为公司作为我国企业技术创新的代表，也制定了较为丰富的创新政策，这些政策具有很强的指导性和针对性，主要是激发研发部门的创新热情，提升产品的科技竞争力。作为技术类企业，知识产权政策也是重要的创新政策之一，对保障企业的自主创新成果发挥了重要作用。

3.3 中国创新政策的分类体系

经过上述三个阶段的发展和完善，我国的科技创新政策体系已基本形成。为更好地对创新政策进行针对性的分析，需要对已有的创新政策进行分类。已有学者对此进行了探索性的研究。综合来看，主要有四个分类标准。一是按创新政策的制定主体进行分类，由上至下可分为国家级、省级、市县级等，分别对应宏观、中观、微观层次的创新政策，上文已对此进行了分析。二是按创新政策的作用对象进行分类，可以分为面向企业、高校、科研机构等创新主体的政策。三是按创新政策的适用环节进行分类，可以分为面向基础研究、技术开发、成果转化和产业化等创新链条各环节的政策。四是按创新政策涉及的领域进行分类，如涉及科技投入、科技人才、高新技术、财税、金融、知识产权等的创新政策。本书在综合上述分类标准的基础上，主要参考贺德方等（2019）的观点，将中国科技创新政策划分为创新主体政策、创新要素政策、产业创新政策、区域创新政策、创新关联政策、创新环境政策、开放创新政策、系统反馈政策等八大类，每个大类中又包含了若干个小的类型，具体如图3-2所示。下文对每种类型的创新政策进行简要分析。

3.3.1 创新主体政策

科技创新的主体主要包括企业、高校、科研机构等。其中企业创新主要包括技术开发和成果产业化，高校和科研机构的创新主要是基础研究和应用研究。为激发不同主体的创新热情，我国制定了针对不同主体的创新政策，以及促进不同主体共同创新的产学研结合政策。

```
                         ┌──────────────────────┐
                         │  中国科技创新政策体系  │
                         └──────────────────────┘
```

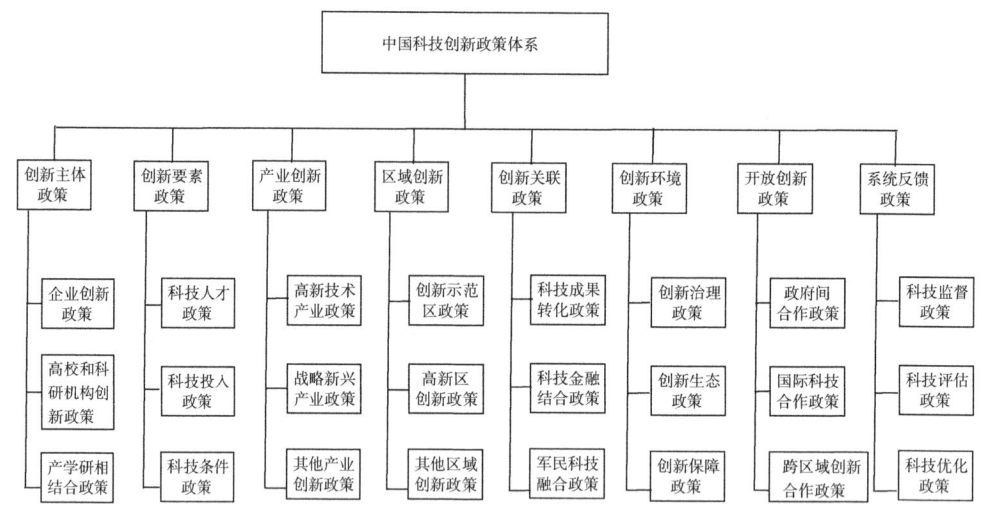

图3-2 中国科技创新政策体系的基本框架

（1）企业创新政策。企业作为直接参与市场行为的主体，其创新行为和创新能力对一个国家的创新具有十分重要的意义。强化企业的创新主体地位是企业创新政策的重要出发点，其目标是提升企业创新能力。在我国已出台的创新政策文件中，除了综合性的创新政策文件外，还有很多专门针对企业创新的政策文件。其中具有代表性的政策文件包括《国务院办公厅关于强化企业技术创新主体地位全面提升企业创新能力的意见》《关于新时期支持科技型中小企业加快创新发展的若干政策措施》《科技部关于进一步推动科技型中小企业创新发展的若干意见》《关于支持打造特色载体推动中小企业创新创业升级的实施方案》等。企业创新政策的适用对象主要是科技类企业，尤其是针对科技型中小微企业的政策较多。这些政策基本覆盖了科技型企业的全生命周期，包括种子期、初创期、成长期、成熟期的各类科技型企业。政策的作用方向主要是引导企业加大技术创新投入、建立研发机构、推进重大科技成果产业化、构建技术创新服务平台等。支持企业创新的财税金融政策主要有研发费用税前加计扣除政策、企业研发设备加速折旧政策、税收优惠政策、加大对企业技术创新的融资支持力度等。

（2）高校和科研机构创新政策。高校和科研机构也是重要的创新主体，尤其是基础研究和原始创新的主力军。高校的主要职能是人才培养、科学研究和服务社会，既为社会培养创新人才，本身也是重要的创新力量。科研机构是专门从事科学研究和技术开发的职能部门，如中国科学院和中国工程院。为激发高校和科研机构的创新热情，我国出台了丰富多样的具有针对性的创新政策文件。除了以国务院名义出台的政策文件外，教育部、科技部、中国科学技术协会、中国科学院和中国工程院等也出台了很多面向本系统的创新政策文件。其中具有代表性的政策文件包括《关于扩大高校和科研院所科研相关自主权的若干意见》《教育部办公厅关于成立提升高校自主创新能力专项工作领导小组的通知》《国务院关于优化科研管理提升科研绩效若干措施的通知》《国务院关于改进加强中央财政科研项目和资金管理的若干意见》《关于"双一流"建设高校促进学科融合加快人工智能领域研究生培养的若干意见》《教育部关于在部分高校开展基础学科招生改革试点工作的意见》等。这些政策文件对高校和科研机构的科技创新活动提供了详细的指导意见，对扩大高校和科研机构自主权，提高原始创新能力和服务经济社会发展能力具有重要意义。

（3）产学研相结合政策。为充分发挥企业、高校和科研机构各自的创新优势，充分整合三者的创新资源和创新力量，国家出台了多个促进产学研相结合的政策文件。上述所列举的针对企业、高校和科研机构的创新政策文件，几乎都有促进产学研相结合的相关表述，如《关于新时期支持科技型中小企业加快创新发展的若干政策措施》《关于扩大高校和科研院所科研相关自主权的若干意见》等文件。此外还有把促进产学研相结合作为主要政策目标的相关文件，其中具有代表性的政策文件包括《关于科技型中小企业购买高校、科研院所的科技成果或开展产学研合作项目给予财政补贴的实施细则（试行）》《科技部办公厅关于开展科技人员服务企业专项行动的通知》《国务院关于推动创新创业高质量发展打造"双创"升级版的意见》《关于促进自主创新成果产业化若干政策的通知》等。在这些政策文件的引导下，我国的企业、高校和科研机构开展了众多的产学研相结合项目，并取得了巨大的经济社会效应。

3.3.2 创新要素政策

创新要素是指开展创新活动所必需的各类资源，一般包括人、财、物等资源。在科技创新领域，可以划分为科技人才、科技投入、科技条件三种类型。因此，创新要素政策具体包含了科技人才政策、科技投入政策、科技条件政策三个方面。

（1）科技人才政策。科研人员是创新活动的实施主体，一切创新活动都有赖于科研人员来实现。我们把所有直接或间接、专业或兼职从事科学技术研究活动的人员都称为科技人才，包括企业、高校和科研机构的所有研发人员。为有效激发科研人员的创新热情，我国出台了一系列科技人才政策。其中具有代表性的政策文件包括《国家中长期科技人才发展规划（2010—2020年）》《"十三五"国家科技人才发展规划》《关于加强专业技术人才队伍建设的若干意见》《关于改进科学技术评价工作的决定》《关于科技工作者行为准则的若干意见》《关于动员和组织广大科技工作者为建设创新型国家作出新贡献的若干意见》《创新人才推进计划实施方案》《关于加强女性科技人才队伍建设的意见》《关于加强我国科研诚信建设的意见》等。这些政策的主要内容涉及科技人才发展规划、专业技术人才队伍建设、科学技术评价、科技工作者行为准则、科研诚信建设等方面，基本覆盖了科技人才队伍建设的所有领域，为我国建立一支规模宏大、结构合理、素质优良、激励充分的创新人才队伍提供了政策依据。

（2）科技投入政策。创新具有很大的不确定性，尤其是基础研究领域，具有长期性和高不确定性。而市场力量普遍具有趋利性，热衷于投资高回报、低风险的创新领域，政府的财政科技投入对创新活动具有重要的保障。我国的财政科技投入主要是通过科技计划项目进行投入的。2014年我国开展了科技计划管理改革，将中央各部门管理的科技计划整合形成五类，包括国家自然科学基金、国家科技重大专项、国家重点研发计划、技术创新引导专项（基金）、基地和人才专项。此外，我国还积极鼓励和引导社会投入，通过建立科技项目引导基金的方式加大社会资本的投入，作为财政科技投入的有力补充。我国科技投入政策中具有代表性的文件有《关于改进和加强中央财政科技经费管理的若干意见》《科技领域中央与地方财政事权和支出责任划分改革方案》《关于国家科研计划实施课题制管理的规定》《关于深化中央财政科技计划（专项、基金等）管理改革的方案》《中央财政科技计划（专项、基金等）后补助管理办法》《国家重点研发计划项目综合绩效评价工作规范（试行）》等。

（3）科技条件政策。科技条件主要包括科技基础设施、科技创新平台、大科学装置、科学仪器等，具体包括国家研究中心（原国家实验室）、国家重点实验室、国家技术创新中心、国家工程研究中心、国家临床医学研究中心、国家科技资源共享服务平台、国家科学数据中心等。科技条件资源是开展科技创新的重要条件保障。为加强科技条件的保障能力，几乎每类科技条件都有独立的政策文件，如《国家重点实验室建设与运行管理办法》《国家工程实验室管理办法（试行）》《科学数据管理办法》《国家重大科学仪器设备开发专项资金管理办法（试行）》等。除了这些专项政策文件，国家还出台了针对整个科技条件的宏观政策，如《2004—2010年国家科技基础条件平台建设纲要》《"十一五"国家科技基础条件平台建设实施意见》等。

3.3.3 产业创新政策

产业化是实现科技成果转化为现实生产力的重要途径，产业创新政策的主要目标是激励和支持各类产业的创新发展，尤其是科技含量较高的产业，如高新技术产业和战略性新兴产业。下面对这两类产业创新政策进行简要介绍。

（1）高新技术产业政策。中国的高新技术产业源于863计划。为支持高新技术产业的发展，我国于1988年开始实施旨在发展中国高新技术产业的指导性计划——"火炬计划",并于1989年10月成立科技部火炬高技术产业开发中心。为促进高新技术产业的发展,我国先后出台了《国家高技术产业发展规划》《国家高技术产业发展项目管理暂行办法》《当前优先发展的高技术产业化重点领域指南》《国家产业技术政策》等专项政策文件,并把高新技术产业分为电子信息、生物医药、航空航天、新材料、新能源、资源环境、高技术服务业和高新技术改造传统产业等八大领域。后面还陆续出台了多个针对某个领域的产业政策,如《支持国家电子信息产业基地和产业园发展的若干政策》《软件产品管理办法》《进一步鼓励软件产业和集成电路产业发展的若干政策》《节能与新能源汽车产业发展规划(2012—2020年)》《促进汽车动力电池产业发展行动方案》等。这些专项政策文件对推动高新技术产业的发展起到了重要作用。

(2)战略性新兴产业政策。为提升产业竞争力,我国根据高新技术产业的发展基础,从中遴选了若干产业作为战略性新兴产业进行重点培育。国务院《关于加快培育和发展战略性新兴产业的决定》中把战略性新兴产业确定为"以重大技术突破和重大发展需求为基础,对经济社会全局和长远发展具有重大引领带动作用,知识技术密集、物质资源消耗少、成长潜力大、综合效益好的产业"。《"十二五"国家战略性新兴产业发展规划》中把战略性新兴产业划分为节能环保、新一代信息技术、生物、新能源、新材料、高端装备制造、新能源汽车等七个产业。《"十三五"国家战略性新兴产业发展规划》对战略性新兴产业的划分进行了适当调整,确定为新一代信息技术、生物、新能源、新材料、高端装备、新能源汽车、节能环保、数字创意等领域。加快培育和发展战略性新兴产业是我国新时期经济社会发展的重大战略任务,对提升我国高新技术产业竞争力具有重要意义。

3.3.4 区域创新政策

从创新政策的范围来看,可以分为宏观、中观、微观三个层次,其中中观层次主要是针对各个区域的专项创新政策,主要包括创新示范区政策、高新区创新政策和其他区域创新政策。

(1)创新示范区政策。国家自主创新示范区是经国务院批准,在推进自主创新和高技术产业发展方面先行先试、探索经验、做出示范的区域。国家自主创新示范区是在综合考虑国家级高新区的地理位置、空间布局、自主创新能力、区域创新资源配置、区域创新辐射效应等因素的基础上进行选定,从顶层设计到操作层面都具有战略性和全局性。2009年3月,中关村科技园区被批准成为第一个国家自主创新示范区。截至2020年12月底,国务院共批复国家自主创新示范区21家,覆盖了全国62家国家级高新区。国家自主创新示范区的政策主要是推广先行先试的政策,中关村科技园区作为第一个国家自主创新示范区,它的很多先行先试政策均被推广到全国其他示范区。国家自主创新示范区的代表性政策文件有《关于将国家自主创新示范区有关税收试点政策推广到全国范围实施的通知》《关于推广中关村国家自主创新示范区税收试点政策有关问题的通知》《关于促进中关村国家自主创新示范区创新发展的若干意见》等。中关村国家自主创新示范区已制定的政策文件包括《股权激励代持股专项资金管理办法（试行）》《债务性融资机构风险补贴支持资金管理办法》《产业发展资金管理办法》《中小微企业担保融资支持资金管理办法》《中小微企业小额贷款支持资金管理办法》《天使投资和创业投资支持资金管理办法》《融资租赁支持资金管理办法》《中小微企业银行信贷创新融资支持资金管理办法》《大学科技园及科技企业孵化器发展支持资金管理办法（试行）》《核心区外债宏观审慎管理外汇改革试点实施细则》等。中关村国家自主创新示范区先行先试改革的六项政策：中央级事业单位科技成果处置权和收益改革试点政策、鼓励创新创业税收试点政策、股权激励试点政策、科研经费管理改革试点政策、高新技术企业认定试点政策、全国性场外交易市场建设试点政策。中关村"新四项"政策：文化科技融合企业高新认定试点政策、有限合伙制创投企业法人合伙人所得税试点政策、技术转让企业所得税试点政策、企业转增股本个人所得税试点政策。上述十项先行先试政策已在全国自主创新示范区和部分国家高新区进行推广。

（2）高新区创新政策。国家高新区是中国高新技术产业开发区的简称。国家高新区的建设源于1988年8月开始实施的"火炬计划"，创办高新区和高新技术创业服务中心被明确列入"火炬计划"的重要内容。高新区是以智力密集和开放环境条件为依托，通过实施高新技术产业的优惠政策和各项改革措施，最大限度地把科技成果转化为现实生产力而建立起来的集中区域。中国第一个国家级高新区是中关村科技园区，于1988年5月正式成立。经过30余年的发展，截至2020年12月底，全国已有国家级高新区168家。为促进国家高新区的发展，国家先后出台了《国务院关于批准国家高新技术产业开发区和有关政策规定的通知》《关于加速国家高新技术产业开发区发展的若干意见》《关于促进国家高新技术产业开发区进一步发展增强自主创新能力的若干意见》《国家高新技术产业开发区"十二五"发展规划纲要》《国家高新技术产业开发区创新驱动战略提升行动实施方案》《国家高新技术产业开发区"十三五"发展规划》等重要的专项政策文件。高新区已成为深入实施创新驱动发展战略的主阵地。

（3）其他区域创新政策。除国家高新区、国家自主创新示范区两个具有代表性的区域创新政策外，其他还有重要影响的政策包括全国科技创新中心、综合性国家科学中心、创新型省份和城市等区域创新政策。中共中央、国务院2016年5月发布的《国家创新驱动发展战略纲要》中提出"推动北京、上海等优势地区建成具有全球影响力的科技创新中心"；2019年2月18日发布的《粤港澳大湾区发展规划纲要》明确将大湾区建设成为具有全球影响力的国际科技创新中心，成为创新型国家和世界科技强国建设的两大战略支点。综合性国家科学中心是国家科技领域竞争的重要平台，《中华人民共和国国民经济和社会发展第十四个五年规划和 2035 年远景目标纲要》明确提出，"支持北京、上海、粤港澳大湾区形成国际科技创新中心，建设北京怀柔、上海张江、大湾区、安徽合肥综合性国家科学中心，支持有条件的地方建设区域科技创新中心"。创新型省份和创新型城市是为了加快落实提高自主创新能力、建设创新型国家的战略部署而提出的创新政策，科技部于 2010 年 4 月 6 日出台了《关于进一步推进创新型城市试点工作的指导意见》，并于 2016 年 4 月 12 日制定了《建设创新型省份工作指引》，确保我国在 2020 年实现进入创新型国家行列的目标。

3.3.5 创新关联政策

创新是一项复杂的活动，创新主体开展创新活动不仅需要创新资源的支持，还离不开其他关联性要素的支撑。为加强创新要素直接的关联，需要促进科技成果转化，加强科技与金融相结合，强化军民科技融合，破除体制机制障碍。创造更有利于要素流动、主体互动的制度条件，是创新关联政策的主要目标。

（1）促进科技成果转化政策。科技成果只有转化成现实产品并进入市场，才能真正产生积极的社会效应。我国科技研究长期存在重研发轻转化的现象，很多科技成果研发出来后，由于各种因素，真正转化成现实生产力的比例并不高。科技成果转化率低不仅导致科技资源的浪费，还进一步削弱了科研人员的创新热情。为促进科技成果转化，我国出台了一系列专门的政策文件。1996 年制定了《中华人民共和国促进科技成果转化法》，首次以法律文件的形式促进科技成果转化，该法于 2015 年进行了修订，以适应新的经济社会发展形势。为落实新修订的《中华人民共和国促进科技成果转化法》，国务院于 2016 年 2 月 26 日制定了《实施〈中华人民共和国促进科技成果转化法〉若干规定》，以鼓励科研机构、高校、企业等创新主体及科技人员转移转化科技成果，推进经济提质增效升级。除了这份规格较高的法律文件外，还制定了《促进科技成果转移转化行动方案》《关于促进科技成果转化的若干规定》《关于促进自主创新成果产业化的若干政策》《教育部 科技部关于加强高等学校科技成果转移转化工作的若干意见》《高等学校科技成果转化和技术转移基地认定暂行办法》《财政部 税务总局 科技部关于科技人员取得职务科技成果转化现金奖励有关个人所得税政策的通知》等专门文件，这些政策文件对加快推动科技成果转化为现实生产力，打通科技与经济结合的通道，打造经济发展新引擎具有重要意义。

（2）加强科技与金融相结合政策。在大众创业、万众创新的时代浪潮中，创新创业已成为科技人员的重要使命之一。为加强对科技人员创新创业活动的支持，科技与金融相结合势在必行。科技金融主要包括天使投资、创业基金、科技银行、科技保险、科技创新券等形式。在科技与金融相结合政策的引导下，我国已建立多层次支持创新创业金融体系，逐步形成了各类金融工具协同支持创新发展的局面。当前具有代表性的科技与金融相结合政策主要包括《促进科技和金融结合试点实施方案》《关于促进科技和金融结合的若干措施》《关于大力推进体制机制创新-扎实做好科技金融服务的意见》。这些政策文件对推动科技体制机制创新，促进科技和金融的深层次结合，加快创新驱动发展战略的深入实施具有重要作用。

（3）强化军民科技融合政策。世界科技史和经济社会发展史表明，一个国家的先进科技往往是先在军事领域得到应用，在合适的时机再转化为民用技术。互联网技术就是来源于美国军方的信息高速公路计划。在和平时期，军用技术民用化的进程在显著加快，军民科技融合具有基础性、先导性和引领性的特点，是其他各领域实现深度融合发展的前提，强化军民科技融合对提升国家科技竞争力具有重要作用。我国近年来对军民科技融合十分重视，制定了《"十三五"科技军民融合发展专项规划》《国务院办公厅关于推动国防科技工业军民融合深度发展的意见》，这些政策文件的目标在于提高军民科技协同创新能力，促进军事科技创新体系纳入国家科技创新体系，实现两个体系相互兼容、同步发展。

3.3.6 创新环境政策

创新环境政策主要是为科技创新提供良好的氛围、优质的公共服务和完善的制度支持等，我国创新环境政策的核心在于不断改进创新治理方式，加快政府职能转变，优化公共服务，为创新创业营造更好的制度条件和文化氛围。

（1）创新治理政策。在国家治理体系和治理能力现代化的要求下，科技创新治理也要进行相应的转变，主要涉及科技体制改革和科技计划管理两个方面。2012年9月23日，中共中央、国务院发布了《关于深化科技体制改革加快国家创新体系建设的意见》，就深化科技体制改革进行了顶层设计和全面的战略部署。科技计划管理改革是创新治理的重要领域，国家先后出台了多项政策文件，代表性的文件有国务院2014年12月3日印发的《关于深化中央财政科技计划（专项、基金等）管理改革的方案》和财政部、科技部2019年12月11日共同发布的《中央财政科技计划（专项、基金等）后补助管理办法》等。通过深化科技体制改革，完善科技管理制度，不断推进创新治理体系和治理能力现代化。

（2）创新生态政策。创新生态政策主要是为了形成良好的创新生态，包括科研诚信建设、科学普及和创新文化建设等方面。为弘扬科学精神，倡导创新文化，加强科研诚信建设，营造诚实守信的良好科研环境，中共中央办公厅、国务院办公厅 2018 年 5 月 30 日印发了《关于进一步加强科研诚信建设的若干意见》，科技部等 20 个部委联合制定了《科研诚信案件调查处理规则（试行）》。科学普及和创新文化建设对提升公民科学素质具有重要作用，与此相关的代表性政策文件有《中华人民共和国科学技术普及法》《全民科学素质行动计划纲要（2006—2010—2020 年）》《"十三五"国家科普与创新文化建设规划》《关于加强国家科普能力建设的若干意见》《关于进一步加强科普宣传工作的通知》等。

（3）创新保障政策。知识产权制度是激励创新的基本保障，也是创新保障政策的重要组成部分。我国制定的知识产权政策已基本形成了完整的政策体系，包括《保护知识产权专项行动方案》《保护知识产权行动纲要（2006—2007 年）》《"十三五"国家知识产权保护和运用规划》《知识产权综合管理改革试点总体方案》《国家知识产权战略纲要》《国务院关于新形势下加快知识产权强国建设的若干意见》等。可见，我国已形成从立法到执法到司法的立体化知识产权保护体系。

3.3.7 开放创新政策

随着全球化进程的加速推进，国际学术交流越来越活跃，创新要素和资源的跨国流动也更加频繁。在经济全球化背景下，为加强全方位科技开放合作，坚持"引进来"和"走出去"并举，主动融入全球创新网络，我国制定了不同层次的开放创新政策，主要包括政府间合作政策、跨区域创新合作政策、国际科技合作政策等。

（1）政府间合作政策主要是为了推动行政区域内的科技创新，由政府部门牵头设立的相关政策，如《财政部关于推进政府和社会资本合作规范发展的实施意见》。

（2）跨区域创新合作政策主要是为了推动城市群之间的科技合作，实现跨区域间的科技资源共建共享，建设区域协同创新共同体等，如长三角、珠三角、长江中游城市群等区域间的科技创新合作政策，代表性的政策有国务院发布的《关于深化泛珠三角区域合作的指导意见》。

（3）国际科技合作政策主要是为了主动融入全球创新网络，代表性的政策有《"十三五"国际科技创新合作专项规划》《积极牵头组织国际大科学计划和大科学工程方案》《关于加快培育国际合作和竞争新优势的指导意见》，通过这些国际科技合作政策的实施，我国与国外的科技合作领域更加广泛，进一步提升了开放创新能力。

3.3.8 系统反馈政策

为保障科技创新政策的有效实施，并跟踪和反馈科技创新政策的实施效果，我国还制定了具有反馈性质的政策，主要包括科技监督、科技评估、科技优化三种政策类型。

（1）科技监督政策。科技监督主要是为了保障科技创新政策的有效落实，对政策的实施过程进行全面监督，防范违规行为的出现。我国科技行政管理部门一般都设置了专门的科技监督部门，如科技部设有科技监督与诚信建设司，下设科技监督处。制定的代表性政策文件如《关于加强科技部科技计划管理和健全监督制约机制的意见》。

（2）科技评估政策。科技评估是对科技创新政策的实施效果进行评价，一般由专门的科技评估部门来进行。科技部成立了国家科技评估中心，负责对各类科技政策进行全面评估。国家出台的重要科技评估文件有《科学技术评价办法》《科技评估工作规定（试行）》等，此外还有专门针对科技计划、科技项目、科技人才等的科技评价文件，如《关于深化项目评审、人才评价、机构评估改革的意见》《国家科技计划项目评估评审行为准则与督查办法》《科技监督和评估体系建设工作方案》《关于进一步完善科技人才评价机制的实施办法》等。

（3）科技优化政策。科技优化政策主要是针对政策实施过程中出现的问题，或根据时代背景的新形势，对原来的政策进行调整或优化。常见的优化形式有以下几种。一是原来的政策文件已不适应新形势的要求，对原政策进行废除，如根据国务院发布的《关于宣布失效一批国务院文件的决定》，文件《国务院关于深化科技体制改革若干问题的决定》被宣布失效，予以废除。二是在原来政策的基础上进一步深化，以推动政策的深入实施。例如，中共中央于1985年3月13日发布了《中共中央关于科学技术体制改革的决定》，又于1988年5月3日制定了《国务院关于深化科技体制改革若干问题的决定》，于2012年9月出台了《关于深化科技体制改革加快国家创新体系建设的意见》，并在2015年9月24日印发了《深化科技体制改革实施方案》。从上述文件可以看到，关于科技体制改革的政策文件在不断深化。三是在原来政策的基础上进一步优化，以适应新形势的变化和需要。此类代表性文件有《国务院关于优化科研管理提升科研绩效若干措施的通知》《关于进一步优化国家重点研发计划项目和资金管理的通知》等。

综合以上分析可以发现，我国科技创新政策文件门类较为齐全，基本覆盖了科技创新活动的所有主体和领域，已基本形成了较为完整的政策体系。但创新政策是为创新实践服务的。随着时代的发展，社会背景也在不断发生变化，科技创新政策也会进行相应的调整，原来的政策文件需要不断优化，也需要制定新的政策文件以适应新形势的变化和需要。因此，我国科技创新政策体系不是一成不变的，而是不断发展和完善的。

第4章 创新驱动发展战略与经济发展方式转变

创新驱动发展战略的提出有着深刻的时代背景。受益于改革开放政策，我国的经济发展保持了较长时间的高速增长，但这是高投入、高消耗的粗放型经济增长方式，带来了很大的负面影响。要实现可持续发展，转变经济发展方式势在必行。这就要求我国要实现由要素驱动发展转变为创新驱动发展。党的十八大明确提出要实施创新驱动发展战略，这是转变经济发展方式的重要途径。本章从追溯创新驱动发展战略的理论渊源出发，阐释创新驱动发展战略的科学内涵，梳理创新驱动发展战略的发展脉络，重点探讨创新驱动发展战略与经济发展方式转变的内在逻辑，对粗放型经济增长方式进行评估和反思，提炼创新驱动发展战略对经济发展方式转变的促进作用。

4.1 创新驱动发展战略的理论分析

4.1.1 创新驱动发展战略的理论渊源

创新驱动发展是创新理论与经济发展理论的融合，创新的目的是转变经济发展方式，实现经济的可持续高质量发展。可见，创新的本质是经济行为。创新驱动的本质是以创新的知识和技术改造物质资本、提高劳动者素质和进行管理创新，产生比物质投入对经济社会发展更为强大的推动力，使创新真正成为经济社会发展的核心驱动力。追本溯源可以发现，创新驱动发展战略的理论渊源来自演化经济学理论。演化经济学将新知识的创造、企业家的作用、技术变迁与产业演化等作为主要研究领域，强调变化与企业对新环境的适应，被认为是研究创新理论的重要理论框架。马克思与熊彼特作为演化理论的思想先驱，不仅在资本主义经济增长动因、创新作用机理与扩散机制等方面具有丰富的思想，而且作为思想源泉有力地推动了近现代演化经济学两大学派——法国"调节学派"与"新熊彼特学派"的深化与发展。

从学术渊源来看，创新驱动发展源自熊彼特的创新理论和波特的创新驱动思想。熊彼特在其著作《经济发展理论》中首次以动态的视角提出"创新",认为创新是生产函数的变动,是对现有资源的重新组合。波特的创新驱动思想来源于对经济发展阶段的划分,他把驱动经济发展的因素划分为要素驱动、投资驱动、创新驱动和财富驱动四个类型和阶段。从实践渊源来看,中国的创新驱动发展战略更多的是继承和发展了马克思主义的创新发展思想。可以说,创新驱动发展战略是马克思主义中国化和中国特色自主创新理论相结合的最新成果,是我国历届领导集体自新中国成立后,不断学习马克思、恩格斯关于科技创新的思想的成果及对中国过去几个时期的科技创新战略的继承和发展。

在马克思主义的创新发展思想中,最早关于创新的思考起始于马克思思想中关于"生产力也包括科学""创造"等的词汇语句。我国关于创新的思考从1949年新中国成立后至今经历了三个时期。第一个时期是"独立自主、自力更生、突出重点、迎头赶上"的科技战略思想。第二个时期是改革开放时期,提出了"科学技术是第一生产力"论断,并结合国情提出了科教兴国、人才强国战略。第三个时期是建设世界科技强国,进入创新型国家前列。因此,我国提出的创新驱动发展战略是在马克思主义创新思想指导下,在充分吸收和借鉴国外相关经济发展理论的基础上,结合中国特色社会主义发展实践而形成的。它脱胎于马克思、恩格斯提出的科技推动经济发展思想,借鉴了苏联建国初期科技推动经济发展的实践经验,萌芽于科技推动社会主义建设思想,初步形成于科教兴国战略的提出,全面形成于建设创新型国家的提出,成熟于"创新是引领发展的第一动力"思想的提出,最终成为一个系统性的战略性理论。

4.1.2 创新驱动发展战略的科学内涵

创新驱动思想来源于波特对经济发展阶段的划分,他把驱动经济发展的因素划分为要素驱动、投资驱动、创新驱动和财富驱动四个阶段。但把创新驱动发展思想上升到国家重大战略的地位是马克思主义中国化和中国特色自主创新理论相结合的最新成果。因此,对创新驱动发展内涵的理解,可以从政策实践和学术研究两个维度来理解。

从政策实践维度来看,2012年7月召开的全国科技创新大会提出了科技创新驱动发展的战略部署,2012年11月召开的党的十八大正式提出"实施创新驱动发展战略",此后创新驱动发展战略上升为国家重大战略。为落实这一重大发展战略,党中央、国务院陆续出台了系列重要文件,主要有中共中央、国务院2015年3月发布的《关于深化体制机制改革加快实施创新驱动发展战略的若干意见》,中共中央、国务院2016年5月印发的《国家创新驱动发展战略纲要》,国务院办公厅2017年5月11日制定的《关于县域创新驱动发展的若干意见》,国务院2017年7月21

日制定的《关于强化实施创新驱动发展战略进一步推进大众创业万众创新深入发展的意见》。这些政策文件对实施创新驱动发展战略的战略背景、总体思路、主要目标、战略任务、战略保障、组织实施等进行了全面部署。其中,《国家创新驱动发展战略纲要》对"创新驱动"进行了说明,提出"创新驱动就是创新成为引领发展的第一动力,科技创新与制度创新、管理创新、商业模式创新、业态创新和文化创新相结合,推动发展方式向依靠持续的知识积累、技术进步和劳动力素质提升转变,促进经济向形态更高级、分工更精细、结构更合理的阶段演进"。《关于深化体制机制改革加快实施创新驱动发展战略的若干意见》对"创新驱动发展战略"进行了阐述:"加快实施创新驱动发展战略,就是要使市场在资源配置中起决定性作用和更好发挥政府作用,破除一切制约创新的思想障碍和制度藩篱,激发全社会创新活力和创造潜能,提升劳动、信息、知识、技术、管理、资本的效率和效益,强化科技同经济对接、创新成果同产业对接、创新项目同现实生产力对接、研发人员创新劳动同其利益收入对接,增强科技进步对经济发展的贡献度,营造大众创业、万众创新的政策环境和制度环境。"

从学术研究的维度来看,学术界对创新驱动发展战略的内涵进行了广泛的讨论,其中代表性的学者及其观点有以下几个。张浩(2016)提出,创新驱动发展战略突出强调经济社会发展之于科技创新与进步的动力取向性和内生依赖性,他认为:自主创新是创新驱动发展战略的基点,协同创新是创新驱动发展战略的关键,体制创新是创新驱动发展战略的根本,全面创新是创新驱动发展战略的支撑。王海燕和郑秀梅(2017)从三个方面来理解创新驱动发展的内涵:首先,创新驱动发展是通过知识、技术等要素的引入突破资源要素的瓶颈;其次,创新驱动发展是对各类创新资源的整合与盘活;最后,创新驱动发展是传统经济发展动力的优化与升级。郭英远和张胜(2018)也从三个方面来理解创新驱动发展的内涵:一是形成推进科技创新发展的强大合力,实现"科技强";二是以"科技强"促进"产业强、经济强";三是实现科技惠民、人与自然和谐发展。

综合上述分析可以看到,对创新驱动发展战略的理解包含了创新驱动、创新驱动发展、创新驱动发展战略三个方面。其中,创新驱动是经济发展动力的方式之一,此外还有要素驱动、投资驱动、财富驱动等方式;创新驱动发展是一种经济发展模式,强调创新是引领发展的第一动力,目的是促进经济向形态更高级、分工更精细、结构更合理的阶段演进;创新驱动发展战略是一项重大战略工程,具有全局性、战略性、长期性等特征,该战略强调科技创新与制度创新、管理创新、商业模式创新、业态创新和文化创新相结合。综合政策实践和学术研究两个维度的分析,本书认为,对创新驱动发展战略的内涵可以从以下三个方面来理解。

(1)创新驱动发展战略的实施,要注重厘清政府与市场在创新活动中的边界、功能和作用。创新驱动发展战略强调市场在资源配置中起决定性作用和更好发挥政府作用，具体可以从基础研究、企业技术创新、科技成果转化、创新资源配置等方面来分析。在基础研究领域，由于资金投入大、回报周期长、结果的不确定性和风险都比较高，市场力量参与基础研究领域的积极性不高，这就要求政府为基础研究提供可靠的保障，通过财政科技投入等方式支持基础研究。在企业技术创新领域，由于企业直接面临激烈的市场竞争，竞争收益主要为企业所有，因此企业应为自身的技术创新提供足够的投入，政府可以通过政策引导、政府采购、税收优惠等方式对企业技术创新提供相应支持，以强化企业技术创新的主体地位。在科技成果转化领域，政府和市场应加强合作，共同促进科技成果转化。一方面，企业应根据自身创新需求，加强与高校、科研院所等创新主体的联系，主动对接，通过产学研合作的方式实现共赢；另一方面，政府应该为产学研合作提供便利条件和政策支持。在创新资源配置领域，市场应该成为资源配置的主导力量，政府应该为创新资源的自由流动和高效配置提供相应的政策支持，如对科技人才、科技资金、科技基础设施等资源的支持等。

（2）创新驱动发展战略的实施，要注重推进科技与经济的融合发展。一直以来，我国科技与经济"两张皮"的现象长期存在，大量的科技成果没有或无法转化为现实生产力，科技行政部门与经济职能部门各自为政，政策孤岛的现象时有发生。创新驱动发展战略作为国家重大战略，它的顺利实施需要众多行政部门的通力合作。创新驱动发展是创新理论与经济发展理论的融合，强调创新为经济发展服务。此前，地方科技行政部门长期未受到应有的重视，没有在地方经济发展中扮演重要角色。创新驱动发展战略提出后，科技行政部门作为推动该战略深入实施的主要职能部门，其地位和作用显著提升。越来越多地方的科技行政部门开始从配角转变为主角，被纳入促进经济发展的重要部门行列，这有助于解决科技与经济"两张皮"现象。

（3）创新驱动发展战略的核心是科技创新，要实现科技创新与制度创新、管理创新、商业模式创新、业态创新和文化创新相结合。创新驱动发展的主要力量是科技创新，通过科学的突破和技术的革新，带动生产力的跨越式发展，实现经济的高质量增长。自主创新是创新驱动发展战略的内在要求，只有实现自主创新，才能真正突破"卡脖子"的关键技术，才能真正提升创新能力。制度创新是深入实施创新驱动发展战略的重要保障，只有突破体制机制的障碍，建立适应新技术、新产业、新业态蓬勃发展的制度，才能畅通创新驱动发展战略的实施。协同创新是实施创新驱动发展战略的关键，创新驱动发展战略的实施，需要政府、企业、高校、科研院所等主体的协同合作，发挥各自的优势，这样才能消除创新驱动发展战略的内部损耗，增强战略的实效性。全面创新是创新驱动发展战略的重要支撑，创新驱动发展战略的实施，就是要发挥创新引领经济社会发展的第一动力作用,以科技创新带动制度创新、管理创新、产业创新、文化创新等的全面创新。

4.1.3 创新驱动发展战略的发展脉络

我国创新驱动发展战略思想脱胎于马克思主义思想,形成于社会主义建设、改革实践中。追本溯源,可以说,创新驱动发展战略思想肇始于马克思提出的以科技进步为中心的综合创新理论,历经以列宁、斯大林为代表的苏联共产党人和以毛泽东、邓小平、江泽民、胡锦涛、习近平同志为代表的中国共产党人实践的探索、经验的总结和理论的提炼,奠定了创新驱动发展战略的实践基础、理论渊源和思想内涵。

1. 马克思以科技进步为中心的综合创新理论

马克思主义经典作家虽然在其著作中没有提到过"创新"这一概念,但马克思、恩格斯在多处用了"创造""发明""新发现""革命的力量"等词汇和短语来形容和表述创新。马克思在其著作《机器。自然力和科学的应用》一书中,提出了"科技–社会"综合创新论的观点,成为我国创新驱动发展战略的第一依据。马克思综合创新理论的主要观点有:一是从依靠工具进行生产活动到现代社会的机器生产是传统社会走向现代社会的重大创新;二是从工具时代到机器时代是以技术进步为直接动力的;三是科学在创新中显示出了特殊的力量;四是科学技术创新推进制度创新;五是"综合创新"是科学技术、生产方式、生产关系、社会关系、生活方式"五位一体"的创新。

2. 以列宁、斯大林为代表的苏联共产党人以"文化水平"为基础的科技创新思想

列宁把落后国家社会主义制度需要的生产力基础称为"文化水平",是马克思关于"综合创新论"意蕴的理论创新。列宁认为,无产阶级要学习资产阶级的办法,善于吸收、掌握、利用先前阶级的知识和素养,为自己的最终胜利服务。列宁鼓励无产阶级科学家学习资产阶级的先进技术,为建设社会主义提供技术支持。斯大林对马克思主义综合创新理论的应用,对列宁以"文化水平"为基础的科技创新思想的继承,突出体现在把创新建立在宏大的技术干部队伍的自觉培养基础上。斯大林特别注重培养技术干部,鼓励干部到专业学校学习技术,并通过制定发明创造奖励条例,保障发明权、著作权、稿酬收益等来激发创新活力。

3. 以毛泽东为代表的中国共产党人关于依靠"科学–技术"创新发展生产力的思想

为了改变新中国"一穷二白"的生产力落后状况，毛泽东提出了依靠"科学–技术"创新发展生产力的重要思想，其主要内容可以概括为三个方面：第一，发展我国的科学技术，必须实行赶超战略；第二，要加强基础理论研究，提高我国科学水平；第三，用科技规划使创新有序、有力、持续地推进。此外，毛泽东还提出了"技术革命"概念，并尝试用"鞍钢宪法"路径，使创新推动发展的直接技术成果具有实践性与群众性的双重特征。

4. 党的十一届三中全会以后党的历届领导集体对科技创新思想的发展

邓小平同志提出了"科学技术是第一生产力"的著名观点，并创造性地将"科学技术"提升到"第一生产力"的历史地位，促进了一系列支持创新的科技政策的出台及 863 计划战略性科技创新项目的实施。以江泽民同志为核心的党中央在党的十六大报告指出，"创新是一个民族进步的灵魂，是一个国家兴旺发达的不竭动力"[①]，并组织实施了科教兴国战略，建立了国家创新体系的基本框架。以胡锦涛同志为总书记的党中央提出"建设创新型国家，核心就是把增强自主创新能力作为发展科学技术的战略基点，走出中国特色自主创新道路，推动科学技术的跨越式发展"[②]。同时，在全国推进以企业为主体、市场需求为导向的科技创新实践，取得了一系列具有自主知识产权的重大创新成果。

5. 党的十八大以来党中央深化拓展了"创新驱动发展战略"的科技创新思想

党的十八大以来，以习近平同志为核心的党中央不仅在理论上全面深化了科技创新思想，而且把对科技创新的深刻认识具体化为"决定""纲要""规划"等重大战略部署，成为在实践上可操作的指导思想、奋斗目标、总体要求、战略任务和改革举措，充分彰显了理论转化为实践的巨大力量，为我国实施创新驱动发展战略提供了坚实的理论基础和实践经验。

总之，以习近平同志为核心的党中央在党的十八大提出"创新驱动发展战略"的基础上，形成了科学的"创新"发展理念，得出了"创新是引领发展第一动力"的重要论断，制定印发了《国家创新驱动发展战略纲要》和《"十三五"国家科技创新规划》，召开了全国科技创新大会，提出了建设世界科技强国的目标……事实

---

① 《全面建设小康社会，开创中国特色社会主义事业新局面——在中国共产党第十六次全国代表大会上的报告》，http://www.chinadaily.com.cn/dfpd/18da/2012-08/28/content_15820005.htm[2021-11-28]。

② 《坚持走中国特色自主创新道路　为建设创新型国家而努力奋斗——在全国科学技术大会上的讲话》，http://www.gov.cn/ldhd/2006-01/09/content_152487.htm[2021-11-25]。

证明，今天中国创新发展实践进程之快，体制机制改革力度之大，改革创新成效之显著，是过去时代难以比拟的。

4.1.4 创新驱动发展战略的时代意义

改革开放40余年来，低要素成本、高资本投入和以生态环境为代价的经济增长方式造成了严重的生态环境问题，制约着中国经济的转型升级。党的十八大提出要实施创新驱动发展战略，强调科技创新是提高社会生产力和综合国力的战略支撑，必须摆在国家发展全局的核心位置。十八届五中全会确立了创新、协调、绿色、开放、共享的基本发展理念，把创新作为五大发展理念之首，不仅集中反映了国家和政府对于经济社会发展规律认识的深化，而且有利于实现我国经济结构的转型升级，同时，也是推动新经济发展和新动能转换的必然要求。

自党的十八大把创新驱动发展战略确立为国家发展战略后，该思想不断丰富，发展成一个由一系列相互联系的基本观点构成的科学思想体系。创新驱动发展战略的内容和表现形式也在不断变化，从原来的知识经济、数字经济、网络经济到今天的共享经济、分享经济、"互联网+"等，都是创新驱动发展思想不断拓展和深化的具体表现。习近平总书记明确指出，"一些重大颠覆性技术创新正在创造新产业新业态，信息技术、生物技术、制造技术、新材料技术、新能源技术广泛渗透到几乎所有领域，带动了以绿色、智能、泛在为特征的群体性重大技术变革，大数据、云计算、移动互联网等新一代信息技术同机器人和智能制造技术相互融合步伐加快"[①]。

创新是一个系统性的活动，包括多个创新环节和内容。实施创新驱动发展战略要以科技创新为核心推动管理创新、组织创新和商业模式创新等全面创新，打造创新驱动发展新引擎，大幅度提高科技对经济发展的支撑引领能力，发挥创新作为第一生产力的作用。创新驱动发展战略为"新经济"的产生与发展提供了理论基础。调整创新驱动经济发展的国家政策，使得创新主体、创新机构组织、创新激励发生了重大的变化，新驱动、新组织、新形式正如雨后春笋般涌现。网络信息技术的发展、大型科研设施开放共享、智能制造自主性的设计都为创新提供了新的平台，创新活动向民主化、个性化、开放化、网络化、集成化方向加速发展。中国特色社会主义进入新时代后"我国社会主要矛盾已转化为人民日益增长的美好生活需要和不平衡不充分的发展之间的矛盾"，在这一时代背景下，出现了以创新驱动为本质特征、符合我国经济高质量发展需求的经济形态。创新驱动发

---

① 《为建设世界科技强国而奋斗——在全国科技创新大会、两院院士大会、中国科协第九次全国代表大会上的讲话》，http://www.xinhuanet.com//politics/2016-05/31/c_1118965169.htm[2021-03-10]。

展的实质是信息技术、生物工程、新材料、新能源迅猛发展导致的产业衍化发展、经济结构变革和经济动力源转换。

创新驱动发展战略将催生新产业、新业态、新商业模式的产生。第一,以自主创新能力为核心,以先进管理方法和组织形式为依托,以信息技术为代表的新技术革命为动力,而形成的具有一定发展潜力和规模的知识密集型产业部门;第二,基于传统产业与现代科学技术的相互渗透和有机融合,以拓展产业发展为方向,提升产业发展水平为目的,主要通过要素融合、产品融合及产业融合而形成的具有一定规模效应和示范效应的新兴业态;第三,为满足市场新兴需求,以服务为导向,依托大数据、互联网等新兴信息技术而形成的具有规模化、专业化、集成化发展特征的组织形态及商业模式。

创新驱动发展是我国突破经济发展瓶颈、提升国际竞争力、跻身创新型国家前列的根本出路。科技创新是推动未来中国经济可持续增长的新动能的核心所在,随着我国技术水平逐步接近国际前沿,不仅需要继续引进和吸收新技术,缩小我国和发达国家之间的技术差异,而且要高度重视自主创新,提升原始创新能力,在基础、前沿和战略高技术领域取得一批具有国际影响力的重大研究成果。同时注意到我国许多产业仍处于全球价值链的中低端,我国依靠投资以"互联网+"为代表的新一代信息技术,促进科技进步及科技成果的转化,培育新的经济增长点,实现弯道超车。改变制约创新驱动的深层次体制机制并克服思想观念障碍,明确企业、高校、科研机构、社会组织等各类创新主体功能定位,构建开放、高效的创新网络,完善激励创新的政策体系、保护创新的法律制度,构建鼓励创新的社会环境,激发全社会创新活动。

4.2 创新驱动发展战略与经济发展方式转变的内在逻辑

4.2.1 转变经济发展方式需要创新驱动

斯大林指出,"社会发展史首先便是生产发展史,数千百年来新陈代谢的生产方式发展史,生产力和人们生产关系发展史"。这段话鲜明地表达了纷繁复杂的社会发展首先要被化约为生产发展,而生产发展又要被归结到生产方式的转变上,也即嵌入生产力和生产关系矛盾运动中,这种历史逻辑是符合马克思主义唯物史观中物质第一性的基本观点。"人们一旦获得了新的生产力,便会改变自己的生产方式,而随着生产方式的改变,即本身生活方式的改变,人们也就会改变自己所有社会关系。"新生产力—新生产方式—社会关系的逻辑进路,凸现了生产力发展的首要性原则。然而,"各种经济时代的区别,不在于生产什么,而在于怎样生产,用什么劳动资料生产。劳动资料不仅是人类劳动发展的测量器，而且是劳动借以进行的社会关系的指示器。"生产力的发展及与其相关的生产关系的性质，最终都要通过生产资料的性质得以说明，而生产资料中最具有决定意义的是生产工具。"生产关系的发展对于生产力发展的依赖性，首先是对于生产工具发展的依赖性；而因为有这种依赖性，所以生产力变更和发展迟早要引起与此相适应的生产关系的变更和发展"。

纵观整个人类社会历史，从原始社会的石器到当下如火如荼的人工智能，生产工具发明及社会化应用是人类历史演进的主要推手，因为"生产工具的发展直接表现为生产力的发展，进而引起生产关系的变革，从而不断推动社会历史的演进"。例如，青铜器的发明及其在生产及战争中广泛应用，摧毁了原始社会以自然分工为基础的简陋生产方式，原始社会的生产关系也难以维持，因此，青铜器是原始社会向奴隶社会的过渡乃至奴隶社会经济形态的重要物质技术基础。随着铁器的发明及其在生产生活中的大规模应用，劳动独立化成为可能，而奴隶的工具性进一步加剧了奴隶制生产方式的危机，阻碍了奴隶制经济的发展，因而，铁器成为奴隶社会向封建社会过渡的最终决定力量，并且型构为封建社会生产方式的物质技术基础。而随着蒸汽机的发明及随之引起的一系列工业革命，机器化大生产成为资本主义生产方式的基本特征，资本主义生产狂飙突进，最终摧毁了封建制经济基础，驱动封建社会向资本主义社会过渡。正如马克思所说："手推磨产生的是以封建主为首的社会，蒸汽磨产生的是以工业资本家为首的社会。"可以预期，随着信息技术与人工智能更高程度的发展与应用，资本主义经济形态最终必将向未来社会进行过渡。一般而言，创新既是人类社会整体演进的引擎，也是特定社会不同阶段演进的发动机；它既型构为经济形态社会演进的物质技术基础，也型塑为不同经济形态社会的生产关系基础。

以上所述是对马克思主义有关唯物史观的进一步阐发，它具体阐释了生产工具创新与人类社会生产方式转变之间的内在关系，或者说人类社会生产方式转变的最终决定力量在于生产工具创新，毫无疑问，通过宏大叙事方式研究创新之于生产方式的意义属于历史广角研究。事实上，作为生产方式载体的物质技术基础是一种既得的社会力量，因而从"创新"发展到"创新驱动"是一个自然历史的过程，也即创新驱动是一个建立在高度发达商品经济或市场经济基础上的历史范畴。如果说市场经济是创新驱动的一般前提，那么资本主义则是创新驱动的历史前提。因为剩余价值规律作用，创新驱动日益成为资本家的自觉行动，进而演变为资本主义社会的普遍群体行为。这里，我们需要进一步对资本主义生产方式和创新驱动之间的关系进行聚焦，考察创新驱动如何转变资本主义经济发展方式（微观生产方式），从而形成资本主义社会不同历史分期。例如，为了提高生产效率以获得更多剩余价值，在手工业技术基础上，空间整理成为生产组织创新的主要内容：作坊式生产→工场式生产→工厂式生产。这种生产组织创新驱动了早期资本主义经济发展方式的转变。在现代化机器体系技术基础上，生产过程再造成为生产过程创新的主要内容：泰勒制生产→福特制生产→丰田制生产。这种生产过程创新驱动了成熟期资本主义经济发展方式转变。在信息技术基础上，模式重塑成为生产模式创新的主要内容：定制化生产→流程化生产→协同化生产。这种生产过程创新驱动了新自由资本主义时期经济发展方式转变。

为了考察我国经济发展方式与创新驱动之间的内在关系，我们还需要对其进行定格研究。鉴于市场经济是创新驱动的一般前提，然而，我国转向市场经济经历了一个较为曲折的过程：新中国经济脱胎于风雨如晦的半殖民地半封建社会，"落后就要挨打"的惨痛经历和朴素道理增强了我国迅速发展经济的紧迫性。如何在落后的物质技术基础上尽快提高社会生产力，尽可能迅速地发展社会主义经济？我国以赶超西方发达国家为目标，实行了高度集中的计划经济管理体制，试图通过普遍的、统一的指令性计划驱动经济快速发展。不可否认，这种建立在计划经济基础上的经济赶超方式对于我国建立独立完备的工业结构和国民经济体系功不可没。然而，经济赶超方式也带来了我国产业结构和经济结构的扭曲问题；同时，计划驱动的经济赶超方式又依赖于大规模的群众性生产运动，计划与现实的经常性背离加剧了我国经济发展过程的震荡性，这些就型构为新中国改革开放之前的基本经济特征。党的十一届三中全会确立了对外开放基本国策，我国对计划与市场的关系有了重新认识，市场在经济生活中的作用不断凸显，党的十四大进一步提出了建立社会主义市场经济体制的新目标，市场成为资源配置的主要方式，市场驱动的经济增长方式也就型构为改革开放新时期我国基本经济特征。借此，我国经济也实现了较长时期高速增长，经济规模迅速扩张。随着出口导向战略和市场换技术思路的强化，中国也日益成为世界制造工厂，大量物美价廉的出口商品在带来巨额外汇储备的同时，我国资源枯竭和环境恶化等问题频繁出现，原因在于市场驱动的经济增长方式是以简单的数量扩张为目标的。同时，引进的技术也只是基于作为世界工厂需要而采用的资源消耗导向型的非自主技术，它既造成了我国很多不可再生资源的枯竭，后者产生的工业污染又远远超出了我国环境承载能力。

改革开放至今40年有余，建立在以资源消耗为基础的要素驱动、投资驱动的经济增长模式已经难以为继，我国社会主要矛盾已经转化为"人民日益增长的美好生活需要和不平衡不充分的发展之间的矛盾"。显而易见，解决这一矛盾的关键在于提高经济发展质量，这就需要我们大力推进经济发展方式转型，进而推进我国经济由高速度增长阶段转向高质量发展阶段。然而，先前"引进-消化"的技术发展模式是数量导向的，它难以承担这个历史任务。毫无疑问，破局的抓手在于质量导向的技术发展模式，也即我国必须坚持走中国特色自主创新道路。党的十八大以来，党和国家领导人始终将创新置于国家发展全局的核心，首次提出了实施创新驱动发展战略。创新驱动经济发展战略因应了新时代社会主要矛盾，是解决高质量发展的根本举措，创新驱动之于经济发展方式转变至关重要。因此，创新驱动的经济发展方式既意味着中国特色社会主义已经进入了一个新时代，其自身也成为新时代中国特色社会主义经济的基本特征。

4.2.2 创新驱动发展战略的实施需要经济发展的大力支撑

前面我们从历史生成视角分析了创新驱动对于经济发展方式转变的革命性作用。现在，我们需要进一步追问，创新驱动自身又是从哪里来？也即，我们还需要进一步从社会生产视角分析创新驱动构成要素的来源问题。按照唯物史观，"社会意识的一切领域，包括自然科学、艺术、文学、政治经济学和历史学等在内，其发展都是由物质生产的需要所引起的，并在其发展中取决于社会必需的物质资料的生产"。作为客观事物的创新驱动要素也不可能是凭空产生的，它必定来源于现实社会自身，相应地，创新驱动发展战略也必然是因应现实社会发展需要而产生的。现在的问题就是，如何从经济发展（实质是物质生产活动）角度看待创新驱动发展战略，恩格斯指示我们，"人们首先必须吃、喝、住、穿，然后才能从事政治、科学、艺术、宗教，等等；所以，直接的物质化生活资料的生产，以及一个民族或一个时代的一定的经济发展阶段，便构成了基础，人们的国家设施、法的观点、艺术以至宗教观念，就是从这个基础上发展起来的，因而，也必须由这个基础来解释"。这就是说，创新驱动发展战略作为一种社会意识领域的活动，只能是第二性的，其自身需要从第一性的物质生产实践，即经济发展来得到解释。

马克思和恩格斯在《共产党宣言》中曾说，"当人们谈到使整个社会革命化的思想时，他们只是表明了一个事实：在旧社会内部已经形成了新社会的因素，旧思想的瓦解是同旧生活条件的瓦解步调一致的"。作为社会思想领域的新鲜事物，创新驱动发展战略也是过去经济发展模式革命的产物，其构成要素也只能脱胎于先前的经济发展模式。因此，创新驱动发展战略的基本要素还有赖于我国先前的要素、投资驱动的经济增长方式培育。现在的问题就在于创新驱动发展战略有哪些基本要素，这就需要我们从该战略的定义入手。一般而言，创新驱动发展战略，是以科技创新为核心的综合性创新推动经济高质量发展的战略。具体来说，创新驱动发展战略有两层含义："一是中国未来的发展要靠科技创新驱动，而不是传统的劳动力及资源能源驱动；二是创新的目的是驱动发展，而不是发表高水平论文。"这就意味着，创新驱动发展战略的提出就是为了戒避"为科技而科技"、科技和经济相互割裂现象。科技创新仅仅表现为高校、科研院所等少数机构内部科研人员所发表科研论文的数量堆积，从而出现科技与经济"两张皮"现象。作为创新驱动发展战略核心，科技创新的目的是用来驱动经济发展，它必须落地，必须与经济相互融合成长且成就彼此。因此，创新驱动发展战略必然是产学研相结合的创新体系。

这里，我们以创新型企业和创新型人才为例，具体探讨先前的经济发展是如何为创新驱动发展战略培育基本要素的，这里先从创新型企业说起。改革开放以来，中国特色社会主义市场经济不断深入发展，经济体制改革不断深化。在此过程中，我国经济发展迅速，经济体量迅速扩张，2010年以后，我国GDP总量已稳居全球第二位。事实上，经济发展过程也是市场经济不断深化的过程，而国内外市场竞争的深化则为创新驱动发展战略孕育了大量的基本创新要素。改革开放至今，基于市场化程度、对内改革和对外开放侧重点等不同，以加入WTO为分界线，我国市场化进程可以分为市场内化和市场外化等两个阶段。

加入WTO以前为市场内化阶段，这个阶段以对内改革为主，对外开放为辅，开放服务于改革，目的是启动和培育我国内部市场。在整个市场内化过程中，尽管我国经济体制改革不断推进，市场作用从无到有，从弱到强，然而，先前高度集中的计划经济影响广泛存在，市场化转轨并不是一蹴而就的，因此，双轨运行成为市场内化阶段的基本特征之一。鉴于当时市场化程度不高，尚不完善的市场及计划经济强大的影响致使很多关键核心资源没有被定价或没有得到正确估价，身份关系的重要性得以彰显，它成为低价甚至免费获得关键资源的关键，也是影响市场野蛮竞争成败的关键。因此，这个阶段企业创新的激励并不充分，它们通过政策红利就能释放巨大的生产力，不断积累财富乃至推动国民经济高速发展，大致说来，我国市场内化阶段应归类于波特所说的要素驱动阶段。加入WTO后为市场外化阶段，这个阶段以对外开放为主，对内改革为辅，改革服务于开放，目的是拓展和扩大我国外部市场或国际市场。在市场内化不断深入的基础上，社会主义市场经济体制的目标得以确立，现代企业制度也成为国有企业改革的目标。随着2001年底我国正式加入WTO，我国市场化进程陡然提速，身份关系残余逐渐被荡涤，市场在资源配置中起决定性作用和更好发挥政府作用，商品关系在经济生活中不断放大。我国为了进一步拓展国内外市场，在大规模政府投资的引导下，众多民间投资被撬动起来。21世纪以来，经过前期国内市场洗礼的中国各类现代企业已经发展到相当规模。然而，与国际市场规则的接轨、国内外市场竞争的进一步加剧、大量投资基础上的价格竞争已经难以保证企业获得平均利润，企业若想在如此激烈市场竞争中做大做强，科技创新将是必然的选择。事实上，在市场外化过程中，我国涌现了以华为、阿里巴巴为代表的大批创新型企业，在国际市场上搏击风浪，由此说明，经济发展为创新驱动发展战略造就了众多创新型企业。在市场外化情境中，我国形成了低消费率、高储蓄率和高投资率并存的局面，因此，我国市场外化阶段应纳入波特所说的投资驱动阶段。

承上所述，我们继续探讨第二个问题：经济发展如何为创新驱动发展战略造就创新型人才。改革开放前，我国大部分人口淤滞于农村，国民经济中农业份额比较大，总体经济比较落后。党的十一届三中全会揭开了我国改革开放的序幕，相应地，也开启了经济现代化的历史进程。按照历史发展逻辑，改革开放迄今为止的整个经济现代化一共经历了工业化、信息化和国际化等三个阶段，不同阶段造就了不同的创新型人才主体。改革开放之初，我国立即召开了全国科学大会，恢复了高考制度，全国上下掀起了学习热潮。当时理工科专业尤其受到人们追捧。鉴于当时我国经济百废待举，党和政府提出了实现"四个现代化"的宏伟目标，那些接受过良好科技理论教育的理工科毕业生，积极投身于我国经济建设领域，成为我国各条工业战线的工程师。在传统工业化基础上，这些工程师利用自己所掌握的科技知识，积极推动工业现代化进程，掀起了第一波社会主义经济现代化的高潮，并在此历史进程中成就了自己。因此，作为我国经济现代化第一阶段，工业现代化进程是由工业生产领域的工程师们主导的，体现了当时工科兴国的思维。

随着计算机信息网络技术的潮起，信息技术（information technology，IT）领域的科学家在经济生活中的影响日益广泛，他们对生产的作用越来越大。有鉴于此，20 世纪 80 年代后期，邓小平同志就提出了"科学技术是第一生产力"的重要论断，随后我国确立了科教兴国、人才强国和建设创新型国家等支撑战略。通过这些有力举措，中国科学技术得到了长足发展，科学技术对经济的推动作用不断增强。相应地，我国及时提出了"坚持走以信息化带动工业化，以工业化促进信息化"的新型工业化路子。作为系统工程的科学技术，极大地缩短了科技转化为生产力的时间，科学家活跃在我国经济建设第一线，极大地提升了我国经济现代化的品质。因此，作为我国经济现代化第二阶段，信息化进程是由 IT 领域为代表的科学家主导的。在信息化进程的推动下，经济全球化浪潮滚滚而来，这是社会生产力发展的必然结果。然而，在新自由主义国际经济秩序下，全球化却是一把双刃剑，这就要求我国有一批有全球视野的卓越企业家。事实上，随着改革开放的不断深入，我国开始强调"引进来"与"走出去"双轮齐驱，涌现了一大批具有国际视野和全局意识的杰出企业家。他们能够敏锐地察觉国内外经济变局中的商机，充分利用国内外两个市场和两种资源，进一步在全球范围内优化资源配置，借此在自己企业推行国际化发展战略。因此，作为我国经济现代化第三阶段，国际化进程是由企业家主导的。经济现代化经过上述三个阶段，培养出一大批工程师、科学家和企业家，这就为创新驱动发展战略准备了符合产学研相结合要求的创新型人才队伍。

4.3 粗放型经济增长方式的评估和反思

1995年党的十四届五中全会上党中央明确提出:"经济增长方式从粗放型向集约型转变",促进国民经济持续、快速、健康增长和社会全面进步。自此以后,转变经济增长方式就成为历次党代会的主要议题之一,它也成为我国经济体制改革进程中的热点和难点问题。事实上,转变经济增长方式也是现实经济发展过程中遭遇困难倒逼的结果。纵观改革开放40余年,我国经济建设取得了巨大的成就,经济连续多年高速增长,年均增长速度接近10%,2018年我国GDP首次突破90万亿元,经济总量自2010年以来稳居世界第二位。然而,辉煌成就的背后却是物质要素的高投入、能源的高消耗、资本的高积累,这么一种经济增长方式也就是所谓的粗放型经济增长方式,其内涵是指"通过增加生产要素投入的数量实现经济增长,它是一种高投入、高消耗、低质量、低产出的经济增长方式。"因此,如何对这种粗放型经济增长方式进行正确评估及深入反思,具有十分重要的意义。

4.3.1 粗放型经济增长方式的评估

为了考察我国粗放型经济增长方式,我们首先需要考察承载这种增长方式的资源环境基础,也就是要对我国基本国情做个总体考察。总的来看,中国耕地总面积、林地总面积、草地总面积分别居世界第4位、第8位和第2位。然而,我国拥有全球最多的人口,这就导致我国人均资源拥有量远远低于世界平均水平。因此,我国的基本国情就是人口众多、底子薄弱、发展不均衡、生产力发展水平还不高、人均资源少、资源环境承载能力较弱等。较之世界平均水平,我国土地、森林、耕地、水、煤、石油、金属矿产等资源的人均占有水平明显偏低。例如,2018年我国"人均耕地、林地、草地面积和淡水资源分别仅相当于世界平均水平的43%、14%、33%、28%,主要矿产资源人均占有量相当于世界平均水平的比例分别是煤67%、石油8%、铁矿石17%、铜25%、铝土矿11%"。[1]而且,这些矿产资源中贫矿和伴生矿居多,大多存在难选、难采、难冶等情况;而在我国土地资源中,难利用地多,宜农宜居地偏少,其中,宜居地面积仅占国土面积的20%;更为严峻的是,我国水土资源存在空间匹配性较差的问题,即很多资源富集区和生态脆弱区空间相互重叠。由于我国仍然处于并将长期处于社会主义初级阶段,发展问题始终是我国面临的最主要问题,然而,脆弱的资源环境终将难以承载粗放型经济增长模式的重负。

---

[1] 资料来源:《生态治理蓝皮书:中国生态治理发展报告(2019~2020)》,社会科学文献出版社,2019年。

我国"世界工厂"地位的获得，很大程度上要归功于所谓的"三驾马车"中的投资和出口，它们带来了我国经济数量上的快速膨胀。事实上，正是投资和出口的饥渴症带来了经济数量疯狂增长，它们是粗放型经济增长方式的直接诱因。与作为西方发达国家代表的美国相比较，我国经济增长方式的粗放性主要是以下两个方面因素导致的。首先就总体需求结构而言，我国经济增长相对更依赖于外需。按照国家统计局数据，1986年我国出口总额仅为1082.1亿元，约占当年GDP的10.4%；而到了2006年，我国出口总额高达77 597.89亿元，约占当年GDP的35.4%，这一比值达到了历史巅峰；1986~2006年该比值年均增速达到了6.3%，其后由于次贷危机及其引发的国际金融危机，外部市场需求状况恶化，再加上我国主动实施刺激内需的政策，致使出口占GDP的比值有所下滑，但2017年我国出口总额仍高达153 311.19亿元人民币，其GDP占比也达到了18.7%，仍在高位徘徊。相比较而言，出口在美国经济增长中居于次要地位，按照WTO统计数据，1986~2011年美国的出口占GDP的比值一直徘徊在10%左右，远远低于同期中国的同口径数据。其次就内部需求结构来看，我国经济增长更依赖于投资需求。按照国家统计局数据，1986年我国资本形成总额仅为4001.9亿元，约占当年GDP的38.2%，其后逐步提高，到2011年，我国资本形成总额高达233 327.2亿元，约占当年GDP的48%，这一比值达到了历史巅峰。其后，由于我国加强宏观调控，投资占GDP的比值一直稳定在44%~48%的高位区间。与消费相比较，美国经济增长中不那么重视投资，按照WTO统计数据，1986~2011年美国的投资占GDP的比值一直徘徊在20%左右，且有逐步走低的趋势，远远低于同期中国的同口径数据。通过上述比较可知，我国消费没有起到经济发展引擎的作用，经济增长过于依赖投资和出口，而经济的非自足性也带来了我国人力资源和物质资源的过度消耗问题。

从人力资源方面来看，粗放型经济增长方式体现在劳动力投入产出的错位上。一方面，我国劳动者普遍存在着劳动时间长、劳动强度大、加班现象严重等现象。时下热议的互联网领域"996"工作制就是一个很好的例子，其内涵是指早上9点上班、晚上9点下班，中午和傍晚休息不到1小时，总计一天工作10小时以上，并且一周工作6天的工作制度。这不仅是我国互联网领域盛行的加班文化，其他领域也是有过之而无不及。2019年一份富士康一线普通劳工的加班情况调查表明，"每人每月正常工作时间为21.75天，周一至周五加班时间共60.50小时，周末加班时间将近75小时"。相较正式劳工，农民工的工作状况更加糟糕。根据2019年国家统计局发布的最新统计数据，"农民工平均每周工作6.3天，每天工作8.9小时，有双休日的仅占11.9%。同时，许多农民工在保护措施很差的环境中工作，工伤事故乃至重大伤亡事故时有发生"。另一方面，与劳工们普遍辛劳相反，他们的劳动生产率却不高，因而工资也普遍较低，这也是中国制造遍及全球的秘密所在，即中国制造建立在廉价劳动力所形成的价格优势上。这里仍然以富士康为例,"从 2019 年 12 月的一份工资单情况来看,(生产一线)职工工资底薪 1200 元,周一至周五加班补贴 769 元;周六加班补贴 976 元,月平均工资总额 3149.50 元。从上述材料中,我们发现职工收入的 55.4%是由加班加点挣来的"。相较城镇职工的收入,农民工的收入更低,他们拿的是所谓"生存型"工资,按照人力资源和社会保障部所做的调查,"2018 年城镇职工的平均月工资收入是 5501 元,而农民工的平均月工资收入只有 2910 元,只有城镇职工月工资收入的 53%"。这一方面反映了我国的劳动生产率比较低,改革开放以来,虽然我国的劳动生产率绝对水平有所提高,然而,相较于美国,我国劳动生产率相对水平却降低了。例如,2019 年中国劳动生产率与美国劳动生产率分别为 1.3 万美元和 11 万美元,中国仅为美国的 12%。另一方面也反映了粗放型经济增长方式烘托的中国制造在全球价值链中位置靠后,从而造成中国劳工辛苦而不赚钱的现象。

从物质资源方面来看,粗放型经济增长方式突出体现在我国单位 GDP 物耗、能耗比高企。从单位 GDP 的物耗来看,由于资源利用方式粗放,我国经济增长中资源消耗非常大。例如,2018 年我国 GDP 占全球的比重达 16%,但是在制造资源消耗的占比中,钢铁为 46%、煤炭为 45%、水泥为 48%、石油天然气为 10%。这个比值远远高于世界平均水平,这意味着我国经济增长中很大一部分被资源消耗抹去了。除了单位 GDP 物耗较大以外,更致命的是,我国资源浪费严重,矿产资源总回收率仅 30%左右,资源综合利用率只有 35%左右。这个远低于世界平均水平的比值除了表明资源利用率很低以外,也意味着对外自然环境的伤害。从单位 GDP 的能耗来看,2019 年,我国消耗 1 吨标准煤创造 15 000 元的 GDP 单位,单位 GDP 能耗是世界平均水平的 2.5 倍,不仅与美国和日本等发达国家有着显著的差距,更是高于墨西哥、巴西等发展中国家。除此以外,我国能源消耗的速度远远超过经济增长的速度,2018 年我国 GDP 占全球的比重为 16.04%,但能源消费量已达 36.2 亿吨标准煤,占世界能源消费量的 20%左右,且仍在持续增长。毫无疑问,这种粗放型经济增长方式是不可持续的,它最终将造成资源的枯竭和环境的污染。

4.3.2 粗放型经济增长方式的反思

粗放型经济增长方式在给我国带来经济高速增长的同时,环境压力不堪重负,生态持续遭到破坏,经济发展与自然环境之间的矛盾越来越严重,对粗放型经济增长方式进行反思十分有必要,转变经济增长方式,实现经济可持续发展迫在眉睫。

(1)经济增长主义。改革开放是应改革开放前我国社会整体生产力水平落后、物质极为匮乏的状况而提出的，这是理解改革开放后经济增长主义滋蔓的历史前提。为了摆脱贫穷落后的经济状况，改革开放正确定位了我国社会主义发展的历史阶段，确立了"以经济建设为中心，大力发展社会生产力"的战略布局。然而，过去很长一段时间内，这个战略被异化了，"以经济建设为中心"事实上异化为"泛经济主义"，社会中唯经济增长论、GDP 至上论甚嚣尘上，迷信经济高速增长与 GDP 数量急剧扩张，认为其是我国经济发展的一切问题的最后答案。所谓过犹不及，单纯追求 GDP 倾向相当程度上促进了我国经济的迅速繁荣，发展了我国的社会生产力，提高了人们的生活水平，然而，太阳底下没有新鲜事，经济增长主义一方面导致了经济增长方式中人力、物力消耗过多过大等粗放特征，致使很多重要资源濒临枯竭，而如煤、石油和天然气等这些不可再生的化石能源由于开采过度而不断飙升的后续成本不断降低这类资源的经济价值，这就使得生化污染不断加剧，资源能源环境问题的负面效应远远超出了我国资源环境承载能力，环境问题日益威胁人类整体的命运。另一方面，唯 GDP 至上发展的思维模式导致了贫富差距、地区差距、行业差距、阶层差距不断扩大等一系列诱发社会矛盾生成与累积的社会问题。而长期的经济增长主义形成一个恶性循环，即这种数量型经济增长产生的这些负面问题，又指望经济数量的不断扩张来解决，从而形成一个正反馈的路径依赖。经济增长主义的角色，也由解决问题的钥匙变成了问题本身，它也成为我国粗放型经济增长方式的理论依据。

（2）市场不完善。改革开放以来，我国开启了市场化取向的经济体制改革之路，1992 年党的十四大正式明确我国经济体制改革的目标是建立社会主义市场经济体制。到 2001 年，我国正式加入 WTO。在此背景下，我国市场化进程得到了长足发展，然而，市场扭曲还是在相当程度上、相当范围内存在，包括劳动力市场、资源要素市场等，并且呈现为不同的特征。以 2001 年加入 WTO 为界，我国市场化大致分为两个阶段。2001 年以前的阶段是内部市场化阶段，在此阶段，我国存在着明显的价格双轨制，即体制内外价格各不相同，体制内定价明显低于体制外定价，这种状况除了导致广泛的寻租以外，更致命的是，价格双轨制就使得很多如煤炭、石油、各类矿石等重要资源未能得到正确定价，在利润导向的驱动下，"五小"企业（即小煤矿、小炼油、小水泥、小玻璃、小火电生产企业）急剧泛滥，乱采滥挖现象屡禁不止，低成本资源极大地夯实了粗放型经济增长方式的经济基础。随着经济体制改革的不断深入，价格双轨制最终完成并轨，2001 年以后我国就进入了外部市场化阶段，市场化进程就被置于国际市场的外部压力之下。加入 WTO 以后，我国经济国际化程度进一步提高，商品、资本、劳务等自由流动程度有很大提高，然而，人员的流动却停滞不前，这就形成了一种特殊的国内外市场价格的双轨制。人员的不流动造成我国低廉的劳动力价格，后者又造成出口贸易有利可图，我国也就成为世界加工制造厂。我国加工制造的外贸商品被输往国外，但是生产垃圾却留在国内，甚至西方的消费垃圾也返销中国，这就进一步加剧了我国的环境污染问题。所以，这两类市场的不完善助推了我国粗放型经济增长模式。

（3）出口导向。改革开放之初，鉴于我国总体科技水平落后于西方国家，相应地，我国经济发展水平也落后于西方国家，国内市场更不发达。因此，我国决定实施出口导向的经济发展战略，试图通过外部需求带动国内经济起飞，最终实现市场换技术的目的。几十年来，在出口导向发展战略的引领下，我国经济迅速实现了腾飞，经济体量雄居世界第二，世界工厂、中国制造享誉全球，客观地讲，出口导向发展战略为我国经济走向世界做出了不可磨灭的历史性贡献。在出口与国家经济增长的正反馈推动下，出口导向发展战略不断自我强化，最终国内新重商主义思潮弥漫。需要指出的是，新重商主义是基于比较优势贸易理论的一种发展思路，该理论始出于自由资本主义时期的英国，其实质是作为先行工业国家英国打开落后国家大门的思想武器。今时不同于往日，国际储备货币债务化，新重商主义将使中国巨额外汇储备遭遇债务劫持，进而使我国经济发展路径被锁定，我国经济的自足性和自主性也将遭破坏，反过来，它将强化我国经济对西方经济的依附性。事实上，世界工厂、中国制造成为全球价值链中低端品的代名词，因为低附加值产品出口的过度竞争，反过来又进一步压低劳动力价格，使我国在国际分工中长期处在全球价值链的低端；外国消费者从低价进口产品中获得的福利和外资企业在我国投资办厂赚取的利润，又进一步挤占了我国劳动者的收入和消费，由此形成恶性循环。显而易见，在出口导向战略下，为了稳定巨额外汇储备的价值，我国又必须不断出口加工业，这不但加剧了经济高消耗、高污染的粗放特性，而且压低了劳动者收入，进而抑制了国内需求的增长，反过来又强化了对投资和出口的依赖，这种恶性循环最终将制约我国经济持续健康发展。

总而言之，由于我国基础研究能力不足，原始创新成果匮乏，这是我国创新领域的长期短板。企业的自主创新能力不足，实行"以市场换技术"的策略，不少企业花大价钱购买发达国家的先进技术，导致核心技术始终掌握在别的国家手中。科技成果转化渠道不够通畅，使得作为源头的基础研究成果无用武之地，高校、科研机构的科研成果被搁置一边，停留在实验室研究阶段，难以转化为现实生产力。创新资源配置的低效率，导致创新资源难以实现效用最大化，难以进行综合集成。上述原因成为粗放型经济增长方式长期存在且难以转变的重要影响因素。但是，粗放型经济增长方式是不可持续的，它最终将导致物质资源枯竭、化石能源贫乏、人力资源再生产困难等恶果。转变经济发展方式势在必行，否则物质资源、化石能源、人力资源都将难以支撑，自然生态环境也将不堪重负。经济发展方式转变要求先前的数量增长型经济模式转向未来的质量提高型经济模式。

因此，我国必须大力提高自主创新能力，增强科技创新对经济的贡献率，内部需求导向的自主创新必须成为我国经济持续健康发展的引擎。

4.4 创新驱动发展战略对经济发展方式转变的促进作用

面对粗放型经济增长方式带来的系列问题，我国开始谋求经济发展方式转型。党的十七大提出"加快转变经济发展方式。由主要依靠增加物质资源消耗向主要依靠科技进步、劳动者素质提高、管理创新转变"。党的十八大提出"实施创新驱动发展战略"。创新驱动发展战略的提出，对促进经济发展方式的转变具有重要作用，具体体现在有效改善需求结构、促进产业结构转型升级、优化要素投入结构等方面。

4.4.1 有效改善需求结构

当今世界依然处于异化的新自由主义国际经济体系中，"消费即生产"，处于世界体系核心的美国消费成为世界体系外围地区的发展中国家经济增长的发动机，而能否获得美元又决定了外围世界能否融入"现代文明世界"。在这个大背景下，我国经济也形成了主要依靠大规模投资、大量出口拉动的依附型经济增长方式，投资、出口及巨额贸易顺差就形成了一个完整循环。然而，大规模投资不但带来了要素资源的枯竭及环境污染，而且大量出口所带来的巨额外贸顺差又埋下了国际贸易争端的隐患，甚至是债务劫持。究其根源，就在于美国垄断了高科技，从而支撑了美元霸权，这就反衬出我国整体科技水平比较落后。事实上，由于黄金非货币化，每张美元只是代表美国财政部的债务欠条而已，这就导致我国的投资是"为物"的，我国出口是"为他"的。事实上，只有我国国内消费才是真正"为我"的。为了实现我国经济的可持续发展，我们有必要增加消费的权重，改善我国的需求结构。为此，党的十七大提出，加快经济发展方式转变，促进经济增长"由主要依靠投资、出口拉动向依靠消费、投资、出口协调拉动转变"。在此转变中，作为经济增长驱动力量，消费被提到了首位，这是因为消费创造出新的生产的需要，也就是创造出生产的观念上的内在动机，后者是生产的前提。没有需要，就没有生产，而消费则把需要再生产出来。由此可见，由消费、投资、出口型构的经济循环系统是自主导向的。

现在的问题就转变为如何在需求结构中提高本国的消费需求问题，正所谓"问题和解决问题的手段同时产生"。源于科技的需求结构问题还是要依赖于创新驱动发展战略来解决。这里可以从以下三个方面来探讨创新驱动发展战略对于需求结构的改善作用。首先，创新驱动发展战略通过作用于消费品自身，能够直接提升消费在总体需求中的占比，借助于科技创新，消费品生产将发生质的飞跃，消费品的品质将更符合日益多样化的需求，从而增加消费品的需求量；另外，通过科技创新，消费方式将发生革命，先前由于技术障碍压抑的诸多消费需求将得以满足，这也扩张了消费品的需求。其次，创新驱动发展战略通过作用于投资，能够间接提升消费在总体需求中的占比，科技创新能够极大地提高劳动生产率，表现在投资生产率上，在中国特色社会主义基本经济制度的前提下，投资生产率越高，生产与消费分离的可能性就越大，人们在收入增加的同时所能占有的闲暇时间也就越多，这样就为消费需求的不断扩张提供了技术可能性。最后，创新驱动发展战略通过作用于出口，能够间接提升消费在总体需求中的占比，因为科技创新能够增强我国的综合科技创新能力，增加我国出口商品的附加值，从而使我国出口商品在全球价值链中位置前移，进而改变我国的贸易条件，增加我国经济的自足性，进而在消费、投资、出口三者构成的国内循环基础上发展对外贸易，从而改变先前新重商主义政策下压抑本国需求以促进出口的不良倾向，这就要求增加本国需求的占比。

4.4.2　促进产业结构转型升级

改革开放以后，我国基本上实行的是出口导向的发展战略，即为不断增加美元外汇储备，我国不断发展加工制造业以支撑出口扩张的需要，这种以外需带动国内经济增长的模式，其历史贡献无须多言，单从加工制造业成为我国第二产业的主体，第二产业在整个产业结构中占比最高，中国成为全世界制造工厂，以致中国制造成为世界名片即可得到说明。然而，从产业性质上来看，第二产业与其他产业有很大的不同：第二产业主要是不可再生的要素能源消耗型产业，如石油、矿石等；而第一产业主要是可再生的有机生物循环型产业，如农作物、养殖业等；第三产业则是可恢复的人力消耗型产业，如人的体力和脑力等。随着时间的推移，这种主要依靠第二产业推动经济增长模式的负面作用越来越明显，主要表现在以下几个方面。首先就性质而言，第二产业持续不断地扩张，最终会带来不可再生的资源枯竭及不可逆转的环境恶化。其次就产业之间关系来说，第二产业的扩张，致使工业化和城市化进程不断加速推进，一方面通过占用耕地及破坏土地肥力等方式阻碍了第一产业的发展；另一方面，由于发展路径锁定，第二产业的扩张又影响了以研究开发为主要内容的第三产业的发展。毫无疑问，这种不合理的产业结构已成为我国持续增长和经济发展方式转变的阻碍，促进产业结构转型升级是经济发展方式转变的重要内容和主要途径，也即以第一产业和第三产业的提升为主要内容的产业结构转型升级势在必行。党的十七大报告指出，要转变经济发展方式，促进经济增长"由主要依靠第二产业带动向依靠第一、第二、第三产业协同带动转变"，也即中国制造必须向中国智造转变，这种转变的关键在于大力实施创新驱动发展战略，它对于促进产业结构转型升级具有重要意义。

首先，创新驱动发展战略的实施，有利于提升第一产业产品的经济附加值。创新驱动发展战略对以自然资源为主的第一产业提出了明确的改造提升计划，要求改造传统农业生产方式，发展现代农业。传统农业中，生产方式落后、效率低下，生态环境污染较严重。通过发展现代农业技术，改进农业生产方式，提高农业自动化水平，运用现代技术改良农产品，提高农产品的科技含量，从而增加农产品的经济附加值，提高农业产业效益。其次，创新驱动发展战略的实施，有利于提升第二产业产品的技术含量和竞争力。在不断推进的工业化进程中，我国的工业化水平得到了大幅度提升，第二产业的比重不断攀升。但我国的第二产业过分依赖制造业，"世界工厂"反映了我国在全球制造业中处于产业链的中下游。创新驱动发展战略提出要加快工业化和信息化深度融合，对传统制造业全面进行绿色改造，由粗放型制造向集约型制造转变，推动制造业向价值链高端攀升，提升第二产业产品的技术含量和竞争力。最后，创新驱动发展战略的实施，有利于发展和丰富第三产业的产业形态。一个国家现代化水平的重要指标就是第三产业的比重，我国第三产业虽然得到了较大程度的发展，但传统服务业的比重过高，主要是人力资源密集型产业。创新驱动发展战略提出要发展支撑商业模式创新的现代服务技术，驱动经济形态高级化。拓展数字消费、电子商务、现代物流、互联网金融、网络教育等新兴服务业，促进技术创新和商业模式创新融合。

4.4.3 优化要素投入结构

改革开放 40 多年来，我国经济持续快速增长是以依靠增加物质资源消耗为代价的，这种状况出现的原因，至少可以从以下三个方面进行分析。首先，我国疆域广阔，地形地貌差异非常大，因而蕴藏了以煤炭、矿石为代表的各种物质资源，这些种类比较齐备的物质资源为我国经济增长主要依靠增加物质资源消耗的这种粗放式增长方式提供了特有的前提条件。其次，改革开放是一个市场化导向的经济增长过程，这说明整个过程中，我国资源市场发展并不完善，而 GDP 挂帅引领了全社会的经济行为，这两个方面就导致物质资源没有得到正确合理的定价，经济主义致使小煤矿、小炼油、小水泥、小玻璃、小火电等"五小"企业一哄而上、遍地开花，这些就型构为粗放式经济增长方式的社会经济条件。最后，我国整体科技水平落后于西方发达国家，这相当于抽掉了建立于科技革命基础上的内涵式发展道路的前提条件，只能实行依靠增加物质资源消耗的外延式、粗放式的经济增长方式。显而易见，科技水平总体较低是采用这种外延式、粗放式经济增长方式最根本的物质技术基础。这种依靠物质资源消耗的粗放式经济增长方式的结局就是，由于物质资源消耗远远超出了资源环境承载力，最终资源濒临枯竭、生态环境遭受破坏、生化污染不断加剧，这种粗放式经济增长方式也就走到了尽头。

因此，转变经济发展方式，必须促进经济增长由主要依靠增加物质资源消耗向主要依靠科技进步、劳动者素质提高、管理创新转变。就科技进步来说，它是创新驱动发展战略的内核。在社会主义原则下，其终极目的就是节约劳动时间，也即服从节约劳动时间规律。随着中国特色社会主义经济制度的深入发展，公有制经济基础将不断夯实，追求剩余价值不再是社会生产的终极目的。因此，那些阻碍科学技术进步推广和应用的社会因素也将逐步消除，社会主义能够及时采用和大范围内推广那些有利于劳动时间节约的科学技术发展，从而提高社会生产力。正如马克思所说："时间的节约，以及劳动时间在不同的生产部门之间有计划地分配，在共同生产的基础上仍然是首要的经济规律。这甚至在更加高得多的程度上成为规律。"就劳动者素质提高而言，它是创新驱动发展战略的基础。劳动者是科学技术的发明创造者、推广者和应用者；他们既是创新驱动发展战略的主体，又是其客体。创新驱动发展战略既造就高素质的劳动者，其成功最终也依赖于劳动者素质的提高。创新驱动发展战略怎么提高劳动者素质？按照唯物史观，人民群众是历史的推动者，我们要充分尊重群众的首创精神，广泛开展群众性技术革新活动，倡导精英群众化，知识下移，万众皆可创新，这些举措能够极大地提高劳动者素质。就管理创新而言，它是创新驱动发展战略的社会形式。一般意义上，管理创新指的是企业在现有资源的基础上，充分发挥人的积极性和创造性，通过一种新的方式来整合企业的资源，并能有效地加以实施，以达到管理效益最大化的动态过程。由此可见，管理创新通过激发创新主体的主观能动性，通过新的方式（新的管理制度、管理机制、管理模式、管理方法和管理手段等），盘活企业的现有资源，从而更高效地实现组织目标。需要说明的是，管理创新的关键在于激发创新主体的能动性，创新主体的主人翁精神至关重要，这种精神又是深嵌于经济利益相一致的基础上；否则，再精巧的管理创新，最终都会适得其反。

第5章 财税支持创新驱动发展的内在机理

我国创新驱动发展战略是国家主导的以创新引领经济社会全面发展的重大举措,作为一项重大发展战略,它的贯彻落实离不开政府的大力推动和政策保障。财税政策作为政府宏观调控手段的重要组成部分,以其特有的引导、激励、协调、化险等功能,在促进创新驱动型经济发展方式形成和深入实施创新驱动发展战略中发挥着至关重要的作用。本章从理论分析、职责定位、传导机制和支持方式四个方面对财税支持创新驱动发展的内在机理进行探讨。

5.1 财税支持创新驱动发展的理论分析

自党的十八大以来,党中央明确指出我国要坚定不移地走中国特色社会主义的自主创新道路,毫不动摇地实施创新驱动发展战略。同时还指出自主创新是提高社会生产力及一国综合国力的战略支撑,必须将其放在国家发展全局的核心位置。随着新技术革命的纵深推进,技术创新与技术革命越来越成为一个国家、一个企业竞争的关键性因素,创新推动了经济结构的改变及整个社会的变革,是推动社会向前发展的决定性力量。从狭义上来说,企业是创新的主体;但从广义上而言,创新除了可以由企业来推动以外,还可以由政府、科研院所及高校等主体推动。此外,创新按照内容来划分,可以分为理论创新、制度创新、技术创新、科技创新、文化创新等方面。

按照新古典学派经济学家们的看法,大多数情形下,在开展经济活动时市场机制无法充分保证社会资源达到最优化配置,这就意味着市场在调节一些经济活动时效果是不好的甚至是失效的。在这种情况下,就需要其他的力量来进行干预,以弥补市场失灵,从而保证社会整体利益的最大化。由于创新活动存在着正外部性、高风险性、不确定性、信息不对称性等特点,创新主体的创新动力和积极性得到削减,仅仅依靠市场是无法有效地供给这一产品的,因此政府必须在这一领域内进行干预,以矫正市场有效性不足的问题。按照内生增长理论的观点,从长期来看,技术进步是促进经济增长率提升的决定性要素,因此政府可通过促进技术进步提升经济增长率,进而推动创新型国家的建设。其中,财税政策是国家宏观调控的重要方式之一,应该在优化配置创新资源、营造良好的科技创新环境方面更好地发挥重要作用。

5.1.1 正外部性

根据公共财政学理论可以知道，具有正外部性的产品和服务，其所有者所能获得的个人效用，将由于正外部性的存在而小于其总效用。在个人利益小于总体利益甚至小于成本的时候，具有正外部性公共品的供给方将会降低其对于公共品的供给量，这就会使得具有正外部性特征的公共品供给量无法满足全社会需求。面对这种情况，政府应通过各种手段来发挥其职能作用，以解决公共产品的供给难题，从而使正外部性公共品的供需趋于平衡。

创新主体的科技创新活动会对其他主体乃至整个社会产生正的外部效应。就企业而言，这种正外部性是通过如专利、交叉许可协议、研发人员的流动性、投入品的购买等渠道来进行传播的。某种新技术、新产品、新思想的发明与创造，很可能会给其他社会主体的发展带来巨大的推动力。同类产品的供给者、互补产品的供给者、所有消费者都能够从创新主体的科技创新活动中获益，从而会使得边际投资的社会收益率高于私人收益率。一旦创新主体没有办法获得全部来自其创新活动的利益时，他们创新的动力和积极性便会得到削减，这样一来，能够促进社会进步的创新活动将会出现供小于求的现象，创新主体对于创新活动的投资，尤其是研发方面的投资，将会小于社会最优规模。因此，为了弥补市场缺陷，需要政府利用财税手段来激励与引导科技创新活动。

政府介入科技创新活动的经济学原理可以用图5-1来进行说明。如图5-1所示，在创新活动中，由于边际收益递减，因此边际收益曲线向右下方倾斜。整个社会的边际收益是由私人部门和公共部门的边际收益加总而得到的，因此，私人边际收益曲线位于社会边际收益曲线的下方。此外，因为创新活动的边际成本递增，所以边际成本曲线向右上方倾斜。边际成本曲线及社会边际收益曲线相交而得到的均衡投入水平点为 s，此时创新水平为 B，而相应的边际收益为 $p+r$。与受市场收费机制而决定的边际收益 p 不同，r 是政府对创新活动给予的补助，这部分价格由公共部门来负担。在 c 点处，技术创新活动的私人边际收益远低于社会边际收益，这表明大多数研究开发主体无法独享其研发活动所产生的全部收益，所以需要政府对其创新活动给予补助，补助的最优水平为 r。因此在 s 点处，研发活动的成本在政府的扶持下得以下降，进而缩小了研发主体的技术创新活动所导致的社会边际收益和私人边际收益之间的差值，此时创新活动的投入会从 A 上升至 B，从而导致创新主体进行原本不会展开的科技创新活动。

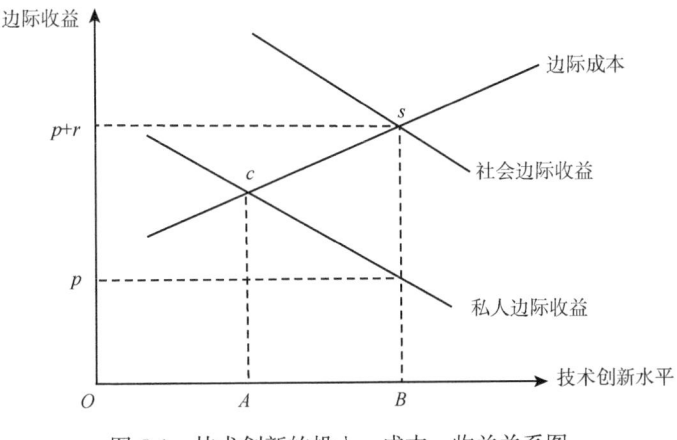

图 5-1 技术创新的投入、成本、收益关系图

5.1.2 高风险性与不确定性

创新主体的科技创新活动具有极高的风险性,而市场机制却很难为其提供分担风险的有效机制。一方面,科技创新活动需要很高的资金投入。因为新技术领域的探索过程极为复杂,为了获得有效的技术突破,创新主体往往会将大量的人力、财力、物力投资于研发活动,这就必然会使得其研发投入大量地增长。而且,创新活动具有最低限度的最佳规模,这就意味着在一定规模之下的创新主体难以有效地从事研发活动。另一方面,与其他投资相比,研发投资不仅数额巨大,而且一般难以获得有效的担保。因为债权人可能会认为,为创新主体的研发投资提供贷款的风险会比较高。而且在一些创新主体的发展早期,其货币价值难以评估,投资风险较高,会使得它们难以获得资本市场的青睐。另外,较高的不确定性是科技创新活动的另一大重要特征。一般而言,创新主体往往无法在研发活动前就准确地了解到其研发活动能不能取得成功,即便预期能成功,也很难准确地预测该研发成果的市场前景如何。

由此看来,市场机制本身并不能从根本上解决创新主体在科技创新活动中存在的高风险及不确定性的问题,而任何创新活动都是有风险的,若创新主体不能转移风险使其利润最大化,那么它们就不会对此进行充分的投入。因此,需要政府进行干预来降低自主研发活动中的不确定性,从而达到弱化创新活动中存在的高风险问题以吸引民间投资。

5.1.3 信息不对称

创新主体的科技创新活动还具有信息不对称性的特点,信息不对称可能是导致政府投资于某些特定领域的重要原因之一。研发投资者与金融家之间的信息不对称会限制研发项目的资金来源，研发产品市场的信息不对称会限制研发企业取得贸易许可利益的能力。

一般而言，技术进步、人力资本的形成是促进现代经济增长的动力，不仅能够加速产业结构的优化升级，提高要素的生产率，从而促进经济的发展，同时还能够增强一国的综合国力。但如前所述，市场机制本身无法从根本上解决创新主体在创新活动中存在的问题，这就导致市场无法在这些领域内充分发挥其作用，使得科技创新活动出现了市场的低效区及失效区，于是财税政策成为政府介入创新活动的一个重要方式。政府通过财税政策手段介入创新活动，形成了刺激有效需求的有效供给，从而将引导与诱发创新主体规模化的创新活动。政府可以通过运用财政直接投入、税收优惠政策、政府采购政策等方式，为创新主体的创新活动营造良好的环境和提供必要的支持。同时还可以运用财税扶持与间接引导政策，通过对一些高科技产业或特殊产业进行扶持，引导与带动创新主体创造新产品、新技术、新思想，来实现产业结构的优化升级，从而推动创新型国家的建设与创新驱动发展战略的深入实施。

5.2 财税支持创新驱动发展的职责定位

创新驱动发展战略的贯彻落实，需要政府相关职能部门的通力合作，需要全社会的共同参与，其中财税部门承担了重要的保障职能，对促进创新驱动发展战略的深入实施具有重要作用。无论是中共中央、国务院制定的《国家创新驱动发展战略纲要》《深化科技体制改革实施方案》《关于深化体制机制改革加快实施创新驱动发展战略的若干意见》等具有全局意义的综合性创新政策文件，还是财政部、国家税务总局制定的《中央引导地方科技发展资金管理办法》《关于实施小微企业普惠性税收减免政策的通知》等专项政策文件，都对支持创新驱动发展的财税政策提出了明确的要求。综合这些政策文件来看，财税支持创新驱动发展的主要职责可以界定为：加大对基础性、战略性和公益性研究稳定支持力度，完善稳定支持和竞争性支持相协调的机制；改革中央财政科技计划和资金管理，提高资金使用效益；完善激励企业研发的普惠性政策，引导企业成为技术创新投入主体。

1. 对创新驱动发展战略的重要部署提供财税支持

党的十八大以来，为深入实施创新驱动发展战略，中共中央、国务院制定了多个具有顶层设计意义的全局性创新政策文件，主要有《国家创新驱动发展战略纲要》《深化科技体制改革实施方案》《促进科技成果转移转化行动方案》《国家技术转移体系建设方案》《中共中央 国务院关于深化体制机制改革加快实施创新驱动发展战略的若干意见》《国务院关于强化实施创新驱动发展战略进一步推进大众创业万众创新深入发展的意见》《国务院办公厅关于县域创新驱动发展的若干意见》等，在这些"纲要""方案""意见"等政策文件中，对支持创新驱动发展的财税政策提出了明确的要求，如"提高普惠性财税政策支持力度""切实加大对基础研究的财政投入""建立健全符合国际规则的支持采购创新产品和服务的政策，加大创新产品和服务采购力度。""按照税制改革的方向与要求，对包括天使投资在内的投向种子期、初创期等创新活动的投资，统筹研究相关税收支持政策。"这些财税政策对创新驱动发展战略的贯彻落实和有效实施提供了重要保障。

2. 对基础性、战略性和公益性研究提供稳定支持

基础性、战略性和公益性研究具有较强的非竞争性和非排他性，具有纯或准公共产品的特性，市场力量和社会资本一般不愿对这些领域进行投入，但这些领域对一个国家的创新能力又非常重要，这就需要政府通过财税政策进行稳定支持。国务院发布的《关于全面加强基础科学研究的若干意见》中明确提出要"加大中央财政对基础研究的稳定支持力度，构建基础研究多元化投入机制，引导鼓励地方、企业和社会力量增加基础研究投入"。《科技领域中央与地方财政事权和支出责任划分改革方案》中进一步明确了"政府投入重点支持市场不能有效配置资源的基础前沿、社会公益、重大共性关键技术研究等公共科技活动"。

3. 通过普惠性政策引导企业成为技术创新投入主体

《国家中长期科学和技术发展规划纲要（2006—2020年）》中提出要构建"以企业为主体、产学研结合的技术创新体系"，在创新驱动发展战略的实施中，强化企业的创新主体地位是其中的重要任务。为此，国家先后出台了《国务院办公厅关于进一步支持企业技术创新的通知》《国务院办公厅关于强化企业技术创新主体地位全面提升企业创新能力的意见》《关于新时期支持科技型中小企业加快创新发展的若干政策措施》等政策文件。综合这些政策文件来看，就财税部门而言，其重要职责是通过普惠性政策引导企业成为技术创新投入主体，从而强化企业的创新主体地位。在创新驱动发展战略中，政府主要研究与确立科技发展战略，保障基础研究和重大科技项目的投入，满足企业技术创新的需求，引导社会资源支持企业技术创新活动，为企业技术创新提供保障。企业技术创新全过程是从发现创新机会开始，进而进行技术创新的成本收益分析，再到实施技术创新投入，最后是企业技术创新成果转化创新产品。据此，支持企业技术创新的政府科技政策可以分为需求面政策、环境面政策与供给面政策。财税政策是科技政策的重要组成部分，其需求面政策主要是政府采购政策，环境面政策主要是税收优惠政策，供给面政策主要是财政投入政策。

4. 发挥财政资金引导作用，强化科技成果转移转化的多元化资金投入

深入实施创新驱动发展战略，有利于促进科技成果转移转化，有利于打通科技与经济结合的通道，有利于推进经济提质增效升级。为促进科技成果转移转化，国家制定了《中华人民共和国促进科技成果转化法》《促进科技成果转移转化行动方案》《实施〈中华人民共和国促进科技成果转化法〉若干规定》等法律和重要政策文件，综合这些政策文件来看，就财税部门而言，其重要职责是发挥财政资金引导作用，强化科技成果转移转化的多元化资金投入。具体包括发挥中央财政对科技成果转移转化的引导作用，加大地方财政支持科技成果转化力度，拓宽科技成果转化资金市场化供给渠道等。

5. 更好地发挥政府在创新资源高效配置和综合集成方面的激励作用

创新资源主要包括科技人才、科技投入、科技基础设施和设备等，是创新主体开展创新活动的重要基础。《中共中央 国务院关于深化体制机制改革加快实施创新驱动发展战略的若干意见》中提出"要使市场在资源配置中起决定性作用和更好发挥政府作用"，为政府与市场在推动创新驱动发展战略实施中的角色定位做出了原则性的规定。《国家创新驱动发展战略纲要》要求转变创新资源的配置方式，提出"资源配置从以研发环节为主向产业链、创新链、资金链统筹配置转变"。为此，国家出台了《关于创新政府配置资源方式的指导意见》，提出要"大幅度减少政府对资源的直接配置，创新配置方式，更多引入市场机制和市场化手段，提高资源配置的效率和效益"。综合这些政策文件来看，就财税部门而言，其重要职责是更好地发挥政府在创新资源高效配置和综合集成方面的激励作用。要使得财税政策能够引导创新资源高效配置和综合集成，首先要充分释放财政投入政策功效，主要从界定创新财政投入的基本原则、改善创新财政投入结构、落实创新财政投入的战略和建立合适的创新财政投入机制几个方面入手。其次要优化税收优惠政策，主要从提升税收优惠政策法律层及其具体政策、优化税收优惠政策的覆盖范围、优化税收优惠的具体方式几个方面入手。最后要协同各类创新政策，主要包括协同财税政策与科技、产业政策，协同财税政策与人才培养政策。

5.3 财税支持创新驱动发展的传导机制

从上文的分析可以看到，财税政策在支持创新驱动发展战略的实施过程中承担了重要的引导、强化、激励等职责，那么这些功能是怎么发挥作用的呢？这就需要对财税政策支持创新驱动发展战略的作用机理和传导机制进行探讨。前文的分析表明，财税政策对创新驱动发展战略的支持主要集中在支持基础研究、强化企业技术创新、促进科技成果转化、引导创新资源高效配置和综合集成等方面，下面对其中的作用机理和传导机制进行分析。

1. 支持基础研究的财税政策的传导机制

加强基础研究是提高我国原始性创新能力、积累智力资本的重要途径。支持基础研究的财税政策主要是指国家通过对资源的战略性运用，为协调经济社会活动、解决公共问题，实现公共目标而制订的一系列方案，具体内容主要包括：财政直接投入、政府采购政策、税收优惠政策等。支持基础研究的财政直接投入政策主要体现在项目和人才上。项目包括国家自然科学基金、国家科技重大专项、国家重点研发计划、技术创新引导专项（基金）、基地和人才专项等五类科技计划项目。在支持基础研究人才培养政策上，我国先后设立"百人计划""长江学者奖励计划""创新人才推进计划"等一系列专项人才计划，及时推出适合新形势的人才发展战略。整体上，财政投入规模不断扩大、基础研究人员队伍不断壮大。政府采购政策是需求拉动型政策工具。政府采购政策拉动了市场需求，分担了基础研究主体的风险，并刺激企业在基础研究领域的关注和投入。政策大部分体现对创新产品及行为的高度支持，但直接支持基础研究的政府采购政策较少。我国出台了一系列支持基础研究活动的税收优惠政策，鼓励企业开展基础研究活动，涵盖了人才培养、科技研发过程、科技成果转化等多个阶段。在基础研究人才培养过程中，主要通过教育费附加、职工教育经费、公益性捐赠等多领域体现对基础研究人才的培养；在企业发展过程中，主要通过研发费用加计扣除、加速折旧、企业投资优惠政策等方式支持企业开展基础研究活动。

2. 强化企业技术创新的财税政策的传导机制

在创新驱动发展战略中，政府主要研究与确立科技发展战略，保障基础研究和重大科技项目的投入，满足企业技术创新的需求，引导社会资源支持企业的技术创新活动，为企业技术创新提供保障。企业技术创新全过程是从发现创新机会开始，进而进行技术创新的成本收益分析，再到实施技术创新投入，最后是企业技术创新成果转化创新产品，据此，支持企业技术创新的政府科技政策可以分为需求面政策、环境面政策与供给面政策。财税政策是科技政策的重要组成部分，其需求面政策主要是政府采购政策，环境面政策主要是税收优惠政策，供给面政策主要是财政投入政策。首先，政府采购政策有利于增加企业技术创新的机会，因为政府采购中对创新产品需求招标增加了企业技术创新机会；其次，税收优惠政策有利于扩大企业盈利空间，因为税收优惠政策直接降低创新产品的财务成本，直接提升创新产品的盈利水平；再次，财政补贴政策有利于提升企业的创新能力，这表现在两个方面，一是财政补贴会增加企业技术创新经费投入，增加企业研发试错机会，二是财政补贴让企业有财力招聘更多的人才投入研发，更多的人才投入会提高企业的创新能力；最后，政府引导资金有利于促进企业创新发展，这是因为政府引导资金支持企业创新的主要方式是入股创业投资企业，通过创业投资企业采用市场机制筛选创新创业项目，以提高创新产品的成功率，提高对创新产品的支持力度，促进创新成果的产业化，促进企业创新发展。

3. 促进科技成果转化的财税政策的传导机制

科技成果转化是正外部性强的准公共品，需要财税的有力支持与风险分担。科技成果转化过程中存在着信息不对称问题，转化行为具有外部性，也决定了政府介入的必然性。政府不仅要制定相应的政策，发挥引导作用，也要投入一定数量的财政资金，发挥支持作用。财政作为政府政策体系中重要的组成部分，也将在科技成果转化过程中发挥引导、支持和激励等功能作用，成为科技成果转化的助推器。一方面，政府根据科技成果转化的现实需求，通过对财政资源的分配，加大对科技研发费用的投入，加强对科技成果产品的采购力度，合理使用财政补贴和信用担保等工具，降低企业科技创新及科技成果转化的风险；另一方面，通过加计扣除、加速折旧、跨期结转、投资抵免、优惠税率、减免税等一系列的税收优惠政策，引导私人资本投入市场，激励企业加快科技成果转化。

4. 引导创新资源高效配置和综合集成的财税政策的传导机制

我国创新资源配置过程中的财税政策效率具有空间异质性，且该异质性主要是由结构因素造成的。在各影响因素中，政府资金强度和创新资源市场环境对财税政策效率的影响具有互补现象，政府资金强度作用大的地方往往创新资源市场环境作用小，说明在财税政策引导创新资源配置方面市场和政府之间还没有形成合力，依旧处于互相"竞争"的状态。科研资源禀赋水平在大多数省份的作用效果为负，说明科研人员的人均经费增加，使得财税政策效率下降。中央地方支出责任的影响受政府资金强度的作用，政府资金强度影响为负的地区，中央地方支出责任的影响也几乎为负。结合创新资源配置效率和其财税政策效率发现，对东部地区来说，其创新资源配置效率高，然而财税政策效率低；对西部地区来说，其创新资源配置效率低，财税政策效率高，进一步验证了当前政府和市场并没有形成合力。财税政策引导方向需要考虑其投入结构，尤其是通过财税政策为创新建立一个良好的市场环境。

5.4 财税支持创新驱动发展的主要方式

深入实施创新驱动发展战略，离不开财税政策的大力支持。为保障创新驱动发展战略的顺利实施,《国家创新驱动发展战略纲要》《深化科技体制改革实施方案》《中共中央 国务院关于深化体制机制改革加快实施创新驱动发展战略的若干意见》《科技领域中央与地方财政事权和支出责任划分改革方案》等重要文件中,对财税政策支持创新驱动发展战略的主要方式和途径进行了明确规定,主要有直接支持、间接引导和特殊扶持等。

5.4.1 直接支持

技术进步与创新活动是推动创新型国家建设的基础,严格来说,它们属于准公共品的范畴。因此,促进技术进步、推动创新主体的科技创新活动也在政府的职能范畴之内,政府可以采取财政直接投入的方式,对创新活动予以资助和支持。财政直接投入是通过增加供给的方式来提高创新主体的科技创新能力,通过财政投入的方式可以直接促进社会创新投入的增加,进而弥补创新成果所导致的私人收益和社会收益之间的差异。政府通过在资源配置中向科技创新活动进行倾斜,有利于促进生产力的发展,更好地促进经济增长,并带动经济发展方式转型,提升我国的竞争力,从而使得技术进步、经济增长进入相互促进的良性循环。

首先,加大财政在技术创新领域的投入规模,发挥财政资金的集聚效应,建立起财政科技投入的稳定增长机制。政府在科技领域增大财政投入有利于推动创新驱动发展战略的深入实施,与此同时,加大财政在重大科技项目、重点领域及高精尖项目的投入,对于科技创新领域的发展意义重大。政府直接投资于研发领域,不仅能够为其提供强大的资金储备与物质保障,而且能够对产业技术创新的方向进行引导,有利于激励创新主体增加对创新活动的经费投入。根据 1985~2019 年相关数据可知,我国国内公共财政支出中科技拨款所占比例从 5.12%下降至 3.98%,这表明我国财政对于科技创新支持力度不足,严重阻碍了创新活动的开展。因此,国家应该制订科学的财政科技投入战略规划,保证财政在技术创新领域投入的平稳增长。

其次,注重优化财政科技投入的结构,适当调整财政支持方向。根据 2021 年 12 月 24 日修订的《科学技术进步法》第 6 章第 87 条的规定,财政性科学技术资金应当主要用于下列事项的投入:科学技术基础条件与设施建设;基础研究和前沿交叉学科研究;对经济建设和社会发展具有战略性、基础性、前瞻性作用的前沿技术研究、社会公益性技术研究和重大共性关键技术研究;重大共性关键技术应用和高新技术产业化示范;关系生态环境和人民生命健康的科学技术研究开发和成果的应用、推广;农业新品种、新技术的研究开发和农业科技成果的应用、推广;科学技术人员的培养、吸引和使用;科学技术普及。因此,政府应该适当调整财政科技投入战略,建立起关键性、公益性、重大共性的科技预见战略规划制度,因为此类科技项目具有比较强的公共品性质，能够影响创新驱动发展战略的实施效果。此外，政府应该做好硬件设施建设，优化财政资金的投入结构，强化对重点实验室、技术中心、科创园区、研发平台等的建设支持，做到从硬件设施上来保障科技创新。同时，政府在安排财政资金时，既要推动优势资源向重点产业、重点企业、重点项目集聚，形成一批重大创新成果和产品，也要善于发掘处于孵化期、初创期、成长期，市场前景好的"潜力股"，帮助其发展壮大。

最后，创新财政支持方式，强化财政在创新领域的引导及带动作用。目前，我国财政投入的使用效率较低，科研成果转化比较慢。因此，应该切实转变财政支持的方式、范围，提高财政补贴的业绩。政府财政收入有限，因而更应该有所侧重，应重点扶持国家级高新科技项目，对战略性新兴产业、支柱性产业、重点企业及重点行业进行相应的技术改造。此外，政府应该积极为高新技术成果转化提供资金资助。尽管政府直接投入是推动创新型国家建设的主要方式，但企业仍然是技术创新的主体，因此应该调整财政的支持方法，由"政府投入推动型"向"政府机制推动型"转换。政府的财政资金应大量运用于基础研究、高科技的创新领域，以及引导各类主体增加在科技创新领域的投入，吸引更多的市场主体开展创新活动。

5.4.2 间接引导

除了对科技创新进行直接的财政投入外，政府经常使用间接引导型财税政策工具来保障创新驱动发展战略的实施，主要有税收优惠政策、政府采购、政府信用担保和财政贴息等。

1. 税收优惠政策

创新活动的特点决定了其主体的创新活动存在着较高的风险，特别是高新技术领域的研发活动，因此除了要靠其自身通过相应的技术手段和财务手段来降低、化解风险以外，还需要政府制定相应的政策来降低并且化解风险，其中就包括税收政策。税收是政府调控经济的主要方式之一，政府可以结合科技政策、产业政策、区域政策等，来制定相应的税收政策，体现政府对于某个技术、某个行业的支持，从而推动创新活动的发展。

税收在创新活动方面的作用主要是借助于制定对创新主体有利的税收优惠政策来实现的。税收优惠政策的制定主要是通过减轻税负或者递延缴税时间等措施来鼓励相应的创新主体从事政府所鼓励的行为，从而实现特定的政策目标。税收优惠同样也是从增加供给的角度来提高创新主体的科技创新能力，政府通过税收优惠条款的制定与实施，来鼓励特定活动的资本积累。税收优惠政策是十分有效的手段，它是税收推进及影响企业创新活动的切入点及作用点。税收优惠政策的制定是政府让渡了部分利益给企业，而对于企业而言，此类税收优惠政策可以为其提供创新活动所需要的资金。比如，通过加速折旧等递延纳税的方式，可以使企业缓交一部分税款，对于企业而言这就相当于从政府那里拿到了一笔无偿使用的贷款；对于整个社会来说，这部分税收优惠资金等同于是以立法的方式从整个社会的收入中切出一块专项资金用于创新活动。此外，对于个人而言，政府制定相应的税收优惠政策也是支持人力资本形成的重要条件。通过对从事科技创新方面的人才给予其相应的税收优惠，如对于个人的技术转让等收入减征个人所得税等，这些税收优惠政策都有助于激发创新人员从事研发活动的积极性，从而提高全社会的科技创新能力。

因此在税收优惠政策方面，第一，应确定科技创新税收优惠政策的目标。在充分了解税收激励政策特点的基础上，发挥税收在促进引入技术消化、吸收与再创新，营造开放科技创新环境及推动企业成为技术创新主体方面的作用。具体而言，对于具有较强外部性的应用研究、高新技术产业及技术的自主研发，税收优惠政策应予以重点扶持。这就要求必须完善税收制度，改革目前由税收的制度性缺陷造成的税收激励不足，形成各税种间相互配合、有机结合、相互补充的制度性税收激励。第二，应该明确税收优惠政策的范围和重点。科技创新并不局限于部分企业，而是包括所有的企业、行业，对此，应该建立起普惠性的创新激励机制。除此之外，研发环节在税收优惠政策里的核心地位应得以确立。在技术研发的纵向链条里，税收优惠政策越是向前移动，政策效果就越凸显。因此，应该着重加大对企业研发活动的投入，逐渐建立起研发环节税收优惠的核心位置。第三，应在现有税收政策的基础之上完善相关的税种及规定。应完善增值税、企业所得税、个人所得税对于创新活动及创新人才的激励措施，并逐步完善对于中小企业科技创新的税收优惠政策。

2. 政府采购

政府采购是指政府为了满足某种特定的需要，通过与研发机构达成协议，购买其某些研究成果或创新产品。政府采购对象往往是处于产品生命周期早期阶段的项目，而产品的最终使用者是政府的那些项目。政府采购是能够影响创新方向及速度的一种有效手段，同时它还能够体现政策导向，进而影响并吸引投资者进行投资。政府采购制度是一种鼓励创新主体进行科技创新活动的有效方式，它能够发挥直接创造需求及间接引导需求的作用。公共部门的采购不仅对市场需求产生巨大的影响，而且对创新主体的科技创新活动也起到很大的需求拉动作用。政府应合理安排采购计划和采购方式，制定出经济有效的政府采购政策，推动高科技产业的发展，突显政府采购对技术创新的支持力度。由于政府采购在市场上会形成"批量"化的需求效应，因而有利于科技成果的产业化初期市场的开拓，进一步推动高科技产业的发展。同时，政府采购制度还具有社会导向和示范作用，政府采购制度，可以极大地提高创新产品的知名度和影响力，引导社会其他主体的购买行为，从而形成有助于创新活动发展的市场力量。政府除了能够购买商品以外，还能够通过采购新技术等方式来推动不同主体提升其科技创新能力，政府影响新技术的需求有时候比影响新技术的供给更为有效。政府采购不仅仅能够为自主知识产权成果产业化营造良好的外部环境，还能够提升创新企业的变现能力，提升资金的流转速度。

首先，应该扩大政府采购规模，增加对科技创新产品的采购比例。目前，我国政府采购在整个财政支出中的占比相对较低，2019年采购支出占同期财政支出的比重约为12%。与其他国家相比，我国政府采购的整体规模还有较大提升空间。因而，应该增加采购的规模，尤其应该提升科技创新产品的采购比例，使政府采购创造出足够的市场需求。此外，政府应优先购买本国创新型产品、技术及服务，加大对科技创新项目的采购规模，使创新主体获得更多的发展资金，以支持和保护本国的科技创新活动。

其次，应该建立健全法律支撑体系，来明确政府采购支持科技创新的目标。根据《中华人民共和国政府采购法》（以下简称《政府采购法》），政府采购制度应鼓励技术创新的目标趋于具体化、法律化与显性化，明确促进科技创新的目标，让资金更好地支持企业科技创新的发展。此外，我国的科技创新产品政府采购法律制度应该以《政府采购法》为牵引，以一定数量的行政法规、部门规章等为基础构建。我们需要不断提升规范性文件的层次，最终形成功能定位明确、范围划分合理、程序公开公正的政府采购科技创新产品法律体系。

最后，应该完善相关的政策配套措施，增加科技创新采购政策的可操作性。制定和发布《科技创新产品目录》是实施科技创新政府采购制度的前提。因此，中央政府和地方各级政府应建立并且及时动态地更新《科技创新产品目录》，按照采购目录严格执行实施政府购买，才能使政府采购的作用得以有效发挥。此外，还应该制定重大建设项目、装备和产品项目的采购制度。让关系到国计民生的重大项目、对国民经济发展或者某个行业的发展都具有决定性作用的科技创新产品都适用于政府采购制度，从而推动科技创新产品的发展。

3. 政府信用担保

政府信用担保是指以政府的信用对企业、事业单位或者个人从事的具有高风险的活动进行负责，并且承诺承担活动失败的责任。政府应该对于那些有着良好发展前景但是同时有着较高风险的科技创新项目、高新技术企业，以政府的信用为后盾为其提供担保，从而保证企业能够筹集到足够的资金来开展科技创新活动，这是一种十分有效的方式。目前，我国的风险资本市场发育并非良好，因此政府的信用担保就成为促进科技发展及创新活动的重要政策手段。采取此类财政支持的方式，一方面可以缓解财政压力，另一方面可以减轻财政支出对于民间资本的"挤出效应"，还可以减少监管不当导致的财政资金浪费现象。

4. 财政贴息

财政贴息是政府为了支持特殊领域或者区域的发展，根据宏观经济形势及政策目标的要求，对于承贷主体的贷款利息给予的补贴。财政贴息的方法主要有两种，第一种是政府将贴息的款项直接拨给受益主体；第二种是政府将贴息的款项拨给贷款银行，由银行以优惠利率再给创新主体提供贷款，受益主体按实际发生的利率来测算和确认其发生的利息费用。财政贴息是政府可以采用的能够有效促进科技发展、科技创新活动的财政支持手段，它能够有效地发挥财政政策及资金分配的引导作用，从而鼓励创新主体主动增加科技投入。

5.4.3 特殊扶持

在促进创新驱动发展战略实施的财税支持政策体系中，还有一部分比较特殊的扶持政策，主要有专利制度、营造与优化创新环境、建立税式支出预算管理制度等方式。

1. 专利制度

专利制度产生最主要的目的即通过一定数量的激励来保障发明人的发明活动，激励发明研究。专利保护在技术创新过程中有利也有弊，一方面，专利保护发明者及创新主体的发明收益，有利于鼓励和激发独立发明者的研发热情，从而提高科技创新所必需的科技成果的数量与质量。在这一层面上来说，专利制度毫无疑问是有助于激发创新主体的创新活动的。但从另一方面来看，专利制度的存在使得某一项发明在短期内只能供发明者独家使用，具有一定的排他性，因此在一定程度上阻碍了科技创新的再进步，限制了市面上可供交易的科技成果供给量，使科技成果从潜在生产力变成现实生产力的可能性大大降低，延长了发明与创新之间的时滞。因此，从这个层面上而言，专利制度是不利于科技成果转化的，从而不利于技术创新活动发展。尽管如此，专利制度在保护发明人的权益方面还是有一定的积极作用，如果没有专利保护制度，那么大概大半的已经获得专利的技术创新可能不会付诸实践。

2. 营造与优化创新环境

支持科技创新活动，重中之重就是要营造良好的创新环境。在知识创新方面，创新思想的出现及创新人才的培养要求宽松的学术环境、民主的学习氛围和相对稳定的财政支持，这就要求国家应该建立财政支持科技创新的稳定经费保障机制来支持创新人才的发展，要不断地优化科技资源的配置，改革基础科研评价机制。在技术创新方面，财税政策应致力于构建具有创新活力的国家技术研发体系，要促进产学研的紧密结合，通过激励型税收政策来鼓励企业增加研发投入，促进科技成果转化。此外，应该利用财税政策来致力于营造公平的竞争环境，促使企业自觉积极地成为创新的主体，政府应该对创新活动进行调节、激励，而不是对创新活动进行直接的干预。

3. 建立税式支出预算管理制度

目前税收优惠政策被滥用及税收优惠政策效果难以掌握的现象在我国仍然存在，因而需要建立相应的制度，以强化对科技创新领域税收激励政策的管理。税式支出预算管理制度能够对税收优惠进行有效管控，是国外管理、控制、评价税收优惠政策的一项预算管理体制，其主要作用是通过建立预算制度来管理税收优惠里应该并且能够加以计量并进行管控的部分。目前，我国尚未启动和制定该项制度，因此可以将科技创新的税收优惠政策作为税式支出制度改革的试点。我国应逐步建立起重点项目的预算控制方式，将那些比较重要的税式支出项目纳入预算管理程序。

第6章 第一篇小结

6.1 研究结论

（1）既有文献对财税政策与创新驱动发展战略进行了较为全面的理论与实证研究，但尚有下列五方面的研究亟待加强。第一，就研究内容而言，创新驱动发展战略的丰富内涵和经济理论渊源有待进一步挖掘和厘定，以达成基本的共识和搭建学术对话平台；创新驱动发展战略的评价指标还很不完善，亟须建构适合我国经济发展新常态的系统评价体系。第二，就研究方法而言，既有研究方法需要更加多样化，需要加强实证研究和微观研究，不能停留在宏观部署和理论框架建构上。第三，就研究成果的整体性来说，已有研究比较分散而缺乏联系，体系性不强，需要加强整合。第四，对财政支出政策如何影响创新驱动发展缺乏深入研究。既有大量研究主要分析了税收优惠政策对科技创新的影响，而对财政支出等对科技创新的影响缺乏深入分析。第五，未能对财政政策影响创新驱动发展的渠道机制展开分析。财政政策对创新驱动发展的影响是直接的还是间接的？对于这一问题的回答，需要展开渠道机制分析，但既有研究并未涉足此领域。因此，拓展创新驱动发展战略的研究需要系统化界定概念、把握内涵、梳理脉络，明确困境、找准路径，结合全面深化改革的路线图，立足国内经济发展新形势，构建系统的创新驱动发展战略理论体系，充实和丰富中国特色社会主义经济理论，为创新驱动发展战略的现实推进提供坚实的学理支撑。

（2）创新驱动发展战略的核心是创新，创新理论的形成经历了多个发展阶段。首先，从创新理论主流学派的创新思想来看，按照时间先后顺序分别出现了熊彼特创新理论、外生经济增长理论、内生经济增长理论、新制度创新理论、国家创新系统理论。熊彼特最先提出了"创新理论"，他认为创新是生产技术的革新和生产方法的变革，从而推动经济发展；外生经济增长理论认为经济增长是由经济理论不能预见的所谓外生的技术进步推动的；内生经济增长理论认为，经济增长取决于经济系统本身，而不是像新古典增长理论那样是外生的；制度创新是使创新者获得追加利益的现存制度安排的一种变革；弗里曼首次提出了"国家创新系统"概念，他认为，在一国的经济跨越中，仅靠自由竞争的市场经济是不够的，并根据日本的经验强调了在国家干预下加快建立国家创新系统的重要性。其次，从创新层次和形式的角度分别梳理自主创新、协同创新、开放式创新三种创新类型的主要内容。其中，自主创新是指通过拥有自主知识产权的独特的核心技术，以及在此基础上实现新产品的价值的过程；协同创新是以知识增值为核心，企业、政府、知识生产机构、中介机构和用户等为了实现重大科技创新而开展的大跨度整合的创新组织模式；开放式创新是将企业传统封闭式的创新模式开放，引入外部的创新能力。最后，从创新主体范围大小对企业创新系统、区域创新系统、创新集群系统、国家创新系统四个创新系统及其范式的发展脉络进行梳理。企业的创新贯穿在每一个部门、每一个细节中，涉及组织创新、技术创新、管理创新、战略创新等方面的问题；区域创新系统主要是由在地理上相互分工与关联的生产企业、研究机构和高等教育机构等构成的区域性组织体系，而这种体系支持并产生创新；创新集群是以新知识生产、新产品大量出现为本质含义的创新型组织（创新型企业、各种知识中心和相关机构）在地理空间上集中或在技术经济空间中集聚并且与外界形成有效互动结构的产业组织形态；国家创新系统是指一个国家内各有关部门和机构间相互作用而形成的推动创新网络，是由经济和科技的组织机构组成的创新网络。

（3）中国的创新政策经历了三个发展阶段，制定主体包括国家、区域、个体三个层面。新中国成立70余年来，中国的创新政策经历了三个发展阶段：新中国成立初期至改革开放前的创新政策体现了从"向科学进军"向"科学技术是第一生产力"的转变；改革开放时期至21世纪前的创新政策着力点是实施科教兴国战略和建设创新型国家；21世纪初期至今的创新政策从实施创新驱动发展战略到开启建设世界科技强国的新征程。我国创新政策的制定主体经历了由政府单一主体到政府、科研机构、高校、企业多元主体的转变。在计划经济体制时期，国家实行的是"举国科技体制"，体现了集中力量办大事的体制优势，所有的科技创新政策都由中央及地方政府部门制定。随着科技事业的发展，科技创新政策所涉及的领域越来越广泛，创新政策的制定主体也更加多元化。在创新驱动发展战略的实施过程中，我国陆续出台了系列创新政策，这些政策可以划分为国家、区域、个体三个不同层次，分别代表宏观、中观、微观层次的政策。我国的科技创新政策体系已基本形成。按创新政策的制定主体进行分类，由上至下可分为国家级、省级、市级、县级等，分别对应宏观、中观、微观层次的创新政策。按创新政策的作用对象进行分类，可以分为面向企业、高校、科研机构等创新主体的政策。按创新政策的适用环节进行分类，可以分为面向基础研究、技术开发、成果转化和产业化等创新链条各环节的政策。按创新政策涉及的领域进行分类，可以分为涉及科技投入、科技人才、高新技术、财税、金融、知识产权等的创新政策。

（4）转变经济发展方式需要创新驱动，创新驱动发展战略的实施也需要经济发展的大力支撑。创新驱动发展战略理论是在马克思主义创新思想指导下，吸收借鉴国外相关经济理论，结合中国特色社会主义发展实践而形成的。从人力资源方面来看，粗放型经济增长方式体现在劳动力投入产出的错位上；从物质资源方面来看，粗放型经济增长方式体现在我国单位 GDP 物耗、能耗比高企；经济发展方式转变内在要求先前的数量增长型经济模式转向未来的质量提高型经济模式，我国必须大力提高自主创新能力，增强科技创新对经济的贡献率。实施创新驱动发展战略，对我国提高经济增长的质量和效益、加快转变经济发展方式具有现实意义。实施创新驱动发展战略，可以全面提升我国经济增长的质量和效益，有力推动经济发展方式转变。

（5）深入实施国家创新驱动发展战略，离不开财税政策的大力支持。财税政策作为国家宏观调控经济发展的重要工具，其政策主体是政府部门；但创新主要是经济活动，必须充分发挥市场的决定性作用。市场机制本身无法从根本上解决创新主体在创新活动中存在的问题，这就导致市场无法在这些领域内充分发挥作用，使得自主创新活动出现了市场的低效区及失效区，于是财税政策成为政府介入创新活动的一个重要方式。政府通过财税政策手段介入创新活动，形成了刺激有效需求的有效供给，从而将引导与诱发创新主体规模化的创新活动。政府可以通过运用财政直接投入、税收优惠政策、政府采购政策等，为创新主体的创新活动营造良好的环境。同时还可以运用财税扶持与间接引导政策，通过对一些高科技产业或特殊产业进行扶持，引导与带动创新主体创造新产品、新技术、新思想，来实现产业结构的优化及升级，从而推动创新型国家的建设与发展。

6.2 创 新 之 处

本篇为全书的总论部分，主要探讨财税支持国家创新驱动发展战略的理论基础与政策演进规律，将创新思想、财税政策与经济发展理论进行有机融合。本篇的创新之处主要体现在以下四个方面。

（1）对创新理论的形成过程及其演变规律进行了系统梳理。创新驱动发展战略的核心是创新，创新理论的形成经历了多个发展阶段。本篇分别从创新思想、创新理论、创新系统三个维度进行了综合分析。首先，对创新理论主流学派的创新思想进行梳理，按照时间先后顺序分别梳理了熊彼特创新理论、外生经济增长理论、内生经济增长理论、新制度创新理论、国家创新系统理论的主要观点。其次，从创新层次和形式的角度分别梳理了自主创新、协同创新、开放式创新三种创新类型的主要内容。最后，从创新主体范围大小对企业创新系统、区域创新系统、创新集群系统、国家创新系统四个创新系统及其范式的发展脉络进行了梳理。

（2）从演变历程、制定主体、分类体系三个维度对中国创新政策进行了解析。首先，按照时间先后顺序对新中国成立初期至改革开放前、改革开放时期至21世纪前、21世纪初期至今三个发展阶段的创新政策进行了梳理，从宏观层面把握中国创新政策的发展脉络。其次，从宏观、中观、微观三个层次对国家、区域、个体三个层面的创新政策的制定主体进行了剖析，解读了不同层次主体制定的创新政策效应。最后，对中国现行创新政策体系进行了系统分类，全面把握中国现行的创新政策特点，在科学分类的基础上进行优化。

（3）厘清了创新驱动发展战略与经济发展方式转变的关系。首先，从理论层面解读创新驱动发展战略，全面回顾创新驱动发展战略的理论渊源，准确理解创新驱动发展战略的科学内涵，系统梳理创新驱动发展战略的发展脉络。其次，探讨创新驱动发展战略与经济发展方式转变的内在逻辑，转变经济发展方式需要创新驱动，创新驱动发展战略的实施也需要经济发展的大力支撑。再次，对粗放型经济增长方式进行评估和反思，论证我国经济发展由要素驱动和投资驱动向创新驱动转变的必然性，粗放型经济增长方式的盛行，表明我国基础研究较为薄弱、企业技术创新能力不足、科技成果转化率较低、创新资源的配置效率不高，要解决这些问题，必须深入实施创新驱动发展战略。最后，阐述创新驱动发展战略对经济发展方式转变的促进作用，在经济发展新常态下，要实现经济发展方式由粗放型向集约高效型转变，必须充分发挥创新在经济发展过程中的引领作用。

（4）发现了财税政策工具支持创新驱动发展的内在机理。深入实施国家创新驱动发展战略，离不开财税政策的大力支持。财税政策作为国家宏观调控经济发展的重要工具，其政策主体是政府部门；但创新主要是经济活动，必须充分发挥市场的决定性作用。本篇首先对财税政策支持创新驱动发展的依据进行理论分析；其次对财税政策支持创新驱动发展的职责进行合理定位，明确界定政府与市场在创新活动中的角色划分；再次剖析财税政策支持创新驱动发展的传导机制，探讨财税政策在支持基础研究、激励企业创新、促进成果转化、引导创新资源配置中的作用机理和方式；最后，从直接支持、间接引导、特殊扶持三个方面归纳财税政策支持创新驱动发展的主要方式。

6.3 研究展望

本篇主要研究了财税支持国家创新驱动发展战略的理论基础与政策演进规律，虽然进一步夯实了财税支持国家创新驱动发展战略的理论基础，但相关理论创新性不够，没有很好地厘清政府与市场在国家创新驱动发展战略中的作用边界，对财税支持国家创新驱动发展战略的政策演进规律的探讨也不够全面。在未来的研究中，本书作者将根据"十四五"期间国家创新政策的最新要求，进一步探讨国家创新驱动发展战略的理论与实践问题，主要聚焦三个方面的研究。一是围绕"新发展理念、新发展阶段、新发展格局"的战略布局，探讨国家创新驱动发展战略的实施路径，把创新引领经济社会全面发展落到实处，强化创新驱动发展战略在新发展阶段和新发展格局中的引导示范效应。二是根据《中华人民共和国国民经济和社会发展第十四个五年规划和2035年远景目标纲要》《"十四五"国家科技创新规划》的最新规划目标和要求，探讨国家创新驱动发展战略与两个规划的内在关系，根据两个规划对科技创新的最新要求，进一步丰富国家创新驱动发展战略的时代内涵。三是进一步研究财税支持国家创新驱动发展战略的演进规律，以2021年为阶段起点，探讨国家创新驱动发展战略在从全面建成小康社会向全面建成社会主义现代化强国"升级转段"的发展阶段（2021~2035年）的实施重点，探讨新的财税支持方式、支持重点和支持效果。

第二篇

支持基础研究的财税政策：实证分析与政策优化

第 7 章　支持基础研究的财税政策现状分析

2021 年 3 月,《中华人民共和国国民经济和社会发展第十四个五年规划和 2035 年远景目标纲要》提出要"深入实施科教兴国战略、人才强国战略、创新驱动发展战略,完善国家创新体系,加快建设科技强国"。基础研究是培育战略科技力量和提高创新人才队伍水平的重要载体,是提升国家综合国力和实现科技强国的重要途径,强大的基础研究实力是实施创新驱动发展战略的重要保障。本章在对基础研究内涵进行论述的基础上,进一步从基础研究发展现状、财政投入政策、政府采购政策、税收优惠政策四个方面对我国支持基础研究的财税政策现状进行分析。

7.1　基础研究的内涵与特点

基础研究是科技创新的源头[①],是创造一国核心竞争力的重要支撑点。我国基础研究正处于机遇与挑战并存的过渡期,党的十九大报告提出,"创新是引领发展的第一动力,是建设现代化经济体系的战略支撑。要瞄准世界科技前沿,强化基础研究,实现前瞻性基础研究、引领性原创成果重大突破"[②]。基础研究是一个国家提升原始创新能力的关键(万钢,2017)。纵观世界历史,美国、英国、德国、日本等发达国家,在科技革命的发展过程中均依靠基础研究的重大突破带动技术变革和产业发展,进而跻身世界强国之列。随着新一轮科技革命加速推进,国际上各国经济主体之间的竞争呈现出从科技竞争向基础研究竞争前移的态势,发达国家均将基础研究成果和科技人才作为提升本国竞争能力的重要手段。

7.1.1　基础研究的内涵

对基础研究概念认识不清是基础研究得不到重视的重要原因,虽然国际上具有通行的基础研究标准定义,但基础研究的概念并不是固定不变的,该概念因人、

---

① 《政府工作报告》,http://www.gov.cn/premier/2021-03/12/content_5592671.htm[2021-03-12]。
② 《习近平:决胜全面建成小康社会 夺取新时代中国特色社会主义伟大胜利——在中国共产党第十九次全国代表大会上的报告》,http://www.xinhuanet.com/politics/19cpcnc/2017-10/27/c_1121867529.htm[2017-11-28]。

机构、时代存在弹性边界，本节将对基础研究概念的界定及特征进行剖析。

（1）狭义内涵：基础研究是科学发展的产物，随着科学技术的飞速发展和不断拓展，其概念的内涵与外延不断地发生变化，各国对于基础研究的界定也较为模糊，相关历史文献中有很多对它的提法：纯研究（pure research）、基础科学（basic science）、基本研究（fundamental research）、纯粹基础研究（pure basic research）、理论研究、基础性研究、基础科学研究等。其中不乏具有巨大差异的，也存在很多可替代的，以此可以看出基础研究内涵的复杂性。

对基础研究的定义较早出现在 Bush（1945）提交的题为 Science: the endless frontier 的研究报告中，他提出基础研究的目的是拓宽人们对世界的认识，其产出一般表现在对知识储量的增加和自然界及其各种规律的发现。美国对基础研究的讨论大多以此为基础。全球范围内使用最广泛的为 OECD 在《弗拉斯卡蒂手册》中对基础研究的定义："基础研究是一种实验性或理论性工作，主要是为了获得关于现象和可观察事实的基本原理的新知识，它不以任何特定的应用或使用为目的。"该定义扩展到各国，各国在此基础之上更为具体地阐述了基础研究测度的体系和框架。《大英百科全书》对基础研究的定义为科学家等群体的研究工作纯粹是为了揭示自然界的秘密，而没有特定的目标。总体上看，基础研究概念较为模糊的主要原因为其本身所具有的多义性和弹性边界等特征。Calvert（2006）从基础研究的目的、研究人员的自主性和研究本身的认识论三个角度，将基础研究分为：无明确应用目标的研究（包括好奇心驱动）；由研究人员自主确定研究目标与方向的研究；以探索新原理、新规律、新方法的研究（结果一般不可预测）。以上对基础研究的定义中重点体现了基础研究的自主性和不可预知性，更侧重于区分基础研究与应用研究的不同。

（2）广义内涵：狭义内涵突出了基础研究的特征，在理论层面具有一定的合理性，但不利于准确界定基础研究的范围。Stokes（1997）对基础研究提出了新的分类方式，有别于布什（Bush）的"线性模型"：基础研究→应用研究→开发→生产经营，他将基础研究区分为由好奇心产生的研究和由应用引起的研究。这一理论在科技政策研究领域产生了重要的影响。基础研究除了对自然界基本规律的探索外，也源于社会、经济发展的需要。Salter 和 Martin（2001）认为基础研究的贡献度主要表现在六个方面：增加知识存量（increasing the stock of knowledge）、有技能的毕业生（skilled graduates）、新的设备和方法（new instrumentation and methodologies）、网络和社会互动（network and social interaction）、提高技术解决能力（technological problem-solving）、产生新企业（creation of new firms）。OECD 科技政策委员会 2003 年的研究报告《公共研究的管理》提出"重要的问题不是要为基础研究找到一个新的概念定义，而是要足够有广度地定义其范围，使之涵盖建立一个合理的知识体系所需的研究类型，从而获得社会经济的进步"。WTO《乌拉圭回合多边贸易谈判结果法律文本》中对基础研究的定义："基础研究"一词指与工业和商业目标无联系的一般科技知识的扩充（中华人民共和国商务部世界贸易组织司，2011）。

改革开放以后，我国对于基础研究的认识逐渐发生变化。1985年，全国科技普查中我国开始使用基础研究作为统计指标之一，此次分类中，基础研究既涵盖纯理论的基础研究，也包括具有应用目的的基础研究；在2000年召开的全国基础研究工作会议中，基础研究被分为探索性、定向性和基础性三类[①]；此后在《国家中长期科学和技术发展规划纲要（2006—2020年）》中将基础研究定义为"以深刻认识自然现象、揭示自然规律，获取新知识、新原理、新方法和培养高素质创新人才等为基本使命"的研究。同时强调了基础研究自由探索的发展需要与国家目标相结合，适应国家发展战略的需求。上述论述没有对基础研究进行严格的定义，但充分彰显了基础研究的时代特征。《中国科技统计年鉴2017》中对基础研究的解释为：为了获得关于现象和可观察事实的基本原理的新知识（揭示客观事物的本质、运动规律，获得新发展、新学说）而进行的实验性或理论性研究，它不以任何专门或特定的应用或使用为目的。从基础研究内涵的分析可以看出，基础研究的边界依然模糊，实践中很多科学研究都具有自由探索与需求导向并存的特点。李静海（2019）将基础研究定义为：以提出和解决科学问题为根本指向的研究活动。根据科学问题的属性划分为：鼓励探索型、聚焦前沿型、需求牵引型、共性导向型。例如，国家自然科学基金资助的重大科学研究项目、973计划在资助项目的选题及预期成果方面都具有明显的需求导向性。

在不同行业中也存在更为详细的定义。《中国质检工作手册：质检科技》（国家质量监督检验检疫总局，2012）对基础研究的定义是：基础研究致力于观察和分析质检客观世界各类事物的性质、特征、特点、结构及事物之间的关系，从而揭示质检客观世界所遵循的基本规律，形成基础理论。具体分为两类，一种是分析现实世界、创造法则的基础研究，即通过对未知现象的观察、试验、理论计算，发现、解释并形成其普遍理论（法则、原理、定理等，如牛顿力学、机械工程学中的胡克定律、电子工程学中的欧姆定律）；另一种是结构性研究，即为了特定的社会经济需求性，将已确立的多种理论（法则、原理、定理等）进行综合，通过不断重复观察、实验及理论计算，引导出育有规律性与普遍性的研究手法、研究结果相关的知识及实验研究的具体步骤，加以学术化、体系化，使研究成果作为全人类共同的知识财富得以继承。同时认为，基础研究更突出表现出创造性，通常不直接与实用相联系，基本任务是建立相关知识体系，为应用及开发研究提供理论基础。

---

① 《关于加强基础研究工作的若干意见》，http://www.110.com/fagui/law_75729.html[2001-03-06]。

综上所述，基础研究的概念存在狭义和广义之分，狭义重点强调基础研究的创新与探索性，并不体现商业化目的，而广义上的基础研究概念包含狭义基础研究的范畴，同时涵盖了结合国家和社会发展需求的研究活动。吴杨和邵立勤（2010）提出的"现代基础研究是不考虑应用目标的研究"这一观点已经过时，随着时代的发展，现代基础研究更加突出与实际应用间的密切联系，在思想、培养人才方面的作用更加显著，对经济和社会发展的贡献也更加突出。相比较之下本节认为广义的概念更加符合知识经济下科技创新的发展规律，更加有利于全面探析基础研究的效率特征，因此本节的研究对象建立在基础研究广义内涵的基础上。

7.1.2 基础研究的特点

基础研究是具有重大战略意义的国家资源，是知识创新的源头。其目标是拓展对世界的基本认识，其产出是一般知识和对自然界及其规律的认识（Bush，1945；林秀华和王孙禺，2015），其研究水平是决定一国综合国力和长期经济增长的根本，是提升国家科技创新能力的前提和关键，有非竞争性、非排他性和非磨损性等特征。现有研究将基础研究的特征归纳如下。

（1）投入大、周期长、风险高、个体回报率低（杨建文和葛伟民，2014）。随着各国对基础研究的重视，基础研究经费的投入也随之升高。以2015年为例，该年美国投入基础研究的经费总额约为834.62亿美元，韩国投入约363.34亿美元，日本投入约211.19亿美元，我国投入约110.28亿美元。虽然我国基础研究经费投入规模较发达国家有一定的差距，但基础研究经费的总投入保持逐年增长趋势。基础研究的周期长特点也在一定程度上反映出基础研究的发展困境。基础研究往往需要经过长期的积累才能有所突破，需要研究者能够长时间地坐"冷板凳"，且拥有甘于寂寞的精神（陈佳洱，2007）。长期积累才能有所成就，正如爱因斯坦思考了16年才提出相对论。受到长周期的影响，学者更愿意将资源和精力放在容易产生成果的应用研究和试验研究上，因此稳定的生活条件、工作条件、研究平台等环境对于学者的成长分外重要（林秀华和王孙禺，2015）。风险高主要表现在基础研究成果的不确定性，基础研究的范围大多在未知领域，研究结果无法预见，基本工作方法是在"探索"中前进（张宗益等，2011）。为此，2018年《国务院关于全面加强基础科学研究的若干意见》提出"建立鼓励创新、宽容失败的容错机制，鼓励科研人员大胆探索、挑战未知"[①]，给予研究者充分的发展空间。最后，个体回报率低主要针对的是个人，并不意味着整个社会的回报率低，基础研究成

---

① 《国务院关于全面加强基础科学研究的若干意见》，http://www.gov.cn/zhengce/content/2018-01/31/content_5262539.htm[2018-06-02]。

果需要学术界学者的不断讨论、验证，方可得到认可（如诺贝尔经济学奖的颁发），即完成基础研究的主体并不能即刻获得回报，但其研究成果对于整个社会的进步、发展具有巨大的推动作用。

（2）知识溢出效应。Bernstein 和 Nadiri（1989）以 1965~1978 年化学、石油、仪器仪表、机械几个行业的不同企业为研究对象，通过计量分析发现从事研发活动的企业对其他企业存在着明显的"溢出效应"。上述"溢出效应"指的是一种积极的外部效应，除企业外，目前各国支持基础研究发展的主体大多分为两类：大学和公共研究机构，其创造的新知识大多以"信息"和"公共物品"的形式传递至企业，最终转化为应用成果。在研究基础研究溢出效应的实证研究中，Griliches（1957）研究发现，基础研究所带来的私人回报率和社会回报率之间存在 20%~50%的巨大差异，且基础研究知识溢出效应除了作用在企业上，对于整个社会的发展均起到直接或间接的影响。

基础研究的知识溢出具体分为两类，可编码（codified）知识（显性知识）和意会（tacit）知识（隐性知识）。任何知识都是可编码知识和意会知识的统一体（刘立，2007）。知识具有内涵性和根植性，前者指的是知识内涵于特定的研究者，后者是指知识根植于研究者所处的社会和制度网络之中。相对于意会知识，可编码知识通过语言、文字等外在形式存在，且易于扩散、模仿，而意会知识多表现为难以言传的技术、技巧，通常需要个人经验、团队、专业背景等因素的共同作用。具体而言，基础研究的成果很大一部分以论文的形式公开发表于各国的科研网站上，此时可以在网站上免费下载或公开阅览的部分即上述的可编码知识。但看懂不同研究领域的论文需要的是有着相关教育背景且身处该领域研究的科研人员。当下，互联网为我们提供了充足的知识和信息，但是利用知识和信息的能力是稀缺的。各国大量引进拔尖人才的目的即获得意会知识，意会知识的发展是一个建立在长期经验和掌握技能基础上的学习过程，投资基础研究的主要目的即提高整个社会学习意会知识的能力。

（3）公共性。基础研究最直接的产出形式为新的成文知识，其研究成果可以被社会其他成员无成本地使用，政府对基础研究的投资可以看作对"公共物品"的投资（Nelson，1959）。鉴于基础研究的外部性，政府资助基础研究是世界各国的通例，私人部门缺乏对基础研究投入的积极性。然而，Callon 和 Bowker（1994）指出，基础研究不是纯公共物品，确切地说应该是准公共物品。任何一个国家或企业想利用他人的基础研究成果来提高自己的学术水平或经济收益，均需要付出一定的成本，需要对基础研究设备、人员、技术等进行一系列投资，知识产权保护也是对基础研究产出进行保护的重要手段。Bush（1945）曾指出："一个在基础科学知识上依赖于其他民族的国家，它的工业进步将是缓慢的，它在世界贸易中的地位将是虚弱的。"日本和韩国基础研究的发展均起源于技术模仿模式，但随后即转向开发模式,成功实现从技术模仿型国家到科技创新型国家的转型。同时,需要注意的是,基础研究的投入水平只有在与当前要素禀赋结构相协调时才会发挥积极作用,基础研究投入一旦超过一定比例,将会挤兑应用研究资金总额,造成经济增长下滑(Gersbach et al., 2009)。

7.2 基础研究发展现状

7.2.1 基础学科影响力

部分学科研究规模和影响力不断扩大,高质量研究成果显著增长。从2008~2018年我国各学科产出论文数量和影响情况看,材料科学、化学、工程技术、计算机科学、物理学五大学科产出论文的比例超过世界该学科的20%,生物与生物化学、化学、临床医学、工程技术、材料科学、物理学发表的国际科技论文均超过了10万篇。同时,材料学科论文的被引次数达3 032 862次,排名世界第1位,化学、计算机科学、工程技术等10个领域的论文被引次数均排在世界第2位。生物与生物化学和综合类排在世界第3位,分子生物学与遗传学排在世界第4位,微生物学排在世界第5位。另外,与前一统计年度相比,生物与生物化学、临床医学等8个学科领域的论文被引用频次排位均表现出上升趋势,见表7-1。

表7-1 2008~2018年我国各学科产出论文与世界平均水平比较

学科	论文数量/篇	占世界份额	被引用次数/次	占世界份额	世界排名/名	位次变动/位	篇均被引用次数/次	相对影响
农业科学	53 894	13.06%	466 759	13.01%	2	—	8.66	1.00
生物与生物化学	107 796	14.73%	1 165 956	9.58%	3	+1	10.82	0.65
化学	426 823	25.30%	5 831 765	23.56%	2	—	13.66	0.93
临床医学	239 767	8.90%	2 081 645	6.06%	8	+2	8.68	0.68
计算机科学	75 686	21.53%	461 116	19.98%	2	—	6.09	0.93
经济贸易	14 391	5.33%	86 869	3.91%	9	—	6.04	0.73
工程技术	275 312	22.21%	1 991 762	21.16%	2	—	7.23	0.95
环境与生态学	72 607	15.46%	727 591	12.08%	2	—	10.02	0.78
地学	80 366	18.07%	824 521	15.01%	2	+1	10.26	0.83
免疫学	21 045	8.28%	242 659	5.09%	11	—	11.53	0.61
材料科学	254 200	31.41%	3 032 862	30.58%	1	—	11.93	0.97

续表

学科	论文数量/篇	占世界份额	被引用次数/次	占世界份额	世界排名/名	位次变动/位	篇均被引用次数/次	相对影响
数学	83 165	19.78%	356 043	19.50%	2	—	4.28	0.99
微生物学	25 586	12.60%	229 289	7.47%	5	—	8.96	0.59
分子生物学与遗传学	76 243	16.52%	940 742	8.63%	4	+2	12.34	0.52
综合类	2 960	14.13%	40 122	12.86%	3	—	13.55	0.91
神经科学与行为学	41 750	8.23%	442 306	4.88%	9	+1	10.59	0.59
药学与毒物学	61 233	15.50%	574 539	11.47%	2	—	9.38	0.74
物理学	237 003	21.47%	2 167 390	17.19%	2	—	9.14	0.80
植物学与动物学	75 626	10.43%	653 467	9.74%	2	+2	8.64	0.93
精神病学与心理学	10 659	2.66%	80 634	1.66%	14	+1	7.56	0.62
空间科学	13 457	9.18%	169 071	6.45%	13	—	12.56	0.70
社会科学	22 653	2.51%	156 887	2.55%	9	+2	6.93	1.02

资料来源：中国科学技术信息研究所《中国科技论文统计结果》

注：相对影响是指我国篇均被引用次数与该学科世界平均值的比值，统计时间截至2018年10月

7.2.2 创新基地建设

我国自1984年开始实施国家重点实验室建设计划，该计划为基础研究人才提供了相对稳定的科研平台。随后，又启动了国家重大科技基础设施、国家野外科学观测研究站、科学数据共享工程、国家重点实验室建设和国家实验室试点建设等。2011年，科技部、教育部等多部门联合发布《关于印发进一步加强基础研究若干意见的通知》(国科发基〔2011〕461号)，该意见提出要"巩固和发展国家重点实验室体系。加大力度建设一批重大科技基础设施和重大科学工程"。随着创新基地建设的全面布局，我国已经建立了较为完善的基础研究发展基地，大体上涵盖了我国重点学科和促进国家经济发展的重要领域。

1. 国家重点实验室

2018年5月科技部发布的《2016国家重点实验室年度报告》显示，至2016年底，我国已经建立254个国家重点实验室，不包括试点实验室7个，研究领域分布在地球科学、工程科学等八大领域，具体见表7-2。该报告同时显示，国家重点实验室及试点实验室共拥有中国科学院院士383人，中国工程院院士203人，分别占院士总人数的51.8%和25.0%。共主持和承担各类在研课题42 747项，获得研究经费213.7亿元；共获得国家级奖励110项（含参与完成），获得授权发明

专利 11 086 项；在国内外重要学术期刊及会议上发表学术论文 8.64 万余篇，在 Science 上发表论文 28 篇，在 Nature 及其系列期刊上发表论文 369 篇。国家实验室和国家重点实验室主要支持针对学科发展前沿和国民经济、社会发展及国家安全的重要科技领域和方向，开展创新性研究，在促进重大科研成果的产生、国际学术交流与合作、杰出科学家和团队的培育方面，发挥了不可替代的重要作用，是基础研究的重要发展基地。

表 7-2　国家重点实验室领域分布

数量及占比	地球科学	工程科学	生物科学	医学科学	信息科学	化学科学	材料科学	数理科学
数量/个	44	43	40	34	32	25	21	15
占比	17.3%	16.9%	15.7%	13.4%	12.6%	9.9%	8.3%	5.9%

资料来源：科技部《2016 国家重点实验室年度报告》

2. 国家重大科技基础设施

重视科技基础设施建设。2014 年 11 月，国家发改委、财政部、科技部等多部门共同发布了《国家重大科技基础设施管理办法》，其中明确了对国家重大科技基础设施的定义，提出其"是指为提升探索未知世界、发现自然规律、实现科技变革的能力，由国家统筹布局，依托高水平创新主体建设，面向社会开放共享的大型复杂科学研究装置或系统，是长期为高水平研究活动提供服务、具有较大国际影响力的国家公共设施"。在"十一五"期间，我国投资超 60 亿元，启动建设散裂中子源、强磁场装置、子午工程等 12 项重大科技基础设施。这些设施的建设和运行为科学前沿探索和国家重大科技任务提供了重要支撑，为我国产业技术水平的提升做出了重大贡献，同时培养了众多顶尖级的科学家和科研团队，并推动一系列科学领域迈入国际先进行列。国家重大科技基础设施具有开放共享的公共服务属性，需要深厚的科学技术基础，兼具科研和工程双重属性，体现出国家明确的科学目标。

不断加强和完善国家重大科技基础设施管理。2013 年，国务院发布的《国家重大科技基础设施建设中长期规划（2012—2030 年）》中将重点科学研究领域进行划分，并提出"从预研、新建、推进和提升四个层面逐步完善重大科技基础设施体系"①。在此背景下，我国不断加快重大科技基础设施的建设速度，尤其注重科技重点发展领域基础设施的建设，在全面考虑国家总体科技目标、经济发展、人才培养等因素的基础上，有计划有顺序地完善重大科技基础设施体系构建，为增强我国整体的创新能力提供物质基础。

---

① 《国务院关于印发国家重大科技基础设施建设中长期规划（2012—2030 年）的通知》，http://www.gov.cn/zwgk/2013-03/04/content_2344891.htm[2013-03-04]。

3. 国家野外科学观测研究站

围绕国家发展需求和目标，中国科学院、农业农村部、高校等相继建立了若干国家野外科学观测研究站。国家野外科学观测研究站是国家科技创新基地的重要组成部分，是为科技创新与经济社会可持续发展提供基础支撑和条件保障的国家科技创新基地。其主要职责是支持生态学、地学等众多学科领域的研发，为其提供野外定位观测数据并提供科学研究场所。截至2018年，我国已经建设了105个国家野外科学观测研究站，初步形成网络格局。其中包含53个生态系统国家野外科学观测研究站、10个大气本底与特殊功能国家野外科学观测研究站、14个地球物理领域国家野外科学观测研究站、28个材料腐蚀领域国家野外科学观测研究站[①]。这些研究站的成立成为科学研究的重要平台，承担了大量的科研任务，并积累了具有重要科学价值的原始数据和资料，在科学数据积累、原始性科学发现、科学规律任职、新技术研发等方面取得了一批有重要影响的科技成果。

7.2.3 基础研究管理体系

我国对于基础研究政策、计划、经费安排均分配在特定的职能部门。1998年中共中央、国务院决定成立国家科技教育领导小组，2018年调整为国家科技领导小组，成为基础研究政策、计划制订的主要决策机构。其主要职责为研究、审议国家科技和教育发展战略及重大政策，讨论、审议科技和教育重要任务及项目，协调国务院各部门及部门与地方之间涉及科技或教育的重大事项。政策的执行部门主要由科技部、教育部、中国科学院、国家自然科学基金委员会、国家发改委等部门和机构构成。在具体基础研究经费的支出中，2009~2016年，企业平均占1.76%，研发机构占40.49%，高校占54.47%。可见，长期以来，我国高校和研发机构始终为基础研究经费的主要执行主体，总占比达95%以上。见图7-1。相较于发达国家，我国企业对基础研究的关注相对较少。近年来，部分企业开始提升对基础研究的重视。2017年10月11日，阿里巴巴成立了达摩院，并宣布将在未来三年对具有全球研究院性质的达摩院投入超过1000亿元，以期进行基础科学和颠覆式技术创新研究。虽然市场上企业对基础研究的重视度出现良性发展势头，但总体上企业依然缺乏对基础研究的关注。

---

① 《科技部基础研究司关于对国家野外科学观测研究站建设运行情况开展梳理总结工作的通知》，http://kjt.hunan.gov.cn/xxgk/tzgg/kjbtzgg/201811/t20181119_5187680.html[2018-11-19]。

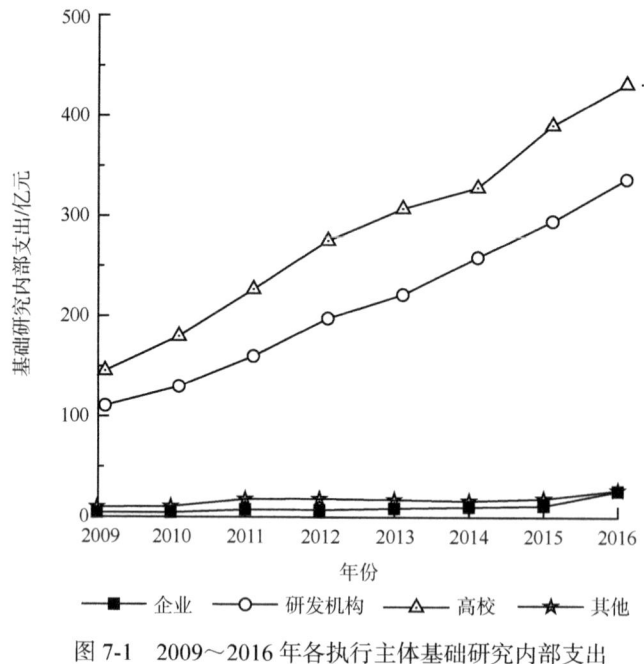

图 7-1 2009～2016 年各执行主体基础研究内部支出

资料来源：2010～2017 年中国科技统计年鉴

7.2.4 基础研究取得的成效

（1）论文发表数量与质量：以我国《科学引文索引》（science citation index，SCI）数据库统计结果分析我国论文发表数量。基础研究较为直观的产出成果多以论文的形式表现，中国科学技术信息研究所每年发布的《中国科技论文统计结果》中统计了 SCI 数据库收录的具有世界权威、高影响力的中国学术期刊论文，这类论文能够作为衡量基础研究成果的指标之一。而衡量一国论文的产出状况主要在数量和质量两方面，从数量上看[①]，2017 年世界科技论文总数为 193.83 万篇，其中收录中国科技论文 36.12 万篇，我国自 2008 年连续九年排在世界第二位，占世界份额的 18.6%。以 1996 年收录的 1.45 万篇为基准，中国在近十年的时间里，增长了约 24 倍。但相较于排在第一位、论文数量为 52.4 万篇的美国（占世界份额 27%），我国科技论文数量仍然具有巨大的提升空间。论文质量的衡量指标之一为科技论文被引数量，从国际科技论文被引情况上看，2008～2018 年（截至 2018 年 10 月），我国科技人员发表的国际论文数量达 227.22 万篇，论文引用次数合计 2272.4 万次，在世界排行榜上排在第二的位置。在平均每篇论文被引次数的比较上，世界平均每篇论文被引为 12.61 次，我国为每篇 10 次，虽然相较世界平均值

---

① 2018 年《中国科技论文统计结果》。

还存在一定的差距，但整体提升速度相对较快，优于大部分国家。

从自然指数文献计量角度分析我国论文发表质量。自然指数是由英国自然出版集团依托于全球82种顶级期刊建立的数据库，对各国高校、科研院所发表的高质量论文进行统计分析，汇总计算出可以衡量科研水平的工具。从国家排名情况看[①]，2017年中国自然指数排名仅次于美国，排在第二名的位置，且增长速度较快，但与美国依然存在巨大的差距。值得注意的是，在科研机构排名上，2017年，中国科学院自然指数为1510.38[②]，排在了世界科研机构的首位，美国哈佛大学和德国马克斯·普朗克科学促进学会以889.47和734.95排在了第二和第三的位置。在学术机构的排名上，我国共16所高校进入全球前100名，分别为北京大学（8）、清华大学（10）、南京大学（13）、中国科学技术大学（18）、中国科学院大学（26）、浙江大学（30）、复旦大学（38）、上海交通大学（52）、苏州大学（57）、武汉大学（58）、南开大学（60）、中山大学（64）、厦门大学（69）、四川大学（81）、华中科技大学（94）、兰州大学（100）。从以上三种排名综合情况可以看出，我国科研水平发展速度较快，但鉴于我国人口基数大，科研整体实力仍有很大的提升空间。

（2）成果转化率分析：当前，基础研究产出成果转化率是反映一国创新能力的重要指标。《中华人民共和国促进科技成果转化法》的实施，为科技人员营造了良好的科技成果转化环境。国内学者对于"科技成果转化率"问题一直都持有不同的态度。卫平等（2013）提出发达国家的科技成果转化率是80%，而我国仅为25%，且实现大规模产业化的不足5%。熊鸿儒（2019）通过测算了2009~2014年我国高校和科研机构的技术许可和转让收入数据及其占研发支出的比重，结果发现：高校的技术转让实际收入占研发支出的比重相对较高，处于4%~6%，六年均值为4.5%；科研机构的技术许可与转让收入占研发支出的比重相对较低、波动较大，六年的均值为1.6%，从而提出我国科研部门依据价值导向衡量的成果转化水平并不低，与欧美发达国家相比并不存在太大差距，在国际上基本处于中等偏上水平。此外，科技部、教育部、国家知识产权局、高校等机构通过不同的调查方法和样本分别进行统计，2014年，科技部通过对9302个国家主体科技计划成果进行测算，得出47.3%的课题成果成功转化为应用范围；2016年，国家知识产权局测算出905所高校和科研机构的有效专利许可率和转让率分别为2.1%、1.5%、5.9%、3.5%；2015年清华大学陈劲教授团队对682所高校进行问卷调查，得出高校近五年的科技成果转化率平均估值为17.6%。综上，可以发现我国科技成果的转化率测算缺少一个合理的分析基准。

---

① https://www.natureindex.com/annual-tables/2018/country/all/all[2018-06-25]。
② 此自然指数是按照分数式计量（fractional count，FC）方法进行测算的结果，具体计算方法为：规定每篇文章的FC总分值为1，假定每个作者的贡献相同，分值由所有作者平分。

（3）基础研究重要科学成果：近年来，"我国基础科学研究取得长足进步，整体水平显著提高，国际影响力日益提升，支撑引领经济社会发展的作用不断增强"[1]，铁基超导、量子信息、中微子、纳米、空间科学、干细胞等成果陆续出现。科技部 2017 年发布中国十项重大科学进展中[2]，量子领域成绩尤为斐然，对我国产业的发展提供了有力支持。同时，截至 2018 年，基础物理领域连续三年获得国家自然科学奖一等奖，2018 年 1 月，我国首次利用体细胞成功创建克隆猕猴，在国际上产生了重要影响。但仍需认清我国基础研究存在的不足，《国务院关于全面加强基础科学研究的若干意见》中提到，"与建设世界科技强国的要求相比，我国基础科学研究短板依然突出，数学等基础学科仍是最薄弱的环节，重大原创性成果缺乏……"。这些短板还体现在基础理论、基本研究方法、对颠覆性技术的探索不足，进一步完善基础科学体系，发展交叉学科，加大薄弱环节领域研发力度是我国基础研究发展的重要任务。

7.3　财政投入政策

自 1995 年我国正式实施科教兴国战略开始，政府相继出台了大量支持基础研究的发展政策，基础研究整体竞争力不断提升、政策支持体系逐步完善，财政政策在支持基础研究发展过程中的引导、激励与规范作用不断增强。

7.3.1　基础研究发展计划及政策

改革开放以来，回顾我国基础研究发展的历程，可以发现基础研究发展目标经历了：自由探索为主、军事化研发为主、支持工业化发展为主、创新与国家发展战略相结合为主的四种发展时期。在不断制订的发展计划与资助体系的配合之下，基础研究得到了快速发展，国家的创新能力不断提升、人才队伍不断扩大、科研基地建设逐渐完善，基础研究对经济社会发展的支撑作用更加突出。

基础研究的发展计划及相关政策主要体现在项目和人才上。为提升我国基础

---

[1] 《国务院关于全面加强基础科学研究的若干意见》，http://www.gov.cn/zhengce/content/2018-01/31/content_5262539.htm[2018-06-05]。

[2] 2017 年度中国十项重大科学进展分别是：实现星地千公里级量子纠缠和密钥分发及隐形传态，将病毒直接转化为活疫苗及治疗性药物，首次探测到双粲重子，实验发现三重简并费米子，实现氢气的低温制备和存储，研发出基于共格纳米析出强化的新一代超高强钢，利用量子相变确定性制备出多粒子纠缠态，中国发现新型古人类化石，酵母长染色体的精准定制合成，研制出可实现自由状态脑成像的微型显微成像系统。

研究水平，政府实施了一系列战略措施，加强宏观管理与协调，改善科学研究环境。1984年，开始实行国家重点实验室计划。1986年，开始全面实施科学基金制。1991年，实施国家基础性研究重大关键项目计划。1995年，启动"211工程"。1997年，实施973计划。2006年，中共中央颁布《国家中长期科学和技术发展规划纲要（2006—2020年）》。2006～2017年，科技部联合国家自然科学基金委员会陆续制定了《国家"十一五"基础研究发展规划》（2006年）、《国家基础研究发展"十二五"专项规划》（2012年）、《"十三五"国家基础研究专项规划》（2017年）。具体见表7-3。当前，我国基础研究体系日趋完善，逐渐形成了以国家自然科学基金、国家重点基础研究计划、重大科学研究计划等为保障，以国家重点实验室、重大科技基础设施等为平台的支撑体系。

表7-3 我国基础研究发展战略及人才计划

发布时间	计划及人才战略名称	计划要点
1984年	国家重点实验室建设计划	主要支持针对学科发展前沿和国民经济、社会发展及国家安全的重要科技领域和方向，开展创新性研究
1986年	国务院 国家自然科学基金委员会成立	制定和实施支持基础研究和培养科学技术人才的资助计划
		协同国家科学技术行政主管部门制定国家发展基础研究的方针、政策和规划，对国家发展科学技术的重大问题提供咨询
1991年	国家科委 国家基础性研究重大关键项目计划编制和立项暂行办法	国家在以指导性的方式支持基础性研究中科学家自选课题、学科发展重点课题的同时，设立国家基础性研究重大关键项目
1994年	中国科学院 "百人计划"	实施引进和培养优秀人才计划（简称"百人计划"），加强对海内外优秀青年人才的吸引，培养学术带头人
	国家自然科学基金委员会 "国家杰出青年科学基金"	支持在基础研究方面已取得突出成绩的青年学者自主选择研究方向开展创新研究，促进青年科学技术人才的成长，吸引海外人才，培养造就一批进入世界科技前沿的优秀学术带头人
1995年	中共中央、国务院《关于加速科学技术进步的决定》	提出实施科教兴国战略
		切实加强基础性研究
	国务院 "211工程"	面向21世纪，重点建设100所左右的高等学校和一批重点学科
1997年	科技部 973计划	围绕农业、能源、信息、资源环境、人口与健康、材料等领域可持续发展的重大科学问题，集中组织我国优秀科研力量，大力开展创新研究，为国民经济和社会可持续发展提供科学技术基础，通过计划的实施，培养和稳定一批优秀人才，建设一批高水平国家研究基地，从而增加我国原始性创新能力

续表

发布时间	计划及人才战略名称	计划要点
1998 年	教育部 "长江学者奖励计划"	面向国家重大战略需求和国际科学与技术前沿，积极承担国家重大科研项目，在本学科领域开展原创性研究和关键共性技术研究，力争取得重大标志性成果
	教育部 "985 工程"	实现学科建设新的突破、培养拔尖创新人才、引进和造就学术领军人物和创新团队、提升自主创新和社会服务能力、开展高水平国际交流与合作等
2004 年	教育部 "长江学者与创新团队发展计划"	主要从事以探索未知世界、认识自然现象、揭示客观规律为目的的开创性、探索性研究；对经济增长、社会进步和国家安全有重要战略意义的基础性、前瞻性研究；自然科学与社会科学交叉的前沿研究；有明确的技术路线、能产生重大经济或社会效益的关键技术创新和集成创新
2006 年	国务院 《国家中长期科学和技术发展规划纲要（2006—2020 年）》	财政科技投入重点支持基础研究、社会公益研究和前沿技术研究。在基础研究、高技术研究、社会公益研究等若干关系国家竞争力和安全的战略科技领域，着力培养造就一批创新能力强的高水平学科带头人，形成具有中国特色的优秀创新人才群体和创新团队
	教育部、国家外国专家局 "高等学校学科创新引智计划" （又称"111 计划"）	该计划以建设学科创新引智基地为手段，促进引进海外人才与国内科研骨干的融合并开展高水平的合作研究和学术交流，在高等学校汇聚一批世界一流人才，提升高等学校的科技创新能力和综合竞争实力
	科技部 《国家"十一五"基础研究发展规划》	"十一五"期间，我国基础研究发展的总体目标是：完善学科布局，培育和支持新兴交叉学科，促进学科全面协调发展；在若干科学前沿领域实现重点突破，解决一批国家经济社会发展中的关键科学问题；加强国家研究实验基地建设，发展和完善科技基础性工作支撑体系；建设一支高水平的基础研究队伍，造就一批具有世界影响力的科学家和研究团队
2011 年	中共中央、国务院 《国家中长期人才发展规划纲要（2010—2020 年）》	到 2020 年，我国科技人才发展的主要目标是：建设一支规模宏大、素质优良、结构合理、富有活力的创新型科技人才队伍，合理提高人力成本在研发经费中的比例，确立科技人才国际竞争优势，为实现我国进入创新型国家行列和全面建设小康社会的目标提供科技人才支撑
	科技部等 "创新人才推进计划实施方案"	培养和造就一批具有世界水平的科学家、高水平的科技领军人才和工程师、优秀创新团队和创业人才，加强高层次创新型科技人才队伍建设，引领和带动各类科技人才的发展，为提高自主创新能力、建设创新型国家提供有力的人才支撑
2012 年	科技部、国家自然科学基金委员会 《国家基础研究发展"十二五"专项规划》	制度上，完善知识创新体系建设；政策上，提供优良的科研环境；物质上，加大基础设施建设。通过"软""硬"环境的双重改善，力图提升我国的原始创新能力，以期提升基础研究的整体水平至世界前列

续表

发布时间	计划及人才战略名称	计划要点
2012年	国家自然科学基金委员会《优秀青年科学基金项目》	促进创新型青年人才的快速成长，主要支持具备5~10年的科研经历并取得一定科研成就的青年科学技术人员，在科研第一线锐意进取、开拓创新，自主选择研究方向开展基础研究
	中国共产党中央委员会组织部、人力社会和资源保障部等11部门 国家高层次人才特殊支持计划（又称"万人计划"）	从2012年起，用10年左右时间，有计划、有重点地遴选支持一批自然科学、工程技术和哲学社会科学领域的杰出人才、领军人才和青年拔尖人才。其中领军人才由科技创新领军人才、科技创业领军人才、哲学社会科学领军人才、教学名师、百千万工程领军人才构成
2013年	人力社会和资源保障部等《国家百千万人才工程实施方案》	从2012年起，用10年左右时间，有计划、有重点的选拔培养4000名左右"工程"国家级人选，重点选拔培养瞄准世界科技前沿，能引领和支撑国家重大科技、关键领域实现跨越式发展的高层次中青年领军人才
2017年	科技部、教育部、中国科学院、国家自然科学基金委员会《"十三五"国家基础研究专项规划》	总体目标：基础研究原始创新能力和国际竞争力显著提升，重要领域方向跻身世界先进行列，整体水平由并跑和领跑为主转变，支撑引领创新驱动发展源头供给能力显著增强，为我国到2020年进入创新型国家行列奠定坚实的基础
2018年	国务院《关于全面加强基础科学研究的若干意见》	发展目标之一：到本世纪中叶，把我国建设成为世界主要科学中心和创新高地，涌现出一批重大原创性科学成果和国际顶尖水平的科学大师，为建成富强民主文明和谐美丽的社会主义现代化强国和世界科技强国提供强大的科学支撑
	科技部、财政部《关于加强国家重点实验室建设发展的若干意见》	发展目标之一：到2025年，国家重点实验室体系全面建成，科研水平和国际影响力大幅跃升。若干实验室成为世界最重要的科学中心和高水平创新高地，引领基础科学研究发展，持续产出对世界科技发展有重大影响的原创成果，集聚一批具有国际水平的战略科技人才和团队，在相关领域成为解决世界重大科学技术问题的核心创新力量，引领带动经济社会发展的作用不断增强，为建成社会主义现代化国家提供有力支撑
2021年	中华人民共和国中央人民政府《中华人民共和国国民经济和社会发展第十四个五年规划和2035年远景目标纲要》	持之以恒加强基础研究 制定实施基础研究十年行动方案，重点布局一批基础学科研究中心；加大基础研究财政投入力度、优化支出结构……基础研究经费投入占研发经费投入比重提高到8%以上；建立健全符合科学规律的评价体系和激励机制，对基础研究探索实行长周期评价，创造有利于基础研究的良好科研生态

在基础研究人才培养上，我国政府不断提高高层次人才的支持力度，先后设立"百人计划""长江学者奖励计划""创新人才推进计划"等一系列专项人才计划，及时推出适合新形势的人才发展战略。一批有能力参与国际科学前沿合作与竞争的高层次人才和优秀研究队伍正在不断涌现，基础研究人才队伍正在不断壮大。同时，逐步启动的"211工程""985工程"等，为基础研究人才提供了良好的发展条件，提高了高校开展学科前沿和重大科研项目的能力，教育部不断扩增的重点实验室也为各类人才提供了重要的发展平台与空间。

7.3.2 基础研究经费投入情况

1. 投入规模分析

研发是一个国家科技活动的基础和核心，与一国的科技发展水平、经济发展程度、社会进步节奏具有密切的关联度，其成果具有创新性、新颖性和技术外溢性。《国务院关于全面加强基础科学研究的若干意见》提出："到2020年，我国基础科学研究的整体水平和国际影响力显著提升，在若干重要领域跻身世界先进行列"，在此背景下，我国基础研究经费总量呈现指数型增长趋势，从1995年的18亿元增长到2018年1118亿元[①]，增长约61倍，增速显著高于美、英、德、法、日等国家。但由于基础研究需要长期的积累，而我国基础研究起步较晚，总体上基础研究投入仍然不足。同时，对1995~2018年基础研究的年增长率进行计算后发现，该阶段增长率处于较强的波动状态，1998年为5.5%，2000年为37.9%，2018年为14.61%，年均增长19.94%，虽然高于GDP的增长率且投入规模在不断扩大，但缺乏一定的稳定性。

2. 投入比重分析

按照活动类型，研发活动主要分为基础研究、应用研究、试验发展三部分，三类研究经费的分配结构可以反映出一个国家研发活动的状况，基础研究代表着知识创新和原创性活动在研发活动中的比重。基础研究费用占研发费用的份额可以反映一个国家研发结构的总体情况。我国研发经费的使用集中在试验发展，1995~2017年，我国基础研究投入占研发的比重长期徘徊在4%~6%，见图7-2。2017年为5.54%，即使考虑到统计口径不同等因素，相对于OECD成员15%~20%的比例，我国基础研究投入占研发投入的比例与发达国家差距明显。当然，一个

---

① 国家统计局，1996年、2019年全国年度统计公报，http://www.stats.gov.cn/tjsj/tjgb/ndtjgb/[2018-06-15]。

国家基础研究经费投入的多少不能简单地就数字上的对比，应囊括一个国家经济的发展水平和经济发展阶段。衡量一国经济发展水平最重要的指标就是人均 GDP，2013～2017 年我国人均 GDP 为 6365 美元、7193 美元、7714 美元、7739 美元、8123 美元、8827 美元，人均水平与 20 世纪 70 年代初的美国及 20 世纪 70 年代末的日本人均水平相当，这个时期美国基础研究经费强度已达到 13%～14%，日本高达 16%～17%。虽然近年来国家主张加大科技投入、重视基础研究发展，但是上述数字进一步证实我国基础研究经费在分配结构上并没有明显的改善。囿于中国特殊的经济发展阶段，基础研究薄弱的短视现象必定有碍于中国科技创新发展速度。

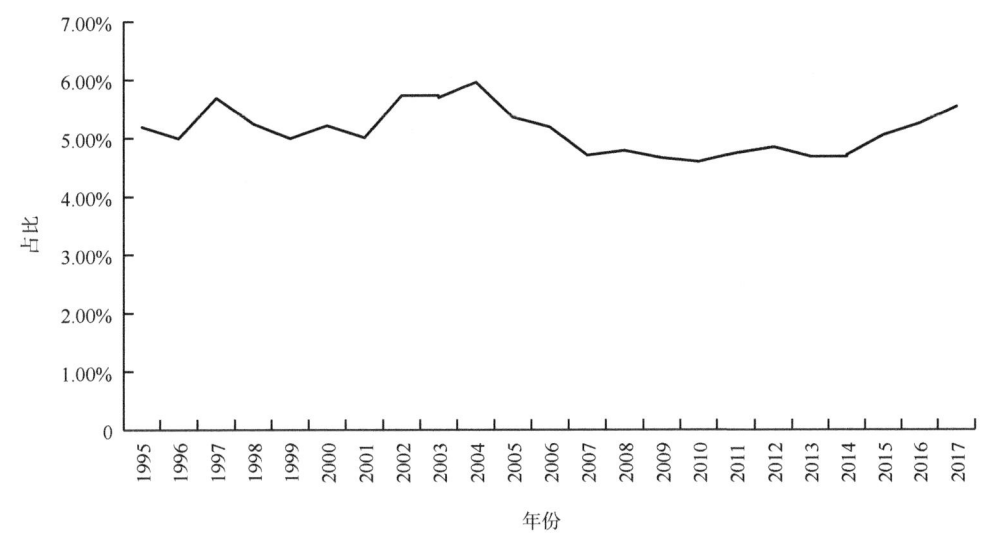

图 7-2　1995～2017 年基础研究投入占比情况

3. 投入强度分析

国际上通常采用基础研究投入强度来分析一国对基础研究的重视程度，即基础研究经费占 GDP 的比重。我国基础研究投入强度呈缓慢上升趋势，1995 年我国基础研究投入强度为 0.03%，2000 年以前低于 0.05%，至 2014 年约提升至 0.10%，到 2017 年时达 0.11%，见图 7-3。创新能力较强的发达国家基础研究经费占 GDP 的比重一般高于 0.40%，而创新能力较弱的国家则一般低于 0.20%。从比例上看，我国处于后者。

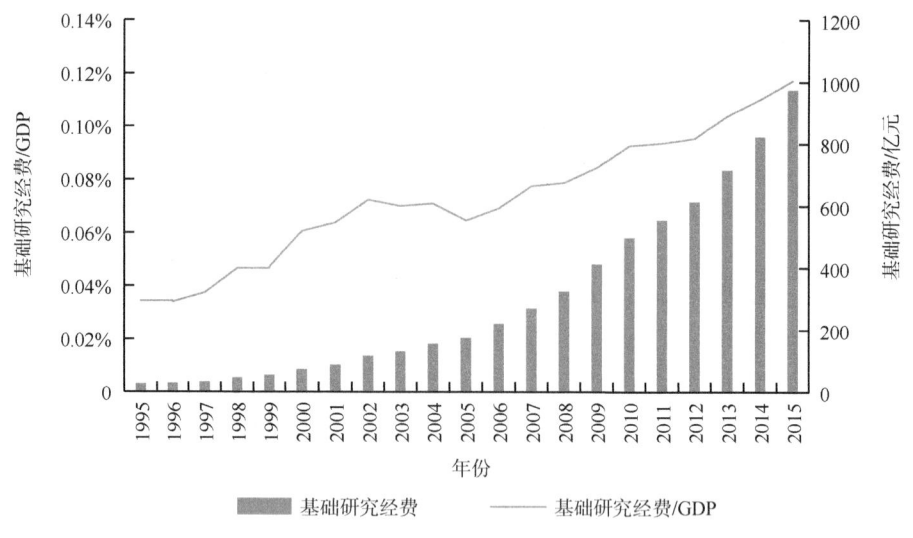

图 7-3　1995～2017 年基础研究经费投入情况

4. 投入渠道分析

财政拨款是基础研究经费的主要来源，中央财政主要通过科技部、中国科学院、教育部、国家自然科学基金委员会等机构对基础研究投入，投入渠道在项目资助的基础上增加了人才、基地建设等多种资助方式，并引入竞争模式。随着国家对基础研究重视程度的加深，我国建立了以资助基础研究为主的国家自然科学基金委员会，启动了国家重点实验室建设计划、973 计划，并在《国家中长期科学和技术发展规划纲要（2006—2020 年）》中确定了 16 个重大科技专项项目，涉及信息、生物等众多领域，同时配合"百人计划""长江学者奖励计划""创新团队发展计划"等多种方式逐步完善基础研究的投入渠道和人才培养方式。

5. 投入主体分析

中央为基础研究的主要投入主体。观察财政部发布的历年国家财政支出决算和科学技术科目下基础研究金额可以发现，2008～2017 年，全国基础研究支出逐步增多，从 190.46 亿元提升至 605.04 亿元，增长约 2 倍，见表 7-4。其中，2011 年中央本级财政提供的平均比例约为 90.32%，地方提供了 9.68%，由此可见，财政投入以中央财政为主，虽然增长率处于波动状态，2011 年达到 22.90%，2016 年落至 3.41%，但依然可以看出在基础研究投入上，中央财政与地方财政存在显著差异的局势。

表 7-4 全国财政基础研究资金构成

年份	全国基础研究决算数/亿元	全国应用研究决算数/亿元	资金来源及构成			
			中央财政/亿元	中央财政投入占比	地方财政/亿元	地方财政投入占比
2008	190.46	707.06	170.15	89.34%	20.31	10.66%
2009	228.63	810.59	208.57	91.23%	20.06	8.77%
2010	265.09	981.63	242.68	91.55%	22.41	8.45%
2011	325.80	1097.94	294.26	90.32%	31.54	9.68%
2012	361.69	1295.47	328.13	90.72%	33.56	9.28%
2013	406.66	1463.93	362.91	89.24%	43.75	10.76%
2014	471.07	1507.44	428.84	91.04%	42.23	8.96%
2015	550.91	1589.43	500.45	90.84%	50.46	9.16%
2016	569.69	1619.55	518.13	90.95%	51.56	9.05%
2017	605.04	1575.66	532.45	88.00%	72.59	12.00%

资料来源：历年《全国一般公共预算支出决算表》、历年《中央本级支出决算表》、历年《地方一般公共预算支出决算表》

企业对基础研究投入少。从表 7-5 中可以看出，我国基础研究经费支出的执行部门主要包括企业、研发机构、高校及其他，在 2009 年我国基础研究经费执行部门中，企业仅占 1.64%，而研发机构和高校执行比高达 94.76%。虽然企业执行比例在 2016 年有所提升，但也仅为 3.17%，相较于美国 2015 年的 26.1%，我国企业对基础研究的支出比重较小，企业得到政府基础研究支持的资金少的后果是企业无法承担基础研究的较高成本，即这样的执行结构不利于激发企业进行基础研究活动的积极性。

表 7-5 基础研究经费执行部门分布情况（单位：亿元）

年份	研发经费内部支出	基础研究	执行部门			
			企业	研发机构	高校	其他
2009	5 802.11	270.29	4.42	110.63	145.51	9.73
2010	7 062.58	324.49	4.33	129.92	179.93	10.32
2011	8 687.01	411.81	7.27	160.15	226.67	17.71
2012	10 298.41	498.81	7.09	197.93	275.65	18.13
2013	11 846.60	554.95	8.61	221.59	307.61	17.14
2014	13 015.63	613.54	10.00	258.85	328.65	16.04
2015	14 169.88	716.12	11.40	295.29	391.03	18.41
2016	15 676.75	822.89	26.08	337.40	432.46	26.95

资料来源：2008～2017 年中国统计年鉴

注：由于来源数据进行过修约，本表数据可能存在误差

6. 投入集中度分析

产业组织理论中常选用产业集中度指数（concentration ratio，CR）来测度产业的集中程度，本章利用该指标来计算基础研究经费投入的集中程度，即选择排名前 n 位省份的基础研究经费占该年总经费的比例进行测算。CR_n 取值越大，表明聚集程度越高，各省份基础研究经费分布越不均衡，反之，则说明聚集程度越低，基础研究经费分布越均衡。从表 7-6 中可以看出，2009～2016 年各省份基础研究经费的 CR_n 值较稳定，表明我国基础研究地域集中度较高，主要集中在：北京、广东、上海、江苏、山东、浙江、四川、天津、安徽、湖北等地。

表 7-6　2009～2016 年我国基础研究经费的地域集中度指数 CR_4、CR_8

CR_n	2009年	2010年	2011年	2012年	2013年	2014年	2015年	2016年	均值
CR_4	0.48	0.51	0.49	0.48	0.49	0.50	0.52	0.52	0.50
CR_8	0.65	0.67	0.66	0.66	0.66	0.68	0.67	0.68	0.67

7.3.3　基础研究人员投入情况

1. 基础研究人员投入

在基础研究人员投入方面，我国基础研究人员数量呈逐年累加的趋势，但是从基础研究人员占研发人员比例上看未发生明显波动（图 7-4）。从绝对量上看，1995 年基础研究人员全时当量 6.66 万人年，到 2016 年达到 27.47 万人年，虽然纵向看基础研究人员数量增加了约 3 倍，基础研究人员投入保持了较快的增长速度，

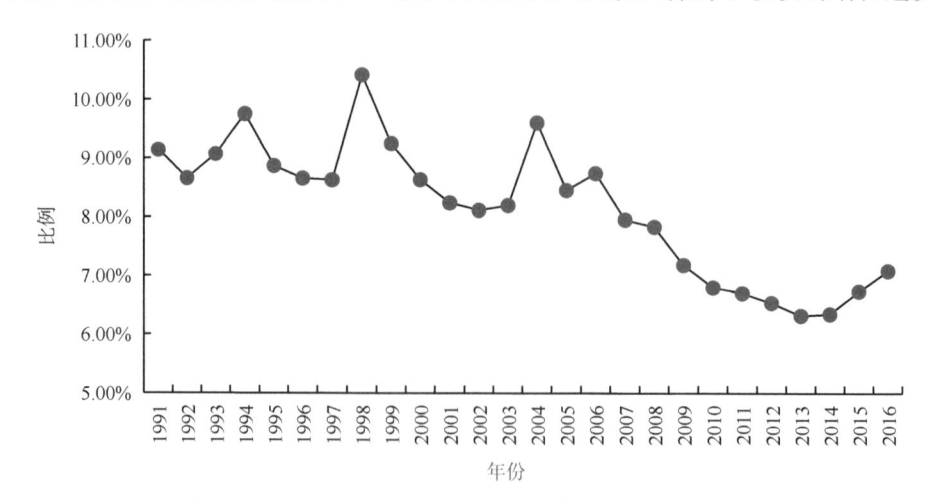

图 7-4　1991～2016 年基础研究人员占研发人员比例变化

财政投入力度稳步增长。从相对规模上看，1991～2016年，基础研究人员数量占研发比重维持在6.32%～10.42%，2004年后呈下降趋势，到2013年时仅占6.32%，成为十余年内的最低值，至2014年才有所回升。

党的十九届五中全会指出"坚持创新在我国现代化建设全局中的核心地位，把科技自立自强作为国家发展的战略支撑"[1]。基础研究是科技创新的源头，而科研人员的数量和质量决定了基础研究成果产出效率，基础研究长期投入不足、增长不稳定必将影响科研人员对于基础研究的投入热情，也将遏制我国整体创新能力的提升。

2. 人员分布主体

2016年我国高校和研发机构的基础研究人员分别占全国基础研究人员的60.80%和30.49%，合计达90%以上，而企业及其他单位仅占8.70%，见表7-7。从数量上看，高校从事基础研究人员数量表现为逐年增加趋势，从1993年的3.70万人年增加到2016年的16.71万人年，增加了351%；高校从事基础研究人员占全国基础研究人员的比例也在不断上升，从1993年的58.47%增加到2016年的60.80%。与此同时，研发机构从事基础研究人员的数量也在增加，从1993年的2.10万人年增加到2016年8.38万人年，增加了299%，但增幅低于高校。从整体上看，研发机构的基础研究人员占全国基础研究人员的比例表现为先下降，至2010年后逐步上升的趋势。

表7-7 我国基础研究人员按执行部门分布

年份	基础研究人员总量/万人年	研发机构 数量/万人年	研发机构 比例	高校 数量/万人年	高校 比例	企业及其他单位 数量/万人年	企业及其他单位 比例
1991	6.13	—	—	—	—	—	—
1992	5.84	2.10	35.98%	—	—	—	—
1993	6.33	2.10	33.19%	3.70	58.47%	0.53	8.34%
1994	7.64	2.30	30.10%	4.70	61.52%	0.64	8.38%
1995	6.66	2.11	31.61%	3.94	59.12%	0.62	9.26%
1996	6.96	2.07	29.71%	4.12	59.22%	0.77	11.07%
1997	7.17	2.21	30.79%	4.34	60.51%	0.62	8.70%
1998	7.87	2.70	34.31%	4.56	57.94%	0.61	7.75%
1999	7.60	2.30	30.26%	4.71	62.02%	0.59	7.71%

---

[1]《中国共产党第十九届中央委员会第五次全体会议公报》，http://cpc.people.com.cn/big5/n1/2020/1029/c64094-31911510.html[2020-10-29]。

续表

年份	基础研究人员总量/万人年	研发机构 数量/万人年	研发机构 比例	高校 数量/万人年	高校 比例	企业及其他单位 数量/万人年	企业及其他单位 比例
2000	7.96	2.50	31.41%	5.10	64.07%	0.36	4.52%
2001	7.88	2.38	30.20%	5.10	64.72%	0.40	5.08%
2002	8.40	2.30	27.38%	5.60	66.67%	0.50	5.95%
2003	8.97	2.57	28.63%	5.82	64.88%	0.58	6.49%
2004	11.07	2.73	24.69%	7.42	66.97%	0.92	8.34%
2005	11.54	2.80	24.26%	7.80	67.59%	0.94	8.15%
2006	13.13	3.20	24.37%	9.00	68.55%	0.93	7.08%
2007	13.81	3.60	26.07%	9.40	68.07%	0.81	5.87%
2008	15.40	3.80	24.68%	10.90	70.80%	0.70	4.52%
2009	16.46	4.10	24.92%	11.27	68.49%	1.09	6.60%
2010	17.37	4.20	24.20%	12.00	69.11%	1.16	6.68%
2011	19.32	5.03	26.04%	12.93	66.94%	1.36	7.03%
2012	21.22	5.70	26.85%	14.04	66.20%	1.48	6.96%
2013	22.32	6.09	27.26%	14.70	65.86%	1.53	6.87%
2014	23.54	6.60	28.04%	15.50	65.85%	1.44	6.12%
2015	25.32	7.12	28.11%	16.42	64.84%	1.78	7.04%
2016	27.47	8.38	30.49%	16.71	60.80%	2.39	8.70%

资料来源：1990~2017年中国科技统计年鉴

注：由于对来源数据进行过修约，本表数据可能存在误差

3. 人才梯度

在促进基础研究人员发展的人才战略支持的背景下，我国基础研究人才队伍结构正在不断优化，逐步形成了老、中、青科研人员构成的人才梯队，其中，青年学术带头人正在不断崛起。截至2018年底，中科院院士共785名，男性占94%，女性占6%，平均年龄为74岁，60岁以下188名，占24%[①]。2017年当选的61名中科院院士中，年龄最小的为46岁，年龄最大的为67岁，平均年龄54岁，其中55岁的有44名，占72%，院士队伍年龄结构正在不断优化中。同时，中青年科研人员逐渐成为我国基础研究的重要力量，2018年国家自然科学基金面上项目负责

---

① 数据来源于中国科学院，院士信息，http://www.cas.cn/ys/ysjs/[2019-06-15]。

人平均年龄为 42.97 岁，其中，45 岁以下的中青年学者占比 66.29%；项目组成员统计中，硕士研究生以上学历占总人数的 57.45%[①]，基础研究队伍正进入良性循环的阶段。

4. 教育投入力度

教育是培养人才发展的重要途径，财政教育投入是提高整个社会科学文化环境、造就科技领军人才和高水平创新团队的关键。随着国家对人才支持力度的加大，我国教育投入总量也快速增长。2007 年我国教育投入总量为 7122.32 亿元，到 2016 年该数额增加值至 28 072.78 亿元，增长 294%，2007~2016 年，教育投入平均增幅 16.46%。从 2007~2016 年全国教育经费占财政总支出比例上看，2009 年为最低点仅占 13.68%，2012 年该比例达 16.87%为近十年中的最高比例，随后有所回落，到 2016 年占比为 14.95%。

7.3.4 基础研究经费支出情况

基础研究具有较强的公共性、高风险、高外溢的特征，它能够带来一国科技水平的提升，是创新得以开展的前提。大部分基础研究经费都来自政府，私人资本性基础研究投入往往具有目的性，大多为了解决产品开发过程中遇到的技术难题。政府的财政支持保证了基础研究得以发展的基础条件和基础设施。政府对于基础研究的支出主要通过预算的方式进行分配，通过具体支出分项体现国家财政基础研究的具体流向。

从表 7-8 中可以看出，在科学技术支出总额不断增加的趋势下，财政基础研究支出的总金额也随之不断上涨。基础研究支出总额从 2010 年的 242.68 亿元到 2018 年 552.64 亿元，增幅近 128%，其占科学技术支出总额的比例表现出波动的趋势，2013 年后始终保持在 15%以上，在 2015 年达到最高比例 20.17%，随后表现出下降的趋势。在其主要支出分项中，自然科学基金占比和增幅均为最大，始终占 40%以上，至 2017 年后，占比开始高于 50%；重点实验室及相关设施支出上升较快，在 2018 年达到最大值 70.78 亿元，相较于 2010 年增幅达到 147%；专项基础科研表现出较稳定的趋势，2016 年的支出规模最大；重大科学工程支出总额相对较小，但支出规模明显增加；只有重点基础研究规划的支出规模在 2017 年后表现出大幅度缩减趋势。

---

① 国家自然科学基金委员会，2018 年度国家自认科学基金资助项目统计，http://www.nsfc.gov.cn/publish/portal0/tab505/[2019-10-20]。

表 7-8 财政基础研究支出总额与主要支出分项（2010~2018 年）

年份	基础研究支出总额/亿元	科学技术支出总额/亿元	基础研究支出占比	主要支出分项/亿元						
				机构运行	重点基础研究规划	自然科学基金	重点实验室及相关设施	重大科学工程	专项基础科研	其他基础研究支出
2010	242.68	1661.30	14.61%	—	40.00	103.78	28.64	—	—	—
2011	294.26	1942.14	15.15%	—	45.00	140.41	25.93	—	—	—
2012	328.13	2210.44	14.84%	—	40.00	150.00	29.65	—	—	—
2013	360.29	2364.68	15.24%	40.95	40.54	161.62	35.29	7.40	25.35	49.14
2014	438.27	2455.26	17.85%	62.82	43.50	194.04	38.58	7.78	33.42	58.13
2015	500.53	2481.38	20.17%	67.68	47.22	222.23	44.82	8.37	34.69	75.52
2016	518.13	2686.11	19.29%	57.75	42.18	248.67	43.03	9.17	42.35	74.98
2017	533.24	2829.61	18.84%	65.73	16.25	267.32	54.43	11.57	39.85	78.09
2018	552.64	3124.95	17.68%	60.31	—	280.44	70.78	14.07	35.74	91.30

资料来源：财政部预算司历年《中央本级支出预算表》

7.4 政府采购政策

政府采购政策是需求拉动型政策工具，它与财政直接投入具有本质的区别。首先，国家机关、事业单位等公共机构通过优先采购权可以为基础研究提供市场，进一步支持基础研究活动的开展。其次，通过政府采购政策可以形成市场需求空间，以需求作为导向，进而刺激企业在基础研究领域的关注和投入。总体而言，政府采购资金属于财政性的公共资金，体现了政府的政策导向，通过采购行为拉动市场需求，分担基础研究主体的风险成本，最终实现通过政策手段推动实现国家基础研究发展的目的。

随着 1999 年财政部颁布的《政府采购管理暂行办法》，我国的政府采购制度随之建立。2002 年 6 月，我国《政府采购法》正式通过会议表决，规定该法自 2003 年起正式施行，从而正式从法律层面确立了政府采购制度的形成。《国家中长期科学和技术发展规划纲要（2006—2020 年）》把政府采购作为提高自主创新能力、实现国民经济增长方式转变的重要政策手段，并随后发布了配套政策实施细则，其中对支持自主创新产品进行了明确的规定，具体见表 7-9。近年来，我国政府采购规模不断扩大，2017 年，政府采购规模达 32 114.3 亿元，占全国财政支出和 GDP 的比重分别为 12.2%和 3.9%，随着政府采购规模和范围的不断扩大，政府采购在促进基础研究发展上发挥越加重要的地位。同时需要注意的是，在具体实践中，我国政府采购政策的落实机制仍不健全，政府采购的政策功能未能得到充分发挥。2017年8月，由中国科学技术发展战略研究院发布的《国家创新指数报告2016—2017》中的"创新环境"项目下"政府采购对技术创新影响"排在第6位，排名出现下滑，较2016年下降2位。

表7-9 我国支持基础研究（创新）的政府采购主要政策文件

文件名称	文件编号	政策要点
《国务院关于印发实施〈国家中长期科学和技术发展规划纲要（2006—2020年）〉若干配套政策的通知》	国发〔2006〕6号	建立财政性资金采购自主创新产品制度；加强预算控制，优先安排自主创新项目；改进政府采购评审方法，给予自主创新产品优先待遇
《财政部关于印发〈自主创新产品政府采购预算管理办法〉的通知》	财库〔2007〕29号	采购人在政府采购活动中，应当优先购买自主创新产品
《财政部关于印发〈自主创新产品政府采购合同管理办法〉的通知》	财库〔2007〕31号	政府采购合同签订和履行应当有利于促进自主创新，提高自主创新产品的竞争力
《财政部关于印发〈自主创新产品政府采购评审办法〉的通知》	财库〔2007〕30号	采购人采购的产品属于目录中品目的，采用邀请招标方式采购的，应当优先邀请符合相应资格条件的自主创新产品供应商参加投标；采用竞争性谈判和询价方式采购的，应当优先确定自主创新产品供应商参加谈判、询价
《财政部关于印发〈自主创新产品政府首购和订购管理办法〉的通知》	财库〔2007〕120号	属于自主创新产品的，应当按照自主创新产品政府采购政策执行
《财政部关于印发〈政府采购进口产品管理办法〉的通知》	财库〔2007〕119号	采购人采购进口产品时，应当坚持有利于本国企业自主创新或消化吸收核心技术的原则，优先购买向我方转让技术、提供培训服务及其他补偿贸易措施的产品
《国务院办公厅转发发展改革委等部门关于促进自主创新成果产业化若干政策的通知》	国办发〔2008〕128号	财政部门要进一步落实政府采购自主创新产品的各项制度
《国务院关于印发"十二五"国家自主创新能力建设规划的通知》	国发〔2013〕4号	依托产业创新资源聚集区……支持商业模式创新，探索政府采购支持新方式，发展产业链完善、创新能力强、特色鲜明的创新集群
《国务院印发关于深化中央财政科技计划（专项、基金等）管理改革方案的通知》	国发〔2014〕64号	政府要通过间接措施加大支持力度，落实和完善税收优惠、政府采购等支持科技创新的普惠性政策，激励企业加大自身的科技投入；将科技创新活动政府采购纳入科技计划，积极利用首购、订购等政府采购政策扶持科技创新产品的推广应用

续表

文件名称	文件编号	政策要点
《国务院关于大力推进大众创业万众创新若干政策措施的意见》	国发〔2015〕32号	发挥政府采购支持作用。完善促进中小企业发展的政府采购政策，加强对采购单位的政策指导和监督检查。加大对创新产品和服务的采购力度，把政府采购与支持创业发展紧密结合起来
《国务院关于印发上海系统推进全面创新改革试验加快建设具有全球影响力科技创新中心方案的通知》	国发〔2016〕23号	完善政府采购促进中小企业创新发展的相关措施，加大对创新产品和服务的采购力度，促进创新产品研发和规模化应用
《国务院关于印发"十三五"国家科技创新规划的通知》	国发〔2016〕43号	完善和落实政府采购扶持中小企业发展的相关法规政策
《国务院关于强化实施创新驱动发展战略进一步推进大众创业万众创新深入发展的意见》	国发〔2017〕37号	完善财政、金融、保险等支持政策，明确相关招标采购要求，建立示范应用激励和保障机制，营造良好的政策和市场环境
《国务院关于推动创新创业高质量发展 打造"双创"升级版的意见》	国发〔2018〕32号	完善创新创业产品和服务政府采购等政策措施。完善支持创新和中小企业的政府采购政策

7.5 税收优惠政策

政府的税收政策可以有效解决研发活动外溢性引发的正外部性（彭羽，2016）。为了促进基础研究活动的进一步发展，我国出台了一系列支持基础研究活动的税收政策，鼓励企业开展基础研究活动，涵盖了人才培养、科技研发过程、科技成果转化等多个阶段。现对我国支持基础研究活动的税收政策进行梳理。

1. 支持人才培养的税收政策

教育费附加。为了多渠道筹集教育经费，加快发展地方教育事业，国务院于1986年4月28日发布《征收教育费附加的暂行规定》。经过不断修订后，规定对纳税人所缴纳增值税和消费税税额的3%征收教育费附加、2%征收地方教育费附加。

职工教育经费。职工教育经费是企业按照工资总额的一定比例提取用于职工教育事业的一项费用，目的在于为职工提供学习先进技术和提高文化水平的机会。我国《关于企业职工教育经费税前扣除政策的通知》（财税〔2018〕51号）

规定,"企业发生的职工教育经费支出,不超过工资薪金总额8%的部分,准予在计算企业所得税应纳税所得额时扣除;超过部分,准予在以后纳税年度结转扣除"。

公益性捐赠。为鼓励社会对科学、教育领域的支持,对于企业所发生的用于慈善或者公益事业的支出部分准予在计算企业所得税前扣除,扣除标准为年度利润总额的12%,超过部分可在以后年度进行扣除,最长不能超过三年。个人捐赠支出不超过应税所得30%的部分可以税前扣除。

在其他税种中也体现出对科学发展的支持,如对非营利教育(从事学历教育的学校提供的教育服务等)、科研机构提供的培训、教育服务免征增值税,同时,其使用的房产、土地免征契税、房产税和城镇土地使用税等。

2. 支持企业科技创新的税收政策

研发费用加计扣除。《关于完善研究开发费用税前加计扣除政策的通知》(财税〔2015〕119号)中提到,研发费用主要是"企业为获得科学与技术新知识,创造性运用科学技术新知识,或实质性改进技术、产品(服务)、工艺而持续进行的具有明确目标的系统性活动"所发生的一系列支出。《中华人民共和国企业所得税法实施条例》中对具体扣除标准进行了明确的规定,"企业为开发新技术、新产品、新工艺发生的研究开发费用,未形成无形资产计入当期损益的,在按照规定据实扣除的基础上,按照研究开发费用的50%加计扣除;形成无形资产的,按照无形资产成本的150%摊销"。同时,对于企业委托境外机构进行研发所发生的费用也可以按照一定的标准进行扣除。2018年,为进一步激励企业加大研发投入,为企业减税降负,我国再次加大了研发费用的扣除标准,自2018年初至2020年末期间发生的费用,可按照实际发生额的75%在税前加计扣除。

加速折旧政策。为进一步提高企业对设备投资、更新改造、资金周转及科技创新的积极性,对于集成电路生产企业、产品更新换代较快的企业均可以采取加速折旧政策。《关于进一步鼓励软件产业和集成电路产业发展企业所得税政策的通知》(财税〔2012〕27号)提出,"为进一步推动科技创新和产业结构升级,促进信息技术产业发展,现将鼓励软件产业和集成电路产业发展的企业所得税政策通知如下:一、集成电路线宽小于0.8微米(含)的集成电路生产企业,经认定后,在2017年12月31日前自获利年度起计算优惠期,第一年至第二年免征企业所得税,第三年至第五年按照25%的法定税率减半征收企业所得税,并享受至期满为止"。

创业投资优惠政策。为进一步支持创业投资发展,2018年财政部发布的通知中进一步提出公司制创业投资企业一旦采取股权投资的方式投资种子期、初创科技型的企业超过两年以后,均可以按照投资额的70%在股权持有满2年的当年抵扣该公司制创业投资企业的应纳税所得额。

3. 其他支持基础研发的税收政策

流转税方面，直接用于科学研究、科学试验和教学的进口仪器、设备可以免征增值税和关税；为支持企业加强自主创新能力建设，对符合国家规定条件的企业技术中心、国家工程（技术研究）中心等，进口规定范围内的科学研究和技术开发用品，免征进口关税和进口环节增值税；对承担国家重大科技专项、国家科技计划重点项目、国家重大技术装备研究开发项目和重大引进技术消化吸收再创新项目的企业进口国内不能生产的关键设备、原材料及零部件免征进口关税和进口环节增值税。所得税方面，《国家中长期科学和技术发展规划纲要（2006—2020年）》若干配套政策的通知提出，完善促进高新技术企业发展的税收政策，国家高新技术产业开发区内新创办的高新技术企业经严格认定后，自获利年度起两年内免征所得税，两年后减按15%的税率征收企业所得税；完善促进转制科研机构发展的税收政策，对整体或部分企业化转制科研机构免征企业所得税，科研开发自用土地、房产的城镇土地使用税、房产税的政策到期后，根据实际需要加以完善，以增强其自主创新能力；支持创业风险投资企业的发展，对主要投资于中小高新技术企业的创业风险投资企业，实行投资收益税收减免或投资额按比例抵扣应纳税所得额等税收优惠政策。科研机构、高校转化职务科技成果以股份或出资比例等股权形式给予科技人员奖励，暂不征收个人所得税。

第8章 支持基础研究的财税政策的实证分析

财政部门作为国家重要的宏观调控职能部门，在促进基础研究发展过程中具有重要作用。财政主要通过两个途径作用于基础研究，一是影响基础研究投入的效率与效果；二是影响基础研究人才的成长。随着国际科技竞争日益加剧，作为推动科技进步重要动力的基础研究在各国的地位也逐步提升，与这一趋势相适应我国基础研究投入强度、人才引进与培养力度也逐步提高。本章将以财政投入基础研究效率、财政支持基础研究人才成长路径为切入点，通过指标体系的构建、面板数据的整理，基于多元回归分析方法，尝试评估财政投入基础研究效率，揭示财政投入基础研究效率的影响因素和财政支持基础研究人才成长的有效方式。

8.1 财政投入基础研究的效率分析

基础研究是科技创新的基石，是创造一国核心竞争力的重要支撑点，而基础研究活动是一项长期且复杂的发展过程，加强基础研究不仅要关注基础研究投入强度能否加强，还要关注财政投入基础研究效率能否提升。因此，在我国不断加大对基础研究重视的背景下，分析基础研究投入产出效率变化，对比地区间基础研究综合技术效率差距，进一步测算与效率相关的影响因素及影响程度，可以发现现行政策体系下，财政政策的不足，为后续优化财政促进基础研究发展的政策选择提供思路。

8.1.1 DEA 原理与 Malmquist 指数

随着政府对基础研究投入经费的不断增加，政府与公众对其效率的关注度也随之增加。DEA 方法主要用于效率分析及评估等方面的研究，同时也应用在资源利用、个体竞争力、产出质量等方面。鉴于此，本章选择适当的评价指标利用传统 DEA 方法对基础研究投入产出效率及其动态变化进行测度分析，通过 Malmquist 指数方法系统研究我国基础研究全要素生产率变动情况，揭示我国财政投入基础研究效率的整体变动趋势，以期通过较为科学的核算方式为我国基础研究政策的制定、结构调整等方面提供决策参考依据。

1. DEA 模型

本章的主要内容之一是对基础研究投入效率进行测算，而测算效率最常用的方法就是 DEA 模型。DEA 模型是一种基于被评价对象间相对比较的非参数技术效率分析方法，最早于 1978 年由 Charnes、Cooper、Rhodes 三人提出。DEA 模型在效率评估方面被广泛应用主要源于它的两个优势：第一，DEA 模型测算的是相对效率，它可以通过产出与投入的比值在决策单元间构建出最优生产前沿面，用偏离生产前沿面的程度来反映各决策单元的相对效率，不再需要确定投入产出之间明确的函数关系；第二，在权重的估计上，DEA 模型可以通过构建的投入产出模型，经由软件自行计算并显示结果，可以避免人为确定权重附带的主观意识。而基础研究的投入与产出间并不存在固定的函数关系，且难以将全部产出成果进行量化进而构造函数方程，而利用 DEA 模型则可以避免此类问题的约束，通过最优化过程确定投入产出变量的权重，同时对决策单元的数量没有限制，分析的结果客观且具有经济意义。

DEA 模型分为规模报酬不变的 CCR-DEA 模型和规模报酬可变的 BCC-DEA 模型。CCR-DEA 模型事先假定规模报酬不变，在获得生产前沿面后，计算出各决策单元的相对效率，由于各决策单元在生产过程中必然会出现效率损失，即无法实现最优生产规模，因此 CCR-DEA 模型的假设难以实现。随后，CCR-DEA 模型进一步发展成 BCC-DEA 模型，在前提条件上允许规模报酬发生变化。进一步按照研究角度的分类，DEA 方法包括投入导向型和产出导向型两种类别，前者强调模型在给定产出水平的情况下，投入最小化；后者主要指在投入水平不变的前提下，产出最大化。

本节将每一个省份看作一个生产决策单元，选择产出导向型的 BCC-DEA 模型，它将综合技术效率分解成规模效率和纯技术效率。规模效率是在当前制度管理模式下，研究当前规模与最优规模间差距，在对非有效生产程度进行测度的基础上反映投入产出间的配置程度；纯技术效率为当前技术水平下对投入要素的效率测度。

DEA 基本模型：假设有 n 个决策单元 DMU_j，每个决策单元由 k 种输入、m 种输出构成，在评价系统内部，$x_{ij} = (x_{1j}, x_{2j}, \cdots, x_{kj})^T$ $(i=1,2,\cdots,k)$ 表示决策单元 j 的第 i 个输入指标；$y_{rj} = (y_{1j}, y_{2j}, \cdots, y_{mj})^T$ $(r=1,2,\cdots,m)$ 表示决策单元 j 的第 r 个输出指标；$v_i = (v_1, v_2, \cdots, v_k)^T$ 表示输入权重系数向量；$u_i = (u_1, u_2, \cdots, u_m)^T$ 表示输出权重系数向量。

对于被评价单元 DMU_j，定义的相对效率指标为式（8-1）：

$$h_j = \frac{\sum_{r=1}^{m} u_r y_{rj}}{\sum_{r=1}^{k} v_i y_{ij}}, \quad j = 1, 2, \cdots, n \tag{8-1}$$

当规模报酬可变时，DMU₀ 对应的效率评价指数 θ 满足式（8-2）：

$$\begin{cases} \min \theta \\ \text{s.t.} \sum_{J} x_j \lambda_j \leq \theta x_0 \\ \quad \sum_{J} y_j \lambda_j \geq y_0 \\ \quad \sum_{J} \lambda_j = 1 \\ \quad \lambda_j \geq 0, \ j = 1, 2, \cdots, n \end{cases} \tag{8-2}$$

$0 \leq \theta \leq 1$，当 $\theta = 1$ 时，该被评价单元是有效的，位于前沿面上，体现技术有效状态；当 $0 < \theta < 1$，该评价单元是低效的，说明存在投入产出的调整空间；当 $\theta = 0$ 时，该评价单元是无效的。λ 表示各省区市份投入和产出的权向量。通过上述公式可计算出各省区市基础研究的综合效率、纯技术效率和规模效率。

2. Malmquist 指数分析

效率代表的是一种状态，它既包括同一时间维度下各生产单元的效率变化，也包括不同时间维度下，同一生产单元的动态效率变化。在不同时间维度下，生产前沿面也会发生变化，这种变化可能来自技术进步所带来的生产可能性边界的移动，也可能是来自效率的改善或下降导致的投入产出的增减变动，Malmquist 指数是建立在 DEA 模型基础上的非参数技术效率分析方法，它能够对这两种动态变化进行全面的测度，通常用来考察全要素生产率增长变动情况。Malmquist 指数模型可以对面板数据进行分析，反映决策单元的动态效率变动趋势，弥补静态 DEA 模型无法对连续时间序列进行分析的缺陷。采用 DEA-Malmquist 生产率指数法，可以对跨期的效率变化进行分析，通过测算全要素生产率的变化情况对我国基础研究投入效率进行全面度量评价。同时，通过全要素生产率的分解可以发现其变动的内在机理。

DEA-Malmquist 生产率指数的数学表达公式如下：

$$\text{TFPCH} = M_i(x_{t+1}, y_{t+1}, x_t, y_t) = \sqrt{\frac{d_i^t(x_t, y_t) d_i^{t+1}(x_t, y_t)}{d_i^t(x_{t+1}, y_{t+1}) d_i^{t+1}(x_{t+1}, y_{t+1})}} \tag{8-3}$$

其中，$d_i^t(x_t, y_t)$ 和 $d_i^t(x_{t+1}, y_{t+1})$ 分别表示第 t 期和第 $t+1$ 期技术前沿面下的距离函数，x、y 表示投入与产出。当 TFPCH>1 时，表示全要素生产率得到改善；若

TFPCH<1，则表示全要素生产率处于下降趋势。

Malmquist 指数可分解为技术进步（TECHCH）和技术效率（EFFCH）两部分。EFFCH 又可以进一步分解为纯技术效率（PECH）和规模效率（SECH），分解公式可表示为式（8-4）：

$$\text{TFPCH} = \text{TECHCH} \times \text{EFFCH} = \text{TECHCH} \times \text{PECH} \times \text{SECH} \quad (8\text{-}4)$$

TECHCH 表示技术进步，它测度每个决策单元从 t 期到 $t+1$ 期距生产前沿面的变动情况，TECHCH>1 表示技术进步，反之退步。EFFCH 表示被评价单元实际产出与最大产出间的比，它测度每个决策单元从 t 期到 $t+1$ 期距生产前沿面的提升情况，体现在一定投入情况下，获得最大产出的能力，EFFCH>1 则表示技术效率有所改善，反之下降。本章中，SECH 具体指各省区市基础研究投入的规模、政府相关经费及人员的投入是否处于最优规模，SECH>1 表示规模效率优化，反之恶化；PECH 则表示各省区市基础研究投入机制、方式及结构的合理性，PECH>1，代表技术运用程度上升，反之下降。

8.1.2 指标选取与数据来源

实证分析采用全国 30 个省区市（西藏数据缺失，未包含西藏、香港、澳门和台湾地区数据）的基础研究投入产出数据进行模型分析，将 30 个省区市设置成 DEA 模型中的 30 个决策单元，由于 2009 年以前我国并未对高校的基础研究人员进行统计，因此样本的时间跨度选定为 2009~2016 年。由于我国基础研究按照执行部门划分主要由企业、研发机构、高校三大主体构成。进一步从数据上分析发现，2010~2016 年，在我国基础研究经费支出中，企业平均占 1.78%，研发机构占 40.42%，高校占 54.56%。由此可见，近年来我国高校和研发机构成为基础研究经费的主要执行主体，总占比为 94% 以上。而且中国科技统计年鉴中企业内部研发经费未按照基础研究、应用研究、试验与发展进行具体分类，因此本章选择以高校和研发机构为主要研究主体，对其投入、产出进行分析。研究的数据主要来自中国科学技术信息研究所发布的历年中国科技论文统计结果、中国科技统计年鉴、中国统计年鉴、中经网统计数据库、国家自然科学基金委员会历年发布的国家自然科学基金资助项目统计等。

由于基础研究是一项长期活动，其活动往往伴随着产出效益公众性、滞后性和不确定性，我国目前并没有建立一套比较完整的评价体系，各部门往往通过对单独项目的绩效评估侧面反映总体效率情况，如 2011 年国家自然科学基金委员会和财政部联合委托第三方进行的综合性科技绩效评估——科学基金资助与管理绩效国际评估、国家自然科学基金委员会开展的面上项目评价工作等。本章主要采用国家统计局 2010 年 11 月发布的《第二次全国科学研究与试验发展（R&D）资源清查主要数据公报(第四号)》所采用的统计指标并结合学者提出的高频投入产出变量,最终确定本章的投入产出指标,表 8-1 给出了涉及基础研究投入与产出的具体指标构成。表 8-2 给出了基础研究投入产出指标的描述性统计分析。

表 8-1 基础研究投入产出效率指标

指标类型	类别	具体指标构成	指标单位
投入指标	人力资本投入	基础研究人员全时当量	人年
	财力资本投入	基础研究经费内部支出	万元
产出指标	基础研究活动成果	科技论文数量	篇
		出版科技著作	种
		国家自然科学基金项目数	个
		有效发明专利	件

注:专利的统计上仅包含发明这一类,并未包含实用新型和外观设计两类,因发明类更能体现出基础研究的成果,后两种归属应用研究的成果范畴

表 8-2 各变量的描述性统计

变量	样本数	平均值	标准差	最小值	最大值
基础研究人员全时当量	240	6 657.04	6 433.95	377.80	43 654.77
基础研究经费内部支出	240	165 535.80	261 605.90	3 039.53	2 011 596
科技论文数量	240	43 050.71	33 688.67	2 521	176 046
出版科技著作	240	1 492.26	1 405.34	58	8 350
国家自然科学基金项目数	240	940.78	1 147.63	3	5 888
有效发明专利	240	6 809.78	9 792.30	47	75 655

8.1.3 实证研究

确立指标后,对相关数据进行筛选、处理,并代入 DEA2.1 中进行测算,结合我国目前基础研究成果较少的现状,基础研究活动面临的问题是如何在当前投入程度的基础上提高产出水平,因此选择 DEA 模型中产出导向下规模报酬可变的 DEA-BCC 模型,构建基础研究投入产出最佳前沿面,通过动态和静态测度视角对我国基础研究投入产出效率进行分析。

1. 省际财政基础研究投入产出效率现状分析

根据 DEA 方法分析,效率数值 0 为无效率,1 为最佳效率。通过上述投入产出综合指标,分别计算出综合效率、技术效率和规模效率,并将 2009~2016 年 30 个省区市财政投入基础研究效率分析结果在表 8-3 中列示。

表 8-3 2009～2016 年 30 个省区市财政投入基础研究效率分析结果

地区	省区市	2009 年	2010 年	2011 年	2012 年	2013 年	2014 年	2015 年	2016 年	平均
东部地区	北京	0.79	0.66	0.71	0.65	0.72	0.70	0.72	0.65	0.70
	天津	0.71	0.61	0.64	0.65	0.63	0.65	0.69	0.79	0.67
	河北	0.61	0.54	0.60	0.76	0.70	0.83	0.74	0.97	0.72
	上海	0.80	0.74	0.82	0.74	0.83	0.71	0.66	0.74	0.75
	江苏	1.00	1.00	1.00	1.00	1.00	1.00	1.00	1.00	1.00
	浙江	1.00	1.00	1.00	1.00	1.00	1.00	1.00	1.00	1.00
	福建	0.83	0.83	1.00	1.00	1.00	0.96	0.83	0.83	0.91
	山东	0.55	0.61	0.56	0.58	0.59	0.69	0.67	0.61	0.61
	广东	0.78	0.72	0.68	0.69	0.71	0.62	0.55	0.70	0.68
	海南	0.62	0.79	0.58	0.65	1.00	1.00	1.00	0.42	0.76
中部地区	山西	0.58	0.69	0.73	0.80	0.67	0.65	0.51	0.53	0.64
	安徽	0.50	0.49	0.45	0.44	0.51	0.48	0.43	0.44	0.47
	江西	0.51	0.59	0.85	1.00	1.00	0.92	0.72	0.98	0.82
	河南	1.00	1.00	1.00	1.00	1.00	1.00	1.00	1.00	1.00
	湖北	1.00	1.00	1.00	0.93	0.99	1.00	1.00	1.00	0.99
	湖南	0.68	0.83	0.93	1.00	1.00	0.91	1.00	1.00	0.92
西部地区	内蒙古	0.53	0.72	0.85	0.99	0.68	1.00	1.00	1.00	0.85
	广西	0.56	0.49	0.60	0.57	0.83	0.56	0.40	0.46	0.56
	重庆	0.79	0.68	0.66	0.75	1.00	1.00	0.96	0.86	0.84
	四川	0.44	0.44	0.44	0.50	0.52	0.47	0.58	0.68	0.51
	贵州	0.41	0.39	0.43	0.49	0.48	0.43	0.39	0.46	0.43
	云南	0.36	0.37	0.45	0.55	0.52	0.49	0.35	0.39	0.43
	陕西	0.94	0.92	0.89	0.88	1.00	1.00	1.00	1.00	0.95
	甘肃	0.56	0.58	0.53	0.56	0.48	0.47	0.40	0.44	0.50
	青海	0.36	0.28	0.31	0.60	0.36	0.30	0.32	0.38	0.36
	宁夏	0.74	0.96	0.76	1.00	0.87	0.78	0.62	0.53	0.78
	新疆	0.66	0.59	0.65	0.65	0.81	0.72	0.65	0.53	0.66
东北地区	吉林	0.41	0.65	0.50	0.54	0.70	0.53	0.60	0.68	0.58
	辽宁	0.94	1.00	0.86	0.84	0.90	0.69	0.56	0.66	0.81
	黑龙江	0.44	0.54	0.57	0.53	0.65	0.92	0.58	0.79	0.63
	平均	0.67	0.69	0.70	0.74	0.77	0.75	0.70	0.72	0.72

从表 8-3 可以看出，2009～2016 年我国基础研究效率的平均值为 0.72，距离有效状态还存在一定的差距。从整体上看，我国财政基础研究总投入未得到有效使用，存在资源浪费的情况。分省区市来看，2009～2016 年综合效率变动规律如下。第一，江苏、浙江、河南三省综合效率最优，在 2009～2016 年均处于前沿面上，达到有效状态。其余省区市均出现不同效率的变动趋势，其中，湖北、湖南、陕西、福建平均综合技术效率均在 0.90 以上，接近有效状态；而北京、天津、黑龙江、安徽、广东等 15 个省区市综合效率平均值低于 0.70（含 0.70）。第二，从表 8-3 可以看出，2009～2011 年，处于前沿面上的省区市数量分别为 4 个、5 个、5 个，自 2012 年起，每年综合效率值处于前沿面上的省区市均超过 7 个（含 7 个），呈现渐好的趋势。第三，省区市间综合效率存在一定的差异。江西、内蒙古的综合效率值呈现较大的变动趋势，分别从 0.51 提高至 0.98、0.53 提高至 1.00；辽宁、宁夏则出现相反的变动趋势，分别从 0.94 降至 0.66、0.74 降至 0.53；山西、安徽、福建、贵州、甘肃则表现出较为平稳的波动状态，具有一定的提升空间。第四，按照地区的差异性来看，东部地区（0.78）、中部地区（0.81）整体的效率值优于西部地区（0.62）及东北地区（0.67）。在综合技术效率处于 0.8 以上的省区市中，约 64%来自中、东部地区，而综合技术效率低于 0.6 的省区市中，约 88%来自西部及东北地区，说明我国西部和东北地区存在较大的提升空间，且西部地区各省区市间发展差异较大。第五，从具体年份来看，以 2016 年的基础研究投入效率测评结果为例，江苏、浙江、河南、湖北、湖南、陕西、内蒙古 7 个省区的综合效率值为 1.00，说明这些省区技术效率、规模效率均达到最优，在基础研究投入资源的利用和成果产出方面均优于其他省区市。值得注意的是，同年上述 7 个省区的人均 GDP 全国排名分别为 4、5、20、11、16、13、8，说明基础研究投入效率的提高与城市人均 GDP 的高低可能存在一定的联系。

2. 纯技术效率与规模效率测算结果分析

在前文综合技术效率分析的基础上，进一步对表 8-3 中的数据进行分类处理，将 2009～2016 年综合技术效率、纯技术效率、规模效率值汇总求出年平均值，见图 8-1，并根据中、东、西的位置分布进一步分析。

全国基础研究平均纯技术效率测算结果与平均综合技术效率变动趋势基本保持一致。整体上看，平均纯技术效率变化从 0.76 升至 0.81，变化趋势表现出较为稳定的状态，平均规模效率始终保持在 0.88 附近。从地区层面来分析，2009～2016 年东部、中部、西部地区的基础研究纯技术效率均值分别为 0.88、0.77、0.73，符合我国经济发展自东向西的"梯度"特征。具体而言，西部地区的技术效率相较于中部地区和东部地区仍然较低，且低于自身的规模效率，说明技术效率低是造成综合效率低的主要原因，需要注重设备的投入和人员技能的提高，同时要注重基

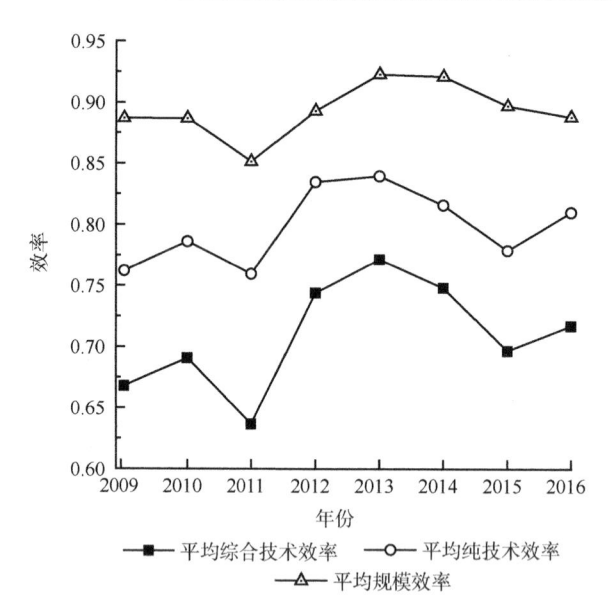

图 8-1　2009~2016 年综合技术效率、纯技术效率与规模效率均值变动图

础研究产出成果和资源的利用效率。规模效率上，2009~2016 年自东向西的平均效率值分别为 0.87、0.95、0.86，从数值上可以看出中部地区整体基础研究投入规模较好，明显优于东部和西部，增加东部和西部地区基础研究投入有利于综合效率的提高。同时，西部地区与东部地区的平均规模效率差距约为 0.1，说明西部地区基础研究的投入得到了充分的重视。

3. 基于 Malmquist 指数的基础研究效率动态评价

为了更深入地发现基础研究投入效率随时间的变动趋势，本章利用 Malmquist 指数模型对 2009~2016 年投入产出面板数据进一步测算，运用 Malmquist 指数进行动态分析，对不同年份高校、研发机构全要素生产率的平均值进行测算，结果见表 8-4。

表 8-4　2009~2016 年我国全要素生产率及其分解

时段	技术效率变动	技术进步变动	纯技术效率变动	规模效率变动	全要素生产率变动
2009~2010	1.03	1.04	1.04	0.99	1.08
2010~2011	0.92	1.07	0.96	0.96	0.98
2011~2012	1.19	0.69	1.12	1.06	0.83
2012~2013	1.03	0.90	1.01	1.03	0.93
2013~2014	0.96	1.05	0.97	1.00	1.01
2014~2015	0.92	1.07	0.95	0.97	0.99

续表

时段	技术效率变动	技术进步变动	纯技术效率变动	规模效率变动	全要素生产率变动
2015~2016	1.04	0.94	1.04	0.99	0.97
年平均	1.01	0.96	1.01	1.00	0.97

从时序变动上看，我国基础研究全要素生产率变动在2009~2016年的平均值为0.97，表明基础研究领域全要素生产率年均下降速度为3%，说明近年来我国财政基础研究的生产率水平呈现下降的趋势，基础研究在投入各种生产要素上存在一定的调整空间。其中，全国基础研究技术效率变动测算结果与纯技术效率变动趋势基本保持一致。整体上看，2009~2016年纯技术效率指数平均上升1个百分点，变化趋势表现出较为稳定的状态，规模效率保持不变，说明技术效率提升的主要原因是纯技术效率。技术进步下降了4个百分点，表明基础研究技术进步水平出现衰退趋势，注重设备投入和人员技能的提高将有助于技术进步的整体提升。同时，整个基础研究全要素生产率呈现出明显的波动情况，除了2009~2010年和2013~2014年，其他年份均出现下降的趋势。2010~2011年、2011~2012年、2012~2013年、2014~2015年、2015~2016年分别下降了2个百分点、17个百分点、7个百分点、1个百分点、3个百分点，2011~2012年出现了较大幅度的下降。

通过对全要素生产率的进一步分解可以发现，造成各年度全要素生产率变动的原因各不相同。从表8-4的测算结果可以看出，技术进步变化呈现较大幅度的波动，2011~2012年下降31个百分点，而其他三项指标也并非始终保持下降的趋势，如同期技术效率变动则表现出0.19的大幅度增长状况，由于技术效率变动可以分解为规模效率和纯技术效率，结合二者的变化可以进一步发现引起Malmquist指数变动的主要原因。

分年份进行具体变动分析，2009~2010年全要素生产率变动为1.08，呈现上升的趋势，在该年度纯技术效率和技术进步均大于1，但是规模效率变动出现下降的趋势。说明我国基础研究活动在技术投入方面有所加强，尽管规模经济下降，全要素生产率依然表现出上升的趋势。2010~2011年全要素生产率的变动为0.98，呈现下降趋势，技术进步大于1，表现为上升趋势，而规模效率变动和纯技术效率变动均小于1，说明整个基础研究活动在技术投入方面有所加强，但最终因为规模经济下降的情况，全要素生产率下降。2011~2012年、2012~2013年两个年度变化趋势相似，下降趋势明显，全要素生产率变动分别为0.83、0.93。虽然规模效率表现为上升，但是技术进步出现了大幅度下降，说明基础研究内部管理出现了问题，规模扩张所带来的技术效率提升并没有引起技术进步的同步提升。2013~2014年全要素生产率较2012~2013年有明显的回升，说明2014年基础研究投入产出效率较 2013 年增长了 1 个百分点，技术进步贡献 0.05 的增长率，带动了整体水平的提升。2014~2015 全要素生产变动为 0.99，虽然出现小幅下降，但是相较于 2013~2014 年下降态势并不明显，基本保持了上一年度的态势。2015~2016 年，基础研究全要素生产率变动为 0.97，又出现明显的下降趋势，该年度纯技术效率虽然有所改善，但规模效率变动和技术进步变动均出现下降趋势，见图 8-2，说明该年度基础研究活动在规模配置方面发生了新的问题，导致了全要素生产率的下降。

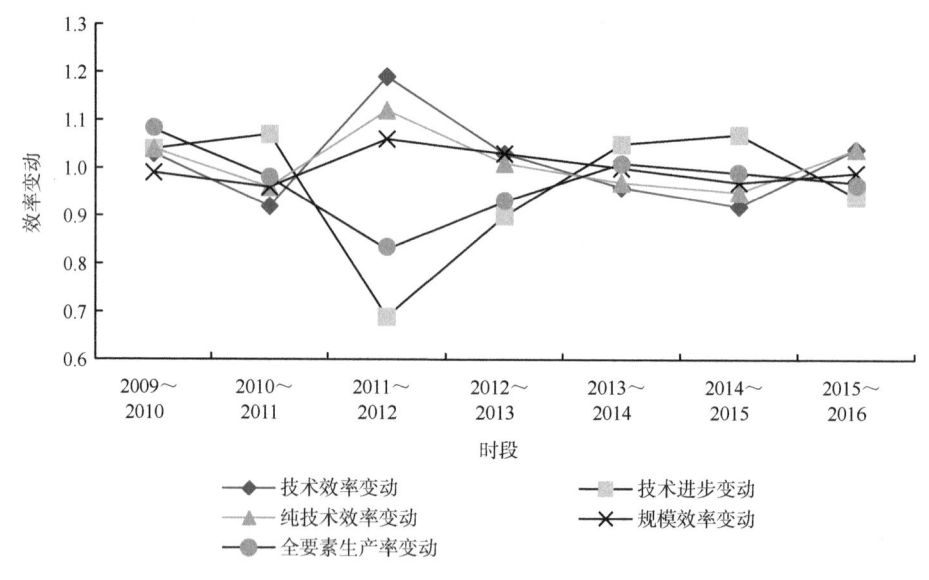

图 8-2　2009~2016 年我国基础研究平均全要素生产率变动

综上所述，2009~2016 年，基础研究活动全要素生产率变动总体上出现下降的趋势，但是不同年份下降的情况不同，原因也各不相同，全要素生产率的变化主要受到技术进步变化的影响，技术效率的变化主要来自纯技术效率的影响。

8.2　基于 Tobit 模型的影响因素分析

DEA 方法测算出来的结果只能反映决策单元的效率值，无法测算与效率相关的影响因素及影响程度。而事实上，除了前文提到的投入产出指标外，社会、经济、人力等其他因素也会对效率结果产生影响。为进一步发现影响我国财政投入基础研究效率差异的影响因素，本章将第一阶段 DEA 测算的结果作为被解释变量，运用 Tobit 模型进行二阶段分析，以自变量的系数来判定其他因素对效率值的影响方向和影响程度。

8.2.1 模型构建

DEA 模型确定的效率值在[0，1]之间，属于因变量数限制的情况，测算出来的结果只能反映决策单元的效率值，无法测算与效率相关的影响因素及影响程度。而事实上，除了财政投入产出指标外，社会、经济、人力等其他因素也会对效率结果产生影响。若采用普通最小二乘法进行估计，则参数估计系数可能出现偏误，为解决这一问题，Tobin 在 1958 年提出了 Tobit 回归模型，其基本结构如式（8-5）所示：

$$y_{it} = \begin{cases} \beta^T x_{it} + \varepsilon_{it}, & x_{it} > 0 \\ 0, & \text{otherwise} \end{cases} \quad (8\text{-}5)$$

其中，y_{it} 表示因变量；x_{it} 表示自变量；β^T 表示未知参数向量；$\varepsilon_{it} \sim N(0, \sigma^2)$。

为了更好地分析 30 个省区市的基础研究效率的影响因素，本章将第一阶段 DEA 模型测算的结果作为被解释变量，运用 Tobit 模型进行二阶段分析，以自变量的系数来判定外界因素对效率值的影响方向和影响程度，同时在 Hausman 检验后，选择固定效应模型对影响因素的差异性进行检验。利用面板数据建立方程如式（8-6）所示：

$$Y_{it} = \alpha_0 + \alpha^T X_{it} + \beta^T Z_{it} + \mu_{it} + \varepsilon_{it} \quad (8\text{-}6)$$

其中，下标 i 表示第 i 个省区市；t 表示第 t 年；Y 表示不同省区市基础研究投入效率得分；α_0 表示截距项、α^T 和 β^T 表示参数向量；X_{it}、Z_{it} 分别表示不可控变量及可控变量；μ_{it} 表示随机变量；ε_{it} 表示随机变量。

8.2.2 指标设定说明

在考虑我国对基础研究财政政策支持的实际情况及对现有文献研究结果的基础上，本章从经济、人力、地区、社会、贸易、财政结构等角度提出可能影响我国基础研究效率的相关因素，具体表述如下。

（1）经济发展水平（pergdp）。经济水平是发展基础研究的重要宏观环境条件，经济发展水平的提高会引发社会对创新驱动与核心技术需求的增加，而基础研究是二者高质量发展的基石。同时，各省区市间经济发展水平的差距势必影响基础研究投入效率。本章以人均 GDP 表示经济发展水平。

（2）人力资源水平（edu）。人才的形成始于教育，教育是培养基础研究人才的重要途径，本章采用孙百才（2009）及《中国人力资本报告》的计算方式来衡量人均受教育年限，其中，primary 表示小学；junior 表示初中；high 表示高中；special 表示大专；college 表示大学。指标构造如下：

$$edu = \sum(primary/pop \times 6 + junior/pop \times 9 + high/pop \times 12 + speical/pop \times 15 + college/pop \times 16)$$

(8-7)

（3）社会信息化水平（inf）。基础研究成果大多以论文、著作等形式展现，信息发展水平是基础研究成果分享的重要途径，选择各省区市每万人拥有的国际互联网络用户数代表社会信息化水平。

（4）贸易开放度（tra）。基础研究水平的提升主要来源于内部和外部两个渠道，内部表现为国内的自主研发，外部主要表现为引进吸收。选取实际对外贸易进出口额占 GDP 的比重衡量地区贸易开放程度。

（5）地方财政支出结构（exp）。地方财政支出结构，可以表现出该地区对基础研究的重视程度，进一步促进基础研究的发展。选取地方基础研究支出占地方财政总支出比例来表示地方财政支出结构。

（6）政府消费规模（gov）。瓦格纳法则指出，当国民收入增长时，财政支出会以更大比例增长。伴随政府消费规模的扩大，政府管理范围进一步完善，引发行政费用支出增加，势必对基础研究的投入产生一定的影响。本章通过地方政府消费支出占社会总消费支出比例反映政府消费规模。

（7）财政负担（fan）。财政收入可以体现政府的收入水平，也可以反映居民或企业的负担水平，人均财政收入的增多也会促进纳税人对财政资金的监督意识（王谦和董艳玲，2018）。引入人均财政收入衡量财政负担。

同时加入地区人口密度（pop）、城镇化率（urb），对上述指标进行描述性统计分析，变量说明与定义如表 8-5 所示，统计性描述如表 8-6 所示。

表 8-5　变量定义与方法计算

变量符号	变量名称	计算方法	单位
pergdp	经济发展水平	人均 GDP	元
edu	人力资源水平	人均受教育年限	年
pop	地区人口密度	地区总人口/地区面积	—
inf	社会信息化水平	万人国际互联网络用户数	户/万人
urb	城镇化率	城市人口/总人口	—
tra	贸易开放度	对外贸易进出口贸易总额/GDP	—
exp	地方财政支出结构	地方基础研究支出/地方财政总支出	—

表 8-6 各指标的统计性描述

变量	个数	均值	标准差	最小值	最大值
pergdp	240	44 758.09	22 498.18	10 309.00	118 198.00
edu	240	9.03	0.82	7.08	12.10
pop	240	458.28	680.01	7.76	3 825.89
inf	240	1 596.00	1 701.79	209.45	22 466.35
urb	240	54.76	13.09	29.89	89.60
tra	240	7.32	12.09	0.08	59.38
exp	240	0.43	0.58	0.05	3.54

8.2.3 实证检验与结果分析

通过现有研究成果的归纳，结合数据的可获取性，本章从经济、人力、地区、社会、贸易、财政结构等角度提出可能影响我国基础研究效率的因素，运用 Stata 15.0 对上述模型进行 Tobit 模型估计，财政基础研究投入效率影响因素的实证结果见表 8-7。

表 8-7 Tobit 模型回归结果

变量类型	解释变量	Tobit 模型 1	Tobit 模型 2	Tobit 模型 3	固定效应模型 4
不可控变量	pergdp	2.347×10^{-6}* (1.41×10^{-6})		3.333×10^{-6}* (1.80×10^{-6})	4.264×10^{-6}** (1.76×10^{-6})
	pop	$-0.000\ 058\ 42$ ($0.000\ 069\ 4$)		-2.721×10^{-7} ($0.000\ 095$)	$0.000\ 130\ 77$ ($0.000\ 298\ 8$)
	inf	-3.979×10^{-6} (6.39×10^{-6})		$-0.000\ 011\ 23$* (5.96×10^{-6})	$-0.000\ 012\ 54$** ($0.003\ 303\ 4$)
	urb	$0.003\ 367\ 94$ ($0.004\ 107\ 2$)		$0.002\ 206\ 45$ ($0.005\ 226\ 3$)	$-0.000\ 132\ 59$ ($0.005\ 086\ 4$)
可控变量	fan		-9.766×10^{-7} (2.18×10^{-6})	-2.102×10^{-7} (2.11×10^{-6})	1.082×10^{-6} (1.72×10^{-6})
	exp		$-0.334\ 884\ 15$*** ($0.082\ 635\ 9$)	$-0.426\ 286\ 05$*** ($0.117\ 942\ 6$)	$-0.867\ 702\ 48$*** ($0.111\ 601\ 8$)
	gov		$-0.398\ 661\ 77$ ($0.355\ 569\ 7$)	$-0.133\ 468\ 09$ ($0.378\ 748\ 9$)	$-0.124\ 707\ 25$ ($0.336\ 157$)
	tra		$0.004\ 948\ 66$* ($0.002\ 591\ 9$)	$0.007\ 555\ 59$** ($0.003\ 768\ 6$)	$0.006\ 201\ 93$* ($0.003\ 303\ 4$)

续表

变量类型	解释变量	Tobit 模型 1	Tobit 模型 2	Tobit 模型 3	固定效应模型 4
可控变量	edu		0.132 031 72*** （0.033 58）	0.026 606 53 （0.054 105 8）	−0.020 090 06 （0.043 897 4）
	/sigma_u	0.217 341 18*** （0.032 038 9）	0.229 302 25*** （0.039 629 9）	0.268 877 32*** （0.056 178 7）	0.459 581 02
	/sigma_e	0.131 116 77*** （0.007 307 7）	0.123 373 69*** （0.007 034 2）	0.117 636*** （0.007 004 5）	0.098 663 83
	Log likelihood	42.253 047	52.153 578	57.444 414	
	Wald chi2	13.83	32.44	38.98	
	Prob＞chi2	0.000 0	0.000 0	0.000 0	0.000 0
	rho 值	0.733 168 9	0.775 502 4	0.839 339 3	0.955 942 14

***、**、*分别表示通过 1%、5%、10%显著性检验

（1）在模型 3 与模型 4 的对比中可以发现，各变量对应的影响效果及影响程度颇为相似，说明两个模型并不存在明显差异，估计结果具有一定的可信度。

（2）对不可控因素的分析。经济发展水平在模型中均通过了显著性检验，且系数为正，说明经济发展水平对于基础研究投入效率具有促进作用，经济水平越发达的地区越重视基础研究的发展，有助于基础研究投入效率的提高。社会信息化水平在模型 3 和模型 4 中显著，但系数均为负，表明互联网的普及并没有提高高校、科研机构基础研究投入效率。可能原因在于，虽然我国基础研究成果的共享主要通过互联网传播，但我国基础研究拔尖人才储备不足，核心技术创新基础较为薄弱（辜胜阻等，2018），很多领域的核心技术、关键材料和关键部件都被发达国家垄断，在国际上具有影响力的基础研究成果和高端技术依然匮乏，且有些基础研究成果在一段时期内属于保密阶段，因此信息化水平未能对基础研究成果的共享起到推动作用。人口密度与城镇化率没有通过显著性检验，说明二者对基础研究投入效率影响效果不确定。拔尖人才对于基础研究成果的产生具有绝对的贡献度，但人口密度的增加并不代表一个地区拔尖人才的增多，同时，城镇化进程与基础研究投入效率无必然的联系，并没有带来效率的提升。

（3）对可控因素的分析。地方财政支出结构在三个模型中的回归系数均在 1%的水平下通过了显著性检验，说明地方财政支出结构是影响基础研究投入效率的重要因素。财政支出中基础研究支出占比越大的地区，地方对于基础研究活动表现为更加重视，但系数为负，其可能原因是，基础研究的特征是投入多、周期长、风险高、个体回报率低，在短期内难以发挥出应有的效果。同时，过度的财政投

入也会造成浪费的现象，从而降低了财政支出的整体使用效率。贸易开放度在三个模型中的回归系数均显著为正，说明市场开发对于提高基础研究综合效率有促进作用，贸易开放度的提升将会提高基础研究成果的分享与模仿，进一步促进整体效率的提升。人力资源水平在模型 2 中通过了显著性检验，且系数为正，表明教育水平的提高有利于提高基础研究投入效率。科技工作本质上是人的创造性活动，教育是人力资源得以发展的基础，从长远上看，可以促进基础研究成果的产出，进而提高公共资源的利用效率。同时，教育也会提高人们对于政府的监督能力，进一步提升政府对于财政资金的使用效率。政府消费规模和财政负担的回归系数为负，但均不显著，说明二者与基础研究投入效率间的关系无法确定，可能原因在于政府消费支出中行政消费比例增大，使得基础研究投入资金的相对效率下降；而财政负担过重不利于发挥财政资金激励和引导基础研究活动的作用，从而降低了基础研究投入效率。

8.3 财政支持基础研究人才成长路径分析

我国历来重视人才队伍建设，自《2002—2005 年全国人才队伍建设规划纲要》首次提出"实施人才强国战略"以来，人才培养、引进高层次人才成为我国发展战略的重要组成内容。"把人才作为支撑发展的第一资源"[①]。"人才是实现民族振兴、赢得国际竞争主动的战略资源。要坚持党管人才原则，聚天下英才而用之，加快建设人才强国"[②]。当前，制约我国基础研究水平提升的一个重要因素是具有国际影响力的基础研究领军人才匮乏。分析我国基础研究人员的发展现状，并挖掘拔尖人才的成长路径，有利于发现财政支持基础研究人才成长的有效方式。

科学技术创新是促进国家经济社会发展的重要手段，国家间科学技术的竞争本质上是人才的竞争，尤其是拔尖人才的竞争。拔尖人才是一个国家基础研究发展的主力军、智囊团，为促进拔尖人才脱颖而出，我国政府自 20 世纪 90 年代起实施了包括"长江学者奖励计划"在内的一系列高端人才支持政策。长期、深厚的学术研究积累是成为拔尖人才的必经之路。高端人才的成长是否有规律可循，如何能在较短的时间内培养出国家战略性人才，哪些因素对于拔尖人才的成长具有重要影响，其作用机理如何，这一系列问题的回答不仅具有重要的科学意义，

---

① 《把人才作为支撑发展的第一资源》，http://www.gov.cn/zhengce/2016-03/25/content_5057633.htm[2016-03-25]。
② 《习近平：决胜全面建成小康社会　夺取新时代中国特色社会主义伟大胜利——在中国共产党第十九次全国代表大会上的报告》，http://www.gov.cn/zhuanti/2017-10/27/content_5234876.htm[2017-11-28]。

而且对相关政策的制定具有重要的指导意义。

8.3.1 数据处理

本章以教育部颁布的1999～2016年长江学者特聘教授名单为基准，数据采集主要委托青塔[①]，以个人简历（curriculum vitae，CV）的构成要素为主要搜集对象，并配合高校官网、高等教育资讯网、专业数据库及个人网站等若干途径获取1999～2016年长江学者特聘教授的基本信息，而后对个人成长背景进行研究分析。统计包括性别、年龄、学习经历、工作时间、工作单位、所属学科类型、留学状况、成才时间等数据集，总体样本2150人，其中排除信息缺失[②]及特殊样本[③]外，选取从本科入校伊始，获得博士学位并取得长江学者特聘教授为终的完整教育背景为研究对象，最终获得1971个有效样本数据，约占总样本的92%。

8.3.2 样本基本情况分析

从年龄[④]分布上看，我国1999～2016年长江学者特聘教授最小年龄为30岁，最大年龄为57岁，平均年龄约为44岁，主要获资助者集中在41～45岁的年龄段（43.99%）。56岁以上年龄段长江学者特聘教授仅占比2.33%，属大器晚成型。其中，早期成才型（30～35岁）占比也相对较少，仅89人，占4.52%，说明我国拔尖人才队伍开始出现年轻化势头。但是大多数学者获批长江学者特聘教授处于41～50岁年龄段，这从一个侧面说明高端人才的成长要经历一个漫长的过程。从学科分布上可看出，长江学者特聘教授在学科的分布上存在集中趋势，主要分布在工学和理学两个学科上，共约占总人数的70.52%，且大部分集中在41～45岁的年龄段（48.06%）；其中艺术学学科仅有5人，除医学外，其他学科占比均小于4%。文学、历史学长江学者特聘教授平均年龄为52岁、51岁，而工学、农学学科的长江学者特聘教授平均年龄在43岁，不同学科长江学者特聘教授在年龄上存在较大差异，见表8-8。

[①] 全称杭州青塔科技有限公司，该公司属于高等教育数据研究的第三方机构，聚焦于高等教育大数据挖掘和研究分析，建设高等教育发展数据平台，为高校和企业等机构提供数据和分析服务。

[②] 缺失数据包括逝世、信息模糊不全等。

[③] 特殊样本包括学历背景为大专、本科、研究生学历、外国人等。

[④] 本章年龄的计算方式为教育部发布长江学者资助者名单年限与出生年份的差额。

表 8-8　1999～2016 年长江学者特聘教授分学科年龄一览表

学科	56 岁以上	51～55 岁	46～50 岁	41～45 岁	34～40 岁	人数总计/人	平均获奖年龄/岁	占比
哲学	6	9	17	3	3	38	50	1.93%
经济学	4	8	34	21	6	73	47	3.70%
法学	8	20	21	11	1	61	50	3.09%
教育学	4	5	7	6	4	26	48	1.32%
文学	16	23	21	6	0	66	52	3.35%
历史学	7	9	11	2	0	29	51	1.47%
理学	0	16	84	254	197	551	42	27.96%
工学	1	13	181	414	230	839	43	42.57%
农学	0	2	11	38	11	62	43	3.15%
医学	0	1	54	101	33	189	45	9.59%
管理学	0	4	16	10	2	32	47	1.62%
艺术学	0	2	2	1	0	5	47	0.25%
合计	46	112	459	867	487	1971	47	100%

从受教育单位差异性的角度分析，在表 8-8 的基础上进一步对样本数据进行分学科分层次整理，见表 8-9。在受教育单位的分布上，"985 工程"院校总体占比最高，本科阶段 99.64% 的长江学者特聘教授所受教育均在国内完成，其中 56.77% 在"985 工程"院校完成学习；到硕士阶段，经济学、理学、农学和医学部分学者选择到海外教育机构学习，其他学科学者就读于国内高校或研究所；到博士学习阶段，虽然科研院所在长江学者特聘教授受教育背景的地位逐步提高，但发生更显著变化的是其他国家地区高校的份额，从本科仅占比 0.36% 上升到 26.59%，此阶段毕业于一般院校的学者仅占 7.66%。在分学科研究上，我们发现，医学、文学、农学、法学四学科在国内高校成才的人数相对较多，接受国际教育比例仅占 3.81%。而经济学、理学、工学、医学在国外受教育成材人数相对较多，在这些学科国外科研领域拥有相对先进的科研技术，而国内的相关领域研究有待加强。

表 8-9　分学科长江学者特聘教授受教育单位情况

学科	学校或研究机构		本科/人	硕士/人	博士/人
哲学	国内	"985 工程"院校	26	31	27
		"211 工程"院校	2	0	0
		一般院校	10	5	4
		科研院所	0	0	4
	其他国家及地区高校		0	0	3

续表

学科	学校或研究机构		本科/人	硕士/人	博士/人
经济学	国内	"985工程"院校	43	43	30
		"211工程"院校	6	11	6
		一般院校	23	8	4
		科研院所	0	0	4
	其他国家及地区高校		1	1	29
法学	国内	"985工程"院校	23	35	37
		"211工程"院校	9	6	6
		一般院校	28	15	6
		科研院所	1	1	3
	其他国家及地区高校		0	0	9
教育学	国内	"985工程"院校	10	14	14
		"211工程"院校	1	2	3
		一般院校	15	7	4
		科研院所	0	0	1
	其他国家及地区高校		0	0	4
文学	国内	"985工程"院校	21	26	40
		"211工程"院校	10	15	7
		一般院校	35	24	10
		科研院所	0	0	2
	其他国家及地区高校		0	0	7
历史学	国内	"985工程"院校	16	16	12
		"211工程"院校	6	5	4
		一般院校	7	8	6
		科研院所	0	0	0
	其他国家及地区高校		0	0	7
理学	国内	"985工程"院校	347	218	231
		"211工程"院校	75	55	29
		一般院校	128	164	18
		科研院所	0	0	68
	其他国家及地区高校		1	1	205

续表

学科	学校或研究机构		本科/人	硕士/人	博士/人
工学	国内	"985工程"院校	506	436	456
		"211工程"院校	112	111	92
		一般院校	217	197	56
		科研院所	0	0	43
	其他国家及地区高校		0	0	192
农学	国内	"985工程"院校	23	22	19
		"211工程"院校	15	10	17
		一般院校	24	21	5
		科研院所	0	0	5
	其他国家及地区高校		4	4	16
医学	国内	"985工程"院校	78	55	72
		"211工程"院校	38	28	28
		一般院校	72	83	36
		科研院所	0	0	10
	其他国家及地区高校		1	1	43
管理学	国内	"985工程"院校	20	20	16
		"211工程"院校	3	3	7
		一般院校	9	4	0
		科研院所	0	0	1
	其他国家及地区高校		0	0	8
艺术学	国内	"985工程"院校	2	1	1
		"211工程"院校	0	1	0
		一般院校	3	2	2
		科研院所	0	0	1
	其他国家及地区高校		0	0	1

从性别和教育背景上看，女性在基础研究领域处于缺位状态，仅6.34%的长江学者特聘教授为女性，样本数据极少，其数量和比例增长较缓慢，且主要集中在理工科领域（75.2%）。克莱曼（2009）认为女性在科学技术职业生涯中的比例随着她们在这种生涯的阶梯上的攀登而下降。在教育背景上，27.9%的

长江学者特聘教授在获得博士学位前拥有国际化教育经历，余下 72.1%所受教育来自国内。

从依托单位上看，1999~2016 年获得长江学者特聘教授资助的 2150 人的依托单位共分布在 195 所高校及研究所中，表 8-10 将获得资助者最多的 10 个依托单位依次列示。从汇总的结果看，1999~2016 年，这 10 所依托单位共有 881 人获得资助，占总人数的 40.98%。分年度统计上，这 10 所高校虽然排名有所不同，但占总人数的比例较稳定。获得长江学者特聘教授资助人数的多寡间接代表了一个学校科研实力水平的高低。图 8-3 计算了 1999~2016 年获长江学者特聘教授资助者依托单位赫芬达尔指数[①]变化情况，该指数越大表示长江学者特聘教授依托单位越不均衡，具体表现为长江学者特聘教授获得者普遍集中在一部分高校内。1999 年赫芬达尔指数高达 0.52，随后该指数有下降趋势，到 2012 年达到最低值 0.10，但之后该指数继续攀升。赫芬达尔指数变化情况即意味着这种集中的趋势虽有所缓解（更多的高校或科研院所获得了该奖项的资助），但是总体上仍呈高度集中趋势。

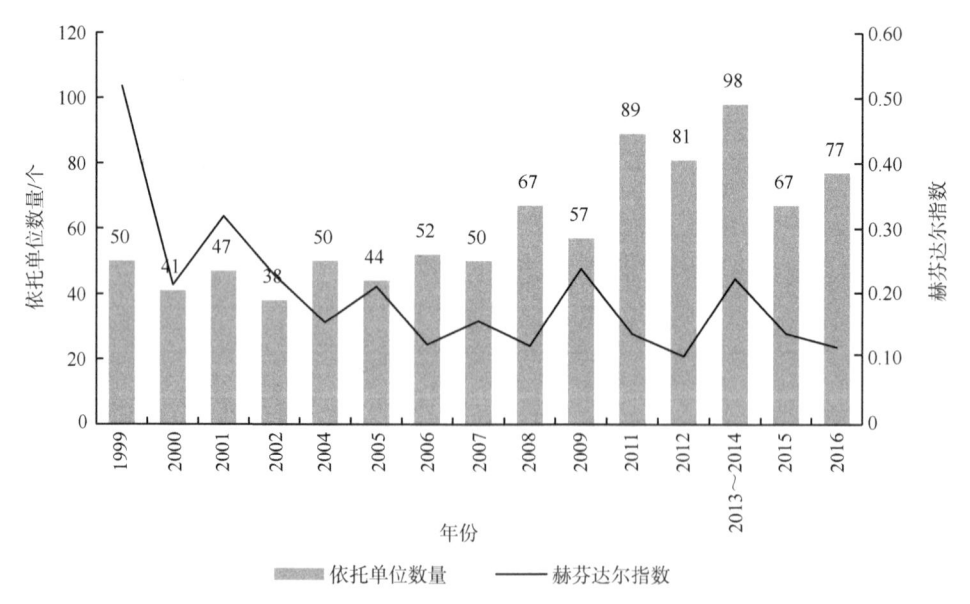

图 8-3 1999~2016 年获长江学者特聘教授资助者依托单位数量及赫芬达尔指数变化

2003 年名单并未评选；2010 年，由于政策调整，该年度长江学者评选空缺；2013 年和 2014 年长江学者特聘教授合并一年发布名单

---

① 赫芬达尔指数，即赫芬达尔–赫希曼指数，是一种测量产业集中度的综合指数。本章用来测算各依托单位分布集中度。

表 8-10 1999~2016 年长江学者依托单位分布

依托单位	1999~2016年 排名	1999~2016年 人数/人	1999~2016年 占比	1999年 排名	1999年 人数/人	1999年 占比	2000年 排名	2000年 人数/人	2000年 占比	2001年 排名	2001年 人数/人	2001年 占比	2002年 排名	2002年 人数/人	2002年 占比	2004年 排名	2004年 人数/人	2004年 占比	2005年 排名	2005年 人数/人	2005年 占比	2006年 排名	2006年 人数/人	2006年 占比
北京大学	1	164	7.63%	2	14	7.95%	1	9	9.28%	1	14	10.69%	1	9	10.71%	1	10	9.26%	1	10	9.90%	5	4	3.88%
清华大学	2	162	7.53%	1	19	10.80%	3	6	6.19%	2	9	6.87%	8	4	4.76%	2	7	6.48%	3	7	6.93%	1	9	8.74%
南京大学	3	94	4.37%	5	8	4.55%	7	3	3.09%	4	8	6.11%	3	5	5.95%	3	6	5.56%	5	4	3.96%	2	5	4.85%
复旦大学	4	93	4.33%	3	13	7.39%	7	3	3.09%	8	4	3.05%	3	5	5.95%	4	5	4.63%	2	8	7.92%	2	5	4.85%
浙江大学	5	85	3.95%	11	4	2.27%	7	3	3.09%	2	9	6.87%	2	7	8.33%	5	4	3.70%	4	6	5.94%	9	3	2.91%
上海交通大学	5	81	3.77%	4	11	6.25%	2	7	7.22%	4	8	6.11%	17	1	1.19%	6	3	2.78%	45	0	0	9	3	2.91%
武汉大学	7	55	2.56%	8	5	2.84%	6	4	4.12%	10	3	2.29%	10	2	2.38%	25	1	0.93%	8	3	2.97%	14	2	1.94%
华中科技大学	8	53	2.47%	8	5	2.84%	7	3	3.09%	18	2	1.53%	17	1	1.19%	6	3	2.78%	14	2	1.98%	5	4	3.88%
北京航空航天大学	9	49	2.28%	24	2	1.14%	4	5	5.15%	10	3	2.29%	17	1	1.19%	6	3	2.78%	8	3	2.97%	23	1	0.97%
中山大学	10	45	2.09%	15	3	1.70%	42	0	0	10	3	2.29%	10	2	2.38%	5	4	3.70%	23	1	0.99%	5	4	3.88%
合计		881	40.98%		84	47.73%		43	44.33%		63	48.09%		37	44.05%		46	42.59%		44	43.56%		40	38.83%

续表

依托单位	2007年 排名	2007年 人数/人	2007年 占比	2008年 排名	2008年 人数/人	2008年 占比	2009年 排名	2009年 人数/人	2009年 占比	2011年 排名	2011年 人数/人	2011年 占比	2012年 排名	2012年 人数/人	2012年 占比	2013~2014年 排名	2013~2014年 人数/人	2013~2014年 占比	2015年 排名	2015年 人数/人	2015年 占比	2016年 排名	2016年 人数/人	2016年 占比
北京大学	3	4	3.74%	3	6	4.44%	4	7	4.58%	2	14	7.22%	1	14	8.59%	1	23	8.01%	1	11	7.24%	1	15	9.43%
清华大学	1	12	11.21%	1	14	10.37%	1	14	9.15%	1	19	9.79%	4	6	3.68%	3	15	5.23%	2	10	6.58%	2	11	6.92%
南京大学	3	4	3.74%	9	3	2.22%	3	8	5.23%	3	11	5.67%	4	6	3.68%	2	16	5.57%	6	5	3.29%	17	2	1.26%
复旦大学	3	4	3.74%	5	4	2.96%	8	5	3.27%	9	4	2.06%	4	6	3.68%	3	15	5.23%	3	6	3.95%	3	6	3.77%
浙江大学	3	4	3.74%	2	7	5.19%	2	10	6.54%	9	4	2.06%	8	5	3.07%	7	9	3.14%	3	6	3.95%	13	3	1.89%
上海交通大学	10	3	2.80%	9	3	2.22%	4	7	4.58%	4	8	4.12%	2	7	4.29%	8	8	2.79%	6	5	3.29%	8	4	2.52%
武汉大学	12	1	0.93%	21	2	1.31%	13	3	1.55%	4	6	3.68%	5	10	3.48%	3	6	3.95%	8	4	2.52%
华中科技大学	2	5	4.67%	9	3	2.22%	6	6	3.92%	13	3	1.55%	11	4	2.45%	13	5	1.74%	20	2	1.32%	4	5	3.14%
北京航空航天大学	28	2	1.87%	5	4	2.96%	21	2	1.31%	6	5	2.58%	11	4	2.45%	11	6	2.09%	13	3	1.97%	4	5	3.14%
中山大学	28	2	1.87%	9	3	2.22%	58	0	0	6	5	2.58%	4	3	1.84%	8	8	2.79%	13	3	1.97%	8	4	2.52%
合计		41	38.32%		53	39.26%		61	39.87%		76	39.18%		61	37.42%		115	40.07%		57	37.50%		59	37.11%

注：占比合计行由原合计数与总数相除所得，因此与各依托单位加总可能不完全一致

从工作单位看，长江学者特聘教授中有1558人处于北京、上海、江苏、湖北、陕西、四川、浙江七个省市，见图8-4，共占总人数的72.47%，而在以上七个地区中，"985工程"与"211工程"院校占83.12%。其中，北京拥有长江学者特聘教授636人，约占总人数的30%，这与北京是高校聚集地和顶尖级科研院所驻扎地是分不开的，而长江学者特聘教授的科研成果对其他科研人员也能够带来正向的溢出效应。可见，长江学者特聘教授处于上述地区可以获得更多的资源，享受区域科技发展带来的便捷，地区因素与资源禀赋对高端人才的成长提供了有利条件。

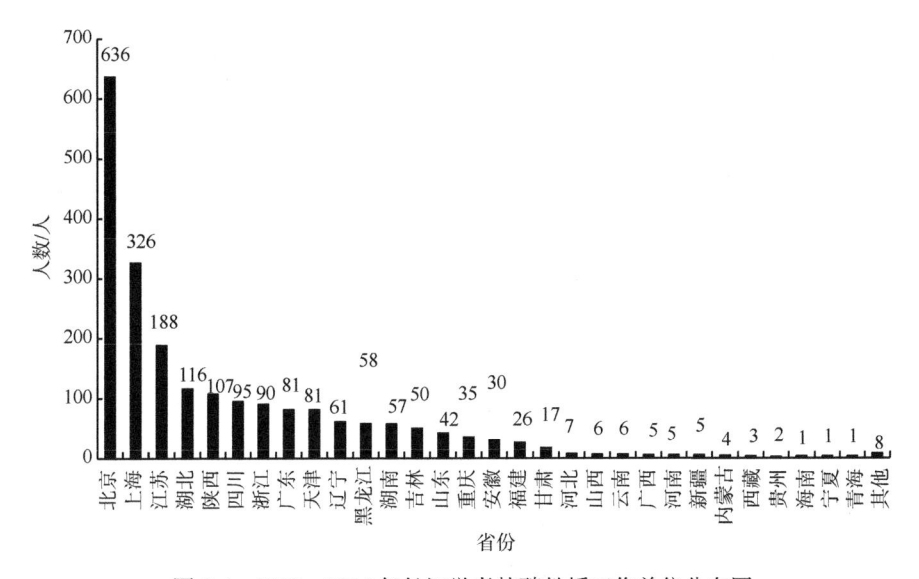

图8-4 1999~2016年长江学者特聘教授工作单位分布图

8.3.3 模型设定与指标说明

借鉴以往研究人才成长路径规律的文献（李晓轩等，2004；陈晓剑等，2011；徐飞和汪士，2010），本章最终选择的解释变量包括性别、是否出国留学、受教育单位多元复合性、受教育连贯性、学科属性、任职单位地域和任职单位所处平台性质。

成才周期的确定。学者在研究人才成长周期的起始点上存在不同的看法，陈晓剑等（2011）、田起宏和刘正奎（2012）将其定义为博士毕业到获得资助的时间。本章在样本数据搜集过程中发现，很多学者在高层次教育上选择"在职"研究生教育方式，这种教育背后暗示着学者在攻读硕士、博士学位过程中需要工作和科研双向进行，即在研究生阶段便跨入科研范畴。本章认为本科期间是学习基础知识、培养科研兴趣的重要阶段，这期间所学的课程为研究生学习搭建了良好的根基。鉴于以上考量，本章将成长周期定义为长江学者特聘教授获得基金资助的时间与其本科入学时间的差值。

受教育连贯性。受教育的连贯程度指的是在本科、硕士、博士研读期间是否发生断档的情形，一旦参加工作再接受教育会对教育的连贯性产生影响，获得不同学位间隔时间越长，连贯性越差。本章将成长路径类型分为四种：本硕博直读型，即在从本科毕业到获得博士学历前未参加工作（包括本科毕业后由于科研创新能力强等获得直接攻读博士研究生资格者）；本硕连读型，即硕士毕业时间超过1年再进行博士教育学习；硕博连读型，本科毕业后参加工作1年以上时间而后进行硕博未间断的学习（包括本科毕业超过1年的时间，因取得重大科研成果等，授予直接攻读博士研究生资格者）；本硕博间断型，每一次获得学位后都因参加工作发生间断。

受教育单位多元复合性。按照受教育单位是否同属一单位，本章将教育路径分为本硕博同一型（均国内、均国外），即本硕博均就读于同一院校；本硕博交叉型（均国内、国内外[①]），即本硕博所就读的单位至少有两个属于同一单位；本硕博混合型（均国内、国内外），即本硕博就读单位无重叠情况发生。关于各个变量的描述及统计特征参见表8-11。

表8-11 变量统计性描述

变量	观测值	均值	标准差	最大值	最小值	变量描述
成才周期	1971	25.287	4.443	39	12	年
性别	1971	0.937	0.244	0	1	1=男；0=女
是否出国留学	1971	0.279	0.449	0	1	1=是；0=否
受教育连贯性	1971	1.932	1.038	1	4	1=本硕博直读型；2=本硕连读型；3=硕博连读型；4=本硕博间断型
受教育单位多元复合性	1971	2.366	1.276	1	5	1=本硕博同一型（均国内）；2=本硕博交叉型（均国内）；3=本硕博交叉型（国内外）；4=本硕博混合型（均国内）；5=本硕博混合型（国内外）
学科属性	1971	1.719	0.656	0	2	1=工；2=理；0=其他
任职单位地域	1971	1.588	0.704	0	2	1=中；2=东；0=西
任职单位所处平台性质	1971	1.067	0.519	0	2	1="985工程"院校；2="211工程"院校；0=一般院校

[①] 本章数据库中没有本硕博都在国外读书的样本。

在具体的分类上，本章将变量进行不同的分类，来挖掘不同成长路径对成长周期的影响。第一种分类以受教育连贯性为核心，分别讨论本硕博整体成长阶段和仅考虑硕博的成长阶段。第二种以受教育单位多元复合性为研究对象，按照样本是否有出国留学经历再次分类。

基于以上分析，本章对回归方程进行估计，如式（8-8）所示：

$$\text{growthper}_t = b_0 + b_1\text{gender}_t + b_2\text{abroad}_t + b_3\text{consistency}_t + b_4\text{education}_t \\ + b_5\text{subject}_t + b_6\text{place}_t + b_7\text{platform}_t + m_t \quad (8\text{-}8)$$

其中，被解释变量为成长周期，本章用 growthper 表示；gender 表示性别，为二分类变量，男性定义为 1，女性为 0；abroad 表示受教育期间是否拥有出国经历；consistency、education、subject 是本章研究的核心变量，分别表示受教育的连贯性、受教育单位多元复合性、学科属性；place 表示学者任职单位地域的分类[1]；platform 表示任职单位所处平台性质。变量 $\beta_0 \sim \beta_7$ 表示截距及各影响因素对成才周期的影响程度；μ 表示随机干扰项，包括了没有观测到的个人特征和其他影响成才周期的因素。

8.3.4 实证过程与结果讨论

为了研究基础研究拔尖人才有效成长路径及影响因素，本章借助 Stata 15.0 分析软件，进行多元回归模型估计，实证结果见表 8-12。表 8-12 中，模型 I 是以成才周期为因变量的全模型，模型 II、模型 III 是个别变量不同分类的结果。从三个回归的结果看，性别、任职单位地域（中部、东部、西部）对于成才周期影响程度较弱，任职单位所处平台性质（一般院校、"211 工程"院校、"985 工程"院校）对于成才周期未产生影响，其他因素都具有显著的影响。

表 8-12 长江学者特聘教授成长周期的多元回归模型结果

变量	成长周期		
	模型 I	模型 II	模型 III
性别（参照组女性）			
男性	−0.5617 (0.3579)	−0.4910 (0.3580)	−0.6543* (0.3613)

---

[1] 本节地区的划分标准沿用 1986 年全国人民代表大会六届四次会议通过的"七五"计划划分标准，并经 1997 年全国人民代表大会八届五次会议更新划分标准：东部地区包括北京、天津、河北、辽宁、上海、江苏、浙江、福建、山东、广东和海南等 11 个省市；西部地区包括的省级行政区共 12 个，分别是四川、重庆、贵州、云南、西藏、陕西、甘肃、青海、宁夏、新疆、广西、内蒙古；中部地区有 8 个省级行政区，分别是山西、吉林、黑龙江、安徽、江西、河南、湖北、湖南。

续表

变量	成长周期		
	模型Ⅰ	模型Ⅱ	模型Ⅲ
任职单位所处平台性质（参照组：一般院校）			
"985工程"院校	0.2108 (0.2913)	0.1676 (0.2912)	0.1461 (0.2941)
"211工程"院校	0.1418 (0.3460)	0.1941 (0.3468)	0.1302 (0.3496)
任职单位地域（参照组：西部）			
中部	−0.5252 (0.3306)	−0.4814 (0.3314)	−0.5680* (0.3339)
东部	−0.1057 (0.2736)	−0.0273 (0.2738)	−0.1876 (0.2761)
学科属性（参照组：除理工外其他学科）			
工科	−2.9917*** (0.2122)	−3.0073*** (0.2125)	−3.1154*** (0.2134)
理科	−3.7077*** (0.2345)	−3.6634*** (0.2354)	−3.8271*** (0.2363)
受教育连贯性Ⅰ（参照组：本硕博直读型）			
本硕连读型	2.3840*** (0.2259)	2.4529*** (0.2254)	
硕博连读型	1.4884*** (0.2381)	1.5790*** (0.2365)	
本硕博间断型	3.0190*** (0.3070)	3.2173*** (0.3021)	
教育连贯性Ⅱ（参照组：硕博连读型）			
硕博受教育间断型			2.0981*** (0.1905)
受教育单位多元复合性Ⅰ[参照组：本硕博混合型（均国内）]			
本硕博同一型（均国内）	−0.8903*** (0.3212)		−1.1958*** (0.3200)

续表

变量	成长周期		
	模型 I	模型 II	模型 III
本硕博交叉型（均国内）	−0.3797 （0.3195）		−0.0526* （0.3211）
本硕博交叉型（国内外）	−2.2976*** （0.3406）		−2.3839*** （0.3419）
本硕博混合型（国内外）	−1.5252*** （0.3957）		−1.6491*** （0.3983）
受教育单位多元复合性 II（参照组：本硕博均在国内）			
本硕博期间曾出国受教育		−1.5585*** （0.7627）	
Constant	27.9407*** （0.5974）	27.2218*** （0.5278）	28.8480*** （0.5870）
R^2	0.2544	0.2496	0.2381

注：括号内数值为标准误

***、*分别表示在1%、10%水平上显著

从模型 I 中受教育连贯性的分类上可以看出，相较于本硕博直读型，选择本硕博间断型受教育方式成为的成才周期平均增加约 3 年，其次是本硕连读型，增加约 2.4 年，最后是硕博连续型，成才周期延长约 1.5 年。相比较之下，本章认为连贯性最佳的本硕博直读型培养方式为最佳的培养拔尖人才成长方式，平均每年成才人数约为 54 人，成才时间为 28 年。本硕博直读型相较其他受教育方式，连贯性较强，受教育者可以不受工作的压力，且保持学习的最佳状态以最快的速度投入研究中。同时可以更小程度地受到知识更新度带来的重新掌握前沿知识时长的影响，在成才时间上占有一定的优势。值得注意的是，在模型 I 与模型 III 的对比中，我们发现，仅考虑受教育期间硕士与博士的间断性，硕博连读比间断性受教育方式成才周期要缩短约 2.1 年，总成才时间约为 29 年。本科教育更多的是基础知识的掌握、学习方法的塑成及兴趣的培养，而硕士与博士教育才是科研人才发展的重要阶段，因此硕博的连贯性对成才周期影响更加显著。

从受教育单位多元复合性角度分析，以本硕博混合型（均国内）作为参照组，本硕博混合型（国内外）和本硕博交叉型（国内外）成才周期均约为 26 年，成才周期减小程度约分别缩短 1.5 年和 2.3 年，本硕博同一型（均国内）的成才周期缩短年限较少，仅约 0.9 年。再进一步分类，以是否出国留学为关键点，对比模型 I

和模型Ⅱ，本硕博期间曾出国受教育相较于均在国内培养的学者，成才周期减少约 1.6 年。采访中的大部分有留学经历的学者认为，出国留学经历对于开阔视野、发展国际交流合作项目、学习发达国家的学术前沿知识、扩展思维创新能力具有正向作用，有利于取得科研成果的突破，对于人才的形成具有促进作用。"海归"学者在国外大多受到了系统的科学方法论培训，更容易将中国制度与国际方法论结合，产出具有创新性的研究成果。

从学科属性上看，工科和理科的长江学者成才时间要比其他学科学者成才时间少 3 年到 8 年。这与长江学者不同学科年龄的评选标准有一定的关联性，2015 年以前，按照学科属性分类：自然学科、工程技术类人选不超过 45 周岁，人文社会科学类人选不得超过 55 周岁。2015 年开始进一步分类，考虑到地区间的流动性，将东部地区优秀人才到西部地区应聘长江学者特聘教授的年龄放宽 2 岁。本章按照具体学科进一步分析，以工科作为参照组，哲学、法学、文学、历史学、艺术学成才周期延长 6 年以上，经济学、教育学、管理学成才周期平均增加 3.5 年以上，理学则要缩短约 1 年年限，具体见图 8-5。

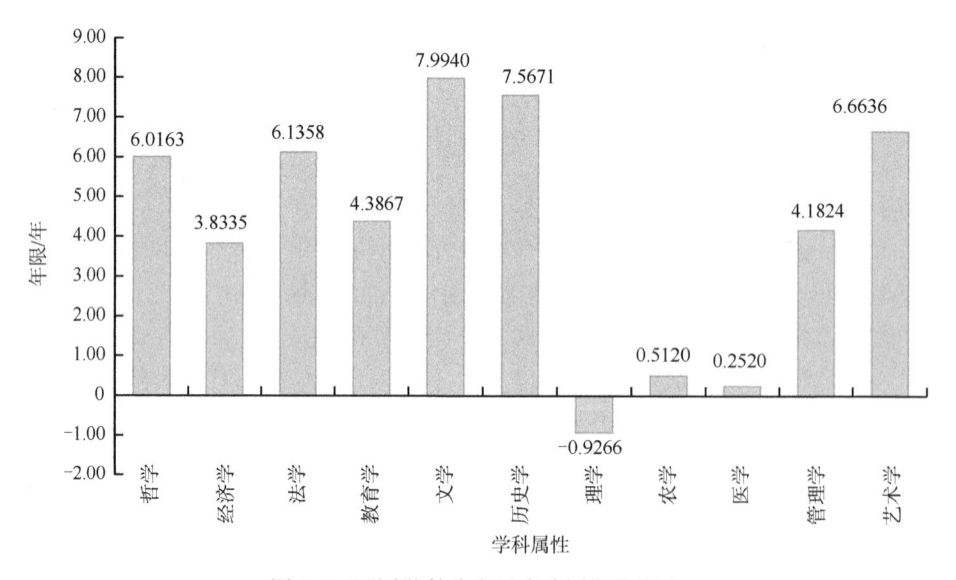

图 8-5 不同学科分类对成才周期的影响

图中参照组为工学。柱状图上数据标签代表相较于工学，其他学科成才周期延长的年限

第 9 章 支持基础研究的财税政策存在的问题分析

《国家创新指数报告 2016—2017》显示，我国创新指数在全球排名上位列 17，在全球前 20 名的榜单中，中国为唯一的发展中国家，这一数据可以充分证明近年来我国创新能力显著提升。但不可忽视的是，我国支持基础研究的政策体系建立时间较短，各项政策在制定和执行过程中依然存在一些不足。本章将在前文理论基础、现状分析及实证研究的基础上，从我国当前财政支持基础研究的政策体系和人才发展两个角度对现存的问题进行分析，为后文的政策建议提供思路和依据。

9.1 支持基础研究财政政策体系的主要问题

制订一系列基础研究发展计划，持续增加基础研究的投入力度，出台支持基础研究的政府采购政策，提供相关领域的税收优惠政策等措施对于基础研究的发展具有极大的促进和推进作用。尽管当前我国已经取得了较多基础研究成果，但随着各项激励措施的应用，我国支持基础研究的政策体系在不断完善的同时，逐步显现出一系列问题，本章从财政投入体制、政府采购政策、税收优惠政策三个方面逐一进行分析。

9.1.1 财政投入体制不完善

1. 财政投入强度不足

基础研究投入强度（基础研究经费与 GDP 的比重）呈现偏低的局面。近年来，我国基础研究投入总额在不断增加，但与我国经济发展水平未形成同趋势增长速度，基础研究投入强度相较于其他发达国家也处于较低水平。王利政（2011）通过实证发现，科技创新能力、经济发展水平与一国的基础研究投入正相关，国家往往依靠原始性创新获取国家竞争的优势，同时，按照实证的测算结果，当研发经费强度达 1.7% 时，基础研究经费强度应相应地达到 0.3%，基础研究占研发的比值也应达到 18% 左右。进一步证实我国基础研究强度与经济发展水平并不相称。

从数据上可以看出,1995年到2018年,我国基础研究投入强度始终停留在0.03%~0.12%,虽然2018年达到历史最高0.12%,但仍未超过一些发展中国家和转型国家0.15%~0.25%的比例。而发达国家投入强度一般高于0.4%,2016年美国的基础研究强度为0.46%,日本为0.39%,分别是我国2016年基础研究投入强度的4倍、3.5倍。财政投入对于支撑基础研究发展的力度不足将影响我国整体创新能力的提升,不利于我国建设创新型国家发展战略的实施。在基础研究财政科技投入方面,2012~2017年全国财政科技支出中占比最大的三项支出分别是应用研究、技术研发和基础研究,分别占26.60%、24.72%、8.58%,基础研究的财政科技投入明显不足。

2. 政策支持体系不完整

从整体上看,我国支持基础研究的财政政策并没有形成完整的体系,相关政策大多分散在各法律法规及相关条文中,且部分政策表现出临时性的特征,政策目标相对模糊,无具体细化操作,政策效果不明显。具体而言,财政政策多以鼓励开展基础研究为主,形式相对单一且缺乏弹性。黄倩等(2019)以我国1972~2017年的276条基础研究政策文本为研究对象,通过实证发现:我国基础研究政策内容侧重项目管理和人才培养,忽视设施建设,形式以效力较低的通知、办法居多,力度有待提高。从内容上看,我国基础研究政策体系偏重科研项目管理、环境建设,通知、办法、意见类政策形式不具有强制性,发挥的影响力较小,无法提升政策的实施力度,同时,政策缺乏时效性,各政策发布部门的协同能力有待提高。

从资金管理上看,财政科技资金多头管理,目标不一。现阶段财政科学技术支出预算权限在分配上没有实现统一与制衡,而是呈现预算分配权力碎片化与监督权力虚置化,最终导致不同部委出台的相关政策着力点各不相同,难以相互协调配合,形成有效合力,难以与作为顶层设计的国家科技规划之间形成内在一致性。其具体表现是,中国的科技预算分配权力分散到各部委,不但财政部门可以行使预算分配权,科技部、国家发改委、教育部、工业和信息化部、中国科学院等众多部委都有科学技术支出预算的分配权力。从财政资金分配体制上看,部委分配科技资金最常用的方式是竞争性项目制,部门间信息沟通不畅,不同部委的科技项目之间缺乏有效的协调,加之项目申报审批中把关不严,监管未形成合力,造成项目交叉,一些项目重复立项。尽管一些机构近年来在项目申报中加强了沟通与协调,但这一问题仍未得到根本改善。

3. 财政科技支出结构偏向严重

我国财政科学技术支出配置失衡,支出偏向严重,体现在以下几个方面。①基础研究占研发比重偏低。对研发经费的投入结构分析发现，我国研发投入保持稳定的增长，1995 年为 348 亿元，2018 年投入 19 657 亿元，增长约 55 倍。但在此期间，我国基础研究投入占研发的比重并没有发生变化，长期徘徊在 4.66%～5.96%，一直未突破 6%，我国基础研究投入比重偏低的现象并未有所改善，即对原始创新能力发展的重视不足，远低于发达国家水平。从国际经验看，美国、日本、德国等创新型国家在基础研究占研发的比重上较相似，一般保持在 15%左右。此外，从图 9-1 中可以看出，我国基础研究经费增长率的跳跃性较大，1998 年仅为 5.5%，2000 年达 37.85%的增长率，虽然 2005 年稍有平稳的趋势，但整体依然表现出强烈的波动趋势。同时，基础研究的财政科技投入明显不足。2012～2018 年全国财政科技支出中占比最大的三项支出分别是应用研究、技术研发和基础研究，分别在 24.67%～29.09%、24.17%～24.81%、8.06%～9.44%波动。以上说明虽然我国基础研究投入总量持续增长，但研发经费在分配结构上没有明显的改善、基础研究经费增长并不稳定，这样的发展趋势必将影响我国基础研究整体能力的快速提升。②财政科技支出结构固化，有待优化。中央与地方在财政科技支出结构上存在显著差异，中央财政科技支出偏向应用研究，2012～2018 年，其占中央财政科技支出的份额在 48.54%～56.25%波动，而基础研究财政支出仅在 14.84%～20.19%波动。地方的财政科技支出偏向技术研发，2012～2018 年地方财政科技支出占财政科技支出的份额在 39.17%～43.99%波动，应用研究则在 4.58%～5.67%波动，而基础研究则仅在 1.33%～1.63%。可见，财政科技支出中形成了严重的支出结构偏向，重技术研发、应用研究，轻基础研究，且支出结构较为固化。

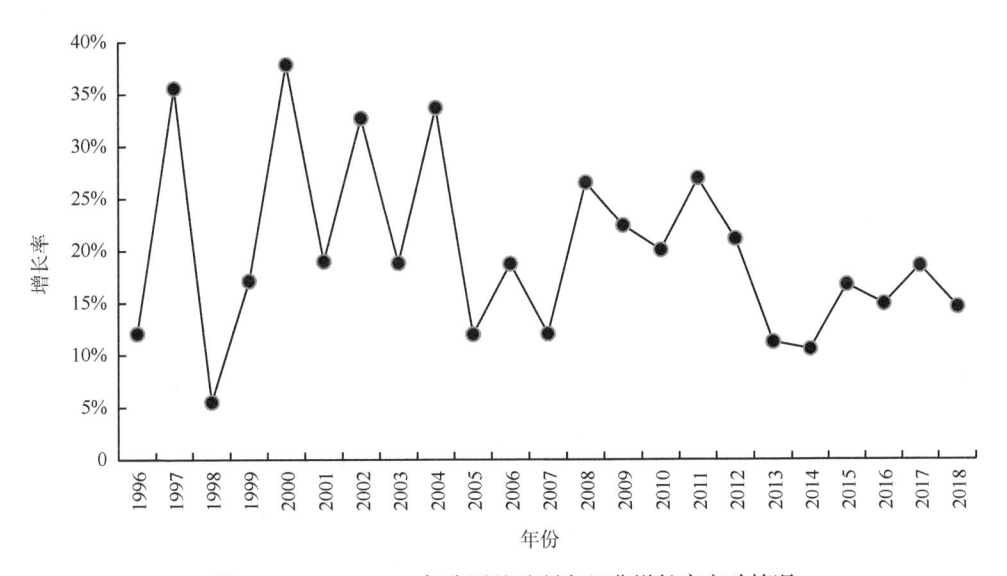

图 9-1 1996～2018 年我国基础研究经费增长率变动情况

4. 未形成多元投入渠道

从来源渠道上看，创新型国家的基础研究投入主体往往呈多层次、多元化的特征。以 2015 年的美国为例，企业、联邦政府、非联邦政府、高等学校、其他非营利组织均有参与，分别贡献了基础研究经费的 27.21%、44.27%、2.82%、13.04%、12.66%。相比较之下，2017 年全国一般公共预算支出决算表中显示基础研究预算数为 572.99 亿元，其中来自中央本级 516.8 亿元，地方 56.19 亿元，前者约占基础研究总支出的 90%，而后者仅占约 10%。可见，我国基础研究投入渠道单一。基础研究经费大部分源于中央财政科技支出的金额，源于企业的极少，基础研究投入高度依赖中央财政投入，远未形成多元化、多层次、多渠道的基础研究投入体系。虽然国家高度重视基础研究，中央财政投入持续增加，但来源于社会甚至部分科研人员对基础研究重要性的认识依然不足，基础研究投入结构问题较为突出，部分投入并未真正用于基础研究（李静海，2019）。中央是基础研究经费的主要提供主体，地方财政支出中用于基础研究科目经费的部分较少，并未充分发挥对基础研究投入的支持作用。此外，2017 年，美国基础研究经费中 28.38% 来源于企业，同期我国企业投入基础研究的比例仅为 2.97%，再对比企业基础研究经费占企业研发总支出的比重，美国为 6.59%，我国仅为 0.21%，较美国低 6.38 个百分点，也进一步体现出我国企业对基础研究的重视程度和参与度不足、企业基础研究投入与需求不对等，以及基础研究投入机制不完善。如何集成各方资源，实现多元投入机制对于推动基础研究发展具有重要作用。

5. 财政投入在区域间的配置极不均衡

2018 年，全国研发经费投入为 1.97 亿元，其中，研发经费投入超过千亿元的省市有 6 个，占全国研发经费的 58.5%，分别是广东（13.7%）、江苏（12.7%）、北京（9.5%）、山东（8.4%）、浙江（7.3%）和上海（6.9%）。这表明中国研发投入在区域上形成了高度集中的格局。

从研发经费投入强度（研发经费与 GDP 的比值）来看，2018 年，全国平均研发经费投入强度为 2.19%，高于全国平均水平的省市有：北京（6.17%）、上海（4.16%）、广东（2.78%）、江苏（2.70%）、天津（2.62%）和浙江（2.58%）。研发经费投入强度排名后 6 位的省区分别是：西藏（0.25%）、新疆（0.53%）、海南（0.56%）、青海（0.60%）、广西（0.71%）、内蒙古（0.75%）。可见，无论是从绝对数，还是从投入强度来看，科技投入在不同省区市的配置呈现高度的不均衡。

6. 基础研究投入效率有待提高

基础研究活动是一项长期且复杂的发展过程，不仅在于基础研究投入强度，基础研究投入产出效率也至关重要。前文通过 DEA 方法对我国财政投入基础研究效率进行测算，发现 2009~2016 年我国基础研究综合技术效率的平均值为 0.72，距离有效状态还存在一定的差距。同时，从地区差异性看，东部地区、中部地区的整体效率值优于西部地区，且西部地区各省区市间基础研究投入效率差距较大。分解情况看，我国技术进步水平的下降制约了全要素生产率的提高，设备投入和人员技能提高仍然是提高基础研究投入效率的重要部分。罗杭和郭珍（2014）对"985 工程"院校教学和科研效率进行评估，发现"985 工程"院校的科研效率显著低于教学效率。在我国基础研究经费投入力度不断加大的背景下，基础研究经费的高效使用对于促进基础研究从量的积累向质的转型、提升科技发展水平、发挥财政投入资金的激励效用具有重要意义。从投入形式上看，我国财政对基础研究的投入方式比较单一，主要以课题的形式投向高校及科研院所，而投向产业的资金较少，这样的投资形式容易造成人力和项目的重复投入、资金长期被特定主体占有的形势，且一些大型仪器设备在不同省份内反复建设，利用率低，甚至一些投入并没有真正用于基础研究，不利于财政投入资金使用效率的提升。

9.1.2 政府采购政策激励效果不明显

1. 政府采购规模较小

自 1999 年财政部颁布的《政府采购管理暂行办法》后，我国出台了一系列支持基础研究的政府采购政策，政府采购的功能已经从单一的财政支出管理手段扩展到发挥宏观调控的工具之一，在促进基础研究发展过程中发挥了重要作用。但由于我国政府采购政策起步较晚，其对基础研究的激励作用发挥并不明显。首先，我国政府采购规模相对较小，无法发挥采购资金的规模效应，出台的政策往往无法达到预期目标。2017 年，我国政府采购规模达 32 114.3 亿元，占全国财政支出和 GDP 的比重分别为 12.2%和 3.9%，但经济发达国家大多处于 15%~20%的比重。相比较而言，我国财政支出结构中，政府采购规模相对较小。其次，政府采购在支持基础研究方面主要通过采购创新产品、拉动整体需求的方式支持创新产品的研发。但上述资金虽然在绝对量上有所增加，但明确用于基础研究产品采购的部分并不多，在发挥政府采购的激励效应上并不明显。

2. 政府采购的可操作性不强

在具体政策的实施中，由于采购政策的不明确及落实机制的不健全影响政策的执行效果。我国对于支持基础研究发展的政府采购政策相对零散，并没有形成一定的体系，具体执行过程中仅依靠部分原则性指导意见，实际实施效果一般。

以新修订的《科学技术进步法》为例,政策虽然规定了国内自主创新产品和服务的政府采购、首购等制度,但没有具体的实施办法,在实际操作过程中为企业增加了难度。此外,政府采购是一项系统工程,需要采购人员具备一定的相关专业知识、对于采购所涉及的工程及项目具备一定的了解,同时兼顾经济思维,能够在采购过程中充分发挥财政资金的最大价值。在采购过程中,缺乏专门的采购人员对于政策的操作性也存在一定的影响。同时,采购人员在采购过程中对于基础研究、应用研究、试验与发展项目极容易混淆,进而造成资金的浪费。

3. 政府采购的支持范围有限

整体上看,政府采购政策在支持基础研究的范围上存在局限性。首先,企业类型的限制。对于支持开展基础研究的企业类型上,政府的采购对象大多针对高新技术产品,偏向于规模较大的"科技型"企业,而面向中小型企业的采购较少。大部分处于生产前期投入阶段、规模较小的企业无法成为政府采购的对象,不利于创新企业的整体发展。其次,采购产品的限制。采购对象往往是针对基础研究的产成品,虽然有利于发挥需求拉动功能,但从政策效果上看更偏向于事后激励行为。而基础研究具有周期长、风险高的特征,即要求基础研究主体自行承担大部分成本和研发风险。

9.1.3 税收优惠政策体系不健全

我国出台了一系列支持企业科技创新的创新政策和税收政策,但并没有进行专门的分类,从整体上看,我国支持基础研究税收政策表现出零散、局限、不全面、模糊,规定上存在无法统一等一系列问题。

1. 立法层级偏低,政策缺乏稳定性

我国针对基础研究的税收优惠政策体系较为复杂,大多贯穿在各种暂行条例、政府文件中,可操作性不强,覆盖范围和政策持久性等方面也存在着不足。具体而言,我国税收优惠政策的制定权尚未明确纳入法定范畴,大部分税收优惠政策经由国务院制定,或者由国务院授权给财政部、税务部等相关部门拟定后发布并施行。2015年3月15日修订的《中华人民共和国立法法》第八条第(六)款只是明确"税种的设立、税率的确定和税收征收管理等税收基本制度"只能通过法律制定,而对于税收优惠政策制定权并未给予说明(龚辉文,2018)。在具体的政策执行过程中,审批环节和认定标准不统一,造成管理效率低下。同时,立法层级不高,未形成针对性较强的税收优惠立法体系。

2. 税收优惠政策间不协调

相关激励发展基础研究活动的税收优惠政策设计中存在不协调的现象，缺乏整体规划。税收优惠政策所涉及的税种主要集中在所得税领域，而其他税种方面的调控相对有限。所得税减免的前提是企业已具有一定的盈利能力，而对于开展基础研究活动初期的企业来说，很难获得税收优惠的资格，而流转税中较重的税负无法得到缓解。此外，支持基础研究的税收优惠政策大多分散在不同的税种中，相互关联性不强，对于一些领域存在优惠政策力度不足、范围有限、政策衔接不够的局面。例如，在高新技术企业优惠政策中，对于研发费用的扣除缺乏统筹。虽然现行政策中对软件企业研发费用的核算已明确规定应依据研发费用加计扣除的相关规定，但《高新技术企业认定管理办法》（国科发火〔2016〕32号）对研发费用核算的规定，缺乏与研发费用加计扣除政策的衔接。同时，一些优惠政策的实施对象往往针对明确的企业类型（高新技术、软件等），并非对项目本身实施优惠，而这些企业进行的研发活动偏向于应用研究，因此无法达到激励基础研究的目的。

3. 税收优惠政策的普惠性力度不强

针对科技创新税收政策在特定对象、领域、时间、空间上会有不同的限定，导致普惠性激励力度不足，未能更好地激励企业科技创新的主动性、积极性（胡耘通和徐东云，2018），我国出台了一系列支持基础研究的税收扶持政策，政策范围逐渐扩大到基础研究活动的各方面。虽然税收优惠政策在不断地完善之中，但在税收对象、时限、区域等方面的规定上都存在较高的门槛和限定。大部分企业受到自身条件的限制无法达到享受税收优惠的条件，难以发挥税收的激励作用。例如，在高新技术企业的认定上，2016年《高新技术企业认定管理办法》对企业的成立时间、企业内部科研人员比例、研发费用发生比例等方面的认定进一步放宽，但大部分企业在认定过程中仍然无法达到相关规定，不得不放弃享受该优惠。当企业在后续发展过程中实现其标准时，相关认定标准已进行了新的调整，企业有很大概率错过享受税收优惠的机会。2021年，《中华人民共和国国民经济和社会发展第十四个五年规划和2035年远景目标纲要》提出，通过"实施更大力度的研发费用加计扣除、高新技术企业税收优惠等普惠性政策"，激励企业加大研发投入力度。

4. 税收优惠方式单一

在税收政策支持方式上，主要包括直接优惠方式与间接优惠方式两种。前者包括税额减免、低税率、亏损结转、延期纳税、即征即退等方式，后者主要包含加速折旧、投资减免、税前列支、弥补亏损等方式。各政策工具之间往往各自为政，缺乏统一的运行体系，不利于税收优惠政策整体效率的提升。在具体政策执行中，更偏重直接优惠方式，即偏重事后激励，而基础研究的不确定性更需要的是体现事前激励的间接优惠方式。直接优惠手段激励效果明显、公平公正，但对优惠对象有很大的局限性（杨晓芳，2017）。直接优惠手段大多适用于已经发生盈利行为的企业，强调事后利益让渡，而正处于研发中尚未取得基础研究成果的企业并不适用，且基础研究的特征之一即为周期长，这样的优惠体制不利于产业升级、传统工业基地转型。相对于直接税收优惠，间接税收优惠具有周期长、政策稳定的特征，在引导企业加大基础研究投入方面更具激励性，且在普惠性上更为有效，能准确表达政府对基础研究的重视程度。除上述内容外，我国在基础研究经费的减免方面、在基础研究设备（固定资产）折旧及纳税周期等角度上并未制定明确的税收优惠政策，无法发挥激励企业重视并大力开展基础研究的作用。

9.2 支持基础研究人才发展的主要问题

《国家中长期教育改革和发展规划纲要（2010—2020年）》中对于人才培养体制改革方面重点提出，要"创新人才培养模式。适应国家和社会发展需要，遵循教育规律和人才成长规律……探索多种培养方式，形成各类人才辈出、拔尖创新人才不断涌现的局面"。基础研究人才表现出的正外部性需要政府公共政策的支持，而财政政策作为宏观调控的重要政策工具在促进基础研究人才形成过程中具有导向作用，能够体现政府的政策意图。近年来，我国基础研究人员数量逐年增加，但科学领军人才和顶尖团队仍然不足，如何提高人才质量，保证人才的合理规模是亟待解决的问题，本节对我国财政支持基础研究人才发展过程中存在的问题进一步分析，以期为后续的对策研究提供有效思路。

9.2.1 教育投入不足制约人才发展

教育支出是改善教育基础设施、提高师资质量途径最终促进人力资本提高的关键（周亚虹等，2013）。从长江学者特聘教授研究的结果可以看出，良好的教育连贯性有利于人才质量的提高，本硕博直读型受教育方式相较于其他类型在平均成才周期上减少2.3年。良好的教育连贯性有利于拔尖人才创新能力的培养。在此次调研过程中，很多学者表示间断型培养方式会带来知识水平滞后的问题。我国经济正处于高速发展期，科学技术水平不断提高，知识迭代更新，本硕博受教育连贯性一旦间断后再投入研究中，需要花费大量的时间更新所学课程内容，同时受到工作经历的影响，心态上也需要一定时间的调整。人才所产生的创造性劳动成果是内在思想外在化的表现，而内在思想的优化是外在环境影响的作用结果。在人才成长过程中，教育的连贯性是外部影响的重要影响因素，对于人才质量的提高具有正向效应。而本硕博直读型教育方式需要财政的大力支持，解决人才在成长过程中物质基础薄弱的问题。近年来，我国正逐步提高人才"后备力量"的补贴标准，为进一步建立长期稳定支持人才发展机制奠定基础。2017年，财政部、教育部《关于进一步提高博士生国家助学金资助标准的通知》中提出，"为进一步支持博士生培养工作，调动青年高端人才积极性，经国务院同意，从2017年春季学期起，提高全国研究生招生计划内的全日制博士生（有固定工资收入的除外）国家助学金资助标准，其中：中央高校博士生从每生每年12 000元提高到15 000元，地方高校博士生从每生每年不低于10 000元提高到不低于13 000元（具体标准由省级财政部门、教育部门确定）；科研院所等其他研究生培养机构依照执行"。

此外，财政分权体制下，地方政府公共支出结构偏向于"重基础建设、轻人力资本投资和公共服务"现象（傅勇，2010；尹恒和朱虹，2011）。地区间竞争使地方政府偏向于投资生产性支出公共项目，而对于类似于教育类"受益外溢效应"投入不足，以财政自主度衡量的财政分权显著地挤出了地方政府的教育支出（周亚虹等，2013）。

9.2.2 激励人才发展的财税政策力度不足

我国对于人才发展的政策大多分散在不同的法律法规中，专门激励基础研究人才发展的财税政策有限。2018年《关于企业职工教育经费税前扣除政策的通知》中提出自该年起"企业发生的职工教育经费支出，不超过工资薪金总额8%的部分，准予在计算企业所得税应纳税所得额时扣除"。同年，《财政部 税务总局 科技部关于科技人员取得职务科技成果转化现金奖励有关个人所得税政策的通知》中提出，"依法批准设立的非营利性研究开发机构和高等学校根据《中华人民共和国促进科技成果转化法》规定，从职务科技成果转化收入中给予科技人员的现金奖励，可减按50%计入科技人员当月'工资、薪金所得'，依法缴纳个人所得税"。这些财税政策相较于以往均有所调整，但依然表现为间接支持人力资本，对于充分调动人才积极性仍有所欠缺。

多维的政策激励对于拔尖人才的成长具有推动作用。亚当·斯密曾提出"长期学徒制无法将年轻人塑造成勤奋的劳动者……一个计件领酬的熟练工可能是勤劳的，因为他每一次辛劳都能有所收获……劳动的甜蜜全部在于劳动的回报中"。在对长江学者特聘教授年龄的统计上，我们发现主要获奖者集中在46~50岁的年龄段，拔尖人才的成长往往属于"长期学徒制"，对成才时间的不确定性、未来的不明朗性都会使很多人放弃、自我否定，甚至厌倦。而且基础研究投入的特点是即使前期投入大量的精力，结果也未必取得成效，因此在拔尖人才的成长过程中需要发挥政策导向和倾斜，提供更大的发展空间。

9.2.3 基础研究人才的分布存在"马太效应"

一个国家人才的质量和数量决定着这个的国家科技水平，同样人才也是地方发展的重要动力。一个地区基础研究人才的增多，代表着当地科学技术水平的提高、基础研究项目的增多及该区域经济与综合实力的提升。同时，人才带来的不仅仅是财政资金的支持，还包括社会资源的积累、学校、科研机构声誉的提升等一系列不可估量的优势。以长江学者特聘教授为例，72.42%的学者集中分布在北京、上海、江苏、湖北、陕西、四川、浙江七个省市，同时，在这七个省市中，83.12%的学者就职于"985工程"与"211工程"院校。地区和高校的聚集已经成为一种常态。北京作为一线城市的重要代表，2009~2016年共聘任长江学者特聘教授636人，约占总人数的30%。北京拥有全国优秀的高校（清华大学、北京大学等）和顶尖级科研院所，这些因素是吸引众多人才的主要原因，竞争和人才的不断聚集将会为北京带来更多优秀的研究成果。从前文对长江学者特聘教授依托单位赫芬达尔指数的计算上可以看出，人才普遍集中在一部分高校内，且该数值并没有随着年份的增加而出现较大的变化，人才数量间接代表了一个学校科研实力水平，势必造成高校间基础研究人才分布的"马太效应"，造成地区间基础研究水平的巨大差距。

除了人才在地区分布中出现"马太效应"现象外，从长江学者特聘教授的学科分布上可以看出，我国理学、工学类学者占总人数的71%，且成才耗时相对其他科目较短，但其他学科的拔尖人才较少，且男女比例明显失衡。基础研究人才在自然科学领域的不均衡易造成学术垄断现象，需要通过政策调控减少学科发展不均衡现象。

第 10 章 支持基础研究的财税政策的国际比较及启示

多年来，我国基础研究经费总量呈现高速增长趋势，一方面，从 2001 年的 47 亿元增长到 2017 年 920 亿元[①]，同期基础研究经费占 GDP 的比重由 0.05%上升至 0.11%，基础研究经费年均增长 20.43%。但另一方面，我国基础研究投入占研发的比重长期徘徊在 4%~5%，相对于 OECD 成员 15%~20%的比例，明显过低。此外，我国基础研究领域依然面临着原创性成果少、国际顶尖基础研究人才和团队比较匮乏的情况[②]。在此背景下，本章选择美国、日本、韩国等创新型国家为研究对象，从基础研究的资助体系、执行结构、投入规模、税收优惠等方面进行系统的比较分析，探究其对我国的启示，以期为改进和完善我国基础研究的财政支持政策体系提供有参考价值的依据。

10.1 美国基础研究的财税支持政策

10.1.1 资助体系

在美国，基础研究的地位仅次于国防研究，但其没有设立专门的基础研究部门，也没有对基础研究发展制订中长期规划，政府对基础研究的资助主要通过各职能部门来实施，并通过科学基金制的方式弥补投入不足。这种分散型的科技体制，引入了市场和竞争制度，相较于政府自上而下的决策机制更具高效性。

（1）从资助主体看，政府与企业双主体运行。2015 年美国投入基础研究的经费总额约为 834.62 亿美元，其中基础研究经费的 44%由联邦政府提供。表 10-1 列示了 2015 年支持基础研究经费超过 1 亿美元的机构,基础研究经费投入前 6 位的机构依次是美国卫生与公众服务部（Department of Health and Human Services，HHS）、国家科

[①] 资料来源：《中华人民共和国 2001 年国民经济和社会发展统计公报》，http://www.stats.gov.cn/tjsj/tjgb/ndtjgb/qgndtjgb/200203/t20020331_30015.html[2021-11-25]；《中华人民共和国 2017 年国民经济和社会发展统计公报》，http://www.stats.gov.cn/tjsj/zxfb/201802/t20180228_1585631.html[2021-11-25]。

[②] 《科技部：我国基础研究重大原创性成果缺乏、顶尖人才和团队匮乏》，http://news.cri.cn/20180211/449dda0b-c383-d708-c2cc-764c390224c4.html[2018-06-15]。

学基金会（National Science Foundation）、能源部（Department of Energy，DOE）、国家航空航天局（National Aeronautics and Space Administration，NASA）、国防部（Department of Defense，DOD）、农业部（Department of Agriculture，USDA）等。

表 10-1　2015 年美国主要联邦机构基础研究经费资助情况

部门（机构）	研发经费/亿美元	基础研究经费/亿美元	基础研究经费占比
卫生部	302.72	150.77	49.80%
国家自然科学基金会	56.70	49.74	87.72%
能源部	113.91	44.60	39.15%
国家航空航天局	113.61	32.10	28.25%
国防部	615.14	21.33	3.47%
农业部	23.41	9.25	39.51%
退伍军人事务部(Department of Veterans Affairs，VA)	6.62	2.27	34.29%
商业部（DOI）	13.31	2.32	17.43%
史密森学会（Smithsonian Institution，SI）	1.96	1.96	100%

资料来源：美国国家科学基金会. 科学和工程指标 2018

（2）各主体资助结构迥异，任务导向型特征明显。从表 10-1 可以看出，2015 年美国卫生部研发经费为 302.72 亿美元，其中 49.80%用于基础研究，49.95%用于应用研究，只有很小的一部分，0.25%用于资助试验发展，在基础研究经费的支持上远高于其他部门；国家自然科学基金会将研究计划明确划分为基础研究计划、科学教育计划、应用研究计划、有关科学政策的计划、国际合作计划五大类，国家自然科学基金会更侧重于支持基础研究，其用于基础研究经费占研发总经费的 87.73%（National Sanitation Foundation，2018）。总体上，近年来随着企业对基础研究投入的增加，政府投入比例有下降的趋势，2008 年政府对基础研究投入比例为60.5%，2015 年下降至 44.3%，而企业对基础研究投入比例达 27.2%，创历史新高。在企业的大力支持下，美国历史上出现了很多由企业支持创建的著名研究机构，如贝尔实验室、IBM 实验室、微软亚洲研究院、英特尔（集成电子公司）等。除以上部门外，大学、非营利机构和非联邦机构同样是美国基础研究资助体系的重要组成部分，具体见表 10-2。

表 10-2　2015 年美国基础研究经费投入与执行

执行部门和工作类型	总额/亿美元	企业/亿美元	联邦政府/亿美元	非联邦政府/亿美元	高等学校/亿美元	其他非营利组织/亿美元	执行百分比
基础研究	834.62	227.17	369.46	23.54	108.80	105.65	100%
企业	217.92	196.21	20.38	0.14	*	1.20	26.10%

续表

执行部门和工作类型		总额/亿美元	企业/亿美元	联邦政府/亿美元	非联邦政府/亿美元	高等学校/亿美元	其他非营利组织/亿美元	执行百分比
联邦政府	联邦内部	59.26	0	59.26	0	0	0	7.10%
	联邦资助的研究与发展中心（Federally Funded Research and Development Centers, FFRDCs）	41.27	0.47	40.43	0.04	*	0.32	4.94%
	非联邦政府	100.00	*	0.41	0.60	*	*	0.12%
高校（大学和学院）		409.83	21.76	218.88	22.77	108.80	37.63	49.10%
其他非营利组织		105.34	8.73	30.10	*	*	66.51	12.62%
资金来源百分比		100.00%	27.21%	44.27%	2.82%	13.04%	12.66%	

资料来源：美国国家科学基金会、美国国家科学和工程统计中心（National Center for Science and Engineering Statistics）、美国研发与发展年度报告、2018科学和工程指标（2018 Science and Engineering Indicators）

*表示小到可以忽略的金额

联邦政府相较于非营利组织在基础研究方面投入表现为规模更大，人力物力资源更丰富，且研发内容具有特定的使命，而非营利组织的优势在于个人对资金的调节力度更大，项目投资期较长。

10.1.2 执行结构

（1）执行主体集中化。在政府的支持下，研究型大学成为基础研究的重要执行主体。大学的基础研究得到了充分的发展，现已形成高度竞争的科研分配体制、优秀的科研团队，拥有较高水平的学术成果。图10-1报告了不同主体基础研究经费比重的演变，可以发现在基础研究执行方面，研究型大学是基础研究的主要承担者，从表10-2和图10-1的统计结果可以看出，美国大学的研发活动主要集中在基础研究上，1963年至今，国家50%以上的基础研究经费投入大学。大学内部的科研机构主要分为四类：一是以学科系为区分标准成立的实验室；二是大学自行建立的研究中心、研究所、中心实验室等；三是大学与其他执行主体联合成立的研究中心；四是政府成立的委托大学管理的科研机构（赵志耘和杨朝峰，2010）。

企业基础研究的投入与企业性质相关，更注重"产、学"的结合，致力于以技术开发所必要的知识开展基础研究。企业等商业机构执行基础研究的经费占美国基础研究经费的比例呈现波浪式发展趋势，1953年开始逐渐下降，到1973年遇到第一个低谷（15%），后波动至1993年的24.1%，接下来在2003年遇到第二个低谷（17.1%），2004年后再次上升。企业基础研究的范围主要集中在具有预期价值且国家未曾开发的有利于推进研发新产品的领域，主要针对技术开发所必须掌

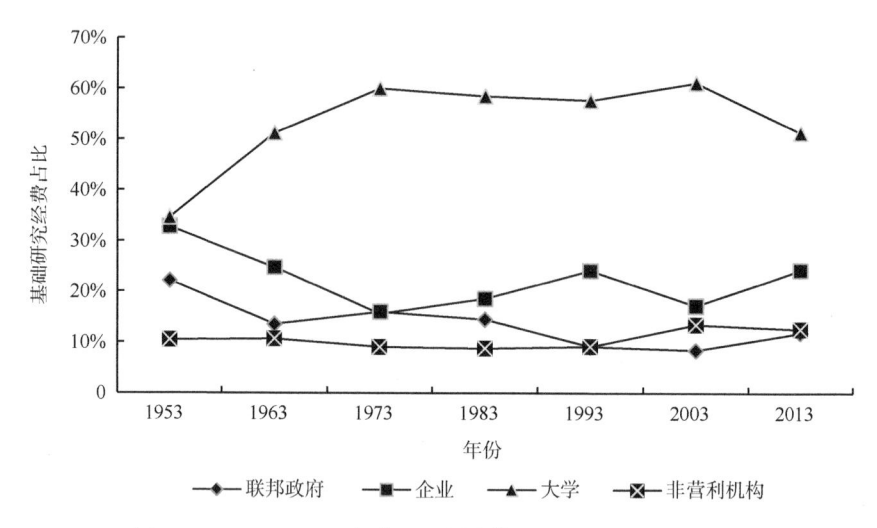

图 10-1　1953~2013 年美国不同主体基础研究经费比重演变

握的知识展开基础研究，一旦产生基础研究成果，不会像大学一样进行更深入的研究，而往往是优先转入应用研究。很多企业会对大学进行私人资助，旨在通过资助或合作方式创造基础研究成果。

最后是联邦政府（包括机构内部实验室、联邦资助研发中心）和非营利组织，国家实验室虽然在基础研究经费投入与执行方面并未占领较高比例，但其引领了美国最先进的科学技术，同样拥有强大的创新力，许多诺贝尔获奖成果的研究过程都是在国家实验室完成的。

（2）资金分配方式灵活多样。除联邦政府采用稳定的支持模式外，其他主体大多采用竞争性模式，同行评议与竞争机制是确保知识生产要素得到优化配置的主要方式。针对个体资助者的资助模式，即意味着优秀的科研人员能争取到大量且持续的基础研究经费，在完成科研项目的同时培养更多的研究者，逐步扩大科研团队，且有利于人才的竞争，成为激励人才成长的重要动力。

10.1.3　投入规模

第二次世界大战后美国科技预算投入始终保持较稳定增长趋势，科技政策的制定方面也从过去的使命型逐渐过渡到扩散型（Chiang，1991）。具体地说，原来主要采取大科学的方式，设定对国家发展具有重大影响的创新研究，将基础研究重点集中在少数大型企业和科研机构上；现在主要侧重于科学技术的全面发展，通过政策引导大学、企业、联邦实验室等主体间的合作研究，强化知识产权保护，提高基础研究的国际化程度。当下，美国在基础研究投入规模和项目质量上远高于其他国家，投入的范围几乎包含基础科学的全部研发领域，以及不同领域的科学技术教育。

（1）美国基础研究经费投入规模大。1970年时，美国基础研究经费便达到36亿美元，占研发经费的13.7%。随着美国政府对基础研究的重视，基础研究领域得到迅速发展，到2016年，基础研究经费达863亿美元，绝对规模增长了近23倍。21世纪初至今，美国基础研究预算经费规模保持较稳定的增长趋势，占研发经费的比重保持在15%以上，2009年占比18.67%达到最大值（图10-2）。从美国基础研究经费占研发的比重上看，大致分为三个阶段：1953~1960年，保持在10%以下；1961~1988年，处于10%~15%；1989年至今，维持在15%~20%的范围。美国政府非常重视基础研究的发展，即使在经济低迷期，美国依然保持对基础研究的重视，2008年国际金融危机爆发后，美国在财政面临紧缩的背景下并没有减少科研投入，而是出台了《2009年美国复苏与再投资法案》，新增科研投入132亿美元，其中约23%直接拨入国家自然科学基金会中。

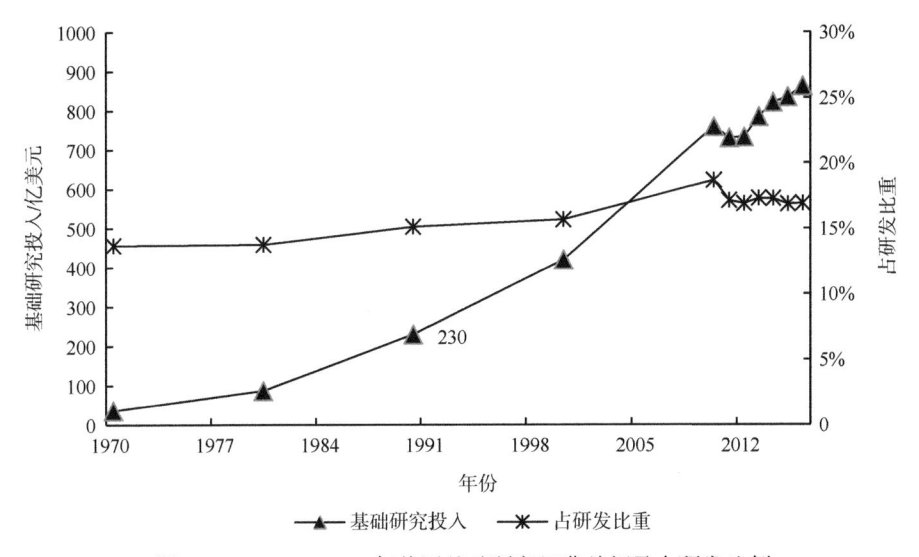

图10-2 1970~2016年美国基础研究经费总额及占研发比例

（2）基础研究产出成果质优量大。2017年《中国科技论文统计结果》显示，2007~2017年10月美国科技人员共发表国际论文380.45万篇，论文共被引用644.74万次，均远高于全球其他国家，美国平均每篇论文被引用17.47次，世界排名仅次于瑞士（20.14次/篇）和荷兰（19.11次/篇），高于世界整体篇均被引用次数11.80次/篇（中国科学技术信息研究所，2019）。专利产出方面，OECD 2018年公布的数据显示，2015年美国发明者拥有的三方专利数量约为14 886项，占世界的26.73%，排在世界第2位。以上成果与美国基础研究资助规模具有直接关系。

10.1.4 税收优惠

税收优惠政策成为美国激励企业大力投入基础研究的重要手段，整体上已构建了侧重于"所得税减免"的税收优惠体系。早在 1954 年的财税法中便规定企业可以采用双倍余额法、年限合计法等进行固定资产折旧，企业发生的研发支出也可以选择一次性扣除或资本化处理；在《1981 年经济复兴税收法案》（Economic Recovery Tax Act of 1981）中，第一次正式提出企业研发支出的税收抵免政策，研发费用可在发生年度一次性扣除；企业增加研发费用超过前三年研发投入均值部分的 25%可抵免当年应纳税额。此外，研发设备可选择三年为折旧期，这一政策带动了企业设备的更新度并进一步降低了企业负担。《1986 年税制的改革法案》规定常规研发税收抵免比例为 20%，并提出企业通过合同委托大学进行的基础研究费用也可以申请 20%的税收抵免。由此，美国的税收优惠政策体系逐步形成，重点在于减轻企业的税收负担，刺激企业将更多的资金投入研发活动，从而奠定了税收鼓励企业研发支出的基础。2006 年，布什政府通过了《税收抵免及医疗保健法案》（Tax Relief and Health Care Act），其中增加了简化抵免法（alternative simplified credit，ASC），即以企业前三年研发投入均值的 50%为基准，企业当年的研发投入超过基准的部分可以享受 12%的税收抵免。《2008 年经济稳定紧急法案》（Emergency Economic Stabilization Act of 2008）将抵免比率调增至 14%，该抵免方法在一直沿用至今。美国的税收抵免政策一直处于延长和修订的过程中，直至《2015 年保护美国人免于高税法》的颁布使税收抵免制度永久化，实现了税收优惠的全面覆盖，进一步刺激了企业对基础研究的关注。同时注重对小企业的支持，允许符合条件的小企业利用研发税收抵免制度抵消工薪税。在美国大量研发激励政策中，研发税收抵免政策的重要作用不断凸显，政策集中在对研发企业的支持、补贴和对科技创新的投资等方面。

10.2 日本基础研究的财税支持政策

10.2.1 资助体系

重视和加强基础研究一直是日本重要的国家发展战略。文部科学省（Ministry of Education, Culture, Sports, Science and Technology, MEXT）为政府内部稳定的基础研究投入主体，通过各种项目和人才计划全面支持基础研究的发展，同时，在基础研究经费的分配方面兼顾了运营性、竞争性、战略性、自由探索性等不同类型经费的平衡。

（1）政府内部多部门协同支持基础研究。据日本内阁府发布的《2017年科学技术相关预算》报告统计，2017年政府科技相关预算总额约为299.22亿美元[①]，涉及的行政部门主要包括文部科学省、经济产业省、农林水产省、厚生劳动省等多府省厅。其中，文部科学省提交的预算金额为192.42亿美元，用于加强基础研究的经费达148.44亿美元（表10-3），占总科技经费的77.14%，是政府部门主要的基础研究投入主体。文部科学省通过科技项目和科研人才的培养来提高本国基础研究水平，推动日本的科学基础创新。其次是经济产业省15.6%，另外农林水产省、厚生劳动省、总务省也是基础研究的来源机构，为基础研究提供了小部分经费来源[②]。

表10-3　2017年日本文部科学省重点资助领域及预算经费

资助领域	内容分类	金额/亿美元
挑战性研究	具危险性的研发	0.26
超智能社会（Socitey 5.0）项目	尖端基础技术强化	0.82
	新一代半导体研发	0.11
区域经济与社会可持续发展	国际热核聚变实验堆计划	1.93
	推进海洋调查等战略性项目	3.22
	福岛第一原子能发电站废除等措施加速研究开发计划	0.38
国家安全中心	地震防灾领域的研究开发	0.94
加强基础研究	科学研究资助	19.52
	推进创造研究领域	3.92
	建设世界最高水平的大型研究设施	3.91
	科学技术创新人才培养	0.35
	国立大学基础研究经费	93.79
	私立大学基础研究经费	26.95
创新循环系统	促进"管产学"合作创新	0.30
其他	H3火箭研发	1.64
	新一代航空科学技术研发	0.29

资料来源：日本内阁府，2017年科学技术相关预算，http://www8.cao.go.jp/cstp/budget/h29yosan.pdf[2018-07-12]

---

① 以当年年末汇率换算，下同。

② 2001年日本将原有的1府22省改编为1府12省厅：原来的总理府、经济企划厅、冲绳开发厅合并为内阁府；邮政省、总务厅、自治省合并为总务省；文部省和科学技术厅合并为文部科学省；运输省、建设省、国土厅、北海道开发厅合并为国土交通省；厚生省、劳动省合并为厚生劳动省；大藏省改名为财务省；通产省改名为经济产业省；环境厅升格为环境省。法务省、外务省、农林水产省、防卫厅、国家公安委员会不变。其中内阁府的级别高于其他12省厅，有权协调各省厅之间的事务。

（2）基础研究经费分类拨付，愈加重视竞争性基础研究经费投入。在文部科学省每年的政府预算中，基础研究分为尖端性的基础研究、竞争性研究经费、不同领域基础研究等类别，分别由日本学术振兴会（Japan Society for the Promotion of Science，JSPS）、日本科学技术振兴机构（Japan Science and Technology Agency，JST）负责运行。日本政府主要通过两种方式提供研究经费，一种是运营费交付金（维持经常性基础研究经费），主要用于维持研究机构正常运营，包括人员费和各种业务费；一种是竞争性经费研究资金，主要由文部科学省、经济产业省等部门通过课题的方式分配给研究人员。1996 年，日本竞争性经费占研发经费比例为 6%，此后政府不断加大对竞争性经费的投入力度，2004 年该比例首次达到 10%，2017 年竞争性资金比例为 12.8%，日本政府逐步改善基础研究经费的分配方式，通过增加竞争性经费的份额提高资金的使用效率。

10.2.2 执行结构

在日本，大学同样是基础研究的主要执行机构。第二次世界大战后日本建立了"管、产、学"的研究体系，"管"类研究机构主要负责基础性的大型研究项目；"产"类研究机构主要为了革新技术，发展前景为应用型；"学"类主要指大学进行的一系列基础研究。政府会根据国家发展状况，按照市场需求调整基础研究领域，制定具有目标导向的执行机制。同时，高度重视人才的培养。

（1）大学是基础研究的主要执行机构。从经费的执行情况看，大学一直是日本发展基础研究的主要阵地，占据了基础研究一半以上份额，企业的执行比例虽然小于大学，但也是日本基础研究得以发展的重要支撑。从表 10-4 可以看出，执行经费比例中，大学占比最多，约占 51%，其次是企业，约为 36%，政府仅占约 11%。值得注意的是，在各主体研发经费分配比重上，大学 55.40%的经费用于基础研究发展，企业基础研究经费虽然仅占总研发经费的 6.70%，但金额约为大学基础研究经费的 70%，从中可以反映出企业是日本基础研究发展的重要支柱。

表 10-4　2015 年日本基础研究经费执行情况

执行金额及比重	企业	政府	大学	非营利团体（其他）
基础研究经费/亿美元	75.72	23.51	107.54	4.42
占研发比重	6.70%	21.50%	55.40%	—
基础研究经费执行比重	35.85%	11.13%	50.92%	2.10%

资料来源：日本科学技术·学术政策研究所，科学技术指标 2017，http://www.nistep.go.jp/archives/33898[2018-06-17]

（2）稳步推进科技体制改革，重视基础研究人才培养。1995 年日本发布了《科学技术基本法》，自1996年至今共制订了五期《科学技术基本计划》。第一期，日本政府投资1617.96亿美元用于改善科技活动环境。第二期（2001~2005年）对研发投资1736.21亿美元，并提出了诺贝尔奖的量化指标，在未来的50年内获得诺贝尔奖的科学家达30人。截至2017年，日本已经有17人获得该奖项，已完成该目标的50%以上，日本政府成功实现了依靠培养国际顶尖基础研究人才带动国家科学前沿发展战略。2017年4月，为实现第五期（2016~2020年）目标，日本决定在2020年实现将政府研发投资增至GDP的1%的目标（约534亿美元），人才战略成为政府提升基础研究水平的关键政策。

10.2.3 投入规模

整体上看，日本高度重视基础研究，科技共享是其成功的关键因素之一。在日本政府及协会的主导下，科技资源共享的发展形成了高度组织化、制度化和有序推进的发展格局，逐步构建了国立大学共同利用体制、大型尖端科研设施的共同利用体制和产业技术合作研究体制的共享模式。其中，国立大学共同利用体制是日本独特的科研设施设备共享与研究交流合作体制，具体体现在国立大学拥有的大型学术设备、资料、数据可以提供给全国的研究人员共同利用，以此来推动跨学校、跨领域的研发（国家科技基础条件平台中心，2013）。第二次世界大战后，日本政府将大量的经费用于了解、跟踪与研究国外先进的科学技术上，经济产业省是重要的监控和购买国外技术的发展机构，由它进口国外技术并在国内市场进行扩散，以促进世界先进科学技术成果的利用和进一步开发。日本坚持以"科技立国"战略为主导，始终将资源共享作为提升科技创新能力的重要基础和条件。成功地从"科技模仿立国"走向"科技创新立国"后，日本坚持继续加大对基础研究的投入规模并积极开展尖端科技的研发。

在实践中形成逐步平稳的投入模式，支持基础研究健康发展。1965年日本基础研究占研发经费高达30.3%，在这之前日本对于基础研究投资比例空前高涨，但随后进入低谷期，到1975年下降至14.2%。一个原因在于1965年以后，日本企业改变了原有的技术模仿模式，开始转向技术开发模式，即开展更多的专项开发研究，随后又受到1973年石油危机的影响，基础研究经费逐渐缩减。另一个原因是研发投入总数增多了，虽然基础研究经费总额也在增加，但是绝对规模较研发总额增长幅度较慢。1975年以后，该比例稍有回升，但整体依然呈下降趋势，至1990年达到历史最低点13%，随后基础研究占研发的比重在1995年升回至最高15.5%，其他年份均处于（13%~15.2%）较平稳的区间。研发经费的构成上，1981年至今，日本的研发经费投入占GDP比率呈平缓的上升趋势（图10-3），2008年达到3.69%。其中，基础研究、应用研究、开发三项目经费比例较稳定，平均占比分别为 14.39%、23.81%、61.81%。从绝对规模上看，2015 年日本基础研究经费较 2005 年的 197.94 亿美元增至 211.19 亿美元，十余年间增幅达 6.69%。无论是相对规模还是绝对规模，日本政府基础研究的投入强度均保持稳定的态势，在国家不断出台各项科技战略与政策体系的支持下，日本国内不断营造有利于人才培养和支持创新研发的科研竞争环境、完善科技发展的基础设施，整体上已经实现了从技术模仿型国家到科技创新型国家的转型，基础研究水平在国际上处于较高的地位。

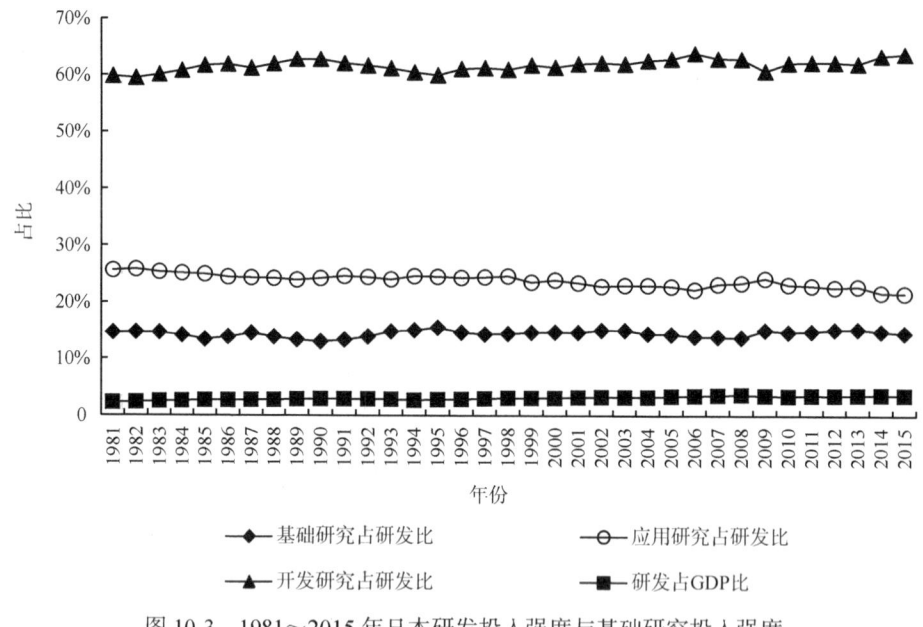

图 10-3　1981～2015 年日本研发投入强度与基础研究投入强度

资料来源：日本科学技术·学术政策研究所，科学技术指标 2017，http://www.nistep.go.jp/archives/33898[2018-06-17]

10.2.4　税收优惠

日本的税收优惠偏重"应税收入抵扣"模式。自 1966 年开始，日本开始通过税收优惠的形式支持研发活动发展，且在政策制定上偏重"应税收入抵扣"方案，即政府从企业应付所得税额中扣除部分或全部研发费用。1985 年日本政府通过制定《促进基础技术开发税制》，提出在原减税政策的基础上，对部分高新技术领域购置的基础技术开发资产免征 7% 的税金（杨博，2012）。2003 年以后，日本政府进一步加大研发的税收抵免，提出计税基数为总量法的"投资税税收抵免"（the launch of a volume-based tax credit），政府研发税收支出占 GDP 的比例从

0.02%上升到 2014 年 0.17%，达到 57.28 亿美元，在 OECD 和其他主要经济体中排名第 14 位。2016 年，日本政府实施了以计算基数为总量法和增量法相结合的税收抵免激励政策，即企业可以申请总量与增量研发税收减免或高研发强度税收减免相结合的方式，但整体研发税收优惠不得高于企业应纳税所得额的 40%（OECD，2018）。

10.3 韩国基础研究的财税支持政策

10.3.1 资助体系

韩国的政府资助体系与日本相似，日本政府基础研究投入的核心部门是文部科学省，韩国为教育部，其他部门围绕该部门发展基础研究的相关活动，整体上形成以核心部门为主其他部门为辅相互协调发展格局。但是在具体资助的内容上，日本与韩国又不尽相似，前者侧重于自由探索类的基础研究活动，后者受国家发展需求影响主要资助国家战略型的基础研究活动，在基础研究的目的上表现出不同的发展战略。

（1）因时而变的灵活资助模式。从资金来源上看，韩国基础研究经费主要来源于政府每年的基础研究预算和韩国科学财团。为发展基础研究，韩国政府于 1977 年建立了韩国科学财团（后改为韩国科学基金会，Korea Science Foundation，KSF），1981 年设立韩国研究基金会（Korea Research Foundation，KRF），2009 年，韩国将科学与工程基金会、韩国研究基金会和韩国科学技术国际合作基金会合并为韩国国家研究基金会（National Research Foundation of Korea，NRF）。该部门主要负责国家基础研究、社会公益研究、大科学、教育及人才的培养等内容（李红林和曾国屏，2008）。从政府内部研发经费分类来看，2013～2016 年，基础研究经费占研发的比重从 34.4%升至 39.43%，虽然在经费总量上少于试验发展经费，但是政府内部基础研究经费始终占全国基础研究经费的 1/3 以上（表 10-5），且保持增长的趋势。国内由政府资助的基础研究机构主要包括韩国科学技术研究院（Korea Institute of Science and Technology，KIST，1966 年成立）、生命工学研究院（Korea Research Institute of Bioscience and Biotechnology，KRIBB，1985 年成立）、电子通信研究院（Electronics and Telecommunications Research Institute，ETRI，1976 年成立）、科学技术政策研究院（Science and Technology Policy Institute，STEPI，1987 年成立）、基础科学研究院（Institute for Basic Science，IBS，2011 年成立）等。

表 10-5　韩国政府内部研发经费分类与占比

研究类别	2013 年 规模/亿美元	2013 年 比重	2014 年 规模/亿美元	2014 年 比重	2015 年 规模/亿美元	2015 年 比重	2016 年 规模/亿美元	2016 年 比重
基础研究	348.51	34.40%	321.77	34.28%	358.40	37.95%	363.34	39.43%
应用研究	233.70	21.74%	210.54	20.91%	210.43	18.42%	211.36	16.28%
试验与发展	569.41	16.06%	508.51	15.06%	541.46	15.95%	543.29	15.31%

资料来源：韩国科学技术研究院，科学和技术指标 2017

（2）注重基础研究发展的政策配套。首先，韩国政府不断调整基础研究的发展战略。2009 年，教育科学技术部（2012 年改名为教育部）、国家科学技术委员会相继发布"2009 年度理工类基础研究计划""基础研究振兴综合计划"，革新基础研究研发领域资助金额，并建立以人才为中心、创新为主的发展模式。至 2017 年，韩国的基础研究科学院进一步整合，将原有分散的各科研院所集中整合，选拔出具有高层次学术能力的科研带头人，将整个科研体系调整为"研究团"模式，进而更大程度地协助产、学、研资源的发展。在全国范围内已经形成 30 余个"研究团"，且该团队仍处在不断增加的过程中。其次，注重知识产权的保护。韩国政府多次修订知识产权法和专利法，将评定标准不断与国际标准看齐，2008 年 9 月，韩国政府出台了《知识产权强国实现战略》，提出促进知识产权创造，提升知识产权国际主导力，引领国际专利制度发展，加强知识产权保护，建立知识产权纠纷援助机制等。2011 年 4 月，韩国国会全体会议通过了《知识产权基本法》，会议决定成立国家知识产权委员会，加强对侵权行为的惩罚力度，力图提供公平的竞争环境。2015 年，韩国政府再次将专利的审查时间缩短，发明专利和实用新型缩短至 10 个月，外观设计为 4.4 个月，商标为 4.7 个月，进一步提高了专利的审查效率。

10.3.2　执行结构

从执行结构上看，韩国基础研究最突出的特点为基础研究由企业主导，企业的基础研究经费表现出很强的独立性，很少投资于大学或政府。在韩国发展史上，对于基础研究的重视始于 1970 年，起先的发展模式为政府主导型，目的是摆脱对外国技术的模仿和引进。随后企业受到政府的影响大规模投入基础研究，政府的投资规模逐渐小于企业，便形成以民间主导型为主的发展模式，企业对于基础研究的迅速发展起重要的助推作用。

不同于美国、日本等其他国家，韩国基础研究的核心力量依托于企业，其后依次为大学、国家研究机构。2015年,企业基础研究经费支出占全国总基础研究经费支出的56.08%,该占比在韩国大学、国家研究机构、非营利团体研发支出结构中分别为18.68%、24.25%、0.56%[①]。其中,虽然国家基础研究经费的总额一半以上来源于企业,但该份额仅占企业研发的12.4%,而大学和政府基础研究经费均占各自研发费用的35%以上,因此从三大主体的经费使用侧重点角度考虑,政府依然是基础研究的主要关注主体。在基础研究经费的支出流向上,企业经费主要用于企业内部,很少投入政府及大学,而政府的经费主要用于资助国家研究机构和国立、公立大学。从表10-6可以看出,1996~2015年,企业、国家研究机构基础研究经费占各自研发总支出份额保持缓慢增长趋势,每5年企业基础研究经费占比平均增长1%,国家研究机构表现为平均每5年增长4.5%,大学则以每5年2.2%的幅度缓慢下降。从基础研究经费占全国基础研究支出的比例看,企业基础研究经费表现出稳定的增长趋势,2006年该比例达到最高点(60.56%),国家研究机构保持稳定态势,大学在基础研究执行强度上则表现出较大幅度的下降趋势。

表10-6 韩国基础研究经费执行情况

年份	企业 基础研究经费占全国基础研究经费比例	企业 基础研究占自有研发比例	国家研究机构 基础研究经费占全国基础研究经费比例	国家研究机构 基础研究占自有研发比例	大学 基础研究经费占全国基础研究经费比例	大学 基础研究占自有研发比例
1996	45.04%	8.10%	21.45%	17.50%	31.48%	44.40%
1997	44.24%	8.10%	24.08%	20.30%	29.63%	37.80%
1998	32.55%	6.50%	34.59%	27.70%	31.96%	40.10%
1999	39.47%	7.50%	28.10%	26.40%	30.31%	34.30%
2000	36.11%	6.10%	23.72%	22.40%	37.91%	42.40%
2001	44.68%	7.40%	21.37%	21.80%	33.49%	40.50%
2002	49.75%	9.10%	21.99%	22.50%	28.06%	37.10%
2003	55.61%	10.60%	18.74%	21.60%	25.16%	36.00%
2004	60.29%	12.00%	17.43%	22.10%	21.92%	33.30%
2005	59.22%	11.80%	17.85%	23.00%	22.56%	34.80%
2006	60.56%	11.90%	16.43%	21.60%	21.87%	33.40%
2007	51.97%	10.70%	19.64%	26.50%	27.87%	41.10%
2008	55.18%	11.80%	17.99%	24.00%	25.55%	36.90%
2009	56.51%	13.80%	19.97%	27.80%	22.19%	36.20%

---

① 韩国到2006年为止,只有自然科学费用。其他国家除自然科学外还包括人文、社会科学研究开发费,下同。

续表

年份	企业 基础研究经费占全国基础研究经费比例	企业 基础研究占自有研发比例	国家研究机构 基础研究经费占全国基础研究经费比例	国家研究机构 基础研究占自有研发比例	大学 基础研究经费占全国基础研究经费比例	大学 基础研究占自有研发比例
2010	57.02%	13.90%	21.20%	30.50%	21.01%	35.30%
2011	56.25%	13.30%	21.72%	33.50%	20.61%	37.00%
2012	55.86%	13.10%	22.48%	36.60%	20.82%	40.00%
2013	57.00%	13.10%	21.52%	35.50%	20.49%	39.90%
2014	58.32%	13.10%	21.56%	33.80%	19.36%	37.60%
2015	56.08%	12.40%	24.25%	35.50%	18.68%	35.30%

资料来源：韩国教育部网站（http://www.kostat.go.kr）和 OECD 网站（https://data.oecd.org）。其中，2007 年以前经常研究经费不包含人文、社会科学研究开发费，即 2007 年数据与前一年的数据不具有持续性

10.3.3 投入规模

韩国基础研究经费占研发经费比重波动性较为明显。1983 年至今基础研究经费占研发经费比重表现出先下降后震荡再上升的趋势。1983~1992 年，基础研究经费占比从 18.2%下降至 12.6%，而在这期间研发表现为增长态势，从 0.59%升至 1.83%，且保持增长的趋势。这源于 1982 年韩国科技部启动了一系列国家研发计划，世界各国都认识到科学技术在国家竞争力方面的重要作用。在这之前，韩国在经历了亚洲金融危机后认识到科技在国家竞争中的核心作用，急于摆脱"引进、模仿"发展战略，开始重视基础研究的地位，随着企业对研发强度的认识，研发投资速度加快，但基础研究经费占研发经费比重未达到同等增速，因此前者表现为上升而后者表现为下降。1996~2000 年基础研究经费占研发经费比重出现小幅度波动，源于这一期间韩国先后发布了"科学技术革新五年计划""Vision 2025"等科技发展目标，政府再次调整了国家发展方向。2001年以后，基础研究经费占研发经费比重和研发强度表现为同步增长趋势。2007年，韩国研发投入强度超过了 3%，基础研究经费占研发经费比重以年均 0.3%的增速增长。在这期间，韩国国家科学技术委员会于 2008 年 10 月批准了《加大对基础和原创研究投入的方案》，将政府对基础研究投入的金额从 15.84 亿美元增加到 35.2 亿美元，韩国政府对基础研究的地位愈加重视（钱万强等，2017）。见图 10-4。

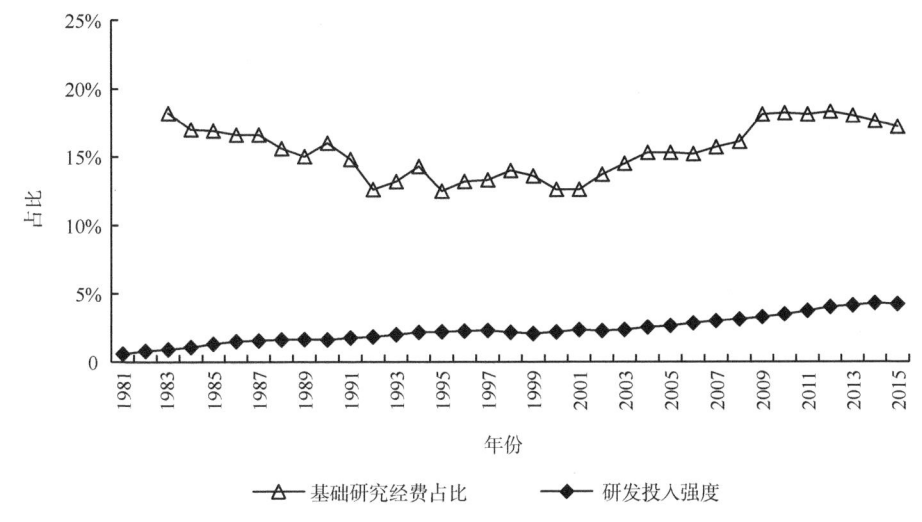

图 10-4　1981～2015 年韩国研发投入强度与基础研究占研发经费比重

10.3.4 税收优惠

通过一系列法律法规提高基础研究领域的税收优惠力度。韩国政府相继出台了《国家科学和技术促进法》（1967 年）、《技术开发促进法》（1972 年）、《韩国科学和工程基金会法》（1976 年）、《科研设备投资税金扣除制度》（1977 年）、《基础科学研究振兴法》（1989 年）、《关于政府资助研究机构的设立、运作及育成的法律》（1999 年）、《科学技术基本法》（2001 年）等一系列法律法规，为各基础研究主体进行研发活动提供了坚实的制度保障，强化了税收在基础研究发展过程中的引导作用。相关的税收优惠措施主要包括：研究实验用设备投资税金减免或折旧制度、技术及人才开发费税金减免制度、技术开发准备金制度、实验研究用样品和新技术开发产品免征特别消费税制度等。例如，在《技术开发促进法》中提出设立技术开发准备金、政府出资和税收减免等税收激励措施，企业可按收入总额的 3%～5% 提取准备金，并可在三年内用于技术研发支出，同时研发设备可享受加速折旧或一定比例的税额减免、扣除等优惠政策。近年来，韩国政府不断加大税收激励投入，研发税收减免从 2007 年的 19.10 亿美元增加到 2014 年的 24.44 亿美元，增幅 27.96%。

10.4 国外支持基础研究的财税政策的启示

"他山之石，可以攻玉。"以上三个国家在支持基础研究发展的财政政策选择上既有差异性，也存在相似之处，其共同点可以归纳为创新国家的一般性规律。相比较而言，我国并未进入创新型国家行列，且在支持基础研究财政政策的发展上正处于摸索阶段，学习和借鉴创新国家的相关财政政策手段可以为我国促进基础研究的财政政策改革提供一定的启示。

1. 健全的资助体系

鉴于基础研究的公共产品属性，在其涉及战略性、全局性研究时，各国均通过设定主要的资助主体及制定基础研究发展战略模式促进基础研究发展。例如，美国的国家自然科学基金会、日本的文部科学省、韩国的教育部，以上三国的资助体系都表现为以一个核心部门为中心，配合相关部门辅助相互协调发展的模式。不同的资助主体按照基础研究的分类（自由探索类、目标导向类）分工协作，这类资助体系的设置，相较于政府自上而下的决策机制更具高效性。相比较而言，我国的自然科学基金委主要负责资助自由探索类基础研究，973计划则负责目标导向类基础研究，在经费的分配上，主要通过政府部门直接实施，并非如其他国家委托一个相对独立的机构实施，因此在经费分配效率及公正性上存在不足。同时，资助体系的构建上，注重政府内部其他部门间的相互支持配合，并逐步增加促进基础研究活动开展的配套措施，如知识产权保护、不同经费的分配比例等。

2. 大学、企业为主要执行结构

虽然各国的基础研究执行主体主要由企业、大学、政府研究机构组成，但不同的是，美国、日本的大学成为基础研究的主力军，韩国的基础研究则以企业为主导。2015年，美国49.1%的基础研究经费投入大学，日本为51%。基础研发过程需要理论与创新思想的相互配合，凸显长周期、高风险、不确定性，而大学能够提供较好的学术交流平台及长时间的探索环境。韩国基础研究的核心力量依托于企业，其次为大学。其原因在于韩国对于经济的追赶促进了企业对基础研究的关注。尽管在美国企业并不是基础研究的主要执行主体，但企业对于基础研究的重视程度依然不断提高。我国与其他国家的不同之处在于研究机构（中国科学院）为基础研究的主要力量，其成为我国基础研究实力的主要体现方。

3. 重视投入规模

基础研究投入强度是保障基础研究活动得以开展的重要财力保障。当下重视基础研究已经成为不同国家科技发展的重心，提高基础研究能力是保证发达国家科技水平高速发展的重要支柱，对于新兴经济体而言增加基础研究投入是赶超发达国家的重要渠道之一。美国基础研究的投入规模始终保持领先的位置，且由于较早重视基础研究发展，现已积累了较强的基础研究实力，2016年，基础研究经费达 863 亿美元。研发经费的合理分配比例也能在一定程度上保障一国基础研究的竞争力和创新力，从基础研究经费占研发经费的比重上看，美国、日本、韩国在基础研究投入上保持了高度的一致性，基础研究经费占研发经费的比重均保持在 15%左右，且保持了较为稳定的增长。基础研究经费由高校、政府研究机构和企业共同承担，虽然在比例上存在差别和侧重，但是三者均承担了投入基础研究的责任。我国在基础研究投入规模上虽然保持持续增长态势，但基础研究经费占研发的比重始终保持在 4%~5%，2012~2017 年全国财政科技支出中基础研究平均仅占 8.58%，可见我国基础研究的财政科技投入明显不足。基础研究资金主要来源于政府，渠道单一。

4. 完善的税收优惠制度

税收优惠政策是各国运用税收手段支持基础研究发展的重要途径之一，不同阶段，针对不同对象，各国逐步调整税收优惠政策的范围和力度，以期更大程度地发挥税收优惠政策的激励作用。如前文所述，在基础研究税收发展领域，美国建立了侧重于"所得税减免"的税收优惠体系，日本构建了偏重"应税收入抵扣"的税收优惠体系，韩国则通过法律法规提高税收优惠力度，三国完善的税收优惠制度对于基础研究的发展具有重要的推动作用，整体上形成了形式多样、直接税与间接税相结合，且以间接税优惠政策为主的政策调节模式。政策的多样性首先表现在覆盖的范围广，几乎涵盖所有基础研究主体，尤其注重企业基础研究活动的各个发展阶段；其次，表现在针对不同时期政策目标政策工具的运用，注重不同时期税收优惠政策的调整。直接税收优惠政策执行程序较为简单，且在目标上更体现事后激励，在政策导向和激励效果上存在一定的局限性。间接税收优惠政策主要通过投资抵免、加速折旧、加计扣除等工具的应用贯穿基础研究活动的整个过程，可以使研究主体在研发初期即可享受税收扶持的优惠。美国、日本、韩国在税收优惠政策的制定上，更突出灵活性、多样性与完整性，不同主体可以通过自主选择最适税收优惠方式，整体上提高基础研究税收政策体系的执行效果。

第11章 支持基础研究的财税政策优化

基础研究成果可以拓展人类认知的边界，提升人类对客观世界的认识，并为我们的生存提供更好的平台。从一国经济发展角度分析，基础研究是奠定一国长足发展的重要基石，基础研究是衡量一国技术水平与经济发展实力的重要指标，对于国家综合实力和国际威望的提升具有重要作用。基础研究的投资周期长、风险高，属于一种战略投资，对未来的投资。我国企业的整体创新能力在不断提高，进而提升了国家创新能力在世界排行榜上的地位，这与我国持续提供长期稳定的基础研究经费支持、人力资本投入，完善基础研究发展基地和制度建设，发挥财税政策的激励作用具有直接的关系。但我国基础研究整体水平与发达国家的巨大差距依然存在，从中可以发现基础研究发展的短板：基础研究起步较晚（研究滞后）、投入强度不足、投入结构不合理、重大原创性成果匮乏等。本章在理论探讨、实证分析和国外借鉴的基础上，对优化财税支持基础研究的政策建议方面提出如下建议。

11.1 优化财政投入机制体制

鉴于基础研究的公共产品属性，财政投入是支持基础研究发展的主要渠道，政府出台的各项财政投入政策对于提高我国基础研究综合水平具有重要的推动作用。

11.1.1 进一步理顺关系

（1）进一步理顺政府与市场的关系。地方财政科技支出主要用于技术研发，而这一领域通过市场配置科技资源能够实现更高效率。地方财政科技支出在这一领域的深度介入，表明地方政府在相当程度上代替了市场对技术的选择过程，降低了财政科技支出效率，亟须进一步厘清科技投入中政府与市场的边界。进一步地说，基础研究中的科技政策与规划、知识产权保护、部委间协调、公共创新平台、前沿性的研究应主要由各级政府，尤其是中央政府承担，而对市场承担的以需求为导向的基础类研究，政府可通过不同财政工具（事后补助、贴息、税收优惠等）予以支持。

（2）进一步强化统筹协调，理顺不同部委间的关系。财政科技资金的碎片化致使资源分散在众多国家部委间，不同部委制定相关政策、分配科技资金主要从部门角度出发，缺乏全局考虑，在这些部委间缺乏有效的沟通协调机制的前提下，部委间的科技政策、资金分配方式难以为国家科技规划提供有效支撑。亟须在这些部委间建立有效的沟通机制，可考虑由分管科技副总理牵头建立部委联席会议制度，明确各部委在基础研究支持上的分工与支持领域，使其政策有效衔接，相互协调，使其对国家科技战略与规划形成更有效支撑。为减少改革阻力，较少触动部门利益，对资金分配渠道暂不做调整，在此前提下，逐步形成权责一致、监管分离、指向集中、渠道多样、规则透明、高效协同的基础研究支持体系。

11.1.2 构建多元化投入机制

从第 10 章部分发达国家支持基础研究的财税政策对比分析中可以发现，政府财政投入始终是基础研究发展的主要来源。美国基础研究经费占研发经费比重保持在 15% 以上，中国在 5% 左右。从资助体系上看，美国联邦政府、地方政府、企业、其他社会力量均有参与，中国则主要来源于中央财政，地方政府和企业投入力度明显不足。为此，应继续发挥政府作为投入主体的引导作用，在稳步增加基础研究投入比重的基础上，构建多元化基础研究投入机制。

（1）引导地方财政对基础研究的投入。鉴于基础研究的成果具有明显的正外部性、收益不确定性、存在试错性且投资周期长等特征，地方政府对基础研究的投入在短期内并不能带来 GDP 的显著增加，处于"晋升锦标赛"压力下的地方政府易产生财政支出结构偏向（周黎安，2007；傅勇和张晏，2007），导致地方政府对基础研究投入不足，应通过改变政绩考核方式，引导地方政府加大对基础研究的投入。在调整中央、地方的财政投入结构方面，中央政府应主要负责国家层面的创新体系建设，政策设定目标要兼顾国家发展战略和自由探索目标，重视基础研究的长远发展，及时调整科学发展动向，并切实落实各类发展计划，合理安排竞争性与稳定性经费分配比例，加强对高校、科研院所、科学家的长期稳定支持机制，均衡各地区基础研究经费的资助，避免大面积聚类于发达地区。而地方政府则应主要致力于区域创新体系的建设。整体上，中央和地方在基础研究的支持重点上应各有侧重，中央财政侧重支持受益面为全国的基础研究，地方财政侧重为区域内产业体系创新提供支撑的基础研究。

（2）建立多渠道投入机制。科技企业从基础研究中产出专利已成为高科技企业核心竞争力的重要来源，产品的革命性升级换代背后往往是基础研究的重要突破，越来越多的高科技企业致力于市场导向的基础研究，一些发达国家企业在基础研究中的投入已构成基础研究经费的重要来源。美、日、韩三国的基础研究投入中均有相当大比重源于企业。而 2016 年中国企业投入基础研究的规模为 822.89 亿元，仅占基础研究投入的 3.17%。值得注意的是，基础研究成果可能带来产业核心技术的突破，政府应加强引导和支持，逐步扩大高科技企业在市场导向型基础研究中的投入，采取有效措施引导企业，尤其是行业领军企业，构建高水平研发机构，完善激励企业开展基础研究的普惠性政策，增大对中小企业的优惠力度，进一步突破行业垄断和市场分割，扩大企业科技创新的发展空间，形成中央政府、地方政府、企业相互分工，互为促进的基础研究投入格局。

11.1.3 均衡基础研究区域发展

前文理论和实证研究结果显示，我国区域基础研究实力分布不均衡。基础研发资源配置结构及其溢出效应存在明显的地区差异（王春杨和孟卫东，2019）。2016 年，我国基础研究经费的内部支出中，东部地区基础研究经费达 550.78 亿元，中部地区约为 90.39 亿元，西部地区约为 129.22 亿元，东北地区约为 52.51 亿元，四者占全国基础研究经费比重分别为 66.93%、10.98%、15.70%、6.38%。在基础研究人员占全国比重的分布上，四者的占比分别为 53.94%、14.67%、19.91%、11.48%[①]。可以看出人力、设备的分布在空间上存在较大差距，而一个地区基础研究实力对该地区的经济发展、综合竞争力、创新溢出效应等方面均会产生重要影响。受到历史原因和国家整体发展战略的影响，东部地区相较于西部、中部地区具有明显的优势，基础研究人才、设备在空间上逐步向东部地区聚集。以自然科学基金项目为例，影响科学基金项目评审结果的重要因素为创新思想和研究基础，而对于欠发达地区而言，基础研究成果薄弱、拔尖人才不足，成功获得项目的概率逐年下降，而发达地区则表现出相反的结果。应加强对中西部竞争力薄弱区域的倾斜支持与鼓励政策研究，结合区域均衡发展战略及"一带一路"建设，缩小欠发达地区与发达地区的基础研究发展差距，调整东北地区和中西部地区基础研究布局，注重科学基金项目的空间分布，全面推进基础研究区域均衡发展（钟永恒等，2017）。

11.2 调整结构，提升效率

11.2.1 调整研发内部经费结构

近年来我国在基础研究方面不断加大投入力度，具体表现在人才和项目方面。

---

① 资料来源：《中国科技统计年鉴 2017》。

其中人才投入包括 973 计划、"长江学者奖励计划"、"杰出青年科学基金"、"优秀青年科学基金"等，基础研究项目主要表现在自然科学基金项目，2016 年中央财政经费支持自然科学基金 229 亿元，且具有持续增加的趋势。充足的基础研究经费是各国基础研究得以发展的重要保障，2015 年美国、日本、韩国基础研究投入占研发的投入比重分别为 16.9%、14.5%、17.2%，且均表现出持续增长的趋势。一些学者曾对研发内部经费结构进行分析，李政道（1997）认为基础研究、应用研究、试验发展的经费比例在 15%：25%：60%时达到稳定，苏开源（1998）认为该比例为 14：24：62 时近似于"黄金分割率"，此时三者结构较为合理。2017 年，我国研发经费支出为 17 500 亿元，基础研究经费支出为 920 亿元，基础研究所占比重为 5.26%（国家统计局社会科技和文化产业统计司和科学技术部创新发展司，2017），距上述比例还存在较大调整空间，财政投入力度不足是基础研究发展的薄弱环节，这种不足会限制一国的研发能力，制约科技水平的提升速度。前文的实证结果可以从理论的角度证实我国基础研究投入力度不足，应多措并举持续稳定加大基础研究的财政投入力度，到 2020 年，基础研究投入占研发经费比例达 8%，2025 年达到 15%（邓衢文等，2019）。并在此基础上建立指标明确的稳定增长机制，加强投入决策的科学性、项目基金的可实施性，确定国家重点支持领域，促进基础研究的长期、可持续发展。

11.2.2 提高经费使用效率

前文实证分析结果显示，我国财政支持基础研究的经费使用效率有待进一步提升，可从以下几个方面进行改进。①在基础研究经费的分配上注重竞争性经费与稳定性经费的分配比例，建立稳定性支持和竞争性支持相协调的投入机制。加大对战略性领域的投资力度，完善科技创新基地与基础研究设施，为基础研究人员提供良好的科研环境。②改进预算编制体制。充分考虑到基础研究的探索性、不确定性与风险性，结合不同学科、不同领域研究项目及人才培养的差异，改进现行"一刀切"的预算编制管理模式，在制度和资金标准等方面进一步完善，制定更为科学、细化的预算管理体制。同时在合理的预算范围内，给予项目负责人更大的经费支配权限，发挥经费在支持基础研究项目上的最大价值。③在提高基础研究产出水平的基础上，避免重复性投入引起的科研资源浪费。当前科技的相互依存度越来越强，对于高校、科研机构而言，独自完成整个产业链意味着高成本、高风险、低效率，合理分工、投资主体间相互协作、学习国际领先科研成果才能避免浪费，实现基础研究经费的高效使用。

11.2.3 强化资金管理机制

当前,科技革命和产业革命正在世界范围内迅速发展,科技竞争力成为衡量一国经济发展水平的重要指标,而基础研究能力是科技创新水平得到提升的重要保证。全球范围内,重视基础研究的发展已成为一种趋势,基础研究的重视程度正在迅速增加。虽然我国基础研究已经取得了一定的成果,但与建设成世界科技强国的目标相比,当前仍然存在众多亟待解决的问题。资金充足是基础研究发展的重要保障,合理的财政投入体制将有利于政府发挥其经济职能,降低研发风险、推动科技创新进程。回顾我国当前轻基础重试验的发展现状,财政投入体制是关键因素,长期缺乏重大基础研究原创成果、过多地依赖从其他国家引进技术,会造成创新能力不足、国际竞争力降低。因此,应进一步完善基础研究投入体制,配合多种财政工具,发挥财政的导向作用,引导资金的流向。

加强科研项目审核和经费的管理。国家对基础研究的支持途径具体表现为对不同科研项目、基金、人才培养计划的实施,完善科研项目和经费的管理对于基础研究的执行具有重要促进作用。在《科学技术进步法》的背景下,可建立符合基础研究特点和规律的评价机制,对于高校、科研机构制定差别化分类评价体系,重点对项目完成程度和学术贡献进行考核。在不同类型基础研究项目上,自由探索类基础研究项目主要审核其创新质量、科学成果;目标导向类则主要判别其研究成果与研究问题的解决程度,加强过程的评估和创新效率测算。对于基础研究成果创新效率的测算应包括已有研究基础上的新进展和突破,也包括对暂时存在争议的发现及意外收获,支持长远发展和探索,增加灵活的审核机制,抑制"重结题、轻质量"的短期行为,同时维持"宽容失败"的容错机制,健全支持基础研究发展的激励机制,扩宽高校、科研机构对于基础研究项目选题的范围和权力,简化基础研究项目申请程序和预算方案,建立符合基础研究研发规律的项目申报、评审和决策机制。

11.2.4 实行资源共享机制

日本通过《国立学校设置法》(2003年改为《国立大学法人法》)和《图书馆法》强化高校面向全国资源的开发和共享力度,有效促进了共性技术的研发和创新的合作。随着我国对基础研究重视程度的提高,科技基础条件不断提升、基础研究成果不断涌现,但国家的基础研究发展体系整体上是一个系统的结构,体系中涉及的变量众多,涵盖各个要素:高校及科研机构等研发主体,也包括技术知识的积累、各项发展计划和基金项目。这些不确定的变量造成了我国当前基础研究总体发展不平衡，重复购置、重建设轻管理和服务等问题频发的局面。当前的政策体系需要建立一种科技共享的机制，分享不同学科、机构之间的最新成果，协调不同机构之间的合作共进，实现科技成果、科研数据、科研设备的共享，提高科技资源的利用率。具体做到以下几点。第一，完善科技共享的相关政策法规，制定科技开放共享条例，明确资源分类管理的标准和依据，加强政策制度部门间的协调。第二，提高科研仪器设备的开放共享度。建立可及时发布高校、科研院所等研究主体拥有大型科研设施及仪器信息的科技资源共享平台，推进科研仪器设备向社会开放共享，降低企业的基础研究投入成本。第三，建立健全各类科学数据汇交管理机制，及时更新国家基础研究成果及相关数据库，进一步提升数据质量和利用率，为原始性创新提供支撑。

11.3 改进财政政策，促进人才成长

《中华人民共和国国民经济和社会发展第十四个五年规划和 2035 年远景目标纲要》提出，遵循人才成长规律和科研活动规律，深化人才发展体制机制改革，培养造就高水平人才队伍；完善人才评价和激励机制，全方位为科研人员松绑，拓展科研管理"绿色通道"，激励人才更好发挥作用。结合本书的实证，本节提出以下建议。

11.3.1 充分发挥财政政策的导向作用

近年来，我国陆续推出一系列的人才发展战略，虽然在一定程度上提高了基础研究人才的数量，但是我国仍然面对顶尖人才和团队匮乏的现状。根据"木桶原理"，人才队伍的建设不仅仅包含资金和劳动力的投入，更多地取决于人才存量和人才队伍的结构特征。从发达国家财政支持基础研究人才发展的经验中可以发现，设备和资金的投入一旦离开人才的合理支配，便无法实现基础研究创新能力的提升。政府需要充分发挥财政政策的导向作用，调整人力资本投资结构，实现人力资本投资主体多元化；加强整体人力资本投资规划，构建促进人才发展的长期性战略。

首先，调动基础研究人力资本投资主体的积极性。政府、企业、个人是人力资本的主要投资主体，可通过加大财政补贴力度和扩大税收优惠范围等手段，体现鼓励人才投资的政策导向。重点提升企业、个人对于基础研究人才的投资力度，由国家提供人才培养平台，鼓励企业和高校、科研机构对于人才的联合培养，调动企业与政府共同投资的合作倾向。其次，加大教育投资。如前文所

述,由于教育存在时滞性,地方政府对于教育的投资热情明显低于经济建设投资,建议今后财政在对于人力资本的投资政策中调整教育支出的比重,进一步增加人力资本存量,政府根据经济发展形势调整教育投资发展战略,逐步优化人力资本的投资结构。

11.3.2 遵循培养规律,均衡人才分布

从前文财政支持基础研究人才发展的分析结论可以看出,在培养基础研究人才成长上存在一定的规律,对于发现我国财政支持基础研究人才成长的有效方式具有一定的启示意义。

注重基础研究人才培养方式,提高创新能力。鼓励本硕博直读型培养方式,教育的连贯性有利于人才质量的提高。从长江学者特聘教授的人才成长规律中可以发现,本硕博直读型受教育方式相较于其他类型在平均成才周期上减少2.3年。良好的教育连贯性有利于拔尖人才创新能力的培养。在实际调研过程中,很多学者表示间断型培养方式会带来知识水平滞后的问题。我国经济正处于高速发展期,科学技术水平不断提高,知识迭代更新,本硕博受教育连贯性一旦间断后再投入研究中,需要花费大量的时间更新所学课程内容,同时受到工作经历的影响,心态上也需要一定时间的调整。人才所产生的创造性劳动成果是内在思想外化的表现,而内在思想的优化是外在环境影响的作用结果。在人才成长过程中,教育的连贯性是外部影响的重要因素,对于人才质量的提高具有正向效应。知识是创新的基础,实践促进认知的形成。研究样本中进一步发现长江学者特聘教授在学习期间研究领域未发生变化,长期的学科知识积累为创新提供了有力的保障。基础研究产生在大数据中,通过大量实验性或理论性工作,获得关于现象和可观察事实的基本原理。因此在基础研究人才的培养过程中需要将实践与教育有机结合,培养发现事物发展规律、揭示事物本质的能力,不断探索和发展适应新时代背景下基础研究人才培养的规律和特点,建立有利于人才创新能力培养的制度与模式。

多渠道培养基础研究人才,避免"马太效应"。基础研究人才是产生科技成果、提升一国科技综合实力的重要支撑力量。支持人才和团队建设是财政政策设计的重要内容,建议提高高校教学质量,拓宽基础研究人才成长渠道。根据人才成长规律,对于不同层次的人才采取针对性的措施,通过校企合作、项目合作、产学研结合等途径培养基础研究人才,加大社会力量对基础研究人才的关注,进而带动整个人才队伍的建设。长江学者特聘教授的培养单位分布情况显示,64.62%来自"985工程"或"211工程"院校,地区也集中于北京、上海、江苏、湖北、陕西、四川、浙江等地,不同地区、不同单位所拥有长江学者数量差距极大。虽然

此样本无法代表基础研究人才的整体分布情况，但是从中可以发现，基础研究人才存在一定的集中趋势。可进一步增加对于一般院校的激励政策，采取有针对性的激励措施，鼓励更多优秀学者到一般院校任职，带动非"211工程"院校以更快速度发展，避免地区间差距进一步扩大，实现人才的均衡分布。

平衡基础研究人才的学科分布，增加人才的广度。以长江学者特聘教授为样本的研究发现，在学科分布上，我国理学、工学类长江学者特聘教授占总人数的71%，成才耗时相对其他科目较短。除理学、工学外，其他学科的拔尖人才较少；在整个长江学者特聘教授的群体中，男女比例明显失衡。拔尖人才自然科学领域的不均衡易造成学术垄断现象，需要通过财政政策调控减少学科发展不均衡现象，在政策制定上向薄弱学科倾斜，更大范围内激励理学、工学以外其他学科学者的发展。在教育单位的连贯性上，本科、硕士、博士同一单位培养固然会使人才的注意力更加集中，但是环境相对单一，思维模式容易僵化，应鼓励更多的年轻学者积极参与国际合作与交流，支持高校与科研院所联合培养研究生。

11.3.3 完善激励机制，增加人文关怀

良好的学术氛围有利于拔尖人才的形成。目前，我国严重缺乏重大的原创性基础研究成果，而基础研究需要耗费大量的人力、物力和时间，即使前期投入大量的精力，结果未必取得成效，但总有一部分学者在一些领域取得成功，这些成功促成了新发现，促进了社会的进步。因此在基础研究人才的成长过程中需要发挥政策导向和倾斜，提供更大的发展空间，给予学者更多肯定的力量和动力。制造良好的学术氛围，减少青年学者在基础研究过程中的焦躁情绪和急功近利的观念，加强财政激励基础研究人才发展机制。建议在现有国家人才培养计划的基础上，进一步推进高层次人才引进和培养，建立人才流动机制，促进人才在高校、科研机构、企业之间的流动；建立健全人才评价体系，提高基础研究人才的待遇，对于入选拔尖人才的学者给予考核奖励，加强人才交流和培训制度；支持团队力量从事基础科学研究，建设国家青年人才培养基地，重视跨学科、综合的科研团队的组建；鼓励企业、高校、科研院所设立人才发展专项基金，支持企业通过股权激励、分红等薪酬方式调动科研人员的积极性；完善人才奖励制度，继续加大科技进步奖等奖项的奖励力度。

11.4 强化基础研究的税收政策

税收政策是各国支持基础研究发展的重要政策工具，对于不同主体开展基础

研究活动具有明显的激励与促进作用。我国各级政府已经采取政府引导、税收杠杆、研发费用加计扣除等措施激励基础研究活动的开展，但是政策体系的执行、功能定位、覆盖范围等方面仍存在完善的空间。

11.4.1 构建基础研究税收政策体系

美国研发税收抵免已在具体法案中成为永久性制度，税收抵免的适用范围延伸至小企业，成为国家进一步创新、提高整体竞争力的支撑点（于洋，2017）。发达国家鼓励基础研究的政策较多，其中，专利制度和政府拨款在我国得到了充分重视，而税收优惠政策、政府采购政策有所欠缺（徐喆和李春艳，2017）。我国研发税收抵免制度开始于1996年，初始阶段其实施效果并不明显，直到2008年《企业研究开发费用税前扣除管理办法（试行）》颁布，才形成较为全面的税收抵免框架，但在覆盖范围、政策持久性等方面依然不足。

建议在出台支持基础研究税收政策时，首先，优化税收优惠政策体系。第一，对相关税收政策进行系统梳理和精简，提升其稳定性、可操作性、协调性，为企业研发提供稳定的预期保障。第二，考虑到我国以所得税和流转税双主体为主的税制结构，税收优惠政策的实施不应主要集中在所得税方面，应进一步扩大基础研究活动过程中流转税的税收优惠政策支持范围。第三，构建一个完整的税收政策体系，建立相关法规，完善激励企业研发的普惠性政策。利用研发费用加计扣除、税收减免、加速折旧等税收递延措施引导企业对基础研究的投资，建立相关法规，提高企业在基础研究领域的参与度，引导企业成为技术创新投入主体。

其次，建立税收优惠的预算和统计制度。由于政府会通过税收优惠的方式将财政收入返还给各基础研究主体，因此此项支出应计入政府财政预算范畴。将各项税收支出项目进行分类，编制基础研究相关的税收优惠账户，便于该项目的统计和预测。从整体上完善税收优惠的预算和统计制度，便于政策的及时调整及后期的成本估算和系统评估（聂颖，2011）。

最后，促进财税政策间的协调。从整体上看，在支持基础研究的税收优惠政策方面，当前我国的税收政策大部分集中在所得税方面，而对流转税重视程度不足。创新国家除了采用企业所得税及补贴政策外，同时在增值税、消费税、政府采购等方面给予税收优惠政策，优惠范围既包括生产环节也包括研发环节，全面体现税收激励机制在税收体系中的作用。单独运用一个政策所涉及的范围和产生的作用往往具有局限性，多政策的协调运用方能进一步发挥导向功能。

11.4.2 明确税收优惠政策定位

任何一项税收优惠政策的增加都会造成整个税制的复杂性，税收政策的设定既要发挥其引导调控作用，也要避免优惠范围泛滥。当前我国出台的税收政策分布在不同的税种中，应集中进行控制和清理，达成精、简、少且能发挥税收政策调节收入分配、引导资源配置职能的局面（龚辉文，2018）。微观方面，实现税收优惠政策的可操作性、协调性、全面性。在税收优惠政策设定的过程中，优惠范围应涵盖基础研究活动的不同环节，注重合理、配套政策的设定；在享受税收优惠政策的主体选择上，严格对不同行业的研发活动进行限定，将更多的优惠政策置于项目本身而非具体企业上，同时需要考虑到基础研发过程和研发产品对环境的影响程度，综合判定受惠主体的类型；考虑到我国以所得税和流转税双主体为主的税制结构，税收优惠政策的实施不应主要集中在所得税方面，应进一步扩大基础研究活动过程中流转税的税收优惠政策支持范围，尤其加大个人所得税对于基础研究人员的支持力度，扩大研发人员的个人所得税优惠范围；不可忽略的是，税收优惠政策的设定要充分配合国家产业政策方向，通过不同政策的交叉配合，合力促进基础研究综合能力的提升。

11.4.3 增加税收优惠政策手段

从前文的研究中可以发现，国外支持基础研究活动的税收优惠政策手段较为多样化，归纳为：减免税政策、准备金制度、加速折旧、投资抵免、费用列支、盈亏抵免等。使用手段较多是税收减免政策，该政策体现在不同税种和不同研发环节。该政策在我国也多有体现。《中华人民共和国企业所得税法》中规定："国家需要重点扶持的高新技术企业，减按15%的税率征收企业所得税。"《关于高新技术企业职工教育经费税前扣除政策的通知》（财税〔2015〕63号）中提出，"高新技术企业发生的职工教育经费支出，不超过工资薪金总额8%的部分，准予在计算企业所得税应纳税所得额时扣除"。《企业研究开发费用税前扣除管理办法（试行）》中规定，企业开展研发活动中实际发生的"研发费用计入当期损益未形成无形资产的，允许再按其当年研发费用实际发生额的50%，直接抵扣当年的应纳税所得额"，"研发费用形成无形资产的，按照该无形资产成本的150%在税前摊销"。从中可看出，我国目前的税收激励方式多以降低税率、税额减免等直接税收优惠为主要政策工具，其他税收优惠手段应用较少。

近年来我国逐渐加大了对基础研究的重视，对应地，也应发挥税收优惠工具的职能作用。可以进一步考虑扩大税收减免范围，简化政策限制性条款，增加非营利研发机构等主体的税收减免力度。引入准备金制度，韩国政府规定企业可按照收入总额的 3%设立技术开发和创新奖励准备金制度，该部分金额可在投资发生前按照损耗进行处理。可效仿韩国，准许企业按照收入总额的一定比例提取准备金，用于基础研发和创新，在所得税前据实扣除。在加速折旧方面可鼓励企业使用节能、环保设备，对科研设备实行加速折旧，给予基础研发企业更长的盈亏抵免年限。对于不同主体基础研究过程所发生的研究、开发、试验费用和拔尖人才的引进费用允许在税前列支，减少企业的整体税负。税收优惠政策手段要充分体现国家对基础研究的支持力度，并配合国家发展规划，保证现实的可执行性，注重基础研究项目与创新、产业调整的协调发展，区分企业研发活动性质，发挥税收优惠政策的针对性。

11.5 完善综合性配套措施

1. 优化基础研究发展环境

（1）在基础研究人员发展环境方面，提高基础研究人员对项目经费使用的自主权，减轻科研人员的生活压力；在科研、生活等多方面提供便捷的条件，突出以人为导向，营造宽松的科研环境，充分发挥经费的服务空间，为基础研究人员长期从事基础研究提供有利条件。

（2）改革绩效考核方法。与基础研究相比，应用研究在立项数量、专利产出等方面更能彰显各级科技主管部门的政绩，对地方政府而言，在短期内，技术研发更能推动 GDP 增长，于是科技主管部门往往更热衷于应用研究、技术研发，而对基础研究缺乏应有的热情，最终导致财政科技支出形成了严重的支出结构偏向，基础研究的财政科技投入严重不足。扭曲的绩效考核办法是财政科技支出结构偏向的重要推手。为此，应改革绩效考核办法，提高基础研究在各级科技主管部门、地方政府绩效考核中的权重。

（3）完善基础研究评价体系。建立有效的评价体系，有利于基础研究成果的产生，并能对基础研究人员起到激励作用。在体系指标的选择上分为三个维度。第一，基础研究意义和目的。基础研究内容是否拥有前沿性，研究成果是否具有科学价值。第二，基础研究贡献度。基础研究最突出的特征体现在创新性，研究成果是否有利于技术改革和产业改革，提出的学术思想或成果是否有利于学科发展、是否有利于我国经济的发展等方面。第三，基础研究成果认可度。学术界基础研究人才更多的是通过论文、专著、专利等形式奠定一个学者在学术界的身份和地位，建立全方位的学术评价体系便显得尤为重要。包括学术刊物的数量、质量、引用文章发表刊物的权威性，结合同行评议，通过制定合理的基础研究考量期，加入更多的考核指标，如人才培养、会议报告、获奖、国际合作等项目，通过定量和定性综合评价，创造良好的创新文化氛围，改良科研诚信状况不佳、不端行为的现象，对我国基础研究进行科学定位。

（4）加强科研诚信建设。2018年，国务院发布的《关于全面加强基础科学研究的若干意见》中提出，"加强科研诚信建设。坚持科学监督与诚信教育相结合，教育引导科研人员坚守学术诚信、恪守学术道德、完善学术人格、维护学术尊严"。美国通过制定政策法规、设立专门机构、运用行政管理机制、开展诚信教育等途径处理科研不端行为，建立了一套系统的科研道德建设机制（刘军仪和王晓辉，2010）。在我国，加强科研诚信建设需要多个层面的综合配合。首先，在源头上控制不端行为的发生。在项目的立项过程中，提供公平竞争的环境，对参与评审活动各个环节的专家严格甄选，保证全过程透明且接受全社会监督。同时，配合国家社会信用体系建设，加强科研诚信的立法和执法。其次，对于不同类别的研发活动提供不同的评价标准，尤其在基础研究项目的评审中，将更多的衡量标准置于基础研究的产出成果而并非产出数量。再次，提高基础研究人员的责任感、科学精神、道德操守和科研伦理，严格遵守法律的规定。增加科研人员对科研规范和相关规定的全面认识，多渠道宣传诚信建设，使科技人员更加理性、尊重规律、敬畏法律，加强对违反相关规定及为个人名利罔顾法律行为的处罚力度。最后，加强科研活动成果在社会层面的开放度，接受来自社会公众的挑战，提供社会群体与科学共同体交流的平台。

2. 充分发挥政府采购的激励效应

第一，加快政府采购支持基础研究的法律建设。我国支持基础研究的政府采购政策相对零散且未形成完整的政策体系，建议进一步完善相关法律法规，有法可依是政府采购行为执行的重要动力来源，法律层面的完备可以促进政府采购行为的进一步开展。第二，发挥政府采购政策的导向功能。对基础研究产品的采购行为是体现国家支持基础研究的重要方式。在采购主体方面，建议将相关部门对基础研究产品或服务的采购行为纳入考核范围之内，同时，在采购过程中加大对中小企业的采购力度；在采购对象上，将政府采购的支持范围贯穿于整个基础研发过程，既包括产成品也包括半成品。第三，提供公开透明的政府采购环境。采购信息、采购程序等整个政府采购过程均公开透明，在招标环节中，注重营造公平竞争的环境，严格按照政府采购政策中有利于扶持创新企业的相关规定进行招标，避免招标过程中寻租行为的发生。

3. 注重学科均衡协调发展

鉴于基础研究的不确定性和未来发展空间的无限性，需要加强各个学科领域的建设，且当前基础研究越来越多地体现出学科的交叉融合，应保持学科均衡发展，减少弱势学科对基础研究整体发展的影响，为基础研究的未来发展奠定基础。各个学科是基础研究项目和人才培养的重要依托，发展前沿学科领域也是基础研究整体水平提升的重要途径。因此，应对我国各领域学科发展和人才培养情况进行评估，发展优势学科、加大薄弱学科建设，关注国际学科的发展趋势、学术影响、代表性成果、关键领域问题，及时掌握各国基础研究发展成果、前沿与人才队伍变动，通过国际交流与学习、人才引进、项目培养等方式推动学科的均衡发展，逐步适应整体大科学、互联网迅速发展、5G兴起的时代变更，努力在更多层面联合发展学科间实现协同发展的模式。具体学科方面，增加理科基础研发深度，推动基础学科与应用学科之间的关联性，促进自然学科、人文社会学科的交叉融合，进一步发展基础前沿科学研究，关注未来可能产生变革的基础学科领域。同时，发现各学科拔尖人才的成长规律，探索适应学科与人才成长规律相适应的机制。

4. 促进基础研究与应用研究的联合

半导体生产设备（移液器）最早由美国人发明，但后续市场份额却被日本人占有。这说明创造固然重要，但其市场和后续使用价值也不能忽视，基础研究带来的价值在一定程度上建立在应用与扩展的基础之上。在鼓励原始创新，给予自由探索类基础研究项目足够发展空间的基础上，强化科教融合与产学研的融合，促进基础研究和应用研究的联合，坚持以需求为牵引，促进科研机构、高校、企业等各类基础研究主体的协作，提升我国产业的整体竞争力，适应当下互联网时代的基础研发特点，增加知识产权保护制度，推动不同行业和领域基础研究活动的共同发展。

5. 提高基础研究成果的质量

基础研究的成果多以论文、专著、课题、专利等形式表现出来，在强调时间效益等方面，大学、企业等研究主体更愿意选择"短平快"的项目进行研究，而基础研究需要的是长期的潜心研究。以度量基础研究成效的重要指标SCI论文来讲，据Elsevier的Scopus数据库统计，1997年中国在全球基础研究论文中占比2.5%，2015年该数值跃升至18.8%。2017年我国发文量仅次于美国排在第二位，但学科加权影响力指数（field-weighted citation impact，FWCI）低于世界平均值。另外，基础研究成果缺少与国家经济社会发展的关联度，2015年美国科技进步对经济增长的贡献率为88%，而同年我国仅为55%（Yang，2016）。

2018年初，国务院发布了《关于全面加强基础科学研究的若干意见》，新的基础科研部署带来了我国科技发展的转型：由过去的以技术创新为主转向技术创新和科学发现并重。接下来在关注基础研究成果数量的同时提升质量，提高论文引用率、提升基础学术研究与国家科技发展的关联度。在知识产权保护方面，加快知识产权制度改革，增加全民对知识产品的保护意识，提供专利保护制度，健全知识产权政策法规，加大知识产权侵权调查力度，进一步提高我国知识产权的保护和管理能力。

第 12 章　第二篇小结

12.1　主要研究内容

"基础研究是科技创新的源头"[1]，"加大基础研究投入，健全鼓励支持基础研究、原始创新的体制机制"[2]。本篇首先阐述了基础研究的特征，系统梳理了财税支持基础研究相关文献，阐明了财税作用于基础研究的内在机理。其次，对我国支持基础研究的财税政策现状进行阐述，并从财政投入效率和人才成长路径两方面进行实证分析，揭示我国支持基础研究财税政策存在的问题。最后，在对比国外支持基础研究发展的财税政策后，提出完善支持基础研究的财税政策建议。主要内容如下。

（1）支持基础研究财税政策现状。我国政府相继出台了大量支持基础研究的发展政策，财政政策在支持基础研究发展过程中的引导、激励与规范作用不断增强。具体内容主要包括：财政投入政策、税收优惠政策和政府采购政策。

基础研究经费投入持续增加。从投入规模来看，1995~2018 年基础研究投入增长迅速，年均增长 19.94%，高于 GDP 的增长率且投入规模在不断扩大，但缺乏一定的稳定性；从投入结构来看，我国研发经费的使用集中在试验发展，1995~2017 年，我国基础研究投入占研发的比重长期徘徊在 4%~6%。2017 年为 5.54%，即使考虑到统计口径不同的因素，相对于 OECD 成员 15%~20%的比例，我国基础研究投入占研发的比例与发达国家差距明显。从投入强度来看，我国基础研究投入强度呈缓慢上升趋势，1995 年我国基础研究投入强度为 0.03%，2000 年以前低于 0.05%，至 2014 年约提升至 0.10%，到 2017 年时达 0.11%。

税收优惠政策不断加力。我国出台了一系列支持基础研究活动的税收优惠政策，鼓励企业开展基础研究活动，涵盖了人才培养、科技研发过程、科技成果转化等多个阶段。在基础研究人才培养过程中，主要通过教育费附加、职工教育经费、公益性捐赠等多领域体现对基础研究人才的培养；在企业发展过程中，主要通过研发费用加计扣除、加速折旧、企业投资优惠政策等方式支持企业开展基础

---

[1]《政府工作报告》，http://www.gov.cn/zhuanti/2021lhzfgzbg/index.htm[2021-02-19]。
[2]《中共中央关于坚持和完善中国特色社会主义制度 推进国家治理体系和治理能力现代化若干重大问题的决定》，http://www.gov.cn/zhengce/2019-11/05/content_5449023.htm[2019-11-05]。

研究活动。

项目和人才支持力度不断加大。1991年，开始实施国家基础性研究重大关键项目计划。1997年，实施973计划。2006～2017年，科技部联合国家自然科学基金委员会陆续制定了《国家"十一五"基础研究发展规划》（2006年）、《国家基础研究发展"十二五"专项规划》（2012年）、《"十三五"国家基础研究专项规划》（2017年）。在支持基础研究人才培养政策上，我国先后设立"百人计划""长江学者奖励计划""创新人才推进计划"等一系列专项人才计划，及时推出适合新形势的人才发展战略。整体上，财政投入规模不断扩大、基础研究人员队伍不断壮大。

政府采购政策是需求拉动型政策工具。政府采购政策拉动了市场需求，分担了基础研究主体的风险，并刺激企业在基础研究领域的关注和投入。2002年6月，第九届全国人民代表大会常务委员会第二十八次会议通过了《政府采购法》，正式从法律层面确立了政府采购制度的形成。《国家中长期科学和技术发展规划纲要（2006—2020年）》提出建立政府采购自主创新产品协调机制，并随后发布了《国家中长期科学和技术发展规划纲要（2006—2020年）》配套政策实施细则，其中对支持自主创新产品进行了明确的规定。政策大部分体现对创新产品及行为的高度支持，但直接支持基础研究的政府采购政策较少。

支持基础研究的财税政策体系有待进一步完善。第一，财政投入机制不完善，财政科学技术支出预算权限在分配上没有实现统一与制衡；财政投入强度不足，基础研究投入强度相较于其他发达国家处于较低水平；财政科技支出结构偏向严重，中央财政科技支出中以应用研究为主，地方的财政科技支出以技术研发为主，均未给予基础研究应有的重视；未形成多元投入机制，我国基础研究投入渠道单一，企业对基础研究的重视程度和参与度不足；财政投入地区不均衡，基础研究投入效率有待提高等。

第二，在政府采购政策方面，政府采购规模小，且明确用于基础研究产品采购的部分并不多，在发挥政府采购的激励效应上并不明显；政府采购的可操作性不强，我国对于支持基础研究发展的政府采购政策相对零散，并没有形成一定的体系；政府采购的支持范围有限。

第三，在税收优惠政策方面，立法层级偏低，政策缺乏稳定性；税收优惠政策间不协调，缺乏整体规划，无法达到激励基础研究的目的；税收优惠政策的普惠性力度不强，在税收对象、时限、区域等方面的规定上都存在较高的门槛和限定；税收优惠方式单一，主要包括直接优惠方式与间接优惠方式两种，各政策工具之间往往各自为政，缺乏统一的运行体系，不利于税收优惠政策整体效率的提升。

第四，在财政支持基础研究人才发展研究方面，教育投入不足、政策激励程度有限、人才分布集中是制约人才发展的主要原因。

（2）支持基础研究的财税政策的实证分析。财政作用于基础研究有两个可能的重要通道：一是影响基础研究投入的效率与效果；二是影响拔尖人才的成长。首先，利用 DEA 方法对 2009~2016 年基础研究投入产出效率及其动态变化进行测度分析，通过 Malmquist 指数方法系统研究我国基础研究全要素生产率变动情况，揭示我国财政投入基础研究效率的整体变动趋势。在我国不断加大对基础研究重视的背景下，对比地区间基础研究综合技术效率差距，可以发现现行政策体系下财政政策的不足，为我国基础研究政策的制定、结构调整等方面提供决策参考依据。其次，将第一阶段 DEA 测算的结果作为被解释变量，运用 Tobit 模型进行二阶段分析，以自变量的系数来判定其他因素对效率值的影响方向和影响程度，可以为后续优化财政促进基础研究发展的政策选择提供思路。

研究结果表明，2009~2016 年，基础研究活动全要素生产率变动总体上出现下降的趋势，但是不同年份下降的情况不同，原因也各不相同，全要素生产率的变化主要受到技术进步变化的影响，技术效率的变化主要来自纯技术效率的影响。从具体影响因素来看，经济发展水平、贸易开放度、人力资源水平对于提升基础研究投入效率具有促进作用；而社会信息化水平、财政支出结构表现出负向影响；人口密度、财政负担对基础研究投入效率影响效果不明显。

以 1999~2016 年 1971 名长江学者特聘教授为研究对象分析其成长路径。拔尖人才是一个国家基础研究发展的主力军、智囊团，为促进拔尖人才脱颖而出，我国政府自 20 世纪 90 年代起实施了包括"长江学者奖励计划"在内的一系列高端人才支持政策。长期、深厚的学术研究积累是成为拔尖人才的必经之路。研究高端人才的成长规律，挖掘财政支持基础研究人才成长的重要途径，对于政策的制定具有指导意义。本书以 1999~2016 年 1971 名长江学者特聘教授为研究对象分析其成长路径，实证分析发现，①长江学者特聘教授在学科的分布上存在集中趋势，主要分布在工学和理学两个学科上，共约占总人数的 71%，且大部分集中在 41~45 岁的年龄段（占 48%）；其中艺术学学科仅有 5 人，除医学外，其他学科占比均小于 4%。文学、历史学长江学者特聘教授平均年龄为 52 岁，而理学、工学、农学学科的长江学者特聘教授平均年龄 43 岁，不同学科长江学者特聘教授在年龄上存在较大差异。②拥有国际化教育背景、本硕博直读型培养方式、分学科分类别交叉型教育模式有利于加速拔尖人才的形成。

（3）支持基础研究的财税政策的国际比较及启示。财税政策是促进基础研究发展的重要工具。"他山之石，可以攻玉"，中国支持基础研究财税政策的优化，需要广泛汲取其他国家和地区成功的经验。本篇重点从资助体系、执行主体、投入规模等方面，分析了美国、日本、韩国支持基础研究的财税政策体系，总结其成功经验和失败教训，阐明其对完善中国财政支持基础研究发展的政策启示。

美国、日本、韩国等国家形成了符合本国国情的财政支持基础研究政策体系。美国的主要特点是资助体系表现为政府与企业双主体运行，各主体资助结构迥异，任务导向型特征明显,研究型大学是基础研究的主力军,形成了侧重于"所得税减免"的税收优惠体系;日本政府内部拥有稳定的基础研究资助部门,基础研究经费分类拨付,高度重视竞争性基础研究经费投入,其税收优惠偏重"应税收入抵扣";韩国政府形成了因时而变的灵活资助模式,注重基础研究发展的政策配套。

三个国家在支持基础研究发展的财税政策选择上既有差异性,也存在相似之处,其共同点可以归纳为创新国家的一般性规律。首先,三国均拥有健全的资助体系,都表现为以一个核心部门为中心,配合相关部门辅助相互协调发展的模式。其次,选择了以大学或企业为主要的执行结构,基础研究的发展领域相对更广。再次,重视基础研究的投入规模,为基础研究活动的开展提供充足的财力保障。最后,制定适合国情的税收优惠制度,充分发挥税收政策的激励作用。

(4)支持基础研究的财税政策优化。对优化财税支持基础研究的政策建议方面提出建议。第一,优化财政投入机制体制。构建多元化投入机制,进一步调整中央、地方的财政投入结构,完善资助体系;完善财政补贴政策,明确财政重点补贴领域,保证公开透明;均衡基础研究区域发展,缩小各地区的基础研究发展差距,注重科学基金项目的空间均衡分布。第二,调整财政投入结构,提升经费使用效率。继续加大基础研究的财政支持力度,同时提高基础研究经费的使用效率;加强管理运行机制,建立资源共享机制。第三,促进基础研究人才发展的财政政策方面,充分发挥财政政策的导向作用,逐步优化人力资本的投资结构;遵循培养规律,制定配合基础研究人才成长的财政政策,并建立完善激励机制,增加人文关怀。第四,在税收政策方面,构建支持基础研究的税收政策体系,明确税收优惠政策的定位,增加税收优惠政策手段。第五,从优化基础研究环境(完善评价体系、加强科研诚信建设)、注重学科均衡发展、促进基础研究与应用研究的联合、提高基础研究成果的质量等方面提出促进基础研究发展的综合性配套措施。

12.2 主要创新点

(1)评估了财政投入基础研究的效率,揭示了基础研究投入效率的影响因素及其作用机理。基于2009~2016年省际面板数据,引用DEA方法对我国30个省区市财政投入基础研究的效率进行评估,并通过构建Tobit模型,考察了影响基础研究投入效率的相关因素的作用机制及其影响。研究发现,基础研究活动全要素生产率变动总体上出现下降的趋势,但是不同年份下降的情况不同,原因也各不相同。经济发展水平、贸易开放度、人力资源水平对于提升基础研究投入效率具有促进作用。

（2）阐明基础研究拔尖人才的有效成长路径。选取1999~2016年1971名长江学者特聘教授为研究对象，通过实证分析揭示拔尖人才的成长规律、影响因素及作用机理。长江学者特聘教授在学科的分布上存在集中趋势，主要分布在工学和理学两个学科上；拥有国际化教育背景、本硕博直读型培养方式、分学科分类别交叉型教育模式有利于加速拔尖人才的形成。

12.3　研究展望

本篇主要对支持基础研究的财税政策进行了实证分析，受到资料搜集、研究水平等因素的制约，以下问题有待于在未来的研究中进一步深化。

（1）基础研究效率评价的投入产出指标体系有待进一步优化。投入产出指标体系的选择直接影响评价结果。其困难主要在以下两个方面。①基础研究成果以多种方式呈现，本书在财政投入基础研究的效率测算部分，虽然利用国家统计局的一些统计指标和学者提出的高频投入产出变量确立了本篇的测算指标，但鉴于基础研究成果中存在一些难以量化的指标，如新知识的创造、规律的发现，在基础研究效率测算方面未纳入评价体系，在后续的研究中可进一步完善基础研究的指标选择，减少测算结果的偏误。②不同基础研究成果具有不同的影响力，如何对不同影响力的基础研究成果赋予不同权重，以更好体现重大原创性成果的价值。

（2）基础研究拔尖人才的成长方式规律有待进一步揭示。国家间科学技术的竞争本质上是人才的竞争，尤其是拔尖人才的竞争。有效的财政支持政策是建立在对拔尖人才成长规律的充分理解与掌握上。本书在财政支持基础研究人才方面，仅选取长江学者特聘教授为研究对象，并未对其他拔尖人才进行数据整理，如诺贝尔奖得主、中国科学院院士、中国工程院院士、国家杰出青年、国家优秀青年、973计划首席专家等。在后续研究中可进一步扩大研究样本范围，进一步提升结论的稳健性。

（3）不同财政支持方式的绩效有待采用科学方式进行评价。对人才的支持方式大体有两类，一类是以科研项目形式支持，另一类是以人才项目形式支持。为促进基础研究和拔尖人才的成长，国家设立多类科研项目和人才项目。这些项目的绩效有待采用科学方式进行评价。可考虑从两个方面拓展，一是基于国际视角的评价，如对不同国家和地区科学基金的绩效进行评价，并在此基础上揭示其影响因素；二是对国内不同项目的绩效进行评价，揭示其影响因素。上述问题的回答可以为优化财政支持方式提供重要参考。

第三篇

激励企业技术创新的财税政策：
实证分析与政策优化

第 13 章 激励企业技术创新的财税政策现状

自主创新是自主技术创新的简称，包括原始创新、集成创新与引进消化吸收再创新三类。为避免自主技术创新概念被狭隘理解为原始创新，在本书中，尽可能使用技术创新的概念来表达自主创新的观念，以实现涵盖三种自主创新形式的目的。激励企业技术创新的财税政策主要是指政府运用财政收支影响和激励企业技术创新活动而制定的方针和准则及具体实施手段。

《中华人民共和国国民经济和社会发展第十四个五年规划和 2035 年远景目标纲要》在其第五章"提升企业技术创新能力"中提出，"实施更大力度的研发费用加计扣除、高新技术企业税收优惠等普惠性政策"，"运用政府采购政策支持创新产品和服务"，"确保中央国有工业企业研发支出年增长率明显超过全国平均水平"，"支持行业龙头企业联合高等院校、科研院所和行业上下游企业共建国家产业创新中心，承担国家重大科技项目"。这充分反映了政府激励企业技术创新财税政策领域的广泛性。因此，激励政策内容及其实施情况可以从政府采购、税收优惠、财政投入与政府引导资金等四个方面描述。

13.1 政府采购政策的现状

13.1.1 政府采购政策简要梳理

政府采购政策具有鲜明的导向和示范作用。政府对创新产品的采购能够极大地提高技术创新产品的市场知名度和影响力，企业技术创新产品的市场发展空间在政府采购政策的扶持下得以扩大。我国政府采购制度起步较晚，从 1995 年试点开始，发展至今不过二十余年时间。相较于西方国家长达两百多年的政府采购制度历史，我国在政府采购制度建设和政府采购规模上尚处于年轻化的起步阶段。根据我国激励自主创新的政府采购政策"局部试点—经验积累—全面推广—废止停止"的发展实践，政府采购政策与制度的发展历程可以总结为两个阶段。

1. 政府采购实践起步与制度立法

1995 年上海市财政局和卫生局联合下发了《关于市级卫生医疗单位加强财

政专项修购经费管理的若干规定》，这成为我国政府采购制度试点的开端。之后河北、深圳和重庆也先后开始了类似改革尝试，并取得了较好的经济效益和社会效益。至此，政府采购制度逐步在全国范围内推广。目前我国的政府采购制度节约了大量的财政采购资金。尤其是 1999 年，中央国家机关也通过向全社会公开招标的方式采购计算机设备，这算是正式启动了政府采购在中央政府部门的试点。此举产生了更为强大的示范效应，使得政府采购制度在我国得到全面实施。

政府采购改革实践催生了相关法律法规的诞生和调整。从地方层面上来看，1998 年深圳市出台的《深圳经济特区政府采购条例》成为我国第一部关于政府采购的地方性法规，将深圳市政府采购工作推进了法治化轨道；同时，河北、上海、江苏、辽宁等省市也先后制定了政府采购相关管理办法。从国家层面上来看，1999 年财政部颁布了我国首部政府采购行政法规即《政府采购管理暂行办法》，之后又陆续推出了《政府采购招标投标管理暂行办法》《政府采购合同监督暂行办法》《政府采购资金财政直接拨付管理暂行办法》等行政法规。在国家政府采购制度的制定与实施和先行省份的示范激励下，其他各级地方政府不仅在财政部门设立了政府采购管理机构，同时因地制宜地制定了本级政府的政府采购行政法规。改革试点实践和国家出台政府采购制度的双重发力，推动着我国政府采购制度由试点阶段逐渐迈向完善阶段。2002 年 6 月 29 日，具有绝对权威性的《政府采购法》正式出台，其明确了政府采购的范围与方式、政府采购当事人、政府采购程序和采购合同、对政府采购活动的质疑与投诉、监督检查和法律责任等诸多内容，正式确立了我国政府采购制度的法定地位，政府采购工作由此步入法治化轨道。《政府采购法》推动政府采购规模快速发展。

2. 激励技术创新的政府采购政策

在《政府采购法》立法之初，并没有明确将激励技术创新作为政府采购的目标之一。部分原则性规定如 "政府采购应当有助于实现国家的经济和社会发展政策目标，包括保护环境，扶持不发达地区和少数民族地区，促进中小企业发展等" 以及 "政府采购应当采购本国货物、工程和服务"。激励企业技术创新问题并没有引起政策实施主体的重视。但是随着政府采购领域的扩展和规模的扩大，通过政府采购政策激励企业技术创新的要求逐渐显现在政府采购实践中。2004 年 12 月，财政部和国家发改委联合发布的《节能产品政府采购实施意见》中提出节能产品政府采购政策的目标包括 "推动企业节能技术进步"；《国家中长期科学和技术发展规划纲要（2006—2020 年）》和《中共中央 国务院关于实施科技规划纲要增强自主创新能力的决定》等文件中提出要实施促进自主创新的政府采购，由此，我国以政府采购政策激励企业技术创新的改革正式拉开了帷幕。

2006年2月国务院颁布了《实施〈国家中长期科学和技术发展规划纲要（2006—2020年）〉的若干配套政策》，其中明确了建立激励企业自主创新的政府采购制度具体内容。具体来讲，包括"建立财政性资金采购自主创新产品制度""改进政府采购评审方法，给予自主创新产品优先待遇""建立激励自主创新的政府首购和订购制度""建立本国货物认定制度和购买外国产品审核制度""发挥国防采购扶持自主创新的作用"等。

2006年6月，财政部下发了《关于实施促进自主创新政府采购政策的若干意见》，其就政府采购自主创新制度体系的构建、自主创新产品的认定体系建设、工作方法和试点范围选择、优先采购自主创新产品的条件和幅度等提出了要求。随后，财政部、科技部等陆续出台了一系列自主创新政府采购政策规定，分别是《国家自主创新产品认定管理办法（试行）》《自主创新产品政府采购预算管理办法》《自主创新产品政府采购评审办法》《自主创新产品政府采购合同管理办法》《政府采购进口产品管理办法》《自主创新产品政府首购和订购管理办法》。

2007年12月29日修订的《科学技术进步法》以法律条款确立了自主创新政府采购的采购对象、首购要求、采购方式等，即"对境内公民、法人或者其他组织自主创新的产品、服务或者国家需要重点扶持的产品、服务，在性能、技术等指标能够满足政府采购需求的条件下，政府采购应当购买；首次投放市场的，政府采购应当率先购买。政府采购的产品尚待研究开发的，采购人应当运用招标方式确定科学技术研究开发机构、高等学校或者企业进行研究开发，并予以订购"。

13.1.2 政府采购政策实施情况

1. 政府采购总量和占比不断增大

在国家的政府采购政策指导下，地方政府不断推进采购制度改革，在规范财政支出行为、提高财政资金使用效益及促进实现国家经济社会发展目标等方面成效显著。表13-1数据显示，2012～2018年，我国政府采购资金规模无论是从总量上还是从占比上来看，呈现不断扩大的趋势。2012年政府采购资金规模为13 977.7亿元，2018年政府采购资金规模为35 861.4亿元，增长21 883.7亿元，增长率为156.56%。2012年，政府采购资金占财政支出的比重为11.1%，2018年为10.5%，总体上较为平稳。从政府采购资金规模占GDP的比重来看，从2012年的2.7%上升到2018年的4.0%。2019年政府采购资金规模为33 067.0亿元，较上年减少2794.4亿元，下降7.8%，占财政支出和GDP的比重分别为10.0%和3.3%。原因在于，地方政府不断加大力度压减一般性支出，把财力优先用于"三保"等刚性支出，促使政府采购规模较 2018 年有所收缩，出现自 2002 年以来的首次下降。2020 年政府采购资金规模为 36 970.6 亿元，占全国财政支出和 GDP 的比重分别为 10.2% 和 3.6%。政府采购规模较 2019 年增长 11.8%，并创历史新高。不难看出，在我国经济由高速增长转为高质量发展的新背景下，即使政府采购需求受减税降费过"紧日子"和新型冠状病毒肺炎（以下简称新冠肺炎）疫情影响，安排在政府采购方面的财政支出依然处于较高总额和占比。

表 13-1　2012～2020 年我国政府采购资金规模

年份	采购资金规模/亿元	占财政支出的比重	占 GDP 的比重
2012	13 977.7	11.1%	2.7%
2013	16 381.1	11.7%	2.9%
2014	17 305.3	11.4%	2.7%
2015	21 070.5	12.0%	3.1%
2016	31 089.8	11.0%	3.5%
2017	32 114.3	12.9%	3.9%
2018	35 861.4	10.5%	4.0%
2019	33 067.0	10.0%	3.3%
2020	36 970.6	10.2%	3.6%

资料来源：财政部国库司网站

2. 政府采购政策倾向中小微企业

在《政府采购促进中小企业发展暂行办法》的指导下，各级财政部门采取各种配套措施扶持中小微企业，较好地发挥了支持中小微企业发展的政策功能。从表 13-2 中可以看出，全国范围内政府采购合同授予中小微企业的总采购额呈不断增长之势，从 2012 年的 10 830.0 亿元上升到 2020 年的 27 918.0 亿元，年平均增长率高达 12.6%，占全国政府采购规模的比重维持在 75% 左右的较高水平。其中，授予小微企业的采购额也持续增长，从 2012 年的 5842.8 亿元增长到 2020 年的 14 046.4 亿元，年均增长率为 11.6%，占授予中小微企业总采购额的比重虽然有所下降，但依然保持在 40% 以上，其中 2020 年占比高达 50.3%。可以看出，尽管总规模在 2019 年出现小幅下降，但从长期看政府采购政策对中小微企业的支撑力度保持稳定。

表 13-2　2012~2020 年我国政府采购对中小微企业的采购情况

年份	政府采购合同授予中小微企业的总采购额/亿元	占全国政府采购规模的比重	授予小微企业的采购额/亿元	占授予中小微企业总采购额的比重
2012	10 830.0	77.5%	5 842.8	54.0%
2013	12 454.0	76.0%	5 765.3	46.3%
2014	13 179.8	76.2%	6 020.8	45.7%
2015	16 072.2	76.3%	6 564.6	40.8%
2016	24 036.2	77.3%	10 193.9	42.4%
2017	24 842.0	77.4%	10 869.9	43.8%
2018	27 488.6	76.7%	11 941.0	43.4%
2019	24 519.1	74.1%	11 922.3	48.6%
2020	27 918.0	75.5%	14 046.4	50.3%

资料来源：中国政府采购网

3. 政府采购协定不利于技术创新

在国家层面强化政府采购激励企业技术创新的取向指导下，各级集中采购机构在政府采购工作中，积极贯彻执行各项规定，在采购文件、评审办法和评审标准中遵循政策功能要求，并出台了自主创新产品目录。例如，江西省科技厅、省发改委、省工信委、省财政厅于 2009 年 6 月出台了《江西省自主创新产品认定管理办法（试行）》和《江西省自主创新产品政府采购管理办法（试行）》，建立了江西省自主创新产品认定和政府采购联席会议制度，正式启动了全省自主创新产品认定工作。2009 年 7 月，依据自主创新产品认定和政府采购有关规定，来自全省 265 家企业的 475 种产品被认定为江西省首批自主创新产品，并发布了江西省自主创新产品目录。

但是，《政府采购协定》（Government Procurement Agreement，GPA）是 WTO 管辖的一项多边贸易协议，其目标在于推动各个参加主体开放政府采购市场，以此扩大国际贸易交流与合作。自 2007 年 12 月，我国启动了加入 GPA 谈判，2019 年 10 月已提交第 7 份出价清单，但仍未在加入条件上达成一致意见。被纳入 GPA 协商的主要内容关系到政府采购开放范围（GPA 称为出价）的确定及国内相关法律法规的对应调整。我国与之谈判陷入僵局面临的最重要问题在于 GPA 缔约方不认可中国政府采购政策保护国内企业和支持技术创新方式。

在西方国家的干涉下，财政部在 2011 年 6 月宣布，自 2011 年 7 月 1 日起停止执行财政部 2007 年颁布的有关自主创新产品政府采购的三个文件，即《自主创新产品政府采购预算管理办法》《自主创新产品政府采购评审办法》《自主创新产品政府采购合同管理办法》。这些政策的取消导致了我国支持技术创新政策体系和实施的混乱，相关的创新产品与服务的首购、订购政策也无法顺利落实。2011 年 11 月，国务院办公厅印发《关于深入开展创新政策与提供政府采购优惠挂钩相关文件清理工作的通知》（国办发明电〔2011〕41 号），要求各地方、各有关部门自 2011 年 12 月 1 日起停止执行规范性文件中关于创新政策与提供政府采购优惠挂钩的措施。2016 年 11 月，为履行"中国的创新政策与提供政府采购优惠不挂钩"的对外承诺，国务院办公厅下发了《关于进一步开展创新政策与提供政府采购优惠挂钩相关文件清理工作的通知》（国办函〔2016〕92 号），对进一步开展清理工作提出了要求。可以说，国家层面激励自主创新的政府采购政策自此基本陷入了停滞状态。

13.2　税收优惠政策的现状

13.2.1　税收优惠政策简要梳理

税收优惠政策是政府依据特定社会和经济目标的需要，对特定的纳税人、纳税对象给予照顾型或刺激型的税收减免，以降低其税收负担。从短期来看，政府通过税款的让渡，放弃了部分税收收入，有一定的损失；但从长期来看，有利于激发纳税主体的经济行为，不仅能够涵养税源，增加长远收益，更有助于实现政府宏观调控目标。因此，税收优惠政策成为世界各国普遍采用的激励企业技术创新的工具。政府通过制定税收优惠政策，激励企业加大研发投入，提高技术创新能力。自 20 世纪 80 年代的科技体制变革以来，在国家层面上，诸多具备创新系统特质的技术创新税收支持政策逐步出台，政策以鼓励技术创新和高新技术产业发展为使命，当前已形成较为完善的技术创新税收激励体系。

1. 税收优惠政策体系较为完整

当前，我国尚没有颁布专门的激励企业技术创新的税收优惠政策体系。税收优惠政策分散在许多政府部门法律法规的政策性条文之中。通过总结归纳这些政策条文，也可从中了解当前我国税收优惠政策的全貌。当前，这些政策条文内容已经涵盖了技术创新的各个领域，政策体系呈现出多税种、多方式、多环节的特征。从税种来看，技术创新税收优惠政策可以分为：①流转税优惠，包括增值税、消费税和关税；②所得税优惠，包括企业所得税和个人所得税；③财产税和行为税优惠，包括城镇土地使用税、车船税、契税和印花税等。从优惠对象来看，包括企业、研究机构、高校、服务机构、教育和科普单位、其他个人或单位等各类创新主体。从优惠方式来看，既包括直接优惠，如免税、减税、优惠税率等；也包括间接优惠，如税前扣除、税收抵免、投资减免、退税、亏损结转、加速折旧等。

2. 技术创新激励取向逐渐明朗

适度宽松的税收环境有利于激励企业加大技术创新投入、提升技术创新产出水平、增强技术创新成果与绩效。按照税收优惠的政策取向，可以从扶持高新技术企业发展、激励企业加大研发投入、推动科技成果转化、鼓励科技人员创新创业、支持创新创业平台建设等方面对税收优惠政策进行分类总结。相关政策内容详见表 13-3。

表 13-3 激励企业技术创新的税收优惠政策简要梳理

政策取向	政策依据	政策要点
扶持高新技术企业发展	《中华人民共和国企业所得税法》（主席令第 63 号）	国家需要重点扶持的高新技术企业，减按 15% 的税率征收企业所得税
	《财政部、国家税务总局关于软件产品增值税政策的通知》（财税〔2011〕100 号）	增值税一般纳税人销售其自行开发生产的软件产品，按 17% 税率征收增值税后，对其增值税实际税负超过 3% 的部分实行即征即退政策
		纳税人受托开发软件产品，著作权属于受托方的征收增值税，著作权属于委托方或属于双方共同拥有的不征收增值税；对经过国家版权局注册登记，纳税人在销售时一并转让著作权、所有权的，不征收增值税
	《财政部 国家税务总局关于退还集成电路企业采购设备增值税期末留抵税额的通知》（财税〔2011〕107 号）	对国家批准的集成电路重大项目企业（具体名单见附件）因购进设备形成的增值税期末留抵税额（以下称购进设备留抵税额）准予退还
	《关于进一步鼓励软件产业和集成电路产业发展企业所得税政策的通知》（财税〔2012〕27 号）	我国境内新办的集成电路设计企业和符合条件的软件企业，经认定后，在 2017 年 12 月 31 日前自获利年度起计算优惠期，第一年至第二年免征企业所得税，第三年至第五年按照 25% 的法定税率减半征收企业所得税，并享受至期满为止

续表

政策取向	政策依据	政策要点
扶持高新技术企业发展	《关于进一步鼓励软件产业和集成电路产业发展企业所得税政策的通知》（财税〔2012〕27号）	集成电路线宽小于0.25微米或投资额超过80亿元的集成电路生产企业，经认定后，减按15%的税率征收企业所得税，其中经营期在15年以上的，在2017年12月31日前自获利年度起计算优惠期，第一年至第五年免征企业所得税，第六年至第十年按照25%的法定税率减半征收企业所得税，并享受至期满为止
		我国境内新办的集成电路设计企业和符合条件的软件企业，经认定后，在2017年12月31日前自获利年度起计算优惠期，第一年至第二年免征企业所得税，第三年至第五年按照25%的法定税率减半征收企业所得税，并享受至期满为止
		国家规划布局内的重点软件企业和集成电路设计企业，如当年未享受免税优惠的，可减按10%的税率征收企业所得税
	《财政部 国家税务总局 发展改革委 工业和信息化部关于进一步鼓励集成电路产业发展企业所得税政策的通知》（财税〔2015〕6号）	符合条件的集成电路封装、测试企业以及集成电路关键专用材料生产企业、集成电路专用设备生产企业，在2017年（含2017年）前实现获利的，自获利年度起，第一年至第二年免征企业所得税，第三年至第五年按照25%的法定税率减半征收企业所得税，并享受至期满为止；2017年前未实现获利的，自2017年起计算优惠期，享受至期满为止
激励企业加大研发投入	《中华人民共和国企业所得税法实施条例》（国务院令第512号）	企业所得税法第三十条第（一）项所称研究开发费用的加计扣除，是指企业为开发新技术、新产品、新工艺发生的研究开发费用，未形成无形资产计入当期损益的，在按照规定据实扣除的基础上，按照研究开发费用的50%加计扣除；形成无形资产的，按无形资产成本的150%摊销
	《财政部 国家税务总局 科技部关于完善研究开发费用税前加计扣除政策的通知》（财税〔2015〕119号）	企业开展研发活动中实际发生的研发费用，未形成无形资产计入当期损益的，在按规定据实扣除的基础上，按照本年度实际发生额的50%，从本年度应纳税所得额中扣除；形成无形资产的，按照无形资产成本的150%在税前摊销
	《财政部 税务总局 科技部关于提高科技型中小企业研究开发费用税前加计扣除比例的通知》（财税〔2017〕34号）	科技型中小企业开展研发活动中实际发生的研发费用，未形成无形资产计入当期损益的，在按规定据实扣除的基础上，在2017年1月1日至2019年12月31日期间，再按照实际发生额的75%在税前加计扣除；形成无形资产的，在上述期间按照无形资产成本的175%在税前摊销

续表

政策取向	政策依据	政策要点
激励企业加大研发投入	《财政部 税务总局 科技部关于提高研究开发费用税前加计扣除比例的通知》（财税〔2018〕99号）； 《财政部 税务总局关于延长部分税收优惠政策执行期限的公告》（财政部 税务总局公告2021年第6号）	企业开展研发活动中实际发生的研发费用，未形成无形资产计入当期损益的，在按规定据实扣除的基础上，在2018年1月1日至2020年12月31日期间，再按照实际发生额的75%在税前加计扣除；形成无形资产的，在上述期间按照无形资产成本的175%在税前摊销
		执行期限延长至2023年12月31日
	《国家税务总局关于企业固定资产加速折旧所得税处理有关问题的通知》（国税发〔2009〕81号）	根据《企业所得税法》第三十二条及《实施条例》第九十八条的相关规定，企业拥有并用于生产经营的主要或关键的固定资产，由于以下原因确需加速折旧的，可以缩短折旧年限或者采取加速折旧的方法： （一）由于技术进步，产品更新换代较快的； ……
	《财政部 税务总局关于设备 器具扣除有关企业所得税政策的通知》（财税〔2018〕54号）； 《财政部 税务总局关于延长部分税收优惠政策执行期限的公告》（财政部 税务总局公告2021年第6号）	企业在2018年1月1日至2020年12月31日期间新购进的设备、器具，单位价值不超过500万元的，允许一次性计入当期成本费用在计算应纳税所得额时扣除，不再分年度计算折旧；单位价值超过500万元的，仍按企业所得税法实施条例、《财政部 国家税务总局关于完善固定资产加速折旧企业所得税政策的通知》（财税〔2014〕75号）、《财政部 国家税务总局关于进一步完善固定资产加速折旧企业所得税政策的通知》（财税〔2015〕106号）等相关规定执行
		本通知所称设备、器具，是指除房屋、建筑物以外的固定资产
		执行期限延长至2023年12月31日
推动科技成果转化	《财政部 国家税务总局关于全面推开营业税改征增值税试点的通知》（财税〔2016〕36号）	一、下列项目免征增值税 （二十六）纳税人提供技术转让、技术开发和与之相关的技术咨询、技术服务。 1. 技术转让、技术开发，是指《销售服务、无形资产、不动产注释》中"转让技术"、"研发服务"范围内的业务活动。技术咨询，是指就特定技术项目提供可行性论证、技术预测、专题技术调查、分析评价报告等业务活动。

续表

政策取向	政策依据	政策要点
推动科技成果转化	《财政部 国家税务总局关于全面推开营业税改征增值税试点的通知》（财税〔2016〕36号）	与技术转让、技术开发相关的技术咨询、技术服务，是指转让方（或者受托方）根据技术转让或者开发合同的规定，为帮助受让方（或者委托方）掌握所转让（或者委托开发）的技术，而提供的技术咨询、技术服务业务，且这部分技术咨询、技术服务的价款与技术转让或者技术开发的价款应当在同一张发票上开具。 2. 备案程序。试点纳税人申请免征增值税时，须持技术转让、开发的书面合同，到纳税人所在地省级科技主管部门进行认定，并持有关的书面合同和科技主管部门审核意见证明文件报主管税务机关备查
	《财政部 国家税务总局关于将国家自主创新示范区有关税收试点政策推广到全国范围实施的通知》（财税〔2015〕116号）	自2015年10月1日起，全国范围内的居民企业转让5年以上非独占许可使用权取得的技术转让所得，纳入享受企业所得税优惠的技术转让所得范围。居民企业的年度技术转让所得不超过500万元的部分，免征企业所得税；超过500万元的部分，减半征收企业所得税
鼓励科技人员创新创业	《财政部 国家税务总局关于将国家自主创新示范区有关税收试点政策推广到全国范围实施的通知》（财税〔2015〕116号）	自2016年1月1日起，全国范围内的中小高新技术企业以未分配利润、盈余公积、资本公积向个人股东转增股本时，个人股东一次缴纳个人所得税确有困难的，可根据实际情况自行制定分期缴税计划，在不超过5个公历年度内（含）分期缴纳，并将有关资料报主管税务机关备案
		技术人员在转让奖励的股权之前企业依法宣告破产，技术人员进行相关权益处置后没有取得收益或资产，或取得的收益和资产不足以缴纳其取得股权尚未缴纳的应纳税款的部分，税务机关可不予追征
	《财政部 国家税务总局关于促进科技成果转化有关税收政策的通知》（财税字〔1999〕45号）	自1999年7月1日起，科研机构、高等学校转化职务科技成果以股份或出资比例等股权形式给予个人奖励，获奖人在取得股份、出资比例时，暂不缴纳个人所得税；取得按股份、出资比例分红或转让股权、出资比例所得时，应依法缴纳个人所得税。有关此项的具体操作规定，由国家税务总局另行制定
	《财政部 国家税务总局关于个人非货币性资产投资有关个人所得税政策的通知》（财税〔2015〕41号）	纳税人一次性缴税有困难的，可合理确定分期缴纳计划并报主管税务机关备案后，自发生上述应税行为之日起不超过5个公历年度内（含）分期缴纳个人所得税

续表

政策取向	政策依据	政策要点
鼓励科技人员创新创业	《中共中央组织部关于印发〈关于海外高层次引进人才享受特定生活待遇的若干规定〉的通知》（组通字〔2008〕58号）	引进人才回国(来华)时取得的一次性补助(视同国家奖金)，免征个人所得税。5年内境内工资收入中的住房补贴、伙食补贴、搬迁费、探亲费、子女教育费等，按照国家税收法律法规的有关规定，予以税前扣除。进境少量科研、教学物品，免征进口税收；进境合理数量的生活自用物品，按现行政策规定执行
	《中华人民共和国个人所得税法》（主席令第85号）	下列各项个人所得，免纳个人所得税： 一、省级人民政府、国务院部委和中国人民解放军军以上单位，以及外国组织、国际组织颁发的科学、教育、技术、文化、卫生、体育、环境保护等方面的奖金； ……
支持创新创业平台建设	《国家税务总局关于实施创业投资企业所得税优惠问题的通知》（国税发〔2009〕87号）	创业投资企业采取股权投资方式投资于未上市的中小高新技术企业2年（24个月）以上，凡符合以下条件的，可以按照其对中小高新技术企业投资额的70%，在股权持有满2年的当年抵扣该创业投资企业的应纳税所得额；当年不足抵扣的，可以在以后纳税年度结转抵扣
	《财政部 国家税务总局关于科技企业孵化器税收政策的通知》（财税〔2016〕89号）	自2016年1月1日至2018年12月31日，对符合条件的孵化器自用以及无偿或通过出租等方式提供给孵化企业使用的房产、土地，免征房产税和城镇土地使用税；自2016年1月1日至2016年4月30日，对其向孵化企业出租场地、房屋以及提供孵化服务的收入，免征营业税；在营业税改征增值税试点期间，对其向孵化企业出租场地、房屋以及提供孵化服务的收入，免征增值税

国家通过不断完善税收优惠政策体系，优化企业技术创新的政策环境，加大对企业研发活动的政策支持。相关调查数据显示，2018年在规模（限额）以上企业中，企业研发费用加计扣除减免税政策的惠及面达到56.1%，高新技术企业减免税政策的惠及面达到50.1%，分别比2017年提高2个和0.6个百分点；企业对这两项政策的认可度分别达到82.1%和85%，分别比2017年提高4.9个和4.2个百分点[①]。政策惠及面不断扩大，越加激发企业加大研发投入的信心和热情。

---

① 《国家统计局社科文司统计师李胤解读〈2018年全国科技经费投入统计公报〉》，http://www.stats.gov.cn/tjsj/sjjd/201908/t20190830_1694747.html[2021-04-16]。

13.2.2 税收优惠政策实施情况

1. 普惠性减税降低经济主体的税收负担

"十三五"时期,我国将税制改革与减税降费相结合,通过制度性安排与阶段性政策并举、普惠性减税与结构性减税并举,着力降低经济主体税收负担。例如,2016 年,全面推开营改增,释放大规模减税红利,降低企业税负 5700 多亿元[①];2017 年,通过简并增值税税率、清理规范涉企收费等措施,全年减税降费超过 1 万亿元[②];2018 年,通过降低增值税税率、提高个人所得税基本减除费用标准等措施,全年减税降费规模约 1.3 万亿元[③];2019 年,出台更大规模减税降费政策,聚焦减轻制造业和小微企业负担,全年减税降费 2.36 万亿元,占 GDP 的比重超过 2%,拉动全年 GDP 增长约 0.8 个百分点;2020 年,面对新冠肺炎疫情严峻复杂形势和财政收支困境,我国公布实施 7 批 28 项减税降费政策,新增减税降费规模超过 2.6 万亿元[④]。"十三五"期间,我国累计减税降费规模超过 7.6 万亿元[⑤]。

2. 税收优惠激励科技企业加大创新投入

国家不断优化调整研发费用加计扣除等鼓励创新政策,为企业加强产品研发和科技创新提供政策红利。例如,2017 年提高科技型中小企业研发费用税前加计扣除比例,并于 2018 年将研发费用加计扣除比例提高到 75%的政策享受主体扩大至所有企业。税收成本的降低,成为点燃科技创新的"新引擎"。国家税务总局统计数据显示,2016 年至 2019 年,享受研发费用加计扣除政策的企业累计达 84.3 万户次,累计申报研发投入 5.2 万亿元,共计减免企业所得税 8730 余亿元,有效支持了科技创新发展[⑥]。此外,为吸引投资资金向初创科技型企业倾斜,助力科创企业成长发展,2017 年国家出台了创业投资企业和天使投资个人有关税收试点政

---

① 《2016 年减税降费力度大》,http://finance.china.com.cn/roll/20170307/4126280.shtml[2021-04-16]。
② 《财政部:2017 年全年减税降费超过 1 万亿元》,http://finance.people.com.cn/n1/2018/0125/c1004-29787655.html[2021-04-16]。
③ 《财政部:2018 年中国减税降费规模约 1.3 万亿元》,https://baijiahao.baidu.com/s?id=1622707782015119751&wfr=spider&for=pc[2021-04-16]。
④ 《"十三五"期间新增减税降费累计将达 7.6 万亿元左右》,http://www.gov.cn/xinwen/2020-12/08/content_5567831.htm[2021-04-16]。
⑤ 《税务总局:"十三五"期间全国新增减税降费累计超 7.6 万亿元》,https://baijiahao.baidu.com/s?id=1688375172325910100&wfr=spider&for=pc[2021-04-16]。
⑥ 《税务总局:"十三五"时期新增减税降费 7.6 万亿元》,https://www.chinanews.com/cj/2020/10-20/9317732.shtml[2021-04-16]。

策。税收占GDP的比值逐年下降,从2015年的占18.13%下降到2020年的占15.2%,下降了近3个百分点[①]。税收优惠政策极大地激发了企业加大研发投入的信心和热情,如"十三五"以来,我国制造业增加值稳居世界第一,主要产品产量居世界前列,制造业研发投入强度从2016年的1.01%稳步提升至2019年的1.45%[②],对于我国深入实施创新驱动战略发挥了重要作用。

13.3 财政投入政策的现状

财政科技投入是通过对创新主体的直接资金资助激发其创新动力,从而推动区域技术水平进步与创新能力提升。纵观工业化国家的创新发展模式,从工业化初期的政府主导,到工业化中期的政企双主导,再到工业化成熟期的企业主导,政府对技术发展的支持从未停歇。我国高度重视科技进步对促进国民经济发展的战略性作用,出台了一系列激励科技创新的财政投入政策,通过不断地增加财政科技投入,引导各个创新主体开展创新活动,大力提升了技术进步对科技创新的促进力。

13.3.1 财政投入政策简要梳理

1993年颁布、2007年修订的《科学技术进步法》是国家实行财政科技投入的基本依据。该法不仅规定了科技投入的增长幅度"应当高于国家财政经常性收入的增长幅度",更从立法角度明确了科技经费管理体制,不允许"虚报、冒领、贪污、挪用、截留"经费。1996年出台、2015年修订的《中华人民共和国促进科技成果转化法》要求国家"合理安排财政资金投入",并确立了科技成果转化经费用途,即用于"科技成果转化的引导资金、贷款贴息、补助资金和风险投资"等。可以这样认为,《科学技术进步法》和《中华人民共和国促进科技成果转化法》从立法上明确了政府应当在企业技术创新研发阶段和技术创新成果转化阶段进行扶持的基本义务。1996年,财政部、国家税务总局联合发布了《关于促进企业技术进步有关财务税收问题的通知》,要求"增加科技三项费用、技改拨款和技改贴息"以支持企业技术进步,并"将技改贴息直接贴给企业",使得对企业的财政支持办

---

① 《"十三五"时期宏观税负逐年下降》,http://www.chinatax.gov.cn/chinatax/n810219/n810780/c5162396/content.html[2021-11-18]。

② 《【回望"十三五":我的收获与转变】一条动力十足的发展之路》,https://news.cctv.com/2020/11/16/ARTIcPeKHQO04ZWrfazxGtLI201116.shtml[2021-04-16]。

法更具有可操作性。

国家层面更为科学、完善的激励技术创新的财税政策应当是2006年出台的《实施〈国家中长期科学和技术发展规划纲要(2006—2020年)〉的若干配套政策》，要求"大幅度增加科技投入""确保财政科技投入的稳定增长""切实保障重大专项的顺利实施""优化财政科技投入结构""发挥财政资金对激励企业自主创新的引导作用""创新财政科技投入管理机制"，从财政科技投入总量、结构和效率上做出了具体规定，尤为关键的是，重视财政对企业予以引导性支持。从直接性的财政支持到间接性的财政引导是重大的政策转变。

此后，财政科技投入政策日趋完善，专项化的指导意见和目标定位初步出台。如2012年中共中央、国务院下发的《关于深化科技体制改革加快国家创新体系建设的意见》中要求，"落实和完善促进全社会研发经费逐步增长的相关政策措施，加快形成多元化、多层次、多渠道的科技投入体系，实现2020年全社会研发经费占国内生产总值2.5%以上的目标"。2016年中共中央、国务院印发《国家创新驱动发展战略纲要》提出要"加大对基础性、战略性和公益性研究稳定支持力度，完善稳定支持和竞争性支持相协调的机制。改革中央财政科技计划和资金管理，提高资金使用效益"等。

财政事权配置与支出责任划分是实现国家治理体系和治理能力现代化的客观需要。2016年8月，国务院出台《关于推进中央与地方财政事权和支出责任划分改革的指导意见》，明确提出了完善中央与地方财政事权与支出责任划分的主要内容与时间表。基于此，2019年5月国务院办公厅印发了《科技领域中央与地方财政事权和支出责任划分改革方案》，提出在完善中央决策、地方执行的机制基础上，"根据科技事项公共性层次、科技成果受益范围等属性，科学合理划分科技领域中央与地方财政事权和支出责任"。该方案从财政体制改革的层面对科技领域的财政投入做了高屋建瓴的政策引导，各省份陆续出台地方层面的科技领域财政事权和支出责任划分改革方案，为财政科技投入制度的完善提供了坚实的财政体制基础。

13.3.2 财政投入政策实施情况

1. 财政科技支出的总量规模

财政科技支出从宏观上反映了国家对科技创新的支持力度，极大地影响着我国科技创新发展水平的提高和创新环境的优化。随着我国经济实力的增长，国家持续提高了财政科技支持力度，财政科技支出的绝对量、占财政支出的比重及占GDP的比重都在逐年提高。

1997～2019年20余年间，我国财政科技支出水平呈逐年上升态势，财政科技拨款从1997年的408.86亿元增长至2019年的10 717.40亿元，增长25倍，其中绝大部分年份财政科技拨款增长率均保持在10%以上（图13-1），且多数年份的财政科技拨款增长率高于财政总支出的增长率，尤其是2006年全面实施科技创新发展战略后至2010年之间，财政科技拨款增长率和财政总支出的增长率之间差距逐渐拉大，一度高至近12个百分点。2019年，我国财政科技拨款比2018年增加1199.2亿元，增长12.6%，占财政总支出的比重为4.49%。我国财政科技拨款占财政总支出的比重虽然部分年份有波动，但总体上基本维持在4%的水平。以上充分说明，财政科技支出在我国财政支出中占据重要地位，财政资源配置向科技发展的倾斜度加大，是支持我国企业技术创新的重要政策工具。

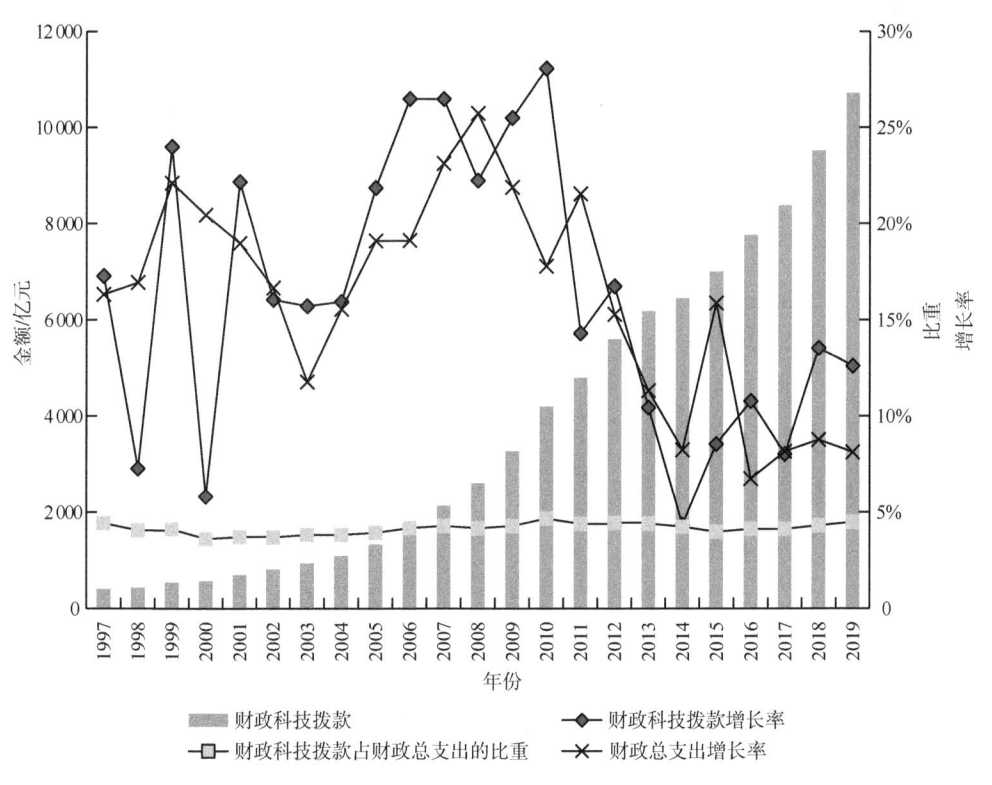

图13-1　1997～2019年国家财政科技支出规模的变化情况

资料来源：《中国科技统计年鉴2020》

2. 财政科技支出的主体构成

从中央和地方两个层面来考察财政科技支出的主体构成可知，中央财政在一个相当长的时期内都保持着财政科技支出的主体地位，但其占比不断下降（图 13-2），从 1996 年的 69.64%到 2006 年的 59.80%，从 2007 年开始，地方政府的财政科技支出反超中央，并逐渐拉大差距，至 2019 年地方财政科技支出所占比重已经达到 61.06%，而中央财政所占比重收缩至 38.94%。

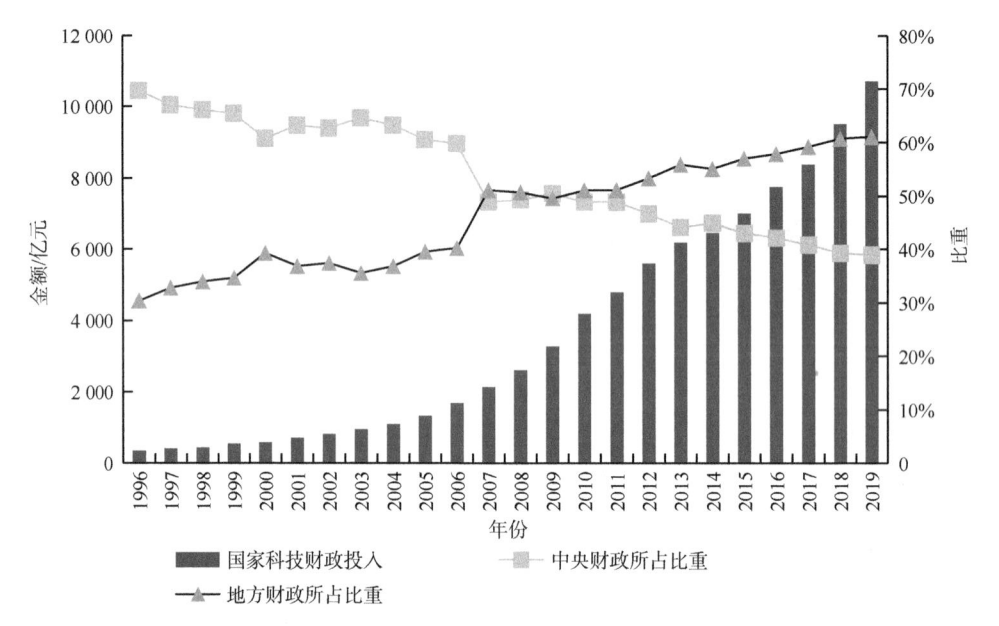

图 13-2　1996~2019 年中央和地方财政科技拨款变化情况

资料来源：《中国科技统计年鉴 2020》

3. 财政科技投入的区域分布

从我国财政科技投入的区域分布情况来看，科学技术支出占地方财政支出的比重存着较大的地区性差异，发达地区的财政科技支出较多，中西部欠发达地区的科学技术支出较少。以 2019 年 31 个省区市科学技术支出数据为例（表 13-4），排名第一的广东科学技术支出高达 1168.79 亿元，占地方财政支出的比重为 6.76%，而排名末位的西藏科学技术支出仅为 7.28 亿元，占地方财政支出的比重仅为 0.33%。

从地域来看，我国东部地区具有明显的区位优势和经济优势，十分重视科技创新对经济发展的促进作用。2019 年，地方科学技术支出超过百亿元的 15 个省市就有 8 个位于东部地区，这 8 个省市地方科学技术支出的总额为 3628.95 亿元，占全国地方财政科技支出总额的 60.94%。数据表明，我国地方财政科技投入存在着明显的地域带特征。

表 13-4　2019 年 31 个省区市财政科技拨款情况

省区市	科学技术支出/亿元	一般公共预算支出/亿元	科学技术支出占一般公共预算支出的比重	科技拨款所占比重的位次
广东	1 168.79	17 297.85	6.76%	1
江苏	572.04	12 573.55	4.55%	2
浙江	516.06	10 053.03	5.13%	3
北京	433.42	7 408.19	5.85%	4
上海	389.54	8 179.28	4.76%	5
安徽	377.95	7 392.22	5.11%	6
湖北	319.28	7 970.21	4.01%	7
山东	305.76	10 739.76	2.85%	8
河南	211.07	10 163.93	2.08%	9
四川	184.95	10 348.17	1.79%	10
江西	182.92	6 386.80	2.86%	11
湖南	171.92	8 034.42	2.14%	12
福建	133.41	5 077.93	2.63%	13
贵州	114.13	5 948.74	1.92%	14
天津	109.93	3 555.71	3.09%	15
河北	90.70	8 309.04	1.09%	16
重庆	79.23	4 847.68	1.63%	17
辽宁	74.03	5 745.09	1.29%	18
广西	72.33	5 850.96	1.24%	19
陕西	71.38	5 718.52	1.25%	20
云南	59.00	6 770.09	0.87%	21
山西	57.72	4 710.76	1.23%	22
黑龙江	42.16	5 011.56	0.84%	23
新疆	40.81	5 315.49	0.77%	24
吉林	39.18	3 933.42	1.00%	25
宁夏	31.26	1 438.29	2.17%	26
海南	30.10	1 858.60	1.62%	27
甘肃	29.39	3 951.60	0.74%	28
内蒙古	28.49	5 100.91	0.56%	29
青海	10.37	1 863.67	0.56%	30
西藏	7.28	2 187.75	0.33%	31

资料来源：《中国统计年鉴 2020》

4. 研发经费的资金来源渠道

研发经费投入是国家开展研发活动的实际支出，其对各个创新主体的研发资助有利于构建各个层面的创新体系。我国研发经费从 2004 年的 1966.3 亿元增加到 2019 年的 22 143.58 亿元，如图 13-3 所示。

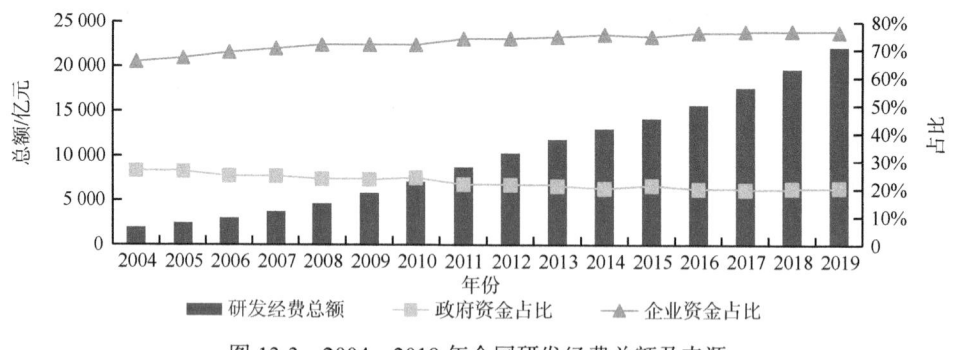

图 13-3　2004～2019 年全国研发经费总额及来源

资料来源：《中国科技统计年鉴 2020》

可以看出，从资金来源结构看，来源于政府的资金所占比例呈下降趋势，从 2004 年的 26.63% 下降至 2019 年的 20.49%，作为研发主体的企业逐渐成为研发经费的主要来源，企业的主体地位在资金来源结构方面逐步凸显出来，从 2004 年的 65.67% 上升至 2019 年的 76.26%，企业成为"名义上"的技术创新主力。然而，这种在政府科技投入严重缺位的情况下形成的"科技投入结构早熟化"现象对于企业而言并非易事。因为从企业投入情况来看，我国企业的实际研发投入强度并不高，基本在 0.5% 左右徘徊。国际统计规律表明，科学研究和试验发展投入占总销售额 5% 以上的企业才有持续的竞争力，而占 1% 的情况下企业很难持续生存下去。低强度的科技投入表明我国企业并未成为"实际上"的科技投入主力和技术创新主力。

5. 财政研发资金的使用去向

从财政研发资金的执行情况来看，研发机构和高校是政府资金的聚集地，政府对企业研发的资金扶持度很低。以 2019 年为例，政府仅将其研发资金的 14.29% 投向了企业，企业研发资金的 96.27% 来自企业内部。对于研发机构和高校而言，它们享受了绝大部分来自政府的研发经费，其中研发机构占 56.91%，高校占 23.11%，如表 13-5 所示。这些数据表明，我国财政科技投入以支持非营利性机构为主，而营利性的企业所能享受到的财政科技资金支持十分有限。

表 13-5　2019 年全国研发经费执行情况（单位：亿元）

项目	政府资金	企业资金	国外资金	其他资金	合计
全国	4 537.3	16 887.2	23.9	695.2	22 143.6
企业	648.4	16 257.4	12.1	3.9	16 921.8
研发机构	2 582.4	118.7	5.0	374.7	3 080.8
高校	1 048.5	471.0	6.2	270.9	1 796.6
其他	258.0	40.1	0.5	45.7	344.3

资料来源：《中国科技统计年鉴 2020》

研发资金投入领域包括基础研究、应用研究和试验发展，研发资金投入结构指的是基础研究、应用研究和试验发展分别在占研发经费中所占比重。从 2000～2019 年研发经费投入结构来看，基础研究所占比重最低，2000 年为 5.22%，2019 年为 6.03%，仅上升 0.81 个百分点；应用研究次之，近年来基本处于 10% 的水平；试验发展的经费支出最高，长期稳定在 80% 左右（图 13-4）。基础研究是新知识产生的源泉，引导着新发明创造，能够在国家长期科技发展和提升国际竞争力中发挥重要作用。基础研究投入比重低，将直接影响到我国原始创新能力水平的提升，导致我国企业研发活动将以模仿为主。

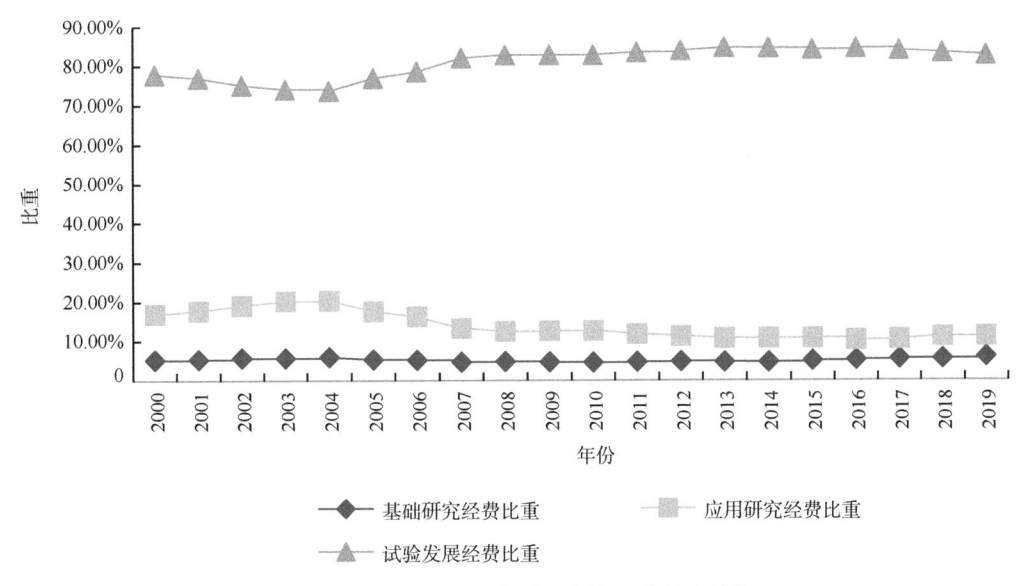

图 13-4　2000～2019 年全国研发经费投入结构

资料来源：《中国科技统计年鉴 2020》

13.4 政府引导资金政策的现状

政府引导资金是指政府把财政资金投入被引导企业，引导社会资源注入政府鼓励发展的产业的财政专项资金。政府引导资金主要有两种形式，一是产业投资财政引导资金，这是一种财政专项资金；二是政府创新创业投资引导基金，这是一种由政府出资与管理的政府基金。有关政府引导资金的政策主要体现在：《国务院关于印发实施〈国家中长期科学和技术发展规划纲要（2006—2020年）〉若干配套政策的通知》（国发〔2006〕6号）、《财政部 科技部关于印发〈中央引导地方科技发展资金管理办法〉的通知》、《创业投资企业管理暂行办法》（国家发展改革委〔2005〕第39号令）、《财政部 科技部关于印发〈科技型中小企业创业投资引导基金管理暂行办法〉的通知》（财企〔2007〕128号）、《财政部关于印发〈政府投资基金暂行管理办法〉的通知》（财预〔2015〕210号）、《国务院办公厅转发发展改革委等部门关于创业投资引导基金规范设立与运作指导意见的通知》（国办发〔2008〕116号）等文件中。其中，《实施〈国家中长期科学和技术发展规划纲要（2006—2020年）〉的若干配套政策》"鼓励有关部门和地方政府设立创业风险投资引导基金，引导社会资金流向创业风险投资企业，引导创业风险投资企业投资处于种子期和起步期的创业企业"。以江西省为例，地方政府投资引导资金的政策包括《江西省战略性新兴产业投资引导资金管理暂行办法》《江西省高技术产业发展引导资金使用管理办法（试行）》。在此主要介绍这些政策的内容。

13.4.1 政府引导资金政策简要梳理

1. 财政引导资金政策特征

如前所述，为鼓励企业技术创新，促进企业创新发展，弥补市场机制下企业创新投入不足的缺陷，从中央到地方政府出台了一系列的财政资金支持政策，其中产业投资财政引导资金政策是重要的组成部分。特别是针对企业技术创新的种子期与起步阶段，市场机制配置的社会资源不足，企业特别需要财政引导资金无差别的支持。纵观各级政府产业投资财政引导资金政策，其主要特征表现为以下几点。

产业投资财政引导资金本质是一种可由政府核销的财政周转金。这表现为以下三点：一是财政引导资金一般需要偿还，不是无偿拨付的财政补贴。《江西省高技术产业发展引导资金使用管理办法（试行）》规定，"引导资金分为拨款资助和贷款贴息资助及投资的形式",这可以避免企业为争取无偿资金而开展针对政府部门的寻租行为。二是财政引导资金主要采取股权投资和股权质押方式进行运作。三是如果企业技术创新与投资失败,企业可以通过规范的程序向政府申请核销偿还责任。《江西省战略性新兴产业投资引导资金管理暂行办法》规定,"因自然灾害等不可抗力因素影响,导致项目失败并造成引导资金投资损失,确实无法清偿的,企业可向管理机构提出申请,经管委会审核并报省政府同意后,由省财政厅按有关规定予以核销"。

第一,产业投资财政引导资金分配机制是政府机制。这项资金首先是财政专项资金,通过政府预算安排支出。其次,引导资金选择投资项目的过程也是一种行政管理过程,由政府组建的管理委员会筛选项目,选择投资对象企业,如《江西省战略性新兴产业投资引导资金管理暂行办法》规定,"投资项目申报和评审按照下列程序进行:(一)管委会办公室负责项目的组织申报,确定项目申报重点领域,发布项目申报指南;(二)各设区市政府根据项目申报指南,选定本行政区域内项目并统一向管委会办公室申报;(三)管委会办公室组织省工信委、省财政厅、省发改委、省科技厅、省监察厅、省审计厅、省国资委选派人员组成项目组,从省工信委、省科技厅、省发改委共同组建的专家库中随机抽取专家组成专家评审组;(四)项目组对申报项目进行初审,专家评审组对通过初审的项目进行评审,优选出重点项目,管委会根据当年资金情况确定项目数量;(五)项目经管委会确定后,由管委会报省政府审定"。《江西省高技术产业发展引导资金使用管理办法(试行)》规定,"申请企业必须是已具备独立法人资格的中小科技型企业,注册时间一般不超过三年"。

第二,产业投资财政引导资金有既定的投资领域,即一般不投资传统产业、"三通一平"[①]等基础设施,不能投资股票债券市场、理财产品及其他纯粹保值与增值的资产管理产品。不能投资虚拟经济,只能投向科学技术创新等领域,即投资具有正外部性效应的科技创新活动。这保证财政引导资金用途符合公共资金的性质,以追求公共利益为最终目标,为此投资失败也能被社会所接受。比如,《中央引导地方科技发展资金管理办法》规定,引导资金只能用于自由探索类基础研究、科技创新基地建设、科技成果转移转化、区域创新体系建设等领域。

第三,申请产业投资财政引导资金具有一定的门槛。这是为提高财政引导资金的使用效率,防止财政资金被滥用,同时减少项目评审工作量,提高引导资金投资成功的概率。比如,《江西省高技术产业发展引导资金使用管理办法(试行)》规定,申请项目要"具有合法知识产权,具备技术水平高、经济效益好、市场潜力大等特点"。《江西省战略性新兴产业投资引导资金管理暂行办法》规定,"项目

---

① "三通"指的是通电、通路、通水,"一平"指的是土地平整。

原则上要求当年新开工或在年内可开工,并能在两年内竣工投产","项目承担企业注册资金不低于1000万元,项目总投资不低于1亿元"。

第四,财政引导资金投入的规模与时间比较有限。为了使有限的财政资金惠及更多的企业技术创新项目,引导资金投入单个项目的资金规模非常有限,如《江西省高技术产业发展引导资金使用管理办法(试行)》规定,"引导资金资助一般不超过30万元,资助期2年"。《江西省战略性新兴产业投资引导资金管理暂行办法》规定,"股权投资和股权质押期限原则上不得超过3年。企业需要引导资金延期退出的……延长期限最长不得超过2年"。政府一般会鼓励支持其他机构投入。《江西省战略性新兴产业投资引导资金管理暂行办法》规定,"对给予项目承担企业引导资金投资额6倍以上(含6倍)贷款支持的金融机构,经管委会审核同意,可对其实行一次性奖励,奖励金额为贷款额的5‰,从本年度引导资金中列支"。

2. 政府引导基金政策特征

在政府引导资金中,政府引导基金已经成为主要形式,不论是资金规模还是在促进企业创新发展中所起的作用都超过财政引导资金。与财政引导资金相比,政府引导基金政策具有一些不同的特征。

第一,申请政府引导基金入股支持的各类公司的门槛比较高。首先,《创业投资企业管理暂行办法》规定,创业投资企业的实收资本金额不能少于3000万元,创业投资公司的成员当中,至少有3名有经验的管理人员,要求其从事相关业务2年以上。创业投资公司的投资者总人数不可以超过200人。其次,《科技型中小企业创业投资引导基金管理暂行办法》规定,一是"实收资本(或出资额)在10 000万元人民币以上","有至少3名具备5年以上创业投资或相关业务经验的专职高级管理人员","有至少3个对科技型中小企业投资的成功案例,即投资所形成的股权年平均收益率不低于20%,或股权转让收入高于原始投资20%以上"。二是"实收资本(或出资额)在100万元人民币以上","管理的创业资本在5000万元人民币以上"。三是具有投资功能的中小企业服务机构"有至少2名具备3年以上创业投资或相关业务经验的专职管理人员","正在辅导的初创期科技型中小企业不低于50家(以签订《服务协议》为准)","能够向初创期科技型中小企业提供固定的经营场地","对初创期科技型中小企业的投资或委托管理的投资累计在500万元人民币以上"。四是初创期科技型中小企业门槛。这类企业"是指主要从事高新技术产品研究、开发、生产和服务,成立期限在5年以内的非上市公司","职工人数在300人以下,具有大专以上学历的科技人员占职工总数的比例在30%以上,直接从事研究开发的科技人员占职工总数比例在10%以上","年销售额在3000万元人民币以下,净资产在2000万元人民币以下,每年用于高新技术研究开发的经费占销售额的5%以上"。这个政府引导基金扶持的科技型中小企业的门槛高于创业投资企业，这有利于保障引导基金的安全。

第二，政府引导基金的引导方式为阶段参股、跟进投资、风险补助和投资保障。首先，政府引导基金的参股比例最高不超过创业投资企业实收资本（或出资额）的 25%，且不能成为第一大股东。政府引导基金投资形成的股权，其他股东或投资者可以随时购买。自政府引导基金投入后 3 年内购买的，转让价格为引导基金原始投资额；引导基金参股期限一般不超过 5 年。政府引导基金不参与日常经营和管理，但对初创期科技型中小企业的投资情况拥有监督权。其次，政府引导基金按创业投资机构实际投资额 50%以下的比例跟进投资，每个项目不超过 300 万元。政府引导基金按照投资收益的 50%向共同投资的创业投资机构支付管理费和效益奖励，剩余的投资收益由政府收回。最后，政府引导基金按照最高不超过创业投资机构实际投资额的 5%给予风险补助，补助金额最高不超过 500 万元。政府引导基金可以给予"辅导企业"投资前资助金额最高不超过 100 万元。政府引导基金可以给予"辅导企业"最高不超过 200 万元的投资后资助。这项政策规定表现出政府引导基金为支持企业技术创新及科研成果转化，不惜损失引导基金本金利益等，充分展现出政府引导基金的非营利性与政策导向性。

第三，政府引导基金要以一定规模的资金股权投资创业早期企业，或者要投资到需要政府重点扶持和鼓励的高新技术企业。政府引导基金一般不能干预其股权投资的创业投资企业的日常管理行为。政府引导基金不能承担股权投资的公司型创业投资企业的受托管理责任，也不能成为有限合伙型创业投资企业的普通合伙人，只能是有限责任合伙人。总之，政府引导基金不参与股权投资的创业投资公司的管理，其目的是保证创业投资公司的投资决策是市场机制下的市场决策，而不是政府机制下的政府决策，以降低政府决策失败的风险及需要承担的失败成本，保证政府承担责任的有限性。

第四，政府引导基金的各出资人根据"利益共享、风险共担"的原则明确约定收益处理和亏损负担方式。政府引导基金产生的亏损应由各个出资方来共同承担，政府可以承担的责任限额是政府的出资额，超过部分政府不再承担任何损失。当然，为更好地发挥政府在引导基金投资方向上的引导作用，政府也可做出适当的让利，如作为劣后资本，先行承担投资损失，但是政府不能向其他出资人承诺他们投资的本金不受损失，也不能向其他出资人承诺最低收益，如果有这种承诺，则这种出资实质上是名股实债，这是法律法规明确不允许的。政府引导基金中的政府出资部分一般可以在基金存续期满后自主退出，如果存续期未满，但是引导基金的投资效果没有达到政府的预期目标，政府可以通过股权回购机制等方式适时退出政府引导基金，以保证政府资金的使用效果。

13.4.2 政府引导资金政策实施情况

1. 财政引导资金实施情况

从中央到地方政府一般都会编制产业投资财政引导资金。总体上，财政引导资金的规模不大。比如，上海市服务业发展引导资金项目，其金额不超过 300 万元，区级政府进行 1∶1 的配套投入，一般情况下，单个项目的两级政府最高支持金额不超过 600 万元，如果是政府的重点支持项目最高可达到 1200 万元[①]。又如，赣州市重大工业项目投资引导资金由赣州市国资工业投资管理有限公司运作，累计完成对接项目 46 个，通过管委会会议审批的项目共 12 个，批准金额共计 44.35 亿元，累计已经投放的金额共 31 亿元，该引导资金项目前后撬动的社会资金总额达到 37.48 亿元，带动相关企业的固定资产投资总额达到 123 亿元[②]。2019 年中央引导地方科技发展专项资金的预算指标全国合计 88 788 万元[③]。国家服务业发展引导资金是在中央预算内安排的专项用于支持服务业重点领域建设项目等的补助性资金，目的是调动地方和企业发展服务业的积极性，引导多渠道资金对服务业的投入。主要用于服务业发展中的薄弱环节、关键领域和新兴行业，促进服务业的市场化、社会化、产业化发展，重点支持处于产业化起步阶段、市场前景好的新兴服务业[④]。2018 年第一批国家服务业发展专项资金合计 60.85 亿元[⑤]，第二批 13.4 亿元，2019 年两批合计 74.5 亿元[⑥]。

2. 政府引导基金实施情况

政府引导基金不以营利为目的，主要以股权或债权等方式投资创业投资机构。中国政府从 20 世纪 80 年代开始探索使用公共财政扶持创业投资市场，早期的做法主要是用财政资金出资设立国有创业投资公司，以之为主体直接开展创业投资活动（程聪慧和郭俊华，2019）。首只政府引导基金于 2002 年在中关村成立，2014 年政府引导基金的数量与规模开始迅速增加，其原因是 2014 年财政部有关存量财政资金管理政策的调整，三年未使用的各级政府部分预算资金将收回到财政部门，由政府统筹安排到来年的政府预算中使用。此外，2015 年国家财政部门要清理现有的财政补贴，到期的财政补贴一般不再延续。各级政府部门为了保住原有的预

---

① 上海青浦工业园区企业服务号，政策宣传：上海市服务业发展引导资金项目。
② 《市重大工业引导资金助力高质量发展》，《赣南日报》2019 年 11 月 4 日第 01 版。
③ 《关于提前下达 2019 年中央引导地方科技发展专项资金预算指标的通知》，财科教〔2018〕132 号，2018 年 10 月 31 日。
④ 《国家服务业发展引导资金使用管理办法》，发改办产业〔2004〕914 号。
⑤ 《财政部关于下达 2018 年服务业发展专项资金（第一批）预算的通知》，财建〔2018〕254 号。
⑥ 《财政部关于下达 2019 年服务业发展资金（第二批）预算的通知》，财建〔2019〕306 号。

算资金不被财政部门收回去,改变了政府预算资金支持各个产业发展的方式,由政府无偿拨付财政补贴资金给企业,改为政府以股权投资的方式入股财政支持的企业。因此,各级政府利用现有闲置的财政专项资金和财政补贴资金,与金融机构或国资公司合作设立政府引导基金,以促进产业发展。可见财政政策是政府引导基金产生的重要推手。

2016年底,全国共有1013只政府引导基金,其中,创业投资类的政府引导基金901只,2016年新增384只,总目标规模超过3.1万亿元(程聪慧和郭俊华,2019)。2017年政府引导基金30强如表13-6所示。清科研究中心发布的《2019年中国政府引导基金发展研究报告》显示,2018年我国新设立政府引导基金数量为151只,同比下降41.5%;2019年上半年,新设立政府引导基金数量为50只,同比下降49.5%,已连续三年呈现下降趋势。截至2019年上半年,我国共设立了1686只政府引导基金,政府引导基金汇总目标金额10.12万亿元,到位资金总额4.13万亿元,其中,财政出资的基金共839只,总目标规模达到4.33万亿元,已出资金额达1.35万亿元,财政出资金额占比31.2%。在政府引导基金中,国家级政府引导基金平均规模637.44亿元;省级政府引导基金平均值101.57亿元,而地市级和区县级分别为39.92亿元和26.33亿元。国家级政府引导基金共设立29只,基金目标总规模1.85万亿元,已到位资金规模1.03万亿元[①]。可见,政府引导基金已经成为政府引导资金支持企业科技创新的主要形式。

表13-6 2017年中国政府引导基金30强

序号	政府引导基金名称	管理机构名称
1	深圳市政府引导基金	深圳市创新投资集团有限公司
2	山东省省级股权投资引导基金	山东省财金投资集团有限公司
3	江苏省政府投资基金	江苏金财投资有限公司
4	湖北省长江经济带产业基金	湖北省长江经济带产业基金管理有限公司
5	浙江省转型升级产业基金	浙江金控投资管理有限公司
6	深圳市南山区产业发展投资引导基金	深圳市汇通金控基金投资有限公司
7	杭州市创业投资引导基金	杭州高科技创业投资管理有限公司
8	湖北省省级股权投资引导基金	湖北高投引导基金管理有限公司
9	重庆市产业引导股权投资基金	重庆产业引导股权投资基金有限责任公司
10	天津市海河产业基金	天津市海河产业基金管理有限公司
	北京高精尖产业发展基金	北京工业发展投资管理有限公司
	北京市战略性新兴产业创业投资引导基金	北京北咨投资基金管理有限公司

---

① 《我国政府引导基金目标规模超10万亿 到位资金超4万亿》,https://finance.sina.com.cn/roll/2019-10-25/doc-iicezuev4894587.shtml[2021-04-16]。

续表

序号	政府引导基金名称	管理机构名称
	北京市中小企业创业投资引导基金	北京市中小企业服务中心
	北京中关村创业投资引导基金	北京中关村创业投资发展有限公司
	昌平科技发展母基金	北京昌科金投资有限公司
	佛山市顺德区创新创业投资母基金	广东顺德高新创业投资管理有限公司
	广东粤财基金	广东粤财基金管理有限公司
	广州市新兴产业发展引导基金	广州市新兴产业发展基金管理有限公司
	贵州省创业投资引导基金	贵州省创业投资促进中心
	国家科技成果转化引导基金	国家科技风险开发事业中心
	河南农业开发产业投资基金	河南农开产业基金投资有限责任公司
	吉林省政府产业投资引导基金	吉林省股权基金投资有限公司
	青岛市新旧动能转换引导基金	青岛市市级创业投资引导基金管理中心
	厦门市产业引导基金	厦门市创业投资有限公司
	上海嘉定创业投资引导基金	上海嘉定创业投资管理有限公司
	上海市创业投资引导基金	上海科技创业投资（集团）有限公司
	深圳市福田引导基金	深圳市福田引导基金投资有限公司
	深圳市龙岗区创业投资引导基金	深圳市龙岗金融投资控股有限公司
	武汉市科技创业投资引导基金	武汉市科技投资有限公司
	武汉市战略性新兴产业专项引导基金	武汉东湖国隆股权投资基金管理有限公司

资料来源：《2018 年中国政府引导基金排名榜单正式揭晓》，https://zhuanlan.zhihu.com/p/39587650[2021-04-16]
注：11～30 名是按引导基金名称音序排列

清科报告指出，当前政府引导基金缺乏系统规划，定位不清，政府盲目设立，财政资金使用率低，社会资本不愿意出资，募资目标难于实现。

第14章 激励企业技术创新财税政策的实证分析

"十四五"规划的显著特征是明确我们要立足新发展阶段、贯彻新发展理念、构建新发展格局。"十四五"时期是我们破解美国和西方国家经贸、科技、军事高强度打压而构建新发展格局的攻坚期，是我们全面塑造后疫情时期发展新优势的机遇期，坚持新发展理念成就是要"坚定不移贯彻创新、协调、绿色、开放、共享的新发展理念"[①]。立足新阶段构建新格局就是使我们的认识契习近平总书记要求的"符合实际情况、符合客观规律、符合科学精神"[②]，实现客观可能性、理论应然性和实践现实性的统一。通过实证分析，发现激励企业技术创新财税政策实施效果，为政策改进提供依据。目前政府采购政策绩效主要体现在企业技术发明专利等方面；税收优惠政策绩效体现在创新产品的盈利水平方面；财政投入政策绩效主要表现在企业技术创新经费投入与人才投入研发等方面；政府引导资金绩效表现在企业创新成果的产业化等方面。

14.1 政府采购政策的实证分析

14.1.1 数据说明与变量定义

1. 数据说明

本节的数据源自世界银行在 2011 年 12 月至 2013 年 2 月展开的中国企业调查。此次调查根据企业注册域名采用分层随机抽样方法，共计调查了 2848 家企业，其中民营企业 2700 家，国有控股企业 148 家。调查的受访者主要为企业总经理、人力资源经理、会计师和其他相关职员。该调查数据涵盖了制造业和服务业等 27 个

[①] 《习近平在〈生物多样性公约〉第十五次缔约方大会领导人峰会上的主旨讲话（全文）》，http://www.gov.cn/xinwen/2021-10/12/content_5642048.htm[2021-11-25]。

[②] 《习近平在中央党校（国家行政学院）中青年干部培训班开班式上发表重要讲话》，http://www.qstheory.cn/yaowen/2021-03/01/c_1127154664.htm[2021-04-16]。

行业，样本企业涉及的区域覆盖了中国东、中、西三大区域的 25 个主要城市。调查数据包含企业 2011 年的基本信息、基础设施与服务、销售与供应、竞争环境、土地与许可、创新与科技、犯罪、融资、政企关系、劳动力雇佣、绩效等方面的丰富信息。由于服务业没有报告具体的创新活动，因此，本节的样本仅涵盖了制造业样本。在此基础上，根据研究需要，剔除了关键变量信息缺失、不回答（不适用、不知道）等无效样本[①]。最终获得 1528 个有效样本。由于该数据信息量大、质量高、代表性强，受到学者的广泛使用。例如，吕铁和王海成（2015）、李后建和刘思亚（2015）、林志帆和刘诗源（2017）、张峰等（2016）、夏后学和谭清美（2017）、傅宇等（2018）、夏后学等（2019）使用该调查数据，分别研究了劳动力市场管制、银行信贷、税收负担、财政补贴、非正规部门、合作研发等对企业技术创新的影响。因此，本节将借助该调查数据，充分利用其丰富的企业特征信息，从微观层面科学识别政府采购对企业技术创新的影响效应及其异质性。

2. 变量定义

（1）被解释变量：本节的被解释变量为企业技术创新。与研发投入相比，创新产出更直观地体现了企业的创新水平（吴延兵，2007；余明桂等，2016）。而关于创新产出变量，有学者指出，在中国这样的发展中国家，专利数量并非企业创新活动的合适代理变量（陈劲和陈钰芬，2006；张杰等，2014；杨洋等，2015）。基于此，本节以新产品来衡量企业技术创新，这也是国内外众多学者主要做的（Aschhoff and Sofka，2009；Czarnitzki et al.，2011；Cappelen et al.，2011；吕铁和王海成，2015；李后建和刘思亚，2015；Szczygielski et al.，2017；桂黄宝，2017；林志帆和刘诗源，2017；Saastamoinen et al.，2018；马承君等，2018；童锦治等，2018；张帆和孙薇，2018）。具体而言，本节根据世界银行企业调查问卷数据，构建虚拟变量度量企业技术创新，将"过去三年内引进了新产品"的企业赋值为 1，其他为 0。表 14-1 的统计信息显示，在样本中，有 44%的企业在过去三年里进行了技术创新。

表 14-1 主要变量的描述性统计结果

变量名称	观测值	最小值	最大值	均值	中位数	标准差
技术创新	1528	0	1	0.44	0	0.50
政府采购	1528	0	1	0.12	0	0.33
研发支出	1528	0	1	0.40	0	0.49

---

① 需要指出的是，在该调查数据中，100%国有控股企业未给出具体行业信息，故而不能控制行业效应。因此，本节对该样本进行了删除，从而将本节的样本主要聚焦于民营企业。

续表

变量名称	观测值	最小值	最大值	均值	中位数	标准差
企业规模	1528	11.85	24.41	16.85	16.81	1.63
企业年限	1527	0	4.83	2.42	2.40	0.51
企业属性	1528	0	1	0.10	0	0.30
外资持股	1528	0	1	0.07	0	0.26
出口状况	1528	0	1	0.33	0	0.47
人力资本	1528	0	2.89	2.30	2.20	0.19
高管经历	1528	0	3.85	2.73	2.71	0.48
高管性别	1528	0	1	0.08	0	0.27
竞争环境	1528	0	4	0.82	1	0.85
融资环境	1528	0	4	0.82	1	0.86
法治环境	1528	0	4	0.23	0	0.50

（2）解释变量：本节解释变量为政府采购。与基于宏观层面的政府采购研究不同，本节主要聚焦微观企业层面的政府采购对技术创新的影响。本节借鉴Guerzoni和Raiteri（2015）的做法，以"是否获得政府合同"度量政府采购变量，将获得政府合同的企业赋值为1，其他为0，这也与刘凤朝等（2017）、马承君等（2018）等研究保持一致。表14-1的统计信息显示，样本中大约有12%的企业获得了政府采购合同。

（3）控制变量：为减轻遗漏关键变量而导致的估计偏差，本节进一步控制被现有国内外研究广泛证实对企业技术创新产生影响的制度环境与企业特征变量（Almus and Czarnitzki, 2003; Aschhoff and Sofka, 2009; 吕铁和王海成，2015; 李后建和刘思亚，2015）。所有变量的定义由表14-2给出。值得指出的是，在发展中国家，产权制度安排尚不完善，市场经济尚不成熟，法治建设也不健全，这些制度因素对企业创新行为施加了更多的约束条件（吴延兵，2007），因此，在回归过程中有必要控制这些制度变量。竞争环境、法治环境与融资环境等变量的度量主要参考了于文超等（2018）的基本做法。此外，本节采用企业的销售总额，而非企业员工数量，度量企业规模，主要原因在于，销售额对生产要素的比例是中性的，并且能够反映短期需求的变动，因此被认为是最好的企业规模的代理变量（Scherer, 1965; 聂辉华等，2008）。此外，控制高管经历和高管性别主要受到曾萍和邬绮虹（2012）、傅宇等（2018）、Chapman和Hewitt-Dundas（2018）相关研究的启发。根据表14-1的统计信息，我们发现，样本中40%的企业具有研发活动，分公司与外资持股样本占比分别为10%和7%，具有出口产品行为的企业比例约为33%。此外，标准差显示，样本的企业规模差异明显。主要变量的具体统计信息详见表14-1。除此之外，本节还在估计方程中控制了城市固定效应与产业效应，以控制那些不可观测效应对企业技术创新的影响。

表 14-2　变量定义与描述

变量名称	变量定义与描述
技术创新	"过去三年内，企业是否引进新产品"，将回答"是"的企业赋值为1，其他为0
政府采购	"上年企业是否获得政府合同"，将回答"是"的企业赋值为1，其他为0
研发支出	"过去三年内，企业内部是否发生研发支出"，将回答"是"的企业赋值为1，其他为0
竞争环境	"非正规部门竞争者的活动对企业运行的障碍程度"，将回答"没有障碍""较小障碍""一般障碍""较大障碍""非常严重障碍"分别赋值为0~4，值越大，竞争越为激烈
法治环境	对"司法系统是公平、公正且廉洁的"的同意程度，将回答"非常不同意""倾向于不同意""倾向于同意""非常同意"分别赋值为1~4，值越大，法治越公平
融资环境	"融资可获得性对企业运行的障碍程度"，将回答"没有障碍""较小障碍""一般障碍""较大障碍""非常严重障碍"分别赋值为0~4，值越大，融资环境越差
企业规模	"2011年企业的销售总额"，取自然对数
企业年限	"2021-企业正式注册年份"，取自然对数
企业属性	"企业是否为大公司的一部分"，将回答"是"的企业赋值为1，其他为0
外资持股	"外国个人、企业或机构持股情况"，将持股比例大于0的企业赋值为1，其他为0
出口状况	"2011年企业产品是否存在直接或间接出口行为"，将存在出口行为的赋值为1，100%在国内销售的赋值为0
人力资本	"全职生产性员工的平均受教育年限"，取自然对数
高管经历	"总经理的工作经历年限"，取自然对数
高管性别	"总经理是否为女性"，将回答"是"的赋值为1，其他为0

3. 实证策略

为实证考察政府采购对企业技术创新的影响，本节设定如下的基本回归模型：

$$Y_i = \beta_0 + \beta_1 \text{pubprocurement}_i + \sum X + \mu_i \tag{14-1}$$

其中，被解释变量 Y_i 表示衡量企业技术创新的指标；解释变量 pubprocurement_i 表示衡量政府采购的指标；X 表示影响企业技术创新的控制变量矩阵；μ_i 表示随机干扰项。此外，在具体的回归过程中，本节还对城市与产业固定效应进行控制。由于本节的被解释变量为二值变量，因此，在具体的估计过程中，本节主要采用极大似然估计法和 probit 模型进行估计。与此同时，为了验证主要研究结论的稳健性，同时给出了最小二乘法估计的结果。

14.1.2　实证结果与讨论

1. 基本估计结果

根据前文设定的计量模型，借助 Stata 软件，我们对政府采购影响企业技术创新的效应展开了估计,相关估计结果由表14-3列出。其中,模型1和模型2是采取极大似然法的估计结果,二者的区别在于是否控制了行业与城市效应;模型3和模型4是采取最小二乘法的估计结果,二者的区别也在于是否控制了行业与城市效应。

表14-3 政府采购对企业技术创新影响的估计结果:总体影响

解释变量	极大似然估计 模型1	极大似然估计 模型2	最小二乘估计 模型3	最小二乘估计 模型4
被解释变量:企业技术创新				
政府采购	0.3497*** (0.1150)	0.4059*** (0.1344)	0.1072*** (0.0347)	0.1131*** (0.0347)
制度环境变量				
竞争环境	0.1784*** (0.0438)	0.0984* (0.0507)	0.0533*** (0.0130)	0.0269** (0.0135)
融资环境	0.0331 (0.0453)	0.1422** (0.0566)	0.0107 (0.0140)	0.0386** (0.0150)
法治环境	0.1455* (0.0775)	−0.0196 (0.0845)	0.0450* (0.0241)	−0.0029 (0.0234)
企业特征变量				
研发支出	1.3376*** (0.0766)	1.3299*** (0.0928)	0.4826*** (0.0247)	0.4059*** (0.0264)
企业规模	0.0018 (0.0245)	0.0247 (0.0276)	0.0007 (0.0073)	0.0042 (0.0072)
企业年限	0.0786 (0.0752)	0.0255 (0.0860)	0.0232 (0.0228)	0.0049 (0.0226)
企业属性	0.3884*** (0.1276)	0.2831** (0.1413)	0.1168*** (0.0381)	0.0911** (0.0375)
外资持股	0.0265 (0.1349)	0.0054 (0.1501)	0.0064 (0.0408)	−0.0107 (0.0367)
出口状况	0.1236 (0.0809)	0.0471 (0.0954)	0.0385 (0.0254)	0.0176 (0.0255)
人力资本	0.0030 (0.1910)	0.7843*** (0.2610)	−0.0000 (0.0594)	0.1861*** (0.0610)
高管经历	−0.0114 (0.0809)	0.1331 (0.0933)	−0.0048 (0.0244)	0.0375 (0.0248)
高管性别	0.0271 (0.1319)	0.0192 (0.1608)	0.0082 (0.0402)	0.0180 (0.0415)

续表

其他控制变量				
行业效应	NO	YES	NO	YES
城市效应	NO	YES	NO	YES
常数项	−1.2327** (0.5976)	−4.2104*** (0.8077)	0.0911 (0.1797)	−0.9320*** (0.2378)
Wald chi2 值/F 值	416.74***	504.49***	55.15***	65.38***
Pseudo R^2/R^2	0.2249	0.3527	0.2890	0.4104
观测值	1527	1526	1527	1527

注：括号内的值为稳健性标准误差（robust standard error）
*、**、***分别表示在10%、5%和1%的显著性水平上显著

估计结果显示，政府采购变量的系数为正，而且在1%的显著性水平上显著。这表明，政府采购对我国企业技术创新具有显著的正向影响。具体而言，与未获得政府采购合同的企业相比，获得政府采购合同的企业具有技术创新的概率增加大约40%。直观来看，这是一个较大的效应。首先，政府采购能够通过市场创造机制促进企业技术创新。政府采购的重要性就在于能够为新产品与新工艺创造一种可见的市场需求（visible demand），因此，在早期阶段就为创新产品提供了最低限度的市场规模（Rothwell，1984；Geroski，1990），从而为生产商提供明确的市场激励，诱发企业进行研发投入和技术创新。此外，产品的创新程度越高，进入和转换成本就越高。因此，对突破性创新产品的首次购买经常难以实现（Edler and Georghiou，2007），此时，政府采购提供的早期强劲市场需求则能够产生加速效应，从而激励企业技术创新。其次，政府采购还能通过资源获取机制促进企业技术创新。获得政府采购合同可以向私人市场发出一种积极信号，帮助企业产品贴上被政府认可的标签，进而有利于企业获取银行贷款等创新所需的资源（Lach，2002；Feldman and Kelley，2006；Kleer，2010）。此外，在转型经济背景下的中国，司法体系、知识产权保护体系都尚不完善，获取政府合同、政府补贴等可以看作企业积极响应政策导向，顺从政府指引的方式，进而跟政府保持良好关系的信号，这有利于企业从其他渠道获取创新资源（杨洋等，2015）。

在控制变量中，我们发现，制度环境对企业技术创新具有重要影响，特别是竞争环境与融资环境。研发支出活动对企业的技术创新也具有十分重要的影响。此外，企业属性、人力资本等对我国企业技术创新具有显著影响，但企业规模、企业年限、高管性别等特征变量对企业技术创新的影响未通过显著性检验。

2. 区分创新类型的估计结果

在我国企业的技术创新活动中，既包括质量较高的自主创新，也包括质量较低的模仿创新。为进一步分析政府采购对企业技术创新的异质性，我们参考张峰等（2016）、夏后学等（2019）的做法，将企业技术创新区分为自主创新、合作创新与模仿创新，并分别分析政府采购对不同类型技术创新的影响效应。

结合问卷调查数据的特征，将相关变量定义如下：①将通过"自行研发或创意来源于内部研发"方式开发新产品定义为自主创新；②将通过"与供应商或客户的合作"方式开发新产品定义为合作创新；③将通过"引进其他企业产品加以改进"方式开发新产品定义为模仿创新。根据上述定义，将自主创新、合作创新与模仿创新变量分别定义为二值变量。与基本回归类似，主要采用极大似然法进行估计，同时以最小二乘法作为稳健估计。

表14-4的估计结果显示，政府采购对自主创新的影响系数为正，但不显著。而政府采购对模仿创新的影响系数为负，但也不显著。然而，政府采购对合作创新的影响系数为正，且在5%的水平上显著。最小二乘法的估计结果与极大似然法的估计结果基本一致。这表明，我国政府采购对企业技术创新的显著影响主要体现在合作创新方面。可能的原因在于，在改革开放进程中，合作创新是我国开展技术创新的主要形式，因此，政府采购对技术创新的推动作用主要体现在合作创新维度。当然，在创新驱动发展的背景下，如何发挥政府采购促进企业自主创新的作用，是未来一段时期内我们要重点关注和改善的地方。

表14-4　政府采购对企业技术创新影响的估计结果：区分创新类型

解释变量	极大似然估计 自主创新 模型1	极大似然估计 合作创新 模型2	极大似然估计 模仿创新 模型3	最小二乘估计 自主创新 模型4	最小二乘估计 合作创新 模型5	最小二乘估计 模仿创新 模型6
政府采购	0.1268 (0.1585)	0.2932** (0.1242)	−0.1097 (0.1207)	0.0109 (0.0288)	0.0814** (0.0354)	−0.0245 (0.0355)
制度环境变量						
竞争环境	−0.2003*** (0.0541)	0.0644 (0.0497)	0.2133*** (0.0504)	−0.0433*** (0.0128)	0.0220 (0.0153)	0.0626*** (0.0152)
融资环境	−0.0342 (0.0544)	0.0822 (0.0517)	0.1410*** (0.0500)	−0.0064 (0.0129)	0.0237 (0.0157)	0.0414*** (0.0154)
法治环境	−0.0719 (0.0924)	0.2285*** (0.0828)	−0.0934 (0.0791)	−0.0084 (0.0220)	0.0660*** (0.0249)	−0.0236 (0.0255)

被解释变量：企业不同类型的技术创新

续表

	企业特征变量					
研发支出	1.5154*** (0.1129)	0.1889** (0.0885)	0.3917*** (0.0899)	0.3648*** (0.0239)	0.0523* (0.0267)	0.1160*** (0.0268)
企业规模	0.0931*** (0.0314)	0.0947*** (0.0282)	0.0460* (0.0266)	0.0222*** (0.0069)	0.0301*** (0.0085)	0.0122 (0.0081)
企业年限	0.0690 (0.0873)	0.0132 (0.0796)	0.0570 (0.0773)	0.0128 (0.0212)	−0.0008 (0.0238)	0.0184 (0.0240)
企业属性	0.3016* (0.1599)	0.1077 (0.1293)	−0.0443 (0.1349)	0.0503 (0.0316)	0.0307 (0.0399)	−0.0126 (0.0422)
外资持股	−0.0244 (0.1781)	0.3091** (0.1413)	0.1398 (0.1455)	−0.0281 (0.0337)	0.0901** (0.0418)	0.0419 (0.0417)
出口状况	−0.0287 (0.1021)	0.0247 (0.0874)	0.0937 (0.0885)	0.0027 (0.0237)	0.0060 (0.0264)	0.0289 (0.0272)
人力资本	−0.1995 (0.2530)	−0.8108*** (0.2354)	−0.2404 (0.2153)	−0.0334 (0.0591)	−0.2437*** (0.0612)	−0.0824 (0.0689)
高管经历	−0.0693 (0.0965)	−0.0824 (0.0869)	0.0806 (0.0864)	−0.0201 (0.0242)	−0.0287 (0.0284)	0.0262 (0.0276)
高管性别	0.0770 (0.1600)	0.1251 (0.1465)	0.2477* (0.1475)	0.0120 (0.0367)	0.0379 (0.0441)	0.0697 (0.0439)
	其他控制变量					
行业效应	YES	YES	YES	YES	YES	YES
城市效应	YES	YES	YES	YES	YES	YES
常数项	−1.9038** (0.8173)	−0.9517 (0.7450)	−1.7460** (0.6893)	0.6407*** (0.2085)	0.9434*** (0.2386)	−0.2536 (0.2806)
Wald chi2 值/F 值	421.59***	432.20***	329.87***	—	—	—
Pseudo R^2/R^2	0.3290	0.2497	0.2165	0.3553	0.2985	0.2527
观测值	1465	1526	1526	1527	1527	1527

注："—"表示数值缺失

*、**和***分别表示在10%、5%和1%的显著性水平上显著

14.1.3 研究结论

通过利用世界银行中国企业调查数据，采用极大似然估计方法，实证研究了政府采购对企业技术创新的影响效应。研究发现，总体而言，政府采购对我国制

造业企业技术创新具有显著的正向效应。进一步区分创新类型后发现,政府采购对企业技术创新的影响主要体现在合作创新维度,而政府采购对企业自主创新与模仿创新的影响并不显著。

在我国步入高质量发展阶段,上述研究结论具有一定的政策启示意义:首先,我国的政府采购总体上促进了企业的技术创新,因此,今后应当逐步扩大政府采购的规模,特别是要扩大对中小企业的政府采购规模,充分发挥政府采购在驱动技术创新中的积极作用;其次,当前的政府采购对技术创新的影响主要体现在合作创新维度,对企业自主创新的影响并不明显,因此,要科学设计与调整政府采购流程,充分发挥政府采购对企业自主创新的积极作用,从而助推创新型国家的建设。

14.2 税收优惠政策的实证分析

14.2.1 研究设计

1. 研究假设

创业板上市公司作为中小企业的优秀代表,具有科技含量高、成长性高的特点。它们在发展过程中获得了国家税收优惠的激励,以增加企业的创新活动。在对税收优惠的激励效应文献综述中,大部分学者的研究结果都表明税收优惠能增加企业的创新投入。一般说来,企业研发投入越多,创新产出就会越多,冯文娜(2010)以高新技术企业为研究对象,调查研究结果得到研发资金投入会增加企业的专利产出。如此,税收优惠能增加企业的研发投入,研发投入能增加企业的创新绩效,那么税收优惠是否通过研发投入的中介效应对创新绩效有积极影响呢?因此,本节提出了以下假设。

假设14-1:税收优惠能够增加企业的研发投入。

假设14-2:研发投入的增加能提高企业的创新绩效。

假设14-3:税收优惠与通过研发投入的中介效应对创新绩效有积极的影响。

2. 变量界定

(1)税收优惠:我国对企业的税收优惠政策主要以企业所得税为主,创业板上市公司大多符合高新技术企业认定标准,享受15%的税收优惠政策,也有一些创业板上市公司的企业所得税税率为基本税率25%。但因为所得税税收优惠政策的存在,实际税率也不可能刚好等于15%和25%的名义税率,实际税率将会低于名义税率。因此，名义税率不能很好地反映企业实际承担的税负。在进行学术研究时，大多数学者采用的是实际税率，以更真实地反映企业税负，也有学者采用 B 指数测量税收优惠强度（夏力，2012）。本节将采用乔天宝（2010）的做法，在对所得税优惠进行测量时采用所得税优惠税率作为测量指标，所得税优惠税率即为名义所得税税率减去实际所得税税率。具体计算公式为：所得税优惠税率=（名义税率×利润总额–所得税费用）/利润总额。名义税率为 25%。

关于流转税税收优惠的衡量，因为优惠税率无法计算，大多数学者采用流转税优惠的逆指标流转税实际税率作为衡量指标，流转税实际税负的计算采用流转税额与营业收入的比值来表示。在全面营改增之前，流转税主要是指增值税、营业税、消费税和关税，但其当年发生数量无法在上市公司的年报中披露，学者通过披露的"营业税金及附加"（2016 年后该科目改为"税金及附加"）下"城市维护建设税"或"教育费附加"倒算出增值税、消费税和营业税三者之和，即为当年的流转税额。因为在流转税税收优惠中，以增值税税收优惠为主且增值税有基本税率 17%做参照，郭春立（2015）通过倒算出增值税额计算出实际税率，进而计算出增值税的优惠税率，即增值税优惠税率=17%–倒算出来的增值税税额/当期营业收入。实际上，在营改增之前，营业税与增值税作为两个平行的流转税税种，很多缴纳营业税的企业也享受了流转税优惠。因此，在研究期间存在营业税的情况下，以增值税来替代流转税，在研究样本的选取和代表性方面都可能存在偏颇。本节采用主流学者对流转税实际税负的测算方法，具体公式为：流转税实际税负=（教育费附加/教育费附加税率）/营业收入。实际税负越高，则说明享受的税收优惠越低。

（2）研发投入：研发指创造性地运用新技术、新知识，或实质性改进技术、产品和服务的系统性活动。投入是指在生产过程中所使用的生产资料，如资本、劳动等。大多数学者将研发投入分为研发资本投入和研发人力投入，研发资本投入即将研发过程中耗费的资源、设备等费用进行量化，研发人力投入则为在研发活动中投入的研发劳动人力数量。本节采用研发投入强度指标来衡量研发投入力度。用公式表示为：研发投入强度=研发投入/营业收入。

（3）企业创新绩效：对于创新绩效的衡量主要有技术绩效、财务绩效和价值绩效。技术绩效一般是选用专利申请数量和专利授权数量，但是专利申请数量等数据在披露中存在自愿性，很多公司的上市年报不会进行披露。财务绩效一般选用盈利指标来衡量，具体来说常用的是净资产收益率，这可以通过上市公司披露的净利润和所有者权益来计算。价值绩效一般使用托宾 Q 值来衡量，托宾 Q=企业总资产/企业总资产的重置成本，但重置成本无法获得，年报也常常不披露。因此，考虑数据获取的可行性，在微观数据的研究中，常常使用净资产收益率作为创新绩效的衡量指标。本节也借鉴此种做法。

另外，根据微观经济学中，企业在技术水平一定的前提下，追求成本一定的情况下的收入最大化，或收入一定的情况下的成本最小化的企业生产函数：

$$Q = A_t f(L, K) \quad (14\text{-}2)$$

其中，Q 表示产量；A_t 表示在 t 时期下的技术水平；L 表示劳动投入；K 表示资本投入；$f(L, K)$ 表示在既定的技术水平下，不同投入组合带来的产出。对生产函数的等式两边取对数后全微分，得到：

$$\frac{dQ}{q} = eL \frac{dL}{L} + eK \frac{dK}{K} + \frac{d(A(t))}{A(t)} \quad (14\text{-}3)$$

其中，$d(A(t))/A(t)$ 表示除资本和劳动投入外带来的产出增量，被称为"索洛余值"，体现的是技术水平、管理制度等方面的进步，体现的是技术效率和技术进步，可以用全要素生产率表示。如前文所说明的，全要素生产率体现的是资本和劳动的投入不能解释的产出，体现的是技术进步。学者冷军（2015）在研究技术创新和企业绩效的相关性时使用全要素生产率来测量企业技术创新，因此，本节在前人基础上用全要素生产率来衡量企业创新绩效。

（4）全要素生产率：上文的理论部分对全要素生产率的几种测算方法做了简单的介绍，本节将采用 DEA-Malmquist 法来计算上市公司的全要素生产率（吴丹，2007）。这种方法通过距离函数来测算，包括投入距离函数和产出距离函数。假设 X 表示投入向量，$X = (x_1, x_2, \cdots, x_n)$；$Y$ 表示产出向量，$Y = (y_1, y_2, \cdots, y_n)$；$P(x)$ 表示使用所有投入向量所能生产的所有产出向量的集合。

产出距离函数即为 $d(x, y) = \min\{\emptyset/(y/\emptyset) \in P(x)\}$。

假设以 t 时期作为参照系，第 t 期的 Malmquist 指数表示为

$$M_i^t(x_{t+1}, y_{t+1}, x_t, y_t) = d_i^t(x_{t+1}, y_{t+1}) / d_i^t(x_t, y_t) \quad (14\text{-}4)$$

以 $t+1$ 时期作为参照系，则第 t 期的 Malmquist 指数表示为

$$M_i^{t+1}(x_{t+1}, y_{t+1}, x_t, y_t) = d_i^{t+1}(x_{t+1}, y_{t+1}) / d_i^{t+1}(x_t, y_t) \quad (14\text{-}5)$$

从 t 时期到 $t+1$ 时期，衡量全要素生产率增长的 Malmquist 指数可以分解为技术效率指数和技术进步指数。

$$M_i(x_{t+1}, y_{t+1}, x_t, y_t) = \frac{d_i^{t+1}(x_{t+1}, y_{t+1})}{d_i^t(x_t, y_t)} \times \left[\frac{d_i^t(x_{t+1}, y_{t+1})}{d_i^{t+1}(x_{t+1}, y_{t+1})} \times \frac{d_i^t(x_t, y_t)}{d_i^{t+1}(x_t, y_t)} \right] = \text{EC} \times \text{TP}$$

$$(14\text{-}6)$$

其中，EC 表示技术效率；TP 表示技术进步。因此，全要素生产率由技术效率和技术进步两个指标构成，技术效率是指在要素投入一定的情况下的最大产出，或者在产出一定的情况下最小的要素投入，反映的是对资源的最有效的配置；技术进步则强调的是生产工艺等方面的创新对全要素生产率的影响。当 M 值大于 1 时，

表示从 t 时期到 $t+1$ 时期全要素生产率提高；当某一部分的指标大于 1 时，表示其是生产率提高的源泉。

DEA 方法是以投入产出为依据的，需要建立准确的投入产出指标。指标的建立不仅要满足研究的目的，即评价的内容，还要考虑指标的可获取性和多样性。大多数学者在对产出和投入进行度量时，采用的做法沿用了新古典理论框架，将资本投入用资产衡量，人力投入用在职员工来衡量，而产出用销售收入来衡量，测算得到全要素生产率。实际上，很多高新技术企业主要利用高新技术，其人力和资本投入可能比较小，但其他方面的投入，如研发支出方面的投入却很多，从人力数量的角度去衡量要素供给不可靠。本节参照冷军（2015）的做法，采用营业收入总额作为产出变量，用固定资产和流动资产的账面价值之和及现金流量表中"支付给职工以及为职工支付的现金"作为投入变量，见表 14-5。

表 14-5　全要素生产率投入产出变量表

指标分类	指标
投入指标	固定资产和流动资产的账面价值之和（X_1）
	支付给职工以及为职工支付的现金（X_2）
产出指标	营业收入（Y）

关于自变量税收优惠，本节选择所得税优惠税率和流转税实际税率来衡量，所得税优惠税率越高，流转税实际税负越低，企业享受的税收优惠就越多。

关于中介变量，大量的文献研究表明，研发投入的增加会提高企业绩效，研发投入的增加往往也是企业创新的一种表现。另外，理论上分析，税收优惠也会激励企业的研发投入。那么，研发投入在一定程度上是否起了中介效应，税收优惠是否通过刺激企业增加研发投入，进而通过研发投入的增加提高企业的创新绩效。

关于控制变量，为了使得回归结果更加准确，本节参照其他既有的研究文献常用的资产负债率和营业毛利率作为控制变量。营业毛利率反映了企业的获利能力，营业毛利率越高，企业将会有更多的资源投入研发活动，进而提高企业的创新绩效。资产负债率是企业的偿债能力指标，体现了企业的资金约束，企业的资产负债率越高，那么投入研发活动的资金就越少。因此，营业毛利率和资产负债率对企业研发投入和创新绩效有一定的影响，作为本节的控制变量。

关于因变量，参照前人的研究基础，选择净资产收益率作为企业创效绩效的指标之一。因为全要素生产率代表的是技术进步，一定程度上反映了企业的创新绩效，因此，本节选择全要素生产率作为企业创新绩效的一个测量指标，见表 14-6。

表 14-6 研究变量汇总表

变量类型	变量名称	变量符号	变量计量
自变量	所得税优惠税率	X_{IT}	（利润总额×25%–所得税费用）/利润总额
	流转税实际税率	X_{CT}	流转税额/营业收入
中介变量	研发投入强度	X_{RDC}	研发投入经费/营业收入
控制变量	营业毛利率	X_{OM}	（营业收入–营业利润）/营业收入
	资产负债率	X_{DAR}	总负债/总资产
因变量	净资产收益率	Y_{ROE}	净利润/所有者权益
	全要素生产率	Y_{TFP}	通过 DEA-Mamlquist 方法测算

3. 模型构建

本节研究的是税收优惠对创业板上市公司创新绩效的影响。关于税收优惠指标的测量，选用所得税优惠税率和流转税实际税率来衡量，关于企业创新绩效指标的测量，选用的是净资产收益率和全要素生产率。其中，中介变量选用的是研发投入强度。构建的概念模型如图 14-1 所示。

图 14-1 "税收优惠—研发投入—创新绩效"概念图

根据假设 14-1，为检验税收优惠对研发投入的激励效应，建立以下模型：

$$X_{RDC(it)} = \alpha_{0(i)} + \alpha_{1(i)}X_{IT(it)} + \alpha_{2(i)}X_{CT(it)} + \alpha_{3(i)}X_{OM(it)} + \alpha_{4(it)}X_{DAR(it)} + \varepsilon_{1(i)} \quad (14\text{-}7)$$

根据假设 14-2，为检验研发投入的增加能提高企业的创新绩效，建立以下模型：

$$Y_{(it)} = \beta_{0(i)} + \beta_{1(i)}X_{RDC(it)} + \beta_{2(i)}X_{OM(it)} + \beta_{3(i)}X_{DAR(it)} + \varepsilon_{2(i)} \quad (14\text{-}8)$$

根据假设 14-3，为检验税收优惠通过研发投入的中介效应对创新绩效产生正相关关系，建立以下模型：

$$Y_{(it)} = \gamma_{0(i)} + \gamma_{1(i)}X_{IT(it)} + \gamma_{2(i)}X_{OM(it)} + \gamma_{3(i)}X_{DAR(it)} + \varepsilon_{3(i)} \quad (14\text{-}9)$$

$$Y_{(it)} = \gamma_{0(i)} + \gamma_{1(i)}X_{IT(it)} + \gamma_{2(i)}X_{OM(it)} + \gamma_{3(i)}X_{DAR(it)} + \gamma_{RDC(it)} + \varepsilon_{3(i)} \quad (14\text{-}10)$$

其中，Y 表示 Y_{ROE} 和 Y_{TEP}；i 表示第 i 个公司；t 表示第 t 个会计期间，如 $X_{RDC(it)}$ 表示在第 t 个会计年度第 i 个公司的研发投入强度；α、β、γ 表示常数和回归系数；ε 表示随机扰动项。

4. 样本选取与数据收集

本节在深圳证券交易所创业板上市公司中选取样本，所有的数据都来自国泰安数据库和巨潮资讯网。通过查询上市公司的年报，截至 2018 年 2 月，深圳证券交易所创业板上市公司有 688 家，考虑到样本量尽可能大和研究期限尽可能不小于 3 年，本节将研究期限定于 2013 年到 2015 年。为了计算 2013 年到 2015 年三年来研究对象的全要素生产率，以 2012 年为基期。本节通过在巨潮资讯网站的信息披露一项，一家一家查找符合以下几项要求的企业：①在深圳证券交易所创业板上市；②披露了 2012 年到 2015 年连续四年的被注册会计师出具标准审计意见的年度报告；③在年度报告中能查询到每年的研发投入情况。经过认真的查询和严格的筛选，一共找出了 347 家符合上述要求的企业。

本节中因变量"净资产收益率"、控制标量"资产负债率"和"营业毛利率"的数据是通过一项一项查询年度报告中企业的合并利润表和合并财务报表中的有关"资产""负债""所有者权益""营业收入""营业成本""净利润"的数值，通过公式计算得到，并通过在国泰安数据库进行比对核实。本节中的自变量"所得税优惠税率"是通过一项一项查询年度报告中合并利润表中的"所得税费用"和"营业收入"，通过公式计算得到，自变量"流转税实际税率"则是通过年度报告中"合并报表的编制方法"下的"营业税金与附加"中"城市维护建设税"一项的数值通过除以 7% 的税率倒算出本年发生的流转税税额，再除以合并利润表中的"营业收入"一项得到。中介变量"研发投入强度"数据取自年度报告中"主营业务分析"下的"研发投入"下的"研发投入强度"，可以直接获得。关于全要素生产率的产出指标，"营业收入"直接取自合并利润表，投入指标"固定资产和流动资产的账面价值"直接取自合并资产负债表的年初数，"支付给职工以及为职工支付的现金"直接取自合并现金流量表，在获得投入产出指标的基础上使用 DEA 2.1 软件计算得到。

（1）样本企业的行业分布：对选取的 347 家创业板上市公司按照行业进行分类（表 14-7），其中占比较大的是制造业与信息传输、软件和信息技术服务业，两个行业样本数量占研究样本的 85.88%，再对制造业样本企业进一步细分发现，大部分的企业分布在通信设备、计算机电子设备制造、专业设备制造、化学工业和医药制造等高科技行业的领域，由此可见选取的样本在技术创新方面是具有代表性的，见表 14-7。

表 14-7 样本企业行业分布表

行业名称	数量/家	比例
制造业	237	68.30%
信息传输、软件和信息技术服务业	61	17.58%

续表

行业名称	数量/家	比例
水利、环境和公共设施管理业	7	2.02%
文化、体育和娱乐业	7	2.02%
农林牧渔业	6	1.73%
租赁和商务服务业	6	1.73%
科学研究和技术服务业	6	1.73%
建筑业	5	1.44%
批发和零售业	4	1.15%
交通运输、仓储和邮政业	3	0.86%
卫生和社会工作	3	0.86%
电力、热力、燃气及水生产和供应业	2	0.58%

（2）样本企业的企业所得税税率结构：样本企业中大部分的企业通过高新技术企业认证，占样本企业总数绝大多数，该部分企业享受高新技术企业15%的企业所得税率优惠政策；同时还有一些非高新技术企业由于符合国家西部开发鼓励项目标准，同样适用15%的所得税率。由于公司下面的分公司、分厂较多，分别适用的所得税税率不一。有的除了高新技术企业和西部开发项目适用15%的税率，实际执行税率9%外，还有鼓励软件产业和集成电路产业公司按10%的税率计缴企业所得税，还有按照软件企业减半征收第三年执行12.5%的税率计缴企业所得税，或者部分业务，如自产种子免征企业所得税。因此，按照母公司的企业所得税税率进行分类，三年来总体样本中有80%~90%的研究样本适用的企业所得税税率是15%。大概10%的样本企业在2013年和2014年的企业所得税税率是10%，在2015年的企业所得税税率是25%。

（3）样本企业享受的主要间接税优惠：结合样本企业性质和间接税优惠政策，目前适用于中小企业技术创新的优惠政策主要着力于从事软件开发及技术转让、技术开发和与之相关的技术咨询、技术服务，优惠的方式包括超过规定增值税税负即征即退、免征增值税或营业税等。也有行业税收优惠，如享受农业生产者销售的自产农产品免征增值税、综合利用资源增值税即征即退等。

14.2.2 实证分析

本节选取了347家创业板上市公司作为研究对象，研究期限是2013~2015年。实证分析思路是先使用DEA-Malmquist指数法，通过DEA 2.1软件输入产出和投入指标，计算得到全要素生产率。进而，使用Stata 13数据分析软件，通过建立多元线性回归模型,运用描述性统计分析、相关性分析和回归分析等方法实证检验税收优惠、研发投入和企业创新绩效三者之间的关系。

1. 全要素生产率的测算

(1) 投入产出指标的选取:对全要素生产率的测算一般包括产出、资本和劳动力投入等指标,指标选取的好坏直接影响结果测算的准确性,进而影响对企业创新绩效的判断。DEA方法对产出和投入指标的要求是输入数值必须是正数且样本数量尽可能多。因此,结合DEA方法对指标的要求,在参考大量研究文献的基础上,对产出、资本和劳动力的指标选择进行了确定。

关于产出指标 Y,国内很多选择"销售收入""营业收入""营业利润""净利润"等指标。"销售收入"在一定程度上就等于"营业收入",相比于"营业收入","营业利润"和"净利润"减除了成本和税收,存在负数的情况。因此,本节选择"营业收入"作为产出指标。

关于投入指标,资本和劳动力是生产函数中经典的两种投入要素。关于资本投入 X_1,本节选择固定资产和流动资产的账面价值来衡量,账面价值扣除了折旧和跌价准备,流动资产包括原材料等中间投入要素,符合投入的实际资本情况。关于劳动力投入 X_2,考虑到现代创业板上市公司不是劳动力密集企业,用劳动力数量来衡量失之偏颇,用工资的形式来量化职工的脑力和智力的付出,将更加符合现代企业的生产发展状况。因此,本节选择现金流量表中"支付给职工以及为职工支付的现金"来衡量劳动力投入,见表14-8。

表14-8 投入和产出指标的描述性统计表(单位:元)

年份	样本量	指标	最小值	最大值	均值	标准差
2012	347	Y	63 684 379.33	3 104 406 048.18	526 868 214.03	426 641 017.52
		X_1	177 135 383.31	4 567 137 546.98	1 001 148 228.13	633 300 216.96
		X_2	2 062 804.36	481 056 582.68	64 963 834.12	63 510 520.57
2013	347	Y	44 718 491.30	3 583 998 130.40	655 019 797.62	584 489 462.08
		X_1	213 147 361.11	4 447 564 855.09	1 122 563 831.57	745 762 296.86
		X_2	11 110 610.62	646 472 784.65	79 370 101.85	78 523 367.58
2014	347	Y	59 031 657.27	7 557 110 151.61	853 743 776.26	884 803 750.15
		X_1	268 171 876.68	5 998 891 180.37	1 397 699 079.54	989 444 050.85
		X_2	7 079 018.79	715 584 800.39	98 128 094.92	102 938 212.42
2015	347	Y	44 833 200.66	21 357 135 682.27	1 146 758 189.24	1 633 817 897.54
		X_1	242 720 241.58	20 139 625 779.67	1 759 850 570.11	1 771 920 536.78
		X_2	10 487 332.34	1 451 196 589.76	133 447 517.89	153 845 070.33

以表 14-4 中资本投入、人力投入和营业收入的均值作为分析数据,描绘图 14-2。从该图可以看出,347 家创业板上市公司的资本投入、人力投入和营业收入的均值在 2012 年到 2015 年呈增长趋势,说明随着投入的增长,产出也在呈现增长的态势。

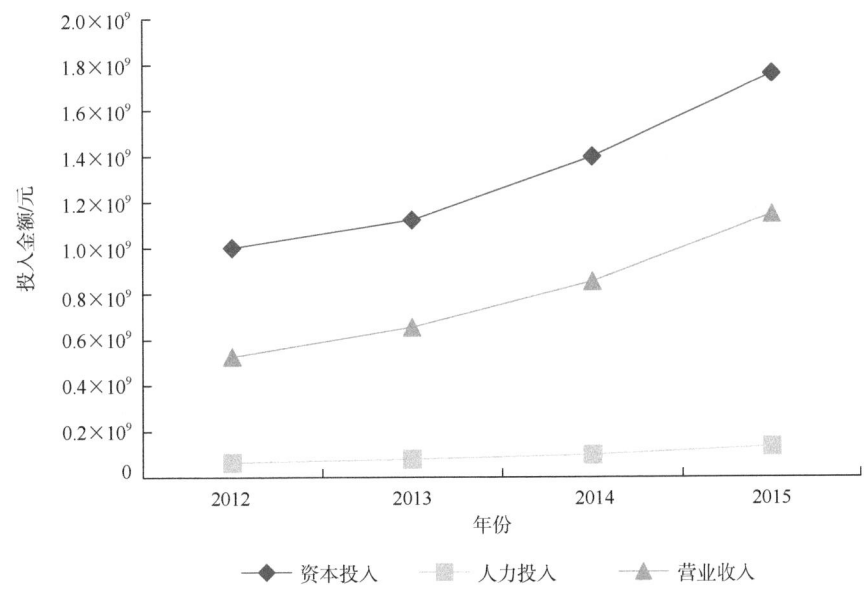

图 14-2 2012～2015 年资本投入、人力投入和营业收入增长变化

(2)计算过程和结果:全要素生产率的测算采用的是 DEA 2.1 软件。首先,在 Excel 表格里按照时间顺序分别输入指标,产出指标在前,投入指标在后,且决策单元在不同年份的排列顺序一致,保存文档。其次,打开软件程序,建立数据文档和引导文档。最后,运用软件程序,得出全要素生产率及其分解指标,见表 14-9。

表 14-9 2012～2015 年 347 家创业板上市公司整体全要素生产率及其分解表

FIRM（股票代码）	EFFCH（技术效率）	TECHCH（技术进步）	PECH（纯技术效率）	SECH（规模效率）	TFP（全要素生产率）
300001	0.802	1.286	0.824	0.973	1.031
300002	0.910	1.554	0.692	1.316	1.415
300003	0.712	1.546	0.734	0.969	1.100
300004	0.693	1.305	0.678	1.022	0.904
300005	0.871	1.571	0.820	1.062	1.369
300006	0.669	1.456	0.635	1.054	0.975
300007	0.885	1.321	0.899	0.984	1.168

续表

FIRM （股票代码）	EFFCH （技术效率）	TECHCH （技术进步）	PECH （纯技术效率）	SECH （规模效率）	TFP （全要素生产率）
300008	0.617	1.552	0.671	0.921	0.958
300009	0.737	1.686	0.806	0.915	1.243
300010	0.590	1.432	0.563	1.048	0.845
300011	0.811	1.430	0.790	1.027	1.161
300012	0.652	1.648	0.604	1.079	1.074
⋮	⋮	⋮	⋮	⋮	⋮
300353	0.770	1.614	0.849	0.907	1.243
300354	0.611	1.695	0.796	0.767	1.035
300355	1.012	0.979	1.000	1.012	0.991
300356	0.735	1.305	0.739	0.995	0.960
样本总数		347
平均值	0.752	1.383	0.780	0.965	1.040

如前文所述，全要素生产率（TFP）可以分解为技术效率（EFFCH）和技术进步（TECHCH），其中，技术效率又可以分解为纯技术效率（PECH）和规模效率（SECH）。从表14-9可以看出，在2012~2015年，创业板上市的347家公司全要素生产率的平均值是1.040，其中，技术效率的贡献率为-24.8%，技术进步的贡献率是38.3%。在对技术效率的合成中，纯技术效率的贡献率是-22%，规模效率的贡献率是3.5%。因此，总体来看，技术进步是样本企业全要素生产率增加的主要原因。

通过筛选，347家创业板上市公司中，有203家公司的全要素生产率大于1，而全要素生产率增长的主要原因是技术进步的提高，技术效率一定程度上阻碍了全要素生产率的提高。但总体而言，大部分企业的全要素生产率大于1，表明创业板上市公司的创新绩效显著，这体现了近些年来国家对高科技产业的扶持，也表明创业板上市公司作为高科技产业的优秀代表，对创新十分重视。

为了计算出创业板上市公司347家公司2013年、2014年和2015年三年的全要素生产率，本节以2012年为基期，通过输入2012~2015年四年的投入产出数据，得到了347家研究对象3年的全要素生产率及其分解情况。表14-10与图14-3中是整理出的部分公司三年的全要素生产率情况。

第 14 章 激励企业技术创新财税政策的实证分析

表 14-10 347 家创业板上市公司三年每年的全要素生产率及其分解表

股票代码	2013 年 全要素生产率	2013 年 技术效率	2013 年 技术进步	2014 年 全要素生产率	2014 年 技术效率	2014 年 技术进步	2015 年 全要素生产率	2015 年 技术效率	2015 年 技术进步
300001	1.204	1.099	1.095	0.970	0.826	1.175	0.939	0.568	1.654
300002	1.201	0.920	1.306	1.315	0.941	1.397	1.794	0.872	2.058
300003	1.812	1.307	1.386	0.915	0.723	1.265	0.803	0.381	2.106
300004	1.039	0.913	1.138	0.962	0.789	1.220	0.741	0.462	1.603
300005	0.981	0.679	1.445	1.054	0.753	1.401	2.479	1.293	1.917
300006	0.960	0.655	1.467	0.950	0.771	1.232	1.015	0.594	1.708
300007	0.877	0.640	1.371	1.080	0.892	1.210	1.684	1.213	1.388
300008	0.880	0.617	1.425	2.697	2.131	1.266	0.371	0.179	2.073
300009	1.258	0.840	1.497	0.886	0.678	1.305	1.726	0.704	2.453
300010	1.113	0.802	1.387	3.836	2.077	1.847	0.141	0.123	1.147
300011	1.844	1.247	1.478	1.060	0.912	1.162	0.800	0.470	1.704
300012	2.538	1.940	1.308	0.412	0.296	1.394	1.183	0.482	2.453
⋮	⋮	⋮	⋮	⋮	⋮	⋮	⋮	⋮	⋮
300353	1.049	0.739	1.420	1.202	0.858	1.400	1.522	0.720	2.115
300354	0.953	0.672	1.418	0.916	0.654	1.400	1.271	0.518	2.453
300355	0.833	1.279	0.652	1.268	0.866	1.464	0.921	0.936	0.984
300356	0.825	0.687	1.201	0.690	0.570	1.212	1.554	1.016	1.529
样本数量	347			347			347		
平均值	1.047	0.896	1.168	1.052	0.804	1.309	1.022	0.591	1.730

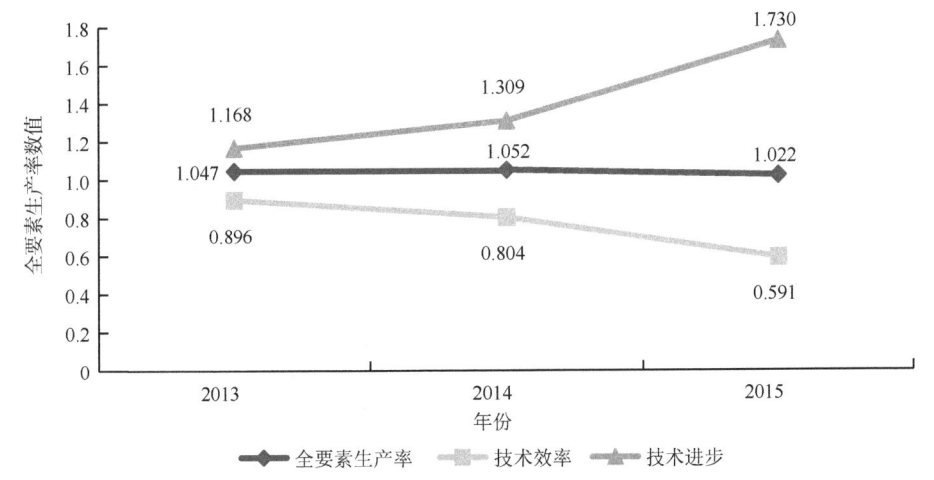

图 14-3 2013~2015 年 347 家创业板上市公司全要素生产率变化趋势图

分析347家创业板上市公司在2013年、2014年和2015年三年全要素生产率、技术效率和技术进步数据的变化,全要素生产率大于1的,在2013年有208家企业,在2014年有200家,在2015年有168家,甚至有企业的全要素生产率超过了2。三年347家创业板上市公司全要素生产率的平均值大于1,表明生产率的进步。另外,从研究样本中可以发现,推动全要素生产率的贡献因子在2013年和2015年基本一致。2013年、2014年和2015年,技术效率值基本都小于1,而技术进步值基本都大于1。这表明,拉动三年的全要素生产率的贡献来自技术进步。由上文可知,技术效率体现的是企业对资源的配置能力,技术进步体现的是企业在生产工艺方面的创新,符合创业板上市公司"两高六新"[①]的特点。

2. 税收优惠与企业创新绩效的实证研究

基于上述全要素生产率的测算,企业创新绩效的两个衡量指标数据已经获得,本节将实证分析税收优惠与企业创新绩效的相关性。

1)描述性统计分析

根据347家创业板上市公司的指标数据,先对其主要指标变量做一个初步的描述性统计(表14-11),从中看出各个变量初步的变化规律。主要变量主要包括:自变量所得税优惠税率和流转税实际税率,中介变量研发投入强度,控制变量资产负债率和营业毛利率,因变量净资产收益率和全要素生产率。

表14-11 总体样本的描述性统计表

变量	N	最小值	最大值	均值	标准差
所得税优惠税率	1041	−2488.05%	333.58%	8.79%	81.29%
流转税实际税率	1041	−0.07%	15.40%	4.32%	2.79%
研发投入强度	1041	0.02%	72.75%	7.38%	7.23%
资产负债率	1041	1.11%	112.40%	28.04%	16.22%
营业毛利率	1041	−5.98%	95.07%	37.21%	17.65%
净资产收益率	1041	−153.32%	45.00%	6.28%	9.64%
全要素生产率	1041	0.14	4.35	1.04	0.46

由表14-11总样本的描述性统计可以看出以下几点。

(1)所得税优惠税率:根据样本值的统计,在1041个研究样本中,有91个样本的所得税优惠税率小于0,按照所得税优惠税率的计算公式为"(利润总额×25%−所得税费用)/利润总额",而所得税费用的计算是当期所得税加上递延所得税。因此,小部分样本企业的所得税优惠税率为负数可能的原因是递延所

---

① 即成长性高,科技含量高;新经济、新服务、新农业、新材料、新能源与新商业模式特征。

得税过大，造成所得税费用过大或者是利润总额过小。所得税优惠税率最小值是-2488.05%，是研究样本河南易成新能源股份有限公司（股票代码300080）2015年的样本值，造成如此大的负税收优惠的原因是虽然其母公司的利润总额为正值，但其子公司的利润总额为负值，母子公司作为独立法人，在税法里需要各自缴纳所得税（负所得税的子公司的亏损可在5年内抵免）。因此，造成合并利润总额特别小，出现较大的负值，也正体现了当利润为负值时，所得税税收优惠没有很好地被享受到。在1041个研究样本中，有952个样本所得税优惠税率是正值，这说明样本企业的实际所得税税率小于25%，享受到了所得税优惠税率。所得税优惠税率的均值是8.79%，说明样本企业的实际税率大概是16.21%，研究样本时，创业板上市公司绝大部分享受15%的优惠税率，再综合按照一般税率25%纳税的子公司，16.21%的实际所得税税率说得通。标准差是81.29%，值不大，该指标总体差异不大，90%的样本值在0～50%。

（2）流转税实际税率：在样本统计值中，流转税实际税率最小值是-0.07%，是1041个样本数据唯一的一个负数，其城市维护建设税为负数，说明当年的流转税为负数，可能因为享有类似的"三免三减半"[①]、出口退税等税收优惠。在样本数据当中，还有6个样本的流转税实际税率近似为0，与营业收入相比，所缴流转税几乎为0。2013～2015年，属于营改增初步试点时期，增值税和营业税平行征收，流转税实际税率的最大值是15.40%，均值是4.32%符合预期。标准差是2.79%，样本总体差异很小。

（3）研发投入强度：研发投入强度是研发投入与营业收入的比值，在研究样本中，研发投入强度的最小值是0.02%，为2015年朗源股份有限公司（股票代码300175）的研发投入强度值，其2013～2015年三年的数值分别是0.03%、0.02%和0.04%，是样本公司中研发投入强度最低的公司，其属于"批发和零售业"，研发目的主要是对干果等的检测，因此研发投入强度较小。研发投入强度最大值是72.75%，为2015年北京君正集成电路股份有限公司（股票代码300223）的研发投入强度值，其2013～2015年三年的数值分别是45.04%、72.56%和72.75%，研发投入强度三年有所递增，是样本公司中研发投入强度最高的公司，其属于信息传输、软件和信息技术服务业，主要是芯片的设计与研发，因此，研发投入强度较大。其均值是7.38%，与2013年我国企业整体投入研发强度首次突破2%来说，研发投入强度较高。347家创业板上市公司2013～2015年三年的研发投入绝对值是497亿元，而2015年全球研发投入强度最大的企业——大众汽车集团，其研发投入为1058亿元，与之相比，我国347家创业板上市公司的研发投入绝对值较小，研发投入相对较弱。

（4）资产负债率：样本公司的资产负债率均值是28.04%，在合理区间内，属

[①] 符合条件的能从取得经营收入的第一年至第三年免交企业所得税，第四年至第六年减半征收。

于偏保守的财务战略,最大值112.40%和最小值1.11%相差较大,但标准差16.22%,标准离差较小,样本整体值相差不大。

(5)营业毛利率:最小值是-5.98%,最大值是95.07%,属于正常数值,均值是37.21%,表明样本企业的总体收益率较好,标准差与均值的比值较小,样本整体相差小。

(6)净资产收益率:研究的样本值最小值是-153.32%,原因是净利润为一个较大的负数。最大值是45.00%,属于收益较好,创新绩效较佳。标准差是9.64%,相对于样本值来说标准离差较大,样本整体相差较大。

(7)全要素生产率:全要素生产率的样本值是基于2012年的投入产出数据运用DEA 2.1软件计算出来的,最小值是0.14,最大值是4.35,两者相差很大。均值是1.04,说明整体说来样本企业的创新绩效一般。

2)变量间的相关性分析

相关性分析用于描述两个变量之间的密切程度,在实证分析中,变量之间有相关性是进行回归分析的基础,如果变量之间不存在相关性,也就没有必要进行回归分析。样本的相关性系数一般用 r 表示,以数值大小的方式来反映两个变量之间相关性的强弱程度。由上述对样本数值的描述性统计分析可知,样本数值出现了几处异常值,因为样本值比较大,为了排除异常值对研究结果产生影响,本节在用Stata 13软件对所有变量做了1%的Winsorize缩尾处理的基础上,对变量之间进行相关性分析,见表14-12。

表14-12 主要变量的相关性分析

变量	X_{IT}	X_{CT}	X_{RDC}	X_{OM}	X_{DAR}	Y_{ROE}	Y_{TFP}
X_{IT}	1.0000						
X_{CT}	0.0140 (0.6592)	1.0000					
X_{RDC}	0.1834*** (0.0000)	0.2229*** (0.0000)	1.0000				
X_{OM}	0.0271 (0.3907)	0.5154*** (0.0000)	0.4575*** (0.0000)	1.0000			
X_{DAR}	-0.026 (0.4115)	-0.3182*** (0.0000)	-0.2906*** (0.0000)	-0.3892*** (0.0000)			
Y_{ROE}	0.0347 (0.2721)	0.1266*** (0.0001)	0.1513*** (0.0000)	0.3123 (0.0000)	0.3102*** (0.0000)	1.0000	
Y_{TFP}	0.0153** (0.0295)	-0.0639** (0.0433)	0.0240** (0.0238)	0.0060 (0.1496)	0.1376*** (0.0000)	0.1846*** (0.0000)	1.0000

、*分别表示在5%、1%的显著性水平上显著

(1)税收优惠与研发投入:所得税优惠税率与研发投入强度的相关性系数是0.1834,在1%的水平上显著相关,表明当期的所得税优惠对企业研发投入有积极的影响。流转税实际税率与研发投入强度的相关性系数是0.2229,在1%的水平上显著相关,表明当期的流转税实际税率和当期的研发投入强度有正相关关系,这和预期相反。

(2)研发投入与企业创新绩效:两个创新绩效的衡量指标净资产收益率和全要素生产率之间的在1%的显著性水平下正相关,相关系数是0.1846,一定程度上说明,新指标全要素生产率能像传统指标净资产收益率一样来衡量创新绩效。研发投入强度与两者的相关性符号一致都为正数,研发投入强度与净资产收益率在1%水平上显著相关,相关系数是0.1513,二者呈现正相关,这与预期相符。研发投入强度与全要素生产率的相关系数为正,但是值只有0.024,相关系数虽然很弱,但通过了5%的显著性检验。

(3)税收优惠与企业创新绩效:所得税优惠税率与净资产收益率的相关系数是0.0347,未通过显著性检验,与全要素生产率的相关性系数是0.0153,通过5%水平的显著性检验。

(4)其他变量之间:资产负债率与营业毛利率、研发投入强度和流转税实际税率都显著负相关,与净资产收益率和全要素生产率显著正相关,但相关系数基本在0.5以下,自变量之间存在共线性的可能性较少。

以上为347家样本公司2013~2015年的相关变量的样本数据,既包括了截面信息又包括了时间序列,是一个短面板数据。现在不考虑时间序列,对样本公司每年的数据进行相关性分析,同样对所有变量做了1%的Winsorize缩尾处理的基础上,所得到的样本公司每年的变量之间的相关性系数如表14-13~表14-15所示。

表14-13 2013年相关变量之间的相关性分析

变量	X_{IT}	X_{CT}	X_{RDC}	X_{ROE}	X_{TFP}
X_{IT}	1.0000				
X_{CT}	0.0074 (0.8920)	1.0000			
X_{RDC}	0.2876*** (0.0000)	0.1999*** 0.0002	1.0000		
X_{ROE}	0.0153 (0.7801)	0.1257** (0.0214)	0.1325** (0.0152)	1.0000	
X_{TFP}	0.0141* (0.0296)	−0.0381* (0.0871)	0.0773** (0.0157)	−0.0283 (0.6060)	1.0000

*、**、***分别表示在10%、5%、1%的显著性水平上显著

表 14-14　2014 年相关变量之间的相关性分析

变量	X_{IT}	X_{CT}	X_{RDC}	X_{ROE}	X_{TFP}
X_{IT}	1.0000				
X_{CT}	0.0355 （0.5175）	1.0000			
X_{RDC}	0.1597*** （0.0034）	0.2468*** （0.0000）	1.0000		
X_{ROE}	0.0226 （0.6796）	0.1545*** （0.0055）	0.1769*** （0.0012）	1.0000	
X_{TFP}	0.0983* （0.0724）	−0.0575* （0.0947）	0.0175* （0.0750）	−0.0083 （0.8803）	1.0000

*、***分别表示在 10%、1%的显著性水平上显著

表 14-15　2015 年相关变量之间的相关性分析

变量	X_{IT}	X_{CT}	X_{RDC}	X_{ROE}	X_{TFP}
X_{IT}	1.0000				
X_{CT}	−0.0307 （0.5760）	1.0000			
X_{RDC}	0.0753 （0.1689）	0.2627*** （0.0000）	1.0000		
X_{ROE}	0.1165** （0.0331）	0.1223** （0.0252）	0.1117** （0.0408）	1.0000	
X_{TFP}	0.0057* （0.0917）	−0.0418** （0.0446）	0.0255* （0.0641）	0.0526 （0.3366）	1.0000

*、**、***分别表示在 10%、5%、1%的显著性水平上显著

从以上连续三年每年变量之间的相关系数表中，可以看出以下几点。

（1）所得税优惠税率与研发投入强度正相关：2013 年和 2014 年，所得税优惠税率和研发投入强度都在 1%的水平显著相关，相关系数分别是 0.2876、0.1597，而 2015 年所得税优惠税率与研发投入强度的相关系数虽然为正，但却不是显著相关，三年来，所得税优惠税率与研发投入强度的相关性在递减。

（2）流转税实际税率与净资产收益率正相关：流转税实际税率与净资产收益率在 2013 年和 2015 年在 5%的水平显著相关，2014 年二者在 1%的水平上显著相关，相关系数为正，说明流转税实际税率与企业创新绩效之间存在正相关关系。

（3）研发投入强度与净资产收益率正相关：2013 年和 2015 年净资产收益率与

研发投入强度在5%的显著性水平上正相关,相关系数分别是0.1325和0.1117,2014年二者在1%的水平上显著相关,相关系数是0.1769。

(4)研发投入强度与全要素生产率正相关:2013年、2014年和2015年研发投入强度与全要素生产率的是微弱的正相关,但分别通过了5%和10%、10%的显著性检验。

(5)所得税优惠税率与全要素生产率正相关:二者在三年的相关性虽然微弱,但都通过了10%的显著性检验。

2013~2015年三年来每年变量之间的相关性与三年面板数据变量之间的相关性大体一致。上述相关性分析可以得到:第一,所得税优惠税率与研发投入强度正相关是在我们的预想之中,与我们的研究假设14-1相符。作为企业的主要优惠税种,优惠力度越大,企业将有越多的资金投入研发。第二,研发投入强度与净资产收益率和全要素生产率正相关,也就是研发投入与企业创新绩效正相关的结论与预期相同,与我们的研究假设14-2相符。理论上来说,研发投入是企业的一种技术创新行为,研发投入的增加会促使企业创新绩效的增加。第三,流转税实际税率与净资产收益率正相关的研究结论也与我们的假设14-3相违背,流转税实际税率越高,那么享受到的流转税优惠就越少,对企业的创新活动激励就少,但研究结果却与之相反,可能的原因是对于企业来说,流转税的税收优惠比较少,而流转税实际税率越高,可能营业收入也越高,那么净利润越高,净资产收益率越高。第四,所得税优惠税率与全要素生产率正相关,与净资产收益率的关系不明显。

3)变量间的回归分析

(1)面板数据的回归分析。基于以上相关性的分析,我们对上面建立的模型进行面板数据的回归分析。面板数据回归模型主要分为混合回归模型、固定效应模型和随机效应模型。混合回归模型是指从时间看,不同年份之间不存在显著性差异,从截面上看,不同个体之间也不存在显著性差异。固定效应模型是指对于不同的截面或者不同的时点,只是模型的截距项不同,而模型的斜率系数相同。随机效应模型是指缺失了关于个体或者时间变化的不可观测的随机性因素,通过对随机干扰项进行分解来描述这种信息的缺失(陶长琪,2012)。后两项又称为变截距模型。通过F检验判断是选择混合回归模型还是用变截距模型。如果确定了使用变截距模型,那么再通过Hausman检验是选择固定效应模型还是随机效应模型。通过检验,模型都选用固定效应回归模型进行回归。

第一,模型(1)的回归分析。通过在Stata 13输入混合回归模型的指令,并对回归模型进行了共线性检验,得出如下回归结果。

从表14-16可以看出:模型(1)的拟合优度R^2为0.2579,自变量对因变量有一定的解释力度。F值为27.18,$p>F$=0.0000,说明模型整体还是很显著,模型具有统计意义。对模型进行了共线性检验,各变量的方差膨胀因子(VIF值)和均值都小于 2，说明该模型不存在多重共线性问题。

表 14-16 模型（1）的回归结果

变量	系数	标准误	t	$p>|t|$
X_{IT}	0.0910***	0.0238	3.80	0.000
X_{CT}	−0.620	0.1062	−0.58	0.559
X_{OM}	0.1421***	0.2025	7.02	0.000
X_{DAR}	−0.0541***	0.0153	−3.56	0.000
cons	0.0249***	0.0091	2.74	0.005
		F=27.18		
		R^2=0.2579		
		$p>F$=0.0000		

变量	VIF	1/VIF	
X_{IT}	1.46	0.6848	
X_{CT}	1.39	0.7189	
X_{OM}	1.19	0.8369	
X_{DAR}	1.00	0.9983	
VIF 均值	1.26		

***分别表示在 1%的显著性水平上显著

所得税优惠税率与因变量研发投入强度的回归系数是 0.0910，p 值为 0.000，在 1%的水平上显著，所得税优惠税率每增加一个百分点，研发投入强度将增加 0.091%，表明所得税优惠税率对企业研发投入强度有积极作用，这与大部分的学者的结论一致。流转税实际税率与因变量的回归系数是负数，与前面的相关系数相反，原因是相关性是两两之间的关系，而回归模型是多元回归，加入了多个变量，因此，使得回归系数与相关系数符号不一致，却与预期的符号吻合，但其 p 值为 0.559，没有通过 t 检验。该结果表明，样本企业的所得税优惠税率与企业的研发投入强度有正相关关系，而流转税实际税率与企业研发投入强度关系不显著。模型（1）的回归支持假设 14-1。

控制变量营业毛利率和资产负债率对研发投入强度的回归系数分别是 0.1421 和−0.0541，p 值都为 0.000，通过了变量的显著性检验。回归结果表明，营业毛利率与企业的研发投入强度正相关，每增加一个百分点的营业毛利率，研发投入强度增加 0.1421%；资产负债率与研发投入强度负相关，资产负债率越高，研发投入强度越少，这都与预期相吻合。

第二，模型（2）的回归分析。模型（2）主要是研究研发投入与企业创新绩效的线性回归关系，回归结果如表 14-17 所示。

表 14-17 模型（2）的回归结果

解释变量	被解释变量：净资产收益率（X_{ROE}）				被解释变量：全要素生产率（X_{TFP}）			
	系数	标准误	t	p>|t|	系数	标准误	t	p>|t|
X_{RDC}	0.3164***	0.0371	−8.54	0.000	0.0194***	0.6481	3.33	0.001
X_{OM}	0.1683***	0.1427	11.80	0.000	0.0071	0.1765	0.27	0.079
X_{DAR}	0.0489***	0.0132	3.71	0.000	0.2707	0.1891	1.43	0.153
cons	0.0134*	0.0069	1.94	0.053	1.0318***	0.1015	10.17	0.000
F 值	50.54				16.52			
调整的 R^2 值	0.2368				0.1337			

*、***分别表示在 10%、1%的显著性水平上显著

从表 14-17 可以看出：两个模型的拟合优度 R^2 分别为 0.2368、0.1337，F 值分别为 50.54 和 16.52，p 值为 0.000，自变量对因变量有一定的解释力度。对模型进行了共线性检验，各变量的方差膨胀因子（VIF 值）和均值都小于 2，说明该模型不存在多重共线性问题。

研发投入强度与因变量净资产收益率的回归系数是 0.3164，p 值为 0.000，在 1%的水平上显著，研发投入强度每增加一个百分点，净资产收益率将增加 0.3164%，表明企业的研发强度对企业的净资产收益率有阻碍作用，这与预期相符合。研发投入强度与因变量全要素生产率的回归系数是 0.0194，在 1%的水平上显著。

第三，模型（3）和（4）的回归分析。模型（3）和模型（4）都是研究税收优惠与创新绩效之间线性关系的回归模型，唯一的不同是模型（4）在模型（3）的基础上添加了变量"研发投入强度"，与模型（1）结合起来可以判断税收优惠是否通过研发投入强度对企业创新绩效起中介效应的作用。

表 14-18 对模型（3）和模型（4）的回归结果可以看到所得税优惠税率与净资产收益率无论是否存在变量"研发投入强度"，都没有通过显著性检验。但所得税优惠税率在加入"研发投入强度"变量的前后，都与全要素生产率显著相关，这与刘伟江和吕镯（2017）利用空间自变量滞后模型（spatial lag of X model，SLX）对所得税优惠税率与全要素生产率关系研究中得出的结果，税收激励能促进高技术产业全要素生产率的提高，且二者的总效应也显著为正的研究结论是一样的。

表 14-18　模型（3）和模型（4）的回归结果

解释变量	被解释变量：净资产收益率（X_{ROE}）				被解释变量：全要素生产率（X_{TFP}）			
	模型（3）		模型（4）		模型（3）		模型（4）	
	系数	$p>\|t\|$	系数	$p>\|t\|$	系数	$p>\|t\|$	系数	$p>\|t\|$
X_{IT}	0.0033	0.269	0.0034	0.976	0.0351*	0.090	0.0347*	0.094
X_{RDC}			0.2939***	0.000			0.2789**	0.028
X_{OM}	0.1683***	0.000	0.2089***	0.000	0.2738***	0.000	0.3124***	0.004
X_{DAR}	0.0227	0.242	0.0489***	0.000	0.7175***	0.008	0.6958***	0.000
cons	−0.0061	0.056	−0.0067*	0.053	0.8838***	0.000	0.8962***	0.000
F 值	33.193		37.66		14.61		11.24	
调整的 R^2 值	0.0871		0.1236		0.1377		0.1379	

*、**、***分别表示在 10%、5%、1% 的显著性水平上显著

从模型（3）可以看出，所得税优惠税率与企业创新绩效（全要素生产率）之间具有显著的正相关关系（系数为 0.0351，$p<0.1$），说明可以进行中介变量的检验。模型（1）的检验结果是所得税优惠税率与研发投入强度之间关系显著（系数为 0.0910，$p<0.01$），通过模型（4）可知，当研发投入强度与所得税优惠税率同时作为自变量时，所得税优惠税率与企业创新绩效（全要素生产率）之间的关系仍显著（系数是 0.0347，$p<0.1$），研发投入强度也与企业创新绩效显著相关（系数是 0.2789，$p<0.05$）。依据温忠麟等（2004）的中介效应检验原理，研发投入强度在所得税优惠税率与企业创新绩效之间有部分中介效应，如图 14-4 所示。

图 14-4　研发投入的中介效应检验图

（2）滞后性回归分析。本节对所得税优惠税率和研发投入强度进行滞后回归，滞后期分别是一年和两年。也就是说用 2013 年的所得税优惠税率来检验 2014 年和 2015 年的研发投入强度，用 2013 年的研发投入强度来检验 2014 年和 2015 年的全要素生产率和净资产收益率，用 2013 年的所得税优惠税率来检验 2014 年和 2015 年的全要素生产率和净资产收益率。对相关变量进行滞后性回归，数据不再是面板数据，而是截面数据，使用 Stata 13 对数据进行线性回归分析。

第一，所得税优惠税率对研发投入强度的滞后性回归分析。以研发投入强度

为解释变量进行滞后期一年和滞后期两年的回归结果如表14-19所示。

表14-19 模型（1）的滞后性回归结果

解释变量	被解释变量：研发投入强度（X_{RDC}）						
	滞后期一年			滞后期两年		
	系数	t	$p>|t|$	系数	t	$p>|t|$
X_{IT}	0.0142**	1.107	0.026	0.0150**	1.245	0.021
X_{OM}	0.1515***	7.142	0.000	0.1232***	6.044	0.000
X_{DAR}	−0.0780***	−3.254	0.007	−0.0680**	−3.254	0.001
cons	0.0376***	3.814	0.003	0.0456	3.814	0.004
F 值	32.62			24.32		
调整的 R^2 值	0.2157			0.2682		

、*分别表示在5%、1%的显著性水平上显著

经过检验，变量之间不存在多重共线性问题，所得税优惠税率与研发投入强度的滞后性回归模型的拟合优度和 F 值表明，自变量对解释变量有一定的解释效果。从滞后期一年和滞后期两年所得税优惠税率与企业的研发投入强度的回归系数看，分别为0.0142和0.0150，都在5%的水平显著相关。但与面板数据的回归系数0.0910对比，系数下降，表明所得税优惠税率对企业的研发投入强度没有滞后性影响。

第二，研发投入对企业创新绩效的滞后性回归分析。以全要素生产率和净资产收益率为解释变量进行滞后期一年和滞后期两年的回归结果如表14-20所示。

表14-20 模型（2）的滞后性回归结果

解释变量	被解释变量：全要素生产率（X_{TFP}）				被解释变量：净资产收益率（X_{ROE}）			
	滞后期一年		滞后期两年		滞后期一年		滞后期两年	
	系数	$p>|t|$	系数	$p>|t|$	系数	$p>|t|$	系数	$p>|t|$
X_{RDC}	0.1627*	0.071	0.1021*	0.093	−0.1898***	0.000	−0.1015***	0.046
X_{OM}	0.0164*	0.092	0.0129**	0.022	0.0646***	0.000	0.0655***	0.001
X_{DAR}	−0.1337**	0.047	−0.3679	0.233	−0.1517**	0.000	−0.1445***	0.000
cons	1.1848***	0.000	1.0382***	0.000	0.1115	0.209	−0.0048	0.673
F 值	22.12		15.11		28.53		16.52	
调整的 R^2 值	0.273		0.130		0.2042		0.1256	

*、**、***分别表示在10%、5%、1%的显著性水平上显著

多重共线性检验中各个变量的VIF的值都是在2以下，因此变量之间不存在

多重共线性问题。从表 14-20 的回归结果可以看出，被解释变量为全要素生产率 X_{TFP} 的滞后期一年和滞后期两年的回归模型 F 值分别为 22.12 和 15.11，拟合优度分别是 0.273 和 0.130，自变量对因变量有一定的解释力度。研发投入强度 X_{RDC} 与全要素生产率 X_{TFP} 的回归系数都为正，分别是 0.1627 和 0.1021，且都通过了 10% 的显著性检验，表明当年的研发投入增加 1 个百分点时，第二年的全要素生产率将增加 0.1627%，第三年的全要素生产率将增加 0.1021%。而在面板数据的相关性分析中，二者虽然在 1% 的水平上显著，但是回归系数仅为 0.0194，远远低于滞后期一年的系数 0.1627 和滞后期为两年的系数 0.1021，这说明研发投入强度对全要素生产率的影响具有滞后性。通过 F 值和拟合优度的比较，滞后一年的模型拟合优度最好。

被解释变量为净资产收益率的滞后期一年和滞后期两年的回归模型 F 值分别为 28.53 和 16.52，拟合优度分别是 0.2042 和 0.1256，自变量对因变量有一定的解释力度。研发投入强度与净资产收益率的相关性系数依旧是正数，且都通过了 1% 的显著性检验。但从面板数据的回归系数 0.3164 到滞后期一年的回归系数 0.1898，再到滞后期两年的回归系数 0.1015，回归系数不断减少，且 F 值和拟合优度也在减少，说明研发投入强度对净资产收益率不存在滞后性。

第三，所得税优惠税率对企业创新绩效的滞后性回归分析。以全要素生产率和净资产收益率为解释变量进行滞后期一年和滞后期两年的回归结果如表 14-21 所示。

表 14-21 模型（3）的滞后性回归结果

解释变量	被解释变量：全要素生产率（X_{TFP}）				被解释变量：净资产收益率（X_{ROE}）			
	滞后期一年		滞后期两年		滞后期一年		滞后期两年	
	系数	$p>|t|$	系数	$p>|t|$	系数	$p>|t|$	系数	$p>|t|$
X_{IT}	0.1662*	0.086	0.0632	0.6648	0.0026	0.8463	0.0107	0.7582
X_{RDC}	0.3072**	0.045	0.5148	0.4303	0.2978***	0.000	0.3669	0.0017
X_{OM}	0.2756	0.107	0.4944*	0.0560	0.1896***	0.000	0.2788	0.0000
X_{DAR}	0.5791***	0.001	1.1437***	0.000	0.0360	0.138	−0.0523	0.2546
cons	0.9152***	0.000	0.7904**	0.000	0.1115	0.209	−0.0081	0.7582
F 值	38.52		55.68		17.60		11.53	
调整的 R^2 值	0.219		0.150		0.161		0.109	

*、**、***分别表示在 10%、5%、1%的显著性水平上显著

经过检验变量之间不存在多重共线性问题。所得税优惠税率与净资产收益率的滞后期一年与滞后期两年的系数依然很弱，且都未通过显著性检验，表明所得税优惠税率对企业净资产收益率也没有滞后性影响。所得税优惠税率与全要素生

产率的滞后二期的系数没有通过检验,滞后一期的系数虽然为正,但系数小于面板数据的回归结果,因此二者也不存在滞后性影响。

4)实证研究结果

在搜集和计算好样本数据以后,使用 Stata 13 对税收优惠与企业创新绩效之间的关系做相关性分析和回归分析,得出了以下结论。

所得税税收优惠对企业的研发投入有激励作用,每增加 1 个百分点的所得税优惠税率,研发投入强度将增加 0.0910%。流转税实际税率与企业投入强度有正相关关系,这与预期不符。可能的解释是有以下几种。

第一,税收优惠主要以所得税税收优惠为主,且流转税税收优惠主要是直接减免为主,对企业的创新投入激励效果不佳。流转税实际税率较高,说明当年的营业收入或者增值额比较大,相应的利润比较多,企业研发投入也会增加。另外,在对所得税优惠税率与企业研发投入强度的滞后性回归发现,滞后性效果不明显。

第二,企业研发投入能够促进企业的创新绩效,具体来说,研发投入强度每增加 1 个百分点,净资产收益率将增加 0.3164%,全要素生产率增加 0.0194%。且企业研发投入强度对企业的全要素生产率具有滞后相应,滞后期一年的回归系数和拟合优度最高。

第三,企业所得税税收优惠对企业创新绩效有激励作用,研发投入存在部分中介效应。具体来说,所得税优惠税率与企业的净资产收益率显著性虽然不高,也不存在滞后性效果。但所得税税收优惠税率与企业的全要素生产率显著性正相关,且也不存在滞后性影响,具体结果见表 14-22。

表 14-22 实证研究结果

研究假设	实证研究结果	检验结果支持假设	总结果支持假设
假设 14-1:税收优惠能够增加企业的研发投入	所得税优惠税率与企业研发投入强度显著正相关	成立	成立
	流转税实际税率与企业创新投入强度显著正相关	不成立	
	所得税优惠税率对企业研发投入强度没有滞后性影响	不成立	
假设 14-2:研发投入的增加能够提高企业的创新绩效	研发投入强度与全要素生产率具有显著正相关性	成立	成立
	研发投入强度与净资产收益率具有显著正相关性	成立	
	研发投入强度对全要素生产率具有滞后性影响	成立	
	研发投入强度对净资产收益率没有滞后性影响	不成立	
假设 14-3:税收优惠通过研发投入的中介效应对企业创新绩效产生积极影响	所得税优惠税率与全要素生产率具有显著正相关性	成立	成立
	所得税优惠税率与净资产收益率相关性不显著	不成立	
	所得税优惠税率对全要素生产率没有滞后性影响	不成立	
	所得税优惠税率对净资产收益率没有滞后性影响	不成立	

14.2.3 研究结论

本节的主要目的是研究税收优惠与企业创新绩效之间的相关性。在对企业创新绩效的衡量指标上不仅采取了传统做法,用净资产收益率测量,也创新性地采用全要素生产率作为测量指标。通过选取347家创业板上市公司2012~2015年的数据,先用DEA-Mamquist法计算出研究样本2013~2015年的全要素生产率,在获得该指标数据的基础上,使用Stata 13对税收优惠指标(所得税优惠税率、企业研发投入强度)、研发投入指标(研发投入强度)和企业创新绩效指标(全要素生产率、净资产收益率)进行了相关性分析和回归分析。通过前面的实证研究,得出了以下结论。

从全要素生产率的计算结果看,大部分企业2013~2015年三年的全要素生产率指标都大于1,说明整体来说创业板企业创新绩效普遍较好。而全要素生产率增长的主要原因是技术进步,规模效率也有促进作用,这表明创业板上市公司普遍比较注重技术创新,以创业板上市公司为代表的中小企业通过技术进步和扩大规模提高了企业的全要素生产率。然而,技术效率对全要素生产率的增长却是阻碍作用,技术效率尤其是纯技术效率在研究期限都没有提升,纯技术效率值普遍小于1,这成为企业发展的阻碍,表明企业的资源配置等能力需要提升,也说明了创业板企业的发展主要是通过技术创新来驱动的。

总体来说,税收优惠能增加企业的研发投入、研发投入的增加能增加企业的创新绩效、税收优惠通过研发投入的中介效应对企业创新绩效产生积极影响三个研究假设都通过了实证检验。具体来说,第一,所得税优惠税率与企业的研发投入强度有显著的正相关性,说明所得税的税收优惠对企业的研发投入有激励作用。但流转税实际税率与企业的研发投入强度没有通过显著性检验。所得税优惠税率对企业研发投入强度也没有明显的滞后性。第二,研发投入强度对企业创新的两个指标都显著性正相关,研发投入强度对全要素生产率具有滞后性影响,滞后期一年的拟合优度和回归系数最好。第三,创新绩效的衡量指标不同,研究所得税税收优惠与企业创新绩效之间的关系结果有偏差。所得税优惠税率对全要素生产率具有显著正相关性,且通过中介效应检验,研发投入强度在所得税优惠税率与全要素生产率之间有部分中介效应,但与净资产收益率的相关性不显著。

14.3 财政投入政策的实证分析

14.3.1 研究假设

1. 政府研发资助与企业技术创新能力

企业技术创新是一项具有长期性、复杂性的系统工程,历经创新构思、技研发、技术成果转化、技术产业化等多个阶段,每一个阶段都需要充分的人力、物力和财力作为后盾,以保证技术创新活动的持续性。研发人员、新产品销售人员、试验设备、设备厂房需要财力的支持才能引入。因此,企业技术创新对财力的需求尤为迫切。政府研发资助是指财政资源主体掌握者向高校、研发机构及创新企业等予以直接或间接的资金投入和政策服务,推进技术创新活动的加速发展,最终实现经济的稳定可持续性发展。其中,直接的政府研发资助方式是指,政府部门主要依据自身拟订的财政科技投入计划,以财政性资金直接补贴的形式对技术创新机构予以资金支持。间接的政府研发资助方式则是,以贴息或担保的方式,引导商业银行机构通过科技信贷使得闲置资金流入技术创新领域,以及鼓励风投机构采取期权投资的方式向科技型企业注入资金。创新型企业在获得充分稳定的资金支持后,技术创新活动得以有效开展,技术创新能力因此得以强化及进一步提升。根据上述理论阐释,提出第一个实证研究假设。

假设14-4:政府研发资助能够有效地提升企业技术创新能力。

2. 政府研发资助与企业人力资本

政府研发资助能够提升企业技术创新水平,毋庸置疑的是,企业技术创新能力提升不仅在宏观层面上会促进区域技术人才聚集规模的扩大,同时在微观层面上会提升自身的人力资本水平。政府研发资助并非割裂的政府和资金,而是表现为政府部门为创新主体企业提供财力支持,促使企业技术创新产品市场的扩大,引致技术创新产品的不断涌现,创新产品的推出将加快技术创新产业的内部升级与行业细分。基于此,在需求效应的拉动下,开展技术创新的企业对高素质、高技能的人才将更为渴求,企业内部的人力资本水平也将得到大幅度提升。根据上述理论阐释,提出第二个实证研究假设。

假设14-5:政府研发资助能够有效地提高企业人力资本水平。

3. 人力资本的中介效应

人才引擎是企业经由技术创新实现跨越式发展的源源不竭的动力。加大对高素质、高技能创新人才的培养力度,能够鼓励技术创新活动的开展,并提升技术创新水平。国内外研究均验证了人力资本对技术创新的正面推动作用,如Dakhli和 de Clercq(2004)实证检验得出,人力资本有助于提升技术创新水平;Gallié和Legros(2012)利用法国企业数据、Banerjee和Roy(2014)利用印度企业相关数据,研究认为人力资本对该国技术创新能力的积极作用重大。归根结底,技术创新水平的高低取决于人力资本水平的高低,同时,后者也关系到对先进技术和知识的引进、消化吸收速度。人力资本水平关系到企业的成长潜力和生存状态,是企业研发效率的重要构件,对于企业绩效的影响重大。根据以上理论分析,提出第三个实证研究假设。

假设 14-6：企业人力资本水平是政府研发资助促进企业技术创新能力的桥梁中介。

14.3.2 研究设计

1. 指标选取和数据来源

本节研究的主要焦点是政府研发资助、企业人力资本水平对企业技术创新能力的影响效应。企业并非经济社会中单独的个体存在，其技术创新水平不可避免要受到地区经济发展水平、对外开放程度、城镇化水平、市场发育水平等因素的影响，因此，考虑将这些变量设定为控制变量。本节涉及的所有变量及定义如表 14-23 所示。

表 14-23 变量及变量的定义

变量	符号	定义
企业技术创新能力	ETIC	发明专利数/专利申请数
政府研发资助	GRD	政府资金/企业研发经费
企业人力资本水平	HUM	企业研发人员全时当量/研发人员全时当量
经济发展水平	PGDP	地区生产总值/地区总人口数
城镇化水平	URBAN	地区城镇人口数/地区总人口数
对外开放程度	OPEN	实际利用外商直接投资额/GDP
市场发育水平	MAR	市场化指数

被解释变量：企业技术创新能力。创新产出是企业技术创新能力的重要体现和衡量指标，创新产出可分为直接产出和间接产出。直接性科技产出，主要是指生产新知识、新技术，如专利、科技论文等；间接性科技产出，主要是指由知识或技术转化而来的社会、经济效益，如新产品销售收入、高新技术产业产值等。一般来讲，发明专利最能够衡量一个国家或地区内企业的技术创新能力。考虑到数据的可获得性，以及指标的代表性，将发明专利数占专利申请数的比重作为创新产出指标。

核心解释变量：①政府研发资助。政府研发资助是政府直接向企业投入的创新研发资金，采用各省份企业研发资金中的政府资金的比重来进行衡量；②企业人力资本水平，采用各省份企业研发人员全时当量占研发人员全时当量的比重来衡量。

控制变量：①经济发展水平，采用各省份人均地区生产总值来衡量，即地区生产总值/地区总人口数；②城镇化水平，采用各省份城镇人口数占该地区总人口数的比重来衡量；③对外开放程度，采用各省份实际利用外商直接投资额占 GDP

的比重来衡量；④市场发育水平，借鉴采用《中国分省份市场化指数报告（2016）》中的各省份的"市场化指数"（王小鲁等，2017）。

本节所使用的数据涵盖 2008～2017 年我国除港澳台之外的 31 个省区市，除了市场发育水平数据，其他数据来源于 2009～2018 年的中国统计年鉴、中国科技统计年鉴、中国高技术产业统计年鉴、Wind 数据库及各省区市统计年鉴。同时，考虑到数据的完整性、可比较性和可获得性，选取规模以上（以下简称规上）工业企业的相关数据。

2. 模型构建

基于前文提出的三个假设，本节构建以下三个模型，对假设逐一予以验证。

$$\text{ETIC}_{it} = \alpha_0 + \alpha_1 \text{GRD}_{it} + \sum_j \alpha_j X_{it} + \upsilon_i + \mu_{it} \quad (14\text{-}11)$$

$$\text{HUM}_{it} = \beta_0 + \beta_1 \text{GRD}_{it} + \sum_j \beta_j X_{it} + \upsilon_i + \mu_{it} \quad (14\text{-}12)$$

$$\text{ETIC}_{it} = \gamma_0 + \gamma_1 \text{GRD}_{it} + \gamma_2 \text{HUM}_{it} + \sum_j \gamma_j X_{it} + \upsilon_i + \mu_{it} \quad (14\text{-}13)$$

其中，ETIC 是被解释变量，表示企业技术创新能力；GRD 是核心解释变量，表示政府对企业的研发资助；HUM 表示企业人力资本水平；X 表示一系列控制变量的集合；i 和 t 分别表示省份和年度；υ_i 表示固定效应模型下的不变项，若为随机效应模型，该项将不存在；μ_{it} 表示误差项。

14.3.3 实证分析

1. 描述性分析

采用 Stata 12 软件，对本节涉及的所有变量进行描述性统计分析，各变量的数值特征具体如表 14-24 所示。

表 14-24　数据统计特征描述

变量	平均值	标准差	最小值	最大值
GRD	5.799	4.352	0.126	23.707
HUM	1.530	0.687	−2.075	3.166
ETIC	39.036	11.511	16.102	100
PGDP	3.626	0.277	2.779	4.605
MAR	6.161	2.096	−0.300	11.110
URBAN	53.762	14.029	21.893	89.600
OPEN	0.602	0.646	1.310	4.532

2. 相关性及多重共线性检验

进一步给出各个变量之间的相关性分析，如表 14-25 所示。从中我们可以看出政府研发资助、企业人力资本水平、企业技术创新能力、经济发展水平、市场发育水平、城镇化水平、对外开放程度之间均显著相关，这充分说明被解释变量与各个解释变量之间关系紧密。同时，采用多重共线性检验方法得出，全部解释变量的方差膨胀因子值均小于 5，这充分说明各个解释变量之间不存在多重共线性问题。

表 14-25　变量的相关性分析

变量	RD	HR	PAT	PGDP	MAR	URBAN	OPEN
GRD	1.000						
HUM	0.884***	1.000					
ETIC	0.146***	0.089**	1.000				
PGDP	0.196***	0.165***	0.966***	1.000			
MAR	−0.194***	−0.179***	−0.189***	−0.134*	1.000		
URBAN	−0.088***	−0.069**	0.009***	0.064**	0.764***	1.000	
OPEN	−0.181***	−0.188***	−0.174***	−0.190***	0.217***	0.161***	1.000

*、**、***分别表示在 10%、5%、1%水平上统计显著

3. 实证回归及结果解析

在进行面板数据回归分析之前，需要通过 Hausman 检验选择适当的回归模型，即固定效应模型和随机效应模型。Hausman 检验的结果为：chi2（5）=7.83，p 值为 0.166，p 值不显著，因此选择随机效应模型。回归结果如表 14-26 所示。

表 14-26　面板数据随机效应模型回归结果

变量	模型（1）	模型（2）	模型（3）
GRD	0.177***	0.159***	0.038**
	（0.054）	（0.006）	（0.093）
PGDP	41.993***	37.107***	41.778***
	（0.703）	（0.083）	（0.696）
MAR	−0.392**	−0.018**	−0.393**
	（0.184）	（0.021）	（0.178）
URBAN	−0.030	0.000	−0.026
	（0.032）	（0.004）	（0.030）
OPEN	0.059	−0.007	0.085
	（0.266）	（0.031）	（0.262）

续表

变量	模型（1）	模型（2）	模型（3）
HUM			0.858* (0.480)
_cons	−108.207*** (2.716)	1.097*** (0.317)	−107.104*** (2.717)
R^2	0.9384	0.7801	0.9413

*、**、***分别表示在10%、5%、1%水平上统计显著

模型（1）给出了以企业技术创新能力为被解释变量，政府研发资助为核心解释变量的回归结果。可以看出，政府研发资助与企业技术创新能力之间呈现正向相关的关系，而且系数通过了1%显著性检验，由此验证了假设14-4：政府研发资助能够有效地提升企业技术创新能力。

模型（2）给出了以企业人力资本水平为被解释变量，政府研发资助为核心解释变量的回归结果。从中可见，政府研发资助与企业人力资本水平呈现正相关，并且系数在1%的水平上显著，由此验证了假设14-5：政府研发资助能够有效地提高企业人力资本水平。

模型（3）给出了以企业技术创新能力为被解释变量，政府研发资助与企业人力资本为核心解释变量的回归结果。不难看出，政府研发资助、企业人力资本水平与企业技术创新能力呈现正相关，而且系数分别通过了5%和10%水平上的显著性检验；而且，政府研发资助的系数由模型（1）中的0.177变为了模型（3）中的0.038，说明企业人力资本水平在政府研发资助与企业技术创新能力之间起到了中介作用，验证了假设14-6。

就控制变量而言，城镇化水平和对外开放程度对企业技术创新能力和企业人力资本水平的影响均不显著。经济发展水平估计系数为正且在1%的水平上显著，表明经济发展水平的提高可以提升企业技术创新能力。主要原因在于，随着区域经济发展水平的提升，创新内外部环境得以进一步优化，将吸引越来越多的创新人才在地区内就业，人民生活水平的提高引致的需求水平上升也会扩大企业的新产品销量，从而反向激发企业不断提高研发水平，提升技术创新能力。市场发育水平估计系数为负且在5%水平上显著，这表明市场发育水平不利于提升企业技术创新能力。可能的原因在于，市场发育水平对于企业技术创新能力的提升有赖于一系列创新软硬件基础条件，但是当前我国企业技术创新基础条件无论是从外围创新环境还是从企业内部创新制度来讲，都尚未具备对企业创新足够强大的支撑力。另外，本节选取的是规上工业企业的数据，规上工业企业大多数为国有企业，尽管随着现代企业制度改革的逐步推进，国有企业浓郁的计划色彩渐渐淡化，但

由于历史和现实的种种因素，国有企业在面对市场创新压力时不能及时做出调整和适应，最终影响其技术创新能力。

14.3.4 基本结论

研究结论：政府研发资助有效地促进了企业技术创新能力的提升；政府研发资助也能推动企业人力资本水平的提升；企业人力资本水平在政府研发资助与企业技术创新能力之间起着中介作用，并且全部通过了显著性检验。该研究结论强化了对于政府研发资助与企业技术创新能力之间关系的理解。

启发意义：有效推动企业技术创新能力的提升，不仅需要政府通过财税政策创新资金配置和资源配置，解决企业技术创新的现实困难并提供现实的增加预期收益、减少预期成本的机会，更需要加大对企业人力资本的投资支持，强化对技术创新人才的培养力度。

14.4 政府引导资金的绩效评价

为了加快培育和发展战略性新兴产业，集中力量打造一批引领未来发展的主导产业，2009年江西省在全国率先制订了十大战略性新兴产业发展规划和产业链延伸规划，并于2010年出台了《江西省人民政府关于推进江西战略性新兴产业超常规发展的若干意见》（赣府发〔2010〕29号），2012年省政府整合多部门现有专项发展资金，设立了江西省战略性新兴产业投资引导资金，专项用于支持江西省战略性新兴产业重大项目建设。

为了管理好江西省战略性新兴产业投资引导资金，江西省省属国有企业资产经营（控股）有限公司（以下简称国控公司）出资3000万元成立了江西国资创业投资管理有限公司（以下简称国资创投公司），作为引导资金的专门管理机构。公司建立健全严格的内控制度，并先后制定了《江西省省属国有企业资产经营（控股）有限公司战略性新兴产业投资引导资金回收管理办法》等管理制度，参与项目考察并负责项目日常管理工作，充分履行了管理机构职责。

14.4.1 引导资金运行基本情况

1. 财政引导资金用途

根据台账信息，项目承担企业的财务管理比较规范，企业投入资金主要用于支付厂房建设、购买设备和原材料、产品研发、技术升级等。由于企业拥有经营自主权，财政引导资金作为企业自主支配资金的一部分进入企业的资金池，企业可以自由支配。因此，当一些企业将引导资金投入项目中的办公楼建设，或用于偿还到期贷款时，只要企业投入项目资金额大于财政引导资金，评价组就确定企业没有挪用财政引导资金的情况。

2. 资金使用总量与结构

2012～2013年两批次项目的财政引导资金总规模达到66 200万元。引导资金行业分布情况如表14-27所示。

表14-27 战略性新兴产业投资引导资金行业分布情况

序号	战略性新兴产业类别	企业数/家	引导资金/万元	总投资/万元
1	节能环保	5	3 700	90 823
2	新能源	4	2 900	95 331
3	新材料	22	16 100	457 799
4	生物和新医药	15	12 400	215 624
5	航空制造	1	5 000	46 138
6	新一代信息技术	13	9 900	240 625
7	锂电及电动汽车	6	4 500	138 106
8	文化及创意	7	5 400	254 717
9	绿色食品	9	6 300	160 001
合计		82	66 200	1 699 164

项目实施范围涵盖如表14-27所示的9大产业，共涉及11个地市的82家企业。行业后续项目的实施范围将随未来战略性新兴产业内容的调整而改变。项目涉及的用款企业共82家，每个项目引导资金规模一般为600万元到900万元。

3. 引导资金执行情况

根据《江西省战略性新兴产业投资引导资金管理暂行办法》（赣府厅发〔2012〕16号）规定，省政府自2012年起统筹安排财政专项资金，设立了省战略性新兴产业投资引导资金，由省战略性新兴产业投资引导资金管委会确定扶持项目，经省政府审定同意后，由国控公司负责引导资金的日常管理与投资运作等具体事务，并拨付资金到位。

2012年起，省政府整合省发展和改革委员会、省工业和信息化委员会、省科学技术厅、省财政厅现有的各项专项资金，每年统筹安排4亿元，两年共8亿元资金，其中，光伏应用1.31亿元，工作经费700万元。本次评价的80个项目5.92亿元，北京通用航空江西直升机有限公司5000万元，抚州久富生物医药创业投资基金 2000 万元，共 66 200 万元都由省财政下达给国控公司。

截至 2014 年 6 月 30 日，管理机构与 81 家企业签订了协议，共投放引导资金 65 600 万元。赣县世瑞新材料有限公司 600 万元的项目资金因企业不能提供股权质押，多次要求延期办理引导资金投资手续，在得到管委会办公室同意后，项目延期实施。

14.4.2 财政引导资金绩效情况

1. 财政引导资金绩效

第一，引导企业自有资金及信贷资金投资战略性新兴产业。2012～2013 年两批次的引导资金共 66 200 万元，其中到达企业 65 600 万元，并形成企业资产。这两批次项目承担企业的实际投入项目总额达 109.6 亿元。其中企业自筹资金投入项目的资金 67.59 亿元，是财政投入资金的 10.3 倍，而金融机构投入项目的资金 34.31 亿元，是财政投入的 5.23 倍。通过财政资金撬动金融机构与企业 15.53 倍规模的资金投入战略性新兴产业。

第二，吸引了基层政府资金与民间资金的支持。引导资金不但直接降低了项目承担企业的财务成本，提高了企业的信用等级，而且吸引了地方政府资金与民间资金的支持，如江西铜鼓江桥竹木业有限责任公司还获得了铜鼓县财政局配套投入的财政引导资金 1000 万元，给予一年的免息期。此外，江西蓝翔重工有限公司和吉安市新琪安科技有限公司（以下简称新琪安）凭借战略性新兴产业项目分别获得了 7830 万元和 4000 万元社会资本投入。

2. 引导资金项目产出

从项目完工情况来看，除了 11 家企业项目已经完工外，其他 71 家企业的项目并没有完工。82 家企业中只有 61 家的批准项目已经投产，其他 21 家企业的批准项目还未投产[①]，均处于建设期或投资建设准备期。建设项目未投产主要原因见表 14-28。项目产出情况分行业分析如下。

表 14-28　各企业建设项目未投产主要原因

序号	企业简称	主要原因
1	江西蓝翔重工有限公司	雨季影响工程进度
2	江西景德半导体新材料有限公司	国际贸易摩擦及外资未投入
3	赣县世瑞新材料有限公司	股权变动频繁，股东质疑股权质押行为
4	江西石磊氟化工有限责任公司	地方拆迁影响进度，融资困难，市场严峻

---

① 未投产是指 2014 年绩效评价的时候还没有投产，截止日期为 2014 年 8 月 15 日，即绩效评价调研活动终止日期。

续表

序号	企业简称	主要原因
5	江西恒兴源化工有限公司	前期股份制改革影响到项目建设进度
6	江西新瑞丰生化股化有限公司	工程收尾,尚未形成产能
7	江西樟树天齐堂中药饮片有限公司	申报400亩[1]的建设用地还没有落实
8	江西浩然生物制药有限公司	前期建设阶段
9	樟树市狮王生物科技有限公司	部分设备质量不符合标准要求
10	江西康宝医药生物科技有限公司	动物源脾多肽原料药及制剂还在试剂阶段
11	久富生物医药创业投资基金	企业更名及股东入股认缴程序未完成
12	北京通用航空江西直升机有限公司	土地使用证办理程序和厂房设计滞后
13	江西联创光电科技股份有限公司	不能提供有效资料
14	中节能晶和科技有限公司	研发阶段,要更名
15	共青城赛龙通信技术有限责任公司	缺乏流动资金
16	江西车仆电子科技协同创新有限公司	不能提供有效资料
17	江西腾王科技有限公司	初期研发阶段
18	江西新媒体出版有限公司	不能提供有效资料
19	江西广德新农村合作发展有限公司	产品市场下滑,受信贷收紧影响
20	江西省绿滋肴实业有限公司	研发阶段
21	江西东华种畜禽有限公司	建设完工期未到,受畜禽流行病影响

1) 1亩≈666.67米^2

第一,节能环保。该行业5家企业除了江西蓝翔重工有限公司未投产以外,其他公司均已实现投产,未投产率20%。已投产企业的平均预算执行率(即完工率,以下两词同义)达62.25%,其中安福唯冠油压机械有限公司的平均预算执行率最高为86%,江西赣电电气有限公司平均预算执行率最低是33%。该行业实际投入项目资金共55 444.59万元。

第二,新能源。该行业共有4家企业申请到财政引导资金。除了江西景德半导体新材料有限公司未投资以外,其他3家公司均已实现投产。除未投资企业外,该行业平均预算执行率为79.3%,其中,晶科能源有限公司项目已经完工,而新余市银龙机电科技有限公司项目的平均预算执行率只有53.1%。该行业实际投入项目资金共39 379万元。

第三,新材料。该行业共有22家企业获批引导资金,是战略性新兴产业引导资金扶持项目最多的行业。该行业的江西石磊氟化工有限公司与江西恒兴源化工有限公司2家企业的项目没有投产,而赣县世瑞新材料有限公司的项目资金还未到位,其他19家企业都投产了,未投产率13.6%。除去前述3家企业,该行业实际平均预算执行率为75.35%。该行业的江西大华云通玻纤有限公司、九江鑫星玻纤材料有限公司与萍乡市黄冠化工有限公司3家企业的项目已经完工，只有江西佳宝磁材有限公司的完工率是25%。该行业实际投入项目资金共257 288.64万元。

第四，生物和新医药。该行业15家企业获得引导资金。其中除了久富生物医药创业投资基金还未运作外，江西新瑞丰生化股份有限公司、江西樟树天齐堂中药饮片有限公司、江西浩然生物医药有限公司、樟树市狮王生物科技有限公司与江西康宝医药生物科技有限公司5家未投产，未投产率达到40%。除去这6家未投产企业，行业平均预算执行率为88.67%，其中，江西南丰振宇实业集团有限公司与江西施美制药有限公司的项目已经完工，而江西肯特化学有限公司的项目执行率最低是65%。该行业实际投入项目资金共172 010.51万元。

久富生物医药创业投资基金变更名称为江西富银生物医药创业投资中心，其2000万元引导资金于2014年7月28日才由国资创投公司下达到抚州市政府投资项目评审中心。该项目资金投入与基金公司合伙设立的创业投资中心，主要从事生物医药行业的股权投资。股东认缴出资额的程序没有走完，有关的投资行为没有有效开展。

第五，航空制造。该行业只有1家企业即江西直升机产业投资管理有限公司获得资金。获批项目是年产300架超轻型直升机研制及生产项目。当前项目土地使用证办理程序和厂房设计滞后严重制约了项目进程，使得厂房开工比计划滞后4个月，目前仍处于前期准备阶段，当前实际投入项目资金共6500万元。

第六，新一代信息技术。该行业共13家企业获资助。其中，江西联创光电科技股份有限公司、中节能晶和科技有限公司、共青城赛龙通信技术有限责任公司和江西车仆电子科技协同创新有限公司等4家未投产，未投产率达30.77%，其他企业的项目平均预算执行率为84.65%，其中，晶能光电（江西）有限公司、江西合力泰科技有限公司已经完工投产，而江西盛富莱定向反光材料有限公司是本行业平均预算执行率最低的企业，平均预算执行率为51%。该行业实际投入项目资金共196 389万元。

第七，锂电及电动汽车。该行业共6家企业获得引导资金，所有企业均已投产。行业平均预算执行率为78.9%，其中，江西省福斯特新能源集团有限公司与江西赣锋锂业股份有限公司也已完工，而最低完工率企业是孚能科技（赣州）有限公司，其预算执行率为35%。该行业实际投入项目资金共115 251.04万元。

第八，文化及创意。该行业7家企业获批。其中，江西腾王科技有限公司与江西新媒体出版有限公司2家企业未投产，未投产率达28.6%。投产企业项目实际的平均预算执行率仅为58.6%，其中巴士在线科技有限公司完工率最高，为78%，最低企业是同方泰豪动漫产业投资有限公司，只有40%。该行业实际投入项目资金共 95 661 万元。

第九，绿色食品。该行业 9 家企业获批。其中江西广德新农村合作发展有限公司、江西省绿滋肴实业有限公司和江西东华种畜禽有限公司等 3 家企业建设项目未投产，未投产率达 33.3%。投产项目平均预算执行率 73.33%，其中吉安市新琪安项目已完工，完工率最低的企业是江西绿源油脂实业有限公司，完工率只有 35%。该行业实际投入项目资金总额 121 688 万元。

3. 引导资金项目效益

按照《江西省战略性新兴产业投资引导资金绩效评价指标体系》，分析项目的经济效益、社会效益、环保效益与可持续影响。

第一，经济效益。除了 21 家企业未投产，没有打分外，投产的 61 家企业中有 50 家企业未完工。从完工的 11 家企业来看，新琪安目前亏损，九江鑫星玻纤材料有限公司、江西南丰振宇实业集团有限公司 2014 年上半年经济效益水平与 2013 年相当，江西大华云通玻纤有限公司也没有实现预期增长。晶能光电与萍乡市黄冠化工有限公司都取得了较好的经济效益。江西赣锋锂业股份有限公司新增收入及利润 20%以上。2013 年与 2014 年上半年同比，江西施美制药有限公司销售收入水平相当，但是税收增长很快，2014 年半年的税收相当于 2013 年一年的税收，净利润增长 20%以上。晶科能源有限公司预期收入增长 3 倍，利税增长 50%。江西合力泰科技股份有限公司、江西福斯特新能源集团有限公司预期 2014 年收入与利税比 2013 年将近翻一番。

第二，社会效益。社会效益主要包括企业就业岗位贡献、创新贡献等部分。不论是完工与未完工企业大多数都提供了 100 位左右的就业贡献。只有个别企业如江西麻姑实业集团有限公司，如果项目投产后，就业岗位可能会大幅度下降，这是由于企业将采用全自动化的产品生产线。而创新贡献部分，几乎每个企业都有专利项目，有的是采购外部专利技术，有的是自行研发的专利。虽然大多数企业资产总量上亿元，但是真正有科研机构的不多，少数企业如江西广信铜业有限公司（以下简称广信）有自己独立的科研中心。

第三，环保效益。由于环保是项目中选主要条件，因此，评价项目基本都有环评报告，有的企业如江西江钨稀有金属新材料股份有限公司没有烟囱，工厂内非常安静，不会对周边环境产生影响。也有个别企业虽然是生产环保产品，但是生产环境还需要改善。

第四，可持续影响。总体而言，本次评价项目在没有污染环境的前提下，对人、自然与资源都有一定的可持续效益，如江西铭川科技实业有限公司生产水性环保合成革对环境有益，江西赣电电气有限公司节能效果显著，江西麻姑食品科技有限公司增加大米附加值，江西广信新材料股份有限公司利用回收废旧铜料等都是利国利民的好项目，因此都具有一定的可持续性影响。

4. 引导资金项目满意度

由于企业一般处于工业园区，周边没有居民，再加上入选的项目都经过环评，基本上没有发现社会公众对企业经营不满的现象。从项目实施企业来看，企业管理层一般都正面看待财政引导资金的作用，对项目满意度在 90%左右，一般反映需要改进的有两点，一是希望可以延期使用资金，二是希望财政引导资金的规模能上千万元的级别。而这两点都受省财政财力限制。

5. 资金使用效率分析

利用基于 CCR 模型和 BCC 模型的 DEA 工具①，并用 DEAP 2.1 计算出各项指标来测度财政引导资金的效率，发现其中的问题。在数据选取方面，将政府对战略性新兴产业项目扶持金额作为投入指标，将企业的项目产出指标评分和项目效果评分作为使用效率评价的产出指标。在实际操作中，为了消除各个子指标单位的影响，对各项指标的数据进行了标准化处理，处理方式是将各项数据除以第一项数据。从实证分析结果来看，在达到"规模有效"的同时又达到"技术有效"的只有三家公司，分别是新材料行业的江西广信铜业股份有限公司、生物和新医药行业的江西恩达麻业有限公司、新一代信息技术行业的江西盛泰光学有限公司。在规模报酬方面，在产的 60 个企业中，除了江西大华云通玻纤有限公司、巴士在线科技有限公司、江西联创电子有限公司、振宇达科技（吉安）有限公司、江西远成汽车技术股份有限公司，是规模效应递减；其他的企业绝大多数存在财政资金支出的规模报酬递减问题。这说明当前政府在投资引导资金方面的支出不足，从最优利用效率的角度来说，地方政府应该加大引导资金支出规模，以提高政府引导资金支出的规模效率。在行业平均效率方面，不难发现节能环保、新能源、新一代信息技术和绿色食品的平均效率高于其他行业（表 14-29）。

表 14-29　2013 年江西省财政引导资金支出行业平均效率分析

所属行业	技术效率	纯技术效率	规模效率
节能环保	0.887 3	0.916 75	0.967
新能源	0.860 3	0.928 50	0.893
新材料	0.764 1	0.850 53	0.890
生物和新医药	0.810 2	0.880 33	0.918
新一代信息技术	0.824 0	0.903 44	0.914

---

① CCR 是三个运筹学家 A. Charnes、W. W. Cooper 和 E. Rhodes 的名字缩写。R. D. Banker、A. Charnes 和 W. W. Cooper 在 1984 年对之前仅讨论固定规模效益的 DEA 分析进行了扩展，提出了 BCC 模型。

续表

所属行业	技术效率	纯技术效率	规模效率
锂电及电动汽车	0.776 0	0.848 83	0.913
文化及创意	0.761 6	0.827 00	0.914
绿色食品	0.853 0	0.919 33	0.926
样本总体平均值	0.803 3	0.876 31	0.913

14.4.3 存在的问题及其原因

通过实地调研与数据分析，可以发现财政引导资金的投资使用方面存在以下问题。

第一，项目建成投产率较低。按《江西省战略性新兴产业投资引导资金管理暂行办法》，立项项目应在年内开工，两年内竣工投产，但是通过调查分析发现，截止到评价工作日，有 24 家企业计划完工项目没有完工，此外，还有许多建设周期跨评价工作日的投资项目建设进度也没有完成计划目标。这不仅直接影响完工期和项目投产，而且间接影响到项目成功的概率。

第二，部分企业亏损，影响项目完工进度及预期利润水平。虽然 11 家项目完工企业都盈利了，但是存在部分未完工企业亏损现象，这必然影响到项目预期完工及预期利润水平。比如，江西中阳医药科技有限公司 2012 年亏损 97 万元，2013 年亏损增加到 128 万元。江西东华种畜禽有限公司 2014 年 6 月份亏损 14.8 万元，上半年累计亏损 120 万元。江西直升机产业投资管理有限公司 2014 年亏损 22.95 万元。

第三，少数企业资金需求迫切性不强，对引导资金扶持的兴趣不大。赣县世瑞新材料有限公司准备上市，对引导资金需求的急迫性不大，股东质疑股权质押行为会损害他们的利益，因此，与国资创投还没有签协议。江西联创光电科技股份有限公司、江西车仆电子科技协同创新有限公司与江西新媒体出版有限公司不配合绩效评价工作，对引导资金的需求并不迫切，因此，给融资渠道相对成熟的这些企业投入引导资金，不但影响财政资金的绩效，也影响其他希望得到引导资金支持企业的利益。

第四，入围企业把关不严。少数企业严格意义上并不属于战略性新兴产业企业。江西南丰振宇实业集团有限公司获得"利用林产剩余物资源年产 200 万米^2 竹纤维板项目"。该项目作为生物和新医药类项目立项不完全合适。虽然企业具有产品专利，但不属于重大技术创新，也没有较长的延伸产业链。

第五，财政引导资金投入企业的规模标准不明确。除个别项目投入 2000 万元或5000万元外,多数企业财政投入600万~900万元引导资金,具体到每个企业是投600万元,还是投900万元,没有统一的标准依据,这导致多数企业反映引导资金规模偏小,对企业的帮助非常有限。

第六,项目绩效评价分值不是非常理想。总分100分,90分及以上是优秀,80分及以上、90分以下是良好,70分及以上、80分以下是中等,60分及以上、70分以下是及格,60分以下是不及格。根据调研搜集的数据,对照绩效评价指标体系,此次评分为81.20分,属于分值比较低的良好等级。相对政府预期的90分以上的要求,还有不少差距。

存在问题的原因,从客观因素角度来看,当前全国整体经济形势迈入新常态,直接影响了项目企业销售的增长水平,特别是战略性新兴产业的一些项目由于追求新技术与环保效益等目标,其产品成本高于市场替代产品;有些项目虽然投产了,但由于销售不畅,企业并不能达到项目设计产能。从主观因素来看,有以下几个原因。

第一,财政引导资金项目的选择决策机制行政化现象较重。政府部门在项目选择上九龙治水,省市县三级政府部门都参与决策,从设区市申报、项目组初审、专家审到管委会确定,四个筛选环节貌似科学合理,程序正义,实际上是照顾到各方的利益,相应对战略性新兴产业发展的影响会考虑不足。项目选择不当既对引导资金回收带来风险,又使财政资金热脸贴冷脸,还存在个别企业搭乘扶持资金的顺风车,这也是项目未完工的重要原因之一。

第二,财政引导资金项目的监管制度精细化程度不够。作为战略性新兴产业投资财政引导资金项目的主管机关,管委会对项目承担企业与项目管理机构国资创投的监管内容与办法不明确。国控公司及其下属国资创投公司在当前的体制与机制下,因项目较多,涉及全省各地,给投后有效监管带来一定难度。由于扶持资金规模无法满足企业对资金规模的要求,少数企业随意使用项目资金,对绩效评价工作也不配合。作为项目驻地政府的设区市对项目立项后的跟踪监管缺乏有力抓手,有些重要的政府机关都不知道本地企业获得项目资金支持。对企业项目实施与调整情况不能及时掌握。

14.4.4 引导资金绩效评价结论

82个项目,剔除21家企业未投资与未投产,61家企业项目整体平均值为81.20分(百分制),属于良好的分数段,如表14-30所示。

表 14-30 战略性新兴产业投资引导资金行业评分情况

序号	战略性新兴产业类别	平均分	最高分	最低分
1	节能环保	83.7	93.7	75.5
2	新能源	83.5	89.0	80.5
3	新材料	79.1	90.3	61.2
4	生物和新医药	84.7	92.3	73.5
5	新一代信息技术	84.0	93.5	73.0
6	锂电及电动汽车	79.5	89.0	70.0
7	文化及创意	77.7	88.0	66.5
8	绿色食品	80.1	87.0	76.0

综合整体得分情况来看，此次财政引导资金的阶段性目标基本实现，即财政引导资金拨付及时到位，降低了企业发展中的财务成本，同时提高了信贷机构对企业经营的信任，撬动了企业与金融机构之间的合作，使得企业发展势头良好，企业对项目结束时归还财政引导资金的预期较为乐观。

第 15 章　激励企业技术创新的财税政策问题分析

党的十八大以来，中国特色社会主义呈现出新变革、新特征、新要求和新任务。基于这些重大实践变化，习近平总书记在十九大报告中提出，"创新是引领发展的第一动力"[①]的新理论。强调中国科技创新必须坚定不移地走自主创新道路。在企业技术创新过程中，可以从需求面、环境面与供给面三个方面来了解四类财税政策执行过程中存在的问题。结合企业技术创新理论，可以发现产生这些问题的原因。

15.1　政府采购政策的主要问题

15.1.1　激励企业技术创新的立法目标未能明确

我国政府采购实践历时较短，相关法律与制度体系仍然处于不断完善之中。《政府采购法》明确了我国政府采购的法律体系和基本框架，成为国家及地方实行政府采购的重要依据和根本遵循。但是，在《政府采购法》的众多条款中，激励技术创新的立法目标未能明确体现出来。由于法律条款中缺乏涉及科技创新及高新技术企业的内容，以至于无论是学界还是具体实践部门，对于政府采购的创新激励功能的法律诠释大多基于其支持经济与社会发展、环境保护产业、经济欠发达地区、中小微企业发展、本国货物优先采购等条款。尽管后来出台了一系列自主创新产品政府采购执行办法，形成了政府采购的制度性补充，有利于政府采购激励创新功能的建设和完善，但并不能严格且有效地约束政府采购行为，无法保障企业技术创新采购在政府采购中的重要地位。

[①] 《习近平：决胜全面建成小康社会　夺取新时代中国特色社会主义伟大胜利——在中国共产党第十九次全国代表大会上的报告》，http://www.gov.cn/zhuanti/2017-10/27/content_5234876.htm[2021-11-18]。

15.1.2 缺乏政策废止下的创新激励主观能动性

由于西方国家重重施压，我国于 2011 年 7 月宣布停止执行若干文件，并要求各省份全面清理对自主创新产品的认定政策，自此我国自主创新产品政府采购政策被迫中止实施。在这种情况下，地方层面也停止了自主创新政府采购政策的实施，相关政府文件中极少出现"自主创新产品政府采购"等字样，有时候仅仅以"优先采购节能环保产品"等字样来表达政府采购的倾向性。例如，2011~2014 年，在国家政策影响下，江西省进一步淡化了鼓励创新的政府采购创新激励取向，关于政府采购的主要文件集中在采购程序、预算管理、资格审查、监督验收等环节，大多数文件都没有出现"自主创新产品政府采购"等字样。实际上，尽管国家层面被迫废止了自主创新产品政府采购政策文件，但并没有彻底否定面向创新的政府采购，国际上仍然存在着某些公认的，如政府采购支持中小企业创新和绿色发展的政策。故此，各省份不妨发挥主观能动性，在严格执行国家政策的前提下，在 WTO《政府采购协定》政策许可范围内，基于国际通行的创新型政府采购的政策样板，打造本土鼓励技术创新的政府采购政策体系，以增强区域性政府采购政策的辐射效应和提升其执行效果。

15.1.3 绿色政府采购政策的落实力度有待提高

《中共中央关于制定国民经济和社会发展第十三个五年规划的建议》提出"健全优先使用创新产品、绿色产品的政府采购政策"，鼓励创新和绿色发展。"绿色采购"是指政府优先购买对环境负面影响较小的环境标志产品，从而激励企业改善环境的行为，并推动和引导社会的绿色消费。绿色产品具有技术含量，属于创新产品，符合战略性新兴产业发展的需要。自 2003 年开始实施的《政府采购法》中明确提出政府采购要有利于环境保护以来，财政部、生态环境部、国务院等部门数次发布节能产品政府采购清单和环保清单，并将部分产品列入强制采购的范围。但执行绿色采购政策时仍然存在着诸多困境，主要表现在：其一，大多数地方政府对一些货物和服务项目的政府采购采用综合评分法，综合评分表却没有体现出对采购节能环保产品、创新产品和中小企业创新产品的倾向性支持。其二，政府采购的招标公告更多的是对价格、技术、投标商的资质和售后服务的要求，很少出现对绿色采购的要求。其三，从公开的部分采购合同来看，大多数没有对节能环保产品进行规定，少数也仅仅要求选购的产品是节能环保产品。

15.1.4 对高新技术企业发展的激励效应不充分

《高新技术企业认定管理办法》规定，高新技术企业是指在《国家重点支持的高新技术领域》内，持续进行研究开发与技术成果转化，形成企业核心自主知识产权，并以此为基础开展经营活动，在中国境内（不包括港、澳、台地区）注册的居民企业。高新技术企业是技术创新的龙头，政府采购对技术创新的激励作用可通过高新技术企业获得政府采购合同的情况进行评判。以科技和经济欠发达省份——江西省的数据为例。首先，通过江西省政府采购网搜集了公开的 2017 年江西省本级政府采购合同，其中货物类采购合同 450 份，合同金额为 6456.06 万元；服务类采购合同 59 份，合同金额为 4012.61 万元；工程类采购合同 18 份，合同金额为 701.97 亿元。其次，通过高新技术企业认定工作网公开的由全国高新技术企业认定管理工作领导小组办公室认定的 2013~2017 年江西省高新技术企业名录，对样本中标企业进行逐一对比。最后，发现仅有 7 家高新技术企业中标过货物类采购合同，3 家高新技术企业中标过服务类采购合同，中标工程类采购合同的高新技术企业数为 0。这些数据表明政府采购对高科技产品的需求尚未形成一定规模，对高新技术企业技术创新行为的激励效应有待进一步提高。

15.1.5 政府认知及执行缺陷制约政策实际效果

政府部门是政府采购实践的行为主体，其对政府采购激励创新的认知及实际执行情况影响着政策效应的发挥。政府部门对政府采购的认知和执行都存在着一定的缺陷，主要表现在：首先，政府各部门没有充分认识到政府采购的创新导向功能。受制于传统观念和习惯，大多数政府部门仅将政府采购当作一项节约财政资金、预防寻租腐败的制度创新，没有足够地认识和了解政府采购推动企业技术创新的功能。在调研中了解到，绝大多数政府采购人员主要关心产品的性价比是否高，并不在意是否实现了支持中小企业技术创新、激励落后地区技术发展、提高全社会绿色节能环保消费的采购目标。其次，缺乏购买本省自主创新产品的风险评估机制。尽管自主创新的产品在技术上具有前瞻性，但是在实际运用上缺乏实践检验，因而，采购自主创新产品往往伴随着较高的风险性和不确定性。在政府采购中企业自主研发的创新产品实行优先采购、首购、订购，这是市场经济条件下政府采取财政支出政策工具实施宏观调控职能的重要手段之一。政府采购应当建立在科学评估的前提下。而盲目的政府采购机制有可能导致企业以技术创新的名义与某些政府人员进行灰色交易，导致政府采购激励技术创新的功能无法顺利实现。

15.2 税收优惠政策的主要问题

15.2.1 政策法律级次低及与税制结构不对称

现行税制结构是所得税与流转税并行的双重主体税制模式。税收政策体系由所得税法、增值税暂行条例等为核心及补充性的政府文件共同构成,其中仅有企业所得税、个人所得税、车船税和环境保护税以法律形式存在,其他都是以行政法规的形式存在。大多数支持企业技术创新的税收优惠政策由财政部、国家税务总局、国家发改委、科技部等国家部委联合或单独颁布,并以暂行条例、公告、通知、补充说明等形式呈现,政策发布单位不唯一,发布的文件数量较多,从整体上来看,政策体系较为烦冗复杂,形成了发布单位多元化、政策形式多样化的特点。

合理的税种设计能够有效提高创新资源的配置效率。增值税相对来说比较中性,具备较强的收入调节功能,但对资源的配置能力较弱。消费税主要侧重于对特殊消费品生产、消费及相关收入分配的调节,存在一定的局限性。个人所得税以解决社会公平为主,对资源配置和收入分配的调节功能较弱。所得税特别是企业所得税针对企业经营利润征税,主要通过明确成本费用列支的范围、方式、标准等来影响税基,以达到影响企业投资方向和生产行为的目标,具备较强的资源配置功能,因此成为国内外实施技术创新激励的主要税种。在现行税收优惠政策体系中,针对所得税方面的优惠政策较多,流转税方面的优惠政策则较少。例如,针对高新技术产业的税收优惠主要体现在企业所得税方面的加计扣除、加速折旧、税额减免等。但是,以所得税为主的税收优惠结构和所得税与流转税双主体税制模式之间存在着不对称的现象,增值税的主体税种地位在税收优惠政策中并没有凸显出来,这不仅不利于我国企业技术创新,而且不利于我国产业结构调整。

15.2.2 税收优惠政策的普惠性激励力度较弱

当前,激励企业技术创新的税收政策对优惠对象、优惠领域、优惠时间、优惠空间等都有着不同的限定,导致普惠性激励力度较弱,难以充分调动企业技术创新的主动性和积极性。首先,就研发费用加计扣除政策来讲,其规定享受税收优惠的研发项目必须符合两类认定条件:①企业从事的研发活动应当属于国家公布的《当前优先发展的高技术产业化重点领域指南》《国家重点支持的高新技术领域》所列规定项目;②企业研发活动取得的创新成果,应对本省相关行业有推动作用。这两类认定条件无疑限制了研发项目的认定范围,抬高了立项门槛。尽管最新政策扩展了研发费用加计扣除的行业，但仍然对七大行业做出了不可以申请享受该优惠政策的禁止性规定。其次，技术先进型服务企业税收优惠政策对受惠对象资质要求较高。该政策要求企业需要符合一系列认定条件，如"从事离岸服务外包业务取得的收入不低于企业当年总收入的 35%"。最后，创投企业税收优惠政策将被投资企业主体限定为"未上市的中小高新技术企业"，而实际上，高新技术企业资格不仅需要经过多部门认定，而且有一系列较为严格的认定条件。对于大多数中小科技型企业来说，其在创业初期尚不具备完善的财务核算体系和管理制度，很难被认定为高新技术企业。

15.2.3 直接优惠方式弱化了间接优惠的效果

激励企业技术创新的税收优惠有两种类型，分别是直接性税收优惠、间接性税收优惠。直接性税收优惠（也称税率式优惠）注重对税额的减免，包括优惠退税、投资抵免、税收减免及优惠税率等政策工具。例如，我国所得税中对高新技术企业 15%的税率、新办软件企业的"两免三减半"及在增值税中规定的即征即退等政策均属于对企业应纳税额的直接优惠。这种税收优惠方式的基本特点在于效果直接，强调的是对企业创新成果的激励，以企业创新链的后端为激励重点。间接性税收优惠（也称税基式优惠）主要是对影响税基的不同要素规定不同的政策，如研发费用加计扣除、加速折旧、特定专项准备金制度等，这种优惠方式注重事前优惠，激励的是企业创新链的初始阶段。有学者研究表明，在我国激励企业技术创新的税收优惠政策工具中，直接优惠政策约占 60%，间接优惠政策约占 40%（范柏乃和班鹏，2008）。从总体上来看表现出以直接优惠为主、间接优惠为辅的特征，其中既有减免税、即征即退等直接税收减免，又有加速折旧、加计扣除、税前扣除、投资额抵扣等间接税收优惠。

直接优惠和间接优惠让企业承担的税负不同，激励效应大相径庭。以事后激励为主的直接方式针对的是已创新并盈利的企业，创新发展初期的企业难以从中获益。而侧重事前激励的间接优惠工具，如固定资产加速折旧、税前扣除、特定准备金、延迟纳税等能够放大优惠的范围，让企业从创业初期就能享受到政策红利，发达国家更加重视间接优惠方式，其创新实践也证明了间接优惠方式具有更强的政策引导性，对于形成"政策引导市场，市场带动企业"的公共政策激励机制作用重大。

15.2.4 优惠环节侧重点忽视创新价值链衔接

企业技术创新阶段主要分为技术研发阶段、技术成果转化阶段和技术产业化阶段（邓子基和杨志宏，2011）。但是由于技术创新的高风险性和内外环境因素的不确定性，技术创新的各个环节都有失败的可能，而且越是处于上游的环节失败的概率越高，风险越大。税收优惠政策能够降低技术创新活动的投资成本和研发风险，提高创新主体的预期收益，激发创新主体的创新动力。因此，税收优惠政策应当介入创新活动的各个环节，如刺激创新主体加大研发投入，促进研发成果转化和技术转移，鼓励技术成果走向产业化等。

我国现行激励企业技术创新的税收优惠政策侧重于对风险相对较小和发展较为成熟的高新技术企业与产业的激励，激励的侧重点在产业链的下游，而对风险较高的上游阶段，即研发阶段和研发成果转化阶段的支持力度相对较小。处于研发初期的企业，不仅需要大量的资金用于研发及固定资产投资，而且在成果转化之前因为没有销售收入而没有或极少有盈利，则无法享受税收优惠。忽视企业创新价值链整体衔接的以产业链下游为激励重点的现行税收优惠政策，虽然积极促进了科技成果转化和产业化、规模化发展，却无益于提升创新主体投资研发的动力。以研发费用加计扣除政策为例，其仅仅对被认定为研发投入的部分给予加计扣除，并没有对企业提取研发准备金和新产品试制准备金等的税前扣除规定。高新技术产品的研发周期长，投入巨大，如果不能扣除自主研发准备金，将大大削弱企业创新的热情，企业会更多地移植和使用国外技术和装备，导致我国日益严重的"技术空心化"现象发生。再以集成电路设计和软件税收优惠政策为例，其规定从企业获利年度起实行"两免三减半"，但是此行业前期投入大、风险高、收益周期长，尤其是新兴企业在经营初期亏损较多，无法从该项滞后性激励政策中真正获益。

15.3 财政投入政策的主要问题

15.3.1 财政科技投入的总量和强度均不高

近年来，虽然我国财政科技投入的绝对量和增长率都在逐年提高，但财政科技投入总量仍显不足，占财政支出和GDP的比重较低，尚未形成稳定的增长机制。

首先，财政科技投入规模较小。在财政支出结构中，财政科技投入占比较低。尽管从1995年以来，我国财政实力水平与财政支出水平不断提升，但财政科技投入占财政总支出的比重长期徘徊在4%的水平，科技支出在财政预算中的地位没有明显提高。尤其是2016~2020年随着经济发展进入新常态，财政科技拨款的增长率呈现较大幅度的下降趋势。

其次，研发经费投入强度较低。研发经费投入强度，即财政科技投入占 GDP 的比重，是衡量各国政府科技投入水平的重要指标。1995 年以来，我国研发经费投入强度在 2002 年跨过 1%后直到 2014 年才跨过 2%，到 2019 年也仅为 2.23%（图 15-1），与发达国家 3%左右的水平还有较大差距。

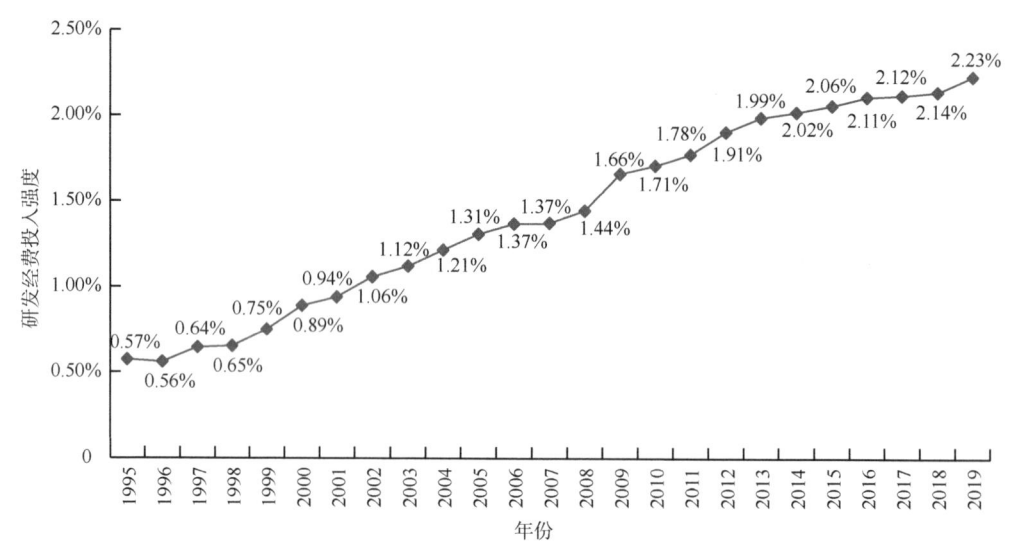

图 15-1　1995~2019 年我国研发经费投入强度变化趋势

资料来源：《中国科技统计年鉴 2020》

15.3.2　财政科技投入在不同领域分配不均

基础研究是一个国家或地区科技创新能力可持续发展的重要基础，在国家及区域创新体系的位置十分重要，是具有显著正外部性的公共产品，因此成为政府科技投入的重点。据前文分析可知，我国财政科技投入具有领域上的倾斜性，基础研究投入不足成为我国财政科技投入的短板。从前文图 13-4 可知，2000 年以来基础研究经费在研发经费中的比例平均为 5.18%，2019 年达到考察期内的最高水平，也仅为 6.03%。基础研究经费占比与发达国家 15%左右的水平相距甚远。基础研究是新知识产生的源泉，引导着发明创造，能够在国家长期科技发展和提升国际竞争力中发挥重要作用。基础研究经费投入不足意味着有限的财政科技投入更多地用于具有市场效益的应用研究和产业化阶段，这将不利于我国提高原始创新水平和增强自主知识产权，导致我国企业研发活动将以模仿为主，这显然与建设创新型国家的发展战略相悖。

15.3.3 央地科技财政事权与支出责任错位

从财政科技投入的主体来看,我国科技资金的来源由中央财政投入和地方财政投入构成。如图 13-2 所示,1996 年以来,中央财政占国家财政科技拨款的比重呈下降趋势,地方财政占国家财政科技拨款的比重呈上升趋势。这反映出我国地方政府加大了对科技的投入,但也说明中央与地方财政科技投入的事权与支出责任不明确,尚未形成中央与地方科技投入各有侧重、互为补充、良性互动的格局。

实际上,尽管地方财政占国家财政科技拨款的比重一直处于攀升状态,但是地方财政在科技投入中的主体地位并未得到充分发挥。政府之间经济性支出竞争激烈,不太重视诸如科技在内的短期经济效应等不明显的消费性支出;同时,我国研发资源配置长期处于不合理的状态,科研院所和高等学校是财政科技支出的最大受益者,企业能享受到的政府投入甚少,企业受限于资金困境和缺乏研发投入热情,很难成为技术创新的主体。

15.3.4 单一化财政投入方式影响政策绩效

我国财政对科研项目的支持以无偿拨款方式为主,没有根据不同科研领域的公共品属性和外溢性程度的高低采取灵活多样的方式。单一化的支持方式不仅缺乏必要的约束,也会影响财政科技资金的投入绩效。同时,不同科技计划分属于不同的部门管理,一方面,部门间在政策制定上缺乏沟通和协调,导致财政科技投入政策交叉重复现象较多;另一方面,在经费使用上缺乏必要的信息沟通和资源共享,导致人力资源、设备资源的重复投入,财力、人力和物力浪费现象较为严重。我国有着已超过英国等西方国家的大型仪器设备总量,但许多仪器设备的使用率不到 25%,远低于发达国家 170%~200% 的水平。此外,财政资金对企业的直接支持规模较小,且财政资金偏重支持具体项目,对建立企业技术创新体系的支持不够,对服务体系建设和研发平台建设的支持也不足,难以形成对建立以企业为主体、以市场为导向、产学研深度融合的技术创新体系的强大支撑力。

15.4 政府引导资金的主要问题

在三层次四主体的国有资产管理体制下,政府引导资金通过政府机制设立,并通过股权融资或债权融资等方式支持制造业企业或创业投资公司,其中产业投资财政引导资金主要支持制造业企业,而政府引导基金主要支持创业投资公司。

创业投资公司采用市场机制投资制造业企业的技术创新活动，以提升制造业企业的创新能力。当前创业投资公司的项目选择受到政府干预，这是投资效果不理想的原因之一，因此，政府支持制造业企业科技创新的关键是厘清政府机制与市场机制的边界，创新政府支持模式。

15.4.1 政府引导资金支持企业创新的意义

1. 支持企业科技创新是国家发展战略

在三期叠加的经济新常态下，党的十八大明确提出，"科技创新是提高社会生产力和综合国力的战略支撑，必须摆在国家发展全局的核心位置"[①]。强调要坚持走中国特色自主创新道路、实施创新驱动发展战略，以改变我国经济增长方式。创新驱动发展战略的主体是企业，创新者的创新活动具有明显的正外部性效应，创新产品的仿制者不承担创新过程的成本，却享受创新产品的收益。创新知识的创造者不能得到与创新相关的所有收益。此外，技术创新知识也具有公共产品的属性，一旦创新知识被创造出来以后，则几乎人人都可能免费使用，于是盛行"搭便车"的行为，企业技术创新的积极性受打击，因此，政府出面纠正技术创新的外部性，是完全必要和正当的。

2. 政府以引导资金支持企业科技创新

2002年，北京中关村管委会设立全国第一个政府投资引导基金，即中关村创业投资引导基金。2005年，《创业投资企业管理暂行办法》首次提出"国家与地方政府可以设立创业投资引导基金，通过参股和提供融资担保等方式扶持创业投资企业的设立与发展"的政策。2007年，首只国家级创业投资引导基金在科技部诞生，即科技型中小企业创业投资引导基金。2008年国家发改委等三部委批准出台《关于创业投资引导基金规范设立与运作的指导意见》，从2008年起，政府引导资金的实践从探索起步走向快速发展阶段。政府引导资金已经成为国有资本支持企业科技创新的重要形式。

3. 有必要研究政府引导资金运行模式

虽然政府引导资金规模很大，也取得了一系列的成果，但是其改善的空间也很大，当前产业投资引导资金结存严重，存在花不完、不敢花及可投项目匮乏等问题。在当前国家实施创新驱动发展战略的大背景下，特别是当前中美爆发贸易

[①] 《坚定不移沿着中国特色社会主义道路前进　为全面建成小康社会而奋斗——胡锦涛同志代表第十七届中央委员会向大会作的报告摘登》，http://cpc.people.com.cn/18/n/2012/1109/c350821-19529916-4.html[2021-11-18]。

战,其核心是美国企图遏制中国的高科技发展。政府引导资金的实施效果受到广泛关注,因此,创新驱动国家发展战略的成功与否,不但关系到中国的经济发展转型,还关系到中国经济在中美贸易战中的成败。

15.4.2 政府引导资金投资问题分析框架

1. 政府是关键性的国有资本管理主体

国有资本管理主体是指享有国有资本财产权或其中一项权能的国家、组织、单位、法人或自然人。李松森等（2016）认为,国有资本管理主体可以划分为国有资产监督管理机构、国有资本运营公司和国家出资企业等三元主体。政资分开后,虽然国务院授权国务院国有资产监督管理委员会（以下简称国务院国资委）、财政部及其他部门、机构作为出资人代表机构,对国家出资企业履行出资人职责,但是这并不代表政府不再是国有资本的管理主体。

第一,《中华人民共和国企业国有资产法》规定:国务院和地方人民政府依照法律、行政法规的规定,分别代表国家对国家出资企业履行出资人职责,享有出资人权益。国务院国有资产监督管理机构和地方人民政府按照国务院的规定设立的国有资产监督管理机构,根据本级人民政府的授权,代表本级人民政府对国家出资企业履行出资人职责。国务院和地方人民政府根据需要,可以授权其他部门、机构代表本级人民政府对国家出资企业履行出资人职责。履行出资人职责的机构应当按照国家有关规定,定期向本级人民政府报告有关国有资产总量、结构、变动、收益等汇总分析的情况。

第二,《国务院关于推进国有资本投资、运营公司改革试点的实施意见》（国发〔2018〕23号）规定,按照国有资产监管机构授予出资人职责和政府直接授予出资人职责两种模式开展国有资本投资、运营公司试点。政府直接授权模式是政府直接授权国有资本投资、运营公司对授权范围内的国有资本履行出资人职责。政府直接对国有资本投资、运营公司进行考核和评价等。

第三,《国务院关于印发改革国有资本授权经营体制方案的通知》（国发〔2019〕9号）提出,将坚持和加强党对国有企业的领导贯穿国有资本授权经营体制改革全过程和各方面,充分发挥党组织的领导作用,确保国有企业更好地贯彻落实党和国家方针政策、重大决策部署。因此,2013年党的十八届三中全会确立了以管资本为主的国有资产管理体制。国有资本管理主体呈现四主体的架构,四主体分别是政府（党政机关）、出资人机构（国务院国资委、财政部）、资本运营机构（国有投资公司、运营公司与产业集团公司）、国家出资企业（国有企业、国有控股公司、国有参股企业等）。

2. 国有资本是政府履行职能重要工具

现代产权是一个权能体系，一般包括：所有权、占有权、使用权、处置权与收益权等。根据政府行政体制结构与现代产权权能分解理论，国有资本管理主体表现为三层次四主体结构，根据国有资本结构布局情况，在实践中，国务院、省与地级市三层次的政府组建了独立的国有资本监管机构，并分别代表国家行使其所监管的国有资本的出资人权利。国有资本产权在国有资本管理四主体之间进行了权能分配，即政府作为所有权代表行使所有权、国资委作为出资人代表行使监督权，国资公司接受政府或国资委授权行使出资人权利，而国家出资企业占有法人财政权行使国有资本的使用权，政府、国资公司分别依据所有权、出资人权利享有国有资本投资与经营的收益。国有资产管理四主体结构如图 15-2 所示。

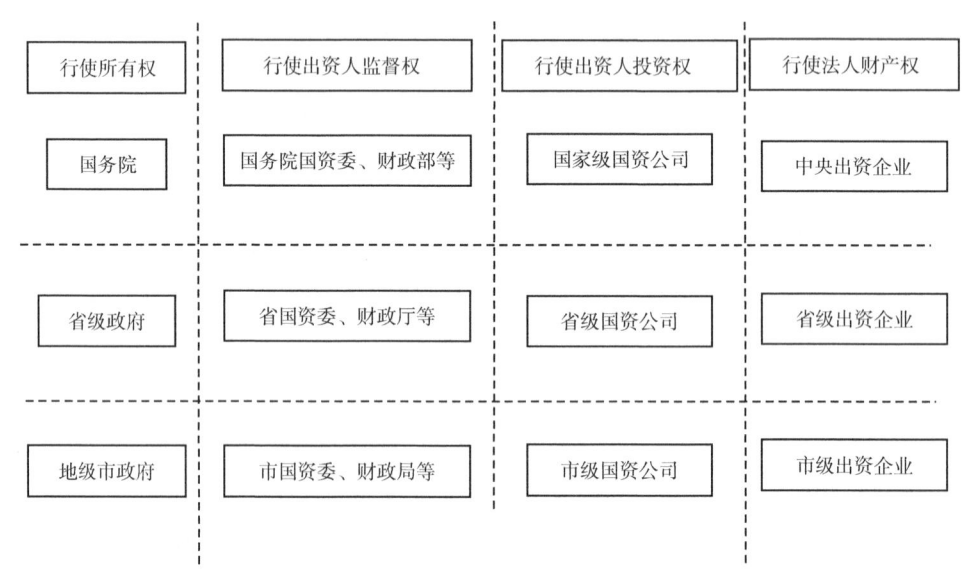

行使所有权	行使出资人监督权	行使出资人投资权	行使法人财产权
国务院	国务院国资委、财政部等	国家级国资公司	中央出资企业
省级政府	省国资委、财政厅等	省级国资公司	省级出资企业
地级市政府	市国资委、财政局等	市级国资公司	市级出资企业

图 15-2　国有资本管理四主体

国有资本管理的一个重要目标就是实现国有资本的保值与增值。但是，大规模的国有资本存在的主要作用是作为政府的重要执政工具。现代政府具有三大职能：一是政治职能，维护社会秩序与稳定；二是社会职能，提供文教科卫[①]等基本公共服务；三是经济职能，弥补市场失灵，调控宏观经济。国有资本作为政府履行经济职能的重要工具，主要用于水、气、油、电路、管网等垄断性产业等。国有资本在高风险、高投入的高科技领域也广泛存在，其主要是弥补市场资本在这

---

① 文教科卫指文化、教育、科技、卫生。

个领域投入的不足。

国有资本管理主体执行政府政策的主要路径就是现行国有资本运行机制。当前国有资本运行机制主要表现为：政府出台产业政策，依据政策组建国资公司，制定公司章程，同时授权国资委对国资公司行使监督权，而国资公司根据政府产业政策要求，投资政策支持的资本项目，国家出资企业接受国资公司的股权或债权投资，实施或参与政策支持项目的建设。国有资本运行机制如图15-3所示。

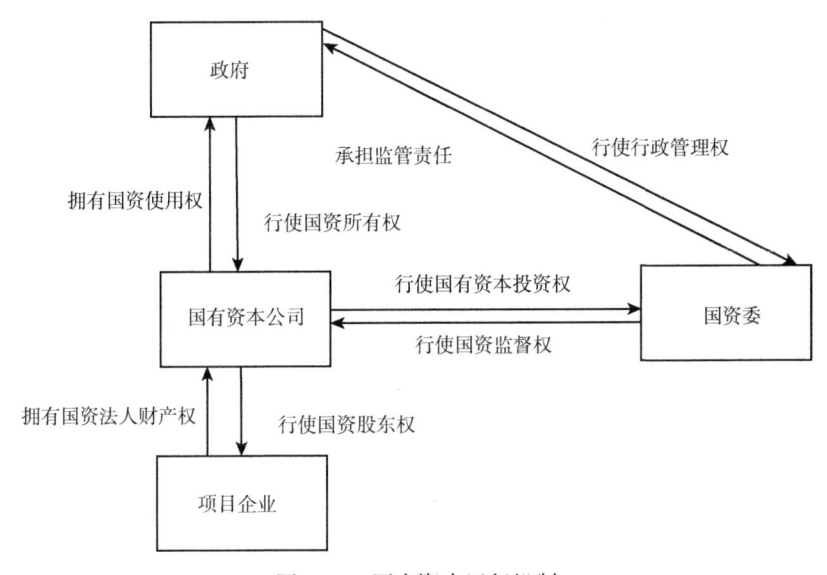

图15-3 国有资本运行机制

3. 政府引导资金政策属于供给面政策

虽然从技术创新过程来看，可以分为技术研发阶段、技术成果转化阶段与技术产业化阶段等三阶段，或者技术创新过程可划分为创意思想的形成阶段、研发阶段、中试阶段、批量生产阶段、市场营销阶段、创新技术扩散阶段等六个阶段，但是，从以企业为主体的角度来看，市场体制下的科技企业遵循面向市场需求的经营方针，其研发的动机主要是市场需求。从创新型企业项目调查结果上看，75%的企业技术创新为市场需求驱动，13%的企业技术创新由技术供给推动，7%的企业技术创新是政府政策导向和支撑推动，还有5%的企业技术创新为上述三种原因综合推动（张赤东和王元，2014）。企业技术创新过程如图15-4所示。市场营销到技术与生产最高水平和市场与政策需求采用虚线，反映市场营销是把私人劳动（创新产品）变成社会劳动的惊人一跳，这个转变过程存在失败的不确定性风险。

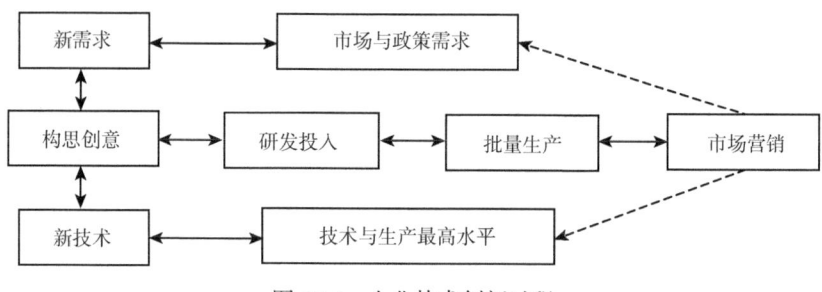

图 15-4　企业技术创新过程

因此,政府科技政策要遵循企业科技创新的规律,根据企业科技创新的流程,影响创新活动的决定性因素主要包括需求面、环境面和供给面。需求面影响因素包括政府采购、消费者、产业等。在需求面,政府通过政府采购活动增加企业创新的机会。环境面影响因素包括市场和制度体系等。在环境面,政府通过税收优惠政策降低企业研发与创新的成本。供给面影响因素主要包括资本、人才投入、科学基础等。在供给面,政府通过政府引导资金投入提升企业创新能力。政府引导资金主要以股权融资或债权融资的方式介入企业研发投入。由于创新的不可预见性,在创新过程中,企业主体性与人才发挥决定性作用,因此,政府引导资金在企业科技创新过程中的角色是提供后勤保障服务,通过政府引导资金的投入改善企业创新的人才队伍与物质条件,为提升企业创新能力做贡献。

4. 国资体制下政府引导资金运行模式

基于创新知识的非竞争性与非排他性,创新活动具有显著的外部性特征(Romer,1990),创新知识有可能被其他企业以"搭便车"的方式用于其他领域。因此,为弥补外部性损失,政府需要干预企业创新活动产生的外部性效果(Griliches,1992)。干预的方式有两种:一种是通过保护知识产权使外溢收益内部化,但这样的做法非常有限;另一种是支持企业的创新活动,降低企业的创新成本,从另一个角度由政府为外溢的效应买单。而政府引导资金支持企业创新正是为创新外溢效应买单的一种方式。

由于创新基础上的创业投资活动的高风险性,社会资本投入不足。而政府有限的资金不可能支持所有的创新创业行为,为此,需要有一个筛选机制,使政府引导资金投入到最有可能成功的创新创业项目当中。一般社会资本投资人难于掌握创新创业活动的真实信息,因此,一般不愿意对创新项目投资(Metrick and Yasuda,2010),此外,创新创业企业管理经验的缺失很可能导致创新创业活动失败(Kanniainen and Keuschnigg,2003),这需要有专业的创业投资机构对其进行辅导。有限的政府资金不可能解决所有创新资金需求,追求社会公平的政府角色也无力提供专业的投资服务。因此,政府在支持创新创业投资上,更多地依靠专业的创业投资机构:一是依靠专业投资机构募集社会资金的能力,支持更多的创新创业活动；二是依靠创业投资机构专业与富有经验的技术识别及管理咨询服务能力，筛选最有可能成功的创新创业项目，提高政府引导资金支持创新活动的效果。因此，政府对创新创业活动的支持应该更多地依靠创业投资机构来实施。政府将引导方向作为与创业投资机构合作的主要条件，通过制定规则和政策供给，提振参与者的信心（Jeng and Wells，2000），设立引导资金正是此情势下的最佳选择（程聪慧和郭俊华，2019）。

通过创业投资机构实施的政府引导资金融合了市场机制与政府机制。根据政府的产业政策，政府出资成立金融控股公司（或国资委组建投资公司），代表政府出资，一般出资额在20%左右，引导银行等金融机构出资在80%左右，共同设立政府引导基金（政府引导资金的主要形式），该基金为PPP母基金，一般作为有限合伙制，合伙人以出资额承担有限责任。由政府组建的金融控股公司成立子公司作为基金管理公司，或引入有资质的机构管理母基金日常运作。由基金管理公司把基金分为N个子基金投向不同的政府引导产业方向。子基金一般不直接投资创新创业项目，而是以入股或债权投资的方式与创业投资公司合作，创业投资公司作为市场创新创业投资主体，参与创新创业项目的投资与管理。对创业投资公司的投资项目，金融控股公司与子基金都可以跟投或阶段持股，以增强对创新创业投资项目的扶持力度。其结构与运行机制如图15-5所示。

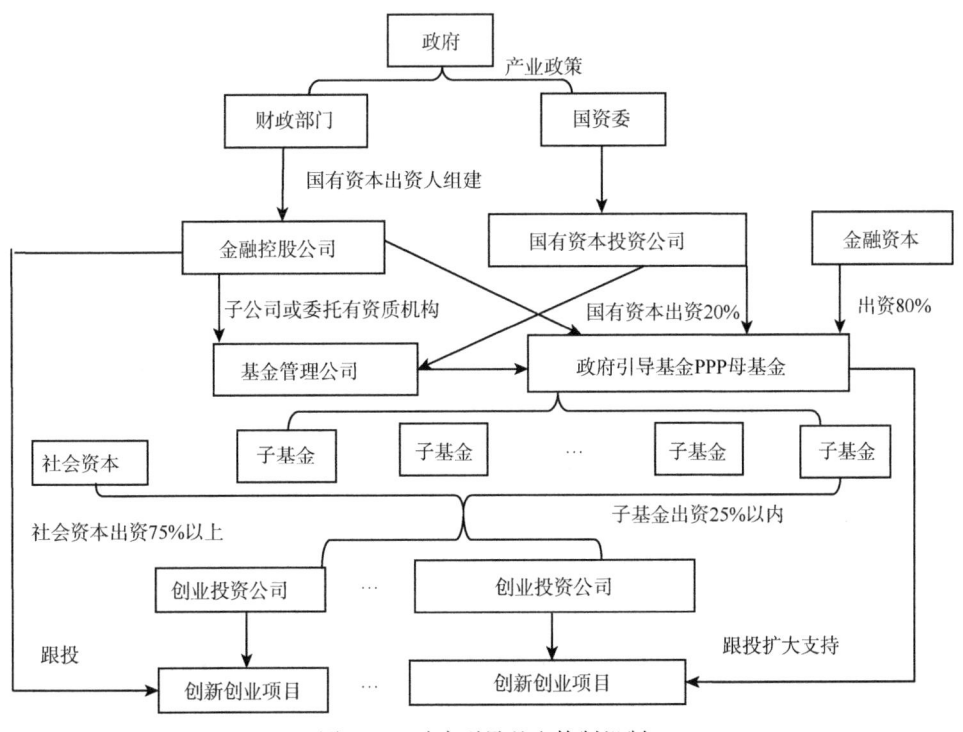

图15-5 政府引导基金体制机制

政（政府）、资（国资委）、投（投资运营公司）、企（国家出资企业）（以下简称政、资、投、企）等国有资本管理四主体在资源配置过程中，政到投是政府机制决定资源配置，而从投到企是市场机制决定资源配置。成立金融控股公司或国有资本投资公司的过程是政府机制，而金融控股公司或国有资本投资公司设立政府引导基金的过程主要是政府机制，少部分是市场机制，即社会资本及部分金融资本参与建立 PPP 母基金的部分是市场机制，而基金管理公司选择创业投资公司（或国资创业投资管理公司）的过程主要是市场机制，少部分是政府机制。如何选择创业投资公司主要是政府机制，创业投资公司选择创新创业项目的过程是市场机制。因此，拥有政府引导基金子基金的创业投资机构是市场机制与政府机制的融合点，是实现"政府引导、市场运作，科学决策、防范风险"原则的关键。

15.4.3 政府引导专项资金案例问题分析

现有文献大多数是通过实证分析的方法证明政府引导资金的效果，一般认为政府引导资金对创新发展具有一定的积极作用，而对于政府引导资金的作用机制研究得不充分，影响效果的体制与机制因素讨论不充分。基于资料取得方面的便利性，本部分以江西省战略性新兴产业投资财政引导资金体制机制作为分析的对象，虽然产业投资财政引导资金名称不同于政府引导基金，但是其运作的方式与目的与政府引导基金非常类似，因此，可以基于上述的分析框架，从国有资本管理的视角，寻找影响政府引导资金支持企业创新效果的因素。

1. 新兴产业政策是政府机制配置资源

2009 年，江西省委、省政府高度重视战略性新兴产业规划的制订，由省发改委牵头制定了江西省十大战略性新兴产业规划，获得省政府常务会议及省委常委会通过后，下发各地各部门实行。2014 年江西省人民政府办公厅印发《2014 年战略性新兴产业推进工作指导意见》，要求实施新修编的十大战略性新兴产业发展规划，指导和帮助各设区市优化布局，落实战略性新兴产业细分领域产业链图，明确发展重点，培育和发展重点产业。

江西省战略性新兴产业规划政策的执行方式与执行工具有很多，而财政安排新兴产业投资引导专项资金就是一个比较常用的政策工具。其目的是引导社会资金投向新兴产业。这一点与其他省份的政府引导基金一致。产业政策出台前经历了十多个月的调研讨论与修改，政策配置的资源属于政府机制配置资源的范畴，其与企业的自主技术创新活动只是间接关系，不会直接影响到企业技术创新决策。

2. 政府机制决定新兴产业的地区布局

2010年江西省委、省政府决定，召开十大战略性新兴产业调度推进会。每个行业以设区市与省政府有关部门结合推进，以招商引资和做大、做强企业为重点，以抢抓项目为主线。具体分工如表15-1所示。同年，江西各设区市根据实际情况，选择战略性新兴产业配套基地，向省工信委、省国土资源厅申报。

表15-1 政府引导资金分产业调度推进分工

序号	行业	分工省政府部门	主推城市	配合设区市与省政府部门
1	光伏	省工信委、省发改委	新余市	南昌、上饶、九江、萍乡、抚州、景德镇、宜春
2	新能源汽车及动力电池	省工信委、省发改委	宜春市	南昌、上饶、萍乡、赣州、抚州、景德镇、吉安和省机械行办
3	半导体照明	省工信委、省发改委	南昌市	吉安、九江、景德镇、赣州、上饶、宜春
4	稀土和钨	省工信委、省发改委	赣州市	南昌、九江、上饶
5	铜	省工信委、省发改委	鹰潭市	南昌、上饶、赣州、九江
6	非金属新材料	省工信委、省发改委	九江市	景德镇、宜春、萍乡、抚州、吉安、赣州、上饶、南昌和省轻工行办
7	生物和新医药	省工信委、省发改委	南昌市	宜春、抚州、吉安、景德镇等和省食品药品监督管理局、省农业农村厅
8	绿色食品	省农业农村厅、省发改委	南昌市	赣州、抚州、宜春、吉安、上饶等和省林业厅
9	文化及创意	省委宣传部、省发改委	南昌市	九江、景德镇、上饶、吉安等和省文化厅、省工信委、省新闻出版局、省广播电影电视局
10	航空制造	省国防科工办、省发改委、省工信委	南昌市	景德镇、九江
11	风能与核能	省发改委、省工信委、省国防科工办	吉安市	九江、新余、抚州、赣州

资料来源：《关于做好十大战略性新兴产业调度推进会准备工作的通知》（赣府厅字〔2010〕83号）

注：江西省轻工业行业管理办公室简称省轻工行办；江西省机械行业管理办公室简称省机械行办；江西省国防科学技术工业办公室简称省国防科工办

针对产业的地区性布局，从政府引导资金资源配置的角度看，类似于子基金的投向安排，而政府引导基金的子基金一般是投向创业投资企业，具有专业特长的创业投资企业决定项目的投资区域。当然，作为欠发达地区，创业投资市场机制还不成熟。基于地区新兴产业发展的现状，政府通过产业政策规划新兴产业地区性布局具有一定的合理性，但是在江西省规划全面发展所有新兴产业，而不是发展地方具有优势的新兴产业，这种产业政策效果有限。

3. 政府机制决定扶持项目与申请流程

2012年3月，江西省工信委、发改委和科技厅联合出台了《江西省战略性新兴产业重大招商项目册》。该项目册共有招商项目256个，总投资达1893亿元，涉及光伏、新能源汽车及动力电池、半导体照明等11个战略性新兴产业。在创新创业项目供给不足的情况下，政府提出招商项目指南，有利于弥补市场失灵，但是完全由政府机制来筛选支持项目，这与政府引导基金支持项目一般由创业投资企业决策的做法有很大差异。

《江西省人民政府办公厅关于印发江西省战略性新兴产业投资引导资金管理暂行办法的通知》（赣府厅发〔2012〕16号）规定，江西省战略性新兴产业投资引导资金管理委员会（简称管委会）办公室负责组织战略性新兴产业重大项目的筛选、评审等相关工作。为做好重大项目的专家评审，管委会办公室将建立江西省战略性新兴产业重大项目评审专家库。2012年9月，管委会办公室出台《关于印发江西省战略性新兴产业投资引导资金项目申报评审实施暂行规定的通知》，规定组织申报、项目初审、专家评审、项目选取、投资方式与组织实施的流程与具体要求。管理机构管理费及管委会办公室工作经费由省财政厅每年按实际情况核定，从当年引导资金中拨付。新兴产业投资引导资金项目申报流程如图15-6所示。

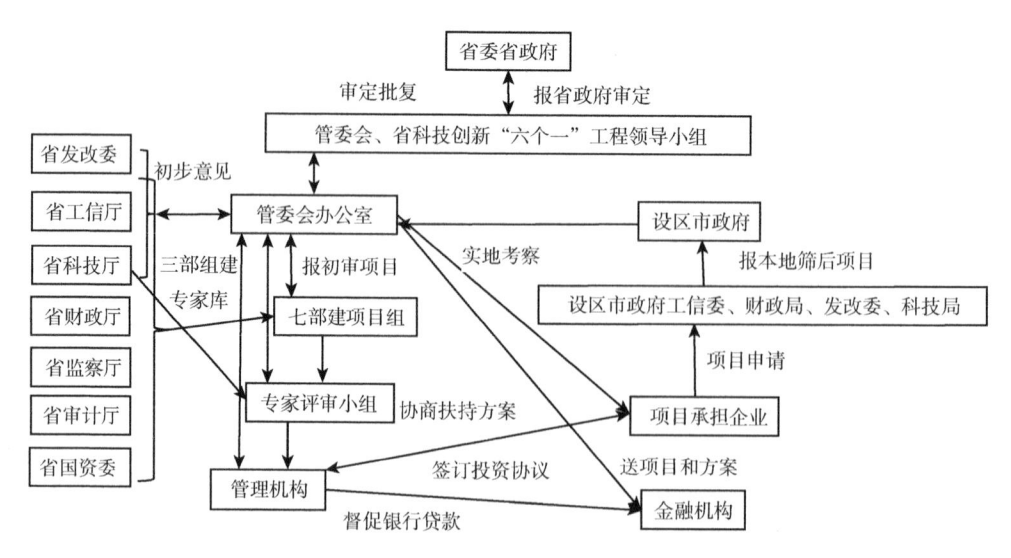

图15-6　新兴产业投资引导资金项目申报流程

由图15-6可知，项目承担企业要想获得政府引导资金的支持，项目申请要经过从项目指南开始到签订投资协议共20个环节左右的流程。显然，这是一个扶持新兴产业投资项目的政府机制。这个机制决定了扶持项目及其扶持方式等。表面上,这是一个对申报项目层层筛选的机制,以实现优中选优,尽最大可能实现政策目标。实际上,这个流程太过复杂,耗时太长,申请成本很高,因此,很多企业并不愿意申报。在这个流程中,管委会办公室把相关审批结果送有关金融机构,为其给企业贷款提供依据,虽然政府对超过引导资金规模6倍的贷款有奖励机制,但是贷款部分是由金融机构独立审核的,这部分贷款资金的分配主要是市场机制的作用。

4. 政府机制决定投资条件与退出方式

根据《江西省人民政府关于推进江西省战略性新兴产业超常规发展的若干意见》(赣府发〔2010〕29号)精神,2012年3月27日,江西省政府办公厅印发了《江西省战略性新兴产业投资引导资金管理暂行办法》,引导资金由省财政每年从战略性新兴产业发展专项资金中统筹安排。2012年统筹安排4亿元,以后年份视财力情况逐步增加。并确定了资金滚动使用和放大的原则,三年为一周期,收回后滚动使用,拉动金融信贷资金比例不低于1∶6。

引导资金重点扶持自有资金不足,但拥有核心技术、关键技术的新建项目,特别是创业型项目,以及产业龙头企业、产业链关键环节的重大技术改造项目。项目投资规模方面要求,项目承担企业注册资金不低于1000万元,项目总投资不低于1亿元。

2017年,根据新出台的投资引导资金回收程序的规定,项目承担企业确需引导资金延期退出的,可提出申请,经管理机构评估符合条件并按程序报批后,可以延期一次,延长期限不超过两年。而对项目非正常停建停产的,将提前启动资金回收程序,并与项目承担企业约定还款计划,必要时可增加约束性条件,确保资金回收。

从引导资金的管理办法来看,引导资金按照"政府主导、重点扶持、风险投入、滚动使用"的原则,主要采取股权投资和股权质押的方式进行运作。实践中,通过调研得知,由于经济欠发达,项目引导资金的扶持力度有限,有兴趣的企业并不多,中选的项目承担企业的经济效益并不理想。

5. 引导资金政策的效果低于预期目标

2012～2013年,江西省政府共整合专项资金8亿元,其中5.92亿元安排用于支持80个战略性新兴产业重大项目建设,2.08亿元安排用于省政府确定的有关重大专项。引导资金带来的企业信贷规模,是考核政策效果的重要内容。引导资金拉动金融机构信贷资金32.3亿元、社会各方自筹资金71.8亿元,拉动比例分别达1∶5.5和1∶12。拉动金融机构信贷规模稍微低于预期目标。这反映在市场机制对政府机制的资源配置结果不完全认同,即使是企业自筹资金决策也与政府引导资金投入的相关性不大，企业更多是自主投资决策，由于政府引导资金占比太小，甚至不及企业融资需要支付的利息，引导资金对企业创新发展的作用非常有限。

从国有资本管理体制的视角来看，江西省战略性新兴产业投资引导资金的运行模式不符合政府引导基金的一般规律。在政、资、投、企等国有资本管理四主体中，省委、省政府出台产业政策，作为出资人代表的管委会实际上以政府的身份主导政府引导资金的投放，虽然说，这是一项财政资金，政府决策资金用途天经地义，但是在执行产业政策过程中，作为一项追求保值与增值的投资性支出，理应更多体现市场机制在选择投资项目方面的作用。项目选择是以企业的申请为起点，通过政府机制层层筛选投资项目，为扩大引导资金的支持面，近 6 亿元资金投资了 80 个投资项目，平均每个项目不到 800 万元，对上亿元的投资项目作用不大，没有达到重点扶持的政策目标。

为了管理好江西省战略性新兴产业投资引导资金，江西省省属国有企业资产经营（控股）有限公司出资 3000 万元成立了江西国资创业投资管理有限公司，作为引导资金的专门管理机构。从实践的情况来看，国资创投公司并没有自主选择投资项目的权利，只有履行政府决策的义务。国资创投公司并没有成为政府机制与市场机制完美的融合点。虽然根据政策，国资创投公司表示，其基本能够收回投放的财政引导资金，似乎不会造成很大的国有资产损失，但是其在创业投资方面的专业性体现不出来，也不用为政策效果承担决策责任，公司经营收益主要是由省财政厅每年按实际情况核定，从当年引导资金中拨付办公经费，引导资金收益也不归国资创投公司。因此，国资创投公司既没有权利，也没有动力去选择新兴产业投资项目。

15.4.4 政府引导专项资金问题分析结论

基于科技创新的不可预见性，政府引导资金在企业科技创新过程中理应扮演后勤保障的角色，企业才是科技创新的主体。因此，传统的财政投资引导资金模式效果不及预期，主要原因是在现行国有资产管理体制下，产业投资财政引导资金产权权能分解不合理，政府与管委会主导项目选择，而创业投资公司没有发挥在投资项目选择与管理方面的专业性。在项目选择上，政府机制取代市场机制，这使政府资金在提升企业科技创新能力上的贡献非常有限。

从实践情况来看，2017 年国资创投公司开始收回新兴产业投资引导资金。同年，江西省省财投集团、省财投基金公司与江西银行、北京银行、浦发银行和民生银行等 15 家银行进行江西省发展升级引导基金母基金签约。江西省发展升级引导基金采用母子基金"1+N"模式，逐步统筹江西省财投集团出资 200 亿元作为劣后级资金,按照1:4的杠杆比例向省内外社会资本募集资金800亿元,形成1000亿元规模的母基金。因此,江西省发展升级引导基金是江西省战略性新兴产业投资引导资金在引导社会投资方面的继承与升级。江西省发展升级引导基金的体制与机制更适应企业技术创新发展的需求。

第16章　激励企业技术创新的财税政策国际比较与启示

党的十八大报告明确提出,"科技创新是提高社会生产力和综合国力的战略支撑"[①],因此,必须把科技创新放在国家发展全局的核心位置,坚持走中国特色自主创新道路、实施创新驱动发展战略。党的十九大报告也提出,大力实施"创新驱动发展战略","加快建设创新型国家"[②]。2019年的"两会"也提到要加快建设创新型国家。由此可见,国家始终把创新驱动发展摆在总体战略的高度,对创新非常重视。实施创新驱动发展战略从国际层面上看,有助于我国形成国际竞争新优势、增强发展的长期动力;从国家整体建设上看,有助于降低资源能源消耗、改善生态环境、建设美丽中国;从经济发展层面上看,有助于我国提高经济增长的质量和效益、加快转变经济发展方式。但是创新作为一种具有正外部性、高风险性、高投资性的市场要素,只依靠市场的力量去投入是远远不够的,因此需要政府介入弥补市场失灵。2015年3月,出台了《中共中央　国务院关于深化体制机制改革加快实施创新驱动发展战略的若干意见》,该文件从营造激励创新的公平竞争环境,建立技术创新市场导向机制,强化金融创新的功能,完善成果转化激励政策,构建更加高效的科研体系,创新培养、用好和吸引人才机制,推动形成深度融合的开放创新局面,加强创新政策统筹协调等八个方面内容做了具体规定。财税政策作为政府干预的重要手段,几乎渗透到了这八项内容的方方面面。系统地研究创新驱动的财税政策对2020年我国迈入创新型国家具有非常重要的意义(周慧,2015)。

当前世界上公认的创新型国家有二十多个,他们的财税政策在激励创新方面发挥了非常重要的作用。借鉴国外成功的激励企业技术创新的财税政策,对我国早日迈入创新型国家行列有着极大的促进作用。本章内容主要从政府采购、税收优惠、政府投入和引导基金等四个方面的政策来展开。

[①]《坚定不移沿着中国特色社会主义道路前进　为全面建成小康社会而奋斗——胡锦涛同志代表第十七届中央委员会向大会作的报告摘登》,http://cpc.people.com.cn/18/n/2012/1109/c350821-19529916-4.html[2021-11-18]。

[②]《习近平:决胜全面建成小康社会　夺取新时代中国特色社会主义伟大胜利——在中国共产党第十九次全国代表大会上的报告》,http://www.gov.cn/zhuanti/2017-10/27/content_5234876.htm[2022-05-21]。

16.1 政府采购政策国际比较与启示

16.1.1 规范国货的采购标准

以国货采购为主的政府采购政策很好地实现了对本国产业的保护,促进了本国自主创新的发展。发达国家政府采购创新产品和技术的财政政策不仅在国内法律中制定了采购国货的相关法律细则,在国际层面上也得到了 WTO 政府采购协议的支持。

第一,美国主要是通过优先购买国货的政策来保护国内政府采购市场,从而达到其促进自主创新的目的。因此,在国内法律层面,美国主要有《购买美国货法》和《联邦采购条例》的支持,此外,各州和地方政府也制定了更加具体的细则。

第二,德国的绿色政府采购政策实质上也是在利用技术壁垒来保护本国政府采购市场,从而达到促进本国自主创新的目的。德国虽然没有制定专门的绿色政府采购法,但是联邦政府层面在评判公共货物、服务和工程采购等的具体章程中都规定了政府采购应当遵循环保方面的基本原则和具有可操作性的程序,欧盟政府在采购指令中也明确地表达了其对绿色政府采购政策的支持(李建军和朱春奎,2015)。

第三,澳大利亚的法律规定,对于 1000 万澳元及以上的大型采购项目,采购部门应该在招标中列明其可能对本国产业产生的潜在影响;同时,如果一家外国企业赢得了投标,则要求该外国供应商与国内企业或科研机构应共同制订一份研究计划或共同建立一个研发中心,以满足国内需求和持续发展研究项目,同时帮助国内企业实现技术升级,培养专业人才(马惠,2008)。

第四,日本的公共技术采购是指政府机构和企业签订一个当时不存在,但在一定合理期限内能够产生的新技术订单,这种具有"期权效应"的合同机制对企业具有很大的吸引力(许强,2014)。

政府采购的优先采购国货政策是保护国内产业(特别是高新技术产业)发展的有效手段。《政府采购法》第十条规定:"政府采购应当采购本国货物、工程和服务。"然而,目前我国的国货产品标准仍然不明确,国货的具体界定方法仍没有确定,以至于这一条款无法实施。因此,只有加快制定科学并合理的国货标准,编制我国的国货产品目录,这样才能促进国货的优先采购,最终使得促进自主创新的政策落到实处。在确定我国国货标准方面,我们还可以根据行业的不同,采取原产地标准、知识产权标准、增值标准、注册标准等不同的方式来划分(艾冰,2012)。

16.1.2 完善政府采购的政策支撑体系

完善的法律体系可以使政府采购有章可循，这样一来其可操作性将会得到极大的提高，还可以为政府采购的监督管理方面提供重要的依据和支持。留有空间的程序设计及监督机制的实施对政府采购的各个环节都有支撑作用，对采购形成共同约束的立体监督。我国的《政府采购法》专门规定了政府采购的程序，并且对招标、单一来源采购、竞争性谈判和询价等四种不同的采购方式都规定了不同的采购程序，但仍然还是缺乏具体的法律制度和多方监督机制来保障政府采购程序的实施（艾冰，2012）。在这方面，美国、德国、英国和新加坡有经验。

第一，美国1861年曾通过一项联邦法案规定超过一定数额的联邦政府采购，必须使用公开投标的程序。

第二，德国没有设立专门的政府采购监督管理机构，因而主要依靠的是采购单位的上级部门对下级部门的监督，并联合公共采购办公室及审计部门的管理监督。欧盟委员会（European Commission）是德国最高级别的监管机构，负责受理和回应各类投诉和质询。

第三，英国非常重视预防采购过程中可能出现的风险，所以对采购项目实施全过程都进行了风险管理，并从采购活动的各个环节选取相应的专业人员组建成风险控制团队，以达到识别和预测政府采购重点环节和领域风险的目的，并在评估之后还要给出相应的解决策略和方法（朱楗，2006）。

第四，新加坡政府采购是由财政部预算署负责管理的，有关政府采购的法规有《财务程序法案》《政府采购法案》，并且设立了专门的政府采购仲裁法庭来应对政府采购的有关申诉（周明辉，2012）。

目前，我国的政府采购领域仍然需要学习其他国家的经验，促进政府采购的自主创新程序亟须优化，其法治化建设过程也亟待加快，否则将严重地影响我国政府采购领域促进自主创新功能的实现（艾冰，2012）。因而建议政府采购领域促进自主创新的政策功能应当以更符合国际惯例的方式实现，应从服务国家发展的全局高度来强化顶层制度设计，并且按照既要遵循国际惯例又要体现中国特色的要求，从而探索出相应的政府采购政策以实现科技创新的可行性途径和有效形式。因此，我们可以从以下途径加以改进。

第一，提高政府采购招投标的法律协调和行政监督能力，为促进自主创新奠定宏观基础。我国应以更大的力度推行《政府采购法》的实施，在《政府采购法》和《中华人民共和国招标投标法》（以下简称《招标投标法》）存在的冲突没有解决之前，可以按照新法优于旧法的原则予以适用。在体制上，应设立回避制度，政企完全分离，进一步提高政府采购公开透明度；完善监督机制，明确职责，前后衔接，严格把关，计划、采购、招标管理和监督审计等部门应建立协调、统一的运行机制；统一专门的监管机构，并建立第三方监管机制。理论上，各级财政部门是政府采购的主管监督机构，然而，事实上各级财政部门监督的深度及力度方面还是远远不够的，需要进一步完善。此外，行政监督主要是对合同的执行主体及其行为和结果进行监督，而专业方面的监督则主要是对合同的质量进行监督。专业的监督检测必须要独立进行，不得加以任何行政干预。因此，采购验收必须将综合验收和专业验收分开，综合验收必须以专业验收为基础。有效的监督可以为企业竞争创造公平的环境，从而使政府采购在促进企业在自主创新方面的法律及相关政策能够得到有效的执行和落实，为促进企业自主创新奠定基础（艾冰，2012）。

第二，规范招标的程序可以有效遏制招标管理中的腐败现象，为技术创新创造公平的竞争环境（艾冰，2012）。应明确招标公告的发布媒体，并完善招标登记和资格预审的方式、方法。对政府采购有技术要求的产品和项目，要严格按照有利于支持企业技术创新的招标程序进行招标的实施及检验。在投标截止日期之前，每个环节都应采取措施确保投标人的保密性，并制定严格的专家评选方法，进一步确保评标是在严格保密下进行的，明确规定定标的过程和方法，完善合同的审核、履行监管办法（陈瑞生和贠玉珑，2008）。此外，在招标过程中还应严格执行采购招标收支分离制度。

16.1.3 探索电子化政府采购

电子化政府采购是一种新型的政府采购模式，通过政府整个采购周期中利用电子技术来更换或重新设计传统纸质采购流程，可以不断提高政府采购的透明度，从而提高政府采购的水平和效率，促进国家自主创新能力的提高。在电子化采购环境下，通过打造高效能的交易平台，中小企业可以以较低的成本参与到政府采购市场的竞争中，不会因为自身规模和品牌的劣势而受到不公平的对待（吕汉阳，2011）。

OECD国家中的大部分发达国家均在政府采购的各个环节引入了互联网技术。第一，丹麦、瑞典和英国已在各自专门的电子采购系统和网站上公布了招标文件；第二，韩国也建立了一套政府采购电子化的KONEPS系统，此系统实现了政府采购的透明化，特别是节约了资金成本，有效防止了权力滥用导致的采购腐败（王琪，2012）；第三，德国利用电子采购提高了政府部门内部控制的有效性，内务部下属的联邦采购代办处利用电子化的工作流程，可以方便地集中各部门和采购活动的相关信息，提供所有采购环节的相关记录，为德国内务部内部控制管理提供必要的依据或线索（章辉和张翼飞，2018）。

与发达国家相比，我国的政府采购实现了在招标和评审等主要流程的电子化运用。但是在与其他政府部门的信息互联互通及绩效评价方面还是有所欠缺的。因而，我们还需要从以下几个方面加以改进：首先，探索如何将电子采购系统与其他电子政务系统连接起来，打破政府采购信息与工商登记、税务登记等政府部门其他信息之间的壁垒，从而提升政府工作运行效率。其次，在绩效管理评价过程中引入互联网技术，进一步提升政府采购项目的绩效评价效率。

16.1.4 加大对中小企业政府采购的力度

中小企业是技术创新及产业化载体的活跃因素，它可以快速、高效地把科技资源转化为社会生产力，在发展高新技术产业、优化产业结构、大力弘扬创业精神及创造就业机会等方面都做出了积极贡献，是国家自主创新体系的重要组成部分（降彩晶，2006）。因此，各国政府都越来越注重面向中小企业进行政府采购，这也是一种国际趋势。

第一，为了保证中小企业的政府采购市场份额，澳大利亚的法律要求将10%的联邦采购合同留给中小企业；第二，根据《购买美国货法》的规定，如果美国的中小企业采购报价不超过外国供应商报价的12%，以及国内大型企业报价的16%，那么它就可以获得政府采购合同，在政府采购计划、政府采购评审及政府采购合同管理等各环节均制定倾向中小企业的措施（张鹏等，2007）；第三，日本政府在实施政府采购时，通常要提前去调查本国中小企业的实际竞争力，并通过提供培训、信息等方式，使中小企业有机会参与到政府采购的竞争中，并将大型采购项目分为小型项目，从而方便中小企业参与到政府采购的竞争中。中央一级的政府采购的10%是要给予中小企业的，并要求财政部每年都要检查该规定的执行情况。

从国际发展趋势来看，未来中小企业的技术创新很可能会在许多行业起主导作用。因此，首先，我国应该尽快建立起严格的科技型中小企业认证制度，其中包括评价标准、评价和认证机构，根据公开、公平的程序对科技型的中小企业予以认定，以避免集中采购机构在实施政府采购中因没有明确规定而无法扶持中小企业。其次，在政府采购的招标文件评分标准中，需将科技型的中小企业因素考虑进去，充分贯彻和体现科技型中小企业产品的优先采购、重大创新项目政府采购及创新技术订购等方面的支持政策。再次，在符合采购需求的条件下，应优先采购科技型中小企业产品。其中，科技型中小企业产品的价格普遍都高于一般产品的价格，所以应扣除一定幅度的价格。以综合评标为主的招标项目，应当增加科技型中小企业的得分因子，合理设置分值比重。最后，在采购高科技或高技术工程、汽车、软件、计算机等产品和服务时，招标文件应明确科技型中小企业产品的比例，以便于实际操作（艾冰，2012）。因此，需要建立一个专门的国家权威认证机构，只有通过了该机构的认证，中小企业才能够成为支持对象。

16.2 税收优惠政策国际比较与启示

16.2.1 规范税收优惠的法律制度

大多数发达国家通过立法制定财税政策，促进企业发展和创新。税收法定原则是国际社会普遍认可的税收制度基本原则。遵从税收法定原则，不仅有利于提高税收相关法规的权威性，也将保障各项优惠政策的确切落实。税收法定原则包括征税要素法定原则和程序保障原则，因此，不仅要对优惠税率、计税依据和减免方法等税制要素进行明确规定，还要明确税收征管制度，加强税务部门和商务部门等机构的协调。

第一，美国通过小企业局制定促进中小企业自主创新的税收相关政策，还陆续出台了"小型企业创新研究"（small business innovation research，SBIR）计划及"小型企业技术转移"（small business technology transfer，SBTT）等专门支持小型企业技术创新的政策措施，这些计划涵盖了小企业从研发阶段到商业市场化阶段的整个过程，从源头和环境这两个方面改善了小企业在技术创新方面的劣势，促进了小企业与大中型企业之间的协调发展，从而有利于社会经济的进步。

第二，日本制定了《关于试验研究费总额的税额抵免制度》、《关于特别试验研究的税额抵免制度》、《加强中小企业技术基础税制》和《增加试验研究费的税额抵免制度》，对企业技术创新研发的税收优惠和投资抵免等方面都有详细规定，设置税收抵免总额和增量，并为中小企业提供特殊的税收优惠（孙莹和顾晓敏，2013）。

第三，韩国也制定了《技术开发促进法》和《特别税收待遇管理法》。相比而言，我国目前还有一些税种尚未立法，而是以暂行条例等形式存在，为提高税收优惠政策的利用率，我国应加快相关部门落实这些税种的立法工作，且以现行税法为依托，逐步完善各项配套法律法规的实施细则，从而进一步加强税收优惠政策的权威性。我国的税收优惠具有较大的阶段性，变更频繁，不利于创新企业的持续决策，应向美国和韩国等借鉴，将一些税收优惠政策永久化。

16.2.2 激励企业研发投入

企业的自主创新有生命周期，创新过程中要依次经历初创期、成熟期和成果转化期，期间历时长，并且不同的阶段都面临着特定的风险。企业为了进行自主创新，前期需要投入大量研发经费，然而由于市场的信息不对称和研发投入的不确定性，很多新兴产业无法获得足够的研发资金支持，加之研发前期的投入成本较高，使得一些研发项目止步不前。为了改善企业研发前期融资难和成本高的困境，多数发达国家制定了鼓励风险投资、降低企业研发成本和支持产学研合作相关的税收政策。

1. 鼓励风险投资

第一，美国对风险企业进行了较大幅度优惠刺激。自20世纪80年代以来，美国政府已经降低了资本利得税率，先是从49%（1942年）降至28%（1978年），然后降至20%（1981年）。通过对风险投资额的60%免除征税，剩余的40%征收50%的所得税，扭转了1969~1978年高税率使得风险投资资本一直得不到新资金补充的局面，这直接刺激了大量的资金涌入高新技术领域。在20世纪80年代早期，风险投资资本以每年46%的速度激增，直接促进了美国高技术企业的快速发展（韩凤芹，2005）。

第二，印度采取了一项免除风险投资的资本收益税的政策。除了有限公司、信托公司或者在印度没有设立分支机构的外国公司，并且取得短期收入或利息的，不予免税外，其他在印度证交所注册的，主要投资于软件、信息技术、基本药物的生产、生物技术和农业及政府认可的研究中心研发出来的专利产品生产等行业的风险投资企业，均可以免除资本利得税和红利收入税（福州市国家税务局课题组，2003）。

第三，英国则对不同的风险投资主体设有差异的税收优惠政策。对于自行研发的符合条件的专利投资所得收入减免56.5%的税收，最高有效税率为10%；风险投资信托（venture capital trust，VCT）投资中小企业5年及以上的可以享受30%的所得税减免。

2. 降低企业研发成本

各国主要采用对研发环节进行加计扣除、税收抵免和对设备进行加速折旧的方法。第一，美国实行研发增量税收抵免，投资于科学研究和实验设计领域的全部费用，企业都可以作为日常的生产费用，一次或按一定年限从应纳税所得额中扣除，并缩短机械设备的折旧年限，即用于试验研究的机器设备的折旧年限为3年，工业机械的折旧年限定为5年。第二，韩国为了鼓励科技开发的设备和人力投入，实施科研实验设备加速折旧、技术和人才开发费抵扣、进口学术研究用品减免关税等措施，并对那些国内生产难度大，必须依靠国外进口的研究样品，免除其特殊消费税（马惠，2008）。同时，公司因研发而支付的新技术商业化设备方面的费用，若该设备为韩国国内制造商品可以享受10%的投资抵扣，若是进口商品则可享受3%的投资抵扣，并且规定小企业的研发费用可以享受高达15%的税收抵扣优惠。第三，英国则对不同规模的企业研发投入实行了差别化的抵免政策，对大型企业的研发投入实行125%的税前抵扣；对于那些年营业额超过2500万英镑的中小企业，如果每年的研发投入超过了5万英镑，则可以执行研发投入150%的税前扣除政策；而对那些尚未从研发中获利的中小企业，则可以提前申请税收减免，并可以获得相当于研发投入24%的资金返还。第四，法国创新型中小企业自成立以来8年内，超过75%的资本直接或间接地为自然人所有，其研发投入如果超过总投入的15%，则在盈利的前3年免税，后2年减半征收；雇主的社会保障分摊额可获豁免6年，其后的4年减免50%，并可获豁免工业税等税项。

3. 支持产学研合作

第一，美国规定，企业为委托大学或研究机构进行基础研究所支付的研究费用的65%可以直接从应纳所得税中扣除，新增的20%的研发费用可直接冲抵应税所得额，如果当年没有盈利的，则费用扣除和抵免额可往前追溯3年，往后结转5年；对于建立科研机构的私人捐赠是免税的（匡小平和肖建华，2007）。第二，在英国，企业与大学及科研机构联合研发项目的投入，纳入享受税收抵免和扣除等优惠政策中。第三，法国规定，对涉及工业、教育和研究的联合项目实行所得税双重抵免。第四，日本制定了特别实验研究抵免制度，规定企业与专门的实验研究机构和大学合作进行研发，可将一定的特别研究试验费从企业所得税中扣除，扣除比例为20%或30%。

为了促进企业技术创新投入，发达国家大都采用直接优惠和间接优惠相结合的政策，投资抵免、加计扣除和加速折旧等方式被广泛采纳，并且许多国家都是利用税收优惠来支持中小企业的研发和创新。相对而言，我国企业的技术创新投入还存在较大的资金缺口，尤其是作为企业创新创业的主要载体——中小企业，面临融资难、成本高的困境；在税收优惠方式上，我国逐步扩大了优惠政策的使用范围和力度，如将研发费用加计扣除75%的适用对象从科技型中小企业扩大为所有企业，延长企业亏损抵免期限等。但是我国的税收优惠方式较为单一，对中小企业的风险投资鼓励不足，并且缺乏产学研合作的税收优惠政策支持。因此，首先，我国应借鉴发达国家的做法，将各种税收优惠措施结合起来，在逐步增大研发费用加计扣除力度的同时，也应该进一步探索研发费用抵免制度。其次，为了激励中小企业增加研发投入，可以为中小企业制定更加具有针对性的流转税优惠政策，如适当放宽中小企业在购买技术装备方面可以享有增值税退税的条件，且完善出口退税的政策，对不同规模企业制定相应差别化的税收优惠政策。最后，适度放宽加速折旧新政策的行业限制，将一些新能源、新材料行业纳入其中，并且进一步缩短固定资产折旧年限，有利于快速降低企业的实际税负。

16.2.3 促进科技成果转化

在企业科技创新的全链条过程中，促进科技成果转化具有关键性的作用，是科研成果转变为生产力，转变为社会需求的产品和服务的核心环节。这方面，韩国、美国、印度和英国及其他欧洲国家提供了有益的借鉴。

第一，韩国对投资于新技术公司的资金进行税前扣减或加速折旧，对技术转让所得减免税收，对进入市场初期的技术开发试点产品免征特别消费税，对符合条件的工程技术项目和信息产业，从开工之日起6年内，按项目收入的一半征收企业所得税，技术转让的所得税给予一定程度的所得税抵免，减免比例是原有税额的50%。如果技术商品化，私营公司则可享受资本投资或公司税10%的税收减免政策。

第二，美国规定政府的下属科研机构、大学、从事非营利性科研活动的独立科研机构、从事有关人类疾病和健康及农业相关技术开发的非营利性机构和从事公共安全检测的非营利性机构等可以享受免税待遇（张平，2008）。

第三，印度则对利用研发成果进行生产的企业提供相应的税收优惠。例如，企业向研究机构支付的研发费用，可以享受100%的税前扣除；企业如果使用本国开发的技术或者在欧盟、美国和日本的任何一个国家或地区取得的专利技术所设计和生产的产品，在其商业化生产后的三年内可以免征商品税。其中，对于采用国产技术的企业，设备的加速折旧率最高可达40%。

第四，英国自2013年4月1日起推出"专利盒子"计划，允许企业对其发明的专利和其他具体创新收益申请较低税率，最低税率为10%。

第五，法国、匈牙利和爱尔兰等欧洲发达国家对企业转让专利等所得使用的实际所得税率也相当于该国企业所得税率标准税率的一半，如法国企业转让专利所得的实际税率为15%，匈牙利为4.5%，爱尔兰为6.25%。

我国促进科技成果转化的税收政策主要是减免企业所得税，如对高新技术企业减按15%的税率，但是相对于发达国家，我国专利成果转让所得使用的税率仍然不具有竞争性，应该进一步降低优惠税率，增加税收减免和税率优惠等直接优惠方式，充分调动微利企业或者尚处于亏损状态企业的成果转化积极性。

16.2.4 鼓励自主创新人才培育

人才是企业技术创新的核心能力，如何培育创新人才一直是各国关注的重点。这个方面韩国和美国提供了很好的经验。

第一，韩国制定了所得税减免政策以引进国内外技术人才。为促进企业技术创新，对受雇于本国企业、研究机构或有关机构从事企业技术开发的外籍技术人员，免征5年所得税；从事制造业、矿业、建筑业、工程服务业等行业的企业，其科研及人力资源开发费用超过前两年的平均水平的部分，则可享受 50%的税收抵扣，或者5%的科研和人力资源费用（小企业为 10%）可享受税收抵扣。

第二，美国对从事科技研发活动的个人采取享受 20%的退税政策；对企业年金在不同环节实行不同的税收优惠政策。

第三，英国允许小型高风险公司向其 10 人以内的核心雇员提供价值高达 10 万英镑的股票税前买卖特权，在行使股票选择权交易时，不按照所得税课税，而按照税率更低的资本利得课税。若雇员持有自己公司股票 5 年及以上，则可免征所得税与资本利得税。英国政府为了减轻政府的财政负担，鼓励社会集资助学，对设立"教育基金"（主要用于本企业职工子女上大学支付生活费用和支付学杂费）的企业给予优惠政策。比如，某企业设立"教育基金"，政府则对该企业减少征税，仅征收 15%的"投资收入附加税"，对捐资加入"教育基金"的职工还可以免征一定的所得税。

为了鼓励创新人才，我国借鉴 OECD 国家普遍采用的股权激励和企业年金等税收优惠方式，近年来也在逐渐完善相关政策，但在实施范围和操作细节上还需要进一步完善：在个人所得税方面，进一步放宽分期缴纳个人所得税的受益主体至高新技术企业人员、股权奖励的股东；此外，实行分期纳税或递延缴纳所得税的实质性帮助不大，并未减轻真正的纳税义务，有待进一步向减免税优惠方式转变。在企业所得税方面，中小企业所得税职工教育经费扣除的比例有待提高。在个人所得税方面，对科技人员颁发的科技奖金免征个人所得税的限制应放宽科技奖金级别，并且将科技奖拓宽至因研发或者技术升级改造获得的特殊补助。除了鼓励企业内部人员进行研究和开发活动，我国税收政策也应该鼓励高校、科研机构与企业的研发人才进行合作研发，对产学研合作研发的成果进行产业化、市场化的所获利润可以减按低税率课税。

16.2.5 推动创新产业发展

推动创新产业的发展是各国政府的重要经济工作，美国、日本、韩国、印度和新加坡等国提供了很多有益的经验。

第一，美国颁布的《2009 年美国复苏与再投资法案》首次提出通过投资税减免方式推动新能源的发展，对符合条件的风能等可再生能源设备的制造、安装、设备重置和产能扩大的投资项目，给予30%的设备费投资税抵扣，对太阳能及地热发电的投资项目则给予10%的永久性抵税优惠；后来美国的多部法案还规定，对符合特定条件的生物燃料项目可提供一次性50%的折旧，对生物医药产业及新能源汽车产业也在不同程度上实行了税收减免和增量抵扣等政策（田宇，2015）。

第二，日本的法律规定，对企业用于购置尖端生物技术、电子技术、电信技术、新材料技术及空间开发技术等基础技术开发资产的费用可免征7%的税收，对计算机产业实行"加强企业基础免税制度"，凡是计算机企业建造新厂房或购置新设备，都可以免交投资税（张筝，2009）。政府对外国技术使用费及石油等国外资源性产品实行税收减免，以促进资源性产品进口和产业升级；此外，为了促进衰退产业的转型，日本政府还允许企业的固定资产重新估价和加速折旧。

第三，韩国为了促进新技术的产业化，在多个税种中实行了不同程度的优惠政策，在企业所得税方面，在新技术产业化的当年可在企业的应纳税所得额中扣除一定比例的投资，或者将该部分扣除的应纳税所得额作为特别折旧计入损耗当中，以达到减小企业所得税计税基础的目的。例如，政府为鼓励信息与通信技术（information and communication technology，ICT）投资及ICT的研发，以一定比率的ICT设备和服务支出作为税收信用在应税收入中扣除；法人企业投资数字技术及动漫产业等文化项目可享受3%的法人所得税优惠税率。此外，在财产税方面，创新文化企业可享受5年免除财产税和减免综合土地税5年的税收优惠政策。在不动产税方面，韩国免除新成立的具有特定风险的数字游戏、创意企业3年的不动产税。

第四，为了发展软件这个支柱性产业，印度也采用了税收减免、税收扣除、加速折旧等国际上诸多国家通行政策对其加以支持和鼓励。对其软件产业，印度采取了大规模的免税政策，如5年免征自贸区内的高科技电子企业的出口产品所得税，10年免征软件园区内的企业所得税（匡小平和肖建华，2007）。

第五，新加坡的物流业在世界上名列前茅，除货物劳务税采用出口零税率政策外，凡是被新加坡政府核准的第三方物流企业还可享受其他的税收优惠政策，包括：①免征企业以自身的名义或者以海外委托人的名义进口的货物劳务税；②自2006年起，免征从保税仓库取得货物的货物劳务税；③如将货物提供给其他经核准的第三方物流企业、保税仓库或者经核准的大宗出口企业，也同样可以免征货物劳务税。

相对而言，我国促进高新产业发展的优惠政策则主要集中在软件、集成电路、动漫等行业，先进制造业、新能源产业、文化创新等产业难以享受到与创新有关的税收优惠政策。但是随着产业转型和升级的不断推进，现代服务业和轻工业在国民经济中的比重日益增加，其创新发展将成为国民经济可持续增长的巨大动力。因此，税收优惠政策应该进一步放宽产业限制，兼顾主导产业和其他产业的创新活动，提高我国优势产业的国际影响力。同时结合区域发展优势，结合国家发展战略，利用税收优惠政策对创新产业的投入和产出进行有效引导。

16.3 政府投入政策国际比较与启示

16.3.1 加大财政科技投入力度

财政科技投入是国家科学研究机构正常运行和国家重大科技计划得以实施的重要保障，反映了政府和全社会对科技创新事业的支持程度及一个国家或地区对科技创新发展的支撑能力。日本2011年的研发支出在GDP中的比重为3.37%，韩国2011年的研发支出在GDP中的比重为3.56%，均远远高于世界平均水平。而我国2018年研发支出在GDP中的比重仅为2.18%。虽然超过了2%，但是与创新型国家相比还有很大差距，因此需要进一步加大对财政科技的投入力度。

16.3.2 建立多元化的科技投入模式

目前，我国的科技投入模式主要还是企业主导型的。由于仍然存在市场经济体制不健全、知识产权保护有待完善等方面的因素，企业在投入科技创新方面存在巨大风险，所以国际上基本都采取多元化的科技投入模式。德国和新加坡提供了一些经验。

第一，德国对科研机构采取分担资助的财政支持方式。政府科技投入可以分为政府经费负担和政府使用两项。其中，政府使用可分为单位资助（institutional funding）和项目资助（project funding）两个方面，主要是分配给政府科研机构；此外，德国政府科技投入是由联邦和州共同分担的，如德国马克斯·普朗克学会95%的经费是由联邦和各州各承担一半，其中的90%为单位资助，另外的10%为项目资助。作为政府资助科技的机构，德国科学基金会（Deutsche Forschungsgemeinschaft，DFG）的角色类似于美国的国家科学基金会，其每年10亿马克预算由联邦与各州各承担一半。不仅如此，由于政府在科技投入占比较高，分担了科技投入的风险，在其他方面对科技投入起到了科技投入的导向作用，因此德国民间科技投入和境外科技投资都很活跃（李方毅和郑垂勇，2015）。

第二，新加坡对不同规模和不同领域的企业，在风险投资环节和研发环节分别都给予了财政补贴。新加坡建立了高新技术企业的补贴制度和中小企业的技术补助制度，高新技术企业连续正常经营亏损3年的可获得50%的国家投资补贴；中小企业由于进行技术研发与创新而聘请专家的，其所需费用最高可以获得90%的政府补贴；研发型企业的技术研发与创新费用的50%可以获得补助。

在科技投入模式方面，我国应由以政府投入为主的状态逐步向多元化科技投入模式进行转变。目前，我国科技投入主要以政策为导向，同时，由于外资大量涌入，企业和民间经济发展迅速，加上自身风险防范能力比较薄弱，因此，多元化的投入模式正好符合我国当前的现实情况。所以政府必须通过制定相对完善的科技投入金融支持政策，并采取减免税收、第三方保险、补贴等有效的措施，积极引导企业、个人及金融机构对科技的投入，进一步推动我国高科技中小型企业的创新，以不断发展和完善市场经济下多元化的科技投入体系。

16.3.3 完善科技投入法治建设及其绩效评价体系

当前，法律对科技活动调整的广度、深度及影响力都在日益扩大，因此，科技投入的规范也急需得到法律方面的保障。我国必须在完善科技投入方面加强法律法规的建设，我们应该立足我国国情，认真研究科学技术的发展规律，同时借鉴其他国家先进的立法经验，进一步完善我国的科技法律制度体系，进而为推动我国科技事业的发展营造良好的法律环境（李方毅和郑垂勇，2015）。这方面美国和德国提供了较好的经验。

第一，美国一般是在法律的指导下编制完成科技经费预算，其《国家科学技术政策、组织和重点法》不但涵盖了总的投资原则，而且具体规定了为实现该法的若干目标的具体拨款金额。同时，还建立和完善了绩效评价体系，对科技投入水平和成效进行调查、分析、监督和评价。其中，包括研发计划、研发经费的使用及取得的成果等，都应纳入评价指标的范围以监测计划目标是否正确设定、计划实施是否适当及是否重复投资等现象（李方毅和郑垂勇，2015）。

第二，德国联邦教育与研究部（Federal Ministry of Education and Research，BMBF）从世界各地聘请专家对德国的研发经费支出进行严格、系统的绩效评价，以确保绩效评价的客观、公正、有效。专家组每年都要向德国联邦议会报告各项目的最新评价成果，并且每两年要提交一份各国的研发支出绩效评价报告。客观、公正的绩效评价是编制国家财政预算和制定科学有效政策的重要保证。德国的预算过程是一个非常精密且科学的工作流程，它主要包括经济预测、税收预测和联邦预算编制及欧盟预算监督等过程，德国研究机构经济预测联合组和德国经济专家委员会等权威研究机构都会参与这个过程。

16.4 政府引导资金政策国际比较与启示

16.4.1 平衡政府与市场的关系

在创新型企业的初创期，创新过程周期长，具有高风险性，成果具有不确定性，因此阻碍了社会资本的进入,但新兴产业同时又对融资具有迫切的需求,从而导致市场失灵现象在创新领域的出现。为了弥补市场失灵,为初创企业提供资金支持,多国政府主要通过设立投资引导性基金,发挥资本的杠杆作用,引导市场投资流向发展初期的创新型企业。但是,无论是基金初始的设立目的还是在后期的运行过程中,政府要以引导社会投资为主,不可进行过多的行政干预,保证基金的市场化运作。为了解决国内新兴企业资金不足的问题,以色列和芬兰提供了一些经验。

第一,以色列政府于 1992 年牵头创立由政府、民间和海外资本三者共同融合的投资引导基金——YOZMA 基金,并共同创立了 10 只低风险投资子基金,出资人在基金中的定位只是有限的合伙人,不拥有控制权,同时还聘请了基金管理的专业人士作为普通合伙人负责运营管理基金,从而保证了基金能够市场化运作。

第二,芬兰在 1995 年创立了芬兰产业投资有限公司(Finnish Industry Investment Ltd,FII)引导基金,它主要是采用由政府与私人投资者共同创立混合基金或者直接投资于目标企业两种模式,并且规定政府出资比例不能高于私人投资者,在分配政策上两者也享受一样的权利。澳大利亚创立的创新投资基金(Innovation Investment Fund,IIF)始于 1997 年 3 月创立的小企业创新基金,旨在改善大量创新型企业面临融资和管理瓶颈的困境,由拥有丰富产业和经济管理领域背景的产业研发委员会负责基金规则的制定和管理团队的监督,而专业的基金管理人需要在基金设立前提交申请材料并经过筛选评审后确定。

2015 年以来,我国主要有三大类政府引导基金,即创业投资引导基金、产业投资引导基金和天使投资引导基金。在近年"双创"的背景下,政府引导基金成为我国创新驱动战略的重要组成部分,对推动我国经济的高质量发展有着重要意义。但是,我国在具体管理政府引导基金的过程中,仍存在政府与市场边界不清的问题。有部分政府引导基金仍然是由国有企事业单位采用传统的国有资产管理方式运行,这样一来,低市场化水平同时也带来了投资效率的降低。并且,一些政府引导基金对政府和市场的风险责任界定模糊,导致政治风险和市场风险错配,最终将大部分风险责任转移给了政府。然而,发达国家经验表明,政府引导基金成功运作的关键是在运行过程中要以市场化为原则,政府作为出资人的一方,应当与其他各方共同承担有限责任。在基金设立初期,合理分配政府与社会资本的风险责任,做到风险共担与收益共享并存。在管理运营中政府不对基金运行进行过多的行政干预,通过设立子基金的方式,将具体项目的管理和运作交给有丰富投资和管理经验的基金管理公司,以提高政府引导基金的市场化运作效率,充分调动各方面的有效资源。

16.4.2 完善引导基金退出机制及程序

在基金运营的过程中,要积极探索政府引导基金的整合和退出模式。随着市场化改革的推进，政府引导基金的引导角色将被淡化，政府逐渐从竞争性领域退出，更多地回归到提供公共服务的角色，因此，应对政府引导基金设立一定的期限，一旦完成任务，政府引导基金将按照市场的契约精神自动退出，转而投资于新的符合条件的产业，合理的退出模式既有利于投资资本实现增值和再投资循环，提高资金的使用效率，又有利于避免企业对政府形成过度依赖而降低竞争力。以色列、澳大利亚和美国提供了很好的经验。

第一，以色列政府 YOZMA 基金根据事前的承诺和约定价格及时退出，该基金承诺在投资的五年之内，私人和国际投资者可以通过一个约定的优惠期权价格回购政府股份。YOZMA Ⅰ 参股的 10 只市场化创业投资基金通过首次公开募股（initial public offering，IPO）或并购的方式，成功从 112 家被投企业中退出，退出率为 55.7%。在母基金 YOZMA Ⅱ 开始运作之后，截至 2000 年共投资 656 家创新型企业，并成功退出 316 家，退出率为 48%。

第二，澳大利亚针对种子期投资设立的前种子基金（pre-seed fund，PSF）将更大幅度的利润分配优惠给予了私人部门投资者，在收回投资的本金以后，PSF 引导基金将不再参与分配任何的投资收益，而将剩余的收益完全让给私人部门的投资者，并规定混合基金的存续期为 10 年。

第三，美国的小企业投资公司（small business investment companies，SBIC）计划用严格的监管模式，对股本和债券投资后进行跟踪调查和反馈，经过一定投资时间后，对这些投资企业进行价值上的评估，以此来决定继续投资或者退出投资转向其他的投资对象，美国的纳斯达克市场体系为政府引导基金提供了畅通的退出渠道。

因此，为达到提高创业投资运作效率的目的，不同投资偏好的投资者可以在不同投资阶段实现顺利退出，政府则应重视发展多层次的资本市场，积极发展场外交易市场。我国大部分政府引导基金尽管在事前合同中已明确政府退出的相关事宜，但在实践中仍然落实不到位。在制订政府投资基金退出方案时，财政部门可以设立分级决策的退出机制，以适应公司制、有限合伙制和契约制等常见的组织形式及单个项目退出金额的需要。并且为了防止"名股实债"的出现，扫清政府退出障碍，应该通过强有力的法制约束和行政监督防范债务风险向财政风险的转化（陈少强等，2017）。

16.4.3　健全基金管理与评价考核体系

为了更好地发挥政府引导基金的运作效率，确保资金的保值增值，要完善信息披露和备案制度、加强对引导基金的监管并健全基金评价考核体系，全方位地提高资金的利用效率并降低基金运行风险。澳大利亚和欧盟提供了一些经验。

澳大利亚的 IIF 设立后，基金管理团队必须按照要求定期向基金委员会提交财务报告和投资决策报告，用于证明被投企业是否符合基金管理规定。特别是在每个财务年度结束后的 3 个月内，基金管理团队都必须将经审计后的财务年度报告及每项投资的年度评价报告提交给基金委员会。并且基金管理团队在每个财务年度内还必须向基金委员会报送中期财务报告；另外，在单项投资决策做出后的 30 天内，基金管理团队需向基金委员会提供投资决策报告。

欧洲投资基金（European Investment Fund，EIF）作为一个市场化的基金，为达到接受社会和民众监管的目的，欧盟委员会和欧洲投资银行对 EIF 也采取市场化的管理方式，主要通过信息公开、定期报告及审计等手段进行监管，并制定了专门的信息公开规则，EIF 的经营基本方针、运营流程、投资活动等都是向公众公开的。

从发达国家和地区的监管模式中可以发现，要提高政府引导基金的利用效率应该完善基金监管机制。首先，应建立基金机构与财政部门和各级政府的信息共享机制，目前我国尚缺乏信息共享平台和资源整合机制。各地、各级政府设立的引导基金信息无法实现共建共享，现实中的基金管理人在其投资领域所掌握的资源也非常有限，从而不能为参股设立的子基金或被投资企业提供全方位的资金支持，因此，各级财政部门要完善政府投资基金定期报告制度，要求本级政府投资基金应按时将财政出资、融资的规模和资产负债及利润分红等政府投资基金情况向相应的财政部门报告，同时实行定期信息披露制度和备案管理制度。其次，为正确发挥引导基金的作用、提高引导基金的使用效率，建立对政府引导基金绩效评价体系也是关键因素，通过建立科学的评价指标，如基金价值指标、杠杆效应指标和风险控制效果指标等，按年度对目标完成情况、投资收益情况、管理运营情况等开展评价，满足投资各方对引导基金投放的实时监控，以降低政府和社会资本的投资风险，防止基金投资对象有寻租和暗箱操作等行为。

第 17 章　激励企业技术创新的财税政策优化

2020 年 12 月 18 日闭幕的中央经济工作会议部署 2021 年经济工作，明确提出八大重点任务。第一项任务就是要强化国家战略科技力量。要充分发挥国家作为重大科技创新组织者的作用，坚持战略性需求导向，确定科技创新的方向和重点。要发挥新型举国体制优势，发挥好重要院所高校国家队作用，推动科研力量优化配置和资源共享。但是，当前激励企业技术创新财税政策还存在许多问题，在政府采购政策方面，还需要进一步扩大创新产品购买规模，增加企业技术创新机会；在税收优惠政策方面，需要有效降低企业技术创新成本，以激发企业创新的动力；在财政投入政策方面，需要改进科技投入政策，以提升企业技术创新能力；在政府引导资金方面，需要进一步提高企业技术研发成果产业化的能力。

17.1　改进政府采购政策，增加企业创新机会

17.1.1　设立专门的政府采购机构

设立专门的政府采购机构，保证激励机制的顺畅运行。当前，我国的政府采购权限分散在各个国家机关、事业单位与社会团体的相关部门，并没有一个专门的政府采购机构。为此，设立专门的政府采购机构势在必行。设立专门的政府采购机构不仅能够更加高效地完成日常政府采购任务，更为重要的是，能够充分发挥政府采购对企业技术创新的促进作用。设立专门的政府采购机构大体有以下几种措施。

第一，设立一个政府采购主管机构。借鉴美国的经验，我国可以在财政部门内设立一个类似于美国联邦政府总务管理局（General Services Administration，GSA）的机构，将其作为政府采购的主管机构。该机构的主要职责包括：对政府采购实施集中管理；草拟并制定相关政府采购法规；协调与管理政府采购市场；统计、分析与评估政府采购等。

第二，设立专门的政府采购业务部门。在美国，联邦供应局作为美国各级政府专门的政府采购业务部门，在保障政府采购的顺畅进行方面发挥着十分重要的作用。因此，结合我国国情，可以考虑设立类似的专门的政府采购业务部门，推

动我国政府采购的专门化与规范化。

第三，设立专门的政府采购监督机构。为建立政府采购内控机制，构建政府采购长效监督机制，需要设立专门的政府采购监督机构，从而保证政府采购的政策目标与功能能够实现。

17.1.2 扩大政府采购规模

扩大政府采购规模，强化总体政策功能。国外经验表明，随着社会经济发展阶段的攀升，国家的政府采购大体上呈现一个由小及大的过程，其治理手段也由财政管理转变为宏观调控。因此，拓宽政府采购的范围，扩大政府采购的规模，将成为未来一段时间内我国政府采购的主要趋势之一。这不仅是我国通过政府采购实施宏观调控的必然要求，也是充分发挥我国政府采购政策功能的内在要求。为扩大我国政府采购规模，强化总体政策功能，应着重从以下两个方面改进。

第一，要加强政府采购的相关顶层设计。当前，《政府采购法》和《招标投标法》并存而导致的相关问题是顶层设计需要面对的突出问题。因此，要以这两法为突破口，通过顶层设计，着力处理好政府采购体系和工程建设项目体系的关系，使《政府采购法》和《招标投标法》能够相辅相成、相互补充、协调一致。

第二，要有计划、分步骤地将国有企业采购纳入政府采购范围。当前，根据我国的《政府采购法》，国有企业并不属于政府采购的范围。在制定《政府采购法》之初，之所以没有将国有企业纳入政府采购范围，主要原因在于：首先，我国政府采购尚处于起步阶段，国有企业兼具市场特性与行政特性，处理起来较为复杂；其次，为防止对国有企业进行过多的行政干预（马海涛等，2019）。然而，当前中国特色社会主义已经步入新时代，尽管部分国有企业依然承担着大量的社会功能，履行着重要的政府职能，但其采购行为既不受制于《政府采购法》，也游离于《招标投标法》之外，因而不受相关政府采购的法律约束。这与国有企业较为严重的采购腐败问题有着密切关系。基于此，伴随着我国政府采购制度的不断改革，为扩大政府采购规模与有效治理国有企业的采购腐败问题，应当有计划、分步骤地将国有企业纳入政府采购范围。例如，可以考虑先将部分主要履行政府职能、承担公共管理责任的国有企业采购纳入政府采购的范围。

17.1.3 建立创新导向型政府采购政策体系

国外经验表明，政府采购必须能够体现国家战略意图。创新导向型政府采购是推动创新发展最好的工具之一，也受到了OECD国家的青睐，因而被广泛使用。

因此，在创新驱动发展与高质量发展阶段，我国应当遵守国际规则，建立和完善我国的创新导向型政府采购政策体系。具体而言，主要应做好以下几个方面的事情。

第一，要明确政府采购对创新发展的功能定位。早在 2006 年，"促进自主创新的政府采购"等内容就出现在我国相关文件与配套措施中，但在 2011 年与 2016 年，迫于国际谈判的压力，我国先后废止和彻底清理了相关文件。换而言之，当前，我国促进企业创新发展的政府采购政策处于空白状态。因此，先要明确政府采购促进创新发展的功能定位。

第二，要灵活进行政策的设计与制定。在进行政策设计与制定时，既要发挥政府采购对创新发展的推动作用，又要符合 WTO 的相关规则。吸取之前的教训，借鉴欧美等国家和地区的通行做法，在起草相关内容时，可以将"自主创新产品"改为"技术创新产品"，从而使其符合相关国际规则要求，也能充分发挥其推动创新发展的功能。

第三，要完善创新采购的考核与预警机制。在发挥政府采购的创新功能时，激励考核与风险预警机制的构建十分重要。在建立我国创新导向的政府采购政策时，应当建立起创新产品或服务的考核评估机制与风险预警机制。

17.1.4 推进采购信息公开

推进采购信息公开，营造良好的政府采购治理环境。公开、透明是政府采购政策的生命线，也是预防相关采购腐败问题的有效利器，进而发挥政府采购的相关功能。而要做到政府采购的公开透明，必须推进采购信息的公开化，营造良好的政府采购治理环境。具体而言，包括以下几个措施。

第一，要构建责任明晰的信息公开机制。信息公开机制不仅要求公开相关政府采购信息，而且要求确保相关信息的质量。因此，作为政府采购信息公开的主管部门，财政部要主动担起这份责任。相关集中采购实施部门也应当将政府采购信息公开作为本部门的重点日常工作，并使之制度化、规范化。此外，为了保证相关公开信息的质量，应当借鉴会计风险控制经验，建立多级审核内控机制，即由采购人对相关公开的信息进行初步审核，主要审核信息内容的完整性、金额的准确性、日期的正确性等基础内容。在此基础上，再由财政部门的相关人员进行二次或者多次审核，从而确保公开信息的质量。

第二，要加强政府采购信息公开的标准化建设。标准化建设是信息公开的内在要求。针对我国政府采购信息公开的不统一、不规范等问题，可以采取措施推进政府采购信息公开的标准化建设。首先，规范信息发布平台。全国的政府采购信息应当有一个统一而规范的信息发布平台，这是标准化建设的第一步。其次，完善公开栏目设置。在进行政府采购信息公开栏目设置时，应将省本级、市、区（县）的相关信息分开，这样便于查询与对比。此外，根据采购流程或采购方式，科学设置采购公告栏目、采购监督栏目等。最后，推进相关采购文件的标准化建设。不仅要求采购需求设置标准化格式，而且要求采购公告、采购文件、采购合同等设置统一的标准化格式。只有这样，才能切实展开网络信息的标准化建设，最大限度地方便广大群众查找与监督。

第三，要推进政府采购信息公开的广度和深度。信息公开不仅要求格式统一，而且要求内容翔实。政府采购信息公开也不例外。因此，一方面，要全景式地公开整个政府采购流程。这就要求政府采购信息公开应该完整地包括预算编制、采购程序、合同履约、监督管理等各个流程。另一方面，要注重公开政府采购的相关细节。例如，对于招投标中的分包行为，不能仅仅公布招投标的相关程序，而应当对分包商的相关信息也进行公开。

17.1.5 加大对中小企业的采购扶持力度

加大对中小企业的采购扶持力度，充分发挥政府采购促进中小企业技术创新的积极作用。中小企业是创新活动最为活跃的群体，但普遍面临着融资难、融资贵的问题。政府采购不仅能够直接缓解中小企业的融资问题，而且能够凭借其政府信用，帮助企业获得相关贷款，进而解决融资问题。因此，要加大对中小企业的政府采购扶持力度。

第一，要完善相关配套政策，构建有利于中小企业发展的政府采购法规体系。促进中小企业发展，是政府采购的主要政策功能之一。但相关实施效果还有待提升。为进一步发挥政府采购促进中小企业发展的积极作用，需要对当前的政府采购法规进行完善。例如，在《政府采购法》中，可以明确要求在政府采购总额中，小企业必须占有一定比例。此外，借鉴国外的经验做法，对于金额较大的政府采购合同，可以要求其必须将一定比例的金额分包给中小企业。

第二，要加强电子化建设，形成有利于中小企业发展的政府采购网络体系。中小企业由于规模小、人员有限，在信息收集与处理等方面处于劣势。这就要求加快构建有利于中小企业发展的规范化网络体系。具体而言，可以借助网络资源，为中小企业提供招投标信息服务。此外，考虑到中小企业的实际情况，可以简化中小企业参与政府采购招投标的程序和手续，为其在申请过程中提供优质服务。甚至在评审过程中对中小企业的优势项目给予政策性加分，加快对中标中小企业的资金支付速度，以缩小其与大型企业竞争实力的差距。

17.2 完善税收优惠政策，扩大企业盈利空间

17.2.1 推动税收优惠法治化进程

我国现行激励企业技术创新的税收优惠政策是由法律、法规和文件组成的多元化税收优惠政策体系，发布单位多元化，政策形式多样化，总体看来政策体系较为烦冗复杂。由于税收优惠政策具备较浓的行政和计划色彩，法律级次不高，缺乏稳定性和系统性，在政策执行过程中，自由裁量权过高，损害了税收优惠政策的规范性和权威性，尤其是影响了税收优惠政策对企业技术创新的激励作用。因此，有必要加快税收优惠政策的法治化建设，以弥补当前税收优惠政策缺乏系统性和稳定性、执行上缺乏强制性等方面的不足。

首先，国家财政和税务部门应当基于我国建设创新型国家的需要，全面梳理既有的科技税收优惠政策，清理其中政策重叠、政策冲突、政策制定操作性不强的条款，使之系统化和条理化。同时，应当加强对已颁布的税收优惠政策效应的定期评估，杜绝税收优惠政策滥用。其次，将相对成熟的规章、条例、法规，经由法定程序上升至法律级次，从而强化税收优惠政策的法律效力。最后，制定统一的"税收优惠法"，详细规定税收优惠的具体项目、范围、内容、方法、审批程序、审批办法、受惠权利和义务、法律责任等。

17.2.2 扩大间接税收优惠的比重

我国激励企业技术创新的税收优惠政策以所得税为主，实证检验结果也表明所得税税收优惠对企业研发投入和创新绩效具有激励作用。目前我国所得税优惠政策中，大部分采用税率优惠、减免税等直接方式，企业只有取得了收益才能获得优惠，而亏损企业、处于初创时期的企业基本享受不到所得税税收优惠。这种侧重于产出阶段的优惠对企业的盈利能力要求较高，对成熟度较高的企业来说优惠较多，这使得中小企业的生存空间被挤压，不利于创新环境的培育（王震，2018）。在描述性统计分析中可以看到，有很多企业的所得税优惠税率为负数，在很大程度上体现了企业在亏损时很多税收优惠没有享受到。而侧重事前激励的间接优惠工具，如固定资产加速折旧、税前扣除、特定准备金、延迟纳税等能够让企业从创业初期就享受到政策红利，能从更广阔的时空里激发更多的企业开展创新活动。发达国家更加重视间接优惠方式，其创新实践也证明了间接优惠方式具有更强的政策引导性，对于形成"政策引导市场，市场带动企业"的公共政策激励机制作用十分重大，更为公平、公正的市场竞争环境在政府的支持下逐步完善。

17.2.3 提高研发费用加计扣除比

对于研发和创新的企业，税收扣除的激励主要体现在加计扣除方面。现行研发费用加计扣除政策规定了对七大特定领域不可加计扣除，此规定可能与国家的产业导向有关，但制约了政策激励企业研发投入的积极性，违背了政策制定的初衷。2018年9月出台的《财政部 税务总局 科技部关于提高研究开发费用税前加计扣除比例的通知》(财税〔2018〕99号)文件已将研发费用75%的加计扣除额和175%的税前摊销比例由《财政部 税务总局 科技部关于提高科技型中小企业研究开发费用税前加计扣除比例的通知》(财税〔2017〕34号)仅适用于中小科技型企业转向适用于所有企业，在一定程度上体现了政府对技术创新的重视。但这种优惠力度的提高仅限于科技型的中小企业，认定标准的限制将阻碍很多中小企业享受不到这样的税收优惠。而英国公司税法规定，中小企业的研发费用扣除标准为230%（付伯颖，2017）。因此，可以进一步扩大对企业研发费用的加计扣除比例，建议在条件成熟以后将75%和175%的比例进一步提高，以释放该政策最大的激励效应。同时也不应只局限于科技型中小企业，只要符合研发费用的认定，应将范围扩大到整个中小企业。对于亏损的中小企业，研发费用的加计扣除税收优惠就没有享受到，因此，除了对亏损进行往后年度的结转，也可以适当考虑将亏损的中小企业的加计扣除部分以现金的方式进行补贴，鼓励中小企业加大研发投入。

17.2.4 延长企业的亏损结转年限

我国税法规定的企业亏损结转年限是5年，但中小企业从初始运营到最终盈利可能需要较长时间，在初创期很有可能出现亏损的情况，如果亏损大部分集中在初创期的前5年甚至比5年还要长的时间，那么中小企业将很难享受到亏损结转的优惠。在实地调研中获悉，不少亏损企业认为研发费用加计扣除只是扩大了企业的亏损，并不能在当前给企业税收减负。因此，鉴于中小企业初创期经营的困难，常出现亏损、盈利微薄而无法真正享受到亏损结转的优惠，我国应延长中小企业的亏损结转年限，可考虑采取年限递减的形式规定中小企业的亏损弥补年限，比如中小企业创业前期可享受10年的亏损结转年限，以后每年逐年递减直至结转年限下降为5年（刘楠楠，2017）。另外，在亏损年度内，企业也没有享受到研发费用加计扣除和形成的无形资产加速摊销的税收优惠，因此，对于这部分当年没有抵扣完的研发费用可以给予其在以后的盈利年度进行结转或者返还税收。

17.2.5 加大流转税税收优惠力度

实证分析表明，流转税实际税率与企业研发投入没有显著的负相关性，在激励中小企业的创新绩效方面的政策效果不突出。目前，我国的流转税主要包括增值税、消费税和关税，而对于促进企业创新的流转税税收激励主要集中在增值税上，体现在销售软件产品即征即退、采购直接用于科研的进口仪器免税等几个方面。增值税优惠数量少，优惠的方式单一。侧重于所得税的税收优惠政策对流转税难以产生减税效应，尤其是对处于盈利甚微或亏损时期的创新企业激励作用非常有限。同时，还可能会压缩货物劳务流转税税收优惠政策的空间，如高新技术企业、技术先进型服务企业等由于销售高新技术产品的收入仅能享受企业所得税税收优惠，无法享受增值税税收优惠。

优化税制结构的考量基于将具有不同作用特点和作用方式的税种激励优势发挥出来，在创新链的各个环节实行更有针对性的优惠政策。其中最关键的是要配合国家营改增的宏观改革背景，扩大增值税等其他税种的优惠范围，将以所得税优惠为主逐步转变为所得税与增值税优惠并重，在释放流转税对企业技术创新的激励效应的同时更完美地契合税制结构。例如，破除增值税即征即退优惠仅以软件产业和集成电路产业为适用对象的限制，允许只要符合认定标准的高新技术企业、技术先进型企业、科技型企业及文化企业都能享受该项政策。

由于以智力劳动为主要投入技术创新企业研发投入占企业产品成本比例较大，而原材料、动力成本损耗较少，建议将技术型服务企业的专利、技术等无形资产纳入其增值税抵扣范围，减少企业创新运营开支。

为鼓励技术创新成果转化，建议对知识产权交易业务实行增值税即征即退优惠，采取签订合同的形式推广知识产权契税和印花税的减免征收。通过不断开发适用于激励企业创新的流转税税收优惠，增大流转税税收优惠幅度，扩大税收优惠的适用范围，最大程度给中小企业减税降负，激发中小企业自主创新的积极性。

17.3 优化财政投入政策，提升企业创新能力

17.3.1 健全支持财政性科技投入的体制和机制

1. 划分科技投入的事权和支出责任

以《国务院办公厅关于印发科技领域中央与地方财政事权和支出责任划分改革方案的通知》（国办发〔2019〕26号）为契机，首先，进一步厘清中央与地方政

府之间，以及省、市、县三级地方政府的科技事权和支出责任，促使各级政府将激励企业创新的财政措施落实到位，让企业从政府的支持中获得切身的利益。其次，以减轻基层政府负担为原则，改革配套科研项目基金的使用办法，降低或直接取消省直管县的财政配套项目比例。最后，由于市县实行了"分锅吃饭"，市级政府降低了对县的扶持积极性，应当建立起市、县之间在政治、经济等方面利益相挂钩的新机制，使发展较快、较好的市、县能够产生在财政和经济上带动不发达地区支持创新的意愿。同时，还要鼓励技术创新发达省份对欠发达省份横向资金、人力和物力的支持。

2. 完善科技财政资金预算管理机制

在各省份财政经常性预算和建设性预算中，建立起支持企业技术创新的财政支出预算机制。根据重点支持项目的技术状况，首先，通过省级财政预算拨付一定额度的技术研发启动资金；其次，根据各省份和企业所在地级市当年的经济发展状况，追加一定比例的财政资金，确保技术研发资金的充足、持续和稳定。同时，欠发达地区还应当积极、努力地争取中央财政对地方专项转移支付资金，并依据地区财力水平配备相应的配套资金。在财政预算投入资金和中央财政的专项拨款的科技财政资金管理上，应当建立起预算资金专款专用的制度和科学的财政预算资金管理模式，建立健全人大、财政、审计等部门对财政预算资金的监督和考评机制。

3. 强化财政科技投入法律保障机制

从国家层面来看，财政科技投入总量明显不足，财政科技投入强度也与发达国家和地区相差甚远。尽管《科学技术进步法》能够起到一定的督促国家和地方各级政府增加科技经费投入的作用，但无法从根本上保障科技投入。这是因为，虽然《科学技术进步法》提出了政府科技经费的投入要高于经常性财政收入增长的要求，但因为缺乏必要的配套政策法规及实施细则，法律约束的权威效力不高，政策落实并不充分。建议国家层面出台"科技投入法"，地方政府结合实际出台"科技投入条例"，并配之以相应的实施细则，将政府科技投入的法律地位及经常性财政收入的标准化口径以法律、条例的形式固定下来，形成财政科技投入的法律保障机制。

17.3.2 合理配置有利于构建创新体系的研发资源

1. 提高研发投入总量和投入强度

（1）加大政府直接性的研发投入。虽然我国财政科技支出规模逐年增大，但近年来作为研发主体的企业逐渐成为研发经费的主要来源，来源于政府的资金从

2004年占全国研发经费的26.63%下降至2019年的20.49%，而且政府对研发的财政支持力度增长水平低于同期公共财政预算收入的增长。创新型国家的经验表明，在企业成为技术创新主体前，政府研发经费曾长期占据主导地位，即使在企业实现自身实力跃升之后，政府、企业双主导型的局面也持续了很长时间，如美国在1981~1990年保持了10年的政企双主导型研发投入模式。当前我国正处在技术追赶阶段，政府不宜将研发投入主体的重任卸至企业，而是应不断加大研发投入，改变全社会投入水平徘徊低迷的现象。

（2）鼓励企业加大研发间接投入。公平、有序的市场竞争环境能够激发企业加大研发投入的积极性和主动性，使得企业通过技术创新获取经营利润。我国研发经费来源中企业占比畸高与企业自身低强度的研发投入反差强烈，与成为技术创新主体相距甚远。故此，应当大力完善市场竞争环境，并通过各类科技计划、财政补贴等财政投入政策工具，大力鼓励和引导企业增加研发投入。

2. 优化研发投入结构和企业地位

（1）提高基础研究经费占研发经费的比重。基础研究是一种实验性或理论性研究，没有任何专门或特定的应用或使用目的。基础研究投入不足，将使得基础研究发展缺乏动力，进一步影响高新技术、国防技术、健康技术等关系国计民生的科技领域的应用研究和试验发展研究，最终影响整个社会科技水平。基础研究具有受益主体不确定、受益大小不确定的特点及公共产品属性，是公共财政应当保障的重点。我国应当认识到基础研究的长期积累性及基础研究对于技术创新的重要性，不遗余力地加大对基础研究领域的投入，逐步提高政府研发资金中用于基础研究的比例。

（2）确立企业在创新体系中的主体地位。建立以企业为主体、以市场为导向、产学研相结合的技术创新体系是建设创新型国家的关键。企业的主体地位主要体现在研发投入主体、技术创新活动主体和创新成果应用主体等方面。因此，首先，要尊重技术创新的规律，将以政府、高校、科研院所为主体"院所—企业—市场"的科技投入模式转变为以市场为主导、以企业为主体、产学研相结合的"市场—企业—院所"的科技投入模式。厘清政府和市场在科技投入上的职能边界，加大公共财政资金和科研项目向企业的倾斜力度，强化政府调配科技资源的能力。其次，将企业的重大科技需求反映到国家科技计划中。当前，我国企业在一定程度上参与了国家科技计划，但参与程度仍然过低，在重大科研计划和研发项目里企业仅仅是配角。增强企业的技术创新能力，要提高企业在基础研究领域的地位，科技计划尤其是重大科技专项要对承接科技成果的企业给予更多支持，鼓励企业按照国家产业技术政策，紧密围绕产业结构调整和优化升级，重点支持具有自主知识产权且市场前景良好的新产品开发，努力培育和形成一批我国工业和制造业新的增长点。在市场前景明朗的领域里建立企业牵头、产学研协同的项目实施机制，确保项目顺利完成和技术成果转化。对于重大创新产品和技术，向企业以招标方式寻求研发机构。

17.3.3 创新激励企业技术创新的财政资助手段

1. 积极创新财政科技投入方式

将传统的以"事前补助"、"直接补助"和"无偿资助"为主的投入方式改为以"事后补助"、"间接补助"和"有偿资助"为主的投入方式，提高企业申请技术创新补助的积极性。大力推广科技创新券，重点支持科技型中小企业购买技术研发成果，使用大型科学仪器设备，购买知识产权、法律咨询、技术服务、创业导师服务等，降低企业科研成本。运用以奖代补、贷款贴息、投资入股、融资增信等方式，支持科技研发、成果转化和条件建设。

2. 实行差异化的财政资助政策

通过引入第三方机构对企业开展技术创新的风险进行合理评估，以基于不同的风险等级而实施有差异化的财政投入政策。例如，对于创业型企业而言，其研发资金较为缺乏，对其技术创新的补助可以采取基金补贴的方式；对于投资风险较高的高新技术企业，以项目为基础进行专项补贴更为理想。通过考虑不同企业的技术创新资金需求，为其量身打造科技资助计划，以实现政府科技资金的有效配置，并更好地发挥"四两拨千斤"的功能。

3. 依据创新环节支持技术创新

在技术研发阶段，财政资金配置以核心技术和关键设备的研发攻关为重点，助力于我国核心技术优势的形成。不仅要安排经常性预算资金和政府引导资金支持企业技术研发，同时还应当重视对专职技术研发的技术创新人员的补贴力度，以及对研发机构的奖励水平。对技术研发人员在基本生活、子女教育、个人继续教育、医疗卫生等需求层面予以比较具有倾斜性的照顾政策，以保证技术人员能够全身心且无后顾之忧地投入到研发活动中。当研发人员及团队取得技术重大突破成果时，必要的奖励金额也不可少，以激励科研人员继续攻克重大技术难关。此外，设备是技术研发的基础和平台，因此还应有针对关键设备的制造和测试的专款拨付制度，确保设备研发、制造、实验及测试的资金充裕。

在技术成果转化阶段，由于成果转化的风险较高，应当建立起技术创新容错机制，并予以必要的失败补偿机制，以及降低技术创新的风险。比如说，当企业在技术创新成果转化失败时，对其进行直接的财政资金补贴。当然，补贴水平不宜过大，补贴比例可以依据其研发投入和技术成果转化财力投入水平。容错机制和失败补偿机制的建立，能够激励企业大胆进行技术创新成果转化，提高企业技术创新的长久动力。

在技术产业化阶段，应当通过政府财政补贴支持企业在降低成本和市场推广成本上的积极作为。补贴方式包括投资补贴、产出补贴、价格补贴和消费补贴。直接投资补贴能够调动投资者的积极性；间接投资补贴是指对技术创新企业优先安排银行贷款和对重大研发项目贷款实施长期贴息政策，将金融信贷政策与投资导向政策进行有机结合。对技术创新进行产出补贴，降低产品成本，提高企业效益，使得企业增加产品产量，并引发其新一轮的生产与改进技术装备等技术创新活动。价格补贴指通过改变技术创新产品的相对价格，提高其在国内外市场上的竞争力，扩大市场需求份额，从而提振我国企业持续进行研发投资的信心；当然，在创新产品技术逐步成熟，并形成强大技术竞争力时，价格补贴力度可以减弱甚至取消。消费补贴能够促进形成主流消费模式，形成较为稳定的技术产品市场。

17.3.4 构建财政科技投入管理和绩效评估体制

1. 建立科技投入资源协调配置和管理机制

财政科技投入要发挥规模性和凝聚性的激励效应，需要加强科技资源的宏观统筹规划和协调配置。应搭建全国统一的科技管理平台，建立由科技部门牵头，财政、发改、审计、工信、统计等相关部门参加的科技计划管理联席会议制度，成立由各类专家参与的战略咨询与评审委员会，负责审议科技发展战略规划、科技计划项目布局、科技重大专项设置、科技计划项目管理、科技计划经费安排等事项，有效协调各部门的科研立项和科技资金投入，打破部门、行业和地域的藩篱。各省份建立与国家重大专项、重点项目对接机制，对省级科技计划类别进行撤并转，进一步明确各类科技计划的功能、定位和边界，着力解决科技计划交叉重叠、定位不清、重复支持等问题，形成符合我国实际及与科技部门相衔接的科技计划体系。

2. 加强财政科技投入的绩效评估机制建设

建设一套科学的财政科技投入评估机制应该从四个方面着手。首先，建立指标体系。将国内外科技绩效评估相关指标体系框架与我国实际国情相结合，创建一套科学合理的财政科技投入绩效评估指标体系，并保持指标体系的相对动态调整，依据经济社会的发展变化做出相应的修订和完善，使指标体系在一定的时期内具有稳定性、普适性和可操作性。其次，建立科技数据库。建立一个相对独立的科技数据库作为财政科技投入绩效评估的支撑机构，既包括科技项目、科技成果、科研机构和科研人员等定量数据，也包括科技政策、科技规划、科技计划和科技发展领域等定性数据。再次，建立信息反馈机制。在财政科技投入绩效评估过程中，根据不同阶段、不同目的向不同领域的专家、民众、其他评估机构等征询意见，借由高效畅通的信息反馈渠道，保证来自各方的意见都能顺利到达评估机构，并将最终评估意见落实到科技工作中。最后，建立责任机制。为确保财政科技投入绩效评估的信息准确，保证评估报告的科学、真实和权威，应当明确参与绩效评估的部门和个人的责任和义务，并建立责任追究机制。将科技计划实施绩效评价结果作为科技计划保留与撤并的重要依据，将项目绩效评价结果作为项目承担单位项目立项、经费分配和信用管理的重要依据。

17.4 改革政府引导资金政策，促进企业创新发展

当前产业投资财政引导资金与政府引导基金的资金重要来源都是财政资金。改革政府引导资金政策包括对产业投资财政引导资金与政府引导基金的改革，因此，为促进企业技术创新发展，当前政府引导资金的改革应着重关注以下几点。

17.4.1 规范专项资金"拨改贷"的行为

虽然通过政府引导资金促进企业技术创新发展不是中国的专利，而是多数发达国家的通行做法，但是在政府引导资金的规模及参与企业技术创新发展的广度与深度方面，又明显体现出中国制度的特色与优势。在中国财政制度下，政府引导资金起源于政府专项资金的使用与改革。由于财政专项资金在落实政府各项政策中的不可替代性，其不会因为政府引导资金形式的出现而消失，因此，在促进企业技术创新过程中，财政专项资金与政府引导资金是并存的，只是为提高财政专项资金的使用效率，使更多的财政专项资金由无偿拨付改为股权投资支持，这些股权投资资金本质上是财政周转资金，既保留了政府的支持财力，也增加了政府支持的力度与范围，还减少了财政补贴等专项资金中可能产生的腐败行为。

在企业技术创新不同阶段，财税政策支持方式不同，当企业技术创新处于种子期与初创期，企业技术创新还没有产出收益时，财税政策支持方式以小额的、具有普惠性质的财政补贴资金为主，以为各类企业技术创新提供公平的、必要的资金支持，这是补贴类的财政专项资金发挥作用的企业技术创新阶段。但是当企

业需要实施技术创新成果转化与扩大技术创新产品产能时,财税政策支持方式以有偿的支持为主,包括债权融资与股权融资,这是有偿使用类的政府引导资金发挥作用的企业技术创新成长期。

当前政府引导基金存在资金募不进来与投不出去并存的情况,这说明政府引导资金的可投项目不多,投资项目风险较大,社会资本不愿意介入政府主导的基金。在私人风险投资越来越成熟的发展趋势中,政府需要更多的补贴类财政专项资金支持企业早期的技术研发过程,即支持暂时看不到收益的研发行为,不宜把补贴类财政专项资金都改为有偿类的政府引导资金。政府只有支持更多的企业早期技术研发,才能为后来的有偿支持企业成果转化提供基础。因此,政府需要规范财政专项资金"拨改贷"的行为。

17.4.2 建立一体化的项目管理机制

当前产业投资财政引导资金管理全过程是政府机制,从确立财政引导资金的使用方向、单个项目平均投放规模、引导资金资源整合、投放项目的选择、投放项目的监控及投放项目资金的回收等过程都是政府机制与政府行为。虽然政府为项目的运行配置了国资创投公司,由其来监管投放过程与日常管理,但是国资创投公司对项目的有关事务并没有决定权,政府设立的评审委员会才有项目的选择权。但是,财政引导资金不能回收后,由于管理环节过多,没有相关的管理部门能够承担项目失败的责任,因此,部分财政引导资金不得不由政府核销,使之成为无偿资金,这种结果显然与产业投资财政引导资金政策的目的相背离。

因此,遵照国有资本改革的简政放权精神,遵循引入市场机制的改革原则,针对产业投资财政引导资金项目,应构建由国资创投公司主导的项目选择、管理与回收一体化管理模式,或者通过市场竞争,引入专业的投资管理公司,实现项目选择市场化、资金管理规范化、服务供给专业化,以保证财政引导资金投入的宁缺毋滥,通过银行监管引导资金的使用用途,由投资管理公司对受资企业提供专业化资产管理服务,政府财政还要鼓励和支持企业争取国家重大科技发展项目。而政府组建的产业投资引导管理委员会应该专门负责战略性新兴产业发展规划,还要行使监督管理职责,并对国资创投公司的管理工作进行监督问责。这样分工有利于明确责任归属,建成有权必有责、用权受监督、侵权要赔偿的管理机制。

17.4.3 改革投资引导资金监管制度

为保证产业投资财政引导资金的用途符合引导资金政策目的,政府一般会设立引导资金管理委员会。为了保证项目选择的科学合理性,政府会设立项目评审专家委员会；为了保证项目资金管理的合法性，政府会设立国有投资管理公司进行资金的监管；为了考核资金的使用效率，财政部门还会组织第三方专家对项目进行绩效评价，即在资金投放与收回的管理上，政府尽可能做到程序风险极小化，但是这种形式上完整的资金监管制度容易产生资金投放过程时间太长、资金投放效率太低、部分企业不能接受申请财政引导资金的时间成本等问题，导致企业放弃申请项目资金，这就违背了财政引导资金政策初衷，需要改进。

管委会办公室的主要职责应该是引入竞争机制，优选类似国控公司的资金管理机构，督察项目一体化管理工作，考核管理绩效，根据考核结果实行奖惩，管委会办公室通过选定管理机构及各种督察手段对项目资金效果负总责。国控公司或其他专业管理公司通过市场化运作对项目资金绩效向管委会办公室负责。项目承担企业通过实施项目，承担项目成败的直接责任，并对国控公司承担合同责任。设区市政府要与企业驻地基层政府交流信息，并以此为抓手，及时跟踪项目发展状况，防范企业脱序经营，以降低项目资金回收风险，保证项目资金更好地为地方经济建设服务。

17.4.4 优化国资体制监管引导基金

当前政府引导基金的资金来源可以分为两类：一类是财政专项资金；另一类是国有企业资金。财政专项资金在政府引导基金中的股份称为国家股，国有企业资金投入政府引导基金中的股份称为国有法人股。总之其性质都是国有资本。虽然当前国有资本的管理体制历经30年的改革还没有完全成熟，但是国有资本产权权能在政、资、投、企四大主体之间的分解已经相对稳定。当前政府引导基金的主要问题是在项目选择上政府机制替代市场机制。另外是财政资金量大，社会资金不足，投资项目有限，投资效果不够理想等。其问题的核心是政府引导基金的国资体制不畅。

政府引导基金应遵循一般国有资本监管的体制机制，即政府出产业政策，国资委行使国资监督权，而基金公司行使自主投资权。政府引导基金一般通过入股创业投资公司来支持企业技术创新活动。通过创业投资公司的项目选择机制来确定政府引导基金的支持对象，这样，把促进企业创新发展的决定权放给创业投资公司，由市场机制决定创业投资公司所投资项目的成败，由创业投资公司与政府引导基金共同承担投资失败的风险。在此，政府以对创业投资公司的出资额为限承担有限责任，不干预创业投资公司项目的选择权。政府决策权主要体现在选择合作的创业投资公司上，而不是企业技术创新项目上，以使政府机制与市场机制通过创业投资公司的运作实现完美的融合。

第18章　第三篇小结

18.1　主要研究内容

在国家创新驱动发展战略当中，企业是自主创新的主体，企业的自主创新主要是科技创新。在创新发展战略中，政府主要研究并确立科技发展战略，保障基础研究和重大科技项目投入，配合企业技术创新的需求，引导社会资源支持企业技术创新活动，为企业技术创新提供保障。政府作用的主要形式是制定与执行科技政策。企业技术创新全过程是从发现创新机会开始的，进而进行技术创新的成本收益分析，再到实施技术创新投入，最后是企业技术创新成果转化为创新产品，据此，支持技术创新的政府科技政策可以分为需求面政策、环境面政策与供给面政策。财税政策是科技政策的重要组成部分，其需求面政策主要是政府采购政策；环境面政策主要是税收优惠政策；供给面政策主要是财政投入政策。作为财政投入政策的一部分，政府引导资金对促进企业创新发展的影响越来越大，因此，有必要独立看待其对企业技术创新的影响。企业技术创新过程也成为分析财税支持政策顺序的基本依据，即首先分析政府采购政策问题；其次分析税收政策问题；再次分析财政投入政策问题；最后分析政府引导资金政策问题。

社会科学研究报告布局的一般规律是提出问题、分析问题与解决问题，因此，本篇的逻辑思路是，从激励企业技术创新财税政策的现状特点出发，探寻财税政策与企业技术创新活动的关联及内在规律，以内在规律为理论基础，分析财税政策表面问题背后的理论根源，在借鉴先进国家激励企业技术创新财税政策经验的基础上，提出改进我国激励企业技术创新财税政策的建议。主要观点如下。

（1）激励企业技术创新财税政策现状。从激励企业技术创新财税政策现状来看存在以下几点。

第一，《科学技术进步法》以法律条款确立了激励企业技术创新的政府采购对象、首购要求、采购方式等。实施效果总体上呈现政府采购的技术创新产品的总量和占比持续增大，并且采购对象倾向中小微企业的现象，但是由于《政府采购协定》的干预，我国政府采购的创新激励功能有所弱化。

第二，当前我国税收优惠政策已经涵盖了技术创新的各个领域，政策体系呈现出多税种、多方式、多环节的特征，覆盖了扶持高新技术企业发展、激励企业加大研发投入、推动科技成果转化、鼓励科技人员创新创业、支持创新创业平台建设等五个方面。从实施效果来看，税收优惠政策引导企业加大研发投入，提升了企业技术创新指数。

第三，《科学技术进步法》是国家实行财政科技投入的基本依据，不仅规定了科技投入的增长幅度"应当高于国家财政经常性收入的增长幅度"，更从立法角度明确了科技经费管理体制，不允许"虚报、冒领、贪污、挪用、截留"经费。《关于深化科技体制改革加快国家创新体系建设的意见》要求，"实现2020年全社会研发经费占国内生产总值2.5%以上的目标"。从财政投入政策结果来看，我国财政科技支出占财政总支出的比重虽然部分年份有波动，但总体基本维持在4%左右的水平，从2007年开始，地方政府的财政科技支出反超中央，并逐渐拉大差距，发达省份的地方财政科技拨款较多，中西部欠发达省份的地方财政科技拨款较少，企业研发经费投入来源于政府的资金所占比例呈下降趋势，研发机构和高等学校是政府资金的聚集地，政府对企业研发的资金扶持度很低。

第四，财政引导资金是一种可由政府核销的财政周转资金，财政引导资金的分配是政府机制，财政引导资金只能投向科学技术创新等领域。为防止财政资金被滥用，申请产业投资财政引导资金具有一定的门槛。对企业而言，财政引导资金投入的规模与时间比较有限。而申请政府引导基金入股支持的各类公司的门槛远高于财政引导资金，引导基金的引导方式主要为阶段参股、跟进投资、风险补助和投资保障。政府引导基金的各出资人根据"利益共享、风险共担"的原则明确约定收益处理和亏损负担的方式，政府以出资额为限承担有限责任。从实施效果来看，财政引导资金使用效率并不突出，而政府引导基金的规模较大，在基金行业的影响较大，但是募集的社会资本没有达到目标规模。

（2）财税政策与企业技术创新活动的关联。通过实证分析与问题分析发现，这四类财税政策在企业技术创新活动中发挥不同的作用。首先，政府采购政策有利于增加企业技术创新的机会，因为政府采购中对创新产品需求的招标增加了企业技术创新机会。其次，税收优惠政策有利于扩大企业盈利空间，因为税收优惠政策直接降低了创新产品的财务成本，直接提升了创新产品的盈利水平。再次，财政补贴政策有利于提升企业的创新能力，这表现在两个方面：一是财政补贴会增加企业技术创新经费投入，增加企业研发试错机会；二是财政补贴让企业有财力招聘更多的人才投入研发，更多的人才投入会增加企业的创新能力。最后，政府引导资金有利于促进企业创新发展，这是因为政府引导资金支持企业技术创新的主要方式是入股创业投资企业，通过创业投资企业采用市场机制筛选创新创业项目，以提高创新产品的成功率，提高对创新产品的支持力度，促进创新成果的产业化，促进企业创新发展。

（3）财税政策问题及其背后的理论根源。当前激励企业技术创新的财税政策还存在许多问题，首先，政府采购政策方面的问题是，激励企业技术创新的立法目标未能明确，缺乏政策废止下的创新激励主观能动性，绿色政府采购政策的落实力度有待提高，对高新技术企业发展的激励效应不充分，政府认知及执行缺陷制约政策实施效果。其次，税收优惠政策的问题是，政策法律级次低及与税制结构不对称，税收优惠政策的普惠性激励力度较弱，直接优惠方式弱化了间接优惠的效果，优惠环节侧重点忽视创新价值链衔接。再次，财政投入政策的问题是，财政科技投入的总量和强度均不高，财政科技投入在不同领域分配不均，央地科技财政事权与支出责任错位，单一化财政投入方式影响政策绩效。最后，政府引导资金的问题是，新兴产业政策是政府机制配置资源，政府机制决定新兴产业的地区布局，政府机制决定扶持项目与申请流程，政府机制决定投资条件与退出方式，这导致引导资金政策的效果低于预期目标。

（4）先进国家激励企业技术创新财税政策经验。从国外先进国家激励企业技术创新财税政策经验来看存在以下几点。

第一，在政府采购政策方面：规范的国货采购标准，是保护高新技术产业发展的有效手段；完善的政府采购政策支撑体系，为政府采购的监督管理提供了重要依据和支撑；实施电子化政府采购，中小企业可以以低廉的成本参与到政府采购市场的竞争中去，这样在竞争中也不会因为自己规模和品牌方面的弱势而受到不公正的对待。各国政府都加大对中小企业政府采购的力度，因为未来中小企业的技术创新将很可能在很多行业占据主导地位。

第二，在税收优惠政策方面：一是规范税收优惠的法律制度，遵从税收法定原则，不仅有利于提高税收相关法规的权威性，也将保障各项优惠政策的确切落实。二是先进国家对技术投资实行税前扣除或加速折旧，对技术转让收入减免税收，促进科技成果转化。三是实行所得税减免政策，鼓励技术创新人才培育。四是很多国家通过投资税减免方式推动创新产业发展。

第三，在财政投入政策方面：一是加大财政科技投入力度，这反映了一个国家或地区的科技创新发展的支撑能力及政府和全社会对科技创新事业的支持程度。二是建立多元化的科技投入模式，进一步推动高科技中小型企业的创新。三是完善科技投入法治建设及绩效评价体系，以保证计划目标设定恰当、计划实施妥当及避免重复投资等现象。

第四，在政府引导资金方面：一是平衡政府与市场的关系，政府要以引导社会投资为主，不可进行过多的行政干预，保证引导资金的市场化运作。二是完善引导资金退出机制及程序，既有利于投资资本实现增值和再投资循环，又有利于避免企业对政府形成过度依赖而降低竞争力。三是健全政府引导资金管理与评价考核体系，提高政府引导资金的使用效率。

（5）改革我国激励企业技术创新财税政策建议。综上所述，改革激励企业技术创新财税政策的基本框架是，通过政府采购政策，增加企业创新机会；通过税收优惠政策，扩大企业盈利空间；优化财政投入政策，提升企业创新能力；改革政府引导资金政策，促进企业创新发展。具体来说存在以下几点。

第一，改进政府采购政策，增加企业创新机会的主要建议：一是设立专门的政府采购机构，保证激励机制的顺畅运行；二是扩大政府采购规模，强化总体政策功能；三是建立创新导向型政府采购政策体系；四是推进采购信息公开，营造良好的政府采购治理环境；五是加大对中小企业的采购扶持力度，充分发挥政府采购促进中小企业技术创新的积极作用。

第二，完善税收优惠政策，扩大企业盈利空间的主要建议：一是推动税收优惠法治化进程；二是扩大激励企业技术创新间接税收优惠的比重；三是提高研发费用加计扣除比；四是延长企业的亏损结转年限；五是加大技术创新企业的流转税税收优惠力度。

第三，优化财政投入政策，提升企业创新能力的主要建议：一是健全支持财政性科技投入的体制和机制，这包括划分科技投入的事权和支出责任、完善科技财政资金预算管理机制、强化财政科技投入法律保障机制等三个方面；二是合理配置有利于构建创新体系的研发资源，这包括提高研发投入总量和投入强度、优化研发投入结构和企业地位等两个方面；三是创新激励企业技术创新的财政资助手段，要做到积极创新财政科技投入方式、实行差异化的财政资助政策、依据创新环节支持技术创新等三个方面；四是构建财政科技投入管理和绩效评估体制，包括建立科技投入资源协调配置和管理机制、加强财政科技投入的绩效评估机制建设等两个方面。

第四，改革政府引导资金政策，促进企业创新发展的主要建议：一是要规范专项资金"拨改贷"的行为；二是要建立一体化的项目管理机制；三是要改革投资引导资金监管制度；四是要优化国资体制监管引导基金。

18.2 主要创新点

第一，政府采购对我国制造业企业技术创新具有显著的正向效应。进一步区分创新类型后发现，政府采购对企业技术创新的影响主要体现在合作创新维度方面，而政府采购对企业自主创新与模仿创新的影响并不显著。

第二，所得税优惠税率与企业的研发投入强度有显著的正相关性，这说明所得税的税收优惠对企业的研发投入有激励作用。但流转税实际税率与企业的研发投入没有通过显著性检验。所得税税收优惠与全要素生产率具有显著正相关性，且通过中介效应检验，创新投入在所得税优惠与全要素生产率之间有部分中介效应,但与净资产收益率的相关性不显著。

第三,政府研发资助有效地促进了企业技术创新能力的提升;政府研发资助同样也能推动企业人力资本水平的提升;企业人力资本水平在政府研发资助与企业技术创新能力之间起着中介作用,并且全部通过了显著性检验。该研究结论强化了对于政府研发资助与企业技术创新能力之间关系的理解。

第四,政府引导资金拨付及时到位,降低了企业发展中的财务成本,同时也提高了信贷机构对企业的信任,撬动了企业与金融机构之间的合作,使得企业创新发展势头良好。但是传统的财政投资引导资金模式并不成功,主要原因是创业投资公司没有发挥在投资项目选择与管理方面的专业性。在项目选择上,政府机制取代了市场机制。

18.3 研究展望

第一,在政府采购政策研究方面,继续整理与更新中外现行政策体系,更新政府采购数据信息,采用大数据分析技术,从企业的微观视角观察政府采购政策如何增加企业技术创新机会,并据此提出与时俱进的政府采购政策。

第二,在税收优惠政策研究方面,更新中外现行税收政策体系,跟踪国外相关研究进展,开展国际学术交流,针对我国流转税的主体税种体系,重点研究改革流转税促进企业技术创新活动,并据此提出具有中国特色的企业技术创新税收优惠政策。

第三,在财政投入政策研究方面,一是跟踪分析财政投入最新政策的经济效应;二是研究政府做大做强优势科技企业与促进科技企业公平竞争之间的利弊问题;三是对比分析中外普惠制性质的财政投入政策适用范围。

第四,在政府引导资金政策研究方面,首先,进一步完善激励企业技术创新的财政引导资金政策体系;其次,研究财政引导资金与政府引导基金投入范围的界限;最后,研究政府引导基金与私人风险投资基金之间在促进企业创新发展方面的关系。

第四篇

促进科技成果转化的财税政策：
实证分析与政策优化

第19章 我国科技成果转化及其财税支持政策的现状分析

当前我国正处于经济结构调整、产业转型升级的关键时期，新冠肺炎疫情之下的国际形势更加复杂多变，大力推进科技成果转化，是深入实施创新驱动发展战略、推进新旧动能转换的一项重要内容。党的十九大报告中提出："深化科技体制改革，建立以企业为主体、市场为导向、产学研深度融合的技术创新体系，加强对中小企业创新的支持，促进科技成果转化。"[①]2020年9月，习近平总书记主持召开科学家座谈会也指出："推动科技创新成果不断涌现，并转化为现实生产力。"[②]

近年来，我国促进科技项目发展及推动科技成果转化的力度不断加大，科技扶持政策进一步落实，国家科技计划进一步完善，科技支撑和政策引导职能日益强化，科技成果转换和应用取得了一定的成效。然而，无论是纵向还是横向比较，我国科技成果转化中都还存在不少问题。财税政策作为政府优化资源配置、调控宏观经济的有效手段，可以帮助科研机构及企业将停留在实验室的项目加速走向市场，通过提升财税政策支持科技成果转化的能力，有效提升技术水平，培育出经济高质量发展的新动能。

19.1 我国科技成果转化的描述性分析

19.1.1 我国科技成果总量及分类描述

1. 科技成果总量描述

根据中国科技统计年鉴2009～2018年的统计数据，我国31个省区市科技成果登记总量共计521 919项。2009～2018年，我国科技成果登记项数呈现出一种

[①] 《习近平：决胜全面建成小康社会 夺取新时代中国特色社会主义伟大胜利——在中国共产党第十九次全国代表大会上的报告》，http://www.gov.cn/zhuanti/2017-10/27/content_5234876.htm[2021-04-27]。

[②] 《在科学家座谈会上的讲话》，http://www.gov.cn/gongbao/content/2020/content_5547627.htm[2021-09-11]。

波动上升的趋势：2009 年共计增加 38 688 项，2010 年共计增加 42 108 项，2011 年共计增加 44 208 项，2012 年共计增加 51 723 项，2013 年共计增加 52 477 项，2014 年共计增加 53 140 项，2015 年共计增加 55 284 项，2016 年共计增加 58 779 项，2017 年共计增加 59 792 项，2018 年共计增加 65 720 项。10 年的科技成果登记项数年平均增加率为 6.06%。这说明随着我国及地方科技扶持政策的持续深入推进，科技成果总量快速增长，如图 19-1 所示。

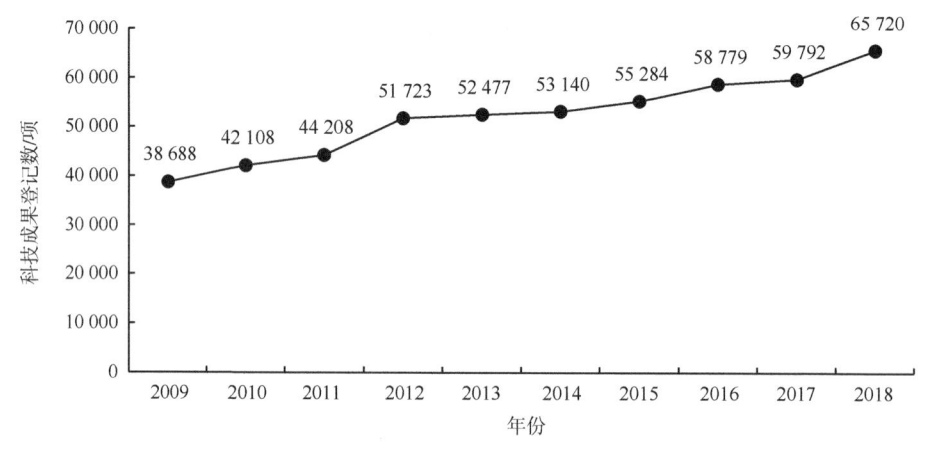

图 19-1　2009～2018 年我国科技成果登记数

2. 科技成果总量的分类描述

我国对科技成果的分类沿用基础理论成果、应用技术成果及软科学成果三种分类。2009～2018 年，应用技术成果类不管是登记数还是其在科技成果总量中所占比重始终保持最大，具体数据见表 19-1。

表 19-1　2009～2018 年科技成果分类数量（单位：项）

科技成果分类	2009 年	2010 年	2011 年	2012 年	2013 年	2014 年	2015 年	2016 年	2017 年	2018 年	合计
基础理论	2 997	3 288	3 083	5 995	3 918	5 117	5 115	5 565	6 535	6 497	48 110
应用技术	33 905	37 029	39 218	43 234	46 456	46 091	48 363	51 728	51 677	57 618	455 319
软科学	1 786	1 791	1 907	2 494	2 103	1 932	1 806	1 486	1 580	1 605	18 490
合计	38 688	42 108	44 208	51 723	52 477	53 140	55 284	58 779	59 792	65 720	521 919

2009～2018 年，全国基础理论成果共计 48 110 项，占全国科技成果总量的 9.22%，应用技术成果共计 455 319 项，占全国科技成果总量的 87.24%，软科学成果共计 18 490 项，占全国科技成果总量的 3.54%。其中，全国基础理论成果 2018 年比 2009 年年均增长 8.98%，全国应用技术成果 2018 年比 2009 年年均增长

6.07%，全国软科学成果 2018 年比 2009 年年均增长–1.19%。

结合表 19-1，我国各年应用技术成果总量占比很大，这说明应用科技成果的转换是科技转化的重要支撑。成果应用情况主要分为 5 类，即产业化应用（又称稳定应用）、小批量应用（又称小范围应用）、试用、试用后停用及未应用。从 2013 年开始，"稳定应用"状态变更为"产业化应用"，同时指标内涵也发生变化，前后年度的数据不统一，故参照调整后 2013~2017 年科技成果应用状态，具体应用情况见表 19-2。

表 19-2　2013~2017 年应用技术成果应用状态分布

应用状态分布	2013 年	2014 年	2015 年	2016 年	2017 年
产业化应用	74.87%	61.14%	57.62%	57.61%	56.34%
小批量应用	15.02%	25.77%	27.63%	27.65%	28.57%
试用	5.37%	8.51%	8.78%	8.83%	8.53%
试用后停用	0.25%	0.13%	0.11%	0.15%	0.16%
未应用	4.49%	4.45%	5.86%	5.76%	6.40%
合计	100%	100%	100%	100%	100%

从表 19-2 可以看出，应用技术成果产业化应用一直占较大比重，但是呈逐年平稳下降状态，产业化应用状况不乐观。值得一提的是小批量应用的成果比例呈逐年上升状态。造成产业化应用的成果比例下降、科技成果试用后停用和科技成果未应用等的现象有一定的原因，这涉及资金问题、技术问题、管理问题、市场问题、政策因素等，中国科技统计年鉴 2018 年数据显示，其中资金问题、技术问题、管理问题、市场问题、政策因素所占比例分别为 30.19%、30.23%、19.46%、12.74%、7.38%。同时，在 2018 年全国登记的 57 618 项应用技术成果中，只有 68.07%的成果处于成熟应用的状态，这表明我国的科技成果应用状况仍待提高。

19.1.2　我国科技财政投入状况

国家对科技研发的投入主要是通过科技计划的实施来实现的。我国对科学技术发展的支撑计划，包括 973 计划、863 计划、国家科技支撑计划和政策引导类计划等。其中，资金的投入是科技研发和科技成果转换最主要的支撑和保障。

科技成果转换不能脱离资金的支持，从最初的研发、开发阶段到市场化阶段，始终需要资金来支持其运转，我国科技成果转换有多种方式的资金支持，其中重要资金来源是中央和地方的财政投入。在建设创新型国家的过程中，政府始终重视对科技项目的资金支持。2009~2018 年国家财政科技支出情况见表 19-3。

表 19-3　2009～2018 年国家财政科技拨款

项目	2009 年	2010 年	2011 年	2012 年	2013 年	2014 年	2015 年	2016 年	2017 年	2018 年
财政科技总拨款（中央部分）/亿元	1 653	2 053	2 343	2 614	2 729	2 899	3 012	3 229	3 422	3 739
财政科技总拨款（地方部分）/亿元	1 624	2 144	2 454	2 986	3 456	3 555	3 994	4 532	4 862	5 780
财政科技总拨款/亿元	3 277	4 197	4 797	5 600	6 185	6 455	7 006	7 761	8 384	9 519
国家财政支出/亿元	76 300	89 874	109 248	125 953	140 212	151 786	175 878	187 841	203 330	220 906
占公共财政支出的比重	4.29%	4.67%	4.39%	4.45%	4.41%	4.25%	3.98%	4.12%	4.13%	4.3%

由表 19-3 及图 19-2 可知，2009～2018 年国家财政科技拨款逐年上升，科技拨款占公共财政支出的比重也稳定在 4%左右，这说明由政府资金来引导的研究与试验发展资金投入对科技成果转化绩效作用不大，更多的是依靠企业自身来提升科技成果转化绩效，因此表现为国家财政科技拨款增速放缓。

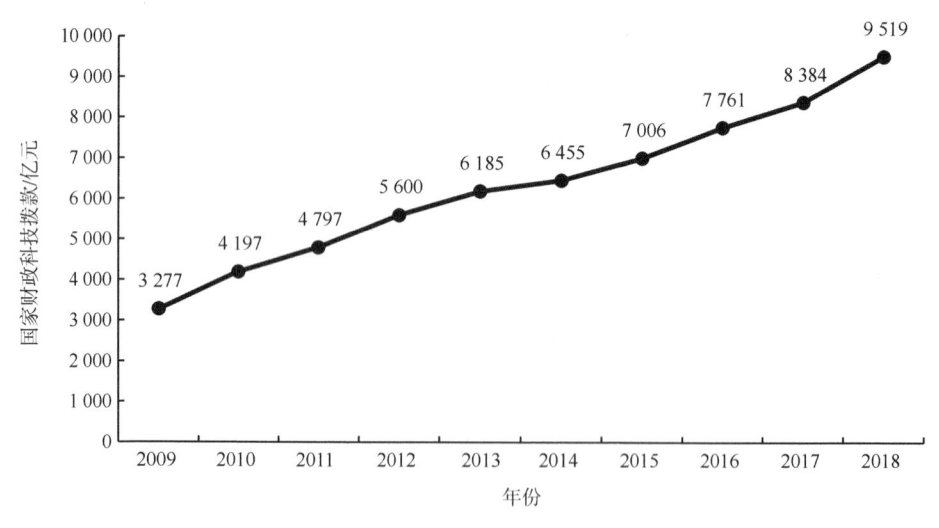

图 19-2　2009～2018 年国家财政科技拨款

值得一提的是，国家自然科学基金是国家科技计划的重要组成部分，是国家科技创新体系中的重要一环，主要的资助对象是全国范围内的基础研究和应用研究。自 1986 年创立以来，对推动自然科学领域的创新性研究发展起着重要的作用。2009～2018 年国家自然科学基金资助项目经费总额如图 19-3 所示。

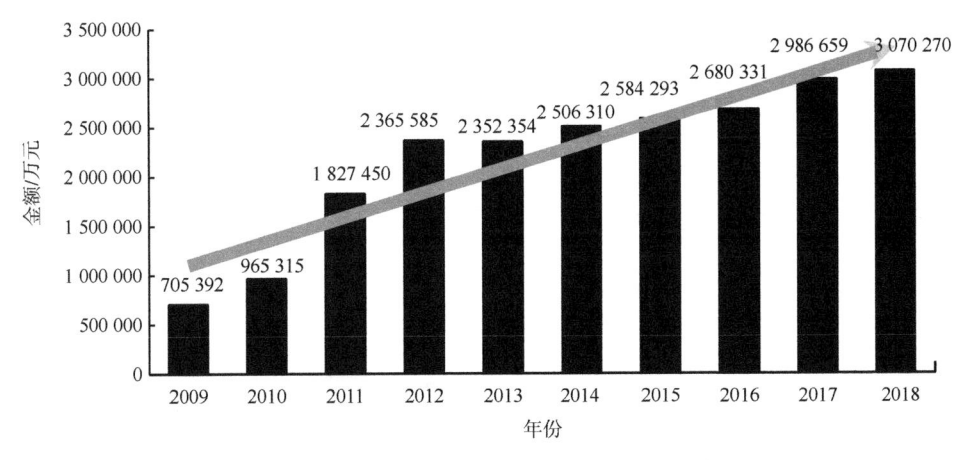

图 19-3　2009~2018 年国家自然科学基金投入情况

由图 19-3 可发现，2009~2012 年国家自然科学基金经费呈明显的上升态势，2010 年较 2009 年经费投入增加约 36.85%；2011 年则呈倍数增加，较 2010 年增加 89.31%，经费投入增加近九成，增加 862 135 万元；2012 年增速放缓，回落至 29.45%，增加约 538 135 万元。2013 年出现负增长，总经费投入减少 13 231 万元，约 0.6%。2014 年和 2015 年基本持平变化较小。2013~2015 年三年的平均增速仅为 3%，这说明国家自然科学基金投入暂时步入平衡阶段，进入平稳投入的状态。值得注意的是，2016~2018 年三年的平均增速为 4.6%，这说明国家自然科学基金投入又进入了投入扩大的阶段。

为进一步研究国家自然科学基金投入的主要扶持情况，对 2018 年分部门国家自然科学基金资助项目经费进行分析。如表 19-4 所示，2018 年国家自然科学基金资助项目经费主要的扶持对象是高等学校，占全部项目经费的 79.77%，其中 54.75% 的经费投向教育部所属院校；其次主要投入部门是科研机构，占总项目经费的 19.09%，其中 68.56% 的经费投向中国科学院；只有不到 1.15% 的项目经费用于其他部门的项目研发。在全国范围内的基础研究和应用研究领域，高等学校和科研机构有强大的资金支持。

表 19-4　2018 年分部门国家自然科学基金资助项目经费（单位：万元）

投入部门	经费	主要去向	经费
高等学校	2 449 112	其中：教育部所属院校	1 340 821
科研机构	586 071	其中：中国科学院	401 792
其他	35 087		
总计	3 070 270		

此外，国家在加大科技成果转化资金投入的同时，面向市场的科技成果转化人才队伍日益壮大，科技研发人员总量呈逐步上升的趋势。与 2009 年科技研发人员 229.13 万人相比，2018 年科技研发人员达到了 438.14 万人，应用研究和试验发展人员所占比重较大，分别占全国研究与试验发展人员的 12.3%、80.7%。2009~2018 年全国研究与试验发展人员总量具体数据见图 19-4。

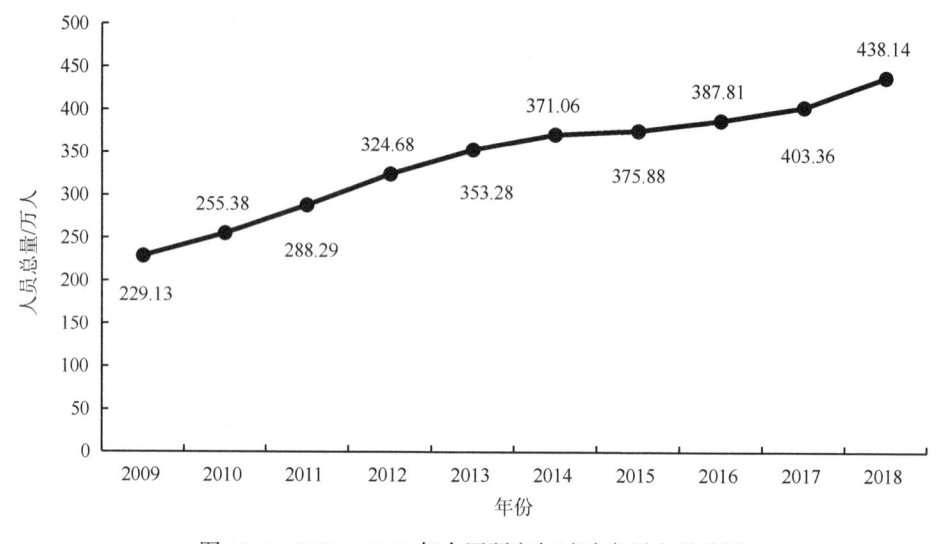

图 19-4 2009~2018 年全国研究与试验发展人员总量

19.1.3 我国科技成果转化的成效

随着我国改革的不断深入和发展，市场经济制度不断改革，我国政府支持科技成果转化的政策不断健全，近些年颁布了众多措施促进高校科研院、科技型中小企业、高新技术产业科技成果的转化。我国政府积极鼓励各职能部门与地方企业、高校之间加强信息交流，促进各职能部门的合作，探索出具有中国特色社会主义和产业特点的科技成果转化和产业化模式，推动市场经济向前发展，提高科技成果的转化效率。我国科技成果转化的成效表现为各项科技成果经过企业转化后形成新产品，新产品在国内、国际市场上有销路。近年来随着我国科技人员总量及经费支出不断增加，工业企业及高新技术产业的贸易出口额不断增长，新产品的销售收入、经费支出呈逐步上涨的趋势。在这里，本节重点介绍我国及各地区规上工业企业及高新技术产业的新产品开发和生产方面的状况。

由图 19-5 和表 19-5 可知，2009~2018 年，规上工业企业新产品生产规模不断扩大，2018 年规上工业企业新产品销售收入较 2009 年的 57 978.1 亿元增长至 197 094 亿元，规上工业企业新产品销售收入增长速度较规上工业企业出口额更快，规上工业企业新产品出口额增长速度较为平缓。2009~2018年规上工业企业新产品销售收入及新产品出口额具体数据见图19-5。

表19-5 各地区规上工业企业新产品开发和生产（2018年）

全国及地区	新产品开发					
	销售收入/万元	占比	增长	出口值/万元	占比	增长
全国	1 970 940 694	100%	2.88%	361 608 191	100%	3.48%
东部地区	1 347 798 469	68.4%	3.46%	276 459 256	76.5%	1.25%
中部地区	401 528 906	20.4%	7.22%	62 102 305	17.2%	18.00%
西部地区	156 957 023	8.0%	-6.00%	17 076 253	4.7%	-7.55%
东北地区	64 656 296	3.2%	-9.62%	5 970 378	1.6%	12.56%

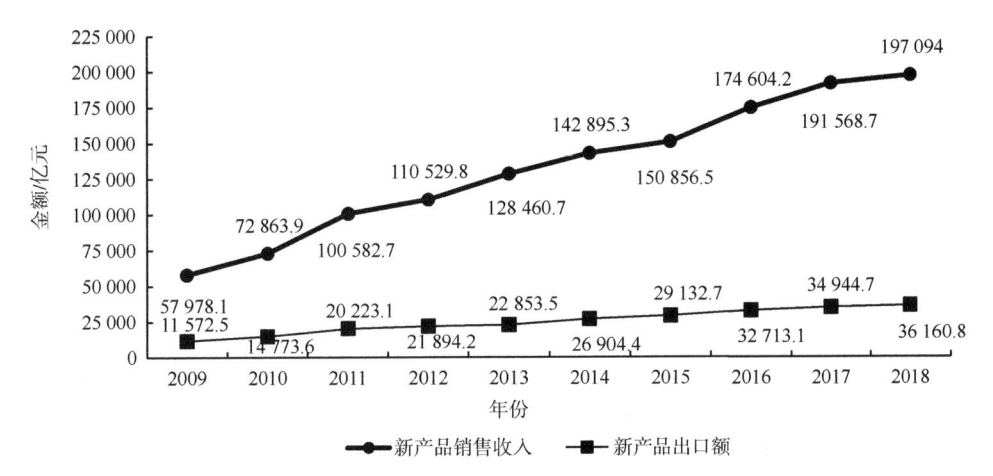

图19-5 2009~2018年规上工业企业新产品销售收入与新产品出口额

规上工业企业新产品销售收入占规上工业企业产值的比重反映了规上工业企业中的科技成果转化对于规上工业企业产值的贡献程度。规上工业企业新产品出口额占规上工业企业新产品销售收入的比重反映了我国的规上工业企业科技成果转化形成的新产品的国际消化能力。2009~2018年规上工业企业新产品比重与出口比重具体数据见图19-6。

高技术产业作为科技产业的重要组成部分，是利用尖端技术方法生产高技术产品的一种高技术密集型产业群，特点是发展迅速，对其他产业的有强渗透力，政策扶持力度大，能够较好地反映我国科技产业的发展，也是我国科技成果转化的主战场。近几年来，我国高新技术产业发展迅速，高新技术产业是促进科技成果转化的必要因素，对发展新兴技术产业具有根本性的推动作用。随着市场份额的快速增长，高新技术产业新产品销售收入呈现逐年上涨的趋势，且增长速度越来越快。在2017年，我国高技术产业新产品的销售收入达到了535 471 108万元，

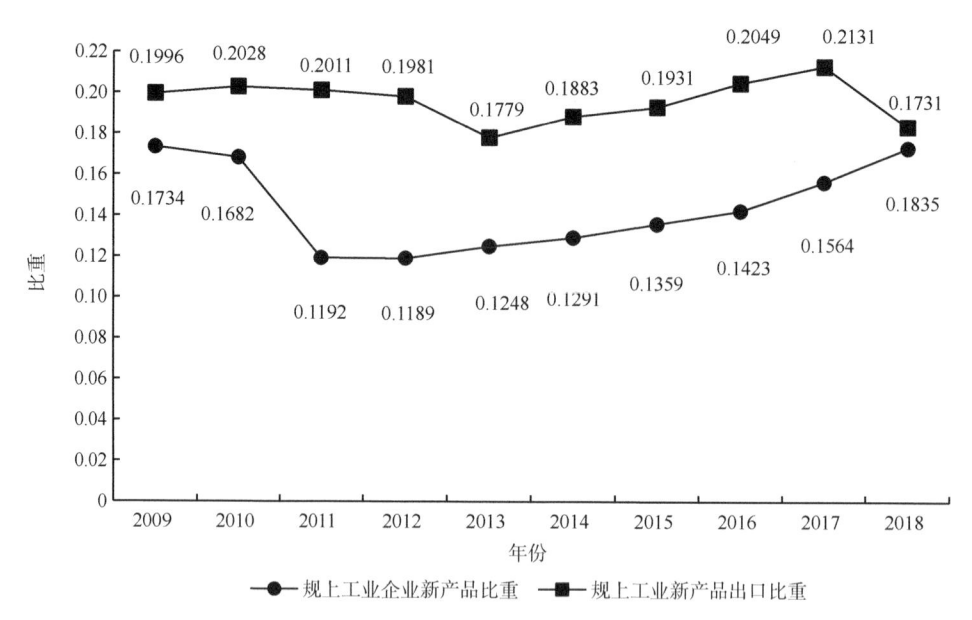

图 19-6　2009～2018 年规上工业企业新产品比重与出口比重

比 2014 年增长了 50.9%。其中，东部地区高新技术产业新产品销售收入额达到了 405 474 693 万元，所占比例最大，占新产品开发总销售收入的 75.72%，中部地区、西部地区占总销售收入的 14.74%、8.29%，东北地区所占比例最低，仅占比 1.25%。由于高新技术产业的快速发展，高新技术产品出口贸易额迅速增长，出口规模不断扩大。同时，2017 年我国高新技术产品出口贸易总额为 195 150 291 万元，比 2016 年增长了 7.42%。其中东部地区高新技术产品出口贸易额占比最大，占总出口贸易额的 73.84%，其次是中部地区和西部地区，分别占总出口额的 18.84%、6.96%，东北地区仅占出口贸易额的 0.36%。2017 年各地区高新技术产业新产品销售收入、出口额具体数据见表 19-6。

表 19-6　各地区高新技术产业新产品开发和生产（2017 年）

全国及地区	销售收入/万元	占比	比 2016 年增长	出口额/万元	占比	比 2016 年增长
全国	535 471 108	100%	11.73%	195 150 291	100%	7.42%
东部地区	405 474 693	75.72%	8.78%	144 091 356	73.84%	0.91%
中部地区	78 938 798	14.74%	17.38%	36 774 352	18.84%	18.26%
西部地区	44 371 446	8.29%	38.64%	13 591 182	6.96%	98.22%
东北地区	6 686 171	1.25%	1.34%	693 400	0.36%	−23.98%

现阶段，我国的经济已经进入快速发展阶段，高新技术产业的新产品销售收

入及新产品出口额增速明显。2017年高新技术产业新产品销售收入较2012年增长了27 976.07亿元，增长了1倍多。高新技术新产品出口额同样呈现增长趋势，但其增长趋势没有高新技术新产品销售收入增长趋势明显。2009～2017年高新技术产业新产品销售收入及新产品出口额具体数据见图19-7。

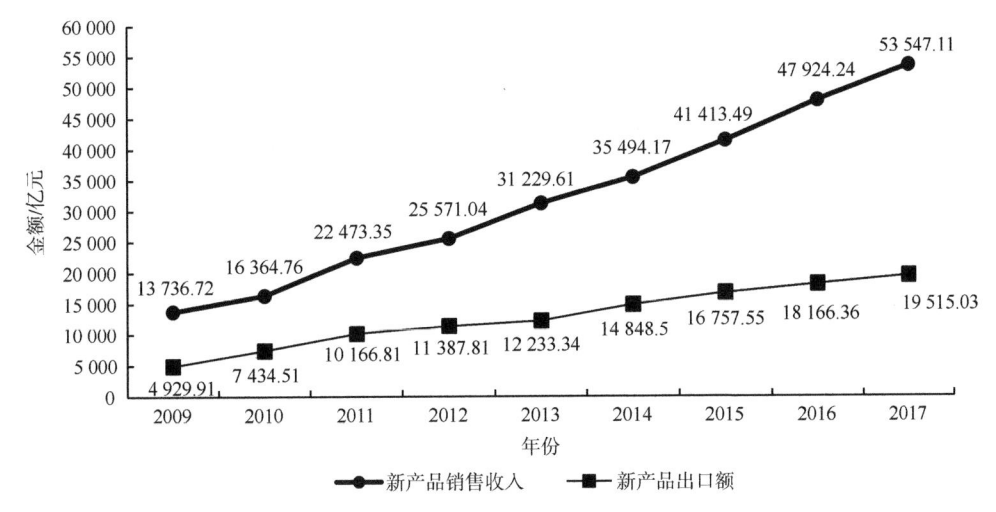

图19-7　2009～2017年高新技术产业新产品销售收入与新产品出口额

高新技术产业新产品销售收入占高新技术产业产值的比重反映了高新技术产业中的科技成果转化为高新技术产业带来的收益。高新技术产业新产品出口值占高新技术新产品销售收入的比重反映了我国高新技术产业科技成果转化形成的新产品的国际消化能力。2009～2017年高新技术产业新产品销售比重与出口比重具体数据见图19-8。

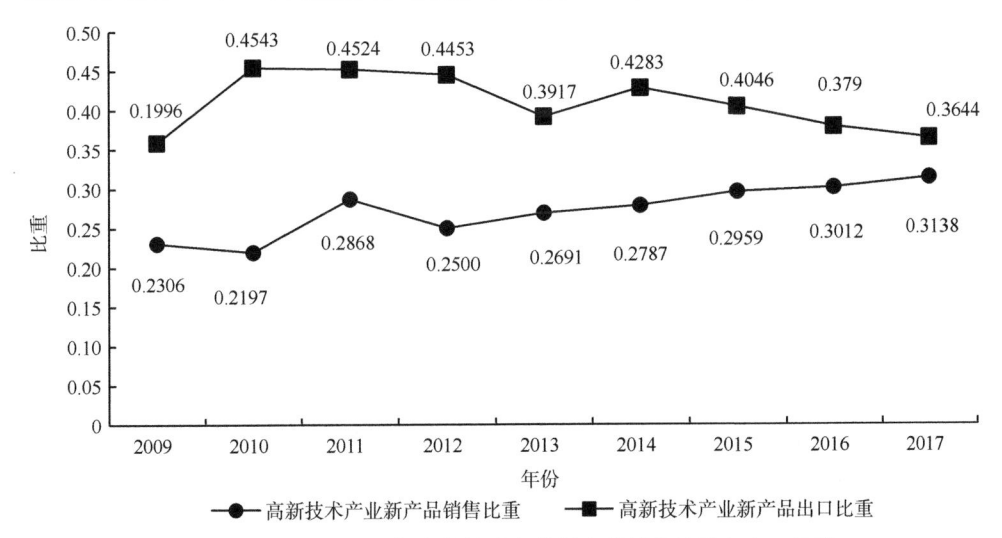

图19-8　2009～2017年高新技术产业新产品销售比重与出口比重

19.2　我国科技成果转化过程中存在的问题

19.2.1　高校科技成果转化存在的问题

1. 科技成果转化意识淡薄

在全国范围内的基础研究和应用研究领域，高等学校和科研机构有强大的资金支持。在 2015 年科技成果完成情况中，企业单位的科技完成成果共计 23 650 项，占科技成果完成总量的 42.78%，是科技成果的主要完成单位，而高校的科技成果转化意识则相对薄弱，大专院校的科技完成成果仅占总量的 18.51%。如今高校已经不再是传统的教学场所，它不仅承担着培养高级技术人才的责任，还是高新技术产业化的孵化器，承担着高新技术向市场辐射和推广的责任。目前许多高校存在重视理论研究忽视应用研究的问题。有些科研人员没有较好地认识到科技成果转化的战略意义与经济价值，只满足于发表学术论文，评选职称，科技成果转化意识薄弱。一方面，高校重在培养应用技术型人才，学术科研意识不强，科研人员取得了研究成果，完成了研究评定，就算是完成了科研任务。而发表学术论文也只是为了评选职称的需要，很少会考虑把研究成果向市场推广或进行科技成果转化。另一方面，科研人员研发出某项科研成果后，由于技术成果转化的高投入和高风险性，许多研发人员也不愿主动把成果推向市场，加之高校也没有强制规定需将研发成果进行科技成果转化，科研成果便成了纸面形式，导致当前高校科技成果转化率低。

2. 高校科技成果转化机制不完善

目前我国高校研发管理机制还停留在传统的运作模式之下，即高校科研机构根据立项课题获得财政资金拨款展开研究。以 2015 年为例，仅国家自然科学基金资助项目经费这一项，就占高校全部资助经费的 76%以上。在这种科研管理机制下，国家立项的课题一般侧重于基础研究，高校科研人员与企业缺乏互动，相关企业也不能很好地参与课题研究，导致高校大部分科研成果与市场需求不相符，缺少市场价值。同时，在目前的高校研发管理机制下，高校的科研人员即使有相关研究成果，也有较多的制度障碍阻碍他们进入企业进行科技成果转化。

3. 科研经费结构欠合理

科技成果的顺利转化离不开科研经费的有力支持，目前我国高校的研发经费存在投入总量不足、来源结构单一、应用科研经费支出较少的问题。如 19.1 节所述，我国高校研发经费主要来自政府、企业及社会科技项目，虽然我国高校科研经费总量在不断增长，增长速度不断提高，但仍与发达国家高校的科研经费有较大差距。此外，在我国高校科研经费支出结构上，对应用研究的投入经费的比例较小，限制了高校科技成果的转化，导致科技成果转化效率较低。

19.2.2 企业科技成果转化存在的问题

1. 科技成果有用性较低

科技成果只有转化为生产力，才会产生经济效益，带来社会财富。自 2009 年以来，我国的科技研发水平不断提高，科技成果总量也在不断增加，但是目前我国的科技研发成果应用于社会生产实践却始终不足。尽管我国产业化应用的成果一直占有较大比重，但近 3 年来呈现逐年下降的趋势。我国企业的科技成果有用性较低，偏重理论和实验，忽视了实际应用产品的开发，许多科研成果都停留在实验室或者样品阶段。在市场经济下，企业的研发人员不能只偏重理论研究，也要顺应市场的需求，提高科技成果的实用性与有用性，使其能够得到更好的应用和推广。

2. 科技成果转化过程中企业自主创新能力不足

创新是科技成果产生的一个重要途径。在我国企业中，专业的科技研发人员较少，从事科技成果转化的人综合素质不高。例如，根据《中国科技统计年鉴 2015》数据，我国应用技术成果试用后停用或未应用的原因中第二大因素就是技术问题，同时，近几年管理问题也成为日益严重的问题。从企业性质来看，我国国有企业一般规模较大，在市场中一般处在垄断地位，面临的市场竞争压力较小，企业内部创新动力不足。相比较，民营企业由于市场地位的不同，它们有创新的动力，但缺少足够的科技研发设施及高水平的科研人员，很容易因为科技创新过程的失败而面临破产危机，因此对科技创新的追求也不高。

3. 科技成果转化过程中企业资金投入力度不大

充足的资金保障是科技成果顺利转化为生产力的重要条件。2015 年我国企业的研发资金投入虽然接近万亿元，但占当年 GDP 的比重只有 1.45%，整体投入还是不足。但是科技成果转化对产品的创新和研发所需的资金较大，科技成果转化的各个方面都离不开资金的支持。因此，企业需要引入不同的融资渠道，进一步加大金融投资，以政府资金投入为导向，改善资金的投入结构，构建从企业自筹、金融信贷、风险投资、民间资本等为主体的多元化的金融投资体系，加大对科技成果转化的资金投入。

19.2.3 政府支持科技成果转化存在的问题

1. 政府资金投入力度有回落趋势

从科技成果转化的资金投入比例来看，尽管我国政府资金投入力度越来越大，但是 2014 年以来占公共财政支出的比重有所回落，我国科技成果资金投入机制上存在一定问题。众多研究结果表明，科技研发阶段、科技成果转化阶段与科技成果产业化阶段的资金投入比例呈现几何级数增长，但是当前政府科技成果转化的资金投入比例远远未达到。《中国科技统计年鉴 2015》的数据显示，当年科技成果未应用或试用后停用的原因中资金问题所占比例为 30.19%，为影响最大的因素。通常来说，企业是科技成果转化的主要场所，但是科技成果转化投入的资金较大，存在一定的风险，大多数企业希望政府通过相关的政策扶持或风险投资机构共同承担风险。但就目前的情况来看，政府资金投入及其他相关金融机构资金投入的力度远远不够，当企业遇到较好的科技项目时，由于资金的缺乏导致其所承担的风险较大。

2. 政府在科技成果转化过程中政策不健全

科技成果的转化离不开各个职能部门的协调合作，但由于政府政策的不完善，科技成果无法产业化。虽然近几年来，政府颁布了许多促进科技成果转化的政策，但与目前市场环境仍有一定差距。例如，当前的科技制度与市场经济环境依然脱节，科研人员及资源主要掌握在政府及高校、科研机构手中，导致科研资源无法较好地共享，很多科技成果无法实现转化。同时在知识产权和中介服务机构上缺少保护机制。从传统意义上讲，各个科技部门的紧密合作是推动科技成果转化的重要力量。在政策设计上，政府应该充分发挥各个职能部门的作用，加强各科技职能部门的合作，通过发挥政府的作用，把涉及产品专利保护与研发、科技金融、土地等相关政策加以改善，逐步完善科技成果转化的相关政策，让全方位的政策真正作用于科技成果转化为现实生产力，实现市场经济价值。

3. 政府与市场信息不对称

由于缺乏有效的信息沟通渠道，政府、企业、高校之间得不到有效的沟通，科技成果转化渠道不顺利。政府应以"迭代产业体系"为核心，建立以市场需求为导向的信息汇总与发布机制，加快构建各职能部门及企业、高校、政府之间的合作交流机制。进一步完善科技成果向企业转移的机制。鼓励高校、科研机构主动去找寻市场，获取有效的科技成果信息，构建信息交流平台，推广科技成果，激励企业、高校科技成果的产业化。

19.3 我国财税政策支持科技成果转化的困境分析

近几年来,我国先后制定了一系列法律、法规及各种激励与优惠政策,初步形成了发展高新技术产业、促进科技成果转化的社会氛围与政策环境。2016年国家财政科技支出达到7760.7亿元,目前我国每年可形成3万多项省部级及以上的科技成果。但是,在这些成果中,能大面积推广并产生规模效益的仅占10%~15%,每年形成7万多项的专利技术,实施率却仅为10%左右[1]。虽然当前我国科技发展从"跟跑"为主逐渐进入"并跑""领跑"时代,但我国科技与经济"两张皮"的状况一直没有从根本上得到改变,加上科技成果转化的高门槛、高风险等特点,科技成果转化数量少、速度慢、效率低、转化功能较为脆弱等现状,使得科技竞争优势及科技高投入都未能迅速转化为经济优势,出现了科技成果找不到合适转化渠道的同时社会资本也找不到合适投资项目的"哑铃"现象,严重制约了我国经济科技发展和社会进步。对于我国现阶段科技成果转化所形成的发展困境,除了科技工作与管理模式本身的问题外,财税政策的不适应与不匹配也是重要原因之一。

19.3.1 财政支出政策的力度和效率有待提升

1. 财政科技支出增长率偏低,投入总量仍显不足

作为引导和拉动全社会科技创新的重要引擎,稳定增长的财政科技投入已经成为政府持续推动科学技术进步与促进创新驱动发展的关键性供给政策工具。虽然我国逐年增加了对企业高科技项目研发费用的支持力度,但财政资金在整个研发经费中的比例仍处于较低水平,财政科技支出占总公共财政的比重也十分不稳定。2009~2015年,我国财政科技拨款占当年国家财政总支出的比重都呈现出"波动下降"的趋势[2],2015年财政科学技术支出占当年国家财政支出的比重仅为3.98%,但2016年开始回升,2018年比例为4.3%(图19-9)。由于资金有限,许多前景很好的科技成果得不到及时的转化,或没有形成规模化生产,无法发挥产业聚集效应。

---

[1] 《科研成果要对得起超万亿投入》,http://opinion.cntv.cn/2014/10/27/ARTI1414374586786771.shtml[2021-10-27]。

[2] 《2015年我国R&D经费特征分析》,http://www.most.gov.cn/search/siteall/index.html?searchword=2015%u5E74%u6211%u56FDRD%u7ECF%u8D39%u7279%u5F81%u5206%u6790&channel=&grou=%5168%u7AD9[2021-06-28]。

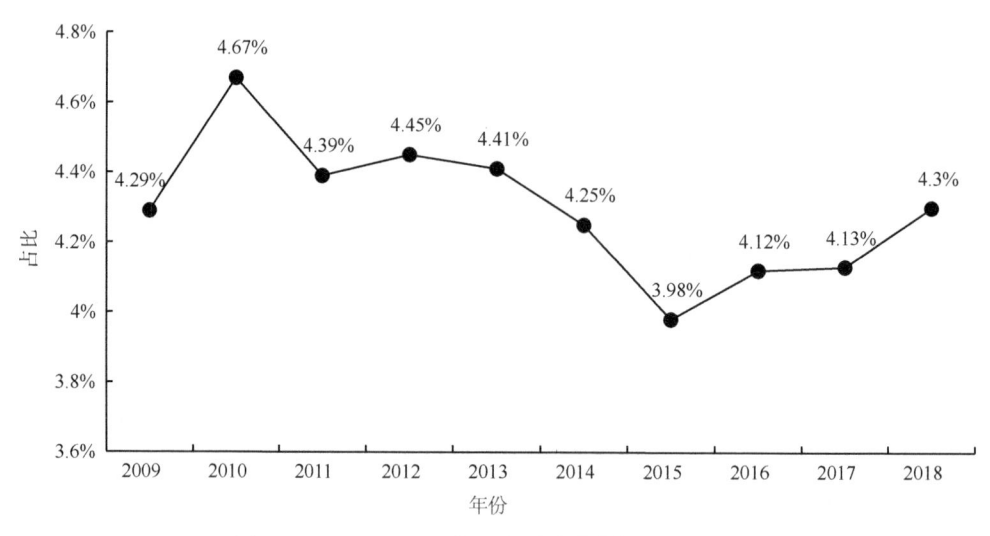

图 19-9　2009~2018 年国家财政科技拨款占比情况

资料来源：《2019 年全国科技经费投入统计公报》

其一，政府资金投入较少，其他资金来源渠道有限。虽然我国从规范科技成果转化管理、鼓励科技成果转化角度出台了系列促进科技成果转化的政策措施，但是目前政府资金投入较少（表 19-7），用于成果转化应用上的资金缺口仍很大，促进科技成果转化的财政科技投入的平稳增长机制还未完全形成；在政府投入资金有限的情况下，银行等金融机构往往并不愿意针对带有较高风险的科技转化项目发放贷款。同时，由于缺乏足够的风险资本为科技成果转化提供保障，其他资金渠道则难以打开，科技成果转化资金的多渠道筹措机制尚未完全形成，进一步加大了企业科技资金的压力。

表 19-7　2018 年全国研发经费来源与分配情况

按经费来源分	比例	按执行部门分	比例
来源于企业资金	76.6%	企业部门	77.4%
来源于政府资金	20.2%	政府部门	13.7%
来源于其他资金	3.2%	高等教育部门	7.4%
		其他部门	1.5%

资料来源：《中国科技统计年鉴 2019》

其二，研发经费投入强度尚未达标，整体科技投入与经济发展规模不匹配。虽然近年来，我国研发经费投入强度[①]继续呈现逐年上升的趋势，不仅达到了中等

---

① 研发经费占 GDP 的比重，是国际上通行的评价一个国家或地区科技创新能力的主要指标。

发达国家水平，还超过了欧盟15个初创成员国家2.08%的平均标准。2017年，我国研发经费投入强度达到2.12%，较上年提高0.01个百分点[①]。然而，从纵向来看，我国研发经费投入强度的提升并非一路高歌，在"十一五"达到1.75%，没有完成2%的目标任务；"十二五"达到2.06%，没有完成2.2%的目标任务；在这样的背景下，要如期实现《国家中长期科学和技术发展规划纲要（2006—2020年）》提出的2020年我国研发经费投入强度达到2.5%的目标，仍存在一定难度。从横向来看，就世界范围的科技投入强度而言，我国与部分发达国家2.5%~4%的水平相比还有差距，不平衡不充分的矛盾比较突出，这些都表明我国整体科技投入与经济发展规模不匹配。

此外，随着我国财政科技投入体系逐渐向中央和地方共同投入的双主体结构转型，相比于科技创新发展的资金需求，地方政府对科技创新与成果转化的财政投入仍显不足，这也是制约地方实现科技成果转化、提升科技创新能力的重要因素。

2. 财政资金投入环节和结构失衡，削弱了对科技成果转化的促进作用

在财政资金投入水平与规模有限的背景下，财政资金的投入环节与结构也存在一定程度的失衡现象。

其一，在资金投入环节上，对科研成果的中试及后续阶段投入不足，制约了科技成果的转化效率。广义的科技成果转化是一个长周期、多环节的复杂过程，依次分为三个阶段：第一阶段是原始成果研制，即研发阶段；第二阶段是成果的应用开发导入，即成果转化阶段；第三阶段即为科技成果的产业化和市场化阶段。根据国内外实践经验，投入到研发阶段、成果转化阶段和产业化阶段的资金占比应为1∶10∶100，这不仅表明科技成果转化是一个需要大量资金的漫长过程，还说明科技成果从研发到转化再到产业化呈现出资金需求不断扩张的态势。而目前在我国特有的科技成果转化模式下，财政资金在整个链条上的分配却恰好相反，该比例仅为1∶0.7∶100。大量的资金投入主要集中在原始科技成果的研发和产业化、市场化阶段，对科研成果从研发部门到产业化之前的中试（小试）及后续阶段，资金投入不足并出现了一定程度的断档现象。目前中间试验和小型工业性试验环节投入资金不足、中试环节能力薄弱、科技成果的熟化机制缺位、资金投入结构失调已经成为制约科技成果转化的瓶颈，导致现有的技术成果与企业的技术需求和应用之间存在一定的差距，难以打通实验室与产业化之间"无形的墙"、解决技术进入企业的"最后一公里"的问题。同时，资源配置结构的失衡与不合

---

① 《2017年我国研发经费投入强度为2.12%》, http://www.gov.cn/shuju/2018-02/13/content_5266518.htm [2018-02-13]。

理又再次加剧了资源供给不足的问题，前期的过度投入导致后期环节的投入不足，促使用于技术应用开发的资金更加捉襟见肘，研究成果在产品化过程中因缺乏资金投入而出现夭折的现象时有发生，投入方式、机制与技术创新规律不匹配，导致现实中许多科技成果最终只能停留在"概念成果"的理论化阶段，不能够满足科技成果转化的实际需要，从而制约了我国的科技成果转化效率。

其二，在资金投入结构和科技活动类型上，存在重试验发展、轻基础研究的现象。研发投入主要分为基础研究、应用研究和试验发展三部分，且三部分的结构比例可以反映出国家或地区的研发深度及对经济发展的驱动力。显然，基础研究是原始创新的源头，是未来科学和技术发展的内在动力。如果基础研究、应用研究的支出体系科学，那么应用研究能够很快地转化为现实的生产力。基础研究发展不雄厚，应用成果的创新能力就会被削弱，最终沦为空中楼阁。从近些年世界主要国家的研发投入结构来看，虽然应用研究和试验发展还是研发投入的主体，但对于长远的具有前瞻性的基础研究仍十分重视，基础研究投入占比较高，大约达到15%~25%，结构相对合理。而长期以来我国的研发投入结构显示，试验发展支出占比最大，基础研究占比最小，2016年基础研究、应用研究和试验发展经费所占比重分别为5.2%、10.3%和84.5%（表19-8），从整个科技创新链条来看，基础研究依然是短板。2016年OECD公布的数据显示，我国基础研究经费占GDP比重仅为0.1%[①]，处于较低水平，且90%以上的基础研究经费均来自中央财政，企业在全社会基础研究经费中的占比常年不足2%[②]，与发达国家政府、企业、社会"三足鼎立"的格局相比，我国基础研究经费来源渠道显然不合理。此外，根据前文实证结果，我国财政资金等资源在地域上的分配也存在不协调的现象。

表19-8　不同研究类型研发经费分配的国际比较

研究类型	中国（2013年）	日本（2013年）	韩国（2013年）	美国（2013年）	意大利（2013年）	英国（2013年）
基础研究	5.2%	12.6%	18.0%	17.6%	25.3%	15.5%
应用研究	10.3%	20.9%	19.1%	19.9%	48.9%	47.0%
试验发展	84.5%	66.5%	62.9%	62.5%	25.8%	37.5%

3. 科技成果转化的财政资金使用效率低下，绩效评价和监督机制缺位

其一，政府对科技成果转化的财政支持存在重投入、轻使用的现象，研发投入效率有待提升。财政资金支持方式对高新技术产业科技成果转化的机理效应较

---

① "Main science and technology indicators"，https://www.oecd.org/sti/msti.htm[2021-03-24]。
② 《发现科研新力量：科技创新　社会力量铆足劲》，https://news.sciencenet.cn/htmlnews/2017/11/394806.shtm[2017-11-22]。

小，政府财政投入并没有发挥持续的激励和引导作用，存在重投入、轻使用的问题，严重影响了科技成果的转化率，资金的使用效率有待提高。虽然各级政府迫于经济转型压力，开始把更多的财政资金用于科技创新方面，但效果却并不理想，科技成果转移和转化的效率并不高，"高投入、低产出"的现象长期被视为影响我国科技体系有效促进经济社会发展的瓶颈性问题。近年来，我国全社会研究开发投入每年过万亿元，各类财政资金平均增长幅度皆超过50%，但是科技成果转化率仅为10%左右；从研发活动产出结果来看，相比于发达国家，我国在论文引用率、专利申请授权、国际发明专利等方面还存在多而不精、大而不强等问题（表19-9），研发投入效率仍需进一步提升。

表19-9 ESI论文数量、被引用次数与应用率的国际比较

国家	按论文数量排序	论文数量/篇	被引用次数/次	论文引用率/（次/篇）
美国	1	3 618 254	60 914 853	16.84
中国	2	1 692 302	14 206 735	8.39
德国	3	949 901	14 537 644	15.30
英格兰	4	861 356	14 457 852	16.78
日本	5	794 405	9 090 972	11.44
法国	6	669 256	9 732 922	14.54
加拿大	7	585 801	8 877 485	15.15
意大利	8	565 310	7 775 674	13.75
西班牙	9	486 409	6 174 822	12.69
印度	10	467 276	3 560 329	7.62

其二，政府资金的天生缺陷弱化了财政科技支出促进科技成果转化的作用与功能。虽然政府财政拨款旨在激发企业研发投入的杠杆效应及知识外溢效应，发挥引导作用，但是政府资金天生具有时间上的滞后性、方向上的盲目性及过程上的复杂性等特点，这使得财政科技支出并没有完全实现促进科技成果转化的理想功能。而企业作为科技成果转化的重要主体之一，在利用财政拨款的过程中存在违背政府原始意愿，将资金另作他用的倾向，导致某些企业以创新之名获得政府补贴，而不行使创新之实。这种"委托代理"问题的存在，在一定程度上导致财政拨款或补贴资金的闲置及滥用，使得政府财政拨款在促进科技成果转化的作用上举步维艰。

其三，多头负责的财政科技经费管理体制抑制了财政科技经费的使用效率。在现行政府的财政科技经费管理体制下，根据项目类别的不同，科技经费分别由不同政府部门管理，这种多头负责的经费管理体制，导致科技研发各环节之

间的有效联系分裂化，抑制了财政科技经费的使用效率。同时，国家科技计划经费的配置也取决于科技计划项目的设立，而我国科技项目的分配本身具有分散性，这使得原本完整的产业链被离散式的国家科技经费投放方式强行截断，被人为独立化的上下游技术就无法转化成有效生产力。除经费管理体制不顺外，科技资源配置和管理体制也存在同样的问题。科技资源配置分散，相关信息无法透明共享，导致科研仪器、科技设备等技术资源重复购置、封闭运行，利用效率低下。

其四，财政科技资金的使用缺乏合理的绩效管理与针对性绩效指引。科技活动存在投入量较大、周期较长、风险较高、产业化速度较慢等特点，对相关资金使用情况的绩效管理与绩效评价较为困难。相关资金浪费严重，难以产生应有的效应。在政绩压力的驱使下，各级地方政府在财政科技资金的分配和使用上较为混乱，重复和低效投入现象严重，区域间无序竞争时有发生。资源配置过程中绩效导向不足，存在着重前期立项、轻过程监督、低后期产出的问题，尤其是部分基础科技服务资金的使用缺乏针对性绩效指引。同时，财政资源配置上的局限性还造成了科技成果转化的社会需求与科技成果供给之间的矛盾。

其五，财政科技资金绩效评价机制不合理，相应的监管机制缺位。当前各级政府对财政科技资金使用情况的考核与评价主要关注资金落实度、项目完成度、项目组织和财务管理水平等过程管理，无法对资金的使用结果进行有效的反馈与评价，这不仅使相关决策缺乏参考依据，也使科技成果转化财政资金缺少应有的监督与管理，导致财政科技资金尤其是科技成果转化资金的使用存在重投入、轻结果、缺评价的现象。目前我国对财政科技资金使用情况的绩效评价主要采取总量考核分析法，重点关注财政科技资金对地方经济增长、专利申请授权数量等总量指标的影响。然而，相对于科技成果转化活动本身的错综复杂，这种绩效评价方法就显得过于粗糙，很难对不同类型的财政科技资金进行合理有效的评价。加之我国现行的财税体系与财税制度在运转中并没有充分体现地方政府的独立性和自主性，导致科技成果转化中财政资金的浪费、腐败等现象频繁出现。

4. 政府采购规模相对较低，对科技成果转化的拉动作用不明显

政府采购制度是集财政管理、产业政策和对外贸易政策于一体的国家公共管理制度，具有公共性、规范性和导向性等特点，体现着政府的重要战略意图和政策优先方向，是以市场拉动激励企业技术创新和政府履行职能的重要宏观调控工具。长期以来，我国都十分重视政府采购政策对促进科技成果转化的支持作用，早在2006年《国家中长期科学和技术发展规划纲要（2006—2020年）》就对如何落实促进科技成果转化的政府采购政策做出了明确要求，但与发达国家相比，目前我国新技术、新产品通过政府采购进入市场还存在一些制度障碍,政府采购政策对科技成果转化的拉动作用仍有待提高。

其一,政府采购规模相对较低,特别是对本土科技成果的购买力度不够,激励作用有限。虽然近年来政府采购规模得到了大幅提升,但从国民经济中的地位来看,政府采购资金占全国财政支出的比重,以及政府采购资金占 GDP 的比重仍然偏低,2016 年分别为 11%和 3.5%[①]。理想状态下,政府采购资金应占 GDP 的 10%左右,目前欧美发达国家基本达到了 15%~20%的水平,对比之下,我国 3.5%的比重则明显偏低,政府采购占财政总支出的比例也存在较大的提升空间。大量科技成果的产业化、市场化甚至国际化实质是高投入、高风险换取高收益的过程,由于政府采购不足未能有效扩大市场需求,无法拉动外部市场均衡协调发展,各个地区的技术及技术转化市场也未能有效结合。

其二,政府采购政策在科技成果转化过程中的定位不明确,目标模糊,政策有效性不足。目前政府采购主要对成果转化的商品化、产业化最后阶段发挥作用,即使是具有一定生产规模的中大型企业,采购目标也多限于产成品,换而言之,政府采购支持科技成果转化的有效环节主要为创新链的技术转移和产业化阶段,虽然发挥了政府采购的需求拉动功能,但对基础研究及试验开发阶段的作用十分有限,难以掌握关键性核心技术,并且由于这种建立在企业承担研发风险基础之上的事后激励形式,在刺激创新的政策效果上明显劣于对研发技术采购和创新产品采购相结合的方式。

其三,政府采购执行率较低,忽视了对科技创新产业和技术专利的保护。在具体实践中,虽然《自主科技创新产品政府首购和订购管理办法》明确了创新产品的首购与订购方向,强调对中小企业创新产品实施采购性保护,但首购产品的成本分担机制、风险评价机制等都尚未明确,对采购执行的合理性也无从考核,往往导致采购机构无法明确风险划分责任、无法承担采购风险等问题而不去执行。同时,在跨国采购上,政府采购又过多履行了商业采购的功能,过度考虑价格因素,忽视了政府采购对本国科技创新产业和技术专利保护的公益性及长远性,对本国产品的扶持作用考虑得较少。

其四,政府采购政策不协调问题突出。就自主创新产品和科技成果转化相关技术的政府采购政策而言,政策不协调问题比较突出,尤其是中央与地方及地方各级政府之间的采购政策协调问题。受行政体制和地方绩效考核的影响,我国政府采购政策在一定程度上存在着地方保护主义,地方本土创新产品认证体系使得政府采购出现了地域分割,不利于在全国统一市场的形成和凝聚力的发挥。

---

① 《财政部:2016 年全国政府采购占财政支出比重为 11%》,http://www.ccgp.gov.cn/jdjc/fxyj/201710/t20171012_8971613.htm[2017-08-25]。

19.3.2 税收政策的统筹性和针对性有待加强

税收作为科技成果转化政策中调节市场活动主体并发挥积极作用的重要手段，在鼓励技术转移和技术成果转化上起着举足轻重的作用，税收政策的制定与调整是推动科技进步和科技成果转化的核心政策手段。然而，我国现有税收政策在促进科技成果转化、实现科技创新上的应有功能仍未得到充分发挥，在政策定位与执行等方面还存在较多问题，政策作用与政策潜力也有待进一步挖掘（刘溶沧，2000）。

1. 税收优惠政策缺乏统筹规划，税务风险较高

我国现行的科技税收政策在一定程度上存在着片面性，缺少通盘研究与统筹规划，成果转化各阶段的税收目标不明确，税收优惠措施的简单罗列及琐碎零散化都不利于发挥其在促进科技创新或成果转化上的整体政策效应。目前大部分税收优惠政策对优惠对象、优惠方式或优惠环节等都设定了相关限制性要求，受惠面较窄，标准不统一，大部分优惠政策都建立在对高新技术企业、科技型中小企业、初创科技型企业等认定标准的基础上，导致税收优惠存在错位与缺位现象，造成资源配置失衡。对于符合认定标准的企业，不论其收益是否来源于科技研究，从事的研发活动是否形成了研究成果，都可以享受税收优惠待遇，这造成了优惠的泛滥，尤其是高新技术企业存在的重复核算研发费用归集等问题；而那些进行了科技研发却不符合认定标准的企业则不能享受税收优惠待遇，这就必然导致一部分科技成果转化项目被排除在政策扶持范围之外，不能充分实现税收的引导和激励作用，不利于税法的统一性和公平性。

具体而言，根据相关税法对高新技术企业和科技型中小企业的认定标准，科技型中小企业对职工总数、年销售收入、资产总额等都有评价要求，而高新技术企业没有此项要求，也就是说，如果突破此项评价标准，高新技术企业不一定是科技型中小企业；同时，高新技术企业认定标准中规定，高新技术产品（服务）收入占企业同期总收入的比例不低于 60%，而科技型中小企业并没有此项要求，只要产品含有科技元素即可。这样，属于科技型中小企业范畴的企业也不一定就是高新技术企业。如果企业是科技型中小企业，那么研究开发费用按照实际发生额的 75%在税前加计扣除[《关于提高科技型中小企业研究开发费用税前加计扣除比例的通知》（财税〔2017〕34 号）]；如果企业是非科技型中小企业，那么研究开发费用按照实际发生额的 50%在税前加计扣除[《关于完善研究开发费用税前加计扣除政策的通知》（财税〔2015〕119 号）]。换而言之，如果高新技术企业不是科技型中小企业，那么它的研发费用就只能是按实际发生额的 50%在税前加计扣除。而初创科技型企业虽不需要经过有关部门认定，但需要符合《财政部 国家税务总局关于创业投资企业和天使投资个人有关税收试点政策的通知》（财税〔2017〕38号）的相关规定。因此，初创科技型企业一定是可以依法享受企业研究开发费用加计扣除优惠政策的企业，但是初创科技型企业不一定是科技型中小企业。如果初创科技型企业满足科技型中小企业的条件，被认定为科技型中小企业则可以依法享受更加优惠的加计扣除优惠政策。因此，由于企业对税收法律政策及相关概念认定掌握不全面，特别是高新技术优惠，资质门槛高、政策条件多、财务处理复杂，自行判断适用优惠政策存在较大难度，高新技术企业税收优惠税务风险也随之增加。

2. 税收优惠覆盖面不足，政策协调性有待提高

其一，税收优惠政策法律层级较低，地方政策效力和执行率有待提升。整体而言，我国税收优惠政策所依据的法律层级并不高，大多数的税收优惠都是通过规范性法律文件予以规定，尤其是涉及科技成果转化方面的税收优惠政策更零散片面，不仅与"税收法定"原则相悖，相关优惠政策的严肃性、公信力甚至执行力都显不足。同时，一些地方为了促进科技成果转化，出台了诸多政策措施，但这些政策在效力层面通常只是地方性法规或者政府文件。并且长期存在的执法不严问题在一定程度上也挫伤了创新主体的积极性。

其二，税收优惠政策可持续性不高，稳定性较差。优惠政策周期短，缺乏长效性，大多优惠政策只在某段时期内有效，尤其是地域优惠和行业优惠政策，优惠期过了之后没有制定衔接协调的后续政策，导致政策不稳定，不同政策执行期间的涉税风险较大，长期激励作用不明显，很多企业为了争取税收优惠而选择成为"政策移民"，使得政府培育扶植当地高新技术产业的初衷无法得到有效实现。

其三，税收优惠政策多注重区域性（高新技术开发区、自主创新示范区等），忽视了具体的产业优惠。这不仅与国家产业政策不协调，造成了同一产业在不同区域承担的税收负担的差异，违背了税收公平的原则，也限制和弱化了税收政策在促进全国科技创新及成果转化上的积极作用。

3. 优惠力度不足，优惠方式单一，以直接优惠为主的激励方式有待转变

我国对企业的税收激励优惠力度在全球范围内居中下水平，2015年的税收补贴率仅为0.135%（魏志梅，2017）。目前税收优惠政策主要针对科技成果的相关收入给予税收减免，对科技成果转化相关环节所涉及的研发支出给予的优惠政策不足，导致相关主体急于缩短科技创新的中间环节，降低了科技成果的最终质量。同时，在和人力资本紧密相关的个人所得税设计上，不仅未考虑居民家庭负担、人均收入水平等因素，更未涉及个人的人力资本支出成本，对科技人员的有关个税优惠也设立了较高的免税门槛,仅限于省级以上政府发放的"科技奖金"和"政府特殊津贴"。

科技税收政策作用效应的大小,除了与本身的优惠力度相关以外,还与税收激励的方式手段密切相关,尤其事前扶持和事后激励两种税收优惠方式的选择。一般认为,间接优惠侧重于事前扶持,有利于体现政府推进科技创新、支持科技成果转化的政策取向,从而形成"政策引导市场,市场引导企业"的良性社会氛围和有效优惠机制。而无论是针对基础研究、应用研究还是试验发展,合理有效的税收政策应该是事前扶持和事后激励有机结合。然而在我国,科技成果转化税收政策的激励方式往往偏重乃至局限于税率式优惠与税额式优惠等直接方式,而较少运用税基式优惠。因此,大多优惠政策在整体设计上以产出型优惠为主,针对那些已经获得或有能力获得技术开发及成果转化收益的盈利型企业,而对那些尚未进行或正在进行技术研发、成果转化的初创型企业及研发投资和成果转化失败的企业则激励不足,不利于调动企业从事科研和技术开发及技术改造的积极性,对产业升级与结构优化调整也存在一定的负面影响,不利于创新环境的培育。随着高新技术产业规模的扩大和产业结构的优化,直接税收优惠的功能正在慢慢减弱,并逐渐成为科技成果转化的障碍,需尽快改变这种重"尾"不重"头"、重"果"而不重"源"的状况,增强科技税收政策的一体化效应。

19.3.3 相关制度建设和配套措施有待完善

1. 现行科技管理体系与市场经济脱节,难以满足科技成果转化市场需求

在科技成果转化问题上,国外发达经济体始终贯彻以市场为导向,以经济效益为最终目标的思想理念,科技成果转化率较高,转化模式较为有效。而我国现有的科技管理体系主要是以研究为主,研究主体主要以高校及科研院所为主,国家及地方政府每年都投入大量的研究经费。这种以政府主导的科技制度,侧重于学术研究和理论成果的获得,忽视了真正的经济效益,"重研发、轻转化""重论文、轻专利"等现象仍然存在,虽然在某些领域,如国防等方面的确具有很强的针对性,但对科技成果转化后期阶段的资金支持力度不够,并且由于不需要经历市场竞争,高校、研究机构的科研活动动力不足,难与市场贴近,科技成果转化模式低效。

其一,科技计划、科研活动等未以市场为指引,抑制了科技成果的市场效用。虽然国家计划项目金额逐年增加,但项目成果进入市场所产生的经济收益远远低于投入,原因就在于政府在成果转化中的定位与市场脱节,宏观调控机制失灵,使得技术供给与市场实际需求脱节,科技计划成果与市场资本脱节,即市场的系统性、自发性、经济性与科技计划并未完全结合,经济效益难以满足市场需求,导致科技转化成本高、速度慢、效率低。

其二，各类市场没有紧密结合，导致科技成果市场发育不完善，市场内部运行机制无法有效运转。科技成果市场是商品市场的重要组成部分，但目前我国除了生产资料市场及消费品市场比较成熟外，中介服务市场、技术市场、产业化市场等均处于初级阶段。技术市场是基础，中介服务市场是润滑剂，商品市场是先导，人力资本市场是催化剂。只有将这些市场有机结合并由财税政策贯穿始终，才能促进技术市场的完善（赵丽霞，2015）。此外，财政科技体制落后，科技成果转化的绩效评价体系缺失，人才、设备、市场、政策、资金、服务平台、信息等方面的支撑不足导致科技不能与经济有效结合，科技创新难以发挥应有的经济增长效用。

2. 科技中介机构仍存在服务能力不足、服务项目和地区发展均不平衡的现象

科技中介是将人才、设备、市场、政策、资金、平台及大量的科技成果串在一起的主要链条和重要媒介，是在技术商品的开发方、供给方、需求方之间沟通联系、促进交易并提供服务的一项经营活动；科技中介机构是指面向社会开展技术评估与扩散、通过提供孵化功能推动技术转移和成果转化、创新资源配置及决策等专业化服务的机构，主要包括生产力促进中心、科技企业孵化器、科技咨询与评估机构、技术交易机构、创业投资服务机构等[①]，是科技成果转化的助推器。早在2003年科技部就提出了"科技中介机构建设年"的概念，明确了在5年内健全我国科技中介服务体系这一宏观目标。虽然经过十多年的努力，各类科技中介服务机构围绕信息沟通与共享、技术交易、成果转化、创新资源配置等方面开展了大量的工作，已经成为国家创新体系的重要组成部分，但我国以科技中介为核心的科技服务体系无法满足科技成果转化在中介、信息咨询和资源整合上的需求，科技中介机构的发展仍未取得实质性的突破，与国外发达国家相比仍有不少差距，仍存在服务能力不足、服务水平低、服务项目和地区发展均不平衡的现象，无法满足我国快速增长的经济发展水平和科技创新国家战略的需求等问题，制约了我国科技成果转化机制的顺利运转和高新技术产业的发展，成为国家创新体系中较为薄弱的一个环节。

其一，科技中介服务组织水平较低，功能不足。虽然现阶段我国科技中介服务组织很多，但专业服务水平较低，不能发挥很好的引导和服务作用，特别是针对创业者和中小企业的中介服务机构还很少，成果转化服务体系和评估功能不健全，技术交易保险尚属空白，科技成果有效流转的保障机构缺失，规范投资活动的法律、审计、会计、评估、担保、仲裁等社会服务体系也不够健全，科技中介低质量服务水平与高质量服务需求之间的矛盾十分明显。

---

① 《关于大力发展科技中介机构的意见》，http://www.most.gov.cn/ztzl/jqzzcx/zzcxcxzzo/zzcxcxzz/zzcxgncxzz/200512/t20051230_27342.html[2021-06-28]。

其二，科技成果转化服务机构独立性有限，仍需财政支持。绝大多数科技成果转化服务机构仍处在向市场机制转型的阶段，还不能完全按市场机制运行，仍然需要财政补助和扶持。目前，真正能完全通过市场机制和市场渠道开展高质量的科学技术咨询，实现自主经营、自负盈亏的服务机构凤毛麟角，大部分科技中介服务机构运行机制不够灵活，市场理念不足，激励机制不到位，存在条块分割、功能重复、业务交叉、资源浪费等现象，不能适应市场经济条件对科技中介机构服务的需求。此外，我国目前并没有针对科技成果转化中介组织制定较为完善的专业性法律等，相关的财税扶持政策也比较少，中介服务机构整体处于被边缘化的地位。

3. 相关机制缺位，投融资体系不健全，加大了科技成果转化的难度

科技成果转化的过程面临技术风险、市场风险、投资风险、政策风险、购买力风险、财务风险等多种风险因素，其风险程度远高于传统行业。一方面，政府在投资高新技术产业科技成果转化项目前，先需要考虑的就是委托代理带来的信息不对称和道德风险问题。由于科技成果转化项目具有较大的技术难度，加上我国科技成果转化的评估体系和监督机制都还不够完善，政府很难通过加强对科技成果转化项目的事前评估、事中监督、事后验收来控制这些风险。另一方面，金融机构、风险投资公司等投资主体以经济利益最大化为目标，倾向于短期投资。在面对高风险、长周期、难评估的科技成果转化项目时，如果没有一定的激励和风险补偿，以及完善的财政担保和风险投资中介体系，必然会控制对项目的资金投入。而现阶段，我国还没有针对科技成果转化的激励机制和风险补偿机制，多渠道融资体系也不够完善，科技成果转化项目的投资风险较大，导致各非政府投资主体开展资金投入的动力不足，政府资金占研究机构研发经费的比重始终在80%以上，2015年，研发经费中来源于企业资金、国外资金和其他资金分别占3.1%、0.2%、12.3%，政府成为风险投资的主体。尤其是目前中小企业在创新活动前期的投入、成长期的融资、扩张期的信贷等环节上存在的各种问题，都暴露出我国在创新链、融资链及商业链的结合上还存在严重不足，这使得科研成果很难转化为有具体经济价值的技术。《2014年全国企业创新调查统计资料》的数据显示，2014年只有接近11%的企业分别与市场咨询机构及政府部门有过创新合作，与风险投资机构进行合作创新的企业占比最低，仅为1.5%。

第 20 章 我国科技成果转化绩效评价指标体系构建及量化评估

科技成果转化过程复杂，环节繁多，如前端的研究开发、中间的技术转让取得合同、终端的新产品产出取得经济效益等。本章明确以科技成果转化的最终成果为落脚点，构建我国科技成果转化的绩效评价指标体系，同时运用主成分分析的方法对我国近些年来的科技成果转化绩效进行评价，并运用 OBLIMIN 方法找出影响科技成果转化绩效评价结果的主要因素，从而为我国提升科技成果转化绩效找到最优路径。此外，由于我国各地区（中部、东部、西部、东北地区）、各省区市的科技成果转化也呈现出较大的差异，本章也将对我国各地区及各省区市的科技成果转化绩效进行评价，并找出影响其绩效排名的主要因素，从而为我国各地区（中部、东部、西部）、各省区市制定差异性的财税政策，为提升科技成果转化绩效提供理论指导。

20.1 科技成果转化绩效评价指标体系构建

20.1.1 科技成果转化绩效评价指标体系构建原则

科技成果转化是一种包含科学技术性质的复杂经济活动，评价我国科技成果转化绩效需要有一套明确的指标体系进行综合评价，所以指标体系的构建是我国科技成果转化绩效评价的关键和核心。为了构建更加科学合理的科技成果转化绩效评价指标体系，在构建指标体系时应当遵循的原则主要包括科学性原则、系统性原则、客观性原则、适应性原则。

1. 科学性原则

科学性原则要求选取的评价指标必须具有明确的含义，并且指标体系的内部要协调统一，指标体系的结构层次应清晰合理。评价指标应该能够科学、充分地反映科技成果转化的效果，指标体系应该能够客观、真实地反映出科技成果转化为实际生产力的水平。

2. 系统性原则

系统性原则要求科技成果转化绩效评价指标体系的构建要能够全面、系统地反映科技成果转化系统中各要素相互作用的机制，对科技成果转化绩效进行综合评价，即建立包括两个层级的指标体系，以反映科技成果转化在不同领域上的效果。

3. 客观性原则

客观性原则要求在科技成果转化绩效评价过程中，要以真实的数据资料为依据，以原始数据的内部规律为标准，使绩效评价结果更加真实可靠。

4. 适应性原则

适应性原则要求科技成果转化绩效评价指标体系应符合使用者对指标的理解和判断，这是保证指标体系产生效果的基础。具体来说，首先，适应性原则要求指标在保证完备性的前提下尽可能简明精炼。其次，指标应设置得易于理解，以此保证评价的准确性和高效性。最后，指标应具有可比性，以确保评价结果能够进行横向和纵向对比。

20.1.2 科技成果转化绩效指标选取

现有的科技成果转化绩效评价指标体系基本上都是从转化的基础、转化的转移支持能力和转化的效果等几个科技成果转化路径来构建，其中唐五湘（2017）对科技成果转化绩效评价指标高度相关的56篇有代表性的文献进行了全面的梳理与分析，结果发现：国内学者在构建科技成果转化绩效评价指标体系时，使用2层评价指标体系的文献篇数最高，达36篇，没有采用5层或5层以上层次的评价指标体系，因为层次之间、指标之间可能会交叉或重复，指标的赋权太麻烦，综合评价的计算过程也越来越复杂。最值得本节关注的是，这些文献更多地关注某一行业或者某一领域内科技成果转化绩效的微观层面和中观层面问题分析，但对宏观层次的科技成果转化绩效问题研究较少，只有两篇文献对全国科技财政支出绩效评价问题进行了研究。本节主要对我国科技成果转化绩效进行宏观层面上的实证分析，在宏观层面上，取得专利、技术转让取得收入、技术市场成交合同或开发项目完成等只是科技成果转化的中间环节，并不能代表科技成果转化的最终结果，科技成果的转化是否完成应该落脚在是否生产了新产品，且新产品是否产业化、商业化及国际化，从而带来显著的经济效益。

综上所述，本节借鉴现有的科技成果转化绩效研究成果和相关理论基础，结合指标体系构建的科学性、系统性、客观性、适应性原则，聚焦于科技成果转化的最终结果，即科技成果转化的产业化、商业化及国际化，构建科技成果转化绩效评价指标体系。该体系划分为两个不同的层次，也就是两个一级指标，即产业化指标和国际化指标，并在每个一级指标下各设四个二级指标，分别包含两个绝对指标和两个相对指标。科技成果转化绩效评价指标体系如表20-1所示。

表20-1 科技成果转化绩效指标体系

一级指标	二级指标	变量	权重
产业化指标	规上工业企业新产品销售收入	X_1	W_1
	规上工业企业新产品销售收入占规上工业企业产值比重	X_2	W_2
	高技术产业新产品销售收入	X_3	W_3
	高技术产业新产品销售收入占高技术产业产值比重	X_4	W_4
国际化指标	规上工业企业新产品出口值	X_5	W_5
	规上工业企业新产品出口值占规上工业企业新产品销售收入比重	X_6	W_6
	高技术产业新产品出口值	X_7	W_7
	高技术产业新产品出口值占高技术新产品销售收入比重	X_8	W_8

1. 科技成果产业化指标

科技成果产业化是使科技成果转化为经济价值的关键因素。简单来说，科技成果产业化是指通过一系列开发推广环节，将有实用价值的科技成果转化为新产品，并逐渐达到一定市场规模，进而形成产业的过程。在科技成果产业化的运行过程中，需要整个宏观环境的各环节协调运作，包括经济、政策、法律法规等多个方面配合。

规上工业企业在国民经济中的地位举足轻重，是我国科技成果转化的主力军。同时，根据国家统计局的分类，高技术产业主要分为八类大产业，分别是信息化学品制造产业、核燃料加工产业、航空航天器制造产业、医药制造业、医疗设备及仪器仪表制造业、电子及通信设备制造业、电子计算机及办公设备制造业、公共软件服务产业。高技术产业是当前世界各大经济体之间科技竞争及经济竞争的核心和焦点，与传统产业不同的是，首先，高技术产业对创新性的要求很高，高技术产业的科技成果相较于传统产业而言具有更高的知识含量；其次，高技术产业将科学与技术高度融合在一起，"科技链"和"产业链"相互融合、相互渗透；最后，高技术产业具有极强的渗透性，高技术产业的科技成果被广泛应用于其他部门，由此带动了产业结构调整、推动了产业结构升级，从而带来了巨大的经济效益。

规上工业企业及高技术产业的科技成果转化产出视为科技成果在企业生产过程中产生的价值增值，主要用企业新产品的销售收入来体现，它能够反映企业科技成果转化产生的直接收益。科技成果产出的表现形式主要分为新产品和新工艺两个方面，但是在对科技成果产出进行测定的理论方法中，从工艺的角度出发来评价企业科技成果实际收益的研究方法目前还不是很成熟，故而本节以新产品产值及在企业产值中所占的比重作为主要的评价指标，而且这一指标相对来讲更能体现企业科技成果转化的效果。

因此，综合考虑我国规上工业企业、高技术企业科技成果转化的实际情况及数据的可得性，本节选取规上工业企业新产品销售收入、规上工业企业新产品销售收入占规上工业企业产值比重、高技术产业新产品销售收入和高技术产业新产品销售收入占高技术产业产值比重四个指标。

2. 科技成果国际化指标

国际化是指科技成果先实现产业化，新产品形成一定规模，在更大的国际市场流通，使科技成果转化带来的巨大经济效益国际化的过程。在目前全球经济一体化进程不断加深的趋势下，我国现有的市场已经不能完全满足规上工业企业及高技术产业不断发展与扩张的需求。但国际市场机遇与挑战并存，规上工业企业及高技术企业要在产品的价值链进行创新，提高科技成果转化能力，成功立足国际市场。所以本节以规上工业企业新产品的出口值及其在规上工业企业新产品销售收入的比重作为主要的评价指标，这一指标也能较好地反映我国科技成果转化能力。

因此本节选取规上工业企业新产品出口值、规上工业企业新产品出口值占规上工业企业新产品销售收入比重、高技术产业新产品出口值和高技术产业新产品出口值占高技术新产品销售收入比重四个指标。一方面，可以衡量我国规上工业企业及高技术企业的科技成果转化能力；另一方面，也可以反映我国规上工业企业及高技术企业的国际竞争力。

3. 具体指标的含义

选取的科技成果转化绩效评价指标中，一级指标分为两类，二级指标共有八项，其具体含义如下。

（1）规上工业企业新产品销售收入。规上工业企业新产品销售收入，是指规上工业企业销售新产品和提供劳务等主要经营业务取得的收入总额。规上工业企业新产品销售收入反映了规上工业企业中的科技成果转化能力。

（2）规上工业企业新产品销售收入占规上工业企业产值比重。规上工业企业产值指的是规上工业企业进行工业生产活动所生产的最终成果，也就是规上工业企业的工业生产活动所生产的全部成果减去生产过程中的消耗后所剩余的成果，即为规上工业企业在生产活动中产生的新增加的价值。规上工业企业新产品销售收入占规上工业企业产值比重反映了规上工业企业中的科技成果转化对于规上工业企业产值的贡献程度。

（3）高技术产业新产品销售收入。高技术产业是指用先进技术生产高技术产品的产业。相比于传统工业，高技术产业资本投入更高，研发人员比重更大，具有更高的技术性和创新性，产业发展迅速，且能够提升整个产业的发展水平，带动整个产业的产业结构调整，从而带来巨大的经济效益。但同时高技术产业也面临着更高的竞争性和风险性，综合来讲是一个高风险高回报的产业。因此高技术产业是科技成果产业化的结果，能够衡量科技成果产业化的水平。高技术产业新产品销售收入反映了高技术产业中的科技成果转化能力。

（4）高技术产业新产品销售收入占高技术产业产值比重。高技术产业新产品销售收入占高技术产业产值比重反映了高技术产业中的科技成果转化为高技术产业带来的收益。

（5）规上工业企业新产品出口值。规上工业企业新产品出口值，是指规上工业企业的新产品向国外出口带来的全部价值。规上工业企业新产品出口值反映了我国科技成果转化的国际化及国际竞争力。

（6）规上工业企业新产品出口值占规上工业企业新产品销售收入比重。规上工业企业新产品出口值占规上工业企业新产品销售收入比重反映了我国的规上工业企业科技成果转化形成的新产品的国际竞争能力。

（7）高技术产业新产品出口值。高技术产业新产品出口值是指高技术产业向国外出口的新产品的全部价值。高技术产业新产品出口值反映了我国的高技术产业科技成果转化的国际竞争力。

（8）高技术产业新产品出口值占高技术新产品销售收入比重。高技术产业新产品出口值占高技术新产品销售收入比重反映了我国高技术产业科技成果转化形成的新产品的国际竞争能力。

20.1.3 我国科技成果转化绩效评价方法

科技成果转化绩效评价的方法主要有专家打分法和主成分分析法。

专家打分法是指有关专家以匿名的方式提出相关意见，之后对专家提出的意见进行统计、处理、分析和归纳，然后客观地结合大多数专家的主观经验及判断，对无法进行定量分析的指标做出合理估测，经过多次讨论和调整，最终确定每个指标所占权重的方法。专家打分法操作比较简便，但其缺陷在于主观性强，不够科学严谨。

主成分分析法的核心思想是降维，通过把多个指标转化为几个具有代表性的综合指标（即主成分），其中每个主成分都包含了原始变量中的很多信息，且每个主成分中所包含的信息不相互重复。这种方法在引进多变量的同时将复杂的因素转化为几个主成分，使问题简单化，使结论更加科学有效。本节选用主成分分析法作为科技成果转化绩效评价的方法。

1. 主成分分析法

在研究问题时，为了系统、全面地进行分析，通常需要考察多个变量。其中每个变量都或多或少地反映了所研究问题的一部分相关信息，并且变量与变量之间存在着相关性，因此其反映的信息可能会互相产生一定的影响。在研究包含多个变量的问题时，太多变量会使计算量增加并且使分析的问题更加复杂。但在进行定量分析时，希望涉及的变量少，而得到的信息多，因此就要用主成分分析法进行分析。

在实际的评价工作中，通常会选取几个代表性强的综合指标，利用打分法进行评价，综合指标的选取是评价工作中的重点和难点。而主成分分析法可以合理地解决这一问题。变量与变量之间存在着相关性，因此一定存在起主导作用的影响因素。通过研究原始变量的相关矩阵内部结构，可以找到对某一要素产生影响的几个综合指标，将这几个综合指标作为原始变量的线性拟合。这样，这几个综合指标既包含了原始变量中的主要信息，且彼此间相互独立，又降低了所研究数据的维度，使所研究的问题更加简单，使得到的结论更加科学、有效。

2. 因子分析的正交旋转法、斜交旋转法

因子分析是主成分分析的推广，它的目的和主成分分析一致，但分析更加准确，结果更有解释性。因子分析的目的在于找到所研究的问题中某些具有专业意义，但无法直接测量的因子如何影响可以直接测量并且存在相关性的指标的规律，从而利用各个指标的估测值来确定各因子的状态。

因子分析第一步是决定要充分解释观察到的相关关系所需要的最少因子数量，在这个过程中也决定各变量的公因子。因子分析的第二步是通过旋转寻找更简单、更易解释的因子，同时保持因子数量和各变量的公因子不变。因为在提取因子时通常提取初始因子后对因子无法做出有效的解释，为了更好地解释因子需要旋转负荷矩阵，目的是改变每个变量在各自因子的负荷量大小。主要有两种旋转的方法：第一种为正交旋转法，如"四次方极大正交旋转法""等量方差正交旋转法""方差极大正交旋转法"；第二种是斜交旋转法，如"斜交旋转法""迫近最大方差斜交旋转法"。如果是为了使数据简化，因子的含义不做重点考虑，应该选用正交旋转法；如果是为了得到几个具有理论意义的因子，则采用斜交旋转法。

（1）正交旋转的方法。因为一个变量只在一个因子上有负载，因此对变量的因子解释是最简单的，但那样的特点并不足以用数字表示它的简单程度。其中一种对简单程度的数学测量是每行的因子负载的平方的变化程度。因为方差被界定为与均值的离差的平方的平均值，如果其中一个元素的负载的平方等于公因子，且行中的所有其他元素都为0，这时方差将是最大的。也就是说，一个变量的因子负载的平方的最大方差等于该变量因子复杂性的最简单程度。

（2）斜交旋转的方法。斜交旋转也称 OBLIMIN 方法，它比正交旋转应用更广泛，因为它不对因子强加限制，即不允许因子之间相关。正交旋转法要求因子轴间保持 90°，而斜交旋转法中，因子轴间的夹角是任意的。这时，因子结构更加简洁，更容易解释。它相对正交旋转法的优势在于：在进行斜交旋转后，如果得到的因子是正交的，我们就可以确定其正交特性并不是人为设定旋转方法的结果。但是，因为斜交旋转法引入了因子之间的相关，因此对因子分析进行解释时另一种复杂性又出现了。

在斜交旋转法中，令 S 表示因子结构矩阵；B 表示旋转后的因子负荷矩阵；W 表示斜交因子之间的相关系数矩阵，则三者之间的关系为

$$S_{p\times m} = B_{p\times m}W_{m\times m} \tag{20-1}$$

总而言之，如果目标只是为了简化数据，而因子确切的含义并不重要，应该选用正交旋转法；如果目标要得到几个理论上有意义的因子，要求因子容易解释，应该用斜交旋转法。

考虑到本节需要解释提取出的因子的意义，所以在对负荷矩阵旋转的方法上采用斜交旋转法，即用 OBLIMIN 方法求出斜交因子解，得到的斜交因子解使得变量尽可能落在主轴附近。

20.2 我国科技成果转化绩效评价的实证分析

20.2.1 我国科技成果转化绩效评价的主成分分析

本节将选取 2009~2015 年国内高新技术产业的各项指标数据来进行分析，资料来源是《中国高技术产业统计年鉴 2016》，在上文所讨论的指标体系中，分别设变量为 X_1、X_2、X_3、X_4、X_5、X_6、X_7、X_8，权重为 W_1、W_2、W_3、W_4、W_5、W_6、W_7、W_8，如表 20-1 所示。

本节先利用 SPSS 软件的因子分析法对 2015 年的数据进行分析，计算得到数据的成分矩阵、特征根和特征向量、方差贡献率和斜交旋转 25 次迭代的主成分负载。在因子分析前，先要对变量进行 KMO 与 Bartlett 球形检验来确认变量是否适合做因子分析。KMO 统计量是在 0 和 1 之间，常用的度量标准为：0.9 以上表示非常适合；0.8~0.9 表示很适合；0.7~0.8 表示适合；0.6~0.7 表示不太适合；0.5~0.6 表示勉强适合；0.5 以下表示不适合。Bartlett 球形检验的 p 值小于或等于 0.01 时表示适合。

在本节中，对八个指标进行 KMO 与 Bartlett 球形检验，得出的结果 KMO=

0.736＞0.7，说明因子分析的效果很好；球型检验值为 327.194，p=0.000＜0.01，否定原假设，即认为变量间的相关矩阵不是单位矩阵，各变量之间具有一定的相关性，可以进行因子分析。

本节还要对数据进行碎石图检验，碎石图（陡坡图）检验的判断标准是取坡线突然剧升的因素，删除坡线平坦的因素。由碎石图可知保留 2 个因子较为合适。

随后计算得出主成分的特征值、方差贡献率和累计方差贡献率，可以说明综合评价值在各个主成分上的权重，由表 20-2 可知，取前两个因子，累计方差贡献率已经达到 79.6%，说明前两个主成分就能解释大部分原始变量所包含的信息，因此本节分析只取前 2 个因子。

表 20-2　2015 年全国各省份科技成果转化主成分分析的特征值及贡献率

成分	初始特征值			提取平方和载入			旋转平方和载入
	合计	方差的百分比	累计百分比	合计	方差的百分比	累计百分比	合计
1	5.257	65.71%	65.71%	5.257	65.71%	65.71%	4.796
2	1.111	13.89%	79.6%	1.111	13.88%	79.6%	3.966
3	0.987	12.33%	91.93%				
4	0.351	4.382%	96.32%				
5	0.157	1.966%	98.28%				
6	0.114	1.420%	99.70%				
7	0.017	0.207%	99.90%				
8	0.007	0.091%	100%				

注：提取方法是主成分分析

由表 20-3 得出以下因子得分的计算表达式。

表 20-3　2015 年全国各省份科技成果转化主成分分析的成分矩阵

评价指标	成分 1	成分 2
规上工业企业新产品销售收入	0.880	−0.287
规上工业企业新产品销售收入占规上工业企业产值比重	0.949	−0.291
高技术产业新产品销售收入	0.907	−0.387
高技术产业新产品销售收入占高技术产业产值比重	0.914	−0.268
规上工业企业新产品出口值	0.655	0.278
规上工业企业新产品出口值占规上工业企业新产品销售收入比重	0.784	0.320
高技术产业新产品出口值	0.653	0.516
高技术产业新产品出口值占高技术新产品销售收入比重	0.673	0.526

注：提取方法是主成分分析

第一主成分：
$$F_1 = 0.880X_1 + 0.949X_2 + 0.907X_3 + 0.914X_4 + 0.655X_5 + 0.784X_6 + 0.653X_7 + 0.673X_8$$
第二主成分：
$$F_1 = -0.287X_1 - 0.291X_2 - 0.387X_3 - 0.268X_4 + 0.278X_5 + 0.320X_6 + 0.516X_7 + 0.526X_8$$
经计算最终的综合评价模型为
$$F = 0.65712F_1 + 0.13888F_2$$

但由于需要考虑不同年限问题，所以要对 F 加权平均处理，由上述计算表达式易知：

$$F_1 = \sum_{i=1}^{8} a_i x_i \quad F_2 = \sum_{i=1}^{8} b_i x_i \quad (20\text{-}2)$$

$$F_1 = \alpha_1 \sum_{i=1}^{8} a_i x_i + \alpha_2 \sum_{i=1}^{8} b_i x_i = \sum_{i=1}^{8} (\alpha_1 a_i + \alpha_2 b_i) x_i \quad (20\text{-}3)$$

令 $w_i = \alpha_1 a_i + \alpha_2 b_i$，则

$$F = \sum_{i=1}^{8} w_i x_i \quad (20\text{-}4)$$

加权平均处理后为

$$F = \sum_{i=1}^{8} \frac{w_i}{\sum_{i=1}^{8} w_i} x_i \quad (20\text{-}5)$$

从而得出各个指标的权重，结果如表20-4所示。

表20-4 各个指标的权重（2015年）

指标	X_1	X_2	X_3	X_4	X_5	X_6	X_7	X_8
权重	0.6764	0.5892	0.6812	0.6291	0.7327	0.7030	0.7078	0.6474

使用同样的方法可以得到2009~2015年各个指标的权重，如表20-5所示。

表20-5 各个指标七年的权重（2009~2015年）

指标	2009年	2010年	2011年	2012年	2013年	2014年	2015年
W_1	0.5279	0.6633	**0.7382**	**0.7271**	0.6544	0.6946	0.6764
W_2	0.3383	0.4390	0.6041	0.6171	0.5435	0.6085	0.5892
W_3	0.5894	**0.7071**	**0.7307**	**0.7303**	0.6921	**0.7085**	0.6812
W_4	0.5228	**0.7651**	**0.7419**	**0.7541**	0.6702	0.6401	**0.7030**
W_5	0.5905	**0.7188**	**0.7447**	**0.7535**	0.7318	0.7389	0.7327
W_6	0.3359	0.5598	0.4883	0.6324	**0.7677**	**0.7465**	0.6291
W_7	0.6066	0.6763	0.6991	**0.7048**	0.7118	0.7026	0.7078
W_8	0.4753	0.6033	**0.7539**	**0.7893**	**0.7435**	0.7028	0.6474

本节利用主成分分析法得到了各个指标的权重,由表 20-5 可以看出,八个指标的权重大小不同,对科技成果转化绩效评价指标的影响程度不一,权重值与指标值相乘后数值越大则表示该数值对科技成果转化绩效值的影响越重要。为了使影响因素更加清晰,明确科技成果转化绩效评价指标对绩效值的影响程度,采用 OBLIMIN 方法对因子负载矩阵进行斜交旋转,将 δ 设为 0,利用 SPSS 软件对表 20-5 中的数据进行 4 次斜交旋转的结果见表 20-6 的第 2~3 列。其中用加粗表示的单元格表明该主成分因子在相应指标上有相当高的负载。将这些指标负载的绝对值与相对应主成分因子的贡献率相乘,得到其对科技成果转化绩效的负载和排序,见表 20-6 的第 4~6 列。由表 20-6 可以看出,2015 年对科技成果转化有重要影响的指标由主到次依次为:规上工业企业新产品销售收入、规上工业企业新产品出口值、高技术产业新产品销售收入、高技术产业新产品出口值、规上工业企业新产品出口值占规上工业企业新产品销售收入比重。规上工业企业新产品销售收入对科技成果转化绩效评价影响程度最大,这说明在经济新常态下,我国规上工业企业迅速发展,通过创新提升了开发新产品的能力,规上工业企业新产品销售收入增长势头强劲,对我国科技成果转化有着十分重要的现实意义。同时,规上工业企业新产品出口值对科技成果转化绩效评价影响程度排名第二,这说明规上工业企业通过新产品开发大力拓展国际市场,提高了国际竞争力。同时,提高高技术产业新产品销售收入、高技术产业新产品出口值也对我国科技成果转化有着较重要意义。规上工业企业新产品出口值占规上工业企业新产品销售收入比重对提升科技成果转化绩效也有较大贡献,因此规上工业企业在提高新产品国内市场销售收入的同时要加大对国际市场的开拓。

表 20-6　斜交旋转后的因子负载矩阵及主要影响因素的综合负载
（2015 年全国各省区市科技成果转化因子分析）

评价指标	成分 1	成分 2	对应主成分的贡献率	综合负载	按综合负载排序
X_1	0.9884	0.0222	0.6571	0.6495	1
X_2	0.1821	0.5835			
X_3	0.9796	0.0803	0.6571	0.6437	3
X_4	−0.4617	0.1167			
X_5	0.9808	0.0868	0.6571	0.6445	2
X_6	0.1706	0.8220	0.1388	0.1141	5
X_7	0.9615	0.1403	0.6571	0.6318	4
X_8	−0.2563	0.6763			

另外,根据上述科技成果转化绩效的评价模型,利用 2009~2015 年的数据就可以算出各省区市 2009~2015 年的科技成果转化绩效的综合得分并进行排名,

得到的结果如表 20-7 所示。

表 20-7 各省区市科技成果转化绩效及排名（2009~2015 年）

地区	2009年 绩效	排名	2010年 绩效	排名	2011年 绩效	排名	2012年 绩效	排名	2013年 绩效	排名	2014年 绩效	排名	2015年 绩效	排名
北京	0.4542	4	0.3838	5	0.4160	4	0.4074	6	0.3472	7	0.3206	6	0.2583	11
天津	0.4692	3	0.4060	3	0.3935	7	0.4659	5	0.4473	5	0.4233	5	0.3977	6
河北	0.1349	17	0.1055	19	0.1250	18	0.1628	16	0.1365	16	0.1391	17	0.1506	17
山西	0.1043	21	0.0868	25	0.1342	17	0.1221	20	0.0884	22	0.0712	27	0.1018	23
内蒙古	0.0598	28	0.0549	28	0.0893	27	0.0635	29	0.0574	30	0.0653	28	0.1353	18
辽宁	0.1672	12	0.1345	13	0.2100	10	0.1634	15	0.1533	15	0.1464	16	0.1548	16
吉林	0.1505	14	0.0892	23	0.1108	21	0.1067	23	0.0582	29	0.0791	24	0.0757	27
黑龙江	0.0564	29	0.0559	27	0.0617	30	0.0927	27	0.0761	26	0.0713	26	0.0742	29
上海	0.4081	7	0.3316	8	0.3816	9	0.3862	7	0.2820	9	0.3063	7	0.3110	8
江苏	0.6322	2	0.4814	2	0.7525	2	0.8111	2	0.6327	2	0.6496	2	0.6356	2
浙江	0.4484	5	0.3916	4	0.4703	3	0.5085	3	0.5027	4	0.4967	4	0.5417	4
安徽	0.1141	19	0.1316	14	0.1848	11	0.2610	10	0.1892	12	0.1824	12	0.2352	12
福建	0.4475	6	0.3527	6	0.3837	8	0.4980	4	0.3676	6	0.2978	8	0.3405	7
江西	0.1058	20	0.1251	15	0.1414	15	0.1434	17	0.1152	20	0.1185	20	0.1237	21
山东	0.3477	8	0.3459	7	0.4046	5	0.3807	8	0.3209	8	0.2908	9	0.2975	10
河南	0.0988	22	0.1030	22	0.1125	20	0.1062	24	0.5752	3	0.5475	3	0.5536	3
湖北	0.1763	11	0.1736	11	0.1618	14	0.2144	12	0.1758	13	0.1667	14	0.1729	14
湖南	0.1476	16	0.1435	12	0.1713	12	0.2169	11	0.2330	10	0.2669	10	0.3023	9
广东	0.7976	1	0.8727	1	0.9216	1	0.9348	1	0.8398	1	0.8384	1	0.7971	1
广西	0.0764	24	0.0838	26	0.1014	24	0.0912	28	0.0836	25	0.0734	25	0.0815	25
海南	0.0433	31	0.0287	30	0.0929	26	0.1057	25	0.1077	21	0.0927	22	0.0847	24
重庆	0.1861	9	0.1986	10	0.3980	6	0.1850	14	0.1253	18	0.2662	11	0.4082	5
四川	0.1653	13	0.1042	21	0.1236	19	0.1335	19	0.1237	19	0.1304	19	0.1286	20
贵州	0.0790	23	0.1112	17	0.1052	23	0.1420	18	0.1253	17	0.1110	21	0.0810	26
云南	0.0735	25	0.0872	24	0.0948	25	0.1121	22	0.0873	23	0.0842	23	0.0742	28
西藏	0.1220	18	0.0000	31	0.0752	29	0.0940	26	0.0599	28	0.0000	31	0.0146	30
陕西	0.0735	26	0.1054	20	0.1065	22	0.1122	21	0.0858	24	0.1316	18	0.1341	19
甘肃	0.0667	27	0.1088	18	0.1348	16	0.1954	13	0.1598	14	0.1519	15	0.1728	15
青海	0.0469	30	0.1220	16	0.0141	31	0.0001	31	0.0001	31	0.0073	30	0.0145	31
宁夏	0.1484	15	0.2765	9	0.1657	13	0.2654	9	0.2208	11	0.1738	13	0.1783	13
新疆	0.1843	10	0.0395	29	0.0850	28	0.0285	30	0.0606	27	0.0511	29	0.1204	22

需要注意的是表 20-7 中的绩效值及排名仅仅反映了各省区市科技成果转化的相对绩效，仅用来说明不同年份各省区市之间科技成果转化的优劣排名情况。

20.2.2 不同地区科技成果转化绩效的主成分影响因素分析

科技成果转化绩效值低的几个省区，如青海、西藏、新疆等的各个指标数据是很低的，说明这些省区市科技成果转化仍然处于起步阶段，经济实力落后，科技资源明显不足，技术交易市场不够活跃，高技术产业不发达，所占比重很小。由此可见各地区在成果转化绩效有着较大的差异，为了更明显地看出科技成果转化绩效与地区经济发展之间的联系，将全国 31 个省区市划分为东部地区、西部地区、中部地区、东北地区，如表 20-8 所示。

表 20-8　我国 31 个省区市划分

东部地区	北京、天津、河北、上海、江苏、浙江、广东、海南、福建、山东
西部地区	重庆、四川、贵州、云南、西藏、内蒙古、广西、陕西、甘肃、青海、宁夏、新疆
中部地区	湖南、湖北、山西、安徽、江西、河南
东北地区	黑龙江、吉林、辽宁

将各个地区所含省区市的各项指标数据相加并整理得出的新的数据即是主成分分析所需要的各个地区的各项指标数据，以 2015 年为例，如表 20-9 所示。

表 20-9　各地区各项指标数据（2015 年）

指标	东部地区	西部地区	中部地区	东北地区
X_1/万元	1 045 409 739.0	130 541 179.2	275 903 085.3	56 711 469.0
X_2	0.162 6	0.081 4	0.115 3	0.084 3
X_3/万元	315 543 985.3	30 596 041.7	62 238 333.8	5 756 543.8
X_4	0.315 8	0.205 1	0.298 7	0.134 4
X_5/万元	227 171 196.5	15 784 075.2	44 181 109.5	4 190 395.1
X_6	0.217 3	0.120 9	0.160 1	0.073 9
X_7/万元	124 028 075.4	10 884 870.5	32 377 807.2	284 709.1
X_8	0.393 1	0.355 8	0.520 2	0.049 5

将该数据再次代入上文中的模型，利用 SPSS 软件的因子分析功能进行分析，计算得到数据的成分矩阵、特征根和特征向量、方差贡献率和斜交旋转 25 次迭代的主成分负载，从而得到 2015 年东部地区、西部地区、中部地区及东北地区的科技成果转化绩效，如表 20-10 所示。

表 20-10　各地区科技成果转化绩效结果（2015 年）

地区	成分 1	成分 2	绩效得分	排序
东部地区	1.4563	0.4295	1.31	1
西部地区	−0.5861	−0.0238	−0.50	4
中部地区	−0.1547	0.9661	0.01	3
东北地区	−0.7155	−1.3718	0.53	2

同样本节就可以得到 2009～2015 年各地区科技成果转化的绩效结果，如表 20-11 所示。

表 20-11　各地区科技成果转化绩效结果（2009～2015 年）

地区	2009 年	2010 年	2011 年	2012 年	2013 年	2014 年	2015 年
东部地区	1.15	1.47	1.47	1.48	1.38	1.38	1.31
西部地区	−0.62	−0.51	−0.43	−0.56	−0.64	−0.61	−0.5
中部地区	−0.42	−0.35	−0.51	−0.35	−0.09	−0.08	0.01
东北地区	−0.11	−0.61	−0.53	−0.57	−0.65	−0.69	0.53

1. 东部地区科技成果转化绩效的主成分影响因素分析

从表 20-11 可以很明显看出，东部地区一直都保持着国内最高的科技成果转化能力，如广东、江苏、浙江等省区市科技成果转化能力一直占据着全国前五名的位置，这是由于科技成果转化绩效与区域的经济发展有关联，在改革开放的鼓舞下，我国沿海地区最早实行了开放，东部地区又大多为沿海地区，具有天然优势，科技与经济率先结合，逐渐形成了以创新为主要引领和支撑的经济体系，如珠三角、长三角、环渤海经济圈等地区已成为我国技术产业的主要基地，出口贸易发达，国际竞争力强，无论是规上工业企业新产品的销售值、出口值还是高技术产业新产品的销售值、出口值都很大，从而强有力地带动了整个东部地区的科技成果转化与创新。同时可以看出同为东部地区，科技成果转化的能力依旧有差距，如表 20-12 所示。

表 20-12　东部地区科技成果转化绩效全国排名（2009～2015 年）

地区	2009 年	2010 年	2011 年	2012 年	2013 年	2014 年	2015 年
北京	4	5	4	6	7	6	11
天津	3	3	7	5	5	5	6
河北	17	19	18	16	16	17	17
上海	7	8	9	7	9	7	8

续表

地区	2009年	2010年	2011年	2012年	2013年	2014年	2015年
江苏	2	2	2	2	2	2	2
浙江	5	4	3	3	4	4	4
福建	6	6	8	4	6	8	7
山东	8	7	5	8	8	9	10
广东	1	1	1	1	1	1	1
海南	31	30	26	25	21	22	24

2009～2015年广东、江苏、浙江、天津、上海、山东科技转化绩效排名一直处于全国前十名的位置；河北科技转化绩效排名处于全国中游水平；广东科技成果转化绩效排名连续七年全国第一，其次是江苏省，该省的科技成果转化绩效排名连续七年全国第二，另一个比较稳定的省份是浙江省，排名一直处于全国前五名的位置，这与他们都为东部地区沿海城市有很大关系。沿海城市有着天然的进出口贸易条件，以及较早地形成了一定的经济体系，经济发展十分迅速，必然要求科技创新及提高科技成果转化绩效水平，因此对科技成果转化给予了充分的重视，如2004年江苏省政府为了提升科技创新对经济发展的影响水平，在全国率先设立科技成果转化专项资金，着力培养具有自主知识产权的高新技术产业，将省级科技经费的50%投入成果转化环节。专项资金实施十年来先后支持了1182个项目，重点支持新材料、新能源、电子信息、生物技术与新医药、现代装备制造等重大科技成果转化项目，吸引和聚集了海内外创新资源。浙江省在2002年就构建了科技成果转化服务平台且不断优化升级，2004年颁布《浙江省促进科技成果转化条例》，鼓励企业参与成果转化，自主创新，技术市场活跃。从科技成果转化绩效评分的角度看，广东省、江苏省和浙江省在几个重要的指标，如规上工业企业新产品出口值、高技术产业新产品销售收入和高技术产业新产品出口值都很大，也进一步说明广东省、江苏省与浙江省的科技成果化的国际能力和国际竞争力都很强，从而导致科技成果转化绩效的评分很高。

海南省在我国最南方，四面环海，与其他国家距离十分接近，理论上会使得新产品出口贸易十分发达，从而促进省内经济发展，提高高新技术产业开发和科技成果转化绩效的能力，但科技成果转化绩效的排名一直处于全国二十名开外。这主要是因为海南省多以橡胶工业和榨糖工业为主，不属于高新技术产业。虽然海南省工业布局了生物制药、机车工业、汽车、医药、石化等产业，但没有形成规模化，由表20-13中指标的数据得到海南省在重要指标，即规上工业企业新产品出口值最高仅为193 497.8万元，高技术产业新产品销售收入最高仅为143 248.7万元，一直都是全国后五名的水平，新产品的开发难题和省内的产业结构直接导致了海南省科技成果转化绩效落后。海南省也意识到科技成果转化的问题，2014年12月海南省出台了相关政策破解高校院所科技成果转化难题，出台了文件《海南省促进省属高等院校和科研院所科技成果转化的若干意见（试行）》，其科技成果转化实施效果尚待验证。

表20-13　海南省科技成果转化绩效部分重要指标（2009～2015年）

年份	X_3/万元	X_4	X_5/万元	X_7/万元	X_8
2009	60 866.6	0.120 8	10 755.5	12.7	0.000 2
2010	15 401.2	0.020 1	12 431.7	0	0
2011	67 689.9	0.073 5	185 490.2	1.4	0.000 2
2012	102 459.0	0.067 5	193 497.8	59	0.000 5
2013	143 248.7	0.118 0	192 695.7	0	0
2014	125 473.6	0.095 2	163 850.8	0	0
2015	125 758.7	0.080 7	153 504.8	150	0.001 2

2. 西部地区科技成果转化绩效的主成分影响因素分析

西部地区科技成果转化绩效评分则整体明显靠后，2009～2015年的西部地区排名如表20-14所示。

表20-14　西部地区科技成果转化绩效全国排名（2009～2015年）

地区	2009年	2010年	2011年	2012年	2013年	2014年	2015年
重庆	9	10	6	14	18	11	5
四川	13	21	19	19	19	19	20
贵州	23	17	23	18	17	21	26
云南	25	24	25	22	23	23	28
西藏	18	31	29	26	28	31	30
陕西	26	20	22	21	24	18	19
甘肃	27	18	16	13	14	15	15
青海	30	16	31	31	31	30	31
宁夏	15	9	13	9	11	13	13
新疆	10	29	28	30	27	29	22
内蒙古	28	28	27	29	30	28	18
广西	24	26	24	28	25	25	25

由表 20-14 可知，重庆市作为西部地区唯一的直辖市，是我国最重要的现代制造业基地、高技术产业基地和长江上游科研成果产业化基地，通过不断提出加快科学技术发展和完善技术创新系统的战略规划，在科技成果转化的各个方面都取得了丰硕成绩。从整体创新水平和环境来看，重庆市的科技成果转化绩效较高。其规上工业企业的发展水平和全市经济发展均很发达，科技成果转化绩效评分的几个重要指标里，规上工业企业新产品出口值是 10 731 970.6 万元，高技术产业新产品销售收入是 13 105 041.8 万元，在西部地区是最高的，在全国也处于较高的水平。再由表 20-14 可以看出 2015 年重庆市科技成果转化排名比前三年有较大的提高，在全国排名也较靠前，这说明重庆市高技术产业的规模发展较好，科技转化绩效能力强，但略显不足的是 2015 年重庆市高新技术新产品出口值为只有 9 025 577.1 万元，国际竞争力仍然不足，需要提升高技术产业的产品出口能力。

而西部地区的其他省区市，如青海、西藏、云南、贵州、广西科技成果转化绩效值在全国排名的末位，各项指标的数据也低，甚至西藏 2015 年规上工业企业新产品出口值为 0 元，这些省区市的共同点在于其规上工业企业和高技术产业的发展水平远远落后于其他省区市，技术市场交易不活跃，科技成果转化能力不足，国际竞争力弱。而偏西北地区的省区市，如宁夏、甘肃、陕西乃至新疆的科技成果转化能力在全国处于中游水平，内蒙古的排名也逐渐提升，2015 年排在全国第 18 名。可以看出同为西部地区但科技成果转化绩效较好的这些省区市有着独特的区位优势，为了使各国的经济联系更加紧密、相互合作更加深入、发展空间更加广阔，习近平总书记在 2013 年提出用"创新的合作模式"倡导建设"丝绸之路经济带"[①]。西北地区向西开放，与中亚、南亚等国家交流合作，发挥了重要窗口作用，打造了内陆型改革高地，促进了沿线国家在新一代信息技术、新能源、新材料、生物等新兴产业领域的深入合作。

3. 中部地区科技成果转化绩效的主成分影响因素分析

中部地区均为内陆，发展优势不如东部地区，但有些地区都形成了一系列高技术产业聚集地和工业园，与周边大学建立了活跃的产、学、研合作体系。这些地区重点聚集并做大做强汽车及零部件、生物医药、新材料、装备制造、电力电子等产业，科研机构密集，智力资源相对丰富，区域经济发展较好，产业转型完成度较高，规上工业企业新产品出口值和高技术新产品销售收入等指标也较为出色。例如，河南省实施的《河南省自主创新体系建设和发展规划（2009—2020 年）》，该规划引导和支持高新技术成果转化和产业化，建立了高新技术产业化资金项目

---

① 《习近平：创新合作模式 共同建设"丝绸之路经济带"》，http://cpc.people.com.cn/n/2013/0907/c164113-22840646.html[2022-05-21]。

支持各个领域的高新技术产业化项目，仅仅 2012 年河南省支持的项目就有 301 项，其中多为生物药物技术、新能源开发、新材料等高新技术产业。

湖南省属于长江中游地区，以全国重点高校湖南大学和国防科技大学做依托，搭建了湘中冶金、化工、机械工业区。在 2006 年，湖南省又明确了"科教兴湘，建设创新型湖南"的发展战略。在 2012 年颁布并实施了《创新型湖南建设纲要》，促进了全省高新技术产业及规上工业企业的发展，通过与当地高校进行有效的专项合作资助计划等方式攻克了产业共性技术，将有限的资源最大化地利用。颁布并实施《关于促进产学研结合增加自主创新能力的意见》，极大地调动了科研人员的研究热情，且通过科技成果转化交易会的形式，搭建企业与高校、科研院等科技研发机构信息交流平台，使得技术交易畅通，为企业破解技术难题、开发新产品，实现共赢，从而提高了科技成果转化率。从科技成果转化绩效评价指标体系的角度来考量，湖南省规上工业企业新产品出口值逐年增长，2015 年达到 509 688.2 万元，高技术产业新产品销售收入在 2015 年更是达到 11 517 072.0 万元，高技术产业新产品出口值 2015 年达到 55 026 908.5 万元，这说明湖南省的一系列措施对该省的科技成果转化有明显的促进作用。合肥是第一个科技创新试点市、国家级自主创新综合配套改革试验区，安徽省是国家技术创新工程第一批试点省份。2003 年 10 月颁布《安徽省促进科技成果转化条例》，且在 2004 年 1 月落地施行。与此同时，安徽省省政府及主管部门先后制定了推进成果转化的各种政策，如财政金融支持政策、风险补偿政策、土地供应政策、政府采购政策等，科技成果转化的基础要素投入逐渐增加，科技成果产出数量提高，建设成功了 90 个各类科技企业孵化器，国家级别的孵化器有 9 家，以及生产力促进中心、专利代理机构、科技信息服务机构等促进科技成果转化的中介服务机构，在高新技术研究领域具有显著优势。在研究开发方面，安徽省有 142 个省部级以上重点实验室，277 个国家及省级以上工程技术研究中心等一大批科研平台，还有中国科学技术大学、合肥工业大学、安徽大学等知名高校，积聚了丰富的科研资源；而在高新技术企业及规上工业企业规模方面，所辖区域内拥有很多国内外知名企业，区域优势明显，经济发展迅速，2015 年规上工业企业新产品出口值为 4 665 203.7 万元，高技术产业新产品销售收入为 8 707 151.2 万元，但受高技术产业新产品的出口值较低的影响（注：2015 年其出口值仅为 16 171 324.6 元），科技成果的转化绩效在全国排名处于中等偏上水平的位置，这说明安徽省虽然工业及高技术产业发展较好，科技转化绩效能力强，但是国际竞争力仍然不足，需要提升高技术产业的产品出口能力。

河南省、湖南省、安徽省的科技成果转化绩效评分能够在全国排在相对靠前的位置，而同为中部地区的江西省、山西省等省区市一直处于中游偏下的水平，2009~2015 年的中部地区排名表 20-15 所示。

表 20-15　中部地区科技成果转化绩效全国排名（2009~2015 年）

地区	2009 年	2010 年	2011 年	2012 年	2013 年	2014 年	2015 年
安徽	19	14	11	10	12	12	12
江西	20	15	15	17	20	20	21
河南	22	22	20	24	3	3	3
湖北	11	11	14	12	13	14	14
湖南	16	12	12	11	10	10	9
山西	21	25	17	20	22	27	23

随着近几年煤炭市场的逐渐萧条，作为煤炭资源大省的山西省，经济发展受到比较大的影响，传统的高度依赖煤炭资源的发展模式难以为继。另外，从山西省行业数量分布来看，规上工业企业分布中数量排名前三位的行业有煤炭开采和洗选业，石油加工、炼焦和核燃料加工业，黑色金属冶炼和压延加工业，其数量分别为 419 家、123 家和 94 家，而计算机、通信和其他电子设备制造业企业其数量在工业企业总体数量中所占比重较小，排在末八位，规上工业企业申请专利数在全国排名第 20 位，而安徽省专利申请数是山西省的 8.5 倍。无论是规上工业企业的数量和规模，还是规上工业企业专利数量，与相邻省区市相比，山西省都存在差距。从科技成果转化绩效的角度来看，江西省和山西省近七年的各项指标数据也是低于相邻省区市，如在科技成果转化绩效指标体系中所占权重最大的规上工业企业新产品出口值远远不如东部发达地区，如表 20-16 所示。

表 20-16　中部六省规上工业企业新产品出口值（2009~2015 年）　（单位：万元）

地区	2009 年	2010 年	2011 年	2012 年	2013 年	2014 年	2015 年
江西	690 208.0	1 002 028.0	1 301 037.0	10 694 396.0	1 575 374.0	1 668 647.0	2 165 579.0
河南	1 062 642.3	1 179 452.0	2 176 170.1	2 113 763.0	19 677 785.6	23 760 284.7	28 730 299.0
湖北	1 400 684.0	1 504 542.0	1 614 369.0	2 368 469.0	2 021 102.0	1 825 490.0	1 939 520.0
湖南	1 028 461.0	1 158 965.0	1 814 498.0	1 626 895.0	2 241 272.0	4 099 694.0	5 096 888.0
安徽	946 977.0	1 406 091.0	2 344 049.0	3 137 902.0	2 774 115.0	2 755 507.0	4 665 203.7
山西	1 222 522.0	421 378.0	1 522 788.0	1 527 286.0	1 266 926.0	580 955.0	1 583 621.0

4. 东北地区科技成果转化绩效的主成分影响因素分析

东北地区 2009~2015 年面临着高校院所供给丰富，区域企业需求却不旺；本地转化率低，成果转化流出严重；科技研发投入不足，科技成果转化渠道不通畅等问题较突出。整个东北三省的研发投入总和还不到江苏省的 1/2。在研发投入总量方面，2014 年黑龙江、辽宁、吉林三省共计投入只有 727.2 亿元，东北地区的风险投资不活跃，与南方地区差距较大，科技成果转化资源配置也明显不足。此外，东北地区吸纳人才的平台不完善、与南方地区相比待遇不足，这成为东北人才大量流出的主要原因之一。因此，东北地区应在国家相关政策和基金支持下，联合出台促进科技成果转化的针对性政策，打造区域一体化的科技成果转化服务平台，共建区域一体化的科技创新及其成果转化基础设施，构筑区域一体化的成果转化与投融资服务体系，形成较为完整的科技成果转化平台。从科技成果转化绩效的评价模型来看，将2009~2015年东北地区的科技成果转化绩效进行对比，如表20-17所示。在影响全国科技成果转化绩效较大的指标，如规上工业企业新产品出口值、高技术产业新产品销售收入和高技术产业新产品出口值波动较大，不够稳定，特别是规上工业企业新产品出口值2011~2015年还逐年递减。可以看出东北地区的科技成果转化不稳定，还在摸索阶段。

表20-17　东北地区科技成果转化绩效全国排名（2009~2015年）

年份	成分1	成分2	绩效得分	排名
2009	−2.019 62	0.279 88	−0.960 98	7
2010	−0.433 94	−1.851 14	−0.841 98	6
2011	0.469 36	1.530 57	0.753 874	1
2012	−0.094 5	0.343 81	0.064 997	5
2013	0.752 41	−0.075 54	0.367 566	3
2014	0.833 34	−0.078 51	0.408 816	2
2015	0.492 95	−0.149 06	0.207 708	4

20.2.3　典型省份科技成果转化绩效的主成分影响因素分析

1. 典型省份的选择

在典型省份的选取上，本节根据上述三种趋势情况分别选择广东省、江西省、北京市、河南省，并采用主成分影响因素分析法对它们进行科技成果转化的绩效分析。

2. 广东省科技成果转化绩效的主成分影响因素分析

如前所述，广东省科技成果转化绩效连续七年排名第一，科技成果转化绩效值最高。改革开放以来，广东省科技综合实力和自主创新能力都呈现出不断提升和增强的态势，全省区域创新能力连续9年综合排名稳居全国第二，科技投入产出不断增加，全省高新技术企业数量达到19 857家，居全国第一，以创新为主要引领和支撑的经济体系，发展模式形成迅速、成熟。从科技成果转化绩效指标的角度来分析，2009~2015年广东省以上各个指标中其表现均为最好（表20-18的第 5～7 列）[①]。

表 20-18 广东省斜交旋转后的因子负载矩阵及影响因素的综合负载

评价指标	成分 1	成分 2	成分 3	对应主成分的贡献率	综合负载	按综合负载排序
X_1	**0.9889**	−0.1922	0.0251	0.6075	0.6008	2
X_2	−0.0012	0.0200	**0.9997**	0.1250	0.1250	8
X_3	**0.9957**	−0.1578	0.0485	0.6075	0.6049	1
X_4	**0.9770**	0.0886	−0.0560	0.6075	0.5935	4
X_5	**0.9890**	0.0805	−0.0224	0.6075	0.6008	3
X_6	0.0318	**0.9979**	−0.0009	0.2631	0.2625	7
X_7	**0.9698**	0.1999	−0.0048	0.6075	0.5891	5
X_8	−0.0246	**0.9998**	0.0215	0.2631	0.2631	6

如表 20-18 显示，2009～2015 年对广东省科技成果转化绩效影响因素由大到小排序为：高技术产业新产品销售收入、规上工业企业新产品销售收入、规上工业企业新产品出口值、高技术产业新产品销售收入占高技术产业产值比重、高技术产业新产品出口值、高技术产业新产品出口值占高技术新产品销售收入比重、规上工业企业新产品出口值占规上工业企业新产品销售收入比重、规上工业企业新产品销售收入占规上工业企业产值比重。由表 20-19 可知，2015 年，广东省高技术产业新产品销售收入是 123 288 580.0 万元，规上工业企业新产品销售收入是 226 425 001.6 万元，规上工业企业新产品出口值为 74 841 360.0 万元均有很高的水平。这说明，作为国家科技产业创新中心和科技成果转化中心，广东省汇集了大量的科技资源，科技与经济较早地结合，形成了珠三角高技术产业发展基地，带动了整个广东省的科技成果转化和技术创新，使得广东省在科技成果转化方面取得较大的成就，技术交易市场活跃，高技术产业所占比重较大，国际竞争力强。

表 20-19 广东省各个指标数据（2015 年）

指标	2015 年	指标	2015 年
X_1/万元	226 425 001.6	X_5/万元	74 841 360.0
X_2	0.190 0	X_6	0.330 5
X_3/万元	123 288 580.0	X_7/万元	55 026 908.5
X_4	0.370 1	X_8	0.446 3

[①] 为了更好地体现对广东省成果转化的影响因素的程度，再次采用 OBLIMIN 方法对因子负载矩阵进行斜交旋转，将 δ 设为 0，利用 SPSS 软件对数据进行 3 次斜交旋转的结果见表 20-18 的第 2～4 列。其中用加粗表示的单元格表明该主成分因子在相应指标上有相当高的负载。将这些指标负载的绝对值与相对用主成分因子的贡献率相乘，得到其对科技成果转化绩效的负载和排序。

3. 北京市科技成果转化绩效的主成分影响因素分析

北京市科技成果转化绩效评分虽然靠前，但逐年降低，甚至在2015年从2014年的第六名掉出全国前十。我们将北京市2009~2015年的各项指标数据代入科技成果转化绩效评价模型，得出北京市2009~2015年的科技成果转化绩效评分如表20-20所示，科技成果转化绩效逐年降低的结论更加明显。

表20-20 北京市相对科技成果转化绩效评分（2009~2015年）

年份	成分1	成分2	绩效得分	排名
2009	1.1856	0.9368	1	1
2010	1.0908	−0.2994	0.68	2
2011	0.3850	0.5977	0.39	3
2012	0.1221	−1.4918	−0.23	4
2013	−0.3323	−0.2393	−0.28	5
2014	−0.9741	1.3133	−0.38	6
2015	−1.4772	−0.8174	−1.17	7

从科技成果转化绩效的指标的角度来分析，为了使影响因素更加清晰，采用前述相同方法对数据进行10次斜交旋转的结果见表20-21的第2~3列[1]。将这些指标负载的绝对值与相对用主成分因子的贡献率相乘，得到其对科技成果转化绩效的负载和排序，见表20-21的第4~6列。

表20-21 北京市斜交旋转后的因子负载矩阵及影响因素的综合负载

评价指标	成分1	成分2	对应主成分的贡献率	综合负载	按综合负载排序
X_1	**−0.8618**	0.2504	0.6692	0.5767	5
X_2	**0.6945**	0.5637			
X_3	**−0.6400**	**0.8046**	0.2087	0.1679	7
X_4	**0.9155**	0.0334	0.6692	0.6127	3
X_5	**0.9128**	0.1465	0.6692	0.6108	4
X_6	0.3864	**0.8131**	0.2087	0.1697	6
X_7	**0.9380**	0.0636	0.6692	0.6277	2
X_8	**0.9684**	−0.0048	0.6692	0.6481	1

由表20-21可知北京市科技成果转化绩效影响因素由主到次依次为：高技术产业新产品出口值占高技术新产品销售收入比重、高技术产业新产品出口值、高技

---

[1] 其中用加粗表示的单元格表明该主成分因子在相应指标上有相当高的负载。

术产业新产品销售收入占高技术产业产值比重、规上工业企业新产品出口值、规上工业企业新产品销售收入、规上工业企业新产品出口值占规上工业企业新产品销售收入比重、高技术产业新产品销售收入。

4. 河南省科技成果转化绩效的主成分影响因素分析

变化特别大的地区，如河南省，2009~2012年科技成果转化绩效的全国排名维持在20名以后，但2013年跃居全国第3并一直保持。为贯彻实施《河南省自主创新体系建设和发展规划（2009—2020）》（以下简称《规划》），2013年河南省委、省政府发布了《中共河南省委 河南省人民政府关于加快自主创新体系建设促进创新驱动发展的意见》（以下简称《意见》），《规划》和《意见》引导和支持了高新技术成果转化和产业化，高新技术产业化资金项目支持了各个领域的高新技术产业化项目，对高成长性产业（如汽车、电子信息等）和先导产业（如新能源汽车、生物、新能源、新材料等）项目重点支持，2012~2014年分三批建设了河南省协同创新中心，全面实施建设中原经济区战略，招商引资，规上工业企业得到飞速发展。从科技成果转化绩效模型角度来看，2012年河南省规上工业企业出口值为2 113 763.0万元，而2013年增加到了19 677 785.6万元，并在2014年、2015年持续增长，高技术新产品销售收入从2012年的1 373 208.0万元增长到2013年的19 808 744.7万元，其他指标数据也均有显著增加，如表20-22所示。

表20-22 河南省各项指标数据（2009~2015年）

年份	X_1/万元	X_2	X_3/万元	X_4
2009	16 312 978.2	0.095 852 542	1 348 458.2	0.150 302 978
2010	18 287 436.0	0.083 914 403	1 323 860.7	0.111 661 665
2011	25 501 566.2	0.053 269 034	1 363 879.0	0.067 071 882
2012	25 762 027.0	0.049 280 437	1 373 208.0	0.042 151 391
2013	47 914 474.4	0.080 589 763	19 808 744.7	0.462 341 834
2014	51 689 500.0	0.075 972 111	23 641 877.2	0.446 656 57
2015	57 894 206.2	0.078 527 088	28 945 135.0	0.435 019 449

年份	X_5/万元	X_6	X_7/万元	X_8
2009	1 062 642.3	0.065 140 913	74 529.8	0.055 270 382
2010	1 179 452.0	0.064 495 209	123 974.6	0.093 646 257
2011	2 176 170.1	0.085 334 763	130 998.4	0.096 048 403
2012	2 113 763.0	0.082 049 561	123 752.0	0.090 118 904
2013	19 677 785.6	0.410 685 619	17 726 009.3	0.894 857 78
2014	23 760 284.7	0.459 673 332	21 212 842.5	0.897 257 114
2015	28 730 298.9	0.496 255 166	26 387 233.4	0.911 629 308

将以上数据使用上文所述主成分分析，则可以得到河南省2009~2015年的相对科技成果转化绩效评分，结果如表20-23所示。

表20-23 河南省相对科技成果转化绩效评分（2009~2015年）

年份	成分1	成分2	绩效得分	排名
2009	−0.8327	1.3169	−0.55	4
2010	−0.8236	0.5979	−0.64	5
2011	−0.7515	−1.2212	−0.81	6
2012	−0.7699	−1.4698	−0.85	7
2013	0.8418	0.4489	0.79	3
2014	1.0376	0.1329	0.91	2
2015	1.2983	0.1950	1.15	1

由表20-23可知，2009~2012年科技成果转化绩效持续下降，但在实施上述一系列措施后，河南省的科技成果转化绩效在2013~2015年持续提高，效果显著。为了使河南省科技成果转化绩效的影响因素更加清晰，采用前述相同方法对数据进行3次斜交旋转的结果见表20-24的第2~3列[①]。将这些指标负载的绝对值与相对用主成分因子的贡献率相乘，得到其对科技成果转化绩效的负载和排序，见表20-24的第4~6列。

表20-24 河南省斜交旋转后的因子负载矩阵及影响因素的综合负载

评价指标	成分1	成分2	对应主成分的贡献率	综合负载	按综合负载排序
X_1	**1.0207**	−0.1795	0.8651	0.8830	1
X_2	0.0117	**0.9968**	0.1272	0.1268	8
X_3	**0.9199**	0.2194	0.8651	0.7958	7
X_4	**0.9998**	−0.0157	0.8651	0.8649	3
X_5	**0.9926**	0.0181	0.8651	0.8587	4
X_6	**1.0015**	−0.0092	0.8651	0.8664	2
X_7	**0.9926**	0.0181	0.8651	0.8587	5
X_8	**0.9887**	0.0176	0.8651	0.8554	6

由表20-24可以看出影响河南省科技成果转换绩效的指标影响程度由大到小依次为规上工业企业新产品销售收入、规上工业企业新产品出口值占规上工业企业新产品销售收入比重、高技术产业新产品销售收入占高技术产业产值比重、规

[①] 其中用加粗表示的单元格表明该主成分因子在相应指标上有相当高的负载。

上工业企业新产品出口值、高技术产业新产品出口值、高技术产业新产品出口值占高技术新产品销售收入比重、高技术产业新产品销售收入、规上工业企业新产品销售收入占规上工业企业产值比重。

同时，由图 20-1 旋转空间的成分图可以看到，成分 1 有很大的负载，而成分 2 的负载很小，仅仅包含规上工业企业新产品销售收入占规上工业企业产值比重一个指标，并且成分 1 的方差贡献率是 86.5%，而成分 2 的方差贡献率仅有 12.7%，结合表 20-22 中 2013～2014 年两年的数据，成分 2 的得分下降了，综合得分反而上升，说明对河南省来说，相对于规上工业企业新产品出口值来说，更加应该重视其他指标如规上工业企业新产品销售收入、规上工业企业新产品出口值占规上工业企业新产品销售收入比重和高技术产业新产品销售收入占高技术产业产值比重等，除了重视规上工业企业的规模，还要重视规上工业企业及高新技术产业的新产品国际市场开发，提升规上工业企业及高新技术产业的国际竞争力。

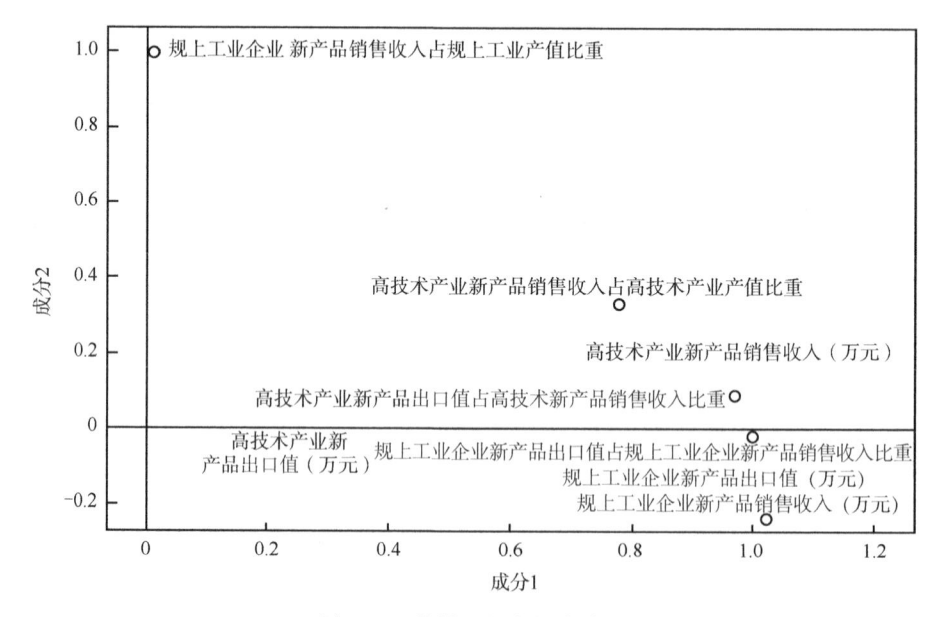

图 20-1 旋转空间中的成分图

5. 江西省科技成果转化绩效的主成分影响因素分析

江西省是中部地区欠发达省份，较河南省、安徽省、湖南省、湖北省等地区经济发展落后，虽然 2000 年 8 月江西省施行《江西省促进科技成果转化条例》，且省内高校在科技成果转化方面都有一定的尝试，但高校重科研、轻转化的现象还是比较突出，高校科研工作与经济建设之间"两张皮"的问题还没有得到根本扭转。而相邻地区，如河南、安徽、湖南、湖北等，政府为企业与高校、科研院等科技研发机构有效地搭建了信息、技术畅通的桥梁，提高了科技成果转化率，江西省在这些方面还有一定的差距。从科技成果转化绩效模型的角度来看，为了使得各省份科技成果转化绩效的影响因素更加清晰，采用前述相同方法对数据进行 8 次斜交旋转的结果见表 20-25 的第 2~3 列①。将这些指标负载的绝对值与相对应主成分因子的贡献率相乘，得到其对科技成果转化绩效的负载和排序，见表 20-25 的第 4~6 列。

表 20-25　江西省斜交旋转后的因子负载矩阵及影响因素的综合负载

评价指标	成分 1	成分 2	对应主成分的贡献率	综合负载	按综合负载排序
X_1	**0.9849**	0.0584	0.6793	0.6690	2
X_2	−0.5232	**−0.6234**			
X_3	**0.9876**	0.0411	0.6793	0.6709	1
X_4	0.6723	−0.5280			
X_5	−0.0319	**0.8915**	0.1601	0.1427	6
X_6	**0.8683**	0.2641	0.6793	0.5898	4
X_7	**0.8614**	0.2993	0.6793	0.5851	5
X_8	**−0.9108**	0.2180	0.6793	0.6187	3

由表 20-25 可知，江西省科技成果转化绩效影响因素由主到次依次为：高技术产业新产品销售收入、规上工业企业新产品销售收入、高技术产业新产品出口值占高技术新产品销售收入比重、规上工业企业新产品出口值占规上工业企业新产品销售收入比重、高技术产业新产品出口值、规上工业企业新产品出口值。并且这几项指标数据与其他发达地区都有一定的差距，如 2015 年江西省高技术产业新产品销售收入为 4 240 226.4 万元，规上工业企业新产品销售收入为 20 586 019.2 万元，而广东省分别为 123 288 580.0 万元和 226 425 001.6 万元。由此可见，江西省提升科技成果转化率任重而道远。

20.2.4　实证基本结论

本章选取规上工业企业新产品销售收入、规上工业企业新产品销售收入占规上工业产值比重、高技术产业新产品销售收入、高技术产业新产品销售收入占高技术产业产值比重、规上工业企业新产品出口值、规上工业企业新产品出口值占规上工业企业新产品销售收入比重、高技术产业新产品出口值和高技术产业新产品出口值占高技术新产品销售收入比重八个指标构建了全国科技成果转化绩效评

---

① 其中用加粗表示的单元格表明该主成分因子在相应指标上有相当高的负载。

价的指标体系，并使用主成分分析模型得到了全国2009～2015年的各个省份科技成果转化绩效排名，同时采用OBLIMIN方法对因子负载矩阵进行斜交旋转找出对科技成果转化绩效的主要影响因素。

（1）2009～2015年全国科技成果转化绩效评价影响因素由主到次依次为：规上工业企业新产品销售收入、规上工业企业新产品出口值、高技术产业新产品销售收入、高技术产业新产品出口值、规上工业企业新产品出口值占规上工业企业新产品销售收入比重。规上工业企业新产品销售收入对科技成果转化绩效评价影响程度最大，这说明经济新常态下，我国规上工业企业迅速发展，通过创新提升了开发新产品的能力，规上工业企业新产品销售收入增长势头强劲，对我国科技成果转化有着十分重要的现实意义。同时，规上工业企业新产品出口值对科技成果转化绩效评价影响程度排名第二，这说明规上工业企业通过大力拓展新产品的国际市场，提高了国际竞争力。同时，提高高技术产业新产品销售收入、高技术产业新产品出口值也对我国科技成果转化有着比较重要的意义。规上工业企业新产品出口值占规上工业企业新产品销售收入比重对提升科技成果转化绩效也有较大贡献，因此规上工业企业在提高新产品国内市场销售收入的同时要加大国际市场的开拓。

（2）各地区在成果转化绩效方面有着较大的差异，为了更好地比较科技成果转化绩效与地区经济发展之间的联系，本章将全国31个省区市划分为东部地区、西部地区、中部地区和东北地区，并利用主成分分析法得到2009～2015年东部地区、西部地区、中部地区及东北地区的科技成果转化绩效。科技成果转化绩效最高的地区是东部地区，其次是中部地区，最后是西部地区和东北地区。东部地区一直都保持着国内最高的科技成果转化能力，如广东、江苏、浙江等地区一直占据前五名的位置，这是因为科技成果转化绩效与区域经济发展紧密相关。在改革开放的鼓舞下，沿海地区最早实行了改革开放，东部地区又大多为沿海地区，具有天然优势，科技与经济更早结合，形成了以创新为主要引领和支撑的经济体系，出口贸易发达，国际竞争力强，无论是规上工业企业新产品的销售值、出口值还是高技术产业新产品的销售值、出口值都很大，从而强有力地带动了整个东部地区的科技创新与成果转化。而中部地区均为内陆，发展优势不如东部地区，科技成果转化能力也不如东部地区。西部地区和东北地区的经济发展相对更加落后，科技成果转化绩效评分则整体明显靠后。这说明要提升科技成果转化能力，就必须快速发展经济，着力培养壮大具有自主知识产权的高新技术产业，促进科技创新，并且利用区位优势与当地高校、研究研发机构紧密联系、交流，政府应该鼓励企业参与成果转化，自主创新，并构建科技成果转化服务平台且不断优化升级。

（3）不同的省区市科技成果转化绩效评价的影响因素也不尽相同，因此，在实施提升各省区市的科技成果转化能力的措施时不能一概而论，需要进行单独分析，对症下药。本章选取了广东省、北京市、河南省、江西省分别进行了实证研究，其结论如下。

第一，广东省科技成果转化绩效影响因素由大到小分别为：高技术产业新产品销售收入、规上工业企业新产品销售收入、规上工业企业新产品出口值、高技术产业新产品销售收入占高技术产业产值比重、高技术产业新产品出口值、高技术产业新产品出口值占高技术新产品销售收入比重、规上工业企业新产品出口值占规上工业企业新产品销售收入比重、规上工业企业新产品销售收入占规上工业企业产值比重。2009~2015年广东省的高技术产业新产品销售收入、规上工业企业新产品销售收入、规上工业企业新产品出口值和高技术产业新产品出口值稳定上升，因此，广东省科技成果转化绩效能够连续七年全国排名第一。

第二，北京市科技成果转化绩效影响因素由大到小依次为：高技术产业新产品出口值占高技术新产品销售收入比重、高技术产业新产品出口值、高技术产业新产品销售收入占高技术产业产值比重、规上工业企业新产品出口值、规上工业企业新产品销售收入、规上工业企业新产品出口值占规上工业企业新产品销售收入比重、高技术产业新产品销售收入。

第三，河南省科技成果转换绩效的指标影响程度由大到小依次为：规上工业企业新产品销售收入、规上工业企业新产品出口值占规上工业企业新产品销售收入比重、高技术产业新产品销售收入占高技术产业产值比重、规上工业企业新产品出口值、高技术产业新产品出口值、高技术产业新产品出口值占高技术新产品销售收入比重、高技术产业新产品销售收入、规上工业企业新产品销售收入占规上工业企业产值比重。河南省科技成果转化绩效排名由2013年由2012年二十四名上升到第三名，主要利益于2013年规上工业企业新产品销售收入由2012年的25 762 027.0万元增长到47 914 474.4万元，2013年规上工业企业新产品出口值占规上工业企业新产品销售收入比重由2012年0.082 049 561增长到0.410 685 619。

第四，江西省科技成果转化绩效影响因素由大到小依次为：高技术产业新产品销售收入、规上工业企业新产品销售收入、高技术产业新产品出口值占高技术新产品销售收入比重、规上工业企业新产品出口值占规上工业企业新产品销售收入比重、高技术产业新产品出口值、规上工业企业新产品出口值。

第 21 章 财税政策影响我国科技成果转化绩效的实证分析

我国及地方政府的财政投入与税收优惠在提高科技成果绩效方面的效用到底如何？这是本章需要解决的问题。本章将以全国及各典型省区市为研究对象，以科技成果转化绩效评价结果为因变量，以财政资金投入、税收优惠额等为自变量，建立相应的统计计量模型，试图分析全国及各典型省区市财政与税收政策在提高科技成果转化绩效方面的作用，从而为全国及各省区市政府部门根据各自的实际情况制定差异化的财税支持科技成果转化政策提供理论依据。

21.1 我国科技成果转化过程中财政投入描述性分析

21.1.1 研发经费内部支出来源情况

在我国科技成果转化过程中，研发资金投入是影响科技成果转化绩效最主要的因素。根据中国科技统计年鉴的统计分类，研发投入体现为研发经费内部支出[①]，其来源主要有 3 个方面，分别是政府资金、企业资金和国外资金，由中国科技统计年鉴得出 2009~2018 年研发经费内部支出来源情况，如表 21-1 所示。

表 21-1 研发经费内部支出来源情况

年份	研发经费内部支出/亿元	政府资金/亿元	企业资金/亿元	国外资金/亿元	其他资金/亿元	政府资金投入占比
2009	5 802.1	1 358.3	4 162.7	78.1	203.0	23.41%
2010	7 062.6	1 696.3	5 063.1	92.1	211.0	24.02%
2011	8 687.0	1 883.0	6 420.6	116.2	267.2	21.68%
2012	10 298.4	2 221.4	7 625.0	100.4	351.6	21.57%

---

① 研发内部支出分为内部支出和外部支出，内部支出是指为开展研发活动实际用于本单位的全部支出；外部支出是指委托外单位进行研发活动所实际支付的费用。为了避免对实施单位和委托单位的重复计算，经费统计的是实施单位开展研发活动的内部支出。所以说，全国研发经费支出指的是实施单位研发经费内部支出之和。

续表

年份	研发经费内部支出/亿元	政府资金/亿元	企业资金/亿元	国外资金/亿元	其他资金/亿元	政府资金投入占比
2013	11 846.6	2 500.6	8 837.7	105.9	402.5	21.11%
2014	13 015.6	2 636.1	9 816.5	107.6	455.5	20.25%
2015	14 169.9	3 013.2	10 588.6	105.2	462.9	21.26%
2016	15 676.7	3 140.8	11 923.5	103.2	509.2	20.03%
2017	17 606.1	3 487.4	13 464.9	113.3	540.5	19.81%
2018	19 677.9	3 978.6	15 079.3	71.4	548.6	20.22%

根据表 21-1 可知，随着时间的推移，我国的研发经费内部支出逐年增加，从 2009 年的 5802.1 亿元增加到 2018 年的 19 677.9 亿元，其中政府对研发经费投入的资金也逐年增加，从 2009 年开始，政府资金在研发经费内部支出的比例在 19%～24%波动调整，政府对研发经费投入并不是盲目地增加，而是根据实际情况动态调整。其中，2015 年研发经费内部支出中，74.73%来自企业自身，政府资金投入占 21.26%，国外资金与其他资金仅占 4.01%。

21.1.2 不同部门的研发资金投入情况（2015 年）

研发资金内部支出的三个主要来源，即政府资金、企业资金和国外资金。对不同部门的研发资金投入情况也是不同的，由中国科技统计年鉴得出不同部门的研发资金投入情况，如表 21-2 所示。

表 21-2　2015 年不同部门的研发经费中政府资金投入情况（单位：亿元）

部门	研发经费内部支出	政府资金	企业资金	国外资金	其他资金
全国	14 169.88	3 013.20	10 588.58	105.17	462.95
企业	10 881.35	463.42	10 197.77	94.58	125.59
其中：规上工业企业	10 013.93	419.10	9 448.19	46.95	99.69
研究与开发机构	2 136.49	1 802.69	65.36	5.00	263.43
高等学校	998.59	637.26	301.50	5.24	54.59
其他	153.46	109.82	23.96	0.35	19.33

由表 21-2 可知，政府资金主要投入的部门是高等学校、研究与开发机构，其中投入研究与开发机构的资金为 1802.69 亿元，占政府资金的 59.83%，投入高等学校的资金为 637.26 亿元，占比 21.15%，两项合计达到了 80.98%，而投入企业

的资金仅占 15.38%。高等学校与研究开发机构主要负责基础研究与应用研究，是主要科技成果产出的主体，换言之，政府资金主要作用于新技术、新成果的开发环节，当然这个环节所要承担的风险也是巨大的，一个新技术或新应用的产生都需要耗费大量的人力与物力，所以需要巨大的资金投入来支撑这一环节的正常运转。但是企业是新产品、新技术创新的主体，企业熟悉本行业的技术前沿，单由政府主导高等学校及研究与开发机构研发资金投入可能会偏离企业新技术、新成果的开发与应用方向，因此必须改变这种投入由政府主导的模式，企业要在研发资金的分配方面发挥更大的作用。

企业在科技成果转化方面扮演着极其重要的角色，企业通过签订技术交易合同或合作项目书来获取高等学校、研究与开发机构开发的新技术、新应用，将其用于研发新产品，将其新产品产业化来占领市场，从而扩大企业自身的经济效应，政府在这一阶段主要起到引导、监督及管理的作用，而真正影响产业化的因素是企业自身的经营能力、管理能力及科研投入能力。但是企业研发资金主要投向企业自身，企业研发资金投入企业自身高达 96.31%，而投向研究与开发机构、高等学校的研发资金较少，分别为 0.62%和 2.85%。这说明企业和研究与开发机构、高等学校的互动还不够。企业对人才、技术、成果有强烈的需求，却由于缺乏对高等学校、研究与开发机构信息来源的渠道，影响了科技成果转化的绩效，因此政府应该着力搭建企业与高等学校、科研院等科技研发机构信息、技术畅通的桥梁。

21.1.3 不同地区的研发资金投入及投入强度情况（2015 年）

各个地区的经济发展与政策等的不平衡，导致不同地区的研发资金投入情况也不相同，由中国统计年鉴得出 2015 年不同地区的研发资金投入情况，如表 21-3 所示。

表 21-3 2015 年不同地区的研发政府资金投入情况

全国及地区	研发经费内部支出/万元	政府资金/万元	企业资金/万元	国外资金/万元	其他资金/万元	政府资金投入占比
全国	141 698 846.1	30 131 958	105 885 843	1 051 706	4 629 462	21.26%
东部地区	96 288 831	18 156 800	73 935 454	966 108.4	3 230 592	18.86%
中部地区	21 469 133.7	3 383 142	17 436 425	25 166.3	624 401.1	15.76%
西部地区	17 316 145.2	6 374 740	10 269 008	32 218.1	640 178.8	36.81%
东北地区	6 624 736.7	2 217 276	4 244 956.6	28 213.7	134 290.1	33.47%

根据表21-3，从全国不同地区来看，在研发经费内部支出中，2015年东部与中部地区政府资金所占的比例低于全国平均水平，而西部与东北地区高于全国平均水平，通过第20章的科技成果转化绩效评价的分析可知，科技成果转化绩效最高的地区是东部，其次是中部，而西部与东北地区政府资金投入较大，在研发经费中的占比较高，却无法取得相应的科技成果转化绩效，造成了资金的浪费，这也就说明，进一步优化资金的投入途径与投入方式，更有效地发挥政府资金在企业新产品产业化、国际化等方面的作用，才是提高科技成果转化绩效的关键。

由表21-4及表21-5可知，全国不同省区市的研发经费中政府资金投入比例各不相同。值得注意的是，政府资金投入占比最大的是西藏，但科技成果转化绩效却是全国最低。其部分原因在于西藏研发经费内部支出只有31 241.9万元，资金投入本身就很低，是全国最低的水平，科技成果转化绩效最低也就不足为奇。同时，科技成果转化绩效排名第一、第二的广东、江苏，它们的政府资金投入占比仅占8.11%和8.51%，但北京的政府资金投入占比达到了57.20%，总量上北京的政府资金投入也远比广东、江苏高，属于相当高的水平，但北京科技成果转化绩效排名并不领先，这说明北京的工业企业及高新技术产业凭借其身处国家的政治经济文化中心，有区位优势，能够充分地了解相关政策法规，相比于其他地区的工业企业及高新技术产业更容易地得到政策扶持，从这点看政府资金对企业本身科技成果转化绩效并没有起到很好的促进作用。而广东、江苏除了政府资金投入，更多的是企业资金投入，相对而言，科技成果转化能力强的企业，由于其经济效应好、企业规模大、负债能力强，往往可以自己调整研发部分的支出，不用过度依赖政府资金的投入，政府只是通过调整投入强度来满足不同企业在产业化过程中的不同的需要。

表21-4 不同省区市研发经费中政府资金投入情况

地区	研发经费内部支出/万元	政府资金/万元	企业资金/万元	国外资金/万元	其他资金/万元	政府资金投入占比
北京	13 840 231	7 916 391	4 722 359	403 247	798 233.9	57.20%
天津	5 101 839	1 047 561	3 755 761	150 189.7	148 327.3	20.53%
河北	3 508 708	536 100.8	2 851 157	1 774.5	119 675.4	15.28%
山西	1 325 268	242 920.5	1 042 796	1 766.2	37 785.3	18.33%
内蒙古	1 360 617	161 014	1 158 048	999.1	40 555.4	11.83%
辽宁	3 633 971	1 039 804	2 518 154	17 268.3	58 744.4	28.61%
吉林	1 414 089	511 990.8	880 937.8	1 600.6	19 559.5	36.21%
黑龙江	1 576 677	665 481.1	845 864.5	9 344.8	55 986.2	42.21%

续表

地区	研发经费内部支出/万元	政府资金/万元	企业资金/万元	国外资金/万元	其他资金/万元	政府资金投入占比
上海	9 361 439	3 408 040	5 408 845	151 243.3	393 310	36.41%
江苏	18 012 271	1 533 389	15 573 405	91 622.1	813 854.9	8.51%
浙江	10 111 792	752 916.2	9 113 000	19 963.6	226 035.1	7.45%
安徽	4 317 511	864 244.6	3 310 671	7 691	134 905	20.02%
福建	3 929 298	339 874.2	3 465 145	6 844.8	117 433.6	8.65%
江西	1 731 820	259 870	1 432 210	2 741.2	36 998.8	15.01%
山东	14 271 890	1 110 158	12 872 231	56 731.2	232 770.6	7.78%
河南	4 350 430	483 253.6	3 719 668	2 123.8	145 384.4	11.11%
湖北	5 617 415	1 023 922	4 405 184	7 866.5	180 441.4	18.23%
湖南	4 126 692	508 931.2	3 525 897	2 977.6	88 886.2	12.33%
广东	17 981 679	1 458 467	16 062 125	84 459.6	376 626.9	8.11%
广西	1 059 124	249 686.3	759 182	334.6	49 921.4	23.57%
海南	169 685	53 903	111 425.2	32.6	4 324.2	31.77%
重庆	2 470 012	364 513.9	2 043 908	8 680	52 909.8	14.76%
四川	5 028 761	2 302 223	2 439 994	12 914.9	273 629	45.78%
贵州	623 196.1	160 345.4	418 890.6	128	43 832	25.73%
云南	1 093 570	378 252.7	678 056.1	3 641.9	33 618.9	34.59%
西藏	31 241.9	26 657.5	4 211.4	0	373	85.33%
陕西	3 931 727	2 202 211	1 629 506	2 140.3	97 869.6	56.01%
甘肃	827 203.3	297 574.1	500 065.3	2 780.1	26 783.8	35.97%
青海	115 842.7	39 325.1	74 116.2	0	2 401.4	33.95%
宁夏	254 841.5	54 704.2	196 531.8	0	3 605.5	21.47%
新疆	520 009.7	138 233.6	366 497.8	599.2	14 679	26.58%

表21-5 各地区研发经费投入强度

全国及各地区	2009年	2010年	2011年	2012年	2013年	2014年	2015年
全国	1.6621%	1.7099%	1.7754%	1.9058%	1.9902%	2.0211%	2.0671%
北京	5.5018%	5.8229%	5.7633%	5.9476%	5.9848%	5.9482%	6.0100%
天津	2.3726%	2.4886%	2.6333%	2.7958%	2.9642%	2.9556%	3.0800%
河北	0.7824%	0.7622%	0.8213%	0.9248%	0.9909%	1.0642%	1.1800%
山西	1.0988%	0.9769%	1.0091%	1.0926%	1.2237%	1.1927%	1.0400%
内蒙古	0.5346%	0.5459%	0.5931%	0.6388%	0.6927%	0.6873%	0.7600%
辽宁	1.5275%	1.5575%	1.6369%	1.5732%	1.6387%	1.5202%	1.2700%

续表

全国及各地区	2009年	2010年	2011年	2012年	2013年	2014年	2015年
吉林	1.1178%	0.8745%	0.8434%	0.9197%	0.9174%	0.9470%	1.0100%
黑龙江	1.2713%	1.1867%	1.0235%	1.0660%	1.1400%	1.0728%	1.0500%
上海	2.8138%	2.8061%	3.1138%	3.3667%	3.5603%	3.6584%	3.7300%
江苏	2.0372%	2.0711%	2.1696%	2.3824%	2.4893%	2.5394%	2.5700%
浙江	1.7348%	1.7828%	1.8506%	2.0845%	2.1646%	2.2609%	2.3600%
安徽	1.3510%	1.3247%	1.4028%	1.6372%	1.8310%	1.8879%	1.9600%
福建	1.1064%	1.1596%	1.2615%	1.3754%	1.4361%	1.4759%	1.5100%
江西	0.9914%	0.9221%	0.8267%	0.8777%	0.9403%	0.9747%	1.0400%
山东	1.5329%	1.7156%	1.8614%	2.0401%	2.1289%	2.1944%	2.2700%
河南	0.8971%	0.9144%	0.9821%	1.0500%	1.1038%	1.1449%	1.1800%
湖北	1.6468%	1.6541%	1.6453%	1.7282%	1.7998%	1.8668%	1.9000%
湖南	1.1754%	1.1632%	1.1857%	1.2985%	1.3282%	1.3603%	1.4300%
广东	1.6538%	1.7576%	1.9648%	2.1661%	2.3105%	2.3682%	2.4700%
广西	0.6083%	0.6570%	0.6913%	0.7453%	0.7452%	0.7140%	0.6300%
海南	0.3494%	0.3401%	0.4111%	0.4805%	0.4669%	0.4832%	0.4600%
重庆	1.2168%	1.2651%	1.2821%	1.4005%	1.3806%	1.4200%	1.5700%
四川	1.5155%	1.5377%	1.3987%	1.4697%	1.5155%	1.5746%	1.6700%
贵州	0.6751%	0.6511%	0.6368%	0.6090%	0.5835%	0.5997%	0.5900%
云南	0.6034%	0.6114%	0.6306%	0.6669%	0.6747%	0.6706%	0.8000%
西藏	0.3259%	0.2877%	0.1903%	0.2545%	0.2824%	0.2554%	0.3000%
陕西	2.3196%	2.1485%	1.9929%	1.9870%	2.1150%	2.0733%	2.1800%
甘肃	1.0999%	1.0177%	0.9666%	1.0704%	1.0571%	1.1247%	1.2200%
青海	0.7023%	0.7363%	0.7528%	0.6929%	0.6482%	0.6225%	0.4800%
宁夏	0.7716%	0.6812%	0.7287%	0.7787%	0.8110%	0.8669%	0.8800%
新疆	0.5098%	0.4902%	0.4993%	0.5294%	0.5384%	0.5306%	0.5600%

根据OECD的标准，企业研发经费投入强度超过4%，表示企业的创新能力较强；该值小于1%，则表示企业的创新能力较低；若是该比值在1%~4%，表示其创新能力中等。由表21-5、表21-6及图21-1可知，2009~2015年，我国大部分省区市的研发经费投入强度都大于1%，其中，北京市最高，该比值大于5%。全国的总体水平由2009年1.6621%上升到2015年的2.0671%。从企业的角度来比较，我国规上工业企业研发经费投入强度比全国研发经费投入要高出1%以上，说明规上工业企业对研发经费投入比其他类型企业更有积极性，也更有投资实力，更能

提升科技成果转化的绩效。由此，政府资金也应该更多地投向规上工业企业，让规上工业企业在新产品研发、产业化、国际化等方面发挥更大的作用，促进科技成果转化，提高科技成果转化绩效。

表 21-6　规上工业企业研究与研发经费投入强度

年份	研发总投入/万元	规上工业企业增长值/万元	研发投入强度/增长值
2009	37 757 114	1 466 838 360	2.57%
2010	40 153 965.2	1 697 131 983	2.37%
2011	59 938 054.5	1 933 033 328	3.10%
2012	72 006 450.4	2 126 336 661	3.39%
2013	83 184 004.8	2 332 591 317	3.57%
2014	92 542 587	2 526 196 396	3.66%
2015	100 139 329.8	2 680 294 376	3.74%

图 21-1　研发经费投入强度对比（2009~2015 年）

21.2　财政投入影响科技成果转化绩效的实证分析

21.2.1　财政投入影响科技成果转化绩效的模型构建

在我国科技成果转化过程中，财政支持的政策工具主要有政府支出、政府采购、财政补贴和信用担保等。事实上，财政补贴对科技成果转化绩效有影响的部分已经体现在政府资金投入中；政府采购活动虽然对科技成果转化绩效有良好的促进作用，但并没有纳入本节的实证研究。其原因有以下两点：第一，政府虽然有一定的扶持性采购措施，但在市场经济条件下，企业也必须遵从公平竞争的原则，企业只有通过研发活动提升其产品竞争力才能获取订单；第二，在现有的制度框架下，所有政府采购的活动对所有企业都是公平的，并没有特别指向特定企业，因此其在提升科技成果转化绩效方面的采购活动并不能定量，在实证过程中不易操作。故此，本章选取政府资金支出部分作为支持科技成果转化的财政支出政策工具，事实上，它也是影响科技成果转化绩效的主要因素。

同时，参考现有国内的财政支持科技成果转化的研究成果，如谢虹（2007）根据科技财政支出的特性，选择了科技投入占总财政投放比率、科技实际投入与计划投入比率及科技在国民经济中重要性率与投入比率作为科技财政支出投入合理性评价的三个指标；杨周杰（2015）综合考虑对科技成果转化绩效产生影响的因素时，关于财政研究的部分取研发经费内部支出、研发经费占GDP比重、地方财政科技拨款占地方财政支出比重和企业研发经费支出占产品销售收入比重作为成果转化支持能力指标；赵丽霞（2015）关于财政科技支出分析的部分认为财政科技支出的侧重点是产业链的上游，对科技成果转化绩效的作用体现在研发经费投入；吴松强和蔡婷婷（2015）选取研发经费、研发经费占GDP的比重和研发经费增长率作为中美两国财政科技投入对比的三个指标；李萌萌（2016）在地方财政科技投入绩效分析及结构化研究中，将研发经费投入作为经济效益产出的对应指标，间接评价财政科技投入的绩效。

国际上，各国一致认为研发经费和研发人员投入的规模、强度及其结构特征反映了一个国家或地区的科技创新能力。因此，本节以研发资金的投入规模、结构及研发人员作为对科技成果转化绩效最主要的影响因素，建立相应的计量分析模型，以期反映研发资金中的政府支出部分在科技成果转化绩效转化中的作用。

1. 多元线性回归模型

若 y 为一随机变量，$(x_1, x_2, \cdots, x_n)$ 为一组观测值，则构建线性模型有

$$y = \beta_0 + \beta_1 x_1 + \beta_2 x_2 + \cdots + \beta_n x_n + \varepsilon \tag{21-1}$$

在上述模型中，y 表示被解释变量；$(x_1, x_2, \cdots, x_n)$ 是可观测的，表示解释变量，则称式（21-1）为多元线性回归模型，ε 表示随机误差，通常假定随机误差 ε 服从均值为 0，方差为 σ^2 的正态分布。在实际应用中，多元线性回归一般具有以下的形式：

$$y_i = \beta_0 + \beta_1 x_{i1} + \beta_2 x_{i2} + \cdots + \beta_k x_{ik} + \varepsilon \quad (i=1,2,\cdots,n) \tag{21-2}$$

其中，$(x_{i1}, x_{i2}, \cdots, x_{ik})$ 表示一组观测值，其中 x_{ik} 的下标 k 表示第 k 个解释变量，下标 i 表示第 i 个观测值，而系数 β_1、β_2、β_3 表示多元线性模型中的待估参数。

定义 $Y \equiv (y_1, y_2, \cdots, y_n)^{\mathrm{T}}$，则数据矩阵 $X \equiv (x_1, x_2, \cdots, x_n)^{\mathrm{T}}$，误差项 $\varepsilon \equiv (\varepsilon_1, \varepsilon_2, \cdots, \varepsilon_n)^{\mathrm{T}}$，则有以下矩阵形式：

$$y = X\beta + \varepsilon \quad (21\text{-}3)$$

关于多元线性回归模型，有一些基本假定。

（1）假定1：具有严格的外生性。

在给定数据矩阵 X，扰动项的条件期望为 0，即 $E(\varepsilon | X) = 0$，在实际中，若扰动项的期望不等于 0，则可以将非零期望 c 归入常数项中，此时则有 $E(\varepsilon - c | X) = 0$，则将扰动项看作 $\varepsilon - c$，依然具有严格外生性。

（2）假定2：扰动向需满足同方差及无自相关的性质。

$$\begin{cases} E(\varepsilon_i) = 0, \quad i = 1, 2, \cdots, n \\ \mathrm{cov}(\varepsilon_i, \varepsilon_j) = \begin{cases} \sigma^2, & i = j \\ 0, & i \neq j \end{cases} (i, j = 1, 2, \cdots, n) \end{cases} \quad (21\text{-}4)$$

式（21-4）被称作球型扰动项，又叫作 Gauss-Markov 条件，因此，在此假定下，当 $i=j$ 时协方差的值满足条件同方差，否则存在条件异方差；当 $i \neq j$ 时，协方差的值等于0，说明不同扰动项之间没有自相关。

（3）假定3：不存在严格多重共线性。

$r(X) = k$，即 X 是一个满秩矩阵，否则系数矩阵 β 不可识别，说明自变量列之间应不相关，样本的个数应该大于解释变量的个数。

2. 个体效应模型

面板数据具有横截面（个体）与时间两个纬度，因此在回归过程中，往往需要考虑到不同个体间的共性与异质性，个体效应模型假定每个个体的回归方程斜率相同，但是截距可以不相同，因此，有以下形式的个体效应模型：

$$y_{it} = x'_{it}\beta + z'_i\beta + \mu_i + \varepsilon_{it} \quad (i = 1, 2, \cdots, n; \ t = 1, 2, \cdots, T) \quad (21\text{-}5)$$

其中，y_{it} 表示被解释变量；x'_{it} 表示解释变量，它们都随时间变化而变化；z'_i 表示不随时间变化而变化的个体特征。扰动项为复合扰动项 $(\mu_i + \varepsilon_{it})$，其中随机变量 μ_i 代表不同个体的截距项。

若 μ_i 与某个解释变量相关，则为固定效应模型；若 μ_i 与所有解释变量均不相关，则称为随机效应模型。

3. 双向固定效应模型

个体固定效应模型可以捕捉个体间的异质性，但是会忽略了不随个体而变化但随时间而变化的变量，因此为了解决这一问题，有如下时间规定效应模型：

$$y_{it} = x'_{it}\beta + z'_i\delta + \mu_i + \varepsilon_{it} + \gamma S_t \quad (i = 1, 2, \cdots, n; \ t = 1, 2, \cdots, T) \quad (21\text{-}6)$$

其中，y_{it}，x'_{it} 表示在第 t 期才有的变量，一般使用最小二乘虚拟变量估计（least square dummy variable，LSDV）法，在模型中引入时间虚拟变量，即把每一期都定义为1个虚拟变量，通常有以下形式：

$$y_{it} = x'_{it}\beta + z'_i\delta + \gamma_2 D2_t + \cdots + \gamma_T D2_t + \mu_i + \varepsilon_{it} \quad (i=1,2,\cdots,n; \ t=1,2,\cdots,T) \quad (21-7)$$

其中，D2$_t$ 表示虚拟变量，在式（21-7）中既考虑了个体效应（这里个体效应可以使用固定效应或随机效应），也考虑了时间固定效应，因此称为双向固定效应模型。

21.2.2 变量的选择与数据处理

1. 变量选取

科技成果转化过程是一个投入与产出的过程，企业通过科技成果转化将新技术产业化，形成新产品，提高产品的市场占有率、扩大经济效益、增强企业的国际竞争力。因此企业需要在科技成果转换过程中投入大量的财力、人力及物力。在科技成果转化过程中，企业享受的财政政策主要体现在政府对企业研发经费的投入、研发经费加计扣除等方面。因此，本节用第 5 章计算得到的科技成果综合绩效作为被解释变量，选取企业自身科研投入指标、政府科研投入指标及国外资金投入指标作为解释变量，来测定财政投入对科技成果转化绩效的影响，具体见表 21-7。

表 21-7 科技成果转化绩效影响因素指标选取

目标层	领域层	指标层	指标标识	单位
科技成果转化绩效影响因素	企业自身科研投入	规上工业企业研发经费内部支出企业资金	indin	亿元
		规上工业企业研发人员全时当量	indrp	万人/年
	政府科研投入	规上工业企业研发经费内部支出政府资金	indgov	亿元
	国外资金投入	规上工业企业研发经费内部支出国外资金	indob	亿元

（1）企业自身科研投入。企业自身投入反映的是企业自身的研发投入，一般来说，企业自身的研发经费投入与其固定资产和主营业务收入表现出明显的正相关关系，也就说，企业自身的研发经费投入越大，说明企业规模相对而言就越大，经济效益相对就越好，因此企业自身的研发支出反映的是企业研发投入的能力，在企业自身资金投入方面，本节选取研发经费内部支出中企业资金来衡量。企业除了要投入资金之外，还需要通过劳动力将投入的资金转换成新产品，在国际上，通常选取研发人员全时当量作为衡量在科技研究上投入的人力指标，研发人员全时当量是一个折算值，是指研发全时人员数加非全时人员按工作量折算为全时人员数的总和，这个指标相对于研发人员总量更具有科学性。

（2）政府科研投入。政府为激励企业进行科技研发，通常采用直接或间接的方式对企业进行投入，直接投入方式有科研项目经费、科技成果奖励、风险支持及贴息贷款，而间接方式一般是通过税收优惠途径来实现的，比如优惠税率、加速折旧、加计扣除和直接减免等。政府的间接投入由于其投入方式多样化，投入金额计算方式复杂甚至无法计算，并且这些间接投入作用于多个环节，无法简单分离出来，因此，对于政府对企业科技研发的间接投入无法直接测算。而对于政府直接投入，在政府相关的职能部门都有详细的备案，这一数据通常都比较详细，因此本节使用中国科技统计年鉴中的规上工业企业研发内部支出中政府资金来衡量这一指标。

（3）国外资金投入。通过对规上工业企业新产品的出口值占规上工业企业新产品销售收入比重来看，每年有将近20%的新产品要出口到国外，随着每年新产品的产值不断上升，出口值也在逐年增加。这彰显出中国科技产品在国际市场上的竞争力不断增强、占有率不断提高。在进入国际市场的方式上，国内企业一般采用的都是与目标国家的企业联合投资的合资方式，合资方式通常都要求企业共同经营、共同分享股权或管理权及签订技术共享或技术交易的合同。这种方式可以充分利用合作企业的营销网络，以便迅速在当地开展业务。因此国外资金投入对科技成果绩效的转化也产生影响，本节选取中国科技统计年鉴中的规上工业企业研发经费内部支出中的国外资金来衡量国外企业或机构对国内企业研发资金的投入。

2. 数据处理

（1）被解释变量的处理。对于被解释变量 F，即科技成果转化综合绩效，由于在每一年指标的权重 w_i 各不相同，因此我们对绩效值做加权平均处理，通过以上处理后得到的绩效值作为回归中被解释变量，即

$$F_{\text{adj}} = \sum_{i=1}^{8} \frac{x_i w_i}{\sum w_i} \qquad (21\text{-}8)$$

（2）解释变量的处理。对于解释变量 indin、indrp、indgov、indob，对其取对数处理，取对数可以在保持数据原本性质的情况下压缩变量尺度，并同时削弱了模型的共线性及异方差问题。在回归中，取对数代表了弹性，具有很好的经济含义，有利于模型在经济学上的解释力。

21.2.3 财政因素对我国科技成果转化绩效影响的实证分析

1. 数据来源与数据选取

本节实证数据选取范围为全国 31 个省区市 2009~2015 年的数据，指标数据

均来源于2010~2016年的中国科技统计年鉴。

2. 财政因素对我国科技成果转化绩效的影响

（1）设定面板数据。将全国31个省区市的编号设定为个体变量，将2009~2015年设定为时间变量，构成一个平衡面板数据，因此，可以使用面板回归的方法对面板数据进行回归分析。因为省区市数量 $n=31$、年份 $T=7$，所以这是一个短面板。

（2）面板数据基本统计特征。面板数据的基本统计特征为平均值、方差、最小值和最大值。由以上数据我们可以得到面板数据的基本统计特征如表21-8所示。其中，F 表示科技成果转化综合绩效，处于0到1之间，平均值为0.1822，方差为0.2213，lnindin、lnindrp、lnindgov 及 lnindob 的平均值分别为13.6319、9.8599、10.6924 和 6.7199，方差分别为1.7008、2.1084、1.6947、3.8068。

表21-8 面板数据基本统计特征

变量	平均值	方差	最小值	最大值
F	0.1822	0.2213	0	1
lnindin	13.6319	1.7008	6.9955	16.501
lnindrp	9.8599	2.1084	1.0986	12.997
lnindgov	10.6924	1.6947	0	12.922
lnindob	6.7199	3.8068	0	12.211

注：观察值 $N=217$

3. 线性面板数据回归

（1）混合回归与多重共线性检验。以不同省区市科技成果转化绩效值为聚类变量，同时，用聚类稳健标准误差代替普通点推论误差，对模型进行回归。得到的模型估计结果如下：

F_{adj} = –0.0064lnindrp–0.25lnindgov+0.406lnindin+0.071lnindob–0.5957
　　　（–0.22）　　　（–5.75）　　　（5.84）　　　（4.85）　　（–4.65）

$F=31.37$　　$R\text{-squared} = 0.49$

在显著水平 $\alpha = 0.05$ 时 F 可以通过显著性检验，但是 lnindrp 的系数不能通过 t 检验，而且，lnindgov 的系数为负，这说明政府的投入越大，绩效就会越小，这明显与经济增长实际情况相违背。因此我们考虑这是多重共线性导致的，对上述的回归做 VIF 检验，其 lnindin 的 VIF 值为10.48，说明模型具有很强的多重共线性。

（2）多重共线性产生的原因。一方面多重共线性产生的原因可能是解释变量之间存在相互作用的关系，事实上，如图 21-2 所示，政府对企业的投资和企业自身的研发投入有着很强的关系，几乎是一个正相关的关系，政府对企业投资是根据企业的经营状况来对等的，企业经营状况越好，其在科研上的投入就会越大，政府也会投入更多的资金来促进企业科技成果转化。另一方面，企业自身研发投入越大，说明其竞争能力也越强，对政府来说，科技成果转化是一个高风险的投资，竞争能力强的企业相对来说控制风险的能力也越强，也能够承担新产品开发失败后的风险。

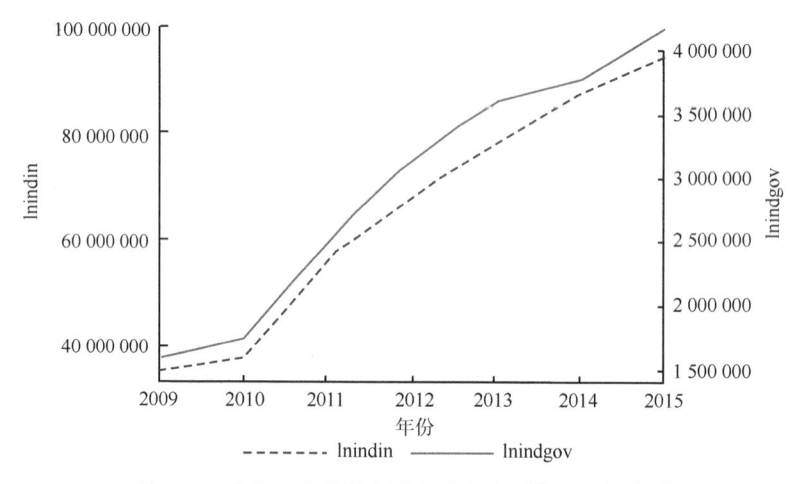

图 21-2 政府对企业投入及企业自身研发投入的关系

（3）双向固定效应模型。由于混合模型没有考虑个体之间差异及可能遗漏随时间变化的变量的影响，因此加入双向固定效应，其中个体固定效应使用固定效应，时间效应则通过在原来的混合回归模型中加入时间虚拟变量来测度。此外，为了刻画科技成果转化绩效与研发人员投入之间的非线性关系，在模型中加入研发人员投入的二次项，即 $lnindrp^2$。

4. 各资金在科技成果转化中的作用

（1）企业自身投入在科技成果转化中的作用。将科技成果转换绩效值 F_{adj} 与研发人员投入 indrp、研发人员投入的平方项 $indrp^2$、企业研发经费投资 indin、国外投资 indob 取对数建立双向固定效应模型，得到的模型结果如下：

F_{adj}= –0.0605lnindrp+0.0301lnindrp^2+0.2303lnindin+0.0096lnindob–0.5986
　　　　　（–1.32）　　　（1.29）　　　（4.56）　　　（1.00）　　（–3.67）
F= 7.03　　ρ =0.83　　R-between=0.49

由于研发人员投入的一次项对科技成果转换的绩效影响为负、平方项为正，因此在研发人员的投入与科技成果转换绩效之间表现出正"U"形曲线的关系，因此，当研发人员的投入达到一定数量时，其边际效应随着研发人员投入不断增加。企业研发经费投资每增加1%，在其他投入不变的情况下，绩效值增加0.2303%，而国外投资每增加1%，在其他投入不变的情况下，绩效值增加0.0096%。因此，企业研发经费投资仍然是企业科技成果转换的内生动力。

（2）政府投资在科技成果转化中的作用。将科技成果转换绩效值F_{adj}与研发人员投入indrp、研发人员投入的平方项$indrp^2$、政府投资indgov、国外投资indob取对数建立双向固定效应模型，得到的模型结果如下：

F_{adj}= –0.0883lnindrp+0.0440lnindrp^2+0.0605lnindgov+0.0093lnindob–0.0159
　　　（–1.76）　　　（1.78）　　　（2.44）　　　（0.97）　（–0.20）

F= 5.12　ρ=0.84　R-between=0.51

在此模型中，在研发人员的投入与科技成果转换绩效之间的关系与（1）中模型结果的结论一致，即研发人员的投入与科技成果转换绩效之间确实存在正"U"形曲线的关系，即边际效应随着研发人员投入不断增加。而在其他投入不变的情况下，每增加1%的政府投资，科技成果转化绩效增加0.0605%，其值小于企业自身研发经费投入对科技成果转化绩效的影响，说明政府在企业科技成果过程中起到的是推动作用，企业自身的投入才是主要动力。而国外投资每增加1%，在其他投入不变的情况下，绩效值增加0.0093%，这也与（1）中的模型结果相差不大，这说明，这两个模型的结论基本一致。

（3）国外资金在科技成果转化的作用。由于以上（1）、（2）的两个模型已经融入国外资金投入对科技成果转化绩效的作用，且结果相差不大，拟合度很高。因此，本节以（1）、（2）的两个模型里取lnindob系数的平均值作为作用影响的衡量，即国外对企业研发经费投入每增加1%，在其他投入不变的情况下，绩效值增加0.009 45%。

21.3　税收优惠影响科技成果转化绩效的实证分析

21.3.1　税收优惠变量选取

税收优惠的政策繁多，从国家的层面看，国家针对不同的行业，有不同的优惠政策，如针对节能环保行业，国家往往会加大税收优惠的力度；从地方政府的层面看，不同地区的地方政府根据实际情况会针对不同的企业采取不同的地方税优惠政策。因此，税收优惠不仅由于名目繁多，难以细分，而且税收优惠的方式多样。一般而言，税收优惠的方式除所得税优惠这种直接减免税收方式外,还有企业职工教育经费税前扣除、研发经费加计扣除、固定资产加速折旧等间接优惠方式。事实上,所得税优惠是所有税收优惠中最重要的部分,而其他间接税收优惠力度远远小于所得税优惠。同时,由于其条件苛刻,不具有普遍性,难以准确、简便地折算。另外,研发经费加计扣除等税收优惠主要体现在政府资金投入方面,这些优惠政策纳入了财政支出因素对我国科技成果转化绩效的影响。因此,本节对我国科技成果转化绩效影响的税收优惠仅考虑企业所得税的优惠政策。

根据《中华人民共和国企业所得税法》,至2008年起,对国家需要重点扶持的高新技术企业减按15%的税率征收企业所得税,这一政策长期有效。本节对所得税优惠有以下定义:

$$所得税优惠=应纳税所得额\times(一般税率-优惠税率)$$

其中所得税应纳税所得额对于企业来讲,可以近似看作利润,因此,用利润替代应纳税所得额是可行的。此外,由于一般企业的税率是25%,而高新技术产业的税率是15%,因此对于规上工业企业,所得税优惠折算值的定义如下:

$$所得税优惠折算值=高新技术产业利润\times(25\%-15\%)$$

据中国科技统计年鉴对高新技术产业做出的分类结果,我国高新技术产业分为医疗设备及器械制造业、电子计算机及办公设备制造业、电子及通信设备制造业、航空航天器制造业和医药制造业五大类别。其中电子及通信设备制造业所得税优惠折算值最大,说明该行业所得利润最多,而高新技术产业发展好的省区市,如广东、浙江的电子及通信设备制造业的行业在全国占有较大的份额,它们的科技成果转化绩效值也很高。

由中国科技统计年鉴同样可以得到2009~2015年全国高新技术产业利润值如表21-9所示。

表21-9 全国高新技术产业利润值(单位:亿元)

地区	2009年	2010年	2011年	2012年	2013年	2014年	2015年
全国	3278.52	4879.70	5244.94	6186.30	7233.75	8095.21	8986.33

由表21-9的数据可以得出,我国高新技术产业各年份的所得税优惠折算值,如图21-3所示。可以看出2009~2015年所得税优惠折算值由于高新技术产业利润值不断提高,平均增速是18.30%,但税收优惠政策对科技成果转化绩效是否有重要影响,需要引入多元线性回归模型做进一步分析。因此,在选取变量的时候,本节使用高新技术产业所得税优惠折算值来衡量税收优惠的力度,记作taxsub。

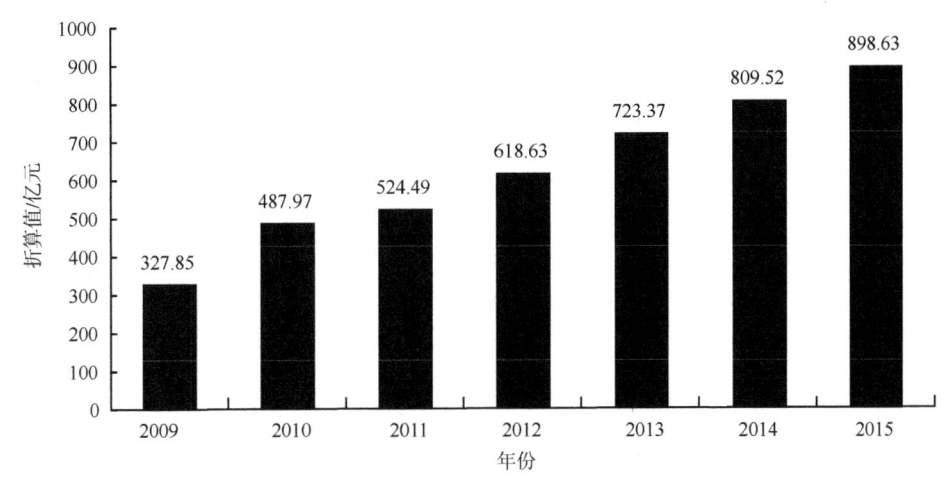

图 21-3　全国高新技术产业所得税优惠折算值

21.3.2 税收优惠对科技成果转化绩效的影响

1. 企业自身投入与税收优惠的关系

由上一节财政政策的分析可知，政府对企业科研经费的投入与企业自身科研投入之间具有很强的内生性。因此首先验证企业研发经费投入与税收优惠之间是否存在内生性。

由图 21-4 可知，根据现有的税收政策，企业研发经费投入享受税收优惠，因此，研发经费投入越大，说明企业有能力将更多的技术转化成新产品，从而产生

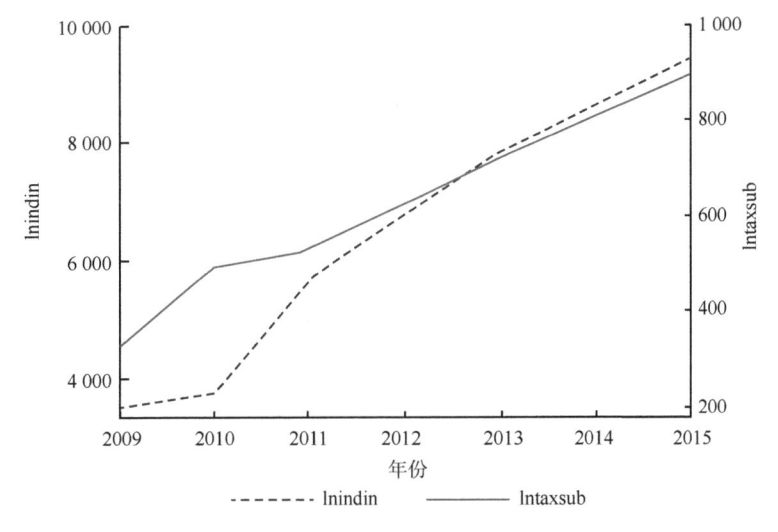

图 21-4　企业研发经费投入与税收优惠的关系

更大的经济效应,就能够享受更多的税收优惠政策。据21.3.1节中的分析可知,政府资金投入又与企业研发经费投入相关,因此由递推性可知,政府资金投入与税收优惠也相关。

2. 税收优惠对我国科技成果转化绩效影响

回归模型依然选用双向固定效应模型,其中个体效应使用随机效应,将科技成果转换绩效值 F_{adj} 与研发人员投入 indrp、研发人员投入的平方项 $indrp^2$、高新技术产业所得税优惠折算值 taxsub 取对数建立双向固定效应模型,所得到的估计结果如下:

F_{adj}= –0.0707lnindrp+0.0369lnindrp^2+0.0483lntaxsub+0.0093lnindob–0.062
　　　　(–1.47)　　　(1.65)　　　　(1.68)　　　　(0.91)　　(0.68)

F= 3.39　ρ =0.80　R-between=0.64

在此模型中,在研发人员的投入与科技成果转换绩效之间的关系与20.2节中模型结果的结论一致,即研发人员的投入与科技成果转换绩效之间确实存在正"U"形曲线的关系,即边际效应随着研发人员投入不断增加。而在其他投入不变的情况下,每增加1%的税收优惠,科技成果转化绩效值则增加0.0483%,说明税收优惠对科技成果转化有促进作用。

21.4　典型省份财税政策的科技成果转化绩效分析

上述的实证采用双向固定效应模型对全国31个省区市面板数据进行回归分析,从而在考虑了共性的情况下也同时捕捉到了异质性。事实上,不同省份之间政策支持差异可能较大,对于一些省份,政策可以起到很好的促进作用,而对于另一些省份,由于受到各种环境条件的约束,政策可能不起作用甚至起到反作用,如前文所述的北京市,由于地区优势,当地企业充分享受政策优惠但科技成果转化绩效却逐年降低,而广东省、江苏省享受到的政策优惠比重相对很小,但科技成果转化绩效却一直处于领先。这表现为各个省份绩效值的时间趋势图不尽相同,比如广东省、江西省科技成果转化综合绩效很平稳,河南省科技成果转化综合绩效呈波动上升趋势,而北京市则呈波动下降趋势。因此本节选取了具有代表性的四个省市——北京市、广东省、河南省及江西省,分别构建了这四个省市的财税政策对科技成果转化绩效影响的模型,分析财税政策对这些省市科技成果转化绩效的影响。

21.4.1 北京市财税政策对科技成果转化绩效的影响

1. 北京市财政政策对科技成果转化绩效影响

首先,将北京市科技成果转换绩效值 F_{adj} 与研发人员投入 indrp、研发人员投入的平方项 indrp^2、企业研发经费投资 indin、国外投资 indob 取对数建立双向固定效应模型,对 2009~2015 年北京相关数据进行回归,得到的模型结果如下:

F_{adj}= 7.7403lnindrp–1.5025lnindrp^2–0.1235lnindin–0.3859lnindob–8.2064
  (5.18)   (–5.06)   (–3.35)   (–15.38) (–4.51)

F=483 R-squared=0.99

其次,将北京市科技成果转换绩效值 F_{adj} 与研发人员投入 indrp、研发人员投入的平方项 indrp^2、政府投资 indgov、国外投资 indob 取对数建立双向固定效应模型,对 2009~2015 年北京相关数据进行回归,得到的模型结果如下:

F_{adj}= 8.1046lnindrp–1.5737lnindrp^2–0.0583lnindgov–0.4053lnindob–0.4053
  (2.81)   (–2.78)   (–0.61)   (9.71)   (–2.54)

F=328 R-squared=0.98

从上述回归结果可以发现,相比全国情况来看,北京市各个因素对科技成果转化绩效的影响差异巨大。

首先,在研发人员投入方面,北京市研发人员投入与科技成果转化之间呈倒"U"形关系,这说明研发人员投入达到某个值后,科技成果转化绩效值会逐渐减少。得益于北京良好的人文、政治、经济等环境,北京市的企业可以吸纳较多的科技人才,但是人才过多的聚集并不能带来北京较高的科技成果转化绩效,因此需要有序地引导人才走向更能发挥其效用的地区。

其次,企业研发经费投资、政府投资及国外投资均对科技成果绩效起反作用。每增加 1%企业研发经费投资,科技成果转化绩效值减少 0.1235%;每增加 1%政府投资,科技成果转化绩效值减少 0.0583%;每增加 1%国外投资,科技成果转化绩效值平均减少 0.3859%。事实上,近几年,由于北京环境污染严重,为保证可持续发展,北京城市布局迎来变革,北京工业企业大规模外迁,导致科技成果转化绩效逐年降低,但是每年在工业企业投入的研发人员和各类投资都未减少,反而逐年增加,造成了人力和财力的浪费、投入越多科技成果转化绩效越少的情况。

2. 北京市税收优惠对科技成果转化绩效影响

2009~2015 年北京市高新技术产业利润值如表 21-10 所示,从而得到北京市 2009~2015 年受到的所得税优惠折算值,如图 21-5 所示。

表 21-10　北京市高新技术产业利润值（单位：亿元）

地区	2009 年	2010 年	2011 年	2012 年	2013 年	2014 年	2015 年
北京	156.5	182.20	228.91	235.60	292.37	277.33	268.26

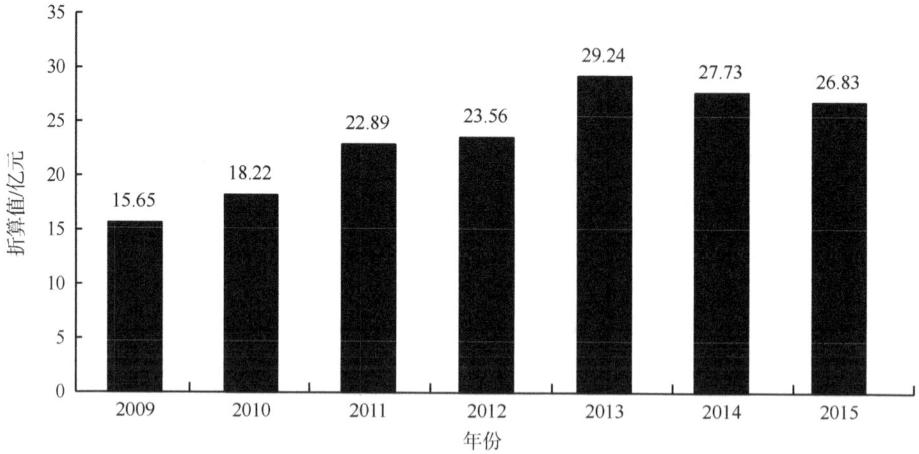

图 21-5　北京市高新技术产业所得税优惠折算值

由表 21-10 可知，从 2013 年开始，北京大量工业企业包括高新技术产业外迁，高新技术产业的利润逐年小幅度降低。

将北京市科技成果转换绩效值 F_{adj} 与研发人员投入 indrp、研发人员投入的平方项 $indrp^2$、高新技术产业所得税优惠折算值 taxsub 取对数建立双向固定效应模型，对 2009~2015 年北京相关数据进行回归，得到的模型结果如下：

F_{adj}= 6.5971lnindrp–1.2776lnindrp^2–0.0378lntaxsub–0.4037lnindob–7.0366

　　　（4.87）　　（–4.73）　　　（–1.89）　　（–15.35）（–4.18）

F=12 112　　R-squared=0.99

由以上回归可以发现，税收优惠对科技成果转化绩效作用为负，每增加 1%的税收优惠，科技成果转化绩效值则减少 0.0378%，与税收优惠折算值的小幅回落相吻合，其原因是科技成果转化绩效降低的程度大于税收优惠带来的促进作用。国外投入资金对科技成果转化的影响为反作用，每增加 1%国外投资，科技成果转化绩效值平均减少 0.4037%，和财政政策的回归模型得出的结果相吻合。

21.4.2　广东省财税政策对科技成果转化绩效的影响

1. 广东省财政政策对科技成果转化绩效影响

首先，将广东省科技成果转换绩效值 F_{adj} 与研发人员投入 indrp、研发人员投入的平方项 indrp²、企业研发经费投资 indin、国外投资 indob 取对数建立双向固定效应模型，对 2009~2015 年广东相关数据进行回归，得到的模型结果如下：

F_{adj}= 23.03lnindrp–3.786lnindrp²+0.5208lnindin +0.4359lnindob–37.42

（4.30）　（–4.30）　（3.73）　　　（6.51）　（–4.45）

F=58.19　R-squared=0.88

其次，将广东省科技成果转换绩效值 F_{adj} 与研发人员投入 lnindrp、研发人员投入的平方项 lnindrp²、政府投资 lnindgov、国外投资 lnindob 建立双向固定效应模型，对 2009~2015 年广东省相关数据进行回归，得到的模型结果如下：

F_{adj}= 16.38lnindrp–2.703lnindrp²+0.5571lnindgov+0.3653lnindob–26.70

（2.85）　（–2.85）　（5.08）　　（5.15）　（–2.93）

F=32.53　R-squared=0.90

从上述回归可以发现，广东省各个因素对科技成果转化绩效的影响相比全国情况来看差异巨大，首先，在研发人员投入方面，广东省研发人员投入与科技成果转化之间呈倒"U"形关系，这说明研发人员投入达到某个值时，科技成果转化绩效值也会减少。其次，政府投资、企业研发经费投资均对科技成果转化产生促进作用，并且从影响系数上来看，企业研发经费与政府投资相差不多，即在其他投入保持不变的情况下，企业研发经费投资每增加 1%，科技成果转化绩效值则增加 0.5208%，而每增加 1%的政府投资，科技成果转化绩效值则增加 0.5571%，这反映了政府与企业在广东省科技成果转化中都扮演着重要的角色。这也说明广东省作为国家科技产业创新中心及科技成果转化中心，政府大力引导创新模式的发展，从而使全省科技综合能力与自主创新能力不断增强，所以广东省在科技成果转化方面取得了惊人的成就。最后，由于广东地理位置的优势，成为高新技术新产品的出口大省，而新产品跟以往的产品相比，在国际市场拥有很强的竞争力，从而吸引了很多的外商投资，因此国外投资也对广东省科技成果转化产生了很大的助力，由模型结果可以得出，每增加 1%的国外投资，科技成果转化绩效值平均增加 0.4359%。

2. 广东省税收优惠对科技成果转化绩效影响

2009~2015 年广东省高新技术产业利润值如表 21-11 所示，从而得到广东省 2009~2015 年受到的所得税优惠折算值，如图 21-6 所示。

表 21-11　广东省高新技术产业利润值（单位：亿元）

地区	2009 年	2010 年	2011 年	2012 年	2013 年	2014 年	2015 年
广东	859.86	1225.60	1006.50	1110.90	1388.62	1578.37	2034.14

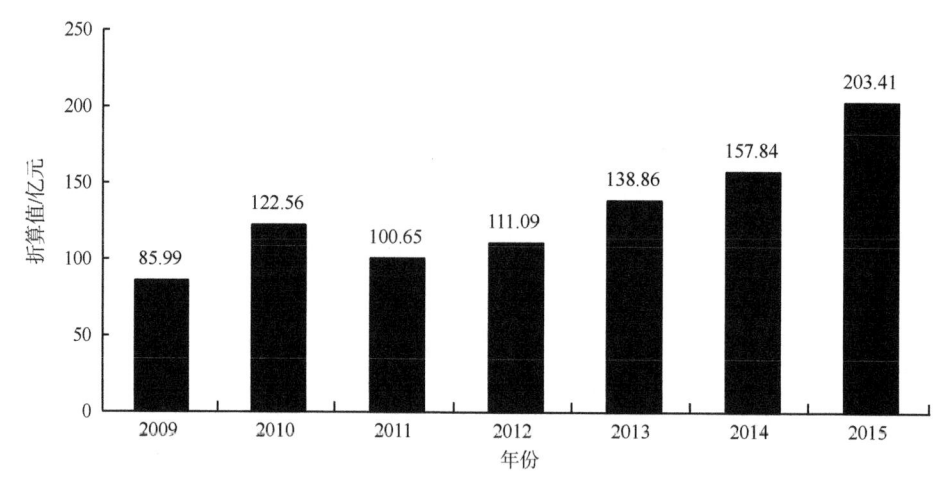

图 21-6 广东省高新技术产业所得税优惠折算值

由图 21-6 可以看出广东省高新技术产业利润值总体上是增长的，但不足以说明税收优惠政策与科技成果转化绩效是否有影响，因此，本节将数据引入多元线性回归模型中的双向固定效用模型，得出

F_{adj}= 19.72lnindrp–3.221lnindrp^2+0.0680lntaxsub+0.3895lnindob–30.71
　　　（0.78）　　（–0.77）　　　（0.34）　　　（1.91）　　（–0.77）

F= 4.13　R-squared=0.56

由上述模型结果可以看出，F 检验没有通过，决定系数也偏小，这说明将税收优惠加入模型中，模型效果拟合不好，因此，广东省税收优惠对科技成果转化的影响不明显。

21.4.3　河南省财税政策对科技成果转化绩效的影响

1. 河南省财政政策对科技成果转化绩效影响

首先，将河南省科技成果转换绩效值 F_{adj} 与研发人员投入 indrp、研发人员投入的平方项 indrp^2、企业研发经费投资 indin、国外投资 indob 取对数建立双向固定效应模型，对 2009～2015 年河南相关数据进行回归，得到的模型结果如下：

F_{adj} = –51.91lnindrp+9.515lnindrp^2+0.3873lnindin +0.3758lnindob+68.69
　　　（–5.29）　　（5.39）　　　（1.97）　　　（2.17）　　（5.12）

F=44.63　R-squared=0.98

其次，将河南省科技成果转换绩效值 F_{adj} 与研发人员投入 indrp、研发人员投入的平方项 indrp^2、政府投资 indgov、国外投资 indob 取对数建立双向固定效应模型，对 2009～2015 年河南省相关数据进行回归，得到的模型结果如下：

F_{adj}= –49.72lnindrp+9.120lnindrp^2+0.5552lnindgov+0.3620lnindob+65.53
（–5.05） （5.13） （1.79） （2.31）（4.77）

F=45.81　R-squared=0.99

通过以上模型结果可以看出，在河南省科技成果转化中，研发人员的投入与科技成果转换绩效之间确实存在正"U"形曲线的关系，即边际效应随着研发人员投入的增加呈现先减小后增加的趋势。同时，政府资金投入与企业研发经费支出对科技成果转化均起到明显的正向作用。近年来，河南省为了贯彻省委、省政府《关于加强科技创新促进产业发展的意见》，提出并实施了《河南省自主创新体系建设和发展规划（2009—2020）》，规划引导和支持了高新技术成果转换和产业化，高新技术产业化资金项目支持了各个领域的高新技术产业化项目，对高成长性产业，如汽车、电子信息等和先导产业，如新能源汽车、生物、新能源、新材料等项目重点支持，2012~2014年分三批建设了河南省协同创新中心，全面实施建设中原经济区战略，招商引资，规上工业企业得到飞速发展，科技成果转化能力不断提高。特别地，在科技成果转化绩效排名突飞猛进的2012年，该省研发人员投入11 117人，投入经费160 620万元，相比2011年人员投入增加了1300人，投入经费增加了24 000万元，值得注意的是，在所有研发人员中，80%的研发人员为科技成果应用转化人员，只有20%的研发人员为基础科研工作人员。这说明要提高科技成果转化绩效，政府与企业要加大工作力度，让更多的研发人员参与科技成果应用与转化。

最后，企业研发经费投资、政府投资和国外投资对科技成果转化都有促进作用，每增加1%的企业研发经费投资，科技成果转化绩效值增加0.3873%；每增加1%的政府投资，科技成果转化绩效值增加0.5552%；每增加1%的国外投资，科技成果转化绩效值平均增加0.3620%。这说明企业自身的发展、政府的引导及国际资金都是科技成果转化的主要动力。

2. 河南省税收优惠对科技成果转化绩效影响

2009~2015年河南省高新技术产业利润值如表21-12所示，从而得到广东省2009~2015年受到的所得税优惠折算值，如图21-7所示。

表21-12　河南省高新技术产业利润值（单位：亿元）

地区	2009年	2010年	2011年	2012年	2013年	2014年	2015年
河南	83.19	129.70	167.13	205.90	274.15	340.66	408.30

河南省高新技术产业利润值逐年提升，平均增速达到30.36%，特别地，河南省科技成果转化绩效排名由2012年全国第24名到2013年突飞猛进到全国第3名，

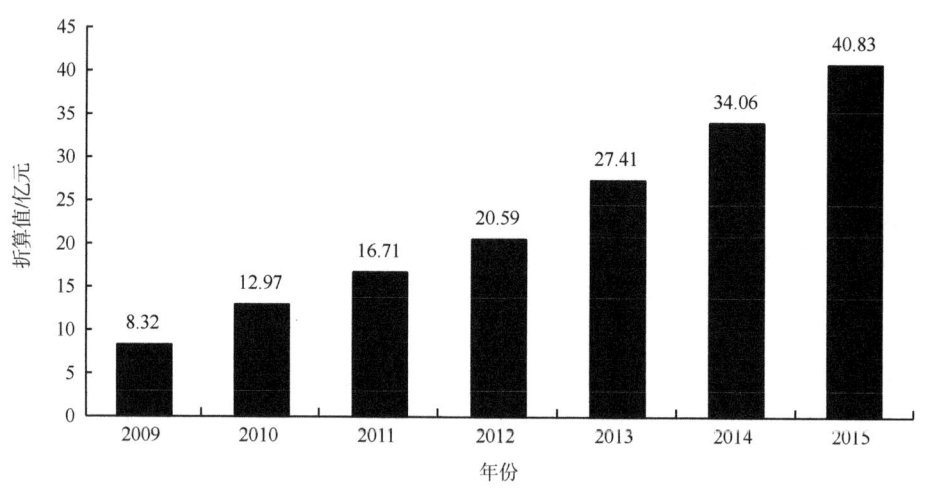

图 21-7　河南省高新技术产业所得税优惠折算值

由中国科技统计年鉴可知 2012 年河南省的高新技术产业投资施工项目 749 个，相比 2011 年新开工了 439 个，投资额达到了 899.6 亿元，而比较北京 2012 年高技术产业投资施工项目数仅为 131 个，新开工项目 35 个，投资额 136.6 亿元，因此 2013 年后河南省高新技术产业利润超过了北京。为测算税收优惠政策对高新技术产业的发展及科技成果转化是否有促进作用，再将数据代入多元线性回归模型中的双向固定效用模型，可以得到

F_{adj}= –47.89lnindrp+8.783lnindrp^2+0.0896lntaxsub+0.3892lnindob+64.29
　　　（–4.73）　（4.82）　　　（1.90）　　　（2.43）　（4.66）
F=33.11　R-squared=0.98

通过以上模型结果可以发现，税收优惠对河南省科技成果转化有促进作用，每增加 1% 税收优惠，科技成果转化绩效值增加 0.0896%，加大税收优惠力度可以增加河南省科技成果转化绩效。

21.4.4　江西省财税政策对科技成果转化绩效的影响

1. 江西省财政政策对科技成果转化绩效影响

首先，将江西省科技成果转换绩效值 F_{adj} 与研发人员投入 lnindrp、研发人员投入的平方项 lnindrp^2、企业研发经费投资 lnindin、国外投资 lnindob 建立双向固定效应模型，对 2009~2015 年江西相关数据进行回归，得到的模型结果如下：

F_{adj}= 4.576lnindrp–0.9961lnindrp^2+0.1340lnindin–0.1164lnindob–5.501
　　　（2.92）　　（–2.97）　　　（2.85）　　　（–2.55）（–2.85）

F=17.20 R-squared=0.86

其次,将江西省科技成果转换绩效值 F_{adj} 与研发人员投入 lnindrp、研发人员投入的平方项 lnindrp^2、政府投资 lnindgov、国外投资 lnindob 建立双向固定效应模型,对 2009~2015 年江西省相关数据进行回归,得到的模型结果如下:

F_{adj}= 0.4807lnindrp–0.1161lnindrp^2+0.1017lnindgov–0.1060lnindob–0.4224
　　　　（0.24）　　（–0.28）　　（0.68）　　（–2.55）　　（–0.18）

F=2.05 R-squared=0.71

通过以上模型结果可以看出,在江西省科技成果转化中,研发人员的投入与科技成果转换绩效之间确实存在正"U"形曲线的关系,即边际效应随着研发人员投入,呈现先减小后增加的趋势。同时,企业研发经费支出对企业科技成果转化起到明显的正向作用,每增加 1%的企业研发经费投资,科技成果转化绩效值增加0.1340%,说企业自身的发展是科技成果转化的主要动力。此外,每增加 1%的政府投资,科技成果转化绩效值增加 0.1017%,说明政府资金在科技成果转化中也存在一定的作用。每增加 1%的国外投资,科技成果转化绩效值平均减少 0.1060%,这说明国际资金在科技成果转化方面有一定的反向作用。

2. 江西省税收优惠对科技成果转化绩效影响

2009~2015 年江西省高新技术产业利润值如表 21-13 所示,从而得到江西省2009~2015 年受到的所得税优惠折算值,如图 21-8 所示。

表 21-13　江西省高新技术产业利润值（单位：亿元）

地区	2009 年	2010 年	2011 年	2012 年	2013 年	2014 年	2015 年
江西	41.54	64.00	85.82	122.10	156.03	189.91	227.86

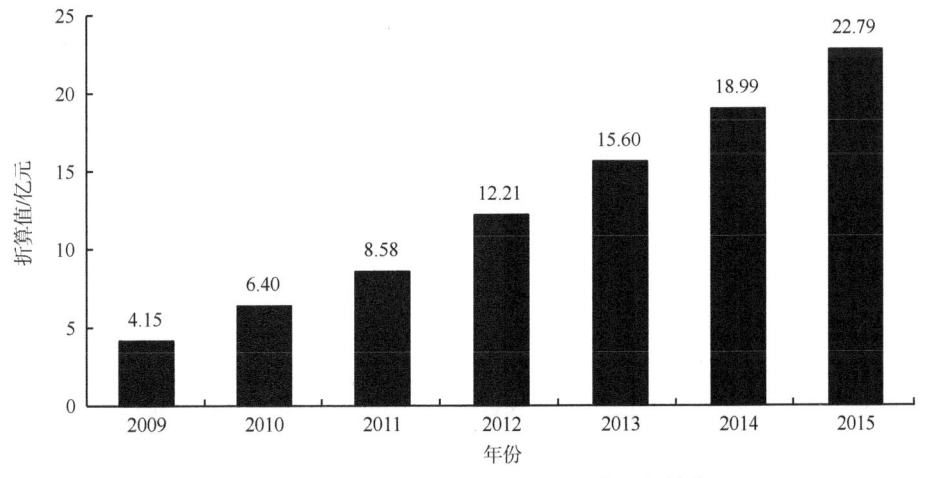

图 21-8　江西省高新技术产业所得税优惠折算值

由图 21-8 可以看出，江西省 2009~2015 年高新技术产业所得税优惠折算值逐年提高，平均增速达到 32.83%，同样地，为了看出税收优惠政策对高新技术产业的发展及科技成果转化是否有促进作用，再将数据代入双向固定效用模型中可以得到

F_{adj} = 5.127lnindrp–1.078lnindrp^2+0.0231lntaxsub–0.1051lnindob–5.799

（3.05）　　（–3.09）　　（3.15）　　（–3.24）　（–2.92）

F=27.23　R-squared=0.86

通过以上模型结果可以发现，税收优惠对江西省科技成果转化有促进作用，每增加 1%税收优惠，科技成果转化绩效值增加 0.0231%，说明加大税收优惠力度可以增加一定的科技成果转化绩效。

21.4.5　实证基本结论

本章对我国科技成果转化过程的财政投入及税收优惠进行了描述性分析，并构建了财政投入与税收优惠对我国科技成果转化绩效影响的模型，实证分析了财政及税收因素对我国及典型省份科技成果转化绩效的影响，得出一些有价值的结论。

（1）研发经费内部支出来源主要分成三部分：政府资金、企业资金和国外资金。本章发现，研发经费内部支出由企业资金主导，占 70%以上；政府资金相对较弱，所占比重不到 25%；国外资金和其他资金所占比重不到 5%。并且企业资金和政府资金对不同部门的投入情况也不同。企业资金主要投入企业自身，所占比重超过 95%，投入高等学校及研究与开发机构的资金较少，不到 5%。而政府资金则恰恰相反，投入高校及研究与开发机构的资金占很大比重，超过 80%，而投入企业的资金较少，所占比重仅有 15%左右。这导致了高校及研究与开发机构和企业"两张皮"的问题突出。一方面，高等学校及研究与开发机构有很好的科研成果却找不到企业转化；另一方面，企业对人才、技术、成果有强烈的需求却找不到高等学校及研究与开发机构合作。企业在科技成果转化过程中扮演着极其重要的角色，他们熟悉本行业的技术前沿，是新产品、新技术创新的主体。政府应该改变政府资金投入的结构，加强高等学校、研究与开发机构和企业的联系，为高等学校、研究与开发机构和企业构建信息通畅的桥梁。

（2）全国不同地区的研发经费内部支出中，西部地区和东北地区的政府资金投入比重最大，均超过 30%，而科技成果转化却无法取得相应的成效，造成了资金的浪费。2015 年，在全国不同地区的研发经费投入强度中，北京、上海、天津经费投入强度分别为 6.0100%、3.7300%、3.0800%，远大于全国平均研发经费投入强度 2.0671%，但由于科技成果转化绩效并没有取得相应的成效，北京反而有所下降，上海、天津趋平，造成了研发资金的浪费。同时，2009~2015 年规上工业

企业研发经费投入强度比全国研发经费投入要高，说明规上工业企业对科技成果转化绩效更加重视。此外，国家财政科技拨款占公共财政支出的比重也逐年下降。因此，研发资金中的政府资金投入存在区域上的不均衡及力度弱化等问题，政府应该进一步优化资金投入的去向、方式及强度，充分发挥政府资金在提升科技成果转化绩效方面的作用。

（3）本章构建了财政因素对我国科技成果转化绩效影响的模型，以科技成果综合绩效作为被解释变量，选取企业自身科研投入指标、政府科研投入指标及国外资金投入指标作为解释变量，来测定财政因素对科技成果转化绩效的影响，分析企业研发经费投资、政府投资、国外投资在科技成果转化的作用。在其他投入不变的情况下，企业研发经费投资每增加1%，绩效值增加0.2303%，而每增加1%的政府投资，科技成果转化绩效增加0.0605%；每增加1%国外投资，绩效值增加0.0096%，均小于企业自身研发经费投入对科技成果转化绩效的影响，说明政府投资和国外投资在企业科技成果过程中起到的是辅助作用，企业自身的投入才是提升科技成果转化绩效的原动力。本章构建的税收因素对我国科技成果转化绩效影响的模型，以科技成果综合绩效作为被解释变量，选取研发人员投入和税收优惠作为解释变量，分析税收优惠对全国科技成果转化绩效的影响。在其他投入不变的情况下，税收优惠每增加1%，科技成果转化绩效值则对应增加0.0483%，说明税收优惠对全国科技成果转化有一定的促进作用。同时，在以上两个模型中，研发人员的投入与科技成果转换绩效之间存在正"U"形曲线的关系，当研发人员的投入达到一定数量时，其边际效应随着研发人员投入不断增加，说明增加研发人员的投入对科技成果转化绩效有较大的促进作用。

（4）本章构建了北京市、广东省、河南省及江西省的财税政策对科技成果转化绩效影响的模型，分析财税政策对这些省份科技成果转化绩效的影响。其实证结果如下。

第一，北京市企业研发经费投资、政府投资及国外投资均对科技成果绩效起反作用。每增加1%企业研发经费投资，科技成果转化绩效值减少0.1235%；每增加1%政府投资，科技成果转化绩效值减少0.0583%；每增加1%国外投资，科技成果转化绩效值平均减少0.3956%。税收优惠对科技成果转化绩效作用为负，有较小的反作用效果，每增加1%的税收优惠，科技成果转化绩效值则减少0.0378%。在科研人员投入方面，北京市研发人员投入与科技成果转化之间呈倒"U"形关系，这说明科研人员投入达到某个值时，科技成果转化绩效值会减少。

第二，广东省企业研发经费投资、政府投资及国外投资均对科技成果绩效起促进作用。在其他投入不变的情况下，企业研发经费投资每增加1%，科技成果转化绩效值则增加0.5208%，而每增加1%的政府投资，科技成果转化绩效值则增加0.5571%，每增加1%的国外投资，科技成果转化绩效值平均增加0.4359%。而研发人员投入与科技成果转化之间呈倒"U"形关系，这说明研发人员投入达到某个值时，科技成果转化绩效值也会减少。另外，广东省税收优惠对科技成果转化的影响不明显。

第三，河南省企业研发经费投资、政府投资和国外资金对科技成果转化都有促进作用，每增加1%的企业研发经费投资，科技成果转化绩效值增加0.3873%；每增加1%的政府投资，科技成果转化绩效值增加0.5552%；每增加1%的国外投资，科技成果转化绩效值平均增加0.3620%。说明企业自身的发展、政府的引导及国际资金都是科技成果转化的主要动力。并且研发人员的投入与科技成果转换绩效之间存在正"U"形曲线的关系，即边际效应随着研发人员投入不断增加。特别地，在所有研发人员中，80%的研发人员为科技成果应用转化人员，只有20%的研发人员为基础科研工作人员。这说明要提高科技成果转化绩效，政府与企业要加大工作力度，让更多的研发人员参与科技成果应用与转化。另外，税收优惠对河南省科技成果转化有促进作用，每增加1%税收优惠，科技成果转化绩效值增加0.0896%。

第四，江西省企业研发经费投资对企业科技成果转化起到明显的正向作用，首先，每增加1%的企业研发经费投资，科技成果转化绩效值增加0.1340%，说明企业自身的发展是科技成果转化的主要动力。其次，每增加1%的政府投资，科技成果转化绩效值增加0.1017%，说明政府资金在科技成果转化中也存在一定的作用。每增加1%的国外投资，科技成果转化绩效值平均减少0.1060%，这说明国际资金在科技成果转化方面有一定的反向作用。研发人员的投入与科技成果转换绩效之间存在正"U"形曲线的关系，即边际效应随着研发人员投入不断增加。最后，税收优惠对江西省科技成果转化有促进作用，每增加1%税收优惠，科技成果转化绩效值增加0.0231%。

第 22 章　财税政策促进科技成果转化的国内外经验借鉴

22.1　发达国家与地区促进科技成果转化的财税政策

过去几十年里，在全世界范围内涌现出一大批以美国等发达国家为典型的依靠科技创新成果转化获得国际贸易与经济社会快速发展的案例。如今已经跨入创新驱动发展阶段的各国政府将科技创新成果转化摆在重要的位置，均以鼓励科技成果转化为目的，积极推进相关政策的制定与实施。本章通过分析美国、英国及日本等发达国家和我国典型地区促进科技创新成果转化以进一步促进经济增长的典型案例，以期对我国的科技成果转化政策的制定有所启发。

22.1.1　美国

美国作为当代全球最富有科技创新活力与实力的国家，近几十年来全社会研发投入强度及投入水平一直保持着世界领跑者的位置。2002~2009 年，全球科研论文产出总量显示，美国占 2011 年全球高质量科研论文的 31.72%；2009 年美国国内研发经费总额占 OECD 总量的 41.42%；截至 2013 年美国已有 298 名科学家荣获自然科学领域的诺贝尔奖，占比接近获奖总数的一半。美国自 1939 年起就紧跟科技集群化发展的步伐，依据各阶段不同的政治经济格局，制定了一系列推动科技创新成果转换的有效政策。

1. 美国促进科技成果转化财税政策的历史演进

二战以来美国为促进科技成果转化，在不同时期制定了与之相适应的促进科技成果转化的财政政策，总体来说分为四个阶段。

（1）公共科技创新阶段。美国在公共科技创新阶段总体表现为政府持续大规模增加公共科技创新方面的投入。例如，这一时期，美国的科技战略是应对第二次世界大战后与苏联这个超级大国开展的军备竞赛和组建能够绝对保障与捍卫国家领土安全的国防和空间领域。因此，在公共科技创新阶段，美国政府对军事科学技术进行大规模投资，先后建立起一大批军工科技重点实验室，有数据显示，1947 年美国联邦政府投入 5 亿美元的财政资金资助研发活动且占全社会研发投入的 24%，1961 年该项投入增加到 92 亿美元且占全社会研发投入的 63%；与此同时，美国政府也加大了对研发资金的公共投资力度，1953 年研发资金仅占美国财政支出的 1.36%，到 1964 年已占到美国财政支出的 2.87%。这种对美国科技创新的强劲投资，不仅为未来民航、新材料、计算机、通信等领域的全球化发展奠定了坚实的基础，也为他们参与未来国际竞争的多极化奠定了坚实的基础。1960 年美国 GDP 为 5205 亿美元，至 1970 年美国 GDP 增长到 10 248 亿美元，且 1970 年美国货物出口额为 427 亿美元。

（2）产业科技创新阶段。20 世纪七八十年代的冷战后期，美国在产业科技创新阶段总体表现为全社会的研发投入结构由公共科技创新阶段政府主导的科技创新投资已经转变为政府与企业双重主导的科技创新投资。这段时间，美国作为全球第一超级大国的形象逐渐形成，面对日、德等国施加的强大竞争压力，美国政府的科技创新战略逐渐转变为以科技创新为核心引导产业结构转型升级与经济增长方式转变，并支持引导企业积极参与以战略性高新技术为主的研发活动。美国联邦政府也十分注重为民营企业实施科技创新政策创造有利环境，这更贴近时代特征，更具时代前瞻性。1981 年起，里根政府秉承《拜杜法案》所表达的时代精神，在科技政策方面以压缩公共开支、减少政府干预、充分发挥市场作用为主。尽管美国政府致力于促进科技成果转化，增加的贸易赤字和缩水的市场份额却显示企业国际竞争力在不断下降。为解决上述问题，美国政府在 1984 年颁布了《国家合作研究法》，该法给予联合研发项目特别保护。1980 年，美国货物出口额达到 2255 亿美元，GDP 为 27 675 亿美元。1990 年，美国货物出口额达到 3936 亿美元，GDP 增长到 57 548 亿美元。

（3）促进科技成果转化的政策。20 世纪 90 年代至 2008 年，美国在科技创新方面总体表现为继续扩大公共科技创新资金对科技创新活动的直接投入，同时还制定了鼓励企业开展科技创新成果转化的财税优惠政策，整个社会的研发投入结构也进一步转变为以企业为主导的模式。在此期间，在科技创新战略的制定方面，美国高度重视科学技术与经济社会长期发展的协调性，加强基础研究的同时，提高科学教育水平，非常重视主要科技成果的工业化、商业化和先进的技术转化，不断突破传统技术创新方面的投资政策和资源配置。1990 年，布什政府首次颁布了《美国技术政策声明》，支持工业研究与发展。1992 年克林顿上台时，他进一步调整了军事和民间投资在美国科技创新中的比重，并强调了民用技术，尤其是民用技术的发展。2001 年，布什政府继续大力支持信息生物学和纳米技术研究，并在能源和环境等领域开展了新举措，并于 2006 年提出"美国竞争力计划"，以促进美国技术的长期发展。此外，面对科学技术对人类经济和社会不确定性的影响,美国政府在胚胎干细胞研究领域制定了一些相对保守的政策,如干扰和限制性政策引起了科学界的争议。事实也证明这些计划和政策的效果进一步促进了美国的经济发展与全球霸主地位。1999年,美国货物出口额为7021亿美元,GDP为93 010亿美元。2008年,美国货物出口额为12 874亿美元,GDP增长至142 193亿美元。

(4)强调信息科技成果的转化。奥巴马上任后,财政资金的研发投入强度在2009年增加到2.90%,创历史新高。自2009年以来,美国政府一直强调巩固其在科技领域的领先地位,采取了一系列的促进信息技术科技成果转化的措施。2011年2月,政府公布了《美国创新战略:确保美国经济增长和繁荣》,该文件强调了政府支持技术创新的最新治理理念,突出其三个战略重点:科技创新奠定坚实的基础、培养市场环境、突破重点领域;还提出了五大行动计划。2012年,美国出口额达到15 465亿美元,GDP增长到1568.4亿美元。美国是世界上军事、科技和经济最发达的国家,中国在科学和技术上与之还有很大的差距。

2. 美国促进科技成果转化的财税政策

(1)实行科技管理体系政策评价与监督体系。美国科技的组织管理体系参与国家科技政策制定,并在其中发挥着互相补充、互相制衡的有效机制,为进一步增强财政在科技成果转化政策中所扮演的"稳定剂"的作用。第一,美国实行总检察长监督制度。负责监督和协调,在监督方面,监督中央与地方科技经费的配置情况,包含中央与地方各个平级科技经费配置的相关部门经费使用情况,监督科技项目的有效评价;在协调方面,进一步协调中央与地方科技管理部门在科技资源的有效配置与其他相互部门的协调互补。第二,美国实行自上而下的组织管理制度。管理机构上至白宫、国会与各联邦政府,下至各州的三个系统,立法、行政与司法,根据自身功能定位,在参与国家科技政策的制定和运行过程中发挥互补作用。第三,美国实行第三方评价机制。政府作为机制的设计人,委托社会咨询评估机构对国家科技成果转化项目进行验收与评价,确保政府对科技投入的绩效评价和监督工作有效施行,并促进其更加法治化和社会化。同时,政府与第三方评价机构之间也存在相互监督和制约的关系,有利于提高政府监督的客观性和有效性。

(2)制定科技计划政策。作为世界典型的发达国家之一,美国对科技成果转化投入的资金量非常大,视科技发展计划的制订为科技发展的核心环节。美国联邦政府制定的财政政策——科技计划可分为综合性、部门性两类,且严格遵循上下运行两条线。美国将该财政政策则作为第一行动纲领,指导和引领本国科技的发展。分别自下而上、自上而下地对政府科技成果转化及政府投资的具体对象与投资金额进行规定,且明确了政府在科技投入中占据主导地位,有效地引导社会资金增加科技投入。通过科技计划统一对科技资源进行合理有效的配置,以确保国家科技发展的良好运行。

（3）设立小企业管理局。基于对中小科技型企业发展初期出现的成本高、竞争压力大等问题的考虑，1953年，国会成立了小企业管理局。小企业管理局是专门针对中小型科技企业的发展进行扶持，主要通过政府财政资金有效解决金融市场失灵、私人金融资金进入不足等问题。通过发挥财政资金的集聚效应，引导其他社会资金进入科技金融资本市场，从而达到对科技小微型企业的有效扶持。由此可以看出，小企业管理局旨在为中小型科技企业创造一个适宜其成长的外部环境，并为其提供必要的科技创新和科技转化的信息，同时作为政府机构的小企业管理局，它也在尽量避免对科技型企业的科技创造活动造成不必要的干预，确保政府机构的经济中立。

（4）实施金融及财税优惠政策。美国政府通过设立贷款担保、信贷和低息贷款、风险投资基金和风险担保，为企业提供技术开发和技术成果转化的成本。鼓励科技人员开展新转化活动，支持企业积极开展创新活动，开发新产品。例如，Tesla Motors花了数年时间研发出一款新型电动汽车，该车型在欧洲和美国都很受欢迎，Tesla Motors依靠的是一笔4.65亿美元的政府低息贷款。此外，政府还将对科技成果转化企业给予优惠的税收待遇。

（5）落实科技成果信息服务政策。政府科技成果管理机构和开发人员要充分利用互联网技术，为企业和社会提供范围广泛的科技成果，加快科技成果的产业化和商品化。例如，美国国家技术信息服务中心是本土最权威、政府设立的科技成果信息服务机构，其主要任务是建立先进、庞大的计算机网络平台。能帮助七百多个研究机构、实验室和大学将一个个具有生产应用、商业发展研究和开发前景的信息迅速转化成科技成果，使社会和企业能够尽快了解和学习各种科技成果的信息；同时，可以帮助企业找到能够解决转化技术问题的科技人才，充分发挥科技成果的全方位服务功能，如表22-1表示。

表22-1 美国促进科技成果转化的财政政策

政策分类	政策内容
研发支出	1981年，准予当年科研费用超过前3年平均研发投入25%的部分抵免应纳税额
	1996年，根据当年研发费用超出前4年平均收入的百分比确定抵免额
	当年研发费用超过前3年平均研发投入50%的部分可享受14%的税收抵免
研发设备	1981年，准予研发设备投资额的10%抵免当年应纳税额，且将用于实验研究的设备缩短为3年的折旧年限
	1986年，准予企业向高校转让的科研设备享受20%的常规抵免
	2017年允许新设备总成本立即扣除
研发人员收入	给予科技人员相关收入的20%的退税优惠

续表

政策分类	政策内容
特殊中小企业	人数少于25人的创业企业，可选择缴纳个人所得税，免于缴纳企业所得税
	符合条件的中小企业所获得的股本收益可享受至少5年5%的抵免优惠
	创业投资企业持有中小型高新技术企业的股票差超过5年的，其出售该股票所获得的收益可享受50%的免税优惠
产学研	企业与大学、科研院所等研究机构合作所发生的研发支出可在税前抵扣65%，其中新增部分的20%还可直接抵减应纳税额

22.1.2 英国

1. 英国促进科技成果转化的财税政策演进

20世纪80年代以来，英国政府出台了一系列促进科技成果转化的政策与法规，形成了政府、企业、科研机构和高校三大机构合作发展的机制。进入21世纪后，英国政府为了摆脱金融危机对经济和社会发展造成的负面影响，将加快科技成果转化、促进产业结构的调整作为国家重要的财政政策，以克服金融危机和应对未来发展科学技术的战略需要。2011年，英国制定了促进科技创新增长的研究战略，强调企业应加强与科研机构的联系，配合科技研究和新技术的发展；积极参与欧盟委员公布的《欧洲2020战略》，整合科技资源和其他欧盟成员国的资源，建立有效运行的国家科技成果转化和创新体系[①]。

2. 英国促进科技成果转化的财税政策

英国政府采取的具体政策和措施主要包括以下六个方面。

（1）改革政府科技管理体制。2009年，英国通过部门合并的方式组建了一个新的企业和创新技术部。其目的是促进制定新的政策、发展新的技术，以及提高本国的创新能力。因此，英国研究委员会建立了科技成果、成果转化和新技术应用等信息网站，负责提供科技成果的产业化和商业化的发展咨询服务。

（2）建立技术创新中心。2011年，英国政府制定了技术创新战略，以支持科技成果产业化的技术创新活动，带领大量科技成果在短时间内实现产业化。

（3）税收激励政策。第一，降低企业研发成本。因为税收成本是企业成本的主要部分，因此，政府可以通过激励来减少研发基金的税收成本，提高科研项目的净现值，以降低企业研发投入成本的影响，鼓励全社会进行科技研发，营造社会科技创新的氛围。第二，税收激励方式的执行从企业收益中扣除，因此，优惠

---

① 英国于2020年1月脱欧。

的对象仅是短期内产生巨额利润的企业,但具体的实施方式和现金返还的规定弥补了这一缺陷。据统计,英国自2000年起实施了研究和发展税收抵免政策。到2011年,该公司已经完成了超过3万项减免政策,并成功获得了英国创新企业23亿英镑的支持。目前,英国每年可以通过税收抵免大约10亿英镑支持企业参与科技成果转化的投入。

(4)其他财政政策。第一,主要用于直接支持中小企业创新的创新券及补充政策:英国创新券计划在三年内利用200万英镑的经费为中小企业提供单笔金额不超过5000英镑的资助,该资助用于支付企业与科研机构、技术转移类机构或拥有技术的个人第一次交易开支。第二,小额贷款政策:英国政府通过小额贷款等形式直接支持小企业和创业者,支持它们的创立和发展,从而促进科技成果转化。

(5)支持企业与科研机构开展合作研究。英国政府支持企业、科研机构和大学三方合作独立开发或联合开发新产品,使研究成果直接应用于企业生产。支持科研机构和大学设立自己的成果转化中心或办公室,专门从事研究成果的商业转化;支持有条件的高校建立"科学产业园",发挥孵化器的作用,成为高新技术企业的创新基地。为了促进科技成果转化和产业化,牛津大学和爱丁堡大学分别建立了自己的全资子公司,负责科技成果的转化和管理。比如,早在1969年爱丁堡大学成立的科技成果商业化办公室,致力于技术转让活动的管理,随后逐步发展成为爱丁堡大学附属公司,主要负责前期研究的支持、技术转让、孵化和咨询服务。除了这两所大学,帝国理工学院也有自己下属的技术转移公司,经过多年的发展,取得了不错的成效。并且随着"便捷获取创新伙伴关系"项目的诞生,格拉斯哥大学、伦敦大学国王学院和布里斯托大学已经同意不行使若干专利权,允许企业将其用于商业活动。

(6)建立科技成果转化基金。自2002年开始,英国政府支持国家五个地区设立了科技成果转化"早期增长基金"[①]或"风险基金",用于支持前期的孵化工作。2006年,英国政府为中小企业设立了9个企业资本基金(enterprise capital fund,ECF),目前已资助了100多家中小企业。2012年英国政府建立了"研究伙伴投资基金"推出20个投资项目,旨在支持企业研发新技术和应用新成果。除了建立企业基金,英国还建立了注重人才培养和激励的基金,包括"高等教育创新基金""技术转让奖""科学与工程合作奖""工业与学术界合作奖"等,极大地提高了科研人员成果转化的积极性,如表22-2所示。

---

① "早期增长基金"指出缺乏资金支持是科技成果转化的主要障碍,该基金支持单个成果转化项目的平均投资在5万~10万英镑。

表 22-2 英国促进科技成果转化的财政政策

政策分类	政策内容
研发支出	1945 年,允许研发投入的总支出在当年全额扣除
	2001 年,允许在费用发生当年一次性全额抵扣公司所得税应纳税所得额;而对于用于经营性支出的研发费用除了可以在当年一次性全额扣除外,还可以按照一定比例进行加计扣除
	对于中小型企业,2012 年 4 月 1 日前扣除比例为 200%;2015 年 4 月 1 日前为 225%;2017 年加计扣除比例为 230%,但每个项目扣除限额为 750 万欧元
研发设备	允许用于研发的建筑物、机器设备等在购置当年税前全额扣除
研发人员收入	对研发人员持其所在公司超过 5 年的股票收益免税优惠
技术转让收入	2013 年 4 月 1 日起,企业因专利发明、技术转让等行为获得的利润可减按 10%缴纳企业所得税
特殊中小企业	亏损的中小企业可享受最高可达研发总支出 24.75%的资金返还
	对于应纳税所得额不足以抵扣加计扣除部分的中小企业,也可申请返还税收抵免
产学研	企业支付给大学、科学研究机构的费用可计入研发分包成本,准予在税前抵扣 65%
专利盒	企业转让包含专利、补充保证证书、监管数据保护和植物品种等在内的知识产权所取得的收入,可减按 10%缴纳企业所得税(实际税率为 19%)

22.1.3 日本

第二次世界大战以来,日本已经成为当代世界科技强国之一,在经济上保持高速发展。医疗高级诊断仪器、半导体材料、高智能计算机、数字图像处理技术、光电技术等领域的科技创造和转化水平处于世界领先地位。

1. 日本促进科技成果转化的财税政策演进

大量研究发现,日本政府在不同时期采取不同的科技创新成果转化政策是日本科技实力迅速增长的一个关键性因素。

(1)补贴试验期企业。第二次世界大战失败后,日本出口总额和国民经济实力都很低,日本深刻认识到科学技术是振兴国家的根本途径,在 20 世纪 40 年代至 50 年代日本处于战后重建阶段,要整顿和重建科学技术体系,在恢复经济的同时促进技术创新,建立了服务于恢复国内经济和尽快实现自立的科技型财政政策,通过借鉴欧美发达国家支持科技成果转化的政策,出台了一系列本土化的科技促进产业发展的政策。这一阶段,日本政府促进科技创新财政政策的制定主要是在企业试验的发展初期,对其研发活动给予一定的补贴和大力的税收优惠,通过增加企业收入减少企业支出的方式鼓励其继续从事科技创新与成果转化的经营业务。

(2)增强开发能力。第二次世界大战后,美国、日本等国家技术差距巨大,日本为了赶超其他发达国家，努力提高自主技术研发的能力，并形成一整套对应的财政政策，促进科技成果转化。第一，政府通过科学技术研究机构，如大学、公共研究机构进行结果的调查、收集，挖掘优秀科技创新成果，支持创新促进成果转化，使新科技创新快速形成新的产业。1966 年，日本政府在国民经济的研究和发展计划中资助关键技术的研究和发展。1976 年，为鼓励民间企业积极开展科技创新活动，日本建立了税收减免制度，鼓励企业加大对科技创新的投入。第二，政府还为民营企业在金融领域开展科技创新活动提供支持。日本 GDP 由 1960 年的 443 亿美元增长到 1970 年的 2091 亿美元，跃居全球第二位，1970 年的货物出口额为 193 亿美元。

（3）提高研发投入。在 1970~1979 年这一时期，日本通过加大对公共科技创新投入的财政政策实现了对公共科技创新的引导投资，主要有以下两个方面：一是依靠科技创新来解决 20 世纪 60 年代经济增长缓慢的问题；二是应用科技创新来降低能源消耗率，试图逐步解决 1973 年和 1979 年的全球石油危机。数据显示，日本的研发力度从 1970 年的 1.8%增加到 1979 年的 2.04%，连续 7 年保持 10%的增长率，成为世界一流的经济强国；其中，1975 年的研发投入总额超过了法国和英国，增长率高于日本 GDP。1980 年，日本 GDP 达到 107.1 亿美元，商品出口总额增至 1304 亿美元。自 2002 年以来，日本政府提出了创建知识产权战略，日本政府部委、公共研究开发机构、高校和民营企业积极响应国家战略转型财政政策，开发配套措施，发展高水平科技创新和知识产权战略，以促进科学技术和产业升级长期计划的进一步提高，成为高水平科技创新强国，并试图振新本国的经济与国际竞争力。在此期间，日本对科技创新的公共投资和全社会的研发投入水平不断提高，2007 年和 2008 年研发密集度高达 3.44%，远远高于 OECD 国家的平均水平 2.4%，居世界主要发达国家之首。2011 年，日本出口额达到 8237 亿美元，GDP 达到 58 672 亿美元。

（4）重视基础创新。20 世纪 80 年代，日本政府提出了建立技术国家的战略。在这个阶段，日本高度重视基础研究，基础研究的研发投资额占研发投资总额的 13%~16%，日本高度重视基础科学和技术创新的公共科技创新投资政策，进一步加强了研发力量。数据显示，1986 年，日本成立了"科学和技术政策的轮廓"，建立了以振兴科技创新为中心的创新基本原则，明确了技术是日本的目标，有效利用技术资源进行创造性的技术开发，提高竞争力和经济实力是日本所必需的。20 世纪 80 年代以后，日本的研发投资从 1980 年的 2.13%增长到 1990 年的 2.91%。日本政府决定以私营企业为主要科技创新，以工业技术为主要发展方向的同时，试图加强基础研究，鼓励开发世界上先进的原始技术战略，进一步推动日本科技创新，实现由模仿阶段向创新阶段发展。1990 年，日本的 GDP 为 305.8 亿美元，商品出口增加到 2876 亿美元。

（5）技术创新的融合。从20世纪90年代到21世纪初，日本政府提出了科技创新战略。在此期间，日本的国家战略由科技成果转化转向国家科技创新，重视开展基础研究，强调知识创新、技术创新与科技创新相融合的政策，研发支出80%来自企业，政府的公共科技创新投资只占整个社会研究和发展经费的20%左右。数据显示，1991~1995年，前几年泡沫经济崩溃，国家财政收入能力下降导致日本研发投资强度下降。但是，1995年以后，日本快速调整科技创新的投资力度以适应经济增长的速度，经济发展整体稳中有升，2000年达到3.04%。1995年，日本制定了《科学技术基本法》，其中要求日本将告别"模仿时代"，将科学技术政策作为科学技术未来发展的方向，努力从技术强国向技术领导者转化。2000年，日本出口额达到4792亿美元，GDP达到46 674亿美元。

2. 日本促进科技成果转化的财政政策

日本促进科技成果转化的财政政策措施有以下几点。

（1）发挥政府职能政策。日本政府具有很强的科技创新和科技成果转化的宏观调控能力，与此同时，政府发挥的科技创新和科技成果转化的推动与协调政策作用显著。几十年来，日本政府制定了一系列对企业开发和成果转化进行引导的政策措施，如《大学技术转让促进法》等，并以出资的形式组织多项科技产业类似的大企业开展技术联合研发，研制并成功转化出新产品，且新产品中的70%是通过"官—产—学联合研究"这种高效的科技创新模式产生的。

（2）提高综合能力。重视加强研究开发的综合能力，协调基础研究、应用研究和实验开发，投入公共科学创新技术。1950~1990年，日本高度重视科技创新战略的应用研究，重视引进技术的消化、吸收和创新，而忽视了投入资金开发新技术，使得创新技术和科技发展不平衡。自20世纪90年代以来，日本加大了对公共科技创新的投入，更加注重基础研究和原始技术的研发，提高了技术发展的整体水平。

（3）引导企业加大投入。公共科技创新投入政策引导民营企业加大研发投入，企业发挥科技创新作用。在日本政府公共科技创新的政策指导下，日本大型企业的研究经费一般占总销售额的5%左右，企业已成为科技创新的主力军。因此，公共投入科技创新研究和发展的投资强度在日本很长时间内保持在3%的高水平增长率左右。

（4）促进中介机构发展。中介机构在促进科技成果转化中占有重要的地位和作用。在日本，中介机构被称作"沟通桥梁"，主要致力于高效促进高校和科研机构的研究成果向企业转移，实现科技成果的产业化，如表22-3所示。

表 22-3　日本促进科技成果转化的财政政策

政策分类	政策内容
研发支出	1967 年,"增额型税收抵免",允许研发费用增额的 20%免征公司所得税,但免征额不得超过所得税的 10%
	2003 年,增加了"总额型税收抵免",规定试验研发总支出实行特别税额抵免
	2006 年,增额型与总额型相结合,形成"混合型税收抵免",允许研发费用总额的 10%及增额的 5%进行税前抵免
	2008 年,增加"高水准型税收抵免",当研发支出超过平均销售额的 10%时,准予抵扣研发支出总额的 10%,研发支出增额部分只能按一定的高水准扣除率抵扣 8%
研发设备	1952 年,允许企业用于试验研究的设备进行"特别加速折旧"处理
	1964 年,允许企业研发设备的 95%进行加速折旧处理
	2014 年,用于国内生产的研发设备可选择以购置成本的 50%进行加速折旧处理或直接以成本的 4%进行税前抵免
研发人员	企业对科技人员的教育培训费支出可享受 8%~10%的抵免优惠
特殊中小企业	一般企业可享受 10%的研发支出抵免率,中小企业为 12%
产学研	企业与公共研究机构合作所发生的研发费用可抵免 30%;与非公共机构合作可抵免 20%

22.2　国内典型省份促进科技成果转化的财税政策

新中国成立以来,特别是改革开放以来,我国的科技成果所有权制度经历了一个逐步下放和释放权力的过程。2000 年国家将财政资金科技成果权属由"国家所有"变更为"项目承担单位所有"。2007 年新修订的《科学技术进步法》首次从法律层面对权属变更做出统一的规定。2015 年,国家通过加快推进体制机制改革,加快实施创新驱动发展战略,确定了科技成果"三权改革"。2015 年 10 月,科技成果改革进程的新变化"将进一步提升科技成果法治化"改革的成功经验,是我国所有制改革科技成果的重大突破。一是未经批准或备案(处分权)与其他单位的独立改造或合作;二是给予大学和科研机构科技成果的收益权(用益权);三是提高工作人员报酬的比例,规定不需审批的奖励比例增加到 50%;四是给高校和科研机构的收入分配自主权,其可以独立决定收入的分配和使用。虽然国家已经发布了促进科技成果转化的相关文件,但一些典型省份的先进实践仍值得我们借鉴。

22.2.1　湖北省

十八届三中全会以来,湖北省率先启用全国发布的科技成果转化"三权改革"的制度。2014 年 6 月,省政府在鄂发布了推动湖北科技成果转化加速发展的"科技十条"的实施细则；2015年11月，正式出台了"新九条"关于推动高校院所科研技术人员服务企业研发活动的重磅文件；2016年7月湖北省深入贯彻全国科技创新精神，正式出台《湖北省自主创新促进条例》；2017年，湖北省政府推行了关于促进科技成果转移转化的行动方案。具体措施体现在以下几个方面。

1. 改革成果权益管理

实现股权管理改革的方向是通过实施"荣誉权归属省属高校和科研院所"的分配机制来促进产业股权激励的。

成果荣誉权。规定省属高校科研团队运用财政性资金取得的所有成果，荣誉权属于大学；在成果转化为产品的长期研发收益上，湖北省科研队伍进行科技成果转化或转移的收入，其所得介于77%~99%。

知识产权。规定高校科研人才享有研发成果转化的知识产权，并拥有使用、操作和处理结果的权利。科技成果转让符合转让定价的原则或交易市场上市协议，知识产权授予科技成果研发团队，作为国有资产管理，将取消审批事项那原始漫长而复杂的过程，简化记录列表，只需将科技成果的转换资产处置、处理记录，在一个月内通过研发团队所在单位，报国有资产监督管理部门备案，极大地提高了科技成果研发团队与生产线的对接速度，提高了科技成果转化的效率，提升了产品的竞争力。

2. 改革投入方式

省一级设立专项资金。2000年，湖北省自然科学基金管理办公室明确表示：对争取到中央自然科学应用研发项目的省属高校院所，按照政策规定，省级财政需按相同比例替代，之后省级财政按中央下拨实际到位科研项目经费的50%，对高校院所给予奖励，高校可自主支配使用。此项财政政策目的在于激发高校院所支持研发团队进行科技成果转化的积极性。

社会资本促进科技成果转化。截至2017年1月1日，湖北省创业投资引导基金的金融投资近7亿元，建立项风险投资、天使投资基金20只，基金总额45.31亿元，现有财政科技专项资金，吸引创业风险投资机构，"天使基金"为企业科技成果转化提供融资服务。

产业股权。研发成果转化应用的财政投入所形成的权益，归项目法人所有并形成产业股权；同时项目法人与省属高校签订协议，以契约关系明确学校以成果荣誉权参股，并明确股权份额。

3. 支持高校科研院所人员创新

湖北省在科教资源上存在着突出优势，其地处中部，截至2020年6月30日有高校 129 所，是名副其实的科教强省，拥有丰富的科技成果，为了更好地引领科技成果转化，湖北省要求其建立适宜自身的相关工作人员职称评定、岗位管理和考核评价制度，同时对高校及科研院所科技人员服务的科技成果转化方面出台了相应的激励政策。

支持高层次人才创新。湖北省政府每年安排一定数额的资金对省内在科技创新领域做出突出贡献的高端人才予以支持，鼓励和支持高层次人才和创新队伍在科技成果转化中发挥作用。

对高校及科研院所人员申请省级科技成果进行转化开发等项目，湖北省政府优先给予支持；在岗科技人员离岗转化科技成果的，经同意可保留其编制、身份、人事关系，五年内可回原单位。

4. 引导成果在鄂转化

高校科研院所在 2 年内以技术入股、技术转让等形式的转化在湖北省列入《省级科技计划试点项目管理办法》的具有应用前景的科技成果项目，并在项目建成后具有科技成果的，省科技厅按其技术合同成交额给予适当补助；对承担省内企业委托研发项目的在鄂高校，按照项目实际到位资金的 5%~10%给予奖励支持。

为了促进高校院所科技成果在鄂转化的进一步落实，湖北省对于高校院所的科技人员及团队所得均实行个人所得税的相关优惠政策。全日制普通高校、科学研究机构和经批准的研究机构和高校普通员工或团队在湖北科技成果转化，科技人员或团队转让其股权、投资比例，按项目"财产转让所得"计征个人所得税，其财产原值为零。科学技术人员或者技术人员按照股份和出资比例领取股息的，应当对利息、股息、红利所得的应税项目征收所得税。

引导基金成果在鄂转化中同样发挥着重要作用。对创投机构，一方面是充分利用国家科技成果转化基金；另一方面是建立省引导基金，对省内符合条件的创投机构给予不同程度的事后注资。对高校院所，省级自然科学基金申报没有指标限制，每年支持 100 个高校院所科技人员科技成果转化创业项目。

5. 加强科技成果转化和建设

加强科技成果转化服务建设。以中介服务机构（个人）的形式向政府采购服务支持，转变科技成果和技术转让活动。利用"互联网+"，引导中介服务机构入驻湖北省科技金融创新创业服务平台，为科技成果转化提供线上服务。

加强科技成果转化项目的风控建设。湖北省政府加强了科技成果转化项目的风险管控，承担科研转化项目中存在的风险。对于科研项目转化过程中发生的失败风险，中央同意核销的予以核销，对于中央不同意核销的，由省级相关部门组织专家进行验收，确实属于不可抗原因造成的科技成果转化失败的，由省财政在替代经费中核销。除此之外，对科技成果转化后形成知识产权的，提供维权服务。

22.2.2 浙江省

浙江省多年来不断尝试制定各种各样财政政策解开制约浙江省科技成果转化的制度性枷锁，但始终与社会发展所要求的有一段距离。这需要浙江省根据新形势下新的经济社会要求进行财政政策创新与调整，从而进一步促进浙江省科技成果转化。

1. 加大资金投入及政策保障力度

浙江省政府明确规定，全省应加大财政科技投入，确保财政科技投入的增长率高于财政经常性收入的增长率。用于支持省、省经济转型升级的金融科技基金，分别不低于80亿元和100亿元。省政府设立引导基金动员社会力量和省以下人民政府加大科技成果转化投入并要求县及以上政府拨付必要的经费支持科技成果转化，此外还有发放创新券或直接补助的形式。

与此同时，浙江省和中科院的"432"计划启动，加强科技人员的培训和交流，促进政府与产业的合作，促进成果的转化。在优化增量方面，优先支持工业转型升级的主要特殊项目和科技成果转化的产业化项目，充分发挥财政资金的引导作用，引导全社会加大科技投入。科技资源配置要优先于企业，鼓励企业加大科技投入，加强对产业转型升级的技术支持。

加强税收优惠政策，浙江省实施促进科技成果转化的法律、法规，实行企业研发费用加计扣除政策，在一个纳税年度内生产经营用于研发新产品、新技术、新工艺的研发费用，税前100%扣除的基础上，按照规定，再允许按实际金额的50%在企业所得税税前进行扣除。采用加速折旧政策，加快技术装备更新。建立技术开发储备制度，允许企业按一定比例提取技术开发储备。此外，浙江省还要求全面落实企业自主创新政策，如对高新技术企业的所得税实行奖励，加快折旧或优先研究自主创新产品设备采购，鼓励使用国内第一台（套）设备等政策，支持自主创新。

2. 完善科技成果转化体制

加强和完善产学研合作机制，鼓励和支持以企业为主体，市场为导向，联合高校研究院的形式，建立多种利益共享、风险分担的创新平台和载体，形成行业战略联盟，提高科技成果转化率。完善科技项目导向机制，对国内重大科技项目，制订国内科技合作计划和项目应用指南，加强对国内科技合作的宏观指导。完善高校、科研院所的评价机制，鼓励和支持科研人员开展科研项目成果转化，并纳入职称评审相关评价体系，提高科研人员成果转化项目的积极性。

3. 促进科技成果的供需

扩大科技成果的有效供给，推动政府投资的科学技术、科技计划项目的落地，激励技术创新和完善知识产权保护政策，刺激创新科研单位的动力，形成外部压力，保持不同政策之间的凝聚力。根据研究人员的不同角色和行为，需要改进科研人员的管理政策，采用不同的激励管理模式。对从事基础研究工作的人员，重点对从事应用研究和发展研究的人员的论文数量和质量进行定期检查，重点关注对企业产生经济效益和社会效益结果的评价。

4. 打通京津冀转化通道

浙江省和中科院合作的"432"项目——在线技术市场活动周启动仪式和开幕式在杭州开幕。2009年，中国科学院与浙江省签署了新一轮科技合作协议，双方同意促进科技创新载体和学校合作平台建设、加强人员培训和交流，促进政治产学研合作，促进成果转化的转换，实现企业的转型升级。

5. 调动成果转化积极性

探索科技成果转化的收益按比例分配。科技成果转化主要贡献人员及其团队享有不低于科技成果直接转让或作价入股收益的70%，相关技术转移机构工作人员和管理人员享有不低于科技成果直接转让或作价入股收益的5%。

下放科技成果转化处置权。《浙江省促进科技成果转化条例》中明确提到对政府设立的研发机构、高校，其持有的科技成果可以自主决定转让、许可或者作价投资，不需报相关主管部门审批或者备案，所得收益留归单位，不上缴国库。

企业对科研机构和高校的科技成果承接并实施转化。县级及以上人民政府可对承接科技成果的企业给予补助，补助标准是按合同金额或者科技成果作价投资的一定比例。

6. 全成果转化产业投融资

加强有效的创业风险投资引导，充分发挥省级设立的创业风险投资基金，鼓励风险投资机构的参与，对不同等级的科技成果，在实现工业化转化时应给予不同的风险补偿，如处于孵化初期的产业化项目，会取得较高比例的补贴。加大金融支持产业化成果的力度，试图解决科技成果转化融资困难的问题，鼓励并指导市县、高新区、科技企业孵化器的种子资金、天使投资基金，科技成果转化引导基金、科技和创新的金融产品和服务，建立科学技术成果产业化转化的多元化投资机制,积极探索成果产业化试点环节风险分担机制,加快形成多层次、多元化、多渠道的科技创新投融资体制。

经浙江省委、省政府出台创新财政政策促进浙江的科技资源优势转化为经济发展优势的政策文件,解决了人才济济、科研成果丰富的浙江因为科技成果转化难而无法将大量的纸上专利科技成果投向市场的难题。2010~2013 年四年间,浙江省在全国累计登记的科技成果产品共计 14 463 项,占全国登记总数的 7.61%,总量位居全国首位。其中,应用科技成果有 13 340 项,占浙江省近四年累计登记总数的 92.2%;基础理论成果有 481 项,占浙江省近四年累计登记总数的 3.3%;软科学成果有 642 项,占浙江省近四年累计登记总数的 4.4%。科技成果转化出的产品达到技术标准的有 902 件,其中 6 件符合国际标准、83 件符合国家标准,荣获国家级科技奖 50 项,省、部级科技奖和市级科技奖各 300 余项。这 13 340 项科技成果中,有 820 项成果处于起步阶段,1628 项处于开发试验阶段,10 892 项处于应用完全成熟化阶段,而这些处于应用成熟阶段的科技成果来源于浙江省各级财政重点资助的计划内项目。2016 年,浙江省成功获批全国首个"全省域"国家科技成果转移转化示范区,技术交易总额达 368.3 亿元,比上年增长 52%。2017 年,浙江省专利申请数 377 115 件,授予数 213 805 件,技术市场成交额高达 3 247 310 万元,同比增长 63.7%。因此可以说明浙江省在科技成果转化发展中,财政政策的不断创新和改革对实现大部分具备产业化潜力的科技成果转化项目有关键性作用。

22.2.3 广东省

广东省作为科技大省,其具有科学技术强、科技进步速度快、科技成果源源不断等特性,但是,其也存在着资源配置不合理、科学和技术成果少、科技成果转化为现实生产力困难等问题。因此,近年来,广东制定了一些有利于促进地区科技成果转化的规章制度。2011 年,《广东省自主创新促进条例》首次被引入。2019 年,广东省政府启动了"科技创新 12 条",出台了科技成果转化政策。同年 7 月,实施《广东省经营性领域技术入股实施方案》,为高校科技成果转化工作提供了强有力的政策依据。2016 年,《广东省促进自主创新条例(2016 修正)》提出了一系列重大突破的科技成果转化政策。《广东省自主创新促进条例(2016 修正)》第三十三条明确规定本省财政性资金设立项目形成的科技成果的知识产权属于项目承担者;第三十一条明确规定科技成果转化为科技成果的比例可以达到 60%。2016 年 12 月,广东省全国人民代表大会常务委员会发布《广东省促进科技成果转化条例》政策,为省科技成果转化提供了更有效的法律保护。在国家法律的基础上,《广东省促进科技成果转化条例》明确界定了"投资损失豁免"的科技成果转化,以及金融基金项目的科技成果转化机制。2017 年,广东省发布了促进科技成果转化条例,用财政政策促进科技成果的转化。

1. 下放成果自主权

广东省将与科技成果转化有关的固定资产和科技成果的所有权或使用权等无形资产入股组建科技成果转化实体,使财政基金设立的高等学校,科学技术研究开发机构享有自主配置科技成果,可以决定实施、转让、许可或投资。市场收益则在科技成果转化实体的过程中获得。使用财政资金设立大学和学院,将科学技术研究的相关审批手续纳入单位预算管理利用全省财政资源建立高校科技成果转化的重大问题及科学技术研究和发展机构。高校、科学技术研究和开展机构组织实施科技成果的转化。

2. 建设公共研究服务平台

广东省县级以上人民政府通过科技企业孵化器、补助风险补偿金等措施,鼓励和支持科技企业孵化器发展,重点发展以市场需求为导向和基于互联网的新型孵化方式。省政府科学技术主管部门建立了科技企业孵化机构运营评价体系,指导和鼓励各类科技企业孵化机构为中小科技型企业提供孵化基地、创业指导、研究开发和管理咨询服务。

3. 完善成果转化保障措施

广东省县级及以上人民政府在基础设施建设、人才培养及其他相关方面对科技成果转化给予支持和保障。省、地级及以上市人民政府可以采取财政后补助等方式对企业实行普惠性财政补助,落实研发费用加计扣除政策。对于技术转让所得及在此过程中发生的服务所得,按照国家税收政策享受优惠,通过设立风险基金等方式防控风险。转化科技成果奖励按比例分配。其中,科技成果转化重要贡献人员及其团队享有不低于科技成果直接转让、作价入股收益的 60%,主要贡献人员及其团队不低于科技成果直接转让、作价入股收益总额的 50%。

近年来,广东省高度重视科技成果转化工作,在财政政策不断创新和改进下,广东省的区域创新能力连续 9 年位居全国第二。2015 年广东省专利申请量同比增长 28%,专利授予量同比增长 34%,国际专利申请量近几年连续保持全国第一。据统计,2015 年作为高校代表之一的华南理工大学,发明专利申请数量为 2068 件,发明专利授权数量为 871 件,在科技成果转化方面居广东省学校之首。与此同时,华南理工大学钟教授团队研发并获得的 6 项专利技术,在政府良好政策环境的支持和鼓励下,实现了成果转化,帮助广州华汇生物事业有限公司 5 年内从零营业额一步一步成长为年营业额 7300 万元的大公司。中国科学院深圳先进技术研究院

2015年累计申请专利651件，获得授权418件，较2014年增长了74.2%。同时，该院也为国内知名品牌企业开发和实现项目成果转化逾500个，带动新增工业产值超过200亿元。2016年广东省全省研发投入占GDP的比重达到2.58%，技术自给率达到71%。发明专利的接受和授权件数为155 581件和38 626件。专利合作条约（patent cooperation treaty，PCT）国际专利申请数量为23 574件。全省有效发明专利数量为168 480件，居全国第一。全省高新技术企业数量达到19 857家，居全国第一。高新技术产品的产值超过53 000亿元，占全省工业总产值的39%，可见，创新科技带动和支持的经济体制和发展模式正在加速发展。2016年广东省注册技术合同17 480个，合同总金额789.68亿元，其中技术交易766.5亿元。2017年，广东省技术市场成交额为9 370 755万元，同比增长23.60%。

22.3 科技成果转化的财政政策经验与启示

美国、英国、日本等主要发达国家十分重视科技成果转化对经济发展和社会进步的积极作用，制定并实施了一系列有效的政策措施。由此可见，科技成果转化不能完全依靠市场规律，政府不应只承担促进协调服务的责任。当然，由于中国国情不同，市场机制还不健全，不能按照葫芦画瓢，而是要根据中国国情有选择地借鉴国外成功经验。

22.3.1 政府是主导力量

由政府主导科技重大项目的总体或战略发展，由政府主导科技成果的转化。例如，美国实施了将基础应用研究与国家战略发展相结合的亚洲技术转让和尖端技术方案，以缓解关键需求领域的过渡困境，从而提高国家竞争力。政府主导建立成果转化和技术创新基地，基地集中融合业务联合创新和技术研发力量，加快对具有前景的科学研究和新技术产业化项目的转化，加快为国家的经济结构调整和转型升级提供强有力的支撑，服务经济和社会可持续发展。同时，政府还必须处理产学研合作与技术发展项目的成果，为促进企业、高校和科研机构的长期合作提供税收优惠和资金支持。

22.3.2 制定全面的配套政策

外国政府利用各种财政宏观调控手段，直接或间接地促进科技成果转化和推广，但支持重点放在环境、能源等战略重点领域，而不是盲目支持所有环节或转化主体改造。例如，外国政府只会将部分资金投入到能提高自身竞争力或提高自身地位的项目中。只有当企业是国家重点项目的接受方时，美国政府才会给予一定数量的研发资金来支持项目的实施。重视对中小科技企业的支持，中小企业是社会的主要参与者，最突出的问题是资金不足，国外政府支持中小企业发展，主要是基于拓宽融资渠道，降低投资风险这两个方面。例如，设立政府资助基金，向中小技术企业提供金融直接投资；为中小企业提供贷款担保；利用税收优惠措施减轻企业税负等。

22.3.3 优化税收优惠激励措施，完善税收政策体系

从税收优惠具体政策来看，随着未来增值税的转型，增值税的改革方向将在简并税率、清理规范优惠政策和完善退税制度等方面，重点在于完善抵扣链条。因此，在增强税制的竞争力方面，增值税将更少地通过减免政策直接作用于科技成果转化，面向企业的直接税收优惠还将更多地来自企业所得税，包括研发费用加计扣除、机器设备加速折旧、所得税税率优惠等。应逐步将税收优惠的重点落在研发项目或研发产品上，调整税费抵免或抵扣标准，激励企业在项目和产品上的成果转化及研发创新。同时，应利用税收杠杆充分调动科研人员参与科技成果转化的主动性和积极性，保护科技成果贡献者的相关利益，对增加科学技术的有效供给、提高科技成果质量与科技成果转化效率等形成有效激励。

22.3.4 政府设立专项基金

加大政府财政投入，确保全省各级财政科技投入用于科技创新和成果转化，不低于财政经常性收入增长。政府设立专项基金，帮助企业成功地开展科技成果转化的工作。转化过程既有顺利的，也会出现失败，不确定因素的成功和失败，往往是初期资金不足，结果不能完全保证，使企业和开发商的生活更加困难。英国政府通过设立专项基金，帮助企业顺利开展工作，为我国提供借鉴，对许多急需技术创新的中小企业提供机会，帮助新技术取得新成果。

22.3.5 重视科技成果转化中介平台建设

注重科技成果转化体系建设，重视科技成果转化中介平台的建设。为优化资源配置，英国政府建立政府财政直接投资转移平台，或对成果转化服务提供税收优惠，如从贷款担保方式的科技成果转化提供资金和支持服务。全面关注互联网

收集、传输、交换信息共享平台的功能是由政府牵头建立国家科技成果信息服务中心，整合信息按领域科技成果分类，在国家科技成果信息服务中心网站权威发布，使企业和社会能够及时发现成果信息需求，并通过平台发布，有利于新技术的开发和应用。

22.3.6 支持高校、科研院所与企业合作

支持有条件的大学和研究机构建立自己的"科学工业园区"，使科技成果产业化——"科学工业园区"达到促进孵化的作用，"科学工业园区"提供新技术可以直接应用到企业生产。截至2020年7月16日，英国只有165所大学（我国教育部认证），但有超过90所大学建立"科学工业园区"。虽然我国的一些著名大学已经建立了自己的"科技园"，但是我国有1000多所大学仍有非常多的大学没有"科技园"，而且我国每年的科技数量众多，因此，探索新技术、加快科技成果转化的潜力巨大，仍然有很大的空间促进大学科研成果的转化。

第23章 促进科技成果转化的财税政策优化策略

政策工具是将政府目标变为实施效果的有效途径，合理、科学地使用政策工具对提升我国科技成果转化的效率和经济效益都有着举足轻重的意义（李健等，2013）。2018年两会期间，科技部部长万钢曾提出，"科技创新最硬的'硬骨头'在于原始创新和成果转化这两个环节"[①]。现阶段，政府部门应从宏观角度推动科技成果的转化，不仅要通过财政支出政策直接给予资金支持，还要进一步落实对科研实体的税收优惠政策，并通过金融等其他配套措施降低科技成果转化的综合成本，增强科技成果转化的现实动力（王乔等，2019）。

23.1 加大财政支出扶持力度

科技成果转化是衡量一个国家创新能力高低的重要标志，财政科技支出则是快速提高科技成果转化质量和效率的根本基础。就国家创新而言，政府最直接的创新支持手段就是财政科技投入。就政策效果而言，我国财政支出政策明显优于税收优惠，应该增加财政支出力度。建设创新型国家的国家战略和《国家中长期科学和技术发展规划纲要（2006—2020年）》赋予了我们科技和科技成果转化新的历史使命，基础研究水平的提高、社会公益研究的开展、产业关键共性技术的提高、重大科技产品的开发和重大科技工程的实施等都需要在国家科技投入稳定支持的条件下进行。

23.1.1 提高研发投入规模，建立平稳增长机制

财政科技支出政策，作为贯穿科技成果转化全过程的一个"内嵌"元素，不仅可以发挥政府"看得见的手"的作用，有效避免科技市场失灵，还可以吸引更

[①] 《科技创新难点在哪？科技部部长谈心目中的"硬骨头"》，http://www.gov.cn/xinwen/2018-03/13/content_5273701.htm[2021-03-13]。

多的科技管理人才、社会风险资本等要素资源投入到科技成果的转化过程中，保障科技成果转化的资金需求，提升科技创新能力。财政不仅要积极争取国家投入，还要在提高科技投入的基础上进一步强化制度建设，增加科技成果转化资金的源头供给。

其一，增加对研发的财政投入强度，尤其是科技型企业。财政应给予其持续而稳定的经费支持，落实与保障其研究力量和研究方向，增强其原始创新能力和创新水平，为承接国家战略任务做好前期预研储备积累。通过财政专项资金的扶持搭建科技成果转化的服务、交流平台，优化市场机制，促进管理创新。加大对重点领域涉及地区综合经济实力的科技项目的重点支持，完善科技成果转化的财政投入政策，合理规划科技财政预算体系和支出体系，保证研发投入规模与地区经济发展水平相匹配。由于科技成果转化不同阶段的资金需求呈现不断放大的趋势，因此还应注重并加大对科技成果转化后期阶段的资金投入，保障科技成果转化质量与效率。

其二，完善现行财政补贴相关政策，研究和推广科技成果转化的后补助机制。后补助是从事研究开发和科技服务活动的单位先行投入资金，取得成果或者服务绩效，通过验收审查或绩效考核后，给予经费补助的财政资助方式①，是对前补助经费资助方式的有效补充，包括事前立项事后补助、奖励性后补助及共享服务后补助等方式。对于具有明确的、可考核的产品目标和产业化的科技成果转化项目实行的后补助，由承担单位先行根据市场需求自主选择研究方向和项目，在完成并取得相应成果或绩效的基础上，按规定程序进行审核、评估或验收后再给予补助（王乔等，2019），可以有效促进科研成果的应用和产业化。实践证明，目前我国部分地区率先实施的后补助政策已经取得了一定的成效（表23-1），部分项目实施后补助政策后，资金压力在一定程度上得到了有效缓解，未来应进一步研究扩大试点范围。

表23-1 我国部分地区研发经费补助管理办法试点介绍

地区	形式	亮点和意义
广州市	企业研发经费投入补助采取奖励性后补助一次性拨付经费的方式，由市、区两级财政根据企业上一年度研发经费支出额度按一定比例给予补助	该政策具有普惠性、后补助、力度大等特点。企业投入越多，补助越多，补助经费不设上限。补助经费采取奖励性后补助，一次性拨付，由企业统筹安排使用
云南省	研发经费投入后补助；年度研发经费投入补助由基础补助和增量补助两部分构成	以创新主体的研发投入为依据进行补贴，采用研发经费投入后补助的方式，促进了管理模式从"重立项"向"重结果"转变，提升了财政科技资金的配置使用效率

---

① 《国家科技计划及专项资金后补助管理规定》（财教〔2013〕433号）。

续表

地区	形式	亮点和意义
福建省	根据企业研发投入情况,采取后补助的方式进行分段补助,补助经费在提交补助申请的当年内一次性安排	覆盖面广、普惠性更强,将规模以下高新技术企业、已实施研发经费补助的科技小巨人、新型研发机构也纳入本实施办法补助范围
河北省	采取奖励性后补助方式,鼓励和支持研发及应用农业新品种、新技术	财政资金"面向结果"进行补助,技术成果要通过市场检验

其三,强化地方政府对科学技术的重视力度,增加地方财政在科技成果转化环节的投入。一方面,在组织实施一些国家重大项目,包括基础研究重大项目时,由中央财政和地方财政联合出资共同组织实施,促进重大成果在当地进行落地、转化。另一方面,引导民间资本加大对中试(小试)环节的投入,健全科技成果熟化机制,进一步做好中央政府、地方政府和社会力量对科学研究的投入、管理及成果转化的协调。以内蒙古包头市为例,十八大以来,包头市本级一般预算安排科技专项资金达 27 880 万元,对接到上级补助资金 33 499 万元,重点支持企业开展基础研究、科技攻关、成果转化、创新平台载体和服务体系建设等科技活动及新产品、新技术的开发与应用。

23.1.2 优化财政科技支出结构,合理分配财政资源

党的十八届三中全会明确提出,"整合科技规划和资源,完善政府对基础性、战略性、前沿性科学研究和共性技术研究的支持机制"[①]。要进一步强化我国在基础研究方面的支持力度,提高高校、科研院所等机构对研究方向的自我主导能力,鼓励其自主探索新的科学问题和技术方向。政府应从对科技研究领域的全面覆盖转变为重点保障基础研究、公益性科学研究和前沿技术研究,加强前瞻性科学研究、应用基础研究和原始创新能力的建设,继续在前瞻性基础研究、颠覆性技术创新、科技创新成果转移转化等方面补短板、强弱项。2018年1月,国务院印发了《关于全面加强基础科学研究的若干意见》提出,到2020年,我国基础科学研究整体水平和国际影响力显著提升,在若干重要领域跻身世界先进行列。

其一,进一步推进和完善公益类科研机构管理体制和运行机制改革,加大对公益类科研机构的稳定支持力度。重视公益性行业科研能力建设,完善稳定支持

---

① 《十八届三中全会〈决定〉、公报、说明(全文)》,http://www.ce.cn/xwzx/gnsz/szyw/201311/18/t20131118_1767104.shtml[2020-10-23]。

和竞争择优相衔接、相协调的资助格局，对于产业领域的研究与开发活动，视其基础性、公益性及市场失灵的程度等因素进行评估并确定合理范围，建立对公益性行业科技研发的稳定支持机制。

其二，优化政府科技计划体系，明确支持方向，重点解决区域经济社会发展中的重大科技问题。在若干重点领域建设一批国家技术创新中心，形成满足产业创新重大需求、具有国际影响力和竞争力的国家技术创新网络，攻克转化一批产业前沿和关键共性技术，培育具有国际影响力的行业领军企业，推动若干重点产业进入全球价值链中高端，提升我国在全球产业版图和创新格局中的位势（王乔等，2019）。

其三，加强创新载体和科技成果转化基地建设。大力建设科技型中小企业科技服务平台，如孵化器、科技园区、科技创新服务中心、国家技术交易网络平台等，发挥好单体及协同创新的作用，促进科技成果转化；设立专门的科技成果转化基地，形成以科技成果转化为核心的、完善的组织体系，推动科技成果产业化。积极深化与推广上海经验，建设3.2平方千米院士专家工作站科技成果转化基地，并以此作为上海科创中心主体承载区。从科技发展宏观战略层面加强研究与布局，采取联席会议等方式部署和对接国家重大项目，统筹安排财政资金，创新资金支持方式，保障科技项目从立项阶段就强化对科技成果转化的关注，系统引导企业研发核心关键技术和产品。

其四，进一步优化财政资金在基础研究与应用研究之间的分配比例。在国家层面倡导构建科学的知识体系，形成全面支持基础研究的社会氛围。积极引导地方政府和企业加大对基础研究的投入，把财政科技支出的支持重点落实在提高国家产业竞争力上，重点支持社会经济效益较大、面向行业共性、影响整个行业发展的关键技术的研究开发项目，以及有助于提高国家整体实力和形成竞争力的战略产业，重点支持基础性研究，建设高水平研究创新基地，积极发展公共技术平台，支持企业与高校、科研院所等共建研发机构和联合实验室；同时，政府还应在少数影响国家安全、社会稳定及产业竞争力的应用技术领域发挥积极作用。

其五，优化财政资源在地区间的配置差异。在地区差异上，加强对中西部地区的政策倾斜及人才输出，缓解资源配置和政策效果在各个地区的失衡与不一致现象（王乔等，2019）。前述实证分析结果显示，财政科技资金支出效果在全国各地并非完全一致，北京和西部地区得到的财政资金最多，但是政策效果并不明显。这是由于西部地区除了资金匮乏以外，人力资源也比较紧缺，未来应该加大人力资源的投入，尤其是加大实践应用人才的引入，优化地区差别。

23.1.3 完善财政科技投入评价体系，创新经费管理方式

其一，在资金管理上，应建立有效的监督机制，加强对科技成果转化项目的事前评估、事中监督、事后考核验收，减少信息不对称，规避委托代理问题。加强财政科技资金使用过程中的跟踪监督，按照分类考核的思路，研究建立分级分类、定性定量相结合的项目绩效评价指标体系，逐步实现绩效评价从重过程向重结果的转变。提升财政资金对科技成果转化和利用的刺激推进作用，激活科技成果资源，提高科技成果转化质量与水平，提高财政资金使用效率。建设统一的国家科技管理平台，避免资金"碎片化"现象发生。

其二，积极探索科研项目经费投入创新和管理体制改革，建立刚性和柔性相结合的经费拨付与管理制度，提升研发经费投入的针对性和有效性。积极开展和推进科研项目分阶段拨付和后补助相结合的试点工作，考虑根据项目推进进度和关键节点项目进展情况进行分阶段拨款，有效保证科研经费使用效率和项目目标的保质、保量完成；积极开展提高科研单位和科研人员经费使用自主权试点推广工作，完善相关计划项目内部各项费用间预算调整的权限，增加经费使用自主权，让经费为人的创造性活动服务；强化分类管理理念，深入研究不同类型科技项目对经费管理的实际需求，实现科技项目预算评估的科学化与标准化。

其三，强化对科技项目的考核与评估。有效、客观、准确地了解机构、区域和领域的科技成果转化状况，对正在实施的项目定期进行考核和评估，保持政策激励作用的时效性。建立技术创新项目决策、执行、审核、评价等环节相对独立的运行机制，以及严格的项目验收流程与标准。建立以创新进度、创新质量、产业化发展实绩为主要内容的评估机制，促进技术研发持续推进和创新成果向现实生产力转化。[①]

其四，建立以市场为导向的科技成果转化分类评价体系。改革现阶段科技成果转化评价模式，从重视科技成果的数量转移到重视科技成果的质量和市场效益，从价值生成、价值发现到价值实现的市场视角，深化对科技成果转化及其发展规律和动态调整的理解，围绕创新链、产业链和资金链，根据机构性质、行业特点、研发方式和产出形态，对标国际评价指标，根据评价目标和价值导向，选取科学、合理的评价指标，建立覆盖综合数据和统计基础的常态化监测体系（肖尤丹等，2017），从而准确评估和了解当前科技成果转化体制机制改革的进展和成就。

其五，研究探索并逐步构建以科技大系统为根本立足点的财政科技投入—产出评估体系，并以此作为衡量我国财政支持科技发展的重要参考标准。虽然我国

[①]《为什么要建立主要由市场决定技术创新项目和经费分配、评价成果的机制》，http://news.163.com/13/1215/09/9G4J0G3300014JB5.html[2021-01-01]。

财政科技投入连年增加,各部门或相关部委有各自的科技成果评价及奖励办法,但却始终没有形成一套全国性的、综合性的财政科技投入—产出评估体系。在这样的背景下,财政部门应以精细化管理为基本原则,以形成统一的财政科技投入—产出的分析评估体系为目标,会同与协调其他有关部门,按照知识创新和技术创新中不同科技成果的产出及转化规律,针对不同类型项目及其成果应用的行业领域,加快研究和制定不同类型科技项目的宏观和微观评估方法程序、标准等。此外,政府部门还应克服创新项目和经费分配"偏供给、轻需求"的问题,将科技与经济紧密结合,健全技术创新成果及成果转化的考核与评价标准,构建定位明确、激励有效的评价体系,建立科技计划评估与财政经费审计评价工作有机衔接的工作机制,促进技术研发持续推进和创新成果向现实生产力转化。

23.1.4 完善财政引导基金模式,建立财政贴息和信用担保体系

其一,创新财政投入方式,继续在全国范围内推广国家科技成果转化引导基金模式,通过综合运用财政政策、税收优惠、风险补偿和绩效奖励等方式,进一步激发市场主体开展研发活动的积极性,带动地方政府及金融机构、创业投资机构等社会民间资本投入科技成果转化到项目中去,引导社会资本加大对技术转移早期项目、科技型中小企业及战略性新兴产业的投融资支持,打通从科技创新到经济发展的通道,加快形成支撑我国经济快速发展的新增长点,强化可持续发展模式;进一步协调中央与地方财政科技投入,充分、有效地发挥财政资金"四两拨千斤"的杠杆作用,形成全社会各界资金共同关注和支持科技成果转化的有利局面和鼓励创新创业的积极氛围,为科技成果产业规模化生产提供坚实的资金支持,缓解"政府投入不足、市场不敢投、科研事业单位没钱投的尴尬局面"。

其二,鼓励地方创新与试点,采取中央与地方联合实施、试点先行逐步推进、允许地方创新补偿机制和合作银行分类补偿的方式,鼓励地方因地制宜设立科技成果转化专项基金和技型中小企业技术创新基金。通过推广创业投资子基金、贷款风险补偿及绩效奖励机制等方式,培育和发展以科技成果转化为主的创业投资基金,引导银行信贷、资本市场等后续融资进入科技成果转化程序,进一步完善科技创新与成果转化的投融资环境,引领和带动地方政府、银行资本、民间投资等主体共同参与科技成果转化。优化基金结构,注重引导基金的投后配套辅导与服务工作,发挥基金对企业的引领作用,促进企业不断提升自我价值。

其三,建立完善的财政贴息和信用担保体系。在科技成果转化过程中,财政贴息和信用担保作为一种间接的财政支持方式,可以在不违背商业银行和金融机

构营利性原则的前提下，有效解决资金供求双方信息不对称及委托代理问题，降低和规避违约风险，提高科技成果转化透明度。尤其在我国风投市场发展并不完善的背景下，财政贴息和信用担保更加显示出作为促进科技成果转化的财政手段的重要地位。应打破所有制界限，扩大政府运用贴息等方式支持企业技术改造和成果转化的范围，积极构建多元化科技投入体系和科技金融体系，引导企业释放科技创新和成果转化的活力。

23.2 优化税收优惠激励措施

在对科技成果转化和产业化的财税支持方式上，间接利用税收政策进行支持是对财政支出直接手段的一种有效补充，尤其是各种税收优惠措施的运用。相比于其他政策工具，税收政策影响范围更广、持续时间更长，也是世界各国在实现科技创新上首选的政策措施之一。在我国，企业、政府、高校和科研院所是技术研发的三大执行主体，2015 年企业投入的研发经费高达 10 881.3 亿元，比上年增长 8.2%，对全社会研发经费增长的贡献率达到 71.1%，成为全社会研发投入的引领者[1]，因此对企业的税收优惠政策显得更为突出。财政科技支出激励的侧重点是产业链的上游，而科技税收优惠政策激励的侧重点则是产业链的下游，其实质是政府通过让渡应征收的税款鼓励和支持企业开展科技成果转化。

23.2.1 加大税收优惠力度，撬动企业科技成果转化的积极性

通过出台减税等鼓励政策促进更多民间资本进入科技成果转化领域，撬动企业承接科研成果转化项目、加大科技创新资金投入的积极性和主动性，大力支持企业开展科技成果的产业化，积极落实国家自主创新示范区及科技成果转化税收试点政策的推广工作。考虑到高风险性是制约企业及其他主体参与到科技成果转化项目中的重要影响因素，政府在制定相关领域税收政策时应以降低转化风险为主要目标，提高企业受让的积极性，降低企业创新投入的风险。提高企业自主权，扩大税收优惠政策的扶持范围，政策设计应更多地考虑企业需求，让更多的创新型企业可以切实享受税收优惠。拟定区别化的税率及纳税起点，增加对大企业的科技创新研究投入，政策设计可以适当向创新能力强、创新成果转化效率高的企业倾斜。对于中小企业在科技成果转化项目上的扶持应以税收优惠和资金支持政

---

[1] 《北京研发经费投入强度全国居首》，http://www.hinews.cn/news/system/2016/11/20/030836809.shtml [2020-11-20]。

策并重，双管齐下，激发中小企业加大科技成果转化的热情。

从税收优惠具体政策来看，目前涉及科技创新的直接税收优惠大部分来自企业所得税，包括研发费用加计扣除、机器设备加速折旧、所得税率优惠等，然而部分优惠政策在引导企业开展科技创新与科技成果转化上却显得"力不从心"（表23-2）。随着2016年5月1日全国正式进入全面营改增新阶段，这一重大的改革将对企业的研发创新活动产生全新的影响。企业如何把握和利用营改增这一政策对自身研发活动的影响至关重要。增值税抵扣使得相关企业的税负有所减轻，一定程度上刺激了企业对研发创新的投入，进一步强化了科技研发动力。此外，科技创新和成果转化的重点在于研发项目或研发产品，因此应逐步将税收优惠的重点落在研发项目或研发产品上，调整税费抵免或抵扣标准，激励企业在项目和产品上的成果转化或研发创新（表23-2）。

表 23-2 科技成果转化税收优惠政策引导企业创新存在的问题及调整方向

优惠政策	存在的问题	调整方向
《国家税务总局关于实施创业投资企业所得税优惠问题的通知》（国税发〔2009〕87号）	投资主体和对象范围较窄	将投资主体放宽到所有企业；将被投资企业范围从高新技术企业扩大到中小科技企业
《财政部 国家税务总局关于完善固定资产加速折旧企业所得税政策的通知》（财税〔2014〕75号）	采用固定资产加速折旧后的新政策的会计核算与所得税核算之间存在较大的差别，不同类型的企业在会计及纳税核算方法上有不同的选择	对于固定资产期初产生价值多于后期且无形资产损耗明显的高新技术行业在计提研发设备时，会计和纳税都应采用加速折旧法；而对于固定资产随着科技变化无形损耗明显的企业，会计上采用直线折旧法、纳税采用加速折旧法，能更好地起到税收筹划的作用
《财政部 国家税务总局关于将国家自主创新示范区有关税收试点政策推广到全国范围实施的通知》（财税〔2015〕116号）	技术转让优惠政策范围较窄，占技术转让合同主体的技术秘密合同不在优惠范围内。实际合同没有标注专利实施许可时间限制，但在税收政策规定中有时间限制，缩小了可享受技术转让优惠的项目范围	将技术秘密合同纳入优惠政策范围，同时对于技术转让取消时间限制，让科技创新企业真正得到实惠
《财政部 国家税务总局关于科技企业孵化器税收政策的通知》（财税〔2016〕89号）	大多数孵化器不符合非营利性组织条件，不能享受税收优惠	降低孵化器申请享受企业所得税优惠的门槛，对于高新技术企业集中的营利性孵化器，纳入税收优惠范围，适当减免企业所得税，为科技创新企业发展提供税收保障
《财政部 税务总局 科技部关于提高科技型中小企业研究开发费用税前加计扣除比例的通知》（财税〔2017〕34号）	不同研发类型的费用标准存在差异，如自主研发相较于委托研发和合作研发，其研发费用普遍更高	不同的研发类型其研发费用加计扣除比例应不同

加大对科技型中小企业开展研发活动的扶持力度。鼓励中小企业增加研发投入，加大对初创企业的税收扶持力度。由于初创企业中有相当一部分属于科技型企业的前身，并且初创期风险较高，因此对小微企业的概念还需增强对初创期企业的认识，对小微企业年应纳税所得为小于 50 万元的认定标准门槛过高，有必要对该项所得的标准进行调整，以扩大优惠面。对于新创办的科技型企业，可以采用税收抵免方式来扶持其发展；对于将所获利润继续投资于科技研发或成果转化的企业，可考虑进一步减免企业所得税；对于亏损的科技型企业，税收政策也应该给予适当照顾。

23.2.2 强化税收杠杆激励作用，提高科研人员参与成果转化的主动性

利用税收杠杆充分调动科研人员参与科技成果转化的主动性和积极性，保护科技成果贡献者的相关利益，对增加科学技术的有效供给、提高科技成果质量与科技成果转化效率等形成有效激励。针对已有优惠政策在激励个人创新上存在的问题（表 23-3）。一方面，鼓励企业加大对科技工作者的教育培训，试行职工教育经费、职工培训费据实扣除甚至加计扣除政策。为了鼓励企业加大对科技成果转化人力资源的投入，可合理规定企业用于员工培训和继续教育的费用标准。另一方面，强化对科研人员的税收刺激。加大对科研人员自主创新和科技成果转化的支持力度，逐步扩大科技奖金免税范围等，合理使用股权激励政策。除此之外，还应充分考虑税收激励政策的具体可操作性，加大政策的执行力度。2018 年 4 月国务院常务会议决定，在落实好科技人员股权奖励递延纳税优惠政策的同时，对职务科技成果转化获得的现金奖励实行个人所得税优惠，加快科技成果转化速度。

表 23-3　科技成果转化税收优惠政策引导个人创新存在的问题及调整方向

优惠政策	存在的问题	调整方向
《财政部 国家税务总局关于完善股权激励和技术入股有关所得税政策的通知》（财税〔2016〕101 号）	持股平台不符合税收优惠政策的规定，通过持股平台获得股权激励和技术入股的股东不能享受递延纳税政策	扩大股权激励和递延纳税政策范围，明确员工持股平台的有关规定，把持股平台的股东纳入股权激励和技术入股递延纳税政策范围
《财政部 国家税务总局关于将国家自主创新示范区有关税收试点政策推广到全国范围实施的通知》（财税〔2015〕116 号）	科技人员取得的股权形式的分红或转让所得按 20%税率缴纳个人所得税，虽允许其 5 年内分期缴纳，但只是延长了缴纳时间，并未真正降低科研人员的税收负担	在给予科研人员延期纳税的优惠的同时，根据其对科研做出的贡献的大小给予其一定的物质及精神奖励，或直接降低科研人员的税收负担

23.2.3 完善税收优惠方式及政策体系，提升成果转化有效性

转变税收优惠方式，实现以直接优惠为主向以间接优惠为主转变，充分调动企业从事科研和技术开发的积极性。OECD 国家研究认为，投入型税收优惠主要针对研发投入的成本费用，包括税收抵免、加计扣除、加速折旧等手段，可以刺激研究开发，对刺激研发活动、提高就业率和生产效率、实现经济增长产生正的效应。而以降低研发活动所得有效税率为目的的产出型税收优惠主要针对研发产出的成果转让（魏志梅，2017），可能导致一国的专利登记增多，但对就业和经济增长等正效应不明显。因此，未来要加大投入型研发税收优惠比重，完善产出型研发税收优惠，具体参见表 23-4。比如，允许科技型企业的增值税留抵额用于科技研发进行留抵额退税，增加企业可使用的资金，促进科技创新，设备更新换代；鼓励外资企业在境内开展研发活动，对符合条件的外资企业境内研发中心给予一定的税收优惠（李旭红和刘锋，2017）。

表 23-4 现行研发税收优惠政策及其调整方向

项目		现行政策	建议调整方向
投入型研发税收优惠	研发费用加计扣除	不适用于境外研发费用	针对跨境委托对非关联企业的研发支出给予一定比例扣除，可考虑将研发费优惠方式从加计扣除改为税收抵免
	结转方式	研发费用加计扣除可向后结转 5 年抵扣	适当延长结转期限
	固定资产加速折旧	采取缩短折旧年限法的，最低折旧年限不得低于法定折旧年限的 60%；采取加速折旧法的，可采用双倍余额递减法或者年数总和法	简化折旧计算办法，降低核算难度
产出型研发税收优惠	高新技术企业认定标准	企业在中国境内发生的研发费用总额占全部研发费用总额的比例不低于 60%；近一年高新技术产品（服务）收入占企业同期总收入的比例不低于 60%	进一步降低企业认定中研发费用比例和高新技术产品（服务）收入比例的限制
	技术先进型服务企业政策门槛	从事离岸服务外包业务取得的收入不低于企业当年总收入的 35%	取消离岸业务比例限制和区域限制，优惠范围扩大到全国
产出型研发税收优惠	创投企业优惠条件	采取股权投资方式投资于未上市的中小高新技术企业 2 年及以上的，可以按其投资额的 70% 在股权持有满 2 年的当年抵扣该创业投资企业的应纳税所得额；当年不足抵扣的，可以在以后纳税年度结转抵扣	将投资主体放宽到所有企业；将中小科技企业纳入到被投资企业范围中

23.2.4 优化税收优惠对象和环节,形成良好创新循环机制

虽然税收政策在自主创新及科技成果产业化整个过程中都能发挥一定作用,但相关理论研究表明,在科技成果产业化初期,即研发阶段,税收政策的支持效应尤为突出(马海涛和姜爱华,2010),因此在科技成果转化的重点领域和关键环节上,必须由政府主导,加大税收政策在成果转化及产业化初期的支持力度。

将税收优惠环节前置,实现结果优惠向中间环节优惠转变。转变以往只针对科研成果给予优惠的税收政策,将优惠重点转向降低企业科技成果转化风险上,将优惠环节由科技成果及相关产品的销售阶段逐步转向对科技成果转化的开发补偿及中试(小试)阶段,强化科技创新税收政策的统筹效应。进一步锁定和明确享受优惠的科技成果转化项目或产品,规范基础研究、中试(小试)阶段税收优惠标准,鼓励企业自主申报。逐步将创业投资、天使投资税收优惠政策试点范围扩大到全国。

23.3 强化政府采购的支持功能

政府采购作为国际通行的宏观调控手段,是科技成果转化为实际生产力过程中的助推器,以北京为例,北京市政府采购对技术进步率的贡献度达 20.78%(徐进亮等,2016),因此必须强化政府采购对科技成果转化的支持与推动作用,积极拓展政策功能目标,加快构建功能完备的政府采购促进科技创新的政策体系,更好地推进政府采购可持续发展。

23.3.1 加强政府采购对科技成果转化的推动作用

明确政府采购在科技成果转化中的目标定位,提高采购政策的有效水平。加大对科技创新技术采购的重视力度,跳出只采购科技成果的困局,大力推行全国统一的电子化政府对科技成果采购的模式,扩大采购规模、对象和范围。对于惠及全国各地的成熟原创技术,可由中央政府集中采购以降低成本。以耳聋基因筛查技术为例,北京市通过政府采购在五年内完成了 100 余万新生儿筛查,直接避免了两万多名儿童及其母系家庭成员成为残疾人,而偏远地区和农村地区仍无法享受该项技术成果带来的福利。

23.3.2 建立和完善政府首购制度

政府定购、首购是国际通行的促进创新和成果转化的管理,目前应建立并完

整系统的风险评价机制和成本分担机制，对具有自主知识产权的高新技术、需重点扶持的关系国计民生的先进技术、重点领域内的相关技术等，在同等条件下采取优先首购政策，发挥政府采购对科技成果转化产品的支持和带动作用。2018年成都高新区颁布的"金熊猫"新政50条规定，对"金熊猫"人才创业企业通过原始创新、集成创新和消化吸收再创新等方式开发或生产并首次投放市场的终端产品，纳入政府相关采购目录并实行政府首购。建立预先订购制度，推广实施重大技术研发项目政府科技计划及订购制度。设立政府采购的专门联席机构，联合相关部门共同加强政府采购政策的制定、执行及协调各部门工作。在实际操作中，完善和健全政府采购支持科技成果转化的法律体系及相关实施细则。政府各部门必须积极落实和保障政府采购制度，各部门应积极协调配合，各负其责，齐抓共管，加强监督，构建全社会范围内的政府采购监督机制，使促进科技成果转化的采购政策落到实处。2010年我国自主研发的"基于无线通信的列车自动控制系统"通过政府采购，在北京地铁亦庄线完成了初次产业化并成功运行。

23.3.3　探索建立公私合作PPP模式

探索PPP模式在科技成果转化中的应用与推广。PPP模式是实现公共项目和公共基础设施建设的一种融资模式，当前应结合我国制度背景，在总结我国公共项目公私合作模式成功经验模式的基础上，推动和促进PPP模式在科技创新和科技成果转化领域中的应用与推广。具体而言，第一，建立科技成果转化的PPP模式，针对部分重大科技成果转化项目引入多方利益共享机制，有效解决科技成果转化的资金瓶颈。第二，在PPP模式下，科技成果转化由政府、企业、社会组织等多方利益主体参与，政府投入可引导更多社会资本，应积极构建引导型的政府风险投资体系，发挥"四两拨千斤"的杠杆作用，分散和弱化相关风险。第三，PPP模式在科技成果转化领域尚处于尝试与摸索阶段，应积极构建规范、合理的科技成果转化项目遴选程序及机制，保留政府对相关项目的选择权。第四，充分调动科技创新综合协调部门与社会资本双方的积极性，通过PPP模式建设高起点专业化的国家创新网络，将政府和社会资本合作推进科技创新纳入法治化轨道。

23.4　健全与完善相关配套措施和制度建设

财税政策刺激科技成果转化的有效运用是一项事关财政体制、法律体系、科技体制和市场机制等的系统性工程，这就要求系统性地协调和推进包括知识产权制度、技术交易制度、科技投入制度、大学科研机构主体制度、产业创新促进制度、财务资产管理制度在内的一系列配套性制度改革,并且还需要充分考虑针对不同对象、不同领域和特定情形下"放权分利"存在的制度调整差异化和多样性问题,"一刀切"或者简单的一放了之的方式显然难以充分发挥激发创新成果运用的正能量。

23.4.1 明确多方主体职责,实施以企业为主的多方协作模式

科技不会自动成为第一生产力,科技优势的实现需要政府、高校、科研院所、企业、科技中介服务机构等主体的共同努力协作,在不同的层次上提供技术创新服务,通过构建和完善政府、成果完成方和成果转化方"三家抬"模式,各尽其责,才能将科技成果转化为现实的生产力,形成科技成果转化的协同效应和良性循环。其中,高校和科研院所是科技成果的主要产出系统,是科技创新力提升的重要环节,企业是科技成果转化为生产力和实际效益的载体和主要转化基地,科技中介服务机构是提供金融、信息、技术等服务的保障系统。政府财税政策才是企业、高校、科研院所等主体实现科技成果转化的有力保障。政府通过财政投入、税收优惠、知识产权等政策推动并协调各个主体有序地运行,充当企业与科研机构的沟通桥梁,合理分配财政效益和各类资源,加强服务、协调和引导其他主体,为科技成果转化打造良好的制度环境,积极构建科技成果转化服务平台和服务体系,构成促进科技成果转化的高效系统,努力推动以企业为主体的科技成果转化体系的建设,尤其要提高民营企业在制定技术创新政策、规划和重大科技项目的决策等科技事务上的话语权。

我国政府单一主导型的研发格局,导致科技成果的产业化与市场实用性不能完全匹配,使科技成果转化为实际生产力的比率并不高。现阶段要提高科技成果利用率,使企业成为研发活动的主体力量。《中华人民共和国促进科技成果转化法》明确指出,科技成果转化活动应尊重市场规律,发挥企业的主体作用,遵循自愿、互利、公平、诚实信用的原则,依照法律法规规定和合同约定,享有权益,承担风险。企业作为科技创新和科技成果转化活动的主要参与者,其参与程度对科技成果转化水平及效率都有着重要影响。企业在科技成果转化中的参与度和积极性越高,科技成果转化效率和转化水平就越高。因此,要进一步深化科技体制改革,着力构建企业主体、市场导向、产学研一体的技术创新体系,使企业成为创新决策、研发投入、成果转化与应用的主体。

同时,强化对企业自主创新的激励机制,鼓励企业开展技术创新和改造升级,引导企业参与国家重大科技项目和战略性关键技术的研发及成果转化,激励企业开展技术创新、改造升级和对引进先进技术的消化吸收与再创新,支持企业和高校、科研院所签订战略合作协议并建立自主研发机构和具有国内、国际先进水平的技术创新平台,以在"科技型中小企业成长路线图计划2.0"框架下成立的"燧

石星火"创投联盟为样板,积极搭建以企业为主体的产业技术创新战略联盟,建立以企业为主体、联合开发、优势互补、成果共享、风险共担的产学研用合作机制和科技成果转化体系。

23.4.2 建立政府性风险投资机构,健全多元投融资体系

对于科技成果转化过程中的资金需求,除了直接增加财政科技投入外,积极引入风险投资也是政府资金支持功能的重要组成部分。风险投资资金介入科技成果的研究开发、中试(小试)、产业化、国际化等活动,是科技成果成功转化的重要保障之一。因此要积极培育科技创新风险投资主体,加快技术成果转化领域的风险投资市场建设,加强建立风险投资机制,鼓励各类企业、银行等金融机构及个人等各类投资主体参与风险投资,促进风险资金来源多元化,构建以政府为主导、社会为辅的投资风险基金和风险投资体系,使风险投资成为推动科技创新及其产业化的发动机,解决中小企业创业中的资金问题。

政府要继续保持并逐步加大科技风险投入,通过风险投资与政府宏观财政政策的优化组合,形成协同效应,大幅提高科技成果转化的成功率。由于科技成果转化具有三高(高门槛、高风险、高不确定性)的特点,因此在风险资本市场发育的不同阶段,政府应采取不同的对策。随着风险资本市场的不断成熟与完善,政府风险资本在引导大量民间资本进入市场后,应逐渐退居二线,逐步实现风险投资主体由政府向机构及民间投资者转换,最终建立以社会资本为主导的风险资本市场。建立政府、高校及科研机构、企业、银行等金融机构、科技中介组织等共同参与的科技成果转化风险分担机制,疏通风险投资进入退出渠道,分散成果转化的风险。

23.4.3 完善科技成果转化中介服务体系

科技中介是在高新技术商品的开发方、供给方和需求方之间进行沟通联系,为科技创新主体提供包括技术扩散、成果转化、科技评估、资源配置、创新决策和管理咨询等在内的社会化、专业化服务以支撑和促进创新活动的机构。科技成果转化中的价值主要是通过知识共享→知识挖掘→知识创新→应用技术创新→成果产业化→产业集群这一过程实现的,需要信息流的传递及中介的金融服务、风险担保、诚信机制、机理体系、收益分配体系等环节共同作用才能带动地区科技创新整体水平的上升,打破长期封闭的固有体系,只有这样,市场的价值与作用才能在科技成果转化中体现出来。

因此，要重点建设科技成果转化平台和科技中介机构。一方面，供需双方信息不对称、体制机制不灵活等原因会直接导致无法实现科技成果转化，因此应加强以公共信息和技术支撑为主的科技成果转化平台的建设，组建专业化技术转移团队，积极打造科技成果转化服务示范基地，保障科技成果的技术要素顺畅流通。另一方面，充分发挥现有科技中介机构的积极作用，改变当前规模小、分布散、信誉不高、服务能力不强等问题，努力提升科技和法律咨询、技术和市场价值评估、成果登记、科技培训等公共服务能力，加大财政资金支持和税收优惠（邓群伟，2012），实现科技成果转化→创业→形成产业→促进地方经济发展的完整价值链。

第24章 第四篇小结

24.1 主要研究内容

随着我国对促进科技项目发展及推动科技成果转化的支持力度不断加大，财政对科技扶持政策进一步落实，近年来我国科技成果转化和应用活动取得了一定的成绩。然而，不论是与创新型国家相比，还是与发达国家比较，我国科技成果转化中还存在不少问题。其根源除了我国科技发展政策与管理模式本身的问题外，财税政策的不适应与不匹配也是重要原因之一。从财政支出政策来看，我国财政科技支出增长率偏低、投入总量仍显不足，财政资金投入环节和结构失衡削弱了对科技成果转化的促进作用，科技成果转化的财政资金使用效率低下、绩效评价和监督机制缺位，政府采购规模相对较低、对科技成果转化的拉动作用不明显。从税收政策来看，税收优惠政策缺乏统筹规划、税务风险较高，税收优惠覆盖面不足、政策协调性有待提高，优惠力度不足、优惠方式单一、以直接优惠为主的激励方式有待转变。同时，我国现行的科技管理体系与市场经济脱节，不能满足科技成果转化的市场需求；科技中介机构仍存在服务能力不足、服务水平低、服务项目和地区发展不平衡的现象；相关机制缺位，投融资体系不健全，也加大了科技成果转化的难度。可见，我国政府的财税支持政策还有一定的改进空间，还需发挥更多的职责作用。

为了构建更加科学、合理的科技成果转化绩效评价指标体系，本篇遵循指标体系构建的科学性、系统性、客观性和适应性等原则，聚焦于科技成果转化的最终结果，即科技成果转化的产业化、商业化及国际化，选取规上工业企业新产品销售收入、规上工业企业新产品销售收入占规上工业企业产值比重、高技术产业新产品销售收入、高技术产业新产品销售收入占高技术产业产值比重、规上工业企业新产品出口值、规上工业企业新产品出口值占规上工业企业新产品销售收入比重、高技术产业新产品出口值和高技术产业新产品出口值占高技术新产品销售收入比重等八个指标构建了我国科技成果转化绩效评价的指标体系，并使用主成分分析法对2009~2015年度的相关数据进行实证分析。就全国总体情况来看，科技成果转化绩效影响因素由主到次依次为：规上工业企业新产品销售收入、规上工业企业新产品出口值、高技术产业新产品销售收入、高技术产业新产品出口值、规上工业企业新产品出口值占规上工业企业新产品销售收入比重。规上工业企业新产品销售收入对科技成果转化绩效评价影响程度最大，这说明在经济新常态下，我国规上工业企业迅速发展，通过创新提升了开发新产品的能力，规上工业企业新产品销售收入增长势头强劲，对我国科技成果转化有着十分重要的现实意义。规上工业企业新产品出口值对科技成果转化绩效评价影响程度排名第二，这说明规上工业企业通过大力拓展新产品的国际市场，提高了国际竞争力。就不同地区而言，我国科技成果转化绩效最高的地区是东部，其次是中部，最后是西部地区和东北地区。东部地区一直都保持着国内最高的科技成果转化能力，如广东、江苏、浙江等省区市一直占据前五名的位置，这是因为科技成果转化绩效与区域经济发展紧密相关。同时，不同省份科技成果转化绩效评价的影响指标排名也不尽相同，因而在制定提升各省份的科技成果转化能力的措施时不能一概而论，需要进行独立分析，对症下药。

  分析财税因素对我国科技成果转化的影响，实证结果表明：①研发经费内部支出主要来源有政府资金、企业资金和国外资金三部分。本书发现，研发经费内部支出由企业资金主导，占70%以上，且企业资金主要投入企业自身，所占比重超过95%；政府资金相对较弱，所占比重不到25%，主要投入高校及研究与开发机构，占比超过80%。企业在科技成果转化过程中扮演着极其重要的角色，他们熟悉本行业的技术前沿，是新产品、新技术创新的主体。②全国不同地区的研发经费内部支出中，西部地区和东北地区的政府资金投入比重最大，均超过30%，而科技成果转化却无法取得相应的成效，造成了资金的浪费。此外，国家财政科技拨款占公共财政支出的比重也逐年下降。③分析企业研发经费投资、政府投资、国外投资在科技成果转化中的作用。在其他投入不变的情况下，企业研发经费投资每增加1%，绩效值增加0.2303%，而每增加1%的政府投资，科技成果转化绩效增加0.0605%；每增加1%国外投资，绩效值增加0.0093%，这说明政府投资和国外投资在企业科技成果过程中起到的是辅助作用，企业自身的投入才是提升科技成果转化绩效的原动力。④分析税收优惠对全国科技成果转化绩效的影响。在其他投入不变的情况下，税收优惠每增加1%，科技成果转化绩效值则对应增加0.0483%，这说明税收优惠对全国科技成果转化有一定的促进作用，其效果弱于财政支出政策。⑤在以上两个模型中，研发人员的投入与科技成果转换绩效之间存在正"U"形曲线的关系，当研发人员的投入达到一定数量时，其边际效应随着研发人员投入不断增加，说明增加研发人员的投入对科技成果转化绩效有较大的促进作用。⑥探讨北京市、广东省、河南省及江西省的财税政策对科技成果转化绩效影响，企业研发经费投资、政府投资、国外投资、税收优惠及科研人员投入等因素对科技成果转化绩效的影响呈现不同的态势，说明各个省份的科技成果转化绩效不仅与这些因素紧密相关外，还与其经济发展状况、科技政策等其他因素相关联。

美国、英国、日本等主要发达国家十分重视财税支持政策对科技成果转化的积极作用，制定了一系列有效的政策措施并取得了良好的效果。同时，国内广东、浙江、湖北、深圳等地区促进科技成果转化的财税支持政策，也积累了较好的成功经验。梳理国内外成功的做法，可以为我们提供有益的经验与启示。①政府要积极发挥主导作用。主导建立科技成果转化和技术创新基地，加快对具有前景的科学研究和新技术产业化项目的转化，加快为国家的经济结构调整和转型升级提供强有力的支撑，服务经济和社会可持续发展。同时，政府还必须重视产学研合作与技术发展项目的成果，支持高校、科研院所与企业合作，为促进企业、高校和科研机构的长期合作提供税收优惠和资金支持，支持有条件的大学和研究机构建立自己的"科学工业园区"。支持重点放在环境、能源、高新技术等战略重点领域，而不是盲目支持所有环节或升级改造。②重视对中小科技企业的支持。中小企业是主要的参与者，最突出的问题是资金不足，国外政府支持中小企业发展，主要是拓宽融资渠道、降低投资风险的这两个方面。例如，设立政府资助基金，向中小技术企业提供金融直接投资；为中小企业提供贷款担保；利用税收优惠措施减轻企业税负等。③由科研、产业、人事部门分工配合制定全面的相关配套政策。科研部门负责牵头完善成果转化奖励收入、工作业绩认定、技术交易审批等方面的科研管理办法；产业部门负责牵头完善科研人员创办企业、技术入股、成果中试孵化及金融服务支持方面的管理办法；人事部门牵头完善以成果转移转化工作为考核目标的岗位设置体系及管理办法；注重科技成果转化体系建设，重视科技成果转化中介平台的建设，使企业和社会能够及时发现成果信息需求，并通过需求平台，有利于新技术的开发和应用。

综上所述，我国财税政策支持科技成果转化的优化路径可以从以下几个方面入手：①提高研发投入并建立平稳增长机制，保障科技成果转化的资金需求。增加对研发的财政投入强度，尤其科技型企业；完善现行财政补贴相关政策，研究和推广科技成果转化的后补助机制；强化地方政府对科学技术的重视力度，增加地方财政在科技成果转化环节的投入。②优化财政科技支出结构，在各环节、各领域内合理分配资源。进一步推进和完善公益类科研机构管理体制和运行机制改革，加大对公益类科研机构的稳定支持力度；优化政府科技计划体系，明确支持方向，重点解决区域经济社会发展中的重大科技问题；加强创新载体和科技成果转化基地建设，大力建设科技型中小企业科技服务平台，设立专门的科技成果转化基地；进一步优化财政资金在基础研究与应用研究之间的分配比例；优化财政资源在地区间的配置差异，加强对中西部地区的政策倾斜及人才输出。③推广和完善财政科技投入评价体系，创新投入模式和经费管理方式。在资金管理上，加强对科技成果转化项目的事前评估、事中监督、事后考核验收，减少信息不对称，规避委托代理问题；积极探索科研项目经费投入创新和管理体制改革，建立刚性和柔性相结合的经费拨付与管理制度，提升研发经费投入的针对性和有效性；强化对科技项目的考核与评估，保持政策激励作用的时效性，逐步将财政资助计划纳入预算管理体制和绩效评估；在评价体系上，尽快建立以市场为导向的科技成果转化评价体系，研究探索并逐步构建以科技大系统为根本立足点的财政科技投入—产出评估体系，并以此作为衡量我国财政支持科技发展的重要参考标准。④完善财政引导基金模式和财政贴息、信用担保体系，缓解融资难问题。创新财政投入方式，通过综合运用财政政策、税收优惠、风险补偿和绩效奖励等方式，进一步激发市场主体开展研发活动的积极性；鼓励地方创新与试点，采取中央与地方联合实施、试点先行逐步推进、允许地方创新补偿机制和合作银行分类补偿的方式，鼓励地方因地制宜设立科技成果转化专项基金和科技型中小企业技术创新基金；建立完善的财政贴息和信用担保体系，应打破所有制界限，扩大政府运用贴息等方式支持企业技术改造和成果转化的范围。⑤进一步健全与完善税收优惠政策。加大税收优惠力度，充分撬动企业参与科技成果转化的积极性；利用税收杠杆充分调动科研人员参与科技成果转化的主动性和积极性；完善相关税收优惠方式和优惠政策体系，提升科技成果转化的有效性；优化税收优惠对象和环节，扩大激励范围，形成良好的创新循环机制。⑥强化政府采购的支持功能，加强政府采购对科技成果转化的推动作用，完善政府首购首用制度，探索PPP模式在科技成果转化中的应用与推广。⑦完善相关配套措施和制度建设。明确科技成果转化多方主体的职责，实施以企业为主体的多方协作模式；建立利益与风险共担的政府性风险投资机构，健全多元投融资体系；完善科技成果转化的中介服务体系，提振科技中介的积极性。

24.2 创新之处

科技创新与科技成果转化是我国走向现代化、走向民族复兴的重要抓手，是我国政府当前经济领域的重要任务。然而，一直以来，学术界对科技成果转化的研究始终滞后于实际需要。本篇的选题以科技成果转化与财税支持政策为研究对象，构建了评价科技成果转化绩效的指标体系，并探讨了财税政策对科技成果转化的影响机制与绩效，得出了一些有新意的研究结论。因此，本篇从研究对象、研究指标到研究方法都有一定的新意。

（1）研究对象的创新。本篇的研究对象不仅实证分析了我国国家层面的财税政策因素对提升我国科技成果转化绩效的作用，还通过2009～2015年我国各省区市的科技成果转化绩效评价的变化趋势（具体分为上升、平稳、下降）确定了典型省份并实证分析了各典型省份的财税政策因素对提升科技成果转化绩效的作用，这为我国及各地区制定差异化的提升科技成果转化绩效财税政策提供了理论依据。

（2）研究指标的创新。本篇以结果为导向，基于科技成果转化的最终表现，创新性地构建了科技成果转化绩效评价指标体系，指标体系中包括了四个绝对量指标和四个相对量指标，精准反映了科技成果转化的产业化、商业化及国际化的最终成果。

（3）研究方法的创新。本篇根据所构建的科技成果转化绩效评价指标体系对2009~2015年全国、中东西部地区、各典型省份的科技成果转化绩效进行了主成分分析，得到全国各地区、各省区市的排名情况，并创新性地采用OBLIMIN方法对因子负载矩阵进行斜交旋转找出对科技成果转化绩效的主要影响因素，为全国及各地区提升科技成果转化绩效找到了最优路径。从已有的文献来看，研究中的OBLIMIN方法在绩效评价特别是科技成果转化绩效评价领域是首次被采用。

24.3 研究展望

科技成果转化绩效及其财税支持政策是一个综合性较强和较具复杂性的研究课题。在本篇的研究与写作中，很难对其相关问题做出充分、全面的研究与阐述。而且，由于科技成果转化绩效的准确评价和财税支持政策的具体措施都缺乏完备和准确的数据资料，也使得科技成果的转化绩效和政策评估的实证分析存在较大的难度。因此，本篇的研究也存在一定的不足之处，有待于将来进一步拓展研究。

（1）支持科技成果转化绩效的财政政策仅选取了政府资金投入进行分析。但是财政支持的政策工具主要有政府支出、政府采购、财政补贴和信用担保等。事实上，财政补贴对科技成果转化绩效有影响的部分已经体现在政府资金投入中；政府采购活动虽然对科技成果转化绩效有良好的促进作用，但由于数据获取困难也没有纳入本篇的实证研究。这些缺憾有待于相关数据的进一步挖掘和整理，并进行翔实、准确的分析研究。

（2）由于数据获取的原因，本篇对我国科技成果转化绩效影响的税收优惠仅考虑了企业所得税的优惠政策。具体原因主要是，我国税收政策繁多，从国家层面来看，国家针对不同的行业，有不同的优惠政策；从地方政府的层面来看，不同地区的地方政府根据实际情况会针对不同的企业采取不同的地方税优惠政策。事实上，所得税优惠是所有税收优惠中最重要的部分，而其他税收优惠的方式优惠力度远远小于所得税优惠。同时，相比于所得税优惠，其他税收优惠条件苛刻，不具有普遍性，难以准确、简便地折算。因此，本篇在实证研究中仅考虑了企业所得税的优惠政策，未考虑其他税收优惠政策。待国家及地区层面的其他税收优惠可以准确核算后，本篇的后续研究可进一步跟进。

第五篇

引导创新资源高效配置与综合集成的财税政策：实证分析与政策优化

第 25 章　创新资源的配置现状

自实施创新驱动发展战略以来，我国创新投入持续加大，创新能力不断提升，已慢慢由过去科技创新中的"跟跑"逐步转向"并跑"甚至"领跑"，"中国创新力量"正深刻改变世界创新的格局。但是，原始和基础创新的不足依旧制约着我国创新发展，创新要素的获取与创新资源配置正在发生分化等。《中共中央关于制定国民经济和社会发展第十四个五年规划和二〇三五年远景目标的建议》指出："'十四五'时期是我国全面建成小康社会、实现第一个百年奋斗目标之后，乘势而上开启全面建设社会主义现代化国家新征程、向第二个百年奋斗目标进军的第一个五年"，"坚持创新驱动发展，全面塑造发展新优势"[①]。因此，在新形势下要确保国内大循环畅通，国内国际双循环相互促进的新发展格局，必须要坚持创新在我国现代化建设全局中的核心地位，强化国家战略科技力量，持续保持高效创新。而要保持创新的持续性，创新资源的配置效率是面临的首要问题。依据经济增长理论及创新资源的"二因素论"，人力资源和财力资源是创新过程中两大基础性资源，前者主要是指研发人员全时当量，后者主要是指研发经费内部支出。同时，我国创新资源的创新产出包括科技研究形成的知识产出（即直接产出）与科技成果转化后得到的经济产出（即间接产出），具体包括企业利润和新产品销售收入等。本章主要是对创新资源的投入、产出及两者之间的配置状况进行分析。

25.1　我国创新投入现状

创新资源配置具有显著的层次性，经历了从省到基层，再到中央逐层累积的过程。因此，在对创新资源配置进行分析时，既要分析国家层面创新资源配置的总体特征，又要描述与说明地区间、省域间的个性化特征及共性，也要分析地区间、省域间的协调配合，这是国家层面创新资源配置得以实现的前提，更是创新资源配置效率提升的基础。

---

① 《中共中央关于制定国民经济和社会发展第十四个五年规划和二〇三五年远景目标的建议》，http://www.gov.cn/zhengce/2020-11/03/content_5556991.htm[2020-11-20]。

25.1.1　我国创新人力资源现状

创新人力资源是一个国家竞争力形成的关键，世界各国的竞争越来越集聚在创新人才竞争上，一国要提高其国际竞争力，跟上日新月异的科学技术步伐，就需要将其创新人才队伍不断扩大，尤其是培养高素质的创新人才队伍。考虑我国的实际情况并结合联合国教育、科学、文化组织对创新活动的定义和分类，创新活动可以分为研究与发展、创新成果转化与应用、创新服务三类，创新人力资源主要指实际从事或者有潜力从事上述三类活动的人。我国在对创新人力资源进行统计时，主要统计的是创新活动人员、研发人员、科学家和工程师等。其中创新活动人员有三种：第一种是直接参加创新活动的人员；第二种是创新活动管理的相关人员；第三种是为创新活动服务且累计实际工作时间占全年工作时间 10%及以上的人员。研发人员指的是从事基础研究、应用研究及试验发展三类活动的人员，该人员不仅包含了直接参与三类活动的人员，还包含了三类活动的管理人员和直接服务人员。科学家和工程师根据定义指的是在创新活动人员中具有高、中级技术职称（职务）的人员和不具有该职称（职务）的本科及以上学历的人员。其中研发人员是国际上通用的反映实际参加创新活动的人员变量，因此对创新人力资源的分析，主要分析我国研发人员状况，结合国际上采用研发人员全时当量作为创新人员投入变量的做法，具体分析以我国研发人员全时当量的状况为主。

1. 我国研发人员总量的变动状况

中国科技统计年鉴数据显示，2016～2018 年我国研发人员（包含西藏数据，不含港澳台数据，余同）平均数量已经达到了 600 万人，而研发全时人员平均数量则在 400 万人，在研发人员中的占比已经超过了 60%，这说明我国创新人才中的专职人员越来越多，我国创新人才素质越来越高，这为我国创新发展提供了有力的人力支持。

从我国研发人员的学历结构来看（图 25-1），2016～2018 年研发全时人员中拥有博士研究生学历的全时研发人员有 39 万人，占比 6.50%；拥有硕士研究生学历的有 87 万人，占比 14.51%；拥有本科学历的有 268 万人，占比 44.73%，说明我国研发全时人员主要还是本科学历人员，与以往相比，我国研发人员的学历结构有了显著优化，但是与我国建设创新型国家所需的人员状况还存在着较大的差距，尤其是具有博士研究生学历的高层次人才，是我国在未来创新人才培养中的重点培育对象。

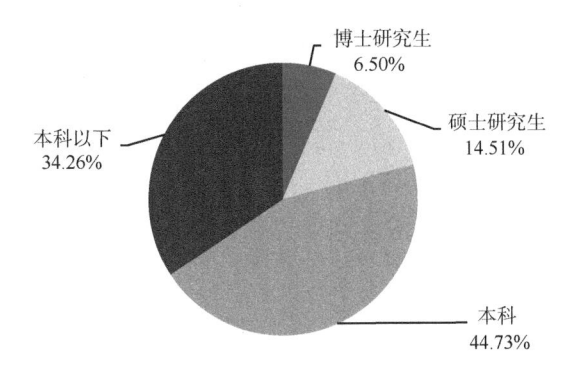

图 25-1　2016~2018 年三年研发人员学历结构占比

从全国整体性角度来看（表 25-1），自 2005 年起，我国研发人员全时当量稳步上升，2018 年为 438.14 万人，相比 2005 年增长了 2.21 倍多（表 25-1）。

表 25-1　2005~2018 年我国研发人员全时当量

年份	研发人员全时当量/万人	应用研究 当量/万人	比例	基础研究 当量/万人	比例	试验发展 当量/万人	比例
2005	136.48	29.71	21.77%	11.54	8.46%	95.23	69.78%
2006	150.25	29.97	19.95%	13.13	8.74%	107.14	71.31%
2007	173.62	28.60	16.47%	13.81	7.95%	131.21	75.58%
2008	196.54	28.94	14.73%	15.40	7.84%	152.20	77.44%
2009	229.13	31.53	13.76%	16.46	7.18%	181.14	79.06%
2010	255.38	33.56	13.14%	17.37	6.80%	204.46	80.06%
2011	288.29	35.28	12.24%	19.32	6.70%	233.73	81.07%
2012	324.68	38.38	11.82%	21.22	6.53%	265.09	81.65%
2013	353.28	39.56	11.20%	22.32	6.32%	291.40	82.49%
2014	371.06	40.70	10.97%	23.54	6.34%	306.82	82.69%
2015	375.88	43.04	11.45%	25.32	6.73%	307.53	81.81%
2016	387.81	43.89	11.32%	27.47	7.08%	316.44	81.60%
2017	403.36	48.96	12.14%	29.01	7.19%	325.39	80.67%
2018	438.14	53.88	12.30%	30.50	6.96%	353.77	80.74%

注：此表数据因修约导致应用研究、基础研究、试验发展三者数据加总与研发人员全时当量存在些许误差

从研发人员全时当量在不同研究领域的分配来看（表 25-1、图 25-2），2005~2018 年，基础研究中的研发全时人员当量增长了 1.64 倍，从 11.54 万人上升到了 30.50 万人，年均增幅（采用研究期间内的年平均计算）为 12.64%；然而基础研究中的研发人员全时当量在总体研发人员全时当量中占比并没有处于一直上升的模式，而是呈先下后上波动趋势，比例从 2005 年的 8.46% 下降至 2013 年的 6.32%，

又在 2017 年上升为 7.19%，2018 年又下降为 6.96%；试验发展人员中的研发人员全时当量增长了 2.71 倍，由 2005 年的 95.23 万人，增长到 2018 年的 353.77 万人，年均增长幅度（采用研究期间内的年平均计算）为 20.88%，其在研发人员中的占比呈上升趋势，由 2005 年的 69.78%上升到 2018 年的 80.74%；应用研究人员中的研发人员全时当量在总体研发人员全时当量的比例从 2005 年的 21.77%，下降至 2018 年的 12.30%，下降了 9.47 个百分点，整个研究时间范围内基本上呈现不断下降的趋势。

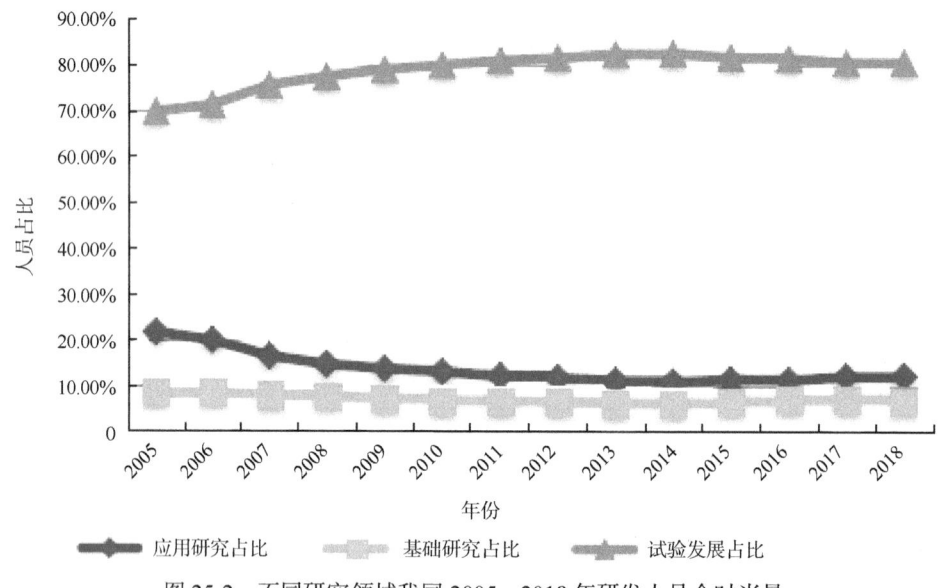

图 25-2　不同研究领域我国 2005～2018 年研发人员全时当量

2005～2018 年我国各大领域的研发人员从总量上看均呈现上升趋势，但是从占比情况来看，只有试验发展领域的研发人员占比呈上升趋势，基础研究和应用研究领域的研发人员占比呈下降趋势，且相比试验发展的占比来说小得多。说明当前我国的创新人力资源主要运用在试验发展领域，基础研究和应用研究领域的创新人员存在着明显不足。对国家和地区来说，基础研究和应用研究是体现其创新能力的根本，这两类研究人员配备的不足，必然会极大地影响国家和地区的创新能力及其创新资源配置效率。

2. 研发人员区域分布现状

为更好地观察与分析研发人员情况，有必要在进行全国的整体性分析后，再对其区域情况进行分析，下面主要从传统的三大经济区域、省域进行分析。

（1）从传统的三大经济区域来看。如图 25-3 所示，2018 年我国研发人员主要集中在东部地区，其研发全时人员当量在全国的占比达到了 69%，远远高于中部地区和西部地区的 18%和 13%，这说明当前我国的研发人员的区域分布依旧极其不均匀，对中西部地区来说如何吸引高科技人员是其提高创新能力的一个关键要素，对应政府需要采取有效的政策来引导高科技人员向其区域流动。

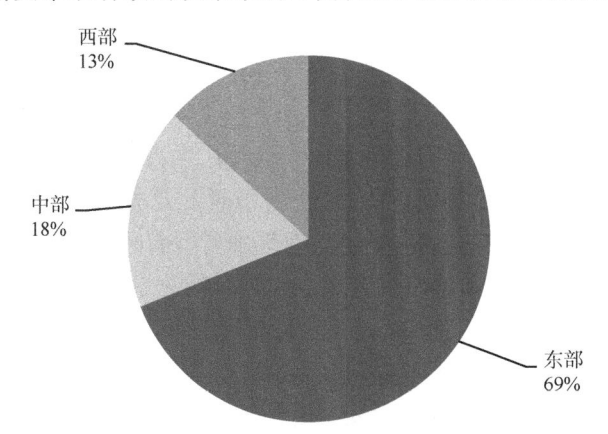

图 25-3 2018 年三大经济区域研发全时人员占比

从各个区域的执行主体来看（表 25-2），在东部、中部、西部三个区域中规上工业企业的研发人员全时当量都是最多的，均比研究与开发机构和高校的研发人员全时当量大许多，这说明我国的科技型人员更多地偏向于向企业流动，这与企业能够快速、高效地获利相关，同时三大区域中试验发展的研发人员全时当量依旧是最多的，这说明企业中的研发人员更多的是从事试验与发展，而基础研究和应用研究则较少，这也是导致我国创新资源配置效率不高的一个主要原因。企业应当是创新的主体，创新的最终成果转化需要通过企业来将其进行盈利化，所以需要有足够的研发人员处于应用研究阶段，使创新成果得到更好的转化，同时基础研究是创新的起步阶段，这个阶段的研究不行，后续阶段也是白忙活，所以对基础研究阶段的研发人员要加强投入。

表 25-2 各经济区域 2017 年研发人员全时当量（单位：人）

区域	总量	按执行部门分组			按人员分组		
		规上工业企业	研究与开发机构	高校	基础研究	应用研究	试验发展
东部	2 769 374	1 878 610	278 544	262 409	157 542	271 331	2 216 956
中部	714 422	484 629	71 857	67 694	42 647	86 750	553 985
西部	529 548	359 219	53 262	50 176	57 285	96 902	368 441

注：①按执行部门分组可分为规上工业企业、研究与开发机构、高校、其他四类，本表只列举前面三类；②按人员分组在中国科技统计年鉴中还区分了研究人员，故总量计算上有些许偏差

从各区域研发人员全时当量的增长速度来看，东部地区研发的人员全时当量

的增长速度毋庸置疑是最快的，东部地区作为我国的经济发达地区，其资源丰富，待遇优厚，机会颇多，不管是哪方面的人才，都会倾向于流入该地区，但是对我国的整体发展来说，这种状况是不利的，这只会导致我国东部、中部、西部三个地区的发展水平差距越来越大，导致发展越来越不均匀，所以当前迫切需要解决的就是如何能够慢慢地缩小差距。

（2）从各省域情况来看（表25-3），2017年，在我国30个省区市中（除港澳台和西藏外），研发人员全时当量排名第一的是广东省，达到了565 287人，排名第二、三位的分别是江苏省和浙江省，三个省份研发人员全时当量达到了1 523 380人，在全国的占比为37.77%，超过1/3。而就排名靠前的江苏、广东、浙江、北京、上海和山东在内的六个省市的研发人员全时当量的总量就达到了2 281 497人，在全国的占比超过一半。而包括山西、广西和内蒙古等在内的十个省份的研发人员全时当量排名靠后，十个省份总量为252 463人，在全国的占比仅为6.26%，比排名第一的广东省还少了一半多，宁夏、青海和海南三个省区排在最后三位，其研发人员全时当量均小于1万人，排名最后的青海仅为5656人，远远低于排名第一的广东省，这也再次说明了我国创新人员分布极其不均匀的现象。同时与2005年相比，各个省区市的研发人员全时当量均有了显著增加，如广东省，由2005年的119 359人增加到2017年的565 287万人，增加了3.74倍，而青海省的研发人员全时当量也增加了1.18倍，由2005年的2590人增加到2017年的5656人。

表25-3　各地区2005年和2017年研发人员全时当量

地区	2005年研发人员全时当量/人	2017年研发人员全时当量/人	平均增长率
全国	1 364 799	4 033 597	15.04%
北京	171 045	269 835	4.44%
天津	33 441	103 087	16.02%
河北	41 703	113 191	13.19%
山西	27 438	47 694	5.68%
内蒙古	13 504	33 030	11.12%
辽宁	66 104	88 858	2.65%
吉林	25 642	45 530	5.97%
黑龙江	44 203	47 406	0.56%
上海	67 048	183 462	13.36%
江苏	128 028	560 002	25.95%
浙江	80 120	398 091	30.53%
安徽	28 405	140 452	30.34%
福建	35 716	140 325	22.53%
江西	22 064	61 897	13.89%
山东	91 142	304 820	18.03%
河南	51 181	162 504	16.73%

续表

地区	2005年研发人员全时当量/人	2017年研发人员全时当量/人	平均增长率
湖北	61 226	139 990	9.90%
湖南	38 044	130 829	18.76%
广东	119 359	565 287	28.74%
广西	17 947	36 857	8.11%
海南	1 225	7 715	40.75%
重庆	24 619	79 149	17.04%
四川	66 382	144 821	9.09%
贵州	9 779	28 290	14.56%
云南	14 798	46 576	16.52%
陕西	53 656	98 188	6.38%
甘肃	16 795	23 738	3.18%
青海	2 590	5 656	9.11%
宁夏	4 046	9 859	11.05%
新疆	6 986	15 212	9.06%

通过上述数据分析说明，当前我国研发人员分布与地方经济发展水平有着紧密联系，研发人员偏向于向东部沿海发达地区集聚，导致中西部欠发达地区的研发人员集聚状况较差。造成这种现象的原因是：一方面，东部地区其经济发展水平较高，导致其人均收入水平也偏高，研发人员的收入水平相比中西部地区也偏高，更能吸引和留住研发人才；另一方面，东部沿海地区开放程度更高，市场竞争意识更强，地区从政府到企业再到社区民众的创新观念更强，更能够与时俱进，从而使得创新创业的环境相比中西部地区来说更好。因此，中西部地区要高度重视市场环境对创新资源配置的影响，也许在某些条件上确实无法超越东部地区，但是如何利用好自身的特色也是一个可以考虑的范围。

3. 研发人员学历结构比较

研发人员的学历状况对我国和地方创新能力有着重要的影响，一般来说，研发人员的学历越高，其创新能力也会越强。对我国研发人员的学历状况分析如下。

（1）从各区域研发人员学历结构来看。如图25-4和表25-4所示，三个区域的研发人员学位占比均表现出本科＞硕士研究生＞博士研究生的状况。在东部地区，博士研究生研发人员占比6%，硕士研究生研发人员占比14%，本科研发人员占比44%；在中部地区，博士研究生研发人员占比6%，硕士研究生研发人员占比13%，本科研发人员占比 45%；在西部地区，博士研究生研发人员占比 7%，硕士研究生研发人员占比 19%，本科研发人员占比 46%。三大地区各学位的研发人员占比情况差不多，西部地区博士和硕士研究生占比稍微高一点，这主要和西部地区研发人员量太少相关。三大地区各学位的研发人员占比情况说明当前研发人员的学历配置在区域上并没有出现不均衡的现象。

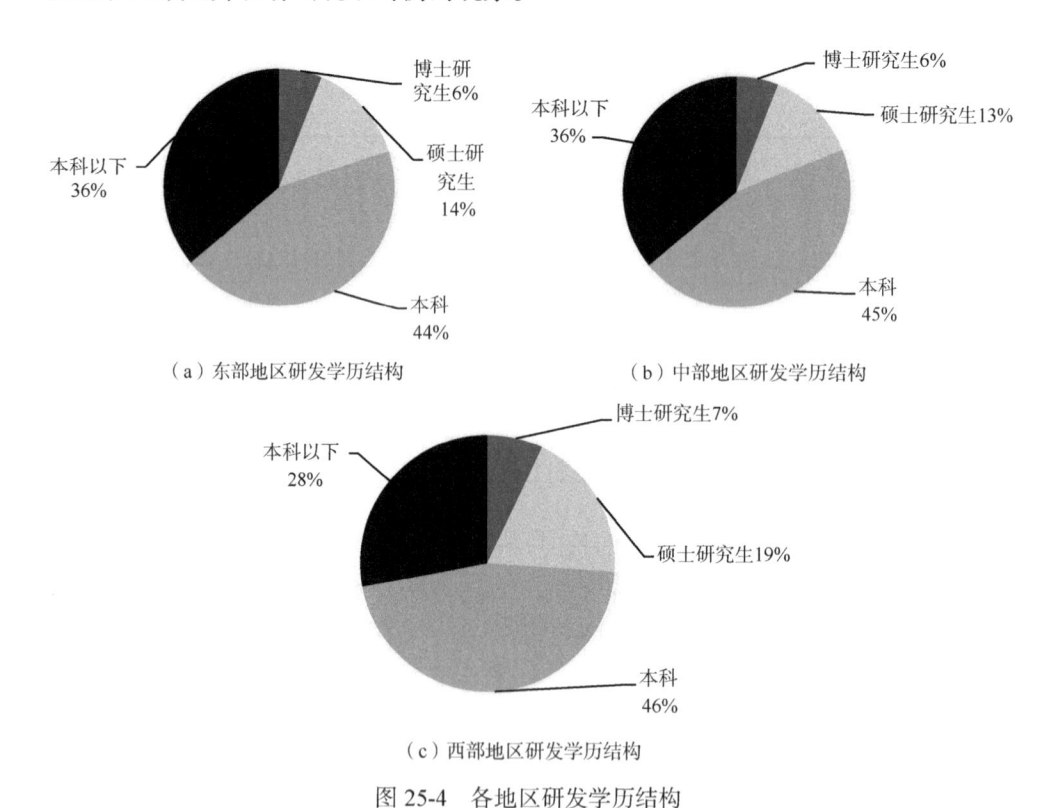

（a）东部地区研发学历结构

（b）中部地区研发学历结构

（c）西部地区研发学历结构

图 25-4　各地区研发学历结构

表 25-4　各地区研发人员学历结构

地区		研发人员/人	博士毕业/人	硕士毕业/人	本科毕业/人	硕士及以上占比
东部地区	北京	373 406	67 867	81 514	163 656	40.00%
	福建	201 090	9 740	21 678	90 170	15.62%
	广东	735 188	28 369	102 676	298 851	17.82%
	广西	69 091	5 231	16 695	29 719	31.73%
	海南	13 484	1 313	2 782	4 790	30.37%
	河北	175 591	6 672	27 596	82 296	19.52%

续表

	地区	研发人员/人	博士毕业/人	硕士毕业/人	本科毕业/人	硕士及以上占比
东部地区	江苏	761 046	34 573	89 261	324 510	16.27%
	辽宁	139 961	14 432	27 819	66 854	30.19%
	山东	476 407	19 861	57 442	233 740	16.23%
	上海	254 754	26 871	42 228	125 390	27.12%
	天津	177 165	9 990	20 537	90 163	17.23%
	浙江	516 664	19 394	47 334	213 493	12.92%
中部地区	安徽	211 053	11 283	26 487	91 751	17.90%
	河南	249 876	8 792	29 240	109 637	15.22%
	黑龙江	80 651	8 405	16 947	40 374	31.43%
	湖北	218 322	17 290	28 671	98 107	21.05%
	湖南	191 125	12 443	28 257	93 423	21.29%
	吉林	80 018	12 733	21 251	34 517	42.47%
	江西	95 141	4 298	11 338	43 602	16.43%
	内蒙古	54 641	2 295	7 277	27 671	17.52%
	山西	68 669	4 247	11 990	33 444	23.65%
西部地区	甘肃	39 796	4 065	8 182	18 346	30.77%
	贵州	45 222	2 810	7 780	19 739	23.42%
	宁夏	16 533	904	2 696	7 684	21.77%
	青海	7 378	516	1 330	3 054	25.02%
	陕西	143 208	10 496	29 679	65 118	28.05%
	四川	214 761	16 317	38 117	99 447	25.35%
	新疆	31 651	3 158	8 879	12 310	38.03%
	云南	74 561	6 020	13 233	32 596	25.82%
	重庆	111 943	8 142	16 102	52 917	21.66%

（2）从研发人员中硕士和博士的分布来看。如图25-5所示，在这30个省区市中，研发人员中具有硕士和博士学位人数排名靠前的省区市主要有北京、湖北、四川、山东、江苏、广东、上海、浙江等，这些地区大都为东部地区或者是中西部科技资源相对丰富的地区；而排名靠后的省区市主要是一些西部地区，包括内蒙古、贵州、甘肃、新疆、青海、宁夏等，这说明高学历研发人员更倾向于发达地区。

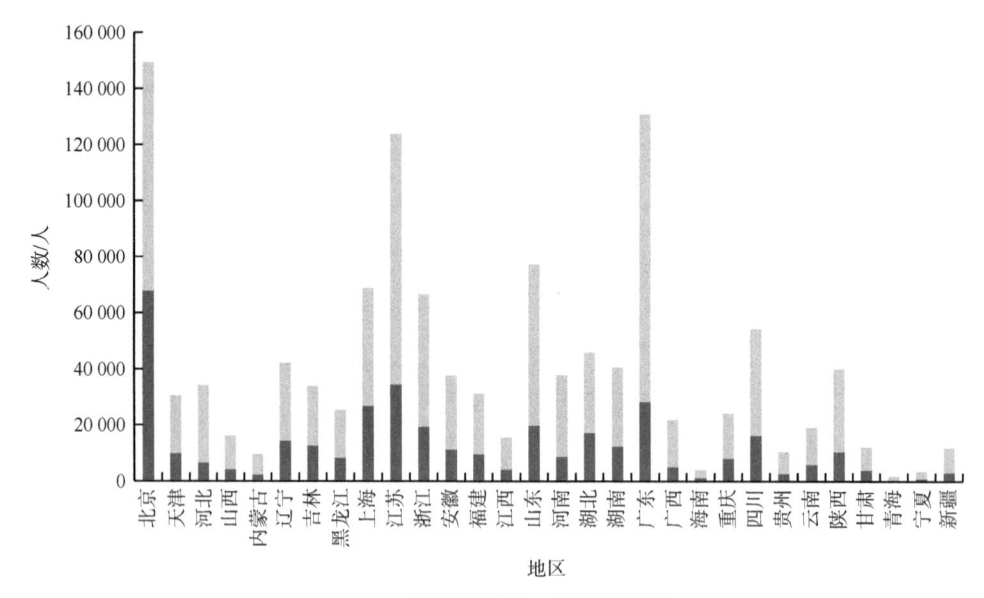

图 25-5 各地区研发人员中硕士和博士毕业人数分布情况

从各地区研发人员中拥有博士研究生和硕士研究生学历人员占比来看（图 25-6），占比较高的地区分别是吉林 42.47%、北京 40.00%、新疆 38.03%、广西 31.73%、黑龙江 31.43%、甘肃 30.77%、海南 30.36%、辽宁 30.19%，这些地区硕士研究生及以上学历研发人员的占比在 30%以上；而排名较后的，硕士研究生及以上学历研发人员占比在 20%以下的地区包括福建 15.62%、广东 17.82%、河北 19.52%、江苏 16.27%、山东 16.23%、天津 17.23%、浙江 12.92%、安徽 17.90%、河南 15.22%、江西 16.43%，以及内蒙古 17.51%，其他像上海、湖北、湖南、山西、贵州、宁夏、青海、陕西、云南、重庆和四川的硕士及以上学历研发人员占比在 20%～30%，由此可以看出硕士及以上学历的研发人员在各地区的分布存在着不均衡现象。

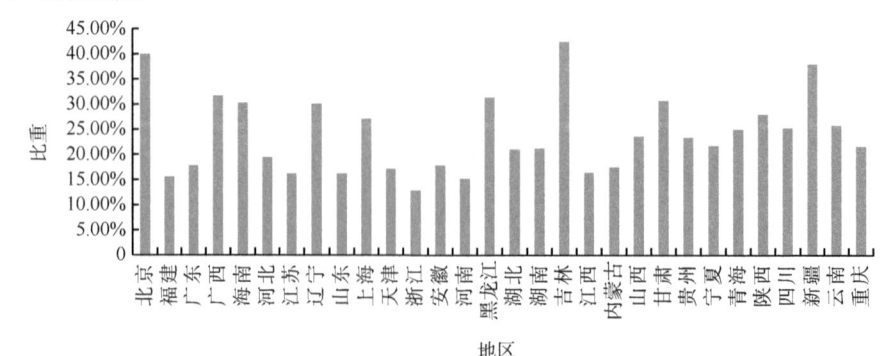

图 25-6 各地区硕士研究生及以上学历研发人员占比情况

通过上述数据分析说明，在一些具有较多高层次研发人员的地区，如江苏、河南、浙江、广东、福建、山东等，其研发人员的学历结构层次相对而言偏低（即硕士研究生及以上学历研发人员占比较低），而在一些较少拥有高学历研发人员的地区，如广西、甘肃、云南等，研发人员结构则相对偏高，这说明发达地区虽然在拥有研发人员的数量上具有明显优势，但是创新人才的整体学历结构还是偏低，缺乏高层次创新人才，从而导致像广东、浙江和江苏等地区的产业结构相对较低，尤其是与发达地区相比，区域创新能力及市场竞争力都存在很大差距，尽管在这些沿海发达地区，粗放式增长依旧是主要的经济增长方式，创新对经济发展方式的引领作用、对产业结构的优化作用均没有很好地体现。

同时，通过以上数据显示不管是研发人员还是高学历的研发人员在各地区的分布都极其不均衡，这也是造成我国各地区创新能力差距较大的主要原因之一。受东部较好经济条件的影响，研发人员自然而然地向东部地区集聚，高学历研发人员也不例外，基于这种现象，中西部地区在吸引和留住创新人才方面的基础条件上就处于劣势，政府需要花更多的精力想出具有一定优势的方案来吸引和保留人才。

综合以上对我国研发人员的分析可以得出两个基本结论：一是当前我国企业研发人员在数量上相比高校和研发机构具有绝对优势，但是从人员的学历结构来看，高学历层次人才更多地流向了高校和研发机构，这能够解释当前我国企业已经不断地在加大创新投入但仍缺乏重大研究成果的现象，同时也说明了高层次人才是创新中的一个重要因素，高层次人才的不足，会直接制约创新的发展。二是我国在基础研究和应用研究中的研发人员存在着严重不足，且基础研究和应用研究主要以科研院所和高校为主，企业对创新的研究更多的是在能够获利的试验与发展上，据此政府应注重引导创新资源向高校和研究机构流动，加大我国对关键技术和科学成果的研究程度，提高企业对基础研究和应用研究的重视，进而提高我国的创新能力，同时要积极鼓励研发机构和高校同企业合作，促进科技成果由企业进行转化。

25.1.2 我国创新财力资源现状

创新财力资源是我国各地区创新活动的基础，是创新活动的核心要素，是一个国家或者地区衡量其创新竞争力的重要指标，其配置状况不仅关系到创新自身的发展状况，与我国的国民经济和社会发展也密切相关。《国家中长期科学和技术发展规划纲要（2006—2020年）》发布的10个配套政策中第一个政策就提到了要持续、稳定地保证创新财力资源投入，足以可见科技创新财力资源的重要性。对其现状的分析，主要分析其总量变化、区域分布、部门分布状况，以期了解我国创新财力资源的规模、结构及变动态势，了解我国创新资源配置在制度、体制方面存在的缺陷，为后续提高和改善我国创新财力资源提供参考依据。

1. 我国创新财力资源总量变化状况

新时期我国的经济发展目标是由要素驱动向创新驱动转变，在这个过程中，加大创新财力投入，提高自主创新能力，推进创新驱动的发展，是支撑和引领经济社会发展，在更高水平上帮助我国全面建成小康社会的不错选择，2007 年我国将建设创新型国家列为我国的战略目标，要实现这个目标就必须保证我国的创新能力得到稳步提升，而创新能力的提高又依赖于研发的发展，所以在国际上，大都将研发投入设为衡量一个国家或者地区创新能力的主要指标，同时研发投入也在一定程度上体现了一个国家或者地区创新发展的潜力状况，依据《国家中长期科学和技术发展规划纲要（2006—2020 年）》的要求，到 2020 年，全社会研究开发投入占国内生产总值的比重提高到 2.5%以上，力争科技进步贡献率达到 60%以上，对外技术依存度降到 30%以下。因此，通过对我国研发投入的分析，掌握当前我国研发投入现状及与国外发达国家的差距，是当前我国在建设创新型国家中的一项重要任务。具体分析如下。

研发经费是创新发展的基本要素，世界各国对研发经费的投入状况不管是结构还是数量均高度重视。基于国际上对研发的定义，结合我国的状况，研发经费支出指的是全社会用于研发活动的经费支出，包括其中的人员劳务费、管理费、固定资产构建费、原材料费和其他相关费用等。

（1）全国创新财力资源现状。从时间维度来看，如表 25-5 所示，2005～2018 年，我国研发经费投入不断增加，至 2018 年我国的研发经费内部支出总量达到了 19 677.93 亿元，与 2005 年相比增加了 7.03 倍，其中国家财政科技拨款也在逐年增加，由 2005 年的 1334.9 亿元增加到了 2018 年的 9518.2 亿元，增加了 6.13 倍。通过科技拨款占财政科技支出的比重可知，近年来该比值基本维持在 4%左右，比较稳定。

表 25-5　全国 2005～2018 年创新财力资源配置

年份	研发经费内部支出/亿元	国家财政科技拨款/亿元	科技拨款占财政总支出的比重
2005	2 449.97	1 334.9	3.93%
2006	3 003.10	1 688.5	4.18%
2007	3 710.24	2 135.7	4.29%
2008	4 616.02	2 611.0	4.17%
2009	5 802.11	3 276.8	4.29%
2010	7 062.58	4 196.7	4.67%
2011	8 687.01	4 797.0	4.39%
2012	10 298.41	5 600.1	4.45%
2013	11 846.60	6 184.9	4.41%
2014	13 015.63	6 454.5	4.25%

续表

年份	研发经费内部支出/亿元	国家财政科技拨款/亿元	科技拨款占财政总支出的比重
2015	14 169.88	7 005.8	3.98%
2016	15 676.75	7 760.7	4.13%
2017	17 606.13	8 383.6	4.13%
2018	19 677.93	9 518.2	4.31%

（2）我国创新财力资源配置的区域现状。如表25-6所示，2018年，在传统的三大经济区域中，东部地区的研发经费内部支出最多，为13 189.92亿元，在全国的占比超过一半，与2005年相比，增加了5.48倍，中部地区的研发经费内部支出为3287.27亿元，在全国的占比为16.7%，与2005年相比，增加了7.76倍，西部地区的研发经费内部支出为2490.64亿元，占全国的比重最少，为12.66%，与2005年相比，增加了5.23倍。通过东部、中部、西部三个区域的研发经费内部支出对比可知，东部地区研发经费的内部支出要远远高于中部、西部地区，造成这种现象的原因毋庸置疑与东部地区本身财力雄厚、资源丰富，而中西部地区经济基础差且大多处于产业转型时期相关。同时在三大经济区中，不管是按执行部门分组还是按资金来源分组，企业支出的金额都是最大的，这说明在三个经济区中，企业都是创新活动的主体。

表25-6　各经济区域2018年研发经费内部支出（单位：亿元）

区域	总量	按执行部门分组			按资金来源分组		
		规上工业企业	研究与开发机构	高校	政府资金	企业资金	国外资金
东部	13 189.92	8 697.68	1 680.04	879.69	2 436.11	10 343.71	57.06
中部	3 287.27	2 467.49	276.21	211.64	486.23	2 708.03	9.96
西部	2 490.64	1 370.98	613.72	235.74	840.01	1 549.09	3.33

注：此表中的分组均包含其他项未列出

（3）我国创新财力资源的地方现状。地方的研发经费内部支出一方面与当地经济发展水平相关；另一方面与地方财政收入也紧密相连。地方政府财政科技支出状况可以反映出政府对创新的重视程度。近年来，各地区政府已然将推进创新发展进而推动经济发展作为政府工作的重点。从各地区来看，如表25-7所示，2018年研发经费内部支出排名前六的省市为广东、江苏、北京、山东、浙江和上海，六个省市的研发内部支出总和为11 528.12亿元，在全国的研发内部支出的占比达到了58.58%，超过了一半，其中排名前三的省市为广东、江苏和北京，三个省市的研发内部支出总额在全国的占比为35.9%,且广东省研发内部经费支出在全国排名第一，为 2704.70 亿元，与 2005 年相比，增加了 10.1 倍，通过对排名靠前的省区市的分析可知，我国研发经费内部支出排名靠前的省区市几乎都是东部沿海地区。

表 25-7 各地区 2005 年和 2018 年研发经费内部支出

地区	2005 年研发经费内部支出/亿元	2018 年研发经费内部支出/亿元	平均增长率
北京	382.07	1870.77	29.97%
天津	72.57	492.40	44.50%
河北	58.93	499.74	57.54%
山西	26.28	175.78	43.76%
内蒙古	11.70	129.22	77.26%
辽宁	124.71	460.08	20.69%
吉林	39.30	115.03	14.82%
黑龙江	48.91	134.99	13.54%
上海	208.35	1359.20	42.49%
江苏	269.83	2504.43	63.70%
浙江	163.29	1445.69	60.41%
安徽	45.90	648.95	101.06%
福建	53.62	642.79	84.52%
江西	28.53	310.69	76.08%
山东	195.14	1643.33	57.09%
河南	55.58	671.52	85.25%
湖北	74.95	822.05	76.68%
湖南	44.52	658.27	106.05%
广东	243.76	2704.70	77.66%
广西	14.59	144.85	68.68%
海南	1.60	26.87	121.49%
重庆	31.96	410.21	91.04%
四川	96.58	737.08	51.01%
贵州	11.03	121.61	77.12%
云南	21.32	187.30	59.89%
陕西	92.45	532.42	36.61%
甘肃	19.61	97.05	30.38%
青海	2.96	17.30	37.27%
宁夏	3.17	45.58	102.91%
新疆	6.41	64.31	69.48%

进一步对排名靠后的省区市进行分析，2018年我国各地区研发经费内部支出排名后十位的省份有甘肃、广西、青海、海南、宁夏、吉林等，这十个省区市的研发经费内部支出总额为896.81亿元，在全国研发经费内部支出的占比仅为4.55%，相比排名第一的广东省还少了许多，其中排名最后三位的省区为宁夏、海南和青海，三省区研发经费内部支出总额在全国的占比不到1%，排名最后的青海省的研发经费内部支出为17.30亿元，在全国研发经费内部支出的占比仅仅为0.09%，与2005年相比增加了4.84倍。由此可知，我国研发经费内部支出靠后的地区以西部地区居多。

2. 我国研发经费结构变化状况

从各地区研发经费的来源来看，如图25-7所示，政府资金占比和企业资金占比基本形成了互补的状态，这说明当前我国各地区企业资金和政府资金是研发经费的主要来源，通过曲线的波动可知各地区的政府和企业资金状况存在较大差距，说明各地研发经费来源的结构不一致，对大多数省区市来说企业资金是研发经费的主要来源，但也有个别省区市政府资金是研发经费的主要来源，如北京、海南、陕西。同时由图25-7可知，企业资金占比排名靠前的省区市有浙江、山东、广东、河南、江西等地，而排名靠后的省区市主要有北京、海南、陕西、四川、黑龙江等地，由此可知，东部地区企业资金在研发经费中的占比偏高，而西部地区则偏低，这种状况与我国东中西地区的创新发展环境和状态相关。

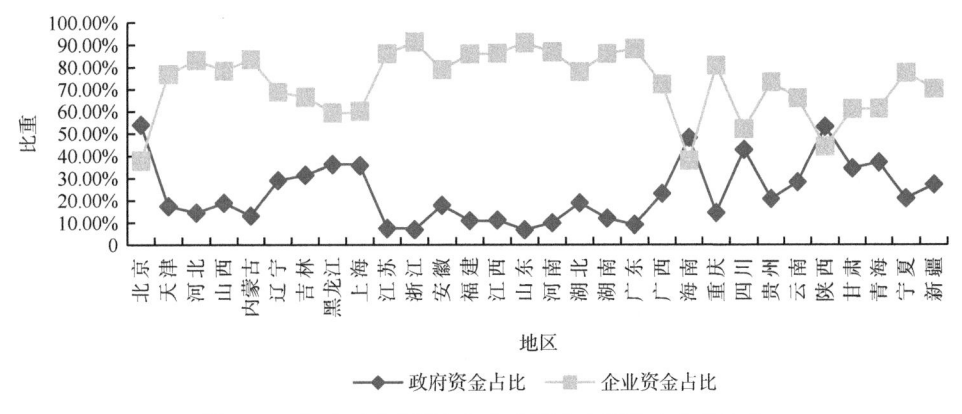

图25-7 各地区政府资金和企业资金占研发支出的比重

通过以上分析可知，在东部、中部、西部三大区域中，研发经费来源中企业资金最多，政府资金第二多，国外资金和其他资金较少，说明支持创新的资金来源主要以企业资金和政府资金为主，国外资金和其他资金在研发经费中的占比非常小。但是东中部地区的企业资金在研发经费中的占比要高于西部地区。在这30

个省区市中，除北京和上海外，其他政府资金占比较高的省区市均为西部欠发达地区，而企业资金占比较高的省区市则大多是东部地区，造成该现象的原因主要是：在东部地区，研发经费内部支出总量远远高于中西部地区，但同时东部地区的企业开展创新活动也更加积极，从而企业的研发经费投入更高，导致政府资金在研发经费中的占比偏低，而北京作为我国的首都城市，其创新资源状况无疑是相当丰富的，一流科研机构和高层次的科技人才也纷纷向其中挤入，政府也不断地加大科技投入，因此对北京来说不管是企业资金还是政府资金都很高，从而导致其政府资金在研发经费中的占比偏高。而对中西部地区而言，受地区创新环境及政府对创新意识的影响，企业在创新活动中的积极性还不够高，导致企业资金在研发经费中的占比偏低，企业自主创新意识不强，在创新活动中更多的是依赖于政府资金。

综合以上对创新经费投入要素的现状分析可以得出以下几个基本结论。

第一，企业已然成为我国创新活动中的投入主体。近10年来，我国研发经费内部支出呈现不断上升趋势，为我国创新发展提供了重要的物质保障。从研发经费的来源分类来看，企业资金的占比呈现不断上升趋势，而政府资金占比则呈下降趋势，国外资金和其他资金的占比则一直处于偏低状态，且企业资金的占比要高于政府资金，说明企业在创新发展中的主体地位正在慢慢加强。不过从地区的分析中依然发现个别省区市的企业在创新发展中的主体地位的优势没有得到体现的状况，包括海南、陕西等地。

第二，我国创新财力资源配置的区域差距较大。当前我国的研发经费不管是在经费筹集上还是内部支出上均表现为东部地区要远远高于中西部地区，同时政府资金对创新的投入也是相同的状况，即东部地区创新活动中的政府资金也要远远大于中西部地区，这说明我国区域的创新财力投入差距很大，造成该现象的原因主要有：一是我国中央政府的科技投入具有偏好性，偏向于向具有完善的创新基础条件、丰富的创新资源及相关产业较好的地方进行投入，而对于那些创新基础条件和产业结构比较差的西部地区，其财政投入则偏少；二是对东部地区而言，经济发展状况本身就远远大于中西部地区，从而其财政收入也比中西部地区高，所以其政府对科技的投入也会高于中西部地区；三是在东部地区其经济发展状况更加成熟，创新市场环境也更加优越，企业已然成为创新投入的主体，但是在中西部地区，其经济发展相对落后，创新环境较差，企业创新的积极性偏低，从而导致企业对创新的投入偏低。

第三，我国创新财力资源的投入仍然偏低，无法满足经济社会发展的需求。随着我国对创新的重视程度越来越高，政府和企业对创新的投入也在不断增加，但是同GDP相比，我国创新财力投入水平依旧偏低，无法满足当前我国经济社会发展对创新的需求。

第四,我国创新财力资源配置结构不够合理。与国外其他国家相比,在发展中国家中我国的研发经费投入处于前列,但是与发达国家相比却还有很大差距。长期以来我国的自主创新能力都较弱,对外依存度非常高,导致我国在创新发展方面缺乏较为明确的战略,创新投入也没有形成一个稳定的机制,资源配置结构也不合理,尤其是在基础研究和应用研究方面,我国创新财力投入存在着明显不足,这些问题既是导致我国产业结构转化升级较慢的原因又是制约我国创新发展的主要因素。

第五,地方政府创新意识不断加强。通过数据分析发现地方政府科技投入在整个政府资金中的比重越来越高,近年来,随着科技的不断发展,我国政府的科技支出也在不断增加,随着区域经济发展水平的持续提升和创新在地区经济发展中的作用越来越显著,地方政府对创新的重视程度逐渐增强,其科技投入也相应在不断增加。随着地方政府科技投入的持续增加,地方政府在整个科技投入中的地位也越来越突出,由中央占据主导地位的政府科技投入方式正在向地方占主导的方式转变。

25.2 我国创新产出现状

创新对一个地区知识技术的生产能力主要体现在投入产出方面,我国当前的创新产出主要有发明专利、外国设计专利、高质量科技论文、实用新型专利和技术市场成交额等。依据科技成果类型又可以将其划分为基础理论成果和应用技术成果,基础理论成果主要是在基础研究和应用研究阶段得到的新发现,基础理论成果的主要形式有高质量科技论文和发明专利等;应用技术成果指的是在科学研究、技术开放和应用中所产生的新产品、新技术、新设备、新工艺、新材料等,应用技术成果的主要形式有实用新型专利和外观设计专利等,技术市场合同成交状况能够很好地体现该类成果。当前,随着我国对创新发展的重视,国家创新发展体系和区域创新发展体系正在慢慢建成,我国的创新产出有了一个较好的状态,创新对经济和社会发展的作用在不断增加。本节依据创新成果的表现形式将创新产出分为两个方面:一是创新知识产出,包括专利和科技论文等;二是经济产出,包括技术市场成交合同金额和新产品销售收入等。同时,基于数据可得性和部分篇幅考虑,对创新资源配置过程中产出现状的分析主要包括对知识产出的专利申请授权数、国外主要检索工具收录我国科技论文数及经济产出中的新产品销售收入和技术市场成交额进行分析。

25.2.1 全国创新知识产出现状

专利是专利权的简称,是相关人员在对发明人提交的发明创造审查合格后,由专利局根据专利法授予发明人或者设计人对该项发明创造享有专有权,专利主要包括实用新型专利、外观设计和发明,是衡量创新产出的一个重要指标。

1. 从全国整体角度来看

由表 25-8 可知,我国创新知识产出在逐渐增加,2018 年我国国内专利申请授权数为 2 335 411 件,与 2005 年相比增加了 12.61 倍,国外主要检索工具收录我国科技论文数由 2005 年的 152 825 篇增长为 2017 年的 604 709 篇,增长了 2.96 倍。由此可知,在知识产出方面我国科技论文的增长要显著慢于专利数,这也是制约我国创新发展的一个主要因素。

表 25-8　全国 2005～2018 年创新知识产出

年份	国内专利申请授权数/件	国外主要检索工具收录我国科技论文数/篇
2005	171 619	152 825
2006	223 860	171 748
2007	301 632	196 629
2008	352 406	240 086
2009	501 786	253 982
2010	740 620	320 354
2011	883 861	303 246
2012	1 163 226	331 395
2013	1 228 413	395 121
2014	1 209 402	447 162
2015	1 596 977	506 654
2016	1 628 881	575 494
2017	1 720 828	604 709
2018	2 335 411	—

2. 各经济区域创新知识产出现状

从三大经济区来看,如表 25-9 所示,2018 年,东部地区的国内专利申请授权量为 1 630 525 件,在全国专利申请授权量中的占比为 69.82%,超过一半,同 2005 年相比,增加了 13.18 倍;中部地区专利申请授权量为 343 007 件,在全国的占比为 14.69%,同 2005 年相比,增加 20.73 倍;西部地区专利申请授权量为 277 208

件，在全国的占比为11.87%，同2005年相比增加了16.04倍。

表25-9 各经济区域2005年、2017年和2018年创新知识产出

区域	国内专利申请授权数/件		国外主要检索工具收录我国科技论文数/篇	
	2018年	2005年	2017年	2005年
东部	1 630 525	114 953	349 511	94 298
中部	343 007	15 787	96 926	22 099
西部	277 208	16 272	102 298	19 661

另外，2017年国外主要检索工具收录我国科技论文数状况为：东部地区349 511篇，在全国科技论文中的占比为57.80%，同2005年相比增加了2.71倍；中部地区96 926篇，在全国的占比为16.03%，同2005年相比增加了3.39倍；中部地区102 298篇，在全国的占比为16.92%，同2005年相比增加了4.2倍。

比较来看，在三个区域中东部地区创新知识产出状况要远远优于中西部地区，不管是专利申请授权量还是科技论文数，东部地区在全国的占比均超过了50%，同时通过与2005年相比发现，东部地区创新知识产出的增长速度也相对更快，该结果与创新投入要素的状况一致。

3. 各地区创新知识产出现状

从各地区来看，如表25-10所示，2018年，国内专利申请授权数排在全国前六位的省市为广东、江苏、浙江、山东、北京、福建，六个省市的专利申请授权量总和为1 428 199件，在全国专利申请授权量中占比61.15%，其中广东、江苏和浙江三个省的专利申请授权量在全国位居前三，三个省的专利申请授权量总和为1 069 699件，在全国专利申请量的占比为45.8%，广东省以专利申请授权量478 082件位居第一，在全国的占比为20.47%，与2005年相比，增加了11.96倍。专利申请授权量排在全国倒数的十个省区市有贵州、山西、新疆、吉林等地，其专利申请授权量总和仅为112 695件，在全国专利申请授权量中的占比仅为4.83%，比广东省单个省份还要少许多，其中排名倒数三位的是青海、海南和宁夏三个地区，青海以2668件的数量排在全国最后一位，青海省的专利申请授权量在全国的占比仅仅只有0.11%，但是与2005年相比，其数量却增长了32.77倍。

表25-10 各地区创新知识产出

地区	国内专利申请授权数/件		国外主要检索工具收录我国科技论文数/篇	
	2018年	2005年	2017年	2005年
全国	2 335 411	171 619	604 709	152 825
北京	123 496	10 100	102 763	34 674

续表

地区	国内专利申请授权数/件		国外主要检索工具收录我国科技论文数/篇	
	2018年	2005年	2017年	2005年
天津	54 680	3 045	18 857	5 507
河北	51 894	3 585	8 782	2 184
山西	15 060	1 220	6 200	1 860
内蒙古	9 625	845	2 046	207
辽宁	35 149	6 195	23 586	6 856
吉林	13 885	2 023	14 487	4 456
黑龙江	19 435	2 906	17 901	5 106
上海	92 460	12 603	49 142	17 821
江苏	306 996	13 580	63 029	11 337
浙江	284 621	19 056	28 417	9 083
安徽	79 747	1 939	16 226	4 639
福建	102 622	5 147	11 812	2 197
江西	52 819	1 361	6 496	573
山东	132 382	10 743	29 493	5 664
河南	82 318	3 748	13 512	1 508
湖北	64 106	3 860	33 454	9 068
湖南	48 957	3 659	21 038	4 451
广东	478 082	36 894	36 061	5 777
广西	20 551	1 225	4 476	524
海南	3 292	200	1 155	54
重庆	45 688	3 591	13 843	2 012
四川	87 372	4 606	26 466	5 193
贵州	19 456	925	2 494	241
云南	20 340	1 381	5 250	800
陕西	41 479	1 894	36 347	7 682
甘肃	13 958	547	7 437	2 614
青海	2 668	79	551	72
宁夏	5 658	214	599	39
新疆	9 658	921	2 725	275

另外，2017 年科技论文数排在全国前六位的省市为北京、江苏、上海、陕西、广东、湖北，六个省市的科技论文数量总和为 320 796 篇，在全国科技论文数量中的占比超过 50%，其中北京、江苏、上海的科技论文总数在全国位居前三，三个省市的科技论文总和为 214 934 篇，在全国科技论文数量中的占比为 35.54%，北京市以 102 763 篇科技论文数排在全国第一，在全国科技论文数中的占比为 17.0%，与 2005 年相比，增加了 1.96 倍；科技论文数排在全国倒数十位的地区有江西、广西、云南、山西等，这 10 个地区的科技论文数量总和为 31 992 篇，在全国科技论文中的占比 5.3%，其中排名倒数三位的地区为青海、宁夏和海南，且青海以 551 篇科技论文数量排名倒数第一，青海科技论文数在全国的占比仅为 0.09%，其数量与 2005 年相比增长了 6.65 倍。

25.2.2 我国创新经济产出现状

1. 全国创新经济产出现状

从全国整体来看，如表 25-11 所示，我国创新的经济产出总量也是不断增长的状况，2018 年，我国新产品的销售收入为 197 094.1 亿元，相比 2005 年增长了 7.18 倍，技术市场成交合同金额为 17 697.42 亿元，相比 2005 年增加了 10.41 倍。

表 25-11　全国 2005~2018 年创新经济产出（单位：亿元）

年份	新产品销售收入	技术市场成交合同金额
2005	24 097.0	1 551.37
2006	31 233.0	1 818.18
2007	40 976.0	2 226.53
2008	57 027.1	2 665.23
2009	65 838.2	3 039.00
2010	72 863.9	3 906.58
2011	100 582.7	4 763.56
2012	110 529.8	6 437.07
2013	128 460.7	7 469.13
2014	142 895.3	8 577.18
2015	150 856.5	9 835.79
2016	174 604.2	11 406.98
2017	191 568.7	13 424.22
2018	197 094.1	17 697.42

2. 各经济区域创新经济产出现状

从三大经济区域来看，如表 25-12 所示，2018 年各区域技术市场成交合同金额的区域状况为：东部地区 11 003.53 亿元，在全国技术市场成交合同金额中的占比为 62.17%，相比 2005 年增加了 25.4 倍；中部地区 2222.88 亿元，在全国技术市场成交合同金额中的占比为 12.56%，相比 2005 年增加了 23.43 倍，西部地区 2928.48 亿元，在全国技术市场成交合同金额中的占比仅为 16.55%。新产品销售收入的现状为：东部地区 141 170.20 亿元，在全国新产品销售收入中的占比为 71.63%，相比 2005 年增加了 6.58 倍；中部地区 43 090.03 亿元，在全国新产品销售收入中的占比为 21.86%，相比 2005 年增加了 12 倍；西部地区 12 815.75 亿元，在全国新产品销售收入中的占比为 6.5%，相比 2005 年增加了 4.93 倍。

表 25-12　三大经济区域 2005 年和 2018 年创新经济产出（单位：亿元）

区域	技术市场成交合同金额		新产品销售收入	
	2018 年	2005 年	2018 年	2005 年
东部	11 003.53	416.72	141 170.20	18 620.88
中部	2 222.88	91.00	43 090.03	3 314.54
西部	2 928.48	85.87	12 815.75	2 161.68

比较来看，对技术市场成交合同金额和新产品销售收入来说，东部地区均要远远大于中西部地区。由上文的分析中了解到，东部地区的知识产出已经远远大于中西部地区，那么相应地，东部地区科技成果转化的可能性会大很多，而且东部地区不管是在经济发展水平还是在创新意识上均具有优势，从而导致东部地区的创新经济产出也要远远高于中西部地区。

3. 各地区创新经济产出现状

从各地区来看，如表 25-13 所示，2018 年，技术市场成交合同金额排在全国前六位的省市为北京、广东、上海、湖北、陕西、四川，六省市的技术市场成交合同金额总和为 10 874.51 亿元，在全国技术市场成交合同金额中的占比达到了 61.45%，其中技术市场成交合同金额排在前三的省市为北京、广东、上海，这三个省市的总额为 7548.43 亿元，在全国技术市场成交合同金额中的占比为 42.65%，北京市以技术市场成交合同金额 4957.82 亿元位居全国第一，在全国技术市场成交合同金额中的占比为 28.01%，相比 2005 年，增加 9.13 倍。技术市场成交合同金额排在全国倒数十位的省区市有新疆、内蒙古和广西等地，这十个地区的技术市场成交合同金额总额为 622.69 亿元，在全国占比 3.5%。

表 25-13 各地区 2005 年和 2018 年创新经济产出（单位：亿元）

地区	技术市场成交合同金额 2018 年	技术市场成交合同金额 2005 年	新产品销售收入 2018 年	新产品销售收入 2005 年
北京	4 957.82	489.59	4 136.62	878.20
天津	685.59	50.71	3 855.66	1 545.62
河北	275.98	10.38	5 228.87	436.46
山西	150.76	4.80	1 941.30	284.15
内蒙古	19.84	10.99	1 028.26	187.06
辽宁	474.49	86.52	4 556.76	918.32
吉林	341.95	12.23	1 347.50	447.91
黑龙江	165.92	14.26	561.38	295.92
上海	1 225.19	231.73	9 796.73	3 148.72
江苏	991.45	100.83	28 425.04	2 679.67
浙江	590.66	38.70	23 308.16	2 149.78
安徽	321.31	14.26	9 532.39	407.54
福建	84.52	17.20	5 300.90	990.50
江西	115.82	11.12	4 511.79	235.99
山东	819.95	98.36	15 246.50	2 480.54
河南	149.28	26.37	7 688.20	594.94
湖北	1 204.09	50.18	8 862.97	590.60
湖南	281.61	41.74	7 616.24	457.48
广东	1 365.42	112.47	39 376.06	3 383.88
广西	61.41	9.41	1 833.59	267.08
海南	6.94	1.00	105.31	9.20
重庆	188.35	35.71	4 216.31	600.07
四川	996.70	19.08	3 576.34	555.83
贵州	171.10	1.05	746.99	80.74
云南	89.49	15.92	928.83	60.44
陕西	1 125.29	18.90	18.11	272.14
甘肃	180.88	17.27	2 033.36	78.99
青海	79.36	1.18	275.13	13.68
宁夏	12.11	1.41	123.27	23.61
新疆	3.92	8.00	482.65	22.05

另外，2018年新产品销售收入排在全国前六位的省市为广东、江苏、浙江、山东、上海、安徽，六个省市的新产品销售收入总和为125 684.9亿元，在全国新产品销售收入中的占比达到了63.77%，其中新产品销售收入位居前三的地区为广东、江苏、浙江三个省，三个省新产品销售收入总和为91 109.26亿元，在全国新产品销售收入中的占比为46.23%，广东省以39 376.06亿元位居全国新产品销售收入第一位，在全国新产品销售收入中占比19.98%，相比2005年，增加了10.64倍。新产品销售收入在全国排名倒数十位的地区有贵州、云南、内蒙古和海南等地，这十个地区新产品销售收入的总量为5617.43亿元，在全国新产品销售收入中的占比为2.85%，其中排名最后三位的地区为陕西、海南、宁夏，三个省区新产品销售收入的总量为246.69亿元，在全国的占比只有0.13%。

25.3 我国各地区创新资源配置效率测算

要更清晰地了解我国当前创新资源配置的状况，除了对投入和产出要素进行梳理分析外，必须对创新资源配置效率进行测算，本节采用静态分析与动态分析相结合的方法对各地区的资源配置效率状况进行实证分析，静态分析主要通过超效率模型进行测算，同时结合BCC模型和CCR模型进行投影分析，找出各地区存在创新资源配置无效和低效的主要原因。动态分析则采用DEA-Malquist指数方法，从横向和纵向两个方面分析各地区创新资源配置效率的时间趋势，并通过对各地区时间趋势的对比，探讨各地区创新资源配置效率随时间变化的差异性，同时通过对综合效率的分解探讨造成该时间趋势差异的内部原因。

25.3.1 变量选取和数据来源

1. 变量选取

参考已有文献的研究，并结合实际数据的可得性，对创新资源配置效率测算指标选取主要考虑创新投入和产出两个方面，投入变量主要选取创新人力资源投入和创新财力资源投入，产出变量结合前文的分析选取知识产出和经济产出两个方面的变量，具体选取如下。

创新投入变量：创新财力资源投入通过"研发经费内部支出"来衡量，创新人力资源投入通过"研发人员全时当量"来衡量。

创新产出变量：直接知识产出方面选取"国内专利申请授权数"来衡量，间接经济产出选取"技术市场成交合同金额"、"新产品销售收入"和"高技术产业企业利润"来衡量，具体指标选取如表25-14所示。

表 25-14 我国创新资源配置效率评价指标体系

变量	指标	
创新投入变量	创新财力资源投入	X_1 研发经费内部支出/亿元
	创新人力资源投入	X_2 研发人员全时当量/万人
创新产出变量	直接知识产出	Y_1 国内专利申请授权数/件
	间接经济产出	Y_2 技术市场成交合同额/亿元
		Y_3 新产品销售收入/亿元
		Y_4 高技术产业企业利润/亿元

2. 数据来源

在后续研究中部分变量的年份最新权威数据只更新到了 2016 年，为了保持数据的一致性，故对创新资源配置效率的测算在时间上选取了 2005~2017 年的数据，在地区上选取了我国除港澳台和西藏外 30 个省区市的数据。由于创新生产是一个长期的过程，尤其是在成果转化阶段，需要一年或者更久的时间，基于此，在创新产出指标的时间选取上，对产出变量进行滞后处理，其中知识产出由于是创新产出的第一阶段，所以滞后一年，经济产出则相应需要更久的时间，因此滞后两年，故在变量选取时，创新投入变量选择 2005~2014 年的数据，直接知识产出变量选取 2006~2017 年数据，间接经济产出变量选取 2007~2017 年数据，各变量的数据来源主要为历年相关统计年鉴，主要有中国统计年鉴、中国科技统计年鉴及中国高技术产业统计年鉴，为了避免年鉴数据会因为价格因素对实证结果造成影响，以 2005 年为基期，运用 GDP 平减指数对研发经费内部支出、技术市场成交合同金额、新产品销售收入和高技术产业企业利润进行处理。

25.3.2 我国创新资源配置效率静态分析

对创新资源配置的效率分析主要采用的是 DEA 模型方法，在模型选择上选取了超效率模型来测算综合效率，并结合 BCC 和 CCR 模型来更加细致地分析，对综合效率进行分解，分解为纯技术效率和规模效率，从而直观地分析各地区的技术水平和生产规模对创新资源配置效率的影响，并通过投影分析进一步探讨创新资源配置无效的原因。

1. 我国创新资源配置综合效率分析

MYDEA 测算结果如表 25-15 所示，通过对综合效率的分析发现，我国各地创新资源配置的综合效率呈现不均衡现象，一部分地区综合效率大于 1，另一部分地区综合效率小于 1，综合效率大于 1 说明创新资源配置有效，而小于 1 则说明创新资源配置无效。在这 30 个地区中综合效率大于 1 的地区有广东、浙江、江苏、天津、北京、陕西、重庆、黑龙江和吉林 9 个地区，说明这 9 个地区的创新资源配置是有效的，其中综合效率排名第一的是北京，其次为广东和江苏。这 9 个创新资源配置有效的地区，其规模报酬不变，说明这些地区的创新资源投入结构合理，资源利用率高。剩下地区的综合效率要小于 1，说明我国当前大多数地区的创新资源配置处于无效状态，由规模报酬和纯技术效率的结果可知，造成创新资源配置无效的原因在各地区是不一致的，上海、海南、甘肃、青海和宁夏 5 个地区纯技术效率为 1，说明在这些地区主要是生产规模导致的创新资源配置无效，应当调整创新生产规模，其中上海市与其他 4 个地区的规模报酬变化不同，其规模报酬是递减的，而其他四个地区是递增的；而山西、河北等地综合效率和纯技术效率均小于 1，说明这些地区不仅需要调整生产规模，同时需要调整投入结构，提高技术水平，改善创新资源投入结构和生产规模。

表 25-15 30 个省区市创新资源配置效率静态分析结果

地区	综合效率	CCR 综合效率	纯技术效率	规模报酬
北京	1.81	1	1	不变
天津	1.29	1	1	不变
河北	0.44	0.44	0.47	递增
山西	0.49	0.49	0.52	递增
内蒙古	0.27	0.27	0.35	递增
辽宁	0.76	0.76	0.78	递增
吉林	1.10	1	1	不变
黑龙江	1.07	1	1	不变
上海	0.95	0.95	1	递减
江苏	1.43	1	1	不变
浙江	1.35	1	1	不变
安徽	0.82	0.82	0.83	递增
福建	0.78	0.78	0.80	递增
江西	0.61	0.61	0.66	递增
山东	0.50	0.50	0.51	递增
河南	0.96	0.96	0.97	递增
湖北	0.63	0.63	0.64	递增
湖南	0.87	0.87	0.88	递减
广东	1.49	1	1	不变
广西	0.44	0.43	0.47	递增

续表

地区	综合效率	CCR综合效率	纯技术效率	规模报酬
海南	0.58	0.58	1	递增
重庆	1.39	1	1	不变
四川	0.96	0.96	0.96	不变
贵州	0.70	0.70	0.85	递增
云南	0.75	0.75	0.82	递增
陕西	1.06	1	1	不变
甘肃	0.98	0.98	1	递增
青海	0.72	0.72	1	递增
宁夏	0.41	0.41	1	递增
新疆	0.64	0.64	0.84	递增

2. 非DEA有效地区投影分析

为了更好地为创新资源配置无效的地区找出合理的创新资源投入方案，继续对DEA无效地区采用投影分析。在投影分析中发现，导致创新资源配置无效的原因有两个：一个是受到技术原因的影响导致创新资源配置在投入上过量，这种无效的原因称为配置剩余；另一个是创新资源在配置中，配置结果不合理导致的变量松弛，这种无效原因称为松弛变量。如果创新投入要素的配置剩余和松弛变量均为0，说明在创新资源配置过程中创新投入要素得到充分利用，如果创新产出变量的配置剩余和松弛变量均为0，则说明创新产出在创新投入一定的状况下实现了最大化。

（1）非DEA有效地区原因分析。对21个非DEA有效地区的配置剩余和松弛变量分析如表25-16所示，湖南、江西、安徽和河北四个地区创新资源配置投入变量的松弛变量为0，配置剩余不为0，说明这四个地区由于技术原因，在投入上过量；剩下的17个地区则存在着配置变量和松弛变量均不为0的现象，说明这些地区由于创新资源配置不当使得投入过量和产出不足。分变量来看，对研发经费内部支出，有5个地区的投入是过量的，包括辽宁、湖北、四川、上海和山东；对研发人员全时当量有海南、福建等12个地区存在投入冗余；对国内专利申请受权数有内蒙古、贵州、云南、青海4个地区有产出不足现象；对技术市场成交合同额有包括山东、安徽等在内的13个地区存在产出不足；对新产品销售收入有辽宁、四川、甘肃等8个地区存在产出不足；对高技术产业企业利润，有海南、福建、河北等15个地区存在产出不足；通过对投入产出的变量分析发现大多数地区在创新人员投入上过多，在技术市场成交合同金额和高技术产业企业利润上存在产出不足。

表 25-16 我国创新资源配置效率非 DEA 有效地区松弛变量

地区	综合效率	配置调整	X_1	X_2	Y_1	Y_2	Y_3	Y_4
河北	0.44	配置剩余	4 234.96	40 947.25	0	0	0	0
		松弛变量	0	0	0	4 432.51	0	0.17
上海	0.95	配置剩余	1 086.36	6 932.25	0	0	0	0
		松弛变量	4 488.98	0	0	0	0	0
福建	0.78	配置剩余	1 933.19	21 093.22	0	0	0	0
		松弛变量	0	8 555.14	0	1 599.49	0	0.56
山东	0.50	配置剩余	16 702.23	113 864.1	0	0	0	0
		松弛变量	2 490.36	0	0	6 911.58	0	6.67
海南	0.58	配置剩余	176.06	2 252.81	0	0	0	0
		松弛变量	0	257.01	0	0	0	0.03
山西	0.49	配置剩余	1 765.48	24 300.14	0	0	0	0
		松弛变量	0	7 281.09	0	0	880.65	0
安徽	0.82	配置剩余	1 733.12	14 874.06	0	0	0	0
		松弛变量	0	0	0	2 102.84	15 858.42	4.72
江西	0.61	配置剩余	1 463.46	14 607.96	0	0	0	0
		松弛变量	0	0	0	988.47	0	0.74
河南	0.96	配置剩余	372.98	4 789.77	0	0	0	0
		松弛变量	0	20 062.4	0	2 866.64	0	4.31
湖北	0.63	配置剩余	5 305.93	42 746.5	0	0	0	0
		松弛变量	97.476	0	0	3 491.32	0	1.25
湖南	0.87	配置剩余	991.70	10 845.81	0	3 491.32	0	1.25
		松弛变量	0	0	0	2 086.13	0	2.154
内蒙古	0.27	配置剩余	1 778.12	20 199.39	0	0	0	0
		松弛变量	0	1 106.69	13.57	0	920.86	0.08
广西	0.43	配置剩余	1 824.36	23 076.07	0	0	0	0
		松弛变量	0	2 937.03	525.21	0	0	0
四川	0.96	配置剩余	488.62	3 641.10	0	0	0	0
		松弛变量	853.87	0	0	6 457.40	2 726.67	0
贵州	0.70	配置剩余	371.75	4 835.77	0	0	0	0
		松弛变量	0	2 124.27	85.37	0	0	0.26
云南	0.75	配置剩余	460.44	6 191.92	0	0	0	0
		松弛变量	0	1 533.29	0.07	0	0	0

续表

地区	综合效率	配置调整	X_1	X_2	Y_1	Y_2	Y_3	Y_4
甘肃	0.98	配置剩余	29.50	353.88	0	0	0	0
		松弛变量	0	2 522.75	0	0	421.84	0.01
青海	0.72	配置剩余	111.49	1 410.16	0	0	0	0
		松弛变量	0	1 236.00	467.24	0	433.59	0.03
宁夏	0.41	配置剩余	204.39	4 337.51	0	0	0	0
		松弛变量	0	1 268.25	0	10.88	0	0
新疆	0.64	配置剩余	338.56	5 498.60	0	0	0	0
		松弛变量	0	2 115.76	0	275.79	787.46	0.05
辽宁	0.76	配置剩余	3 363.62	19 351.56	0	0	0	0
		松弛变量	3 236.71	0	0	11 657.93	4 079.57	0.89

（2）非 DEA 有效地区投影分析。通过对创新资源配置无效原因的分析，结合测算结果对应的目标值，可以得出各地区为达到创新资源配置效率有效在投入和产出上该如何做出调整，结合表 25-16 的各地区在投入产出上存在的冗余和不足的情况，具体调整如表 25-17 所示，其中河北省需要对研发经费内部支出和研发人员全时当量减少 56.07%，对创新产出的技术市场成交合同额需要增加 364.4%，高技术产业企业利润需要增加 21.67%；上海市创新研发经费内部支出应减少 23.96%，研发人员全时当量应减少 4.67%，创新产出的国内专利申请授权数需要增加 16.45%；福建省需要对创新研发经费内部支出减少 21.77%，研发人员全时当量减少 30.6%，创新产出中技术市场成交合同额需要增加 89.44%，高技术产业企业利润需增加 7.24%；山东省需要对研发经费内部支出减少 57.23%，研发人员全时当量减少 49.81%，产出方面技术市场成交合同额需要增加 97.21%，高技术产业企业利润需要增加 101.17%，其他省区市的调整状况见表 25-17。

表 25-17 非 DEA 有效地区投入产出调整

非 DEA 有效地区	X_1	X_2	Y_1	Y_2	Y_3	Y_4
河北	−56.07%	−56.07%	0	364.4%	0	21.67%
上海	−23.96%	−4.67%	16.45%	0	0	0
福建	−21.77%	−30.6%	0	89.44%	0	7.24%
山东	−57.23%	−49.81%	0	97.21%	0	101.17%
海南	−41.74%	−46.5%	0	0	0	204.76%
山西	−51.31%	−66.69%	0	0	57.29%	0
安徽	−18.34%	−18.34%	0	36.71%	86.25%	359.27%

续表

非 DEA 有效地区	X_1	X_2	Y_1	Y_2	Y_3	Y_4
江西	−38.94%	−38.94%	0	59.28%	0	74.06%
河南	−4.06%	−21.05%	9.51%	203.86%	0	65.14%
湖北	−38.21%	−37.52%	0	20.58%	0	70.18%
湖南	−12.64%	−12.64%	0	81.69%	0	133.34%
内蒙古	−73.18%	−77.18%	0	0	171.65%	231.35%
广西	−57.5%	−64.81%	0	182.67%	0	0
四川	−12.13%	−4.41%	0	116.49%	10	0
贵州	−30.44%	−43.81%	0	0	0	928.07%
云南	−24.68%	−30.79%	0	0	0	295.97%
甘肃	−1.66%	−13.49%	2.27%	0	39.06%	17.71%
青海	−28.17%	−52.86%	4.11%	0	999.9%	999.9%
宁夏	−58.95%	−76.19%	0	33.53%	0	1.87%
新疆	−35.59%	−49.28%	0	325.07%	999.9%	999.9%
辽宁	−46.89%	−23.9%	0	177.82%	28%	56.4%

25.3.3 我国创新资源配置效率动态分析

对创新资源配置效率的动态变动分析采用 DEAP 2.1 软件进行测算，得出我国近年来创新资源配置效率的变动状况和各地区效率的变动状况，并通过对相关效率的分解更深层次了解创新资源配置效率变动的原因。

1. 创新资源配置效率变动分析

对全国和各地区的创新资源配置效率近年来的变动状况进行分析。

（1）全国创新资源配置效率动态分析：2005～2016 年我国创新资源配置效率的变动状况，如表 25-18 所示，近年来我国创新资源配置效率几乎呈现上升趋势，只在两个时间段中出现了下降状况，分别为 2009/2007[①] 和 2013/2011，其中 2009/2007 期间下降了 9.1%，2013/2011 期间内下降了 1.6%，在 2005～2016 年整个期间内，创新资源配置效率增加了 1.9%。增长幅度较小，说明了我国当前创新资源配置效率在 11 年内并没有得到特别明显的提升，也进一步说明了当前我国创新资源配置效率依旧较低。

---

① 2009/2007 表示的是 2007～2009 年，这种方式是该实证方法里的动态时间表达方式，余同。

表 25-18 我国 2005~2016 年创新资源配置效率变动

年份	全要素生产率	技术进步	技术效率	规模效率	纯技术效率
2007/2005	1.031	1.083	0.952	0.998	0.955
2008/2006	1.04	1.088	0.956	0.986	0.969
2009/2007	0.909	0.878	1.034	1.016	1.018
2010/2008	1.095	1.06	1.033	0.957	1.079
2011/2009	1.006	0.995	1.011	1.046	0.967
2012/2010	1.023	0.989	1.034	1.015	1.019
2013/2011	0.984	0.941	1.045	1.012	1.033
2014/2012	1.049	1.08	0.971	1.002	0.968
2015/2013	1.005	1.062	0.946	0.935	1.012
2016/2014	1.063	1.069	0.994	0.983	1.011
2016/2005	1.019	1.018	1.001	0.996	1.005

注：年份里的 2007/2005 代表的是 2005~2007 年，余同

（2）各地区创新资源配置效率动态分析。各地区创新资源配置效率变动状况，如表 25-19 所示，可以看出我国大多数地区的创新资源配置效率为上升趋势，但也有部分地区表现为下降趋势，下降的地区包括天津、新疆、云南、贵州、广西、内蒙古、海南、福建和重庆 9 个地区，其中创新资源配置效率在 2005~2016 年这一时期内下降幅度最大的是内蒙古，下降了 11.1%，在效率上升的地区中，效率上升幅度最大地为四川省，在 2005~2016 年创新资源配置效率整体上升了 11%。

表 25-19 我国各地区 2005~2016 年创新资源配置效率的动态分析结果

地区	全要素生产率	技术进步	技术效率	规模效率	纯技术效率
北京	1.069	1.069	1	1	1
天津	0.967	0.967	1	1	1
河北	1.018	1.016	1.003	0.995	1.008
山西	1.02	1.03	0.989	0.996	0.994
内蒙古	0.889	0.981	0.906	0.983	0.922
辽宁	1.034	1.03	1.004	1.002	1.002
吉林	1.027	1.027	1	1	1
黑龙江	1.033	1.033	1	1	1
上海	1.029	1.033	0.996	0.996	1
江苏	1.078	1.053	1.024	1.002	1.022
浙江	1.05	1.05	1	1	1

续表

地区	全要素生产率	技术进步	技术效率	规模效率	纯技术效率
安徽	1.058	1.063	0.995	0.999	0.996
福建	0.952	0.974	0.978	0.999	0.979
江西	1.014	0.98	1.036	0.998	1.038
山东	1.016	1.036	0.981	1.004	0.977
河南	1.076	1	1.076	1.007	1.069
湖北	1.034	1.051	0.984	0.998	0.986
湖南	1.027	1.03	0.997	1.005	0.992
广东	1.015	1.015	1	1	1
广西	0.993	0.986	1.007	1.001	1.006
海南	0.96	1.008	0.952	0.952	1
重庆	0.986	0.986	1	1	1
四川	1.11	1.034	1.073	1	1.073
贵州	0.948	0.98	0.968	0.982	0.986
云南	0.981	1.007	0.975	0.992	0.982
陕西	1.107	1.042	1.063	1.003	1.06
甘肃	1.026	1.027	0.998	0.998	1
青海	1.094	1.024	1.069	1.044	1.024
宁夏	1.002	1.02	0.983	0.946	1.038
新疆	0.946	0.984	0.961	0.976	0.984
均值	1.019	1.018	1.001	0.996	1.005

2. 我国创新资源配置效率分解与变动原因分析

为了能够进一步分析主要导致我国和各地区创新资源配置效率变动的原因，对全要素生产率进行分解。

（1）我国创新资源配效率分解及变动原因分析。首先，分析全要素生产率的分解状况如图25-8所示，对技术进步来说，在2005~2016年内呈现小幅波动状况，没有明显的下降和上升趋势，在2007/2005、2008/2006、2010/2008、2014/2012、2015/2013、2016/2014时期内技术进步是处于上升状态的，上升幅度最大的时期是2008/2006上升了8.8%，在2009/2007、2011/2009、2012/2010、2013/2011时期内技术进步处于下降状态，且在2009/2007时期内下降幅度最大为12.2%；对于技术效率来说，2005~2016年各时期也表现为小幅波动状态，且波动状况与技术进步的波动状况相反，当技术效率上升时技术进步几乎是下降的，当技术效率下降时，技术进步几乎是上升的。这里采用几乎是因为 2010/2008 年技术进步和技术效率均表现为上升,所以在 2007/2005、2008/2006、2014/2012、2015/2013、2016/2014 时期内技术效率处于下降状态,下降幅度最大为 2007/2005 期间,下降了 4.8%,在 2009/2007、2010/2008、2011/2009、2012/2010、2013/2011 期间内,技术效率处于上升状态,上升幅度最大为 2013/2011 的 4.5%。

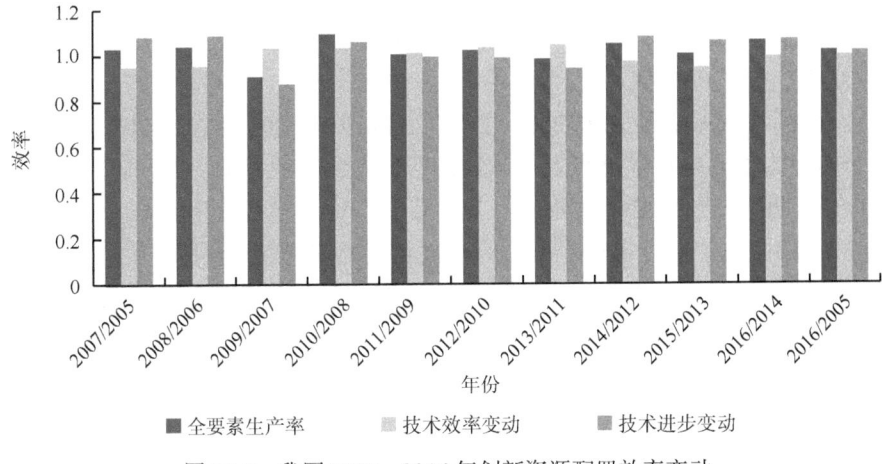

图 25-8 我国 2005~2016 年创新资源配置效率变动

其次,分析技术效率的分解状况,将其分解为规模效率和纯技术效率,三者的变动状况如图 25-9 所示,2005~2016 年三者的值的范围几乎在 0.95~1.05,只有纯技术效率在 2010/2008 期间内超过 1.05 为 1.079,规模效率在 2015/2013 期

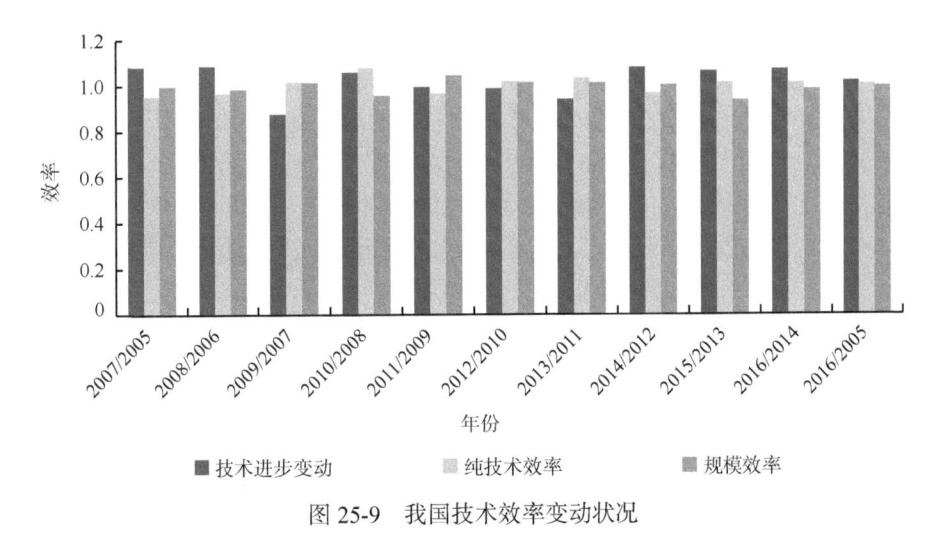

图 25-9 我国技术效率变动状况

间低于0.95为0.935。其中对规模效率来说，2007/2005、2008/2006、2010/2008、2015/2013及2016/2014期间内处于下降状态，下降幅度最大的时期为2015/2013，下降幅度为6.5%，2009/2007、2011/2009、2012/2010、2013/2011、2014/2012期间处于上升状态，上升幅度最大的时期为2009/2007，上升了1.6%；对纯技术效率来说，2007/2005、2008/2006、2011/2009、2014/2012期间内处于下降状态，下降幅度最大期间为2007/2005，下降了4.5%，2009/2007、2010/2008、2012/2010、2013/2011、2015/2013、2016/2014期间内处于上升状态，上升幅度最大时期为2010/2008，上升了7.9%。

最后，综上可知，在2007/2005、2008/2006、2014/2012、2015/2013、2016/2014这五个期间内主要是技术进步上升导致创新资源配置效率的上升，而2011/2009和2012/2010期间内则主要技术效率上升导致创新资源配置效率上升，2009/2007、2013/2011期间内主要技术进步下降导致创新资源配置效率下降，而2010/2008期间内主要技术进步上升和技术效率上升，两者同时上升的作用使得创新资源配置效率上升，技术进步和技术效率均是影响我国创新资源配置效率的关键因素，但是从变化趋势来看，创新资源配置效率的变化趋势与技术进步的变化趋势呈现出较为同步的状态，这说明技术进步对创新资源配置效率的影响更大，因此，要提高我国创新资源配置效率重点要考虑的是对我国创新技术的改善，同时要保证创新资源投入结构的合理性。

（2）各地区创新资源配置效率分解与变动原因分析：在30个省区市中，对技术进步来说，大部分地区都处于上升状态，如广东、重庆、浙江、吉林、天津、北京等，只有少部分地区处于下降和不变状态，其中保持不变的地区为河南省，下降的地区为天津、内蒙古、福建、江西、广西、重庆、贵州和新疆，下降幅度最大的地区为天津，下降了3.3%；对技术效率来说，保持不变的地区有重庆、广东、浙江、黑龙江、吉林、天津、北京。处于上升状态的地区有河北、辽宁、江苏、江西、河南、广西、四川、陕西、青海，其中上升幅度最大的地区为河南，上升了7.6%，其余地区处于下降状态，下降幅度最大的地区为内蒙古，下降了9.4%。

由各地区技术效率分解可知，对于规模效率来说，四川、重庆、广东、浙江、黑龙江、吉林、天津和北京这些地区处于不变状态，河北、上海、安徽、福建、山西、内蒙古、江西、湖北、海南、贵州、云南、甘肃、宁夏、新疆这些地区处于下降状态，下降幅度最高的地区为宁夏，下降了5.4%，辽宁、江苏、山东、河南、湖南、广西、陕西、青海这些地区处于上升状态，上升幅度最高地区为青海，上升了4.4%；对纯技术效率来说，吉林、黑龙江、上海、浙江、广东、海南、重庆、甘肃、天津、北京这些地区处于不变状态，江苏、江西、辽宁、河南、河北、广西、四川、陕西、青海、宁夏这些地区处于上升状态，上升幅度最大地区为四川，上升了7.3%，安徽、福建、山东、湖北、内蒙古、山西、湖南、贵州、云南、新疆这些地区处于下降状态，下降幅度最大地区为内蒙古，下降了 7.8%。

通过对各地区创新资源配置效率的分解可知，在创新资源配置效率处于上升状态的地区，吉林、黑龙江、上海、山西、北京、浙江、安徽、山东、湖北、湖南、广东、甘肃、宁夏这些地方主要受到技术进步上升的影响，河南、山东、山西主要受到技术效率的影响，河北、辽宁、江苏、四川、陕西、青海这些地区不仅受到技术进步的影响同时受到技术效率上升的影响；在创新资源配置效率处于下降状态的地区，内蒙古、新疆、贵州、福建主要受到了技术进步下降和技术效率下降的共同影响，而重庆、广西和天津则主要受到技术进步下降的影响，云南和海南则受到技术效率下降的影响。技术进步反映的是一个地区的研发能力和创新能力，而技术效率则反映了地区创新资源配置投入和产出的结构是否合理的问题，因此技术进步上升表明地区研发和创新能力提升，下降则表示研发和创新能力相应下降，技术效率上升说明资源配置结构合理，下降则说明资源配置结构不合理。通过上述分析可以充分了解各地区的研发和创新能力以及资源配置的结构状态。

3. 创新资源配置效率动态分析总结

2005~2016 年，整体上我国创新资源配置效率有所上升，只有 2009/2007、2013/2011 这两个期间表现为下降，由全要素生产率的分解结果来看，技术进步和技术效率在各个期间内大都大于 1，这说明我国的创新资源配置效率受到技术进步和技术效率的共同影响，其中技术进步的影响效果更大些。而就各个地区而言，30 个地区中有 21 个地区创新资源配置效率处于上升状态，仅新疆、云南、贵州、重庆、广西、内蒙古、海南、福建、天津 9 个地区处于下降状态，且导致这些地区下降的原因并不一致，内蒙古、新疆、贵州、福建是技术进步下降和技术效率下降导致的，说明这些地区需要提高研发技术和创新能力及资源配置结构，而包括重庆、广西和天津在内的 3 个地区则主要是技术进步下降导致，这 3 个地区需要重点提升研究技术和创新能力，云南和海南则受到技术效率下降影响，说明这两个地区则要重点关注资源配置结构问题。

第26章　引导创新资源配置与综合集成的财税政策现状与问题

我国历来重视运用包括财税政策在内的各类政策手段来引导创新资源配置，无论中央政府还是地方政府，都充分抓住国内外大好时机，出台了覆盖创新过程各环节的财税政策，搭建了促进创新政策的基本框架。在这些政策的激励下，我国近年来政府研发投入强度持续加大，国家创新能力有了显著提升，创新要素逐步向企业集聚，科技创新水平逐步提高，在实业中运用科技成果的能力也逐步增强，有些科技领域甚至进入了世界先进行列。但是，我国综合创新能力与其他发达国家相比仍然存在一定差距，某些行业内的关键技术对外依赖程度较高，在全球产业价值链中所处的地位依然较低，各类创新主体的创新活力有待进一步激活。因此，为了让创新发展成为各类创新主体的自觉行动，提升创新效率，用好、用活财税政策，有必要对现有的财税政策进行必要的总结与梳理，从而为优化促进创新资源配置与综合集成的财税政策设计找到更好的立足点与突破口。

26.1　引导创新资源配置与综合集成的财税政策现状

财税政策对创新资源配置和综合集成的引导，一方面，要考虑市场在创新资源配置和综合集成上的主体作用，政府主要是通过像科技投入、贴息、基金、后补贴和担保等政策方式激励企业增加创新投入，并使得创新资源能够得到高校配置和综合集成；另一方面，采取税收优惠政策能够使得政府对企业创新的间接投入增加，从而激励企业创新，创新税收优惠政策主要包括研发费用扣除、直接减税和固定资产折旧等。

26.1.1　财政政策现状

政府促进企业进行科技创新会综合运用财政支出多种政策手段，使财政资金有效地配置到创新型企业之中。当然，财税政策手段在不同的国家，其运用及发挥作用的程度会出现差异，即便在一国范围之内，在科技创新的不同阶段，财政支出手段的运用也有所不同。

1. 财政科技支出手段

政府通过采取合适的财税政策引导创新资源进行合理的分配，有利于其资源配置效率的提高，在创新资源配置的过程中财政政策在数据上主要体现在财政科技投入方面。政府对创新发展的支持方式主要有两类：一类是以政府补贴为主的创新政策；另一类是以财政金融为主的创新政策。基于本节的研究对象，这里我们主要讨论的财政政策方式为财政科技投入。近年来，随着科技体制改革的逐渐完善，我国政府支持创新的制定体系也越来越健全，财政资金的科技投入已从单一方式向多元化和多渠道的方式进行了转变。具体的政策如表26-1所示。

表26-1 创新的财政支持政策

政策条款依据	主要内容
《关于深化科技体制改革加快国家创新体系建设的意见》（中发〔2012〕6号）	扩大科技型中小企业创新基金规模，通过贷款贴息、研发资助等方式支持中小企业技术创新活动
	对从事基础研究、前沿技术研究和社会公益研究的科研机构和学科专业，完善财政投入为主、引导社会参与的持续稳定支持机制
	加大对农业科技的支持力度
	完善科技经费管理制度
	以中央财政资金为引导，带动地方财政和社会投入，支持区域公共科技服务平台建设
	用好国家科技成果转化引导基金，加大对新技术新工艺新产品应用推广的支持力度
《交通运输部关于科技创新推动交通运输转型升级的指导意见》（交科发〔2013〕540号）	建立稳定的科技创新投入机制，优化基础研究、应用研究、试验发展和成果转化的经费投入结构，重点保障基础性、前瞻性、关键性科研项目和研发平台建设投入
科技部办公厅关于印发《国家文化科技创新工程西部行动方案》的通知（国科办高〔2014〕38号）	科技部将利用国家文化科技创新工程及其他科技计划或专项，加强对西部行动计划的支持
《中共中央国务院关于深化体制机制改革加快实施创新驱动发展战略的若干意见》（中发〔2015〕8号）	运用财政后补助、间接投入等方式，支持企业自主决策、先行投入，开展重大产业关键共性技术、装备和标准的研发攻关
	提高普惠性财税政策支持力度
	加大创新产品和服务的采购力度
《产业规划类专利导航项目实施导则（暂行）》（国知办发管字〔2015〕18号）	保障政策性文件落地实施的相应措施，如，建立工作协调机制，明确资金投入，落实各项工作的责任主体，完善配套政策体系，建立统计评价和监督考核机制等
《国家知识产权局关于印发〈加快推进知识产权强省建设工作方案（试行）〉的通知》（国知发管字〔2015〕59号）	引导财政、税收等政策向知识产权密集型产业倾斜
	利用财政、税收、金融、贸易便利化等政策，加大知识产权密集型商品出口
	将委托项目经费向知识产权强省建设工作倾斜
《深化科技体制改革实施方案》（2015年9月24日）	开展国家科技计划（专项、基金）后补助试点
	建立健全符合国际规则的支持采购创新产品和服务的政策，加大创新产品和服务采购力度

续表

政策条款依据	主要内容
《深化科技体制改革实施方案》（2015年9月24日）	科技成果转移转化所得收入全部留归单位，纳入单位预算，实行统一管理，处置收入不上缴国库
	壮大创业投资规模，加大对早中期、初创期创新型企业支持力度
	推进中央财政科技计划（专项、基金等）管理改革，再造科技计划管理体系
	改革科研项目和资金管理，建立符合科研规律、高效规范的管理制度
	通过国有重点金融机构发起设立海外创新投资基金
《科技部党组关于贯彻落实党的十八届五中全会精神深入实施创新驱动发展战略的意见》（国科党组发〔2016〕1号）	发挥中央财政资金的撬动作用，引导投资基金、金融配套支持，共同推动重大专项成果应用和产业化
	继续深化中央财政科技计划管理改革
	全面启动实施国家科技成果转化引导基金，扩大基金规模，联合社会资本设立一批支持企业科技创新的专业化创投子基金
	重点推动研发费用加计扣除、高新技术企业认定、固定资产加速折旧等政策落实，扩大政策覆盖面
《农业部关于扎实做好2016年农业农村经济工作的意见》（农发〔2016〕1号）	加快建立新型农业经营主体培育政策体系，优化财政支农资金使用，不断完善补贴、财税、信贷保险、用地用电和人才培养等扶持政策
	推动农村土地征收、宅基地、集体建设用地等改革试点，维护进城落户农民土地承包权、宅基地使用权、集体收益分配权，支持引导其依法自愿有偿转让上述权益
国家测绘地理信息局关于印发《贯彻落实〈关于加强测绘地理信息，科技创新的意见〉任务分工方案》的通知（国测科发〔2016〕3号）	支持将企业先行投入、自行设立的科技项目经遴选纳入政府科技计划，探索运用财政后补助、间接投入、政府购买服务等方式予以资助
	提高政府采购国产化技术产品和服务的力度
	在基础测绘科技经费及各省各单位科技经费中，基础研究和应用基础研究项目经费所占比例应不低于10%
《国务院关于印发上海系统推进全面创新改革试验加快建设具有全球影响力科技创新中心方案的通知》（国发〔2016〕23号）	完善对基础前沿类科技工作持续稳定的财政支持机制；对市场需求明确的技术创新活动，通过风险补偿、后补助、创投引导等方式发挥财政资金的杠杆作用，促进科技成果转移转化和资本化、产业化
	建立公开统一的科技管理平台，优化科技计划（专项、基金等）布局，梳理整合和动态调整现有各类科技计划（专项、基金等）
《国务院关于印发"十三五"国家科技创新规划的通知》（国发〔2016〕43号）	加快中央财政科技计划（专项、基金等）管理改革，强化科技资源的统筹协调
	完善基础研究投入机制，提高基础研究占全社会研发投入比例，充分发挥国家对基础研究投入的主体作用，加大中央财政对基础研究的支持力度，加大对基础学科、基础研究基地和基础科学重大设施的稳定支持
	统筹安排人才开发培养经费，调整和规范人才工程项目财政性支出，提高资金使用效益，发挥人才发展专项资金等政府投入的引导和撬动作用
	强化科技创新对精准扶贫精准脱贫的支撑作用，大力推进智力扶贫、创业扶贫、协同扶贫
	深入推进中央财政科技计划（专项、基金等）管理改革。按照国家自然科学基金、国家科技重大专项、国家重点研发计划、技术创新引导专项（基金）、基地和人才专项等五类科技计划重构国家科技计划布局，实行分类管理、分类支持
	建立科研财务助理制度。完善科研项目间接费用管理，加大对科技成果转化绩效突出的高等学校、科研院所及人员的支持力度

续表

政策条款依据	主要内容
《国务院关于印发政务信息资源共享管理暂行办法的通知》（国发〔2016〕51号）	加大财政科技投入力度，明确财政资金投入重点。切实加强对基础研究的财政投入，完善稳定支持机制。北京市设立战略性新兴产业技术跨越工程引导资金，加大对产业关键共性技术和贯穿创新链科技创新项目的支持力度
《国务院办公厅关于印发促进科技成果转移转化行动方案的通知》（国办发〔2016〕28号）	加快政府职能转变，推进简政放权、放管结合、优化服务，强化政府在科技成果转移转化政策制定、平台建设、人才培养、公共服务等方面职能，发挥财政资金引导作用，营造有利于科技成果转移转化的良好环境
	构建由财政资金支持产生的科技成果转化项目库与数据服务平台
	发挥中央财政对科技成果转移转化的引导作用。加大地方财政支持科技成果转化力度
《国土资源部关于加快推进科技创新的若干意见》（国土资发〔2016〕106号）	增强科技创新人才激励力度，加大绩效激励，落实科技成果转化激励措施。落实科研经费法人自主权，扩大科技人才选用自主权，用好科研稳定支持政策，充分发挥科技创新引领作用。进一步优化科技创新资源配置
《国家信息化发展战略纲要》（中共中央办公厅、国务院办公厅2016年7月）	加大财政投入和管理，重点支持关键性、基础性、公共性领域的信息化建设和网络安全保障。加大政府购买服务力度，创新信息化投融资机制，在信息化领域实行有利于商业运作、持续运营的政策，为社会投资参与创造条件
《关于加快建设知识产权强市的指导意见》（国知发管字〔2016〕86号）	发挥金融与财政的联动效应，引导金融机构发挥专业优势和渠道优势，建立系统化、流程化、专业化的知识产权金融服务机制
	面向创新创业主体推行知识产权服务券模式，加大财政扶持力度
《商务部 发展改革委 科技部 工业和信息化部 人民银行 海关总署 统计局关于加强国际合作提高我国产业全球价值链地位的指导意见》（商政发〔2016〕433号）	支持以政府和社会资本合作模式（PPP）等方式，引导内外资投向创新孵化、成果转移转化、技术创新服务等公共科技服务平台建设
	研究完善现有资金支持政策，调整优化支持内容和方式，促进相关产业创新发展、品牌培育和营销网络建设等。确需中央财政支持的有关技术研究事项，通过优化整合后的科技计划（专项、基金等）予以统筹考虑
中共中央办公厅 国务院办公厅印发《关于创新政府配置资源方式的指导意见》（2017年1月11日）	合理确定各级政府的财政事权和支出责任。加强基本公共服务资源均衡配置，推动基层基本公共服务资源优化整合，提高服务效率
《国务院办公厅关于创新管理优化服务培育壮大经济发展新动能加快新旧动能接续转换的意见》（国办发〔2017〕4号）	出台激励国有企业加大研发投入力度、参与国家重大科技项目的措施办法
	通过政府购买服务等方式加大对科技类社会服务机构的支持力度，落实财税支持政策
《关于促进开发区改革和创新发展的若干意见》（国办发〔2017〕7号）	完善开发区财政预算管理和独立核算机制
	促进开发区整合优化发展，被整合的开发区的地区生产总值、财政收入等经济统计数据，可按属地原则进行分成
《国务院关于印发新一代人工智能发展规划的通知》（国发〔2017〕35号）	加大财政资金支持力度，对人工智能基础前沿研究、关键共性技术攻关、成果转移转化、基地平台建设、创新应用示范等提供支持
《国务院关于强化实施创新驱动发展战略进一步推进大众创业万众创新深入发展的意见》（国发〔2017〕37号）	拓展企业融资渠道。改革财政资金、国有资本参与创业投资的投入、管理与退出标准和规则，建立完善与其特点相适应的绩效评价体系。推动国家新兴产业创业投资引导基金、国家中小企业发展基金、国家科技成果转化引导基金设立一批创业投资子基金

续表

政策条款依据	主要内容
《国务院办公厅关于县域创新驱动发展的若干意见》（国办发〔2017〕43号）	加强对县域创新驱动发展的政策扶持，通过技术创新引导专项（基金）、人才支持计划等，支持县域开展科技创新创业
《国务院关于印发国家技术转移体系建设方案的通知》（国发〔2017〕44号）	加大资金投入，构建符合科技创新规律、技术转移规律和产业发展规律的国家技术转移体系
《国务院办公厅关于推动国防科技工业军民融合深度发展的意见》（国办发〔2017〕91号）	加大军用技术推广支持力度。项目审批方式逐步由事前审批向事后审批转变，经费支持方式可由注入资本金等向投资补助、贷款贴息等转变
	对承担军品重点任务、符合政府投资政策的民营企业，在企业自愿和确保安全保密的前提下，采取投资入股、补助、贷款贴息、租赁、借用等多种方式给予支持。拓展军民融合发展投融资渠道，设立国家国防科技工业军民融合产业投资基金
《国家林业局关于促进中国林业移动互联网发展的指导意见》（林信发〔2017〕114号）	以重大林业建设项目，带动各级林业主管部门加大对移动互联网的资金投入，构建多元移动互联网投入机制，为移动互联网的发展提供经费保障
《国务院关于深化"互联网+先进制造业"发展工业互联网的指导意见》（成文日：2017年11月19日）	加大财税支持力度，重点支持网络体系、平台体系、安全体系能力建设。探索采用首购、订购优惠等支持方式，促进工业互联网创新产品和服务的规模化应用；鼓励有条件的地方通过设立工业互联网专项资金、建立风险补偿基金等方式，支持本地工业互联网集聚发展
《国务院关于全面加强基础科学研究的若干意见》（国发〔2018〕4号）	加大中央财政对基础研究的稳定支持力度，构建基础研究多元化投入机制，引导鼓励地方、企业和社会力量增加基础研究投入，完善对高校、科研院所、科学家的长期稳定支持机制
《关于进一步推进中央企业创新发展的意见》（国科发资〔2018〕19号）	成立一批专业化创业投资基金，推动中央企业科技成果的转移转化和产业化
	引导和鼓励中央企业加大对基础研究和应用基础研究的投入
	协调相关部门完善研发费用加计扣除等创新激励政策，促进相关政策落实落地
《食品药品监管总局 科技部关于加强和促进食品药品科技创新工作的指导意见》（食药监科〔2018〕14号）	以相关国家科技计划（专项、基金等）为依托，加大对群众急需的重点药品、创新药、先进医疗器械自主创新等支持力度
	以监管法规政策和相关科技计划（专项、基金）为依托，引领食品药品企业在新产品研发、工艺创新和已上市产品再评价等方面加强研究
	涉及企业职务科技成果转化的，通过奖励和报酬等方式调动科技人员参与科技创新的积极性
	开拓多元化资金投入渠道，加强食品药品科技创新研究
《人力资源社会保障部 财政部 农业农村部关于进一步推动返乡入乡创业工作的意见》（人社部发〔2019〕129号）	落实创业扶持政策
	落实创业担保贷款政策。加大对符合条件的返乡入乡创业人员创业担保贷款贴息支持力度
	落实培训补贴
《国家发展改革委 科技部关于构建市场导向的绿色技术创新体系的指导意见》（发改环资〔2019〕689号）	加大对企业绿色技术创新的支持力度，国家重大科技专项、国家重点研发计划支持的绿色技术研发项目由企业牵头承担的比例不少于55%

续表

政策条款依据	主要内容
《关于加快培育共享制造新模式新业态 促进制造业高质量发展的指导意见》（工信部产业〔2019〕226号）	积极利用现有资金渠道，支持共性技术研究与开发，开展共享制造平台建设与升级、技术应用创新、制造资源采集系统开发、共享工厂建设等
《促进新型研发机构发展的指导意见》（国科发政〔2019〕313号）	符合条件的新型研发机构，可适用以下政策措施。按照要求申报国家科技重大专项、国家重点研发计划、国家自然科学基金等各类政府科技项目、科技创新基地和人才计划
	鼓励地方通过中央引导地方科技发展专项资金，支持新型研发机构建设运行。鼓励国家科技成果转化引导基金，支持新型研发机构转移转化利用财政资金等形成的科技成果
《粤港澳大湾区发展规划纲要》（2019年2月18日）	向港澳有序开放国家在广东建设布局的重大科研基础设施和大型科研仪器。支持粤港澳有关机构积极参与国家科技计划（专项、基金等）。加强应用基础研究，拓展实施国家重大科技项目
	支持粤港澳设立联合创新专项资金，就重大科研项目开展合作，允许相关资金在大湾区跨境使用
《科技部办公厅关于调整2020年度国家重点研发计划项目管理相关工作安排的通知》（国科发资〔2020〕9号）	推动财政科技投入方式机制创新，综合运用贷款贴息、风险补偿等方式，引导和支持银行信贷投入
	提升县域科技资源配置和使用效率。有条件的地方科技主管部门在设立科技成果转化引导基金、创业投资引导基金等工作中，可充分发挥邮储银行分支机构的作用
《科技部办公厅关于做好国家高新区科学防疫推动企业有序复工复产的通知》（国科办函区〔2020〕21号）	要加强政策宣传、解读，强化政策落地，使企业充分享受到国家支持企业发展的财税、金融、社保等有关政策。要制定政策和措施，采取多种方式，加强对科技型中小企业研究开发活动的支持，缓解科技型中小企业融资难融资贵问题。利用创新券、政府购买服务等多种方式，对各类"双创"服务载体进行奖励或后补助支持
科技部 发展改革委 教育部 中科院 自然科学基金委关于印发《加强"从0到1"基础研究工作方案》的通知（国科发基〔2020〕46号）	优化基础研究投入结构，依托国家重点实验室和国家科技计划等，对关系长远发展的基础前沿领域加大稳定支持力度
	稳定支持面上项目、青年科学基金项目和地区科学基金项目，鼓励在科学基金资助范围内自主选题
科技部印发《关于科技创新支撑复工复产和经济平稳运行的若干措施》的通知（国科发区〔2020〕67号）	加大资金投入保障。注重用好存量资金，争取增量资金，通过各级科技计划（专项、基金）等为科技支撑复工复产、保障经济平稳运行提供保障
	加大对湖北等疫情影响较大地区的支持力度，加大科技创新资源援助力度
	扩大高校毕业生就业渠道。推动高校、科研院所设立科研助理或辅助人员岗位，扩大博士后岗位规模，其劳务费用和有关社保补助按规定从项目经费中列支

2. 财政科技支出现状

基于财政支出的一般理论，从财政科技投入规模和结构两方面对财政科技支出现状进行分析。

（1）财政科技投入规模分析。由表26-2知，2005～2018年，我国财政科技拨款在不断增加，由1334.9亿元增加到了9518.2亿元，增加了6.13倍。其中在2006年、2007年、2009年和2010年的国家财政科技拨款增长率较高，在25%以上，然而2014年和2015年、2017年财政科技增长率却低于10%。《科学技术进步法》中规定"国家财政用于科学技术的经费的增长幅度，应当高于国家财政经常性收入的增长幅度"，即财政科技拨款的增长率要大于财政收入的增长率，而由表26-2可知依旧有部分年份的财政科技拨款没有达到要求，包括2007年、2011年和2014年，说明当前我国财政科技投入还没有形成稳定的投入机制。

表26-2 国家财政科技拨款及相关比例

年份	国家财政科技拨款/亿元	国家财政科技拨款的增长率	国家财政收入的增长率	国家财政支出的增长率	国家财政科技拨款占GDP比值	占国家财政总支出的比值
2005	1334.9	21.88%	19.9%	19.11%	0.71%	3.93%
2006	1688.5	26.49%	22.5%	19.13%	0.77%	4.18%
2007	2135.7	26.49%	32.4%	23.15%	0.79%	4.29%
2008	2611.0	22.25%	19.5%	25.74%	0.82%	4.17%
2009	3276.8	25.50%	11.7%	21.90%	0.94%	4.29%
2010	4196.7	28.07%	21.3%	17.79%	1.02%	4.67%
2011	4797.0	14.30%	25.0%	21.56%	0.98%	4.39%
2012	5600.1	16.74%	12.9%	15.29%	1.04%	4.45%
2013	6184.9	10.44%	10.2%	11.32%	1.04%	4.41%
2014	6454.5	4.36%	8.6%	8.25%	1.00%	4.25%
2015	7005.8	8.54%	5.8%	15.87%	1.02%	3.98%
2016	7760.7	10.78%	4.5%	6.75%	1.04%	4.13%
2017	8383.6	8.03%	7.4%	8.17%	1.02%	4.13%
2018	9518.2	13.53%	6.2%	8.77%	1.06%	4.31%

从财政支出结构来看如图26-1所示，我国的财政科技拨款占国家财政总支出中的比重并不稳定，处于波动状态，其中2010年达到最大值占比4.67%，最低值为2005年占比3.93%。国家财政科技拨款占GDP比值是国际上通用的一个反映科技投入强度的指标，若财政科技拨款占GDP比值低于1%，则认为科技投入强度不够，可以看出我国的科技投入强度处于较低水平，2010年之前财政科技拨款占GDP比值低于1%，2010年之后才开始高于1%，且最大值也仅为1.04%，这说明当前我国科技投入强度虽然有所提高，但是依然处于较低水平。国家财政科技拨款是政府支持和引导企业增加创新生产的主要政策工具之一，只有保障财政科技投入和财政收入及GDP同步增长，才能使政府科技投入形成一个稳定的机制，从而为企业创新提供政策保障。

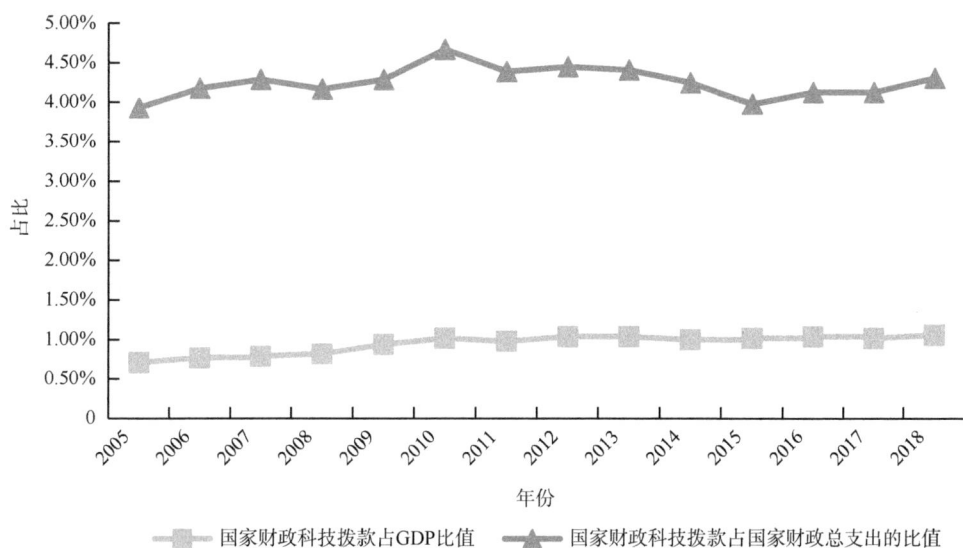

图 26-1 财政科技拨款在国家财政支出占比和 GDP 占比

（2）财政科技投入结构分析。中央与地方政府是财政科技投入的两个主体，地方政府的科技投入是对中央政府科技投入的一个补充和强化。由表 26-3、图 26-2 可知中央财政科技拨款占国家财政拨款比重呈下降趋势，而地方财政科技拨款占国家财政拨款比重呈上升趋势，且地方的占比在 2007 年开始有大于 50%的趋势，进一步从中央和地方各自财政科技占各自财政支出的比重来看，见图 26-3，中央财政科技拨款占中央财政支出比重在 2005~2018 年呈现波动状态，在 2011 年出现最高为 14.19%，而地方政府财政科技拨款占地方财政支出比重在 2005~2018 年几乎处于稳定状态，这说明近年来我国地方财政科技拨款的积极性并没有提高。

表 26-3 中央与地方财政科技拨款结构

年份	中央财政科技拨款占国家财政科技拨款比重	中央财政科技拨款占中央财政支出比重	地方科技拨款占国家财政科技拨款比重	地方科技拨款占地方财政支出比重
2005	60.51%	9.20%	39.49%	2.10%
2006	59.80%	10.11%	40.20%	2.23%
2007	48.89%	9.13%	51.11%	2.85%
2008	49.30%	9.65%	50.70%	2.69%
2009	50.45%	10.84%	49.55%	2.66%
2010	48.91%	12.84%	51.09%	2.90%
2011	48.85%	14.19%	51.15%	2.65%
2012	46.67%	13.93%	53.33%	2.79%
2013	44.12%	13.33%	55.88%	2.89%
2014	44.92%	12.85%	55.08%	2.75%

续表

年份	中央财政科技拨款占国家财政科技拨款比重	中央财政科技拨款占中央财政支出比重	地方科技拨款占国家财政科技拨款比重	地方科技拨款占地方财政支出比重
2015	42.99%	11.79%	57.01%	2.66%
2016	42.13%	11.93%	57.87%	2.80%
2017	40.81%	11.46%	59.19%	2.86%
2018	39.28%	11.43%	60.72%	3.07%

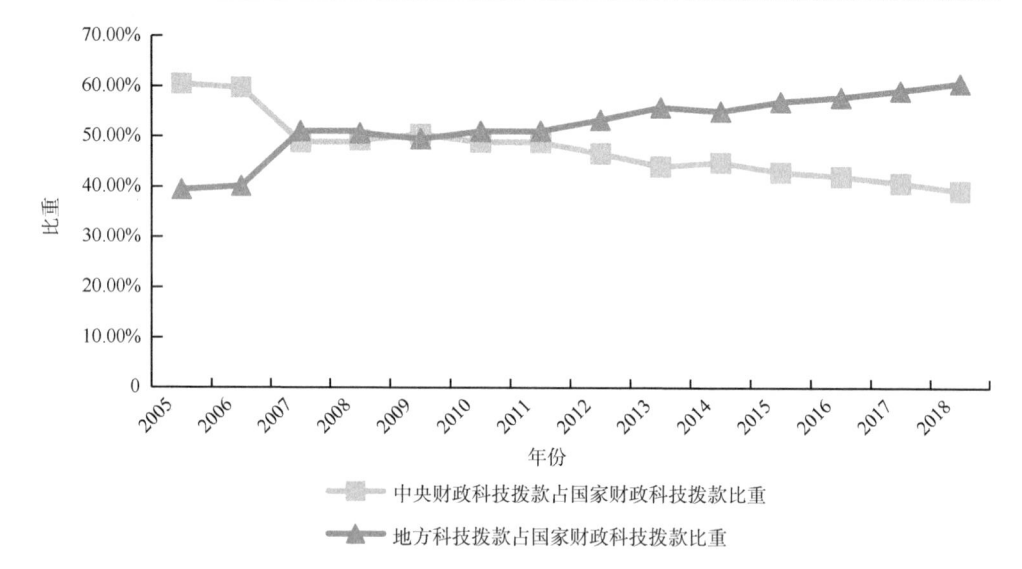

图 26-2 中央与地方科技拨款比例变化

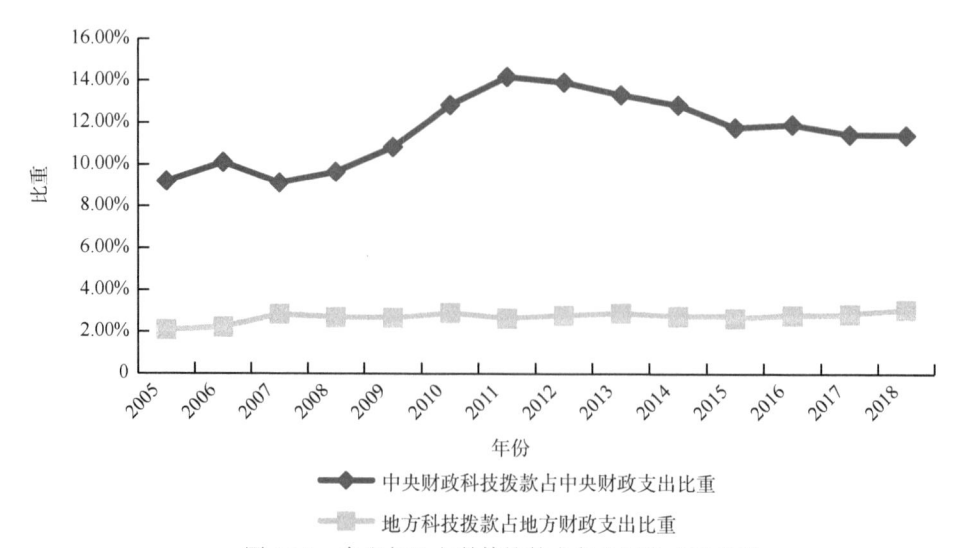

图 26-3 中央与地方科技拨款占各自财政支出比重

根据活动的类型可以将研发分为三类：第一类是基础研究；第二类是应用研究；第三类是试验发展。这三类活动对创新发展来说都是至关重要的，缺一不可。基础研究和应用研究也叫科学研究，是创新活动的起步阶段，政府的科技投入经费在这三类活动中的资金应当有个恰当的比例，才能使得创新发展具有良好的效果。当前我国在三类研究中的经费投入如表26-4所示，2005～2018年我国的研发经费投入不断增加，由2449.97亿元增加到了19 677.93亿元，增幅较大，同时三类的经费投入也在不断增加。但是由图26-4可知，科学研究经费在总经费中的占比较小，我国的研发经费投入主要流向了试验发展阶段，其占比在80%左右，说明研发资金在三类活动中的分布不均衡。科学研究是创新发展的最初阶段，这个阶段存在着许多的不确定性，也没有收益来源，更加需要政府的资金投入，科学研究阶段资金的投入不足，就会导致其研究效果偏低从而影响后续的创新发展，因此政府在引导创新资源配置和综合集成时，要充分考虑三类活动的资金投入状况，保持三类活动的资金投入维持在一个恰当的比例，这样才能使得我国创新持续良好地发展。

表26-4 研发及三种活动类型投入金额（单位：亿元）

年份	研发经费	基础研究	应用研究	试验发展
2005	2 449.97	131.21	433.53	1 885.24
2006	3 003.1	155.76	488.97	2 358.37
2007	3 710.24	174.52	492.94	3 042.78
2008	4 616.02	220.82	575.16	3 820.04
2009	5 802.11	270.29	730.79	4 801.03
2010	7 062.58	324.49	893.79	5 844.3
2011	8 687.01	411.81	1 028.39	7 246.81
2012	10 298.41	498.81	1 161.97	8 637.63
2013	11 846.6	554.95	1 269.12	10 022.53
2014	13 015.63	613.54	1 398.53	11 003.56
2015	14 169.88	716.12	1 528.64	11 925.13
2016	15 676.75	822.89	1 610.49	13 243.36
2017	17 606.13	975.49	1 849.21	14 871.43
2018	19 677.93	1 090.37	2 190.87	16 396.69

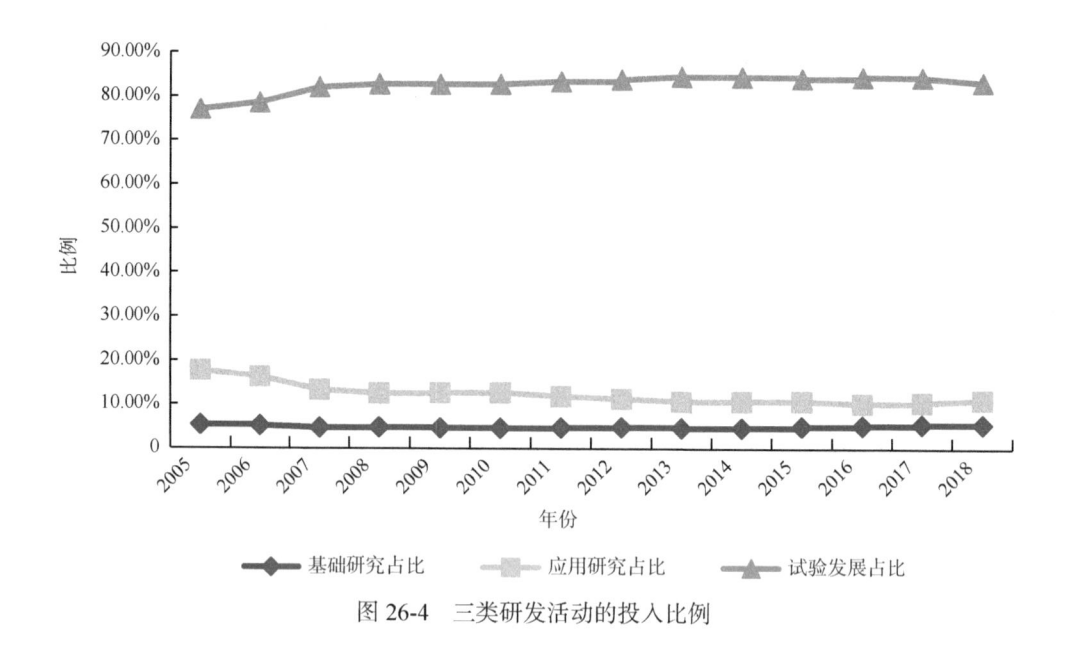

图 26-4 三类研发活动的投入比例

26.1.2 税收政策现状

税收优惠政策是激励企业创新的一种常用的政策工具。自改革开放以来，我国就开始采用税收优惠政策来促进我国的创新发展，至今政府已经陆陆续续出台了许多税收优惠政策来引导创新资源高效配置和综合集成，而且这些税收优惠政策主要以所得税和流转税为主。具体主要分布在增值税、企业所得税和个人所得税中，优惠的类型则主要有增值税优惠、技术转让优惠、高技术企业特殊优惠和个人所得税优惠等。

1. 企业所得税优惠

我国是以流转税与所得税为主的双主体税制结构，与其他国家科技税收激励政策不同的是，我国在激励创新资源配置的税收政策设计上，在两方面都制定了不同的政策，具体表现为以下内容。

（1）税率式优惠。税率是税制的核心，税率的高低是判断与决定优惠对象是否得到了实惠的主要标志。因此，为激励创新资源的合理配置，引导其流向符合国家产业导向及区域范围内，在税收优惠政策设计中，税率优惠运用也是较为常见且较为有效的一种手段，具体的税收政策参见表26-5。

表 26-5　企业税率优惠政策

政策条款依据	税收优惠内容
《企业所得税法》第二十八条	符合条件的小型微利企业，减按20%的税率征收企业所得税。国家需要重点扶持的高新技术企业，减按15%的税率征收企业所得税
《财政部 国家税务总局关于进一步鼓励软件产业和集成电路产业发展企业所得税政策的通知》（财税〔2012〕27号）	集成电路线宽小于0.8微米（含）的集成电路生产企业，经认定后，在2017年12月31日前获利年度计算优惠期，第一年至第二年免征企业所得税，第三年至第五年按照25%的法定税率减半征收企业所得税，并享受至期满为止；集成电路线宽小于0.25微米或投资额超过80亿元的集成电路生产企业，经认定后，减按15%的税率征收企业所得税，其中经营期在15年以上的，在2017年12月31日前自获利年度起计算优惠期，第一年至第五年免征企业所得税，第六年至第十年按照25%的法定税率减半征收企业所得税，并享受至期满为止；我国境内新办的集成电路设计企业和符合条件的软件企业，经认定后，在2017年12月31日前自获利年度起计算优惠期，第一年至第二年免征企业所得税，第三年至第五年按照25%的法定税率减半征收企业所得税，并享受至期满为止；国家规划布局内的重点软件企业和集成电路设计企业，如当年未享受免税优惠的，可减按10%的税率征收企业所得税
《关于高新技术企业境外所得适用税率及税收抵免问题的通知》（财税〔2011〕47号）	以境内、境外全部生产经营活动有关的研究开发费用总额、总收入、销售收入总额、高新技术产品（服务）收入等指标申请并经认定的高新技术企业，其来源于境外的所得可以享受高新技术企业所得税优惠政策，即对其来源于境外所得可以按照15%的优惠税率缴纳企业所得税，在计算境外抵免限额时，可按照15%的优惠税率计算境内外应纳税总额
《财政部 国家税务总局关于小型微利企业所得税优惠政策有关问题的通知》（财税〔2014〕34号）	自2014年1月1日至2016年12月31日，对年应纳税所得额低于10万元（含10万元）的小型微利企业，其所得减按50%计入应纳税所得额，按20%的税率缴纳企业所得税
《财政部 国家税务总局 发展改革委 工业和信息化部 关于进一步鼓励集成电路产业发展企业所得税政策的通知》（财税〔2015〕6号）	符合条件的集成电路封装、测试企业以及集成电路关键专用材料生产企业、集成电路专用设备生产企业，在2017年（含2017年）前实现获利的，自获利年度起，第一年至第二年免征企业所得税，第三年至第五年按照25%的法定税率减半征收企业所得税，并享受至期满为止；2017年前未实现获利的，自2017年起计算优惠期，享受至期满为止
《国家税务总局关于执行〈西部地区鼓励类产业目录〉有关企业所得税问题的公告》（国家税务总局公告2015年第14号）	对设在西部地区以《西部地区鼓励类产业目录》中新增鼓励类产业项目为主营业务，且其当年度主营业务收入占企业收入总额70%以上的企业，自2014年10月1日起，可减按15%税率缴纳企业所得税，其主营业务如不再属于《西部地区鼓励类产业目录》中国家鼓励产业项目的，自2014年10月1日起，停止执行减按15%税率缴纳企业所得税
《国家税务总局关于实施高新技术企业所得税优惠政策有关问题的公告》（国家税务总局公告2017年第24号）	企业的高新技术企业资格期满当年，在通过重新认定前，其企业所得税暂按15%的税率预缴，在年底前仍未取得高新技术企业资格的，应按规定补缴相应期间的税款
《财政部 税务总局 国家发展改革委 工业和信息化部关于集成电路生产企业有关企业所得税政策问题的通知》（财税〔2018〕27号）	2018年1月1日后投资新设的集成电路线宽小于130纳米，且经营期在10年以上的集成电路生产企业或项目，第一年至第二年免征企业所得税，第三年至第五年按照25%的法定税率减半征收企业所得税，并享受至期满为止；2018年1月1日后投资新设的集成电路线宽小于65纳米或投资额超过150亿元，且经营期在15年以上的集成电路生产企业或项目，第一年至第五年免征企业所得税，第六年至第十年按照25%的法

续表

政策条款依据	税收优惠内容
《财政部 税务总局 国家发展改革委 工业和信息化部关于集成电路生产企业有关企业所得税政策问题的通知》（财税〔2018〕27号）	定税率减半征收企业所得税，并享受至期满为止；2017年12月31日前设立但未获利的集成电路线宽小于0.25微米或投资额超过80亿元，且经营期在15年以上的集成电路生产企业，自获利年度起第一年至第五年免征企业所得税，第六年至第十年按照25%的法定税率减半征收企业所得税，并享受至期满为止；2017年12月31日前设立但未获利的集成电路线宽小于0.8微米（含）的集成电路生产企业，自获利年度起第一年至第二年免征企业所得税，第三年至第五年按照25%的法定税率减半征收企业所得税，并享受至期满为止
《财政部 税务总局关于集成电路设计和软件产业企业所得税政策的公告》（财政部 税务总局公告2019年第68号）	依法成立且符合条件的集成电路设计企业和软件企业，在2018年12月31日前自获利年度起计算优惠期，第一年至第二年免征企业所得税，第三年至第五年按照25%的法定税率减半征收企业所得税，并享受至期满为止
《国家税务总局关于实施小型微利企业普惠性所得税减免政策有关问题的公告》（国家税务总局公告2019年第2号）	自2019年1月1日至2021年12月31日，对小型微利企业年应纳税所得额不超过100万元的部分，减按25%计入应纳税所得额，按20%的税率缴纳企业所得税；对年应纳税所得额超过100万元但不超过300万元的部分，减按50%计入应纳税所得额，按20%的税率缴纳企业所得税
《财政部 税务总局关于进一步扩大小型微利企业所得税优惠政策范围的通知》（财税〔2018〕77号）	自2018年1月1日至2020年12月31日，将小型微利企业的年应纳税所得额上限由50万元提高至100万元，对年应纳税所得额低于100万元（含100万元）的小型微利企业，其所得减按50%计入应纳税所得额，按20%的税率缴纳企业所得税

（2）税基式优惠。与普惠制的税率优惠有所区别的是，在激励创新资源高效合理配置的过程中，需要目标较为明确的"靶向"引导，此时，在税收优惠政策设计过程中，税基式优惠可以发挥作用，可以采纳扣除类优惠手段来引导与改善资源配置效率，促进企业技术进步。在实践中，我国也经常采用扣除类税收优惠手段（具体参见表26-6）。

表26-6 扣除类优惠政策

政策条款依据	税收优惠内容
《财政部 国家税务总局关于完善固定资产加速折旧企业所得税政策的通知》（财税〔2014〕75号）	对生物药品制造业，专用设备制造业，铁路、船舶、航空航天和其他运输设备制造业，计算机、通信和其他电子设备制造业，仪器仪表制造业，信息传输、软件和信息技术服务业等6个行业的企业2014年1月1日后新购进的固定资产，可缩短折旧年限或采取加速折旧的方法。对上述6个行业的小型微利企业2014年1月1日后新购进的研发和生产经营共用的仪器、设备，单位价值不超过100万元的，允许一次性计入当期成本费用在计算应纳税所得额时扣除，不再分年度计算折旧；单位价值超过100万元的，可缩短折旧年限或采取加速折旧的方法。对所有行业企业2014年1月1日后新购进的专门用于研发的仪器、设备，单位价值不超过100万元的，允许一次性计入当期成本费用在计算应纳税所得额时扣除，不再分年度计算折旧；单位价值超过100万元的，可缩短折旧年限或采取加速折旧的方法。对所有行业企业持有的单位价值不超过5000元的固定资产，允许一次性计入当期成本费用在计算应纳税所得额时扣除，不再分年度计算折旧

续表

政策条款依据	税收优惠内容
《国家税务总局关于进一步完善固定资产加速折旧企业所得税政策有关问题的公告》（国家税务总局公告2015年第68号） 《财政部 国家税务总局关于完善固定资产加速折旧企业所得税政策的通知》（财税〔2014〕75号）	对生物药品制造业，专用设备制造业，铁路、船舶、航空航天和其他运输设备制造业，计算机、通信和其他电子设备制造业，仪器仪表制造业，信息传输、软件和信息技术服务业等6个行业的企业2014年1月1日后新购进的固定资产，可缩短折旧年限或采取加速折旧的方法。对上述6个行业的小型微利企业2014年1月1日后新购进的研发和生产经营共用的仪器、设备，单位价值不超过100万元的，允许一次性计入当期成本费用在计算应纳税所得额时扣除，不再分年度计算折旧；单位价值超过100万元的，可缩短折旧年限或采取加速折旧的方法
	对轻工、纺织、机械、汽车等四个领域重点行业（具体范围见附件）的企业2015年1月1日后新购进的固定资产，可由企业选择缩短折旧年限或采取加速折旧的方法
《财政部、国家税务总局关于小型微利企业所得税优惠政策的通知》（财税〔2015〕34号）	自2015年1月1日至2017年12月31日，对年应纳税所得额低于20万元（含20万元）的小型微利企业，其所得减按50%计入应纳税所得额，按20%的税率缴纳企业所得税
《财政部 国家税务总局 科技部关于完善研究开发费用税前加计扣除政策的通知》（财税〔2015〕63号）	高新技术企业发生的职工教育经费支出，不超过工资薪金总额8%的部分，准予在计算企业所得税应纳税所得额时扣除；超过部分，准予在以后纳税年度结转扣除
《科技部 财政部 国家税务总局关于进一步做好企业研发费用加计扣除政策落实工作的通知》（国科发政〔2017〕211号） 《财政部 国家税务总局 科技部关于完善研究开发费用税前加计扣除政策的通知》（财税〔2015〕119号）	企业开展研发活动中实际发生的研发费用，未形成无形资产计入当期损益的，在按规定实扣除的基础上，按照本年度实际发生额的50%，从本年度应纳税所得额中扣除；形成无形资产的，按照无形资产成本的150%在税前摊销
《财政部 国家税务总局关于进一步完善固定资产加速折旧企业所得税政策的通知》（国税〔2015〕68号）	对轻工、纺织、机械、汽车等四个领域重点行业（以下简称四个领域重点行业）企业2015年1月1日后新购进的固定资产（包括自行建造，下同），允许缩短折旧年限或采取加速折旧方法
《国家税务总局 关于许可使用权技术转让所得企业所得税有关问题的公告》（国税总局2015年第82号）	自2015年10月1日起，全国范围内的居民企业转让5年（含，下同）以上非独占许可使用权取得的技术转让所得，纳入享受企业所得税优惠的技术转让所得范围。居民企业的年度技术转让所得不超过500万元的部分，免征企业所得税；超过500万元的部分，减半征收企业所得税
《财政部 国家税务总局关于科技企业孵化器税收政策的通知》（财税〔2016〕89号）	自2016年1月1日至2018年12月31日，对符合条件的孵化器自用以及无偿或通过出租等方式提供给孵化企业使用的房产、土地，免征房产税和城镇土地使用税；自2016年1月1日至2016年4月30日，对其向孵化企业出租场地、房屋以及提供孵化服务的收入，免征营业税；在营业税改征增值税试点期间，对其向孵化企业出租场地、房屋以及提供孵化服务的收入，免征增值税

续表

政策条款依据	税收优惠内容
《财政部 税务总局科技部关于提高科技型中小企业研究开发费用税前加计扣除比例的通知》（财税〔2017〕34号）	科技型中小企业开展研发活动中实际发生的研发费用，未形成无形资产计入当期损益的，在按规定据实扣除的基础上，在2017年1月1日至2019年12月31日期间，再按照实际发生额的75%在税前加计扣除；形成无形资产的，在上述期间按照无形资产成本的175%在税前摊销
《财政部 国家税务总局关于中小企业融资（信用）担保机构有关准备金企业所得税税前扣除政策的通知》（财税〔2017〕22号）	符合条件的中小企业融资(信用)担保机构按照不超过当年年末担保责任余额1%的比例计提的担保赔偿准备，允许在企业所得税前扣除，同时将上年度计提的担保赔偿准备余额转为当期收入；符合条件的中小企业融资（信用）担保机构按照不超过当年担保费收入50%的比例计提的未到期责任准备，允许在企业所得税前扣除，同时将上年度计提的未到期责任准备余额转为当期收入；中小企业融资（信用）担保机构实际发生的代偿损失，符合税收法律法规关于资产损失税前扣除政策规定的，应冲减已在税前扣除的担保赔偿准备，不足冲减部分据实在企业所得税税前扣除
《国家税务总局关于研发费用税前加计扣除归集范围有关问题的公告》（国家税务总局公告2017年第40号）	本公告适用于2017年度及以后年度汇算清缴。以前年度已经进行税务处理的不再调整。涉及追溯享受优惠政策情形的，按照本公告的规定执行。科技型中小企业研发费用加计扣除事项按本公告执行
《国家税务总局关于设备器具扣除有关企业所得税政策执行问题的公告》（国家税务总局公告2018年第46号）	企业在2018年1月1日至2020年12月31日期间新购进的设备、器具，单位价值不超过500万元的，允许一次性计入当期成本费用在计算应纳税所得额时扣除，不再分年度计算折旧（以下简称一次性税前扣除政策）
《财政部 国家税务总局关于延长高新技术企业和科技型中小企业亏损结转年限的通知》（财税〔2018〕76号）	自2018年1月1日起，当年具备高新技术企业或科技型中小企业资格（以下统称资格）的企业，其具备资格年度之前5个年度发生的尚未弥补完的亏损，准予结转以后年度弥补，最长结转年限由5年延长至10年
《财政部 税务总局科技部关于企业委托境外研究开发费用税前加计扣除有关政策问题的通知》（财税〔2018〕64号）	委托境外进行研发活动所发生的费用，按照费用实际发生额的80%计入委托方的委托境外研发费用。委托境外研发费用不超过境内符合条件的研发费用三分之二的部分，可以按规定在企业所得税前加计扣除
《财政部 税务总局科技部关于提高研究开发费用税前加计扣除比例的通知》（财税〔2018〕99号）	企业开展研发活动中实际发生的研发费用，未形成无形资产计入当期损益的，在按规定据实扣除的基础上，在2018年1月1日至2020年12月31日期间，再按照实际发生额的75%在税前加计扣除；形成无形资产的，在上述期间按照无形资产成本的175%在税前摊销
《科技部印发〈关于新时期支持科技型中小企业加快创新发展的若干政策措施〉的通知》（国科发区〔2019〕268号）	加大政策激励力度，推动研究制订提高科技型中小企业研发费用加计扣除比例、科技型初创企业普惠性税收减免等新的政策措施。加强政策落实与宣讲，进一步落实高新技术企业所得税减免、技术开发及技术转让增值税和所得税减免、小型微利企业免增值税和所得税减免等支持政策，推动降低执行门槛

续表

政策条款依据	税收优惠内容
《关于金融企业涉农贷款和中小企业贷款损失准备金税前扣除有关政策的公告》（财政部 税务总局公告 2019 年第 85 号）	金融企业根据《贷款风险分类指引》（银监发〔2007〕54 号），对其涉农贷款和中小企业贷款进行风险分类后，按照以下比例计提的贷款损失准备金，准予在计算应纳税所得额时扣除
《企业所得税法》第二十七条第（四）项	根据《中华人民共和国企业所得税法实施条例》（中华人民共和国国务院令第 512 号）文件规定：自 2008 年 1 月 1 日起，在一个纳税年度内，居民企业技术转让所得不超过 500 万元的部分，免征企业所得税；超过 500 万元的部分，减半征收企业所得税
《山东省财政厅 国家税务总局山东省税务局 山东省科学技术厅关于高新技术企业城镇土地使用税有关问题的通知》（鲁财税〔2019〕5 号）	2019 年 1 月 1 日以后认定的高新技术企业，自高新技术企业证书注明的发证时间所在年度起，按现行城镇土地使用税税额标准（以下简称"现行标准"）的 50%计算缴纳城镇土地使用税。对高新技术企业证书注明的发证年度，因执行现行标准而多缴纳的税款，纳税人自取得高新技术企业证书后的首个申报期，按规定申请办理抵缴或退税
《财政部 海关总署 税务总局关于有源矩阵有机发光二极管显示器件项目进口设备增值税分期纳税政策的通知》（财关税〔2019〕47 号）	对有源矩阵有机发光二极管（AMOLED）显示器件项目于 2019 年 1 月 1 日至 2020 年 12 月 31 日期间进口的关键新设备，准予在首台设备进口之后的 6 年（连续 72 个月）期限内，分期缴纳进口环节增值税，6 年内每年（连续 12 个月）依次缴纳进口环节增值税总额的 0%、20%、20%、20%、20%、20%，期间允许企业缴纳税款超过上述比例
《关于扩大固定资产加速折旧优惠政策适用范围的公告》（财政部 税务总局公告 2019 年第 66 号）	自 2019 年 1 月 1 日起，适用《财政部 国家税务总局关于完善固定资产加速折旧企业所得税政策的通知》（财税〔2014〕75 号）和《财政部 国家税务总局关于进一步完善固定资产加速折旧企业所得税政策的通知》（财税〔2015〕106 号）规定固定资产加速折旧优惠的行业范围，扩大至全部制造业领域

　　除了上述扣除类优惠政策外，在技术转让及创业过程中，我国也特别注意运用优惠来引导创新资源合理高效配置。例如，《财政部 国家税务总局关于将国家自主创新示范区有关税收试点政策推广到全国范围实施的通知》（财税〔2015〕116 号）和《企业所得税法实施条例》中的第九十条指出，自 2015 年 10 月 1 日起，全国范围内的居民企业转让 5 年以上非独占许可使用权取得的技术转让所得，纳入享受企业所得税优惠的技术转让所得范围。居民企业的年度技术转让所得不超过 500 万元的部分，免征企业所得税；超过 500 万元的部分，减半征收企业所得税。在创业企业方面，我国也有类似税收优惠政策出台，如《财政部 国家税务总局关于将国家自主创新示范区有关税收试点政策推广到全国范围实施的通知》（财税〔2015〕116 号）和《国家税务总局关于实施创业投资企业所得税优惠问题的通知》（国税发〔2009〕87 号）规定，自 2015 年 10 月 1 日起，全国范围内的有限合伙制创业投资企业采取股权投资方式投资于未上市的中小高新技术企业满 2 年（24 个月）的，该有限合伙制创业投资企业的法人合伙人可按照其对未上市中小高新

技术企业投资额的 70%抵扣该法人合伙人从该有限合伙制创业投资企业分得的应纳税所得额,当年不足抵扣的,可以在以后纳税年度结转抵扣。

2. 个人所得税优惠

创新资源主要包括物质资源与人力资源两个主要方面,如果说企业所得税主要侧重引导创新资源中的一般物质资源配置的话,则个人所得税则主要对人力资源配置发挥作用。我国在个人所得税的多次修订过程中也特别注意这点。例如,根据《财政部 国家税务总局关于将国家自主创新示范区有关税收试点政策推广到全国范围实施的通知》(财税〔2015〕116 号)规定,自 2016 年 1 月 1 日起,全国范围内的中小高新技术企业以未分配利润、盈余公积、资本公积向个人股东转增股本时,个人股东一次缴纳个人所得税确有困难的,可根据实际情况自行制定分期缴税计划,在不超过 5 个公历年度内(含)分期缴纳,并将有关资料报主管税务机关备案。《财政部 国家税务总局关于完善股权激励和技术入股有关所得税政策的通知》(财税〔2016〕101 号)规定,上市公司授予个人的股票期权、限制性股票和股权奖励,经向主管税务机关备案,个人可自股票期权行权、限制性股票解禁或取得股权奖励之日起,在不超过 12 个月的期限内缴纳个人所得税。

创新资源流动与配置在创新的不同过程中,需要根据其所处的不同阶段采用不同的税收激励手段。除了个人所得税外,在增值税优惠,我国主要对其转让、开发等制定了优惠政策,以引导创新资源的合理流动。例如,在营改增的新规定中就包含了对部分项目的免征,具体免征的项目为相关技术开放和转让的技术服务和咨询;同时对于一般纳税人,该规定中也包含了相关优惠政策,如在销售一般纳税人自己研发的软件产品时,该销售所得在以 17%的税率增税后,其他实际税负大于 3%的部分则可以即征即退。《人力资源社会保障部关于印发技工教育"十三五"规划的通知》(人社部发〔2016〕121 号)规定,对于研究机构来说,在研发过程中采用国产的设备,那么其增值税则可以全额退还。在其他税收方面也有许多优惠,如《财政部 国家税务总局关于科技企业孵化器税收政策的通知》(财税〔2016〕89 号)规定,对符合条件的孵化器自用以及无偿或通过出租等方式提供给孵化企业使用的房产、土地,免征房产税和城镇土地使用税;自 2016 年 1 月 1 日至 2016 年 4 月 30 日,对其向孵化企业出租场地、房屋以及提供孵化服务的收入,免征营业税;在营业税改征增值税试点期间,对其向孵化企业出租场地、房屋以及提供孵化服务的收入,免征增值税。

26.1.3 政策特点

通过对我国创新管理体制及其财税政策引导现状的分析梳理可以看出,当前财税政策在引导创新资源配置方面依然取得了一定成效,政府在引导创新资源配置和综合集成方面主要是通过相关政策、计划和法规的形式来进行的。在政策方面不再单一考虑创新发展政策,而是考虑创新发展与经济发展相协调的政策,因此政策的制定包含了税收政策、财政政策、产业政策和科技政策等,而这些政策支持创新资源配置与综合集成的方式主要有财政拨款、补贴、税收优惠、融资担保、贷款贴息和政府采购等。具体引导创新资源配置与综合集成的财税政策具有以下几个特点。

1. 具有创新政策与经济政策协同意识

创新政策是政府为了促进我国创新发展,提高自主创新能力采取的一种重要的宏观调控手段。我国的创新发展先后经历了三个阶段战略的转变,最初为科教兴国战略,之后发展为创新型国家建设战略,到现今与当前我国经济需求相对应的创新驱动发展战略,其管理模式也由计划经济向市场经济转变,同时随着创新在经济发展中的地位越来越高,我国的创新体系建设也在不断完善,其政策导向也转变为科技、教育经济等多方面政策协同的方式,相关政策出台的方式也由科技部或财政部等单一或者少数的部门独发变为了科技部、财政部、教育部、人事部等部门共同发布。创新政策的作用是通过制订相应的科技计划、条例、准则、法律、规划、方针、办法,从而使得创新能够在一个良好的环境中进行,这样有助于提高创新的效率和能力,创新能力的提升又能够进一步为经济带来效益从而促进经济发展;产业政策的作用对象一般都是特定的,对特定的产业进行政策支持和补贴,通过政策引导的方式使得相关产业的技术和结构均得到优化,加速产业的发展,产生更多的利益,从而使得创新生产能够具有更多的财力资源,因此产业政策与创新发展也是密切相关的;税收政策的作用主要是通过减税、降税和开征特殊税的方式来降低企业的创新成本和风险,增加企业创新生产的收益;金融政策的作用是通过金融市场、金融工具及中介为企业制造较为便利的融资渠道,从而降低企业创新风险。因此,要使得创新能够驱动我国的经济发展,就需要将多种政策进行协同,当前我国已然有了将多种政策协同考虑的概念。

2. 采用直接投资为主的方式支持创新发展

我国政府用于支持创新发展的直接投资方式主要包含两种:一种是以政府投资为主要资金,这种投资方式主要针对的是与国家的安全和长远发展息息相关的,具有公益性、基础类研究和重大前瞻性的计划,在这些计划中需要体现国家意志,因此政府投资占主导地位;另一种是以政府投资为引导资金,针对的是与我国产业发展和经济发展息息相关的技术推广和技术开放类的计划,在该类计划中需要通过政府直接投资结合相关优惠政策和法律来吸引企业资金和社会资金的大力投入。

3. 形成了以科技部为宏观管理部门的管理体系

基于进一步加强我国政府的综合管理和宏观调控的职能，科技部的职能由之前的在微观层次上对项目性质进行管理转变为了在宏观层面上对创新环境建设的管理。当前我国科技部的主要职责为对科技项目进行规划、组织实施和管理。自《国家中长期科学和技术发展规划纲要（2006—2022年）》及其配套政策发布以来，各管理部门的管理方式均发生了改变，如科技部更加强调其在宏观上的把控能力，从而协调各企业、地方及各部门的职责，改变了以往科技部将所有工作都集于一身的状态，部门计划也分布给了地方或者部门和企业去实施，如973计划中的四个重大科学计划和科技支撑计划，这样就使得项目的实施变为以相关地方和部门为主，科技部则对其实施的过程进行方案审查、监督评价等，更加凸显了科技部的宏观调控职能。

26.2　财税政策对创新资源配置与综合集成的影响

财税政策对创新资源的引导作用主要考虑的是财政政策和税收优惠对创新资源流动发挥了什么作用，即当前的财税政策是否有效引导了创新资源的流入？基于此，主要采用实证方法分析当前财税政策对创新投入要素的作用，如果当前政策对创新投入要素具有正向作用，说明该政策能够有效地引导创新资源的流入。据此以创新投入作为被解释变量，财税政策作为解释变量，采用多元回归模型的方式进行实证分析。

26.2.1　数据来源

对应数据的选取需要考虑数据的真实性、可得性和共享性三个方面，基于此，本节的数据来源于2005～2018年中国科技统计年鉴、中国统计年鉴。

26.2.2　变量选择

对财税政策变量的选取主要为财政科技投入和税收优惠，财政科技投入采用政府的研发投入来衡量，而税收优惠则采用 B 指数的方法进行测算，具体技术公式为

$$B=\frac{\text{ATC}}{1-t}=\frac{1-vt}{1-t} \qquad (26\text{-}1)$$

其中，ATC 表示税后成本，全称为 after tax cost；t 表示企业所得税；v 表示税前扣除率；B 指数表示每单位研发支出的税后成本；$1-B$ 表示每单位研发支出的节约成本。

对于控制变量的选择，考虑变量之间内生性的问题，结合现有研究，主要选取新产品销售收入和研发人员全时当量两个变量。选取变量的描述性统计如表 26-7 所示。

表 26-7 相关变量描述

变量	名称	均值	标准差	最大值	最小值
被解释变量	研发经费投入	7 999.061	968.663	434 000	25.338
解释变量	财政支出	215.230 2	383.353 1	1 580	11.809
	税收优惠	106.514 8	129.122 8	5 785.302	3.377
控制变量	新产品销售收入	28 900	24 800	112 000	3 020
	研发人员全时当量	18 889.86	20 480.39	83 471	499

26.2.3 实证分析

首先，在进行回归分析之前有必要对模型进行单位根检验，单位根检验主要是通过对所有变量进行回归，从而得到残差项，通过残差项进行检验，检验结果显示在包含截距项的条件下 t 值为 –3.83，p 值为 0.01，拒绝原假设，说明所选取的变量残差序列是平稳的，所以可以直接采用进行分析。

其次，考虑变量内生性问题，需对相关变量进行内生性检验，若检验结构显示变量具有内生性则需要找到合适的工具变量，所选择的工具变量需要满足两个方面的要求：一个是与内生变量相关与残差项不相关；另一个是工具变量的个数要大于或者等于解释变量的个数。因此本模型中的工具变量至少要有两个。根据工具变量的要求选择专利申请量和新产品产值两个变量作为工具变量。变量内生性检验结果如表 26-8 所示，由模型 1 可知，工具变量新产品产值与财政研发投入在 1% 的水平下显著相关，继续以财政研发投入为被解释变量，税收优惠、新产品产值、研发人员全时当量和新产品销售收入为解释变量进行回归得到残差序列，回归结果如模型 2 所示，然后通过 OLS 以研发投入为被解释变量，财政研发投入、税收优惠和残差序列及控制变量为解释变量进行回归，结果如模型 3 所示，由模型 3 可知，残差序列对研发投入影响显著，说明解释变量财政研发投入具有内生性。在本节中税收优惠的技术方法依赖于研发投入，因此税收优惠与研发投入是相关的，且通过税收优惠对工具变量的回归分析显示（模型 4）工具变量专利申请量与税收优惠显著相关，因此解释变量税收优惠具有内生性。

表 26-8　相关变量内生性检验

变量	模型 1 财政研发投入	模型 2 财政研发投入	模型 3 研发投入	模型 4 税收优惠	模型 5 研发投入
常量	43 265.16 (−38 151.36)	−3 561.04 (−125 334.40)	−693 405.00*** (−134 521.60)	−3 177.65 (−65 487.54)	
财政研发投入			−5.421*** (1.312)		−4.219* (−2.346)
税收优惠		0.101 (0.334)	−0.425 (0.363)		1.956 (0.523)
残差序列			3.090** (1.282)		
新产品产值	0.006*** (0.001)	0.033 (0.030)		0.004 (0.002)	
专利申请量	−1.521 (2.901)			18.996*** (4.865)	
研发人员全时当量		−0.413 (1.769)	14.082*** (2.053)		4.932* (2.423)
新产品销售收入		−0.029 (0.031)	0.062*** (0.007)		0.056*** (0.013)
R^2	0.926	0.931	0.999	0.963	0.995
F-statistic	74.540	33.851	2 386.602	159.854	

*表示 10%下显著；**表示 5%下显著；***表示 1%下显著

最后，考虑异方差问题，由上述变量内生性检验的结果可知，选取的财政研发投入和税收优惠两个解释变量具有内生性，所以有必要对模型进行异方差检验，由异方差检验的结果显示模型不存在异方差。

综合以上检验分析可知，由于解释变量内生性的存在，采用传统的 OLS 回归的结果会不准确，故此采用两阶段最小二乘法（two stage least square，TSLS）的方法对模型进行估计，估计结果如模型 5 所示，通过回归系数的显著性可知，财政研发投入对研发投入具有显著的负向影响，说明财政政策对创新投入的影响为负，说明当前的财政政策对创新投入具有挤出效应；税收优惠对研发投入影响为正但是不显著，这说明当前我国税收优惠政策对创新投入几乎没起到作用。

进一步，考虑我国区域差异的影响，分东部、中部、西部三个区域对我国财税政策对创新的影响进行实证分析，结果如表 26-9 所示，在东部地区，税收优惠和财政研发支出对研发支出均具有显著影响，财政研发支出的作用显著为负，税收优惠的作用显著为正；在中部地区财政研发支出对研发支出具有显著影响，且作用为负；在西部地区，也是财政研发支出对研发支出具有显著影响，但是与东中部地区不同的是,作用效果为正,由此可知财税政策的实施效果在各区域存在差异性。东、中部地区的财政政策对创新投入的作用为负,即存在挤出效应,说明东中部地区的财政资金在投入结构上存在较大问题,而西部地区的财政政策对创新投入的作用为正,即激励效应,主要是由于近年来我国大力支持"西部大开发",使得西部地区企业能够意识到创新发展的重要性,从而积极响应政府政策,加大创新投入,从而使得财政政策在西部地区的促进作用显著。而在税收优惠方面,东部地区的税收优惠政策对创新投入起到了明显的促进作用,这主要与东部地区极好的经济条件和税收优惠与财政政策相比更具有稳定性相关,一方面,经济条件好,说明政府每年的税收收入更高,从而对企业的优惠额度更大;另一方面,税收优惠更具稳定性,所以不会由于优惠对象的差异造成企业创新活动成本的差异,从而使得某些领域创新活动不足,当经济发展到一定水平时,公平性是使得创新持续发展的关键要素。

表 26-9 不同地区政府财税政策对创新资源的影响

变量	东部地区	中部地区	西部地区
常量			
税收优惠	21.234*** (3.56)	−5.973 (4.88)	2.124 (1.74)
财政研发支出	−41.925* (21.45)	−4.438** (1.59)	0.899*** (0.19)
新产品销售收入	−0.028 (0.099)	0.172** (0.049)	0.056*** (0.012)
研发人员全时当量	63.512* (31.511)	9.089* (4.945)	−2.928*** (0.512)
专利申请量			
新产品产值			
R^2	0.979	0.902	0.952

通过实证结果可知,从全国看,财政研发投入和税收优惠政策对创新资源的影响没有达到预期效果,财政政策影响显著但是作用为负,但是从投入总量上看,我国与发达国家仍存在着较大差距,这说明造成这种现象的原因主要是财政研发投入结构上存在问题,导致财政资金的使用不合理;税收优惠政策虽然影响为正,但是不显著,这说明当前的税收优惠政策作用还并没有真正凸显出来。从各地区来看,财税政策对创新投入的影响存在着区域差异性,所以从宏观而言,政府主要以全局为考虑来制定政策,而具体的需要各地区根据自身状况去制定,而不是统一使用一套政策。我国在重视运用财税政策促进创新发展时,在考虑各种加大

力度投入的同时还应兼顾各地区的环境和市场状况。

26.3 财税引导创新资源配置与综合集成存在的主要问题

通过对我国引导创新资源配置与综合集成方面的政策梳理和分析发现，近年来我国政府高度重视创新发展，采取了一系列政策措施以期来引导创新资源高效配置和综合集成，但在实践中我国创新管理工作在宏观统筹上没有很好地把握，导致权责脱节、重复分散和多头管理等问题发生，同时地区政府没有很好地结合地方创新市场环境状况来采取合适的政策，导致财税政策没有很好地引导创新资源高效配置与综合集成。

26.3.1 政策执行效力不高

自我国实行科教兴国发展战略以来，促进企业创新的财税政策不断出台，但是通过对这些政策的梳理发现，这些政策大都是以财政部、国税局的规定和通知及行政法规的方式出现，政策执行中缺少规范性和系统性导致执行效力不高。同时，在促进技术进步方面类似政策也是通过不同部门并在不同时间出台，缺少完整性和系统性，协调难度较大，很容易导致政策遗漏或者重复，对企业全面、准确地把握政策核心不利，从而对政策的实施效果产生极大的干扰。更为客观的是，我国区域经济发展的存在，经济发达地区政府的财力雄厚，在制定政策时，更多的是从促进当地更好地发展出发，几乎不考虑地区之间的协调，这样就会导致创新资源加剧向发达地区流入，从而加剧地区之间的发展差距，"马太效应"显性，政策执行效力地区差异较大。此外，我国虽然对创新发展的重视程度越来越高，但依旧没有建立一个完整的政策评估体系来分析跟踪财税政策在创新资源配置和综合集成方面的实施效果，这样就很容易导致政策在实施过程中出现执行不力和滥用职权的现象，从而使得政策实施效果不佳。

26.3.2 财政直接投入结构不合理

数据显示，近年来我国政府在科技上的支出逐渐增多，但是当前我国政府科技拨款占 GDP 的比值依旧不高，尤其与发达国家相比还存在很大差距，这说明我国政府需要继续加大科技投入，政府研发在促进创新资源配置和综合集成方面的问题更多的是结构问题，政府的财政资金对企业创新提供补贴的范围广，导致资金分布很散乱，难以满足企业创新发展需求；同时在基础研究和应用研究方面政府资金较少，这也不利于企业创新的长期发展；而且现行政策中大多通过直接投资的方式来激励企业创新，但是直接投资的方式很容易产生挤出效应，从而使得财税引导创新资源配置和综合集成失效。

创新是一个多阶段的过程，主要包括研发、成果转化和产业化等环节，其中每个环节都至关重要，都需要政府进行有效激励，然而当前我国政府的财税政策主要以事后激励为主，即激励的对象为创新成果到市场的这个阶段，对前面研发等过程的支持存在明显不足，尤其是像税收优惠，其直接优惠方式主要在企业所得税上，而企业能够享受到该类优惠政策的前提是企业对创新成果转化成功，并将其投入市场获得了相应利润。

26.3.3 财税优惠政策门槛高

对于促进企业创新，政府出台了一系列政策，但是效果不显著。我国的税收优惠政策中的审批程序和认定条件均非常的严格，这使得许多优惠政策无法有效落实，政策效果无法体现。像高新技术企业的认定条件非常苛刻，导致许多企业无法获得认定，从而也无法享受到相应的税收优惠，尤其是对中小企业来说，即使满足了相关条件，但是材料的准备、提交和审核等过程会使得很多企业望而生畏，或者是花大的精力在认定上从而对创新投入没有重视。

26.3.4 对人力资本的激励有待提升

人力资本是创新发展过程中的基本和核心要素，人力资本的状况直接关系到我国创新能力的状况，然而在现有激励政策中，人才激励政策相当缺乏，不利于企业吸引和保留创新型人才。尽管多年的努力，我国对企业层面的人力资本形成了一个相对完善的税收激励政策体系。但是，对于创新中发挥主观能动性的个人，尤其是个人人力资本形成的税收政策，还有值得进一步拓展的空间。从具体来看，现有个人所得税优惠政策的门槛很高[1]，只有在国际组织和省级以上的项目中获得的奖金能够享受到免税，而股权激励政策很难弥补创新人才的风险，从而使得我国难以留住和保留高层次的创新型人才，不利于企业创新发展与国家创新能力提升。

---

[1] 具体政策为：第一，科学奖金免纳个人所得税；第二，个人技术成果转化税收优惠；第三，个体研发费用扣除；第四，个人科研捐赠税前扣除；第五，个人对创新企业投资享受税收政策。

第 27 章 引导创新资源配置的财税政策效率及其影响因素分析

党的十八大提出实施创新驱动发展战略[①]，党的十九大强调创新是引领发展的第一动力，是建设现代化经济体系的战略支撑[②]。那么，在新时代里如何贯彻党的发展战略，实现高质量经济增长呢？自创新驱动发展战略提出以来，我国各省区市不断加大研发投入，原始创新能力不断提升、区域创新格局正在逐步形成，科技创新由以跟跑为主向更多领域并跑、领跑，社会创造力正逐步释放。但是，由于受地理环境等因素的影响，我国地区创新发展不均衡。财政作为引导与优化创新资源配置的重要手段，其配置效率如何及效率又会受到哪些因素的影响？

27.1 引导创新资源配置的财税政策效率

在效率差异和影响因素方面的研究形成了较丰富的文献，如金怀玉和菅利荣（2013）利用 DEA 三阶段和随机前沿模型发现我国的科技创新效率存在着区域差异，且由影响因素分析知科技资源投入强度是影响创新资源配置的主要因素，外商直接投资带来的技术溢出的影响并不显著。谢子远（2011）运用 DEA-Tobit 方法分析了影响高新区技术创新效率的因素。范允奇和周方召（2014）运用随机前沿和 VAR 方法分析发现技术创新效率存在区域联动效应。桂黄宝（2014）利用空间计量面板模型对我国高技术产业的创新效率进行了分析。但是通过文献整理发现，现有文献对创新发展的效率问题更多直接关注创新资源配置效率，忽视了财政政策效率测算，但财政政策作为创新生产的非直接投入变量，在创新发展中的作用不容忽视。同时，现有文献在效率与影响因素分析上普遍选用 DEA-Tobit 方法，但该方法既忽视了变量的空间异质性，也不能分析各地区影响因素的差异性，地理加权回归（geographically weighted regression，GWR）模型则弥补了这

[①] 《胡锦涛在中国共产党第十八次全国代表大会上的报告》，http://www.gov.cn/ldhd/2012-11/17/content_2268826_3.htm[2021-11-25]。

[②] 《习近平：决胜全面建成小康社会　夺取新时代中国特色社会主义伟大胜利——在中国共产党第十九次全国代表大会上的报告》，http://www.gov.cn/zhuanti/2017-10/27/content_5234876.htm[2019-06-01]。

两个缺陷。

27.1.1 模型选取和数据来源

本节的主要目标是测算各地区财政政策在引导创新资源配置过程中的效率（以下简称为创新财税政策效率），但财政政策并不是创新生产的直接投入变量，所以采取传统的DEA方法并不适合，多阶段的DEA方法则可以考虑环境的因素。因此，四阶段DEA模型则可以将环境变量引入模型，更加符合本节的研究目的。

1. 模型选取

四阶段DEA：四阶段DEA主要就是通过非参数、前沿边界和线性规划的方法，通过外生变量修正松弛变量，从而消除外生环境对技术效率的影响，在此基础上分析其管理效率。借鉴李兰冰（2015）的方法，将财政政策视为环境变量，具体测算方法如下。

第一阶段：在不考虑财政政策变量的情况下，运用一般的投入导向型DEA方法计算创新资源配置效率，从而获取每个投入变量的松弛量，其中每个投入变量的松弛量等于径向投入与非径向投入松弛量之和。

第二阶段：考虑财政政策变量。将选好的财政政策作为解释变量，第一阶段计算的投入变量松弛量为被解释变量构建回归方程，分析财政政策对创新投入变量的松弛量的影响，公式如下：

$$\text{ITS}_j^k = f_j(Q_j^k, \beta_j, \mu_j^k), \quad j=1,2,\cdots,N; \ k=1,2,\cdots,K \quad (27\text{-}1)$$

其中，ITS_j^k表示第一阶段计算的创新投入变量的松弛量；Q_j^k表示第j个决策单元的第K个投入变量的财政政策变量；β_j表示财政政策变量的系数，μ_j^k为随机干扰项。

第三阶段：对原始的投入变量进行调整，运用式（27-1）的回归结果估计每个投入变量松弛量的估计值，方法如下：

$$\widehat{\text{ITS}}_j^k = f_j(Q_j^k \hat{\beta}_j), \quad j=1,2,\cdots,N; \ k=1,2,\cdots,K \quad (27\text{-}2)$$

得到投入变量松弛量的估计值后，为了消除区域间财政政策的差异选择最差的财政政策为样本，对处于弱势的财政政策地区的创新生产投入变量进行调整，具体的调整公式如下：

$$x_j^{kadj} = x_j^k + [\text{Max}^k \{\widehat{\text{ITS}}_j^k\} - \widehat{\text{ITS}}_j^k], \quad j=1,2,\cdots,N; \ k=1,2,\cdots,K \quad (27\text{-}3)$$

第四阶段：计算调整后的效率，运用式（27-3）对投入变量进行调整后，重新运用第一阶段的方法测算消除财政政策影响后的创新管理效率。

2. 财政政策效率计算

借鉴李冰兰（2015）的方法将创新资源配置效率（CE）分解为财政政策效率

（FCE）和企业管理效率（MCE），则创新资源配置过程中的财政政策效率（FGE）的计算公式为

$$\mathrm{FCE}(i,j) = \frac{\mathrm{CE}(i,j)}{\mathrm{MCE}(i,j)} \quad (27\text{-}4)$$

其中，管理效率表达式为

$$\mathrm{MCE}(i,j) = 调整后的创新目标值(i,j)/调整后的创新实际值(i,j)$$

与CE一样，创新资源配置过程中的管理效率MCE也处于（0, 1]之间，同时由式（27-4）可知，财政政策效率并不限于该区间，其取值可以大于1，当创新资源配置的综合效率大于管理效率的时候取值就会大于1，财政政策效率大于1说明该地区创新发展的财政政策具有优势，创新生产的无效率因素来自企业的管理效率，财政政策可以弥补一定的管理无效率，财政政策对企业创新绩效具有激励效应。财政政策效率小于1，说明该地区创新发展财政政策处于劣势，财政政策是创新生产的无效率因素，表现为财政政策对创新绩效的挤出效应，当财政效率为1时，表明财政政策对创新资源配置效率不起作用。

3. 变量选取、样本选择和数据来源

本章主要分析创新资源配置状况，并具体测算财政政策在促进创新要素配置中的效率，我国是个具有明显区域特征的发展中国家，分析各地区创新资源配置中的财税政策效率，能更好地为各地区的创新发展提供建议，优化各地区的创新资源，使其更好地促进各地区创新的发展，提高创新生产效率。

创新是一个多投入、多产出的过程，选取的投入变量有：研发投入人员、研发投入经费两个变量，分别用来衡量资金投入、人力投入。研发经费内部支出是衡量科技经费投入的总指标，其运用的是包括实验开发、应用研究和基础研究在内的项目和相关的管理服务费用的总和。研发内部支出不仅可以反映企业对创新活动的重视程度，同时也在一定程度上反映了企业自主创新的能力；研发人员全时当量采用的是从事研发工作人员在研发上花的时间大于其年度工作时间的90%，该变量可以很好地衡量研发活动投入人员的数量和质量。

产出变量选择：选取专利、工业增加值、利润与新产品销售收入来衡量。在创新资源配置过程中的产出许多都是以专利的形式出现，专利是创新产出的一种普遍形式；工业增加值则体现的是创新生产对工业生产的影响，即促进作用；利润是衡量企业生产经营能力的主要指标，在创新生产中可以反映其创新生产的能力；新产品销售收入则是衡量创新产出的直接变量。

财政政策变量：通过前文的机制分析可知，我国创新资源配置过程中的财政政策效率主要包括财政补助和税收优惠政策。其中，财政补助通过研发活动内部支出中的政府资金进行测算，税收优惠则借鉴戴晨和刘怡（2008）的计算方法运

用 B 指数进行测算。本节选择除港澳台、西藏外 30 个省区市的数据，考虑创新生产的滞后性，对产出变量进行滞后一期处理。文章选用的创新资源配置投入数据是 2012~2014 年的数据的均值，而产出数据和影响因素数据为 2013~2015 年三年数据的均值，同时由于西藏数据存在部分缺失，故本节只考虑 30 个省区市。具体如表 27-1 所示。

表 27-1 DEA 模型投入产出变量

类别	变量	指标
投入	研发投入人员	研发人员全时当量
	研发投入经费	研发支出
产出	专利	专利申请受理数
	工业增加值	地区工业增加值
	利润	企业利润
	新产品销售收入	新产品销售收入
财政政策	财政补助	政府对各地区的研发经费支出
	税收优惠	（1−B）×研发内部支出

27.1.2 财税政策效率实证结果分析

根据四阶段 DEA 模型，通过 DEAP 软件得到 30 个省区市引导创新资源配置的财税政策效率如表 27-2 所示。

表 27-2 各地区财税政策效率

地区	财税政策效率	排名
北京	1.779	12
天津	1.331	16
河北	1.005	25
山西	2.764	8
内蒙古	1.073	23
辽宁	1.605	14
吉林	2.353	10
黑龙江	1.666	13
上海	1.151	21
江苏	0.798	27
浙江	1.000	26
安徽	1.168	20

续表

地区	财税政策效率	排名
福建	1.115	22
江西	1.520	15
山东	0.777	28
河南	0.765	29
湖北	1.225	19
湖南	1.297	18
广东	0.753	30
广西	2.500	9
海南	17.093	1
重庆	2.000	11
四川	1.315	17
贵州	3.887	6
云南	3.330	7
陕西	1.034	24
甘肃	6.151	4
青海	14.310	2
宁夏	13.870	3
新疆	4.386	5

由表27-2可知，我国大部分地区的创新资源配置财税政策效率是大于1的，这说明对于我国大部分地区而言，财政对创新起到了正向作用，即激励效应，财政政策对创新资源配置的引导发挥了较好作用，并在一定程度上弥补了企业管理上的无效。而江苏、河南、山东和广东的财税政策效率则小于1，分别为0.798、0.765、0.777、0.753，这说明这些高新区的财政政策对创新的作用为挤出效应，财政投入没有有效吸引创新资源流入，相对于企业而言，财政政策在引导创新方面处于劣势，这或许与其较高的发展水平及高市场竞争度有关。财税政策效率排名前三的城市为海南、青海、宁夏，基于此可以发现，经济发达的地方，如广东，其创新资源丰富，创新产出也很高，但其财税政策效率并不高，反而是倒数，说明在该地区的创新发展中政府更应该调整其财政政策结构来提高其创新财税政策效率，由此也说明了各地区的创新市场环境对财税政策效率可能具有影响，为了更深入地了解该差异的形成，下面继续采用空间计量模型对创新资源配置的影响因素进行分析。

27.2 引导创新资源配置的财税政策效率的影响因素分析

实证的主要目的是考察财税政策效率影响因素的差异性，分析同一个因素在不同省区市的影响效果是否一致。基于此，需要考虑财税政策效率的空间异质性问题。财税政策作为政府促进各地创新发展的重要手段，不同省区市由于地理位置、地方文化及创新资源环境的不同，其财税政策效率也会不同，且这种效率可以反映财税政策对创新发展的作用是激励效应还是挤出效应，如果财税政策效率大于1则说明财政的作用表现为激励效应，如果财税政策效率小于1，则说明财政的作用表现为挤出效应，等于1则说明财政对创新发展的作用无效。

27.2.1 研究假说

从各个地方的财税政策效率取值可以看出地方财税政策效率存在差异性，基于此，提出以下假设。

假设27-1：财税政策效率具有空间异质性。

创新活动与财税政策的支持有极大的关联性，政府财税政策的支持主要发挥三方面的作用：一是帮助优势企业进行创新发展，政府财税政策可以弥补创新主体创新初期资金上的不足；二是鼓励创新主体进行创新活动，由于创新具有较大的不确定性，风险较大，政府财税政策支持可以降低创新主体的风险程度；三是财税政策有利于创新要素集聚，创新发展离不开要素投入与产业集聚，财税政策可以为创新带来更多的投入资源。例如，各省区市纷纷建立创新产业园区，对搬入的企业实行政府补贴和政策优惠等激励政策，这就引导了创新资源向特定方向集聚，提高了创新效率。基于此，提出假设27-2a。

假设27-2a：财税政策支持强度对财税政策效率具有正向影响。

创新主体只有在一定的创新环境下才能通过主体运用创新资源进行生产，政府制定的政策和制度是构成各地创新环境的主要部分，政府可以定向地引导创新资源配置，从而在特定区域内形成较高的技术市场成交额，进一步保障区域的创新生产能力。陈劲等（2007）分析了外商直接投资与区域创新能力之间的关系，结果表明外商直接投资对区域创新能力的影响并不显著，创新环境、技术吸收能力和自主技术创新能力才是影响创新发展的关键因素。党文娟等（2008）考察了市场化程度对区域创新能力的影响，发现其影响效果显著。由此可知，创新环境对各地创新能力存在着显著影响。显然，创新环境越好，创新能力越强，其财税政策效率相对也就越高。据此，提出假设27-2b。

假设27-2b：创新市场环境影响各地财税政策效率差异，且创新市场环境越好，财税政策效率越高。

创新发展离不开研究人员和经费的投入,科研资源禀赋水平反映的是研究人员的人均经费投入状况,一般而言科研资源禀赋水平较高的地区,创新生产所需的投入要素较多,创新主体能够更好地进行创新发展。基于此,提出假设27-2c。

假设27-2c:科研资源禀赋水平与财税政策效率具有正相关性。

财税政策作为政府的重要手段,在具体制定政策过程中,不同层级的政府在激励创新发展方面所发挥的作用不同,一般而言中央财政科技支出责任越大,地方财政相对而言支出责任会越小,则地方就会有更多的资源可以更自主地支持创新发展,促进地方加大科技资源投入。据此,提出假设27-2d。

假设27-2d:中央和地方支出责任与财税政策效率同样正相关,即中央财政支出责任越大,地方财政的科技资源也越大,财税政策效率也越高。

27.2.2 模型选择及数据来源

本节主要通过半变异函数分析变量的空间差异性和相关性,在运用GWR模型方法对其影响因素进行分析,具体方法如下。

1. 模型选择

在具体实证过程中,首先,选择半变异函数,它体现的是数据点间的距离与半变异值之间的函数关系,其表达式为

$$\gamma(h) = 1/2N(h) \sum [z(x_i) - z(x_i + h)]^2 \quad (27\text{-}5)$$

等式左边的 $\gamma(h)$ 表示半变异函数;$N(h)$ 表示相距距离为 h 的样本点的个数;$z(x_i)$、$z(x_i+h)$ 表示空间坐标为 x_i 和 x_i+h 处的区域化变量函数值。如果半变异函数在不同方向上的变化趋势不一致,则说明变量具有各向异性。

其次,选择GWR模型。GWR模型将空间异质性纳入其中,有效处理空间非平稳性问题,具体表达式如下:

$$y_i = \beta_0(u_i, v_i) + \sum_k \beta_k + (u_i, v_i) x_{ik} + \varepsilon_i \quad (27\text{-}6)$$

其中,(u_i, v_i) 表示第 i 个样本在空间的坐标;$\beta_k(u_i, v_i)$ 表示连续函数 $\beta_k(u, v)$ 在 i 点的值。

2. 变量选取、样本选择和数据来源

财税政策效率变量:该变量由27.1节计算而来。

财税政策效率影响因素：变量主要考虑政府资金投入强度、创新市场环境、科研资源禀赋水平、中央地方支出责任划分。政府资金投入强度，反映了政府对创新的支持力度，运用研发内部支出中政府资金的占比来衡量；创新市场环境运用技术市场中技术市场成交额与研发内部支出比衡量；科研资源禀赋水平，运用人均研究员的研发投入来衡量；中央地方支出责任划分，采用地方科技支出与研发内部支出中政府资金的比值来衡量，考虑创新生产的滞后性，对产出变量进行滞后一期处理。同时为了消除数据的波动性，由于西藏数据存在部分缺失，故本节只考虑30个省区市的数据，数据来源于中国统计年鉴、中国科技统计年鉴，具体变量如表27-3所示。

表27-3 变量选取和定义

类别	变量	指标
被解释变量	财税政策效率	上文计算而来
影响因素	政府资金投资强度	研发内部支出中政府资金的占比
	创新市场环境	技术市场成交额与研发内部支出比
	科研资源禀赋水平	人均研究员的研发投入
	中央地方支出责任划分	地方科技支出与研发内部支出中政府资金的比值

27.2.3 实证结果与检验

实证一是分析财税政策在引导创新资源配置上的效率空间差异；二是分析导致效率空间差异的具体影响因素是什么。

1. 创新财税政策效率空间特征分析

根据本节运用四阶段DEA方法测算得到了30个省区市的财税政策效率，为了便于对其进行空间分析，运用四分位法对财税政策效率的空间分布进行分析可知，我国各省区市创新资源配置的财税政策效率具有"西高东低，中部最低"的趋势特征，西部省区市创新资源配置的财税政策效率普遍较高，区域差异显著，最高的是新疆、青海、云南、甘肃、海南和山西，财税政策效率最低的包括广东、江苏、山东和河南，最大值为17.093 02，最小值为0.753 41，最大、最小值间差异较大。我国东部省区市经济相对发达，但是其创新资源配置的财税政策效率却偏低，说明创新市场并没有很好地发挥作用。

（1）空间异质性分析：财税政策作为引导创新资源高效配置的重要手段，其作用受到区位环境和经济环境等因素的影响，以30个省区市创新资源配置中的财税政策效率数据为研究对象，运用半变异函数①方法对其异质性进行分析，通过对比分析各种模型的拟合结果，结合残差平方和越小模型拟合效果越好的准则，最终选取高斯（GAUSS）模型，各个方向的变异函数曲线表明以下几点。

第一，各向异性下创新资源配置财税政策效率的空间变异分析。各向同性和各向异性是反映空间异质性的两个主要方面，在现有研究中具有空间异质性的指标往往是各向异性的，各向异性程度高则说明空间异质性程度强。各向异性的结果发现在0度和45度方向上半变异函数曲线的规律性较为明显，90度和135度方向半变异函数曲线波动较大，这说明各省区市的创新资源配置的财税政策效率具有一定的空间相关性，但这种相关性不是特别强，同时对比各个方向发现半变异函数的变化非常显著，说明创新资源配置的财税政策效率具有明显的各向异性，我国各省区市的创新资源配置的财税政策效率在不同的方向上其结构特征也会不同，说明由于方向的不同，各个省区市地理位置条件不同、经济发展的状况不同等因素造成了各省区市财税政策引导创新发展的效果也不同。

第二，各向同性下创新资源配置财税政策效率的空间变异分析。高斯模型的拟合结果如表27-4所示，其中决定系数为0.536，理论与实际的模型拟合效果一般。C_0/C_0+C（块金值与基台值之比）为0.047，说明各省区市创新资源配置财税政策效率的结构性变异占比达到了95.3%，随机因素引起的变异仅为4.7%，结构因素是导致创新资源配置财税政策效率存在空间异质性的主要因素。

表27-4 创新资源配置财税政策效率半变异模型及其拟合参数

理论模型	块金值（C_0）	基台值（C_0+C）	C_0/C_0+C	变程（A）	决定系数（R^2）
高斯模型	0.0093	0.1960	0.047	15.66	0.536

（2）空间相关性检验：创新资源配置财税政策效率的Moran's I的测算结果为0.101 314，p值为0.046，说明各省区市创新资源配置财税政策效率具有较显著的正的空间相关性，同时由财税政策效率的空间分布可知，各省区市的财税政策效率具有集聚效应，财税政策效率受到了地理位置及其经济环境因素的影响。

2. 财税政策效率差异的影响因素分析

通过分析创新资源配置的财税政策效率的空间异质性，发现异质性的来源主要是结构性因素，基于此，选取政府资金强度、创新市场环境、科研资源禀赋水平和中央地方科技上支出责任划分四个变量作为影响因素，政府资金强度反映政

---

① 半变异函数是一种常用来分析单个变量空间异质性的方法，该方法能够有效分析变量的空间结构和空间变异行为。

府对创新的支持力度，运用研发内部支出经费中政府资金的占比来衡量；创新市场环境运用技术市场中技术市场的成交额与研发经费投入比衡量；科研资源禀赋水平，运用人均研究员的研发投入来衡量；中央地方科技支出责任划分，采用地方科技支出与研发内部支出中政府资金的比值来衡量。

首先，采用OLS估计各影响因素对创新资源配置财税政策效率的影响程度，并得到各影响因素变量的回归系数（表27-5），创新市场环境变量通过了1%的显著性检验，科研资源禀赋水平、政府资金强度和中央地方科技支出责任划分均未通过显著性检验；科研资源禀赋水平回归系数为负，与预测效果不一致，说明科研人员的人均研发经费投入越多，财税政策效率反而越低，造成该现象的原因主要可能是人均研发经费投入越多相对而言财政投入就越少，从而使得其效率下降，其他变量回归系数均为正，与假设一致；回归系数最大的为创新市场环境的3.752，说明技术市场成交额在研发内部支出中的占比每增加1个百分点，创新资源配置的财税政策效率提高3.752个百分点，政府资金强度、科研资源禀赋水平和中央地方科技支出责任划分的回归系数分别为：2.137、−0.0511、0.149。通过OLS回归结果可知创新市场环境是影响创新资源配置财税政策效率的主要因素。

表27-5 OLS回归结果

变量	回归系数	t值
政府资金强度	2.137	0.47
创新市场环境	3.752***	5.19
科研资源禀赋水平	−0.0511	−1.7
中央地方科技支出责任划分	0.149	0.24
常数项	0.317	0.28

我国区域发展差异显著且不均衡，各省区市创新资源状况存在着较大差异，同时由于各地区地理位置和其经济发展状况的影响，创新资源配置财税政策效率的影响因素之间也存在差异，OLS没有考虑空间地理因素，与创新资源配置财税政策效率的实际情况会出现偏差，创新资源配置财税政策效率具有显著的空间异质性和空间正相关性，GWR模型则可以同时考虑影响因素变量的空间特性和创新资源配置财税政策效率，与实际情况更相符。初步选择自适应的空间核回归和高斯模型，运用修正的赤池信息准则（Akaike information criterion corrected，AICc）方法对模型进行了估计，结果显示，GWR模型的拟合优度为0.702，调整后的拟合优度为0.659，GWR模型的拟合优度大于OLS，表明加入空间异质性后的GWR模型要优于OLS，各影响因素对财税政策效率的解释力度也更强，故下一步采用GWR模型对财税政策效率的影响因素进行分析。

其次，采用 GWR 模型进行实证分析。GWR 结果如表 27-6 所示，由政府资金强度的回归系数可知，我国各省区市政府资金强度对财税政策效率影响的差异较大，且各省区市的效果并不一致，出现正负交替的状况，说明对有些省份而言政府资金在研发中的占比越大，财税政策效率越高，与假设 27-2a 一致，如浙江、陕西、山西、山东、青海、宁夏、内蒙古、辽宁、江西、吉林、黑龙江、河南、北京、天津、甘肃、福建、安徽、上海、江苏、广东和河北就是政府资金强度为正的地方，而云南、新疆、四川、湖南、湖北、海南、贵州、广西和重庆等 9 个省区市的政府资金强度为负，说明在这 9 个地方随着政府资金在研发支出中的比例加大，财税政策效率反而减小，与假设 27-2a 相反，其中回归系数最大的为宁夏的 38.27，最小值为广西的–47.65，差异较大，为了便于对各地区差异进行分析，对四个影响因素变量分别做了回归系数分布地图，除了宁夏、甘肃和青海三个西部地区的政府资金强度回归系数为正外，其他西部地区的政府资金强度系数普遍较低且为负，说明对大多数西部地区来说，政府资金在研发中的占比越高其财税政策效率会降低，西部地区资源条件等相对匮乏，许多地区依旧不能很好地发挥政府在创新生产中的作用，而对于发达地区政府资金强度为负则说明政府在创新生产中的作用可能已经达到饱和，需要更好地去发挥市场在创新生产中的作用，比如海南，随着我国政府对创新发展越来越重视，政府的科技投入也在不断加强，但是由于我国区域发展的存在，各个地方政府对创新生产作用的成熟度不一样，各省区市由于资源差异对政府支持的吸收能力也不一样，所以在科技支出方面需要因地制宜。

表 27-6　GWR 回归结果系数估计值

地区	政府资金强度	创新市场环境	科研资源禀赋水平	中央地方科技支出责任划分
浙江	4.55	0.46	–0.02	0.32
云南	–5.04	2.67	–0.06	–1.00
新疆	–16.00	5.38	0.25	–2.50
四川	–5.07	3.12	–0.21	–1.92
陕西	14.09	5.15	–0.16	4.68
山西	9.37	–0.44	–0.04	2.18
山东	0.36	1.46	0.00	–0.06
青海	1.82	0.60	–0.24	4.32
宁夏	38.27	0.70	–0.81	6.28
内蒙古	28.29	–0.38	–0.44	2.10
辽宁	1.79	–1.33	–0.01	–0.38
江西	3.20	0.33	0.02	0.14

续表

地区	政府资金强度	创新市场环境	科研资源禀赋水平	中央地方科技支出责任划分
吉林	5.30	−3.31	0.02	0.94
湖南	−2.03	1.80	−0.06	−0.27
湖北	−0.89	0.98	0.02	0.19
黑龙江	4.72	−3.26	0.02	0.86
河南	0.48	2.20	0.01	0.75
北京	5.81	−0.69	−0.02	1.43
天津	3.00	0.75	−0.01	0.76
海南	−27.43	8.69	0.32	−3.00
贵州	−4.35	2.49	−0.21	−1.67
广西	−47.65	7.98	−0.36	−4.76
甘肃	13.87	0.21	−0.42	4.93
福建	7.68	0.49	−0.03	0.41
安徽	2.66	0.54	−0.01	0.15
上海	2.78	0.01	−0.01	0.10
重庆	−4.34	2.44	−0.16	−1.24
江苏	2.20	−0.13	−0.01	0.03
广东	4.43	6.32	0.32	0.68
河北	3.94	0.43	−0.01	1.05

由创新市场环境的回归结果可知，其系数也呈现正负交替的状况但是波动没有政府资金强度变量那么大，创新市场环境回归系数最小的是黑龙江为−3.26，回归系数最大的为海南8.69，最大值和最小值的差距比政府资金强度变量小许多，最大值主要分布在海南、广西、广东、新疆、陕西等地，最小值主要分布在吉林、黑龙江、辽宁、北京和山西等地，创新市场环境回归系数大小在地理空间上由西南向东边递减，其中最小值普遍位于中部地区，且为负值，这说明我国技术市场成交额虽然呈现逐年递增的趋势，但是相比其他发达国家而言依旧较低，技术市场依旧需要不断发展，尤其是对于西部和中部来说，创新市场环境对财税政策效率具有显著的正向影响，因此创新市场环境越好，财税政策效率会越来越高，政府应当辅助创新市场的发展，同时还发现，政府资金强度和创新市场环境呈现互补的分布状态，在政府资金作用强的地区，创新市场环境一般作用较弱；在政府资金作用弱的地方，一般创新市场环境作用较强，同时这种"互补"是逆向的，因为政府资金作用强的地方，其创新市场环境较成熟，然而其财税政策效率较低。

由实证可知，科研资源禀赋水平回归系数也是具有正值和负值两类，且大多数省份的系数均为负值，与假设27-2c相反；有新疆、山东、江西、吉林、湖北、黑龙江、河南、海南和广东的回归系数为正，与假设27-2c相同。科研资源禀赋水平回归系数的最大值为广东和海南0.32，最小值为宁夏的–0.81，最大值和最小值差距不大，科研资源禀赋水平在地理空间上表现为连片分布，尤其是回归系数位于[–0.815，–0.16]最小区间的省份，大部分位于中西部地区。科研资源禀赋水平越高说明人均获取的研发资金更多，新疆、江西、山东、吉林、湖北、黑龙江、河南、海南和广东9个省区的科研资源禀赋水平回归系数为正，则说明，在这9个省区中随着研发人员的人均科研经费投入增多，财税政策效率上升，表明在这些区域人均科研经费投入的增加加大了科研人员的工作热情，从而使得整体创新效率水平变高，财税政策效率从而也变高；而在其他21个省区市包括浙江、云南、陕西、四川、山西、青海等地随着研发人员的人均科研经费投入增多，财税政策效率下降，说明在我国的大多数地区（系数为负的地区），政府依旧是创新市场发展的重要因素，随着科研经费的增加，政府资金占比相对减少，政府资金在创新生产过程中的作用相对减弱，从而使得财税政策效率降低。

实证表明，中央地方科技支出责任划分回归系数也呈现正负交替的状态，大多数省份的中央地方支出责任划分为正，少部分为负，其中中央地方科技支出划分责任回归系数最大的是宁夏的6.28，最小的是广西的–4.76，最大值差异比科研资源禀赋水平回归系数大些。中央地方科技支出责任划分回归系数较高的省份除了北京之外其余全都位于中西部，包括陕西、山西、青海、宁夏、内蒙古、甘肃、河北，说明在陕西、山西、青海、宁夏、内蒙古、甘肃和河北地区，地方科技支出在研发内部支出中的占比越大财税政策效率越高，且作用效果强于其他中央地方科技支出责任回归系数为正的省份；云南、新疆、四川、山东、辽宁、湖南、海南、贵州、广西、重庆等地的中央地方科技支出责任划分回归系数为负，说明在这些省份地方在支出责任的占比越多，财税政策效率越低，对照图27-1中政府资金强度回归系数为负的地方可知，除了山东和辽宁外，其他8个地区的政府资金强度回归系数均为负，说明在这些地方中央地方科技支出责任划分回归系数为负主要是政府资金的作用对其财税政策效率起到抑制作用造成的，而山东和辽宁二省则可能是由于资金的不合理使用，所以中央在对地方进行科技支助时，应当充分考虑当地政府资金对其创新的促进效果。

各影响因素变量的整体变化状况如图27-1所示，政府资金强度对财税政策效率的作用波动效果最大，地方差异特别明显，然而该指标在地理加权模型回归中不显著，说明各地区对于政府资金在创新生产过程中的效果还不够显著，其他三个指标的波动范围较小，其中创新市场环境变量的回归结果最显著，说明整体而言我国各地创新的财税政策效率主要还是受到了市场环境的影响。

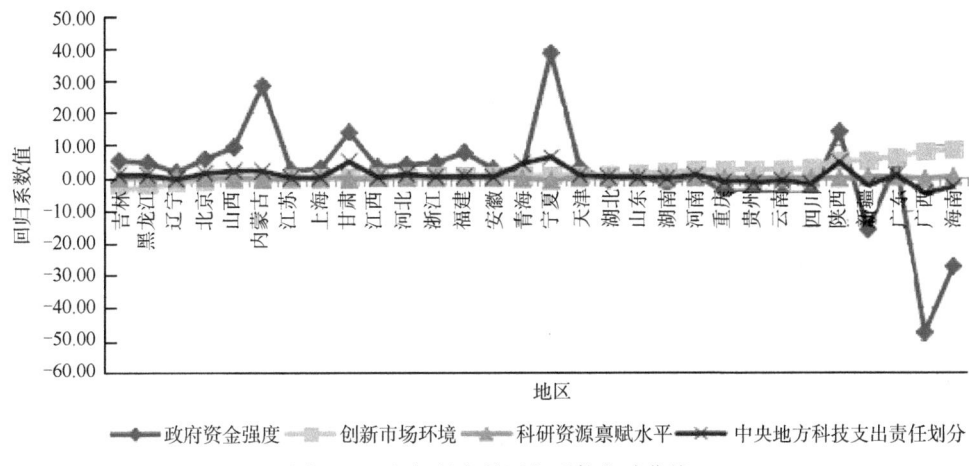

图 27-1　各解释变量回归系数变动曲线

27.3　主要实证结论

实证分析主要就创新资源配置的财税政策效率在各省区市是否存在空间异质性，并在此基础上运用 GWR 模型对各影响因素进行检验。实证发现：我国各省区市创新资源配置的财税政策效率具有空间异质性，且该异质性的来源主要是结构因素造成的，随机因素影响较小；通过 GWR 模型结果发现，创新市场环境对财税政策效率的影响显著为正，假设 27-2b 得到实证支持；科研资源禀赋水平对财税政策效率的影响在较高水平下显著且系数为负，假设 27-2c 没有通过实证检验；政府资金强度和中央地方科技支出责任划分对财税政策效率的影响不显著且系数为负，假设 27-2a 和假设 27-2d 均未能通过实证检验；同时，对我国各省区市财税政策效率影响因素的回归系数进行分析发现，各个影响因素变量在我国各省区市均存在着与假设相符和不相符的情况，即存在系数有正有负的现象，各影响因素在各地区的效果并不一致，其中政府资金强度和创新资源市场环境对财税政策效率的影响具有互补现象，政府资金强度作用高的地方往往创新资源市场环境作用小，说明在财税政策引导创新资源配置这一块市场和政府之间还没有形成合力，依旧处于互相"竞争"的状态，科研资源禀赋水平在大多数省份的作用效果为负，说明科研人员的人均经费增加，使得财税政策效率下降，中央地方科技支出责任划分的影响受政府资金强度的作用，政府资金强度影响为负的地区，中央地方科技支出责任划分的影响也几乎为负。由此可知各地区对制定引导创新资源高效配置的财税政策应当因地制宜，为了能够更好地为地区财税政策的制定提供建议，继续以江西省为例，构建财税政策引导创新资源配置的运行系统，并对其进行政策模拟，具体见 28 章。

第 28 章　引导创新资源高效配置与综合集成的财税政策模拟——以江西省为例

从前述章节的研究中发现，财税政策引导创新资源配置和综合集成存在空间差异性。本章主要以江西省为例进行政策仿真模拟，选用江西省的原因主要是①课题研究身处江西，相关资料具有良好的可获得性。②江西省处于中部地区，其创新市场环境和财政政策效率均处于中间位置，据此得出的结论既可以为创新市场环境极好，但是财政效率却偏低的东部地区作为参考，又可以为财政政策效率较高但创新市场环境较差的西部地区作为参考，当然也可以为中部地区作为参考。在仿真模拟的过程中，首先，将财税政策引导创新资源配置的过程当着一个复杂的动态系统来看待，并基于系统动力学的理论，提出相关假设，构建模型；其次，在此基础上，利用系统动力学因果关系回路图，探究财税政策引导创新资源配置系统运行的基本关系，尝试建立系统动力学流量图的量化模型；最后，结合江西省财税政策引导创新资源配置影响机制，提出拟调整的关键参数及变量，讨论其合理的变动区间，以期为各地区创新发展提供参考。

28.1　方法选择与模型假设

系统动力学的仿真模型能够有效地处理系统问题，财税引导创新资源配置与综合集成问题是一个由高校、企业、研发机构和政府多主体参与的系统问题，单一的模型并不能有效且快速地反映整个创新系统的变化，基于此，主要采用系统动力学的方法，并在相关假设的前提下完成江西省财税引导创新资源配置与综合集成的政策模拟。

28.1.1　方法选择

由财税引导创新资源配置与综合集成的理论框架可知，财税政策引导创新资源配置与综合集成的过程并不是一个孤立的静态过程，该过程中包括了投入、执行和运作三个步骤，各步骤之间是相互联系、相互作用的，因此采用传统的回归模型并不能够有效地分析。

1. 模型构建思路

财税政策引导，首先，创新资源配置与综合集成，其主要方式为各个主体（包括投入主体和执行主体）将创新资源分配给各个领域。其次，通过各个领域生产得出创新产出，从而对创新产出造成影响，进而影响创新资源配置效率与综合集成状况。最后，又通过反馈使得创新产出又对政府形成产生影响。基于此，财税政策在引导创新资源配置与综合集成的过程是一个复杂的系统过程，这个过程通过政府、企业、高校和研究机构多个主体紧密相连，同时创新能力的提升又使得各要素之间的影响持续循环，对于系统问题的研究，现有研究表明系统动力学方法是最佳的，尤其是对于像复杂动态的系统来说，系统动力学是首选方法。基于此，本节将财税引导创新资源配置和综合集成当作一个复杂动态的系统行为，通过系统动力学方法将不同的创新政策、不同研究领域和不同执行主体进行联系，建立财税引导创新资源配置与综合集成的仿真模型，并基于江西省的数据进行分析。

2. 系统动力学方法

系统动力学的创立者是Jay W. Forrester教授，1956年Jay W. Forrester教授为了能够有效地研究关于系统反馈的问题，基于系统论并结合计算机模拟、决策论、信息论和控制论等相关学科的知识，提出了该学科。系统动力学是一门用于清晰地分析系统问题和有效解决系统交叉问题的综合性学科。其中系统内部的反馈机制和动态机构是决定系统特性和行为模式的主要方式，其过程包括明确所研究系统的边界、了解系统各要素之间信息传递的过程并基于因果关系图构建所需要的模型。

该学科是一门定性与定量相结合的学科，运用定性分析的系统分析和定量分析的综合推理来对现实系统进行模拟和仿真。在系统动力学中系统的功能由系统结构而定，并根据系统的功能和结构设计模型的各个变量和因果回路，最后再通过计算机软件对模型进行仿真模拟。系统动力学是一种针对"结构—功能"的模拟，适合用于对复杂的系统结构进行研究，研究其中各个部分之间的动态关系。系统动力学更倾向于提供一种政策分析工具，决策群体利用此工具能够有效地进行学习和创造。采用系统动力学建模分析主要包含五个步骤。

第一步，系统分析。要求对研究对象有系统把握，即明确研究问题，然后基于系统动力学方式对研究对象进行系统分析，查找相关资料，明确所需数据并进行数据收集，同时在该步骤中要对研究的时间范围和系统的边界有个初步的把握，并确立好模型的内生变量、外生变量。

第二步，系统结构分析。对导致系统内部结构变化和反馈的过程进行相关假设，划分子系统，确定各子系统中变量之间的关系，基于系统的研究对象确立模型关键的输入与输出变量。

第三步，建立规范定量模型。建立系统动力学结构图，并明确模型中的速率变量、状态变量、常数变量、辅助变量及其数学关系式。

第四步，模型模拟和政策分析。该步骤是系统动力学研究的主要目的，系统动力学的目的是通过建立模型从而模拟现实系统，所以建立模拟与现实系统的拟合状况，会直接影响模拟结果，需要不断地对模型进行模拟修改，从而减小与实际系统运行状况的误差。因此该步骤需要指出其中存在的问题，之后再修改模型。

第五步，模型检验与评估。采用适应性检验、极端条件检验、敏感性检验方式对所构建的仿真模型进行检验，适应性检验是为了确保模型能够很好地再现过去的行为模式；极端条件检验是为了确保即使在极端条件下，模型的行为也是符合现实的；敏感性检验是为了分析变量的敏感性。该步骤是一个反复出现的过程。

3. 计算实验与政策实验室

计算实验是一种动态模拟预测方法，它是基于分析方法和计算技术发展而来的，它有效地弥补了难以对复杂系统进行实验的不足，计算实验也是一种用于研究复杂系统的有效方式。

计算机对计算实验方法来说不单单是一种用于仿真的工具，同时也是用于对客观存在系统"生长培养"替代版本的实验室，通过利用这个实验室对替代系统内的各类行为和决策进行分析和试验。因此，计算机的模拟对计算实验方法来说是一个试验过程，而客观存在的系统则仅仅只是试验过程中出现的一种可能结果。

对于复杂系统的政策和目标的评估，计算实验方法是一种非常合适的选择，同时计算实验方法还支持各种各样的"失效"实验、"极限"实验、"突变"实验、"压力"实验和"加速"实验等，通过这些实验能够评估和预测系统的可靠性、应变能力及功能作用。

同时，系统动力学能够对系统中各变量之间的关系进行厘清，并通过控制主要变量，对系统进行模拟，因此，对于实际的系统尤其是复杂多变的庞大系统，可以将系统动力学模型作为政策实验室。

4. 系统动力学在本节中的适用性

系统动力学的研究方向主要为社会系统，财税政策引导创新资源配置与综合集成属于区域创新体系，包含在社会系统中。因此本节适合采用系统动力学方法。

本节中的财税引导创新资源配置与综合集成系统，是一个由多种变量和多个回路组成的复杂网络系统，其中许多变量之间互为因果并组成了一个有机整体，因此无法脱离系统对单一的因果链条进行分析。基于系统动力学，不仅可以从动态的角度来分析财税政策引导创新资源配置与集成的变量间的因果关系，而且可以通过政策实验室，对系统进行反复实验，从而找出合适的政策调整方案。

28.1.2 边界条件与基本假设

在具体分析过程，系统需要设定边界条件，在具体实证前，其主要的边界条件包括：第一，不考虑不可抗力，如自然灾害、战争等对系统的影响。第二，财税引导创新资源配置与综合集成系统是一个仅限于特定区域内连续的运行过程。第三，创新资源配置与综合集成的行为主体为高等学校、企业、政府和科研机构。

依据财税引导创新资源配置与综合集成分析框架，主要提出三个方面的假设：第一，创新资源配置过程中产出的直接驱动因素为创新环境、研发人员和研发经费。第二，财税政策引导创新资源配置过程中创新环境建设是关键驱动要素。第三，经济增长是政府财税政策引导创新资源配置与综合集成的目标函数，而财政能力是财税政策引导创新资源配置与综合集成的主要约束条件。

28.2 财税引导创新资源配置系统因果关系

因果关系图是用于体现系统中反馈结构的重要工具。在该图中，各变量之间通过带有正负极的箭头连接，从而形成因果链，箭头为正极说明一个变量变化会对另外一个相关变量产生同向影响，即一个变量增加另一个变量也增加，一个变量减少另一个变量也减少，箭头为负极说明一个变量变化会对另外一个相关变量产生反向影响，即一个变量增加另一个变量减少，一个变量减少另一个变量增加。

根据财税引导创新资源配置与综合集成理论与实证，绘制因果关系图，如图28-1所示。

依据系统动力学理论，财税引导创新资源配置与综合集成系统是一个由子功能系统和外部环境整合在一起的复杂的开放系统，其中反馈结构具有强非线性、多回路、多变量和高阶次。基于财税引导创新资源配置与综合集成的主体，可以将整个系统拆分为四个子系统，主要为高等学校子系统、研究机构子系统、企业子系统和政府子系统，这四个子系统之间相互独立又相互影响。同时四个子系统还受到了如创新环境和市场需求等因素的影响,这些因素之间有相互耦合的、非线性的、动态反馈的关系。具体各子系统的分析如图 28-1 所示。

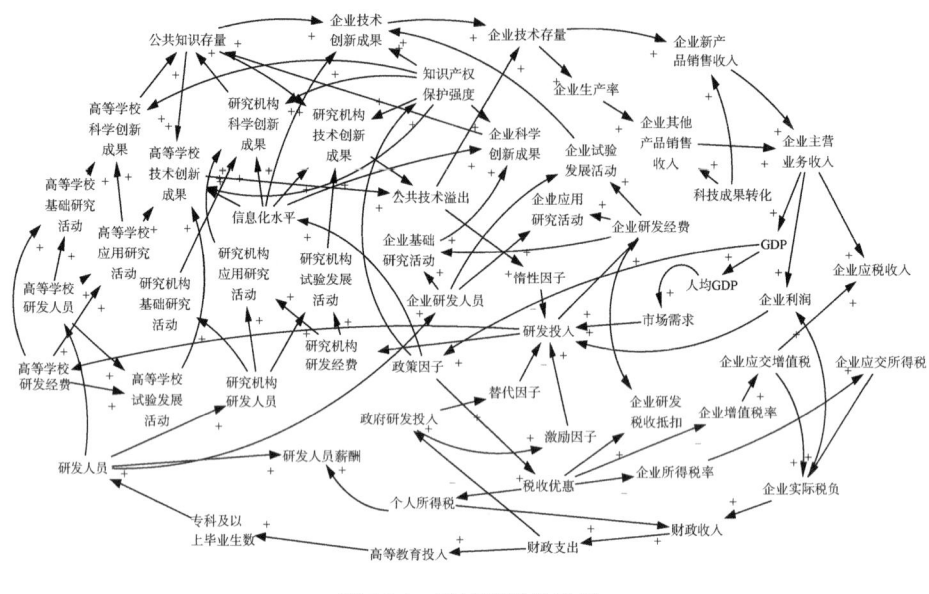

图 28-1 系统因果关系图

28.2.1 高等学校子系统

高等学校子系统中包含了五个反馈回路,第一个反馈回路为正回路。政府采用对高等学校的创新投入直接拨款的方式,促进高等学校的创新活动,从而提高了高等学校的创新产出,提高了创新资源配置与综合集成的状况;创新产出又通过技术溢出、知识积累和产业化带来了更大的盈利,又导致政府继续增加对高等学校的创新投入。

第二个反馈环中有一个正回路和一个负回路。高等学校是一个公共的研发机构,其创新活动主要为基础研究和应用研究,高等学校的创新成果具有很强的公共品属性。一方面,高等学校通过为企业提供研发成果,使得成果产业化,可以为企业产生许多利润,使得企业增加创新投入;另一方面,由于公共技术溢出的存在,企业在创新方面的积极性会减弱,导致企业更愿意将资金投入能够直接、快速获利的项目中,使得企业减少创新投入。

第三个反馈回路是正回路。研发人员是高等学校从事创新活动的直接投入要素,其产生的经济效益提高了政府的财政收入,使得政府拥有了更多的教育支出,又可以培养更多的创新人才;企业和政府主要通过科研项目对高等学校进行资助,科研项目则是我国培养高学历人才的主要方式,由高学历创新人才带来的创新收益又使得企业和政府进一步资助高等学校。

第四个反馈环中包含一个正回路一个负回路。研发人员薪酬直接关系着研发人员的待遇状况，个人所得税则对其有着重要影响，个人所得税税率降低，一方面，可以吸引和留住创新人才；另一方面，税收收入的降低，导致政府收入减少，从而使得政府的创新投入和教育投入减少，创新人员减少，高等学校创新人员也减少。

第五个反馈回路为正回路。政府通过对知识产权保护法的制定和对公共基础的建设为高等学校创新营造了一个良好的环境，促进了高等学校的创新发展，高等学校与企业通过科技中介服务使得创新生产的合作力度加强，创新生产力更高，利润更大，政府财政收入也更多，这又促进了政府加大对高等学校的创新投入。

28.2.2 研究机构子系统

研究机构子系统包含了四个反馈回路。第一个反馈回路为正回路，政府采用对研究机构的创新投入直接拨款的方式，促进研究机构的创新活动积极性，从而提高了研究机构的创新产出，提高了创新资源配置与综合集成的效率；创新产出又通过技术溢出、知识积累和产业化带来了更大的盈利，这又导致政府继续增加对研究机构的创新投入。

第二个反馈环中有一个正回路和一个负回路。研究机构是一个公共的研发机构，其创新活动主要为基础研究和应用研究，研究机构的创新成果具有很强的公共品属性。一方面，研究机构通过为企业提供研发成果，使得成果产业化，可以为企业产生许多利润，使得企业增加创新投入；另一方面，由于公共技术溢出的存在，企业在创新方面的积极性会减弱，企业更愿意将资金投入能够直接快速获利的项目中，使得企业减少创新投入。

第三个反馈回路是正回路。研发人员是研究机构从事创新活动的直接投入要素，其产生的经济效益提高了政府的财政收入，使得政府拥有了更多的教育支出，又可以培养更多的创新人才；企业和政府主要通过科研项目对研发机构的投入进行资助，科研项目则是我国培养高学历人才的主要方式，由高学历创新人才带来的创新收益又使得企业和政府进一步资助研发机构。

第四个反馈环中包含一个正回路一个负回路。研发人员薪酬直接关系着研发人员状况，个人所得税则对其有着重要影响，个人所得税税率降低，一方面，可以吸引和留住创新人才；另一方面，税收收入的降低，导致政府收入减少，从而使得政府的创新投入和教育投入减少，创新人员减少，研究机构创新人员也减少。

28.2.3 企业子系统

企业子系统中包含五个反馈回路。第一个反馈回路为正回路。市场在创新资源配置中具有主导作用，市场需求能够引导企业创新活动的方向，从而激励企业增加研发投入，带来更多的创新成果，并通过将创新成果进行产业化带来收益，促进了经济的增长和居民生活水平的提高，居民生活水平和经济的提高毋庸置疑又能够增加市场需求。利益是能够促进企业创新发展的最直接要素，经济效益的提升能够使得企业有更多的资本用于创新投入，而企业通过对创新成果进行有效转化能够使得企业市场份额增加，并继续开放新产品和新市场，从而又带来更多利润。

第二个反馈环包含一个正回路一个负回路。一方面，政府科技投入可以降低企业创新风险，促进企业增加创新投入，而企业创新投入的增加会使得企业获得更多的创新成果，由成果带来的收益更高，企业纳税更多，政府的财政收入也相应增加，进而使得政府对企业的创新投入进一步增加；另一方面，政府科技投入也可能使得企业自身的创新投入减少，产生挤出效应。

第三个反馈环包含一个正回路和一个负回路。一方面，税收优惠的方式是政府对企业进行间接创新投入，降低了企业的税收负担，企业利润增加，从而激励企业扩大创新投入；另一方面，税收优惠政策使得政府财政收入减少，从而导致政府对企业的创新投入减少。

第四个反馈环包含一个正回路一个负回路。一方面，研发人员是研究机构从事创新活动的直接投入要素，其产生的经济效益提高了政府的财政收入，使得政府拥有了更多的教育支出，又可以培养更多的创新人才；另一方面，个人所得税税率降低，可以吸引和留住创新人才，同时税收收入的降低，导致政府收入减少，从而使得政府的创新投入和教育投入减少。

第五个反馈回路为正回路。政府通过对知识产权保护法的制定和对公共基础的建设为企业创新营造了一个良好的环境，促进了企业创新发展，企业通过科技中介服务使得创新生产的产学研加强，创新生产力更高，利润更大，政府财政收入也更多，这又促进了政府加大对企业的创新投入。

28.2.4 政府研发子系统

政府子系统中包含五个反馈回路，第一个反馈回路为正回路。政府采用对研究机构高等学校和企业的创新投入直接拨款的方式，促进三者从事创新活动，从而提高了我国的创新生产水平，改善了创新资源配置与综合集成的状况；创新产出又通过技术溢出、知识积累和产业化带来了更大的盈利，从而使得政府财政收入增加，又导致政府继续增加创新投入。

第二个反馈环包含一个正回路和一个负回路。一方面，税收优惠的方式是政府对企业进行间接创新投入，降低了企业的税收负担，企业利润增加，从而激励企业扩大创新投入，企业创新活动增加，创新生产的收益也增加，这又导致政府继续加大对企业创新的优惠力度；另一方面，税收优惠政策使得政府财政收入减少，从而导致政府对企业的创新投入减少。

第三个反馈环为正回路。创新人员的来源主要为具有专科及以上学历的人才，政府通过增加教育支出可以使得专科以上院校的人才培养规模增加和质量提高，从而为创新提高更多的人员支持，而创新人员增加带来的创新生产收益，又导致政府财政收入增加，从而又促使其教育支出增加。

第四个反馈回路包含一个正回路和一个负回路。一方面，研发人员薪酬直接关系着研发人员的待遇状况，个人所得税则对其有着重要影响，政府通过降低个人所得税税率，可以吸引和留住创新人才，而创新人才所产生的创新生产收益又能够让政府的税收优惠力度得到进一步提高；另一方面，税收收入的降低，导致政府收入减少，从而使得政府的创新投入和教育投入减少，创新人员减少。

第五个反馈回路为正回路。政府通过对知识产权保护法的制定和公共基础的建设，为企业创新生产营造了一个良好的环境，促进了创新发展，科技中介服务又使得创新生产的产学研加强，创新生产力更高，利润更大，政府财政收入也更多，这又促进了政府加大对创新的投入。

28.3 系统量化模型

基于系统动力学原理，流量图是对因果关系图进行了更加深入和细致的描述，流量图既能非常清晰地体现各个变量之间的逻辑关系，又能确定各个变量的性质，并体现出系统的控制过程。

28.3.1 系统流量图

在财税引导创新资源配置与综合集成系统的因果关系图基础上，适当增加其他变量，并充分考虑变量数据的可得性和变量的现实意义，从而确定变量的表达式，并对变量之间的关系进行检验。具体流量图如图 28-2 所示。

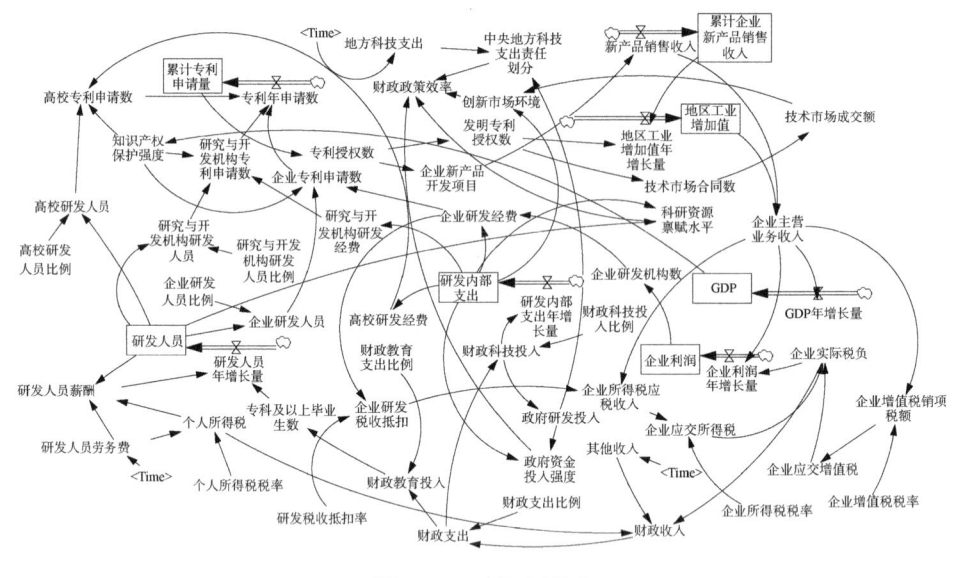

图 28-2 系统流量图

28.3.2 基本参数设置

基于系统动力学原理，流量图中主要包括状态变量、速率变量、辅助变量、常数变量和外生变量 5 种变量。

（1）状态变量（level variable）：描述系统的积累效应的变量，反应物质、能量、信息等对时间的积累。

（2）速率变量（rate variable）：描述系统累计效应变化快慢的变量，反映了系统的变化速度或决策幅度的大小，是数学意义上的导数。

（3）辅助变量（auxiliary variable）：表达决策过程的中间变量，即状态变量和速率变量之间信息传递和转换过程的中间变量。

（4）常数变量（constant variable）：研究期间内变化甚微或者相对不变的量。

（5）外生变量（exogenous variable）：是一个可控变量，形成系统输入。

结合研究需要，依据不同变量的含义及其发展趋势，为财税引导创新资源配置系统设置相应的属性如表 28-1 所示。

表 28-1 模型主要参数

变量名称	单位	变量属性	变量名称	单位	变量属性
累计专利申请数	件	状态变量	技术市场合同数	项	辅助变量
年专利申请数	件	速率变量	财政科技投入	亿元	辅助变量
企业研发人员	人	辅助变量	研究与开发机构研发经费	亿元	辅助变量
研发机构专利申请数	件	辅助变量	GDP 年增长量	亿元	状态变量

续表

变量名称	单位	变量属性	变量名称	单位	变量属性
高校专利申请数	件	辅助变量	企业所得税税率		常数变量
企业专利申请数	件	辅助变量	企业增值税税率		常数变量
专利申请授权数	件	辅助变量	研发内部支出	亿元	状态变量
发明专利授权数	件	辅助变量	高校研发经费	亿元	辅助变量
企业新产品开发项目	项	辅助变量	财政教育投入	亿元	辅助变量
新产品销售收入	亿元	辅助变量	研发人员	人	状态变量
企业研发经费内部支出	亿元	辅助变量	研究与开发机构研发人员	人	辅助变量
企业研发机构数	个	辅助变量	高校研发人员	人	辅助变量
企业研发税收抵扣	亿元	辅助变量	财政收入	亿元	辅助变量
技术市场成交额	亿元	辅助变量	财政支出	亿元	辅助变量
财政政策效率		辅助变量	财政科技投入比例		常数变量
中央地方科技支出责任划分		辅助变量	企业应交增值税	亿元	辅助变量
企业所得税应税收入	亿元	辅助变量	财政支出比例		常数变量
企业应交所得税	亿元	辅助变量	政府研发投入	亿元	辅助变量
企业实际税负	亿元	辅助变量	财政教育支出比例		常数变量
企业增值税销项税额	亿元	辅助变量	其他收入	亿元	辅助变量
地区工业增加值	亿元	状态变量	研发人员薪酬	亿元	辅助变量
企业利润	亿元	状态变量	研发人员劳务费	亿元	辅助变量
企业主营业务收入	亿元	辅助变量	个人所得税	亿元	辅助变量
地方科技支出	亿元	辅助变量	个人所得税税率		常数变量
知识产权保护强度		辅助变量	政府资金强度		辅助变量
专科及以上毕业生数	人	辅助变量	创新市场环境		辅助变量
科技资源禀赋水平		辅助变量			

28.3.3 变量函数关系

变量函数关系的确定主要有两种方式：一种是专家排序法，即对于研究的主题向相应的领域专家进行访谈或者发放问卷，从而确定各变量之间的函数关系；另一种是计量经济学方法，采用的是运用统计数据结合相关软件操作，对变量间的函数关系进行确定。本节采用的是计量经济学方法来确定变量函数关系，具体使用的是江西省的统计数据和 Stata 软件。其中江西省统计数据的来源于2006~2017年中国科技统计年鉴、江西统计年鉴和中国统计年鉴，考虑数据的一致性和连续性，采用规上工业企业数据来描述企业数据，知识产权保护强度通过修正的

Ginarte & Parkde 方法计算而来。为了去除价格因素对系统仿真模拟结果的影响，分别采用以 2005 年数据为基期的方式对相关价格数据进行调整。具体方法为

$$Y = Y' \times PI \qquad (28\text{-}1)$$

其中，Y 表示实际变量；Y' 表示名义变量；PI 表示以 2005 年为基期的价格指数。

GDP 数据采用的式（28-1）方法计算实际的 GDP，而企业利润、税收、主营业务收入和新产品销售收入则通过工业品的出厂价格指数进行平减；研发经费内部支出采用固定资产和消费物价指数加权的方式获取，其中固定资产投资的价格指数占比 45%，消费物价的价格指数占比 55%。

通过对处理后的数据采用计量经济学方法进行回归，并结合相关领域专家的调查访谈结果初步确定了模型中主要变量的函数关系，具体设置如下：

累计专利申请量单位篇=INTEG（专利年申请数，2438）

专利年申请量=0.4169×企业专利申请数–14.0114×研究与开发机构专利申请数
　　　　　　+3.0669×高校专利申请数–337.341

高校专利申请数=EXP（1.685 76×ln（"高校研发经费"）
　　　　　　+1.342 98×ln（"高校研发人员"）
　　　　　　+4.134 32×ln（知识产权保护强度）+0.5589）

高校研发人员= "研发人员"×"高校研发人员比例"

高校研发人员比例= –0.0115×Time+23.18

研究与开发机构研发人员= "研发人员"×"研究与开发机构研发人员比例"

研究与开发机构研发人员比例= –0.0033×Time+6.8063

研究与开发机构专利申请数=EXP（0.777 99×ln（"研究与开发机构研发人员"）
　　　　　　–0.2262×ln（"研究与开发机构研发经费"）
　　　　　　+6.447 73×ln（知识产权保护强度）+5.1145）

企业研发人员= "研发人员"×"企业研发人员比例"

企业研发人员比例=0.0121×Time–23.6891

企业专利申请数=EXP（0.2268×ln（"企业研发经费"）
　　　　　　–0.8065×ln（"企业研发人员"）
　　　　　　+8.2498×ln（知识产权保护强度）+9.2209）

专利申请授权数= 0.5462×累计专利申请量+0.0451

企业研发经费= 0.8206×"研发内部支出"+0.0144×企业研发机构数–7.8842

研究与开发机构研发经费= 0.0556×"研发内部支出"+2.8866

高校研发经费=0.0442×"研发内部支出"+2.7565

研发内部支出=INTEG（研发内部支出年增长量，28.8244）

研发内部支出年增长量= 0.2264×财政科技投入+8.7006

企业研发机构数= 0.3977×企业利润+44.5887

企业新产品开发项目=0.1177×专利授权数+1543.35

发明专利授权数=0.0594×专利授权数+0.0182

地区工业增加值= INTEG（地区工业增加值年增长量，8.823 02×10^2）

地区工业增加值年增长量=–0.3389×发明专利授权数+0.3128×累计企业新产品
     销售收入+501.52

技术市场合同数= –0.7204×发明专利授权数+2714.18

技术市场成交金额= –0.0306×技术市场合同数+99.0754

企业主营业务收入=0.2674×新产品销售收入+4.7421×地区工业增加值–1851.924

政府研发投入= 0.1298×财政科技投入+16.1055

企业利润=INTEG（企业利润年增长量，112.4119）

企业利润年增长量=0.0202×企业主营业务收入–1.1318×企业实际税负+87.7022

GDP=INTEG（GDP 年增长量，4.073 32×10^3）

GDP 年增长量=0.0154×企业主营业务收入+1018.969

新产品销售收入年增量=0.1056×企业新产品开发项目–87.4157

累计企业新产品销售收入=INTEG（新产品销售收入，233.2264）

研发人员=INTEG（研发年增长量，2.1964）

研发人员薪酬=（"研发人员劳务费"–个人所得税）/ "研发人员"

研发人员年增长量= –0.0076×专科及以上毕业生数+1.76×10^7× "研发人员薪酬"
    –3517

研发人员劳务费= EXP（248.131×ln（Time）–1884.237）

个人所得税= "研发人员劳务费"×个人所得税税率

个人所得税税率=0.2

专科及以上毕业生数= 0.0113×财政教育投入+17.1422

财政教育投入=财政支出×财政教育支出比例

财政教育支出比例=0.19

财政支出比例=1.47

财政支出=财政收入×财政支出比例

财政科技投入=财政支出×财政科技投入比例

政府资金投入强度= "政府研发投入" / "研发内部支出"

财政科技投入比例=0.019

研发税收抵扣率=0.036

企业研发税收抵扣= "企业研发经费"× "研发税收抵扣率"

企业实际税负=企业应交增值税+企业应交所得税

财政收入=个人所得税+企业实际税负+其他收入

其他收入=EXP（324.2977×ln（Time）–2463.681）

企业应交所得税=企业所得税税率×企业所得税应税收入
企业所得税税率=0.25
企业应交增值税=0.0551×企业增值税销项税额–12.8294
企业增值税税率=0.17
企业所得税应税收入=0.0205×企业主营业务收入–32.3092×"企业研发税收抵扣"
　　　　　　　　+35.1187
企业增值税销项税额=企业主营业务收入×企业增值税税率/（1+企业增值税税率）
财政政策效率=3.2×政府资金投入强度+0.33×创新市场环境+0.02×科研资
　　　　　　源禀赋水平+0.14×中央地方科技支出责任划分
地方科技支出=EXP（651.7037×ln（Time）–4944.833）
中央地方科技支出责任划分=地方科技支出/"政府研发投入"
创新市场环境=技术市场成交额/"研发内部支出"
科研资源禀赋水平="研发内部支出"/"研发人员"

28.4　江西省引导创新资源配置的财税政策模拟

主要采用 Vensim 软件对本节构建的财税政策引导创新资源配置与综合集成的系统进行仿真模拟，在这个过程中需要对系统模型进行反复的改正，改正完成后需对模型进行相应的检验，通过检验后的模型才能够用于仿真模拟。

28.4.1　江西省财税引导创新资源配置状况

自创新驱动发展战略提出以来，江西省政府积极响应，在省委、省政府的领导下，在省人大及其常委会依法监督下，全省创新工作以习近平新时代中国特色社会主义思想为指导，认真贯彻落实习近平总书记对江西工作的重要要求，按照"创新引领、改革攻坚、开放提升、绿色崛起、担当实干、兴赣富民"的工作方针，大力实施创新驱动发展战略，取得了一些成绩，但仍存在着一些问题，面对经济新常态，如何贯彻执行创新驱动发展战略，为江西经济社会又好又快发展、探索财税引导创新资源高效配置的模式、创建综合的创新发展系统、形成中部崛起的新支柱等战略意义的实现提供支撑，意义深远。党的十八大以来，江西省创新工作不断取得新进展。具体归纳如下[①]。

[①]《江西省人民政府关于我省科技创新情况的报告》，http://jxrd.jxnews.com.cn/system/2018/12/14/017271273.shtml[2019-10-01]。

1. 创新发展环境进一步优化

江西省委、省政府把创新驱动摆在全省发展的核心位置，省委十四届六次全体（扩大）会议坚持把"创新引领"置于全局工作方针之首，各地、各部门围绕创新型省份建设的主旋律，结合实际加速创新，创新引领发展正逐渐成为全社会的高度共识和自觉行动。一是创新型省份建设加速推进。调整成立了省委、省政府主要领导任组长的省推进创新型省份建设领导小组，强化创新工作顶层设计，颁布了创新型省份建设三年行动方案，确定了"一廊两区五城多点"的创新布局，创新工作方向更加聚焦、重点更加明确、工作责任进一步压实。二是创新的保障政策逐步完善。江西省先后出台创新驱动发展纲要、鼓励科技人员创新创业、加快特色型知识产权强省建设、支持新型研发机构发展、加快创新平台高质量发展等政策文件；省人大常委会在全国率先出台地方创新法规《江西省科技创新促进条例》。政策落实成效显现，五年来累计为2452个高新技术企业减免税95.72亿元，研发费用加计扣除191.72亿元。三是重视创新的社会氛围逐步浓厚。深入开展全社会研发投入攻坚行动，强化考核激励与督导作用，推动企业、高校和科研机构加大研发投入，全社会研发经费总量从2012年的113.65亿元增长到2017年的255.8亿元，占GDP比重从0.88%增长到1.28%；各部门和省市县推进创新的联动机制正在构建，特色型知识产权强省建设加快推进，特别是市县综合考核创新指数分数由2012年的7分增加到2017年的17分，发挥了"指挥棒"的作用。四是大众创新创业蓬勃开展。省政府成立"双创"工作领导小组，出台鼓励大众创新创业28条措施；国务院批复同意赣江新区为国家第二批"双创"示范基地；新建39个省级、7个国家级小微企业"双创"示范基地和20家省级"双创"示范基地，建成国家创业孵化示范基地3个；南昌市成功入选全国首批15个"国家小微企业创业创新基地示范城市"，并连续举办中国创新创业大赛江西赛区暨"洪城之星"创新创业大赛，营造了良好的创新创业氛围。在国务院对2017年落实有关重大政策措施真抓实干成效明显地方予以督查激励的通报中，江西省5项奖励中有2项是创新工作，被评选为"实施创新驱动发展战略、推进自主创新和发展高新技术产业成效明显的省""改善地方科研基础条件、优化创新环境、促进科技成果转移转化及落实国家科技改革与发展重大政策成效较好的省"。

2. 创新综合实力逐年提升

江西省科技进步综合水平在全国排位，由2012年的第25位进到2017年的第19位，是全国唯一连续五年前移的省份，区域创新能力进入全国第二方阵。一是承担国家级科研项目能力提升。2014~2018年共承担国家级重大科研项目4434项，比前五年增长34%，获资助经费43.14亿元，比2019~2013年增长32%，这些项目涵盖了新材料、新能源、新一代信息技术、装备制造、生物医药、现代农业等领域。二是部分领域创新成果取得重大进展。南昌大学"硅衬底高光效 GaN 基蓝色发光二极管"项目获国家技术发明奖一等奖；南昌欧菲光显示技术有限公司的"图形化的柔性透明导电薄膜及其制法"获中国专利金奖；热敏灸技术的创立及临床推广应用等成果获国家科技进步奖二等奖。三是知识产权强省战略成效明显。全省专利申请、授权总量和万人发明专利拥有量，从 2012 年的 1.25 万件、0.8 万件、0.45 件分别增长到 2017 年的 7 万件、3.3 万件、1.96 件，年均增幅居全国前列。2018 年 1~9 月继续保持强劲增长态势，专利申请、授权总量同比增长 35.2%、68.9%；其中发明专利申请、授权总量同比增长 43.6%、23.3%，万人发明专利拥有量同比增加 0.5 件。

3. 科技支撑经济发展成效显著

科技进步贡献率由 2012 年的 51.2%提高到 2017 年的 57%。一是高新技术产业发展加速。产业增加值由 2012 年的 1163 亿元增长到 2017 年的 2468.6 亿元，增长 112%；占规上工业企业增加值的比重由 23.8%增长到 30.9%；2018 年前三季度，全省战略性新兴产业、高新技术产业增加值均增长 11.6%，高于规上工业企业增加值 2.6 个百分点，分别占规上工业企业增加值的 17.0%、33.0%，同比提高 1.6 个和 1.7 个百分点。二是科技支撑农村农业产业持续发展。2012~2017 年共研发新产品（品种）50 个、获授权专利 351 件，累计引进和培育优新品种 500 多个，示范推广绿色高效技术 40 多项，全省农业科技进步贡献率 2017 年达到 58.8%。科技特派员积极对接农林产业工作，一批先进技术成果在基层转化应用。部省市县四级科技部门扶贫联动机制形成，科技产业扶贫助力井冈山市、永新县精准脱贫。三是支撑生态文明示范省建设发挥作用。编制发布水、土、气污染防治技术成果目录，创建了一批生态文明创新示范基地，开展了大气污染防治、水资源高效开发利用等 18 个国家重点研发专项和课题研发。启动省级临床医学研究中心建设工作，56 家医疗机构纳入国家协同研究网络。

4. 创新成果转化步伐加快

按照国家科技成果转化"三部曲"部署，抓紧完善江西省科技成果转化的政策架构，科技成果转移转化实施办法、行动方案正在加速落实。一是新一代宽带无线移动通信网国家科技重大专项（03 专项）成果转移转化试点示范加速推进。科技部、工业和信息化部、省政府框架协议得到进一步落实；以鹰潭为核心区，南昌、赣州等 6 市为拓展区，抚州、吉安等 5 市为辐射区的"1+6+5"空间推进格局正在加快构建，取得网络建设领跑全国、应用示范推广全国领先的显著成效；成立由中国工程院院士邬贺铨任主任、时任北京航空航天大学党委书记曹淑敏任常务副主任的专家指导委员会；2018 年，全省物联网企业达到 200 多家，在全国率先实现了全省 NB-IOT 和 eMTC 两张网全覆盖,已有智慧水表等 79 个应用场景，智慧农业等完成整体规划并全面启动实施，华为全球 NB-IOT 开放实验室、中国信通院泰尔物联网研究中心、国家物联网通信产品质量监督检验中心、江西省移动物联网应用技术研究院等公共服务平台已然设立。二是组织开展全省促进科技成果转移转化行动。全省技术合同成交额由 2012 年 39.78 亿元增至 2017 年 96.19 亿元。开通了"江西省网上常设技术市场"，成功举办 18 场全省性大型科技成果在线对接会，实现技术对接 2406 次。重点创新产业化升级工程实施两年来，累计安排扶持资金 8.13 亿元，实施重点创新成果产业化项目 32 项，其中重点产业骨干工程项目 5 项。三是积极推动与中科院等大院大所的科技合作，引进省外技术来江西省转化。与中国科学院达成依托省科学院共建中科院科技成果育成中心协议，2017 年中国科学院在江西省实施产业化项目 78 项，实现社会效益 104.31 亿元。组建了江西中科先进制造产业技术研究院、北航江西研究院、江西省通用航空研究院、江西稀土功能材料研究院等一批产业研究院。

5. 科技体制机制改革深入推进

坚持以改革驱动创新、创新驱动发展，推动科技管理格局从研发管理向创新服务转变，科技领域"放管服"改革取得重要进展。一是在科技项目和经费管理方面，将 31 项省级科技计划整合为"1+5"计划体系，初步建成统一的科技计划项目管理信息系统，实现科技计划项目网上全流程、全覆盖，加强事前、事中、事后监管，强化政务服务一网通。强化科技资源开放共享，建立科技报告制度，推进市（县、区）创新能力监测。积极推进科研诚信管理和科研信用体系建设。二是在科技奖励制度方面，加快科技奖励评审改革，实现省科技奖评审专家系统自动抽取、短信平台自动邀请、短信平台自动确认、评审专家自动回避的"三自动、一回避"机制，增强省级科技奖励项目总数量，调整奖励等级指标，瞄准争取国家科技奖励进行重点培育。三是在探索科技协同创新方面，组建了龙头企业牵头、相关科研力量参与、市场化运作的公司制科技协同创新体 64 家，下达财政扶持资金 6.2 亿元，撬动企业、社会及金融资金投入企业研发 47 亿元。2018 年还将组建 20 家。四是在促进科技与金融结合方面，南昌市获批国家促进科技和金融结合试点城市，启动赣江新区试点创新券业务，成立省科技金融服务中心，推动设立省级科技成果转化引导基金和科技担保、知识产权质押等业务开展。通过试点银行累计为江西省 100 多家企业提供知识产权质押贷款 21.39 亿元。省市联动科贷补偿资金可撬动 8 倍银行资金支持企业创新。省发展升级引导基金对创新创业、战略性新兴产业等予以重点扶持。

6. 创新平台载体及人才队伍建设加速

在省委、省政府高位推动下，全省加快创新重大平台载体及人才团队建设，为创新持续发展提供支撑。一是创新平台建设步伐加快。截至2018年国家级创新平台达到15个，其中国家重点实验室5个、工程（技术）研究中心10个；国家企业技术中心14家；省级研发平台904个；省级"2011协同创新中心"56个；规上工业企业建有研发机构的达1698家，占规上企业总数的15.6%。2018年正在抓紧制订国家级科研创新平台预备队培育计划，2018年已获批组建省部共建核资源与环境重点实验室，下一步在轨道交通、稀土和钨、污水治理等方面加大培育冲击"国家队"。二是创新载体布局加快。国家级高新区9个，数量居全国省第五；国家高新技术产业特色基地29个，数量居全国省第一；省级高新区13个；高新技术企业由2012年底的362家增长到2017年底的2138家。国家农业科技园8个。江西鄱阳湖国家自主创新示范区、井冈山国家农业高新区相继设立。三是创新服务机构建设成效明显。建成国家科技孵化器19个、国家技术转移示范机构9个，国家众创空间43家、国家星创天地41家、国家大学科技园3个。依托园区建立公共技术服务平台125个，面向中小企业建立国家级公共服务示范平台14个、省级40个，产业技术创新战略联盟61个。四是科技人才队伍建设得到强化。创新人才引育力度不断加大，省级层面正在构架院士后备人选、创新创业高层次人才"双千计划"、青年创新杰出人才的梯次培养体系。截至2017年末，全省科技人员比过去5年增长74.6%，其中两院院士3位、长江学者9位、国家杰青12位、万人计划53人、百千万人才工程国家级人选60人。柔性引进院士158人，面向全球招聘30名井冈学者特聘教授，引进博士、正高等高层次人才3695人。大力实施"赣籍科技人才回归"工程，先后组队赴北京大学、上海交通大学、中科院等单位开展科技合作对接。出台鼓励科技人员创新创业激励政策（简称"赣十条"），科研团队享有60%～95%奖励所得，主要贡献人员获得奖励的比例不低于奖励总额的50%。

近年来江西省的发展态势逐渐转好，但是与发达地区相比，仍存在着一定差距，如何引进高端技术，吸引高端人才仍是其创新发展需要解决的问题，政府的工作也仍在不断完善。

28.4.2 系统仿真模拟

1. 模型检验

系统动力学模型是通过相关假设和边界界定对现实系统的简化模式，它能够在某种程度上反映出现实系统的行为，但它并不是现实系统的复制品，所以对于仿真模型来说只要在一定的条件下其行为与真实系统类似，并能够完成一定条件下的目标，那么就认为所构建的仿真模型是有效的。对于系统动力学模型的检验有许许多多的方法，但总体而言这些方法都是为了证明该模型是与现实系统类似的，能够很好地反映出现实系统的各方面变化，因此，主要从模型结构适合性检验、模拟值与真实值一致性检验、极端条件检验和参数灵敏度检验四个方面对财税引导创新资源配置与综合集成的系统进行检验。

（1）模型结构适合性检验。模型适合性检验的目的是检验模型与系统的内部机制是否是一致的、变量之间的因果关系是否合理、模型的界限设置是否恰当、反馈回路是否正确及变量的方程设定和量纲设定是否准确。

为了使得系统仿真模型能够与实际系统模型尽量靠近，研究模型在设计过程中阅读了大量的参考资料，并咨询了多位专家的意见，最终认为本节所构建的模型能够较好地反映真实财税引导创新资源配置系统运行的状态，即模型中的变量选择、回路设定和因果关系等均能够很好地描述真实系统的行为。同时通过对模型的量纲和结构的一致性检验发现模型设定正确。

（2）模拟值与真实值一致性检验。模拟值与真实值一致性检验主要是通过对所构建的模型进行模拟得出其模拟值的变化趋势，并将其与真实数据对比，观察二者的相差程度，二者相差越小，一定程度上说明了所构建的仿真模拟与真实系统越接近。财税引导创新资源高效配置与综合集成系统的主要变量真实值和模拟值的对比如图28-3所示。

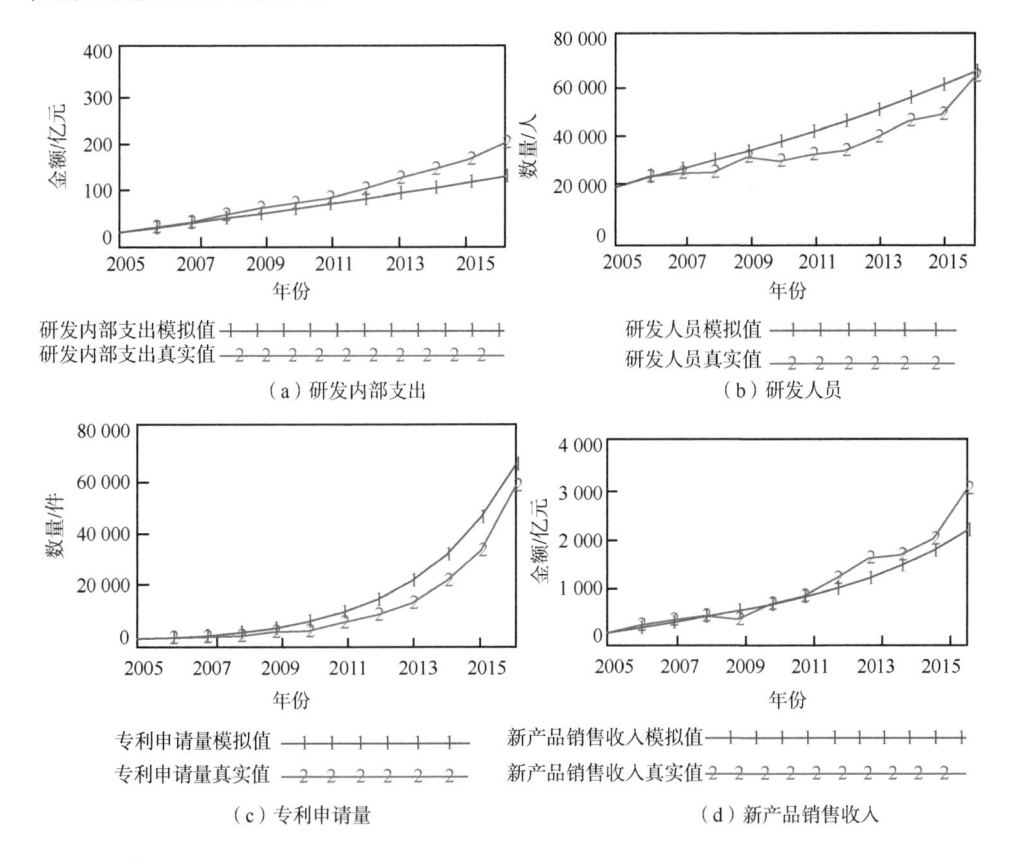

（a）研发内部支出

（b）研发人员

（c）专利申请量

（d）新产品销售收入

(e) 地区工业增加值

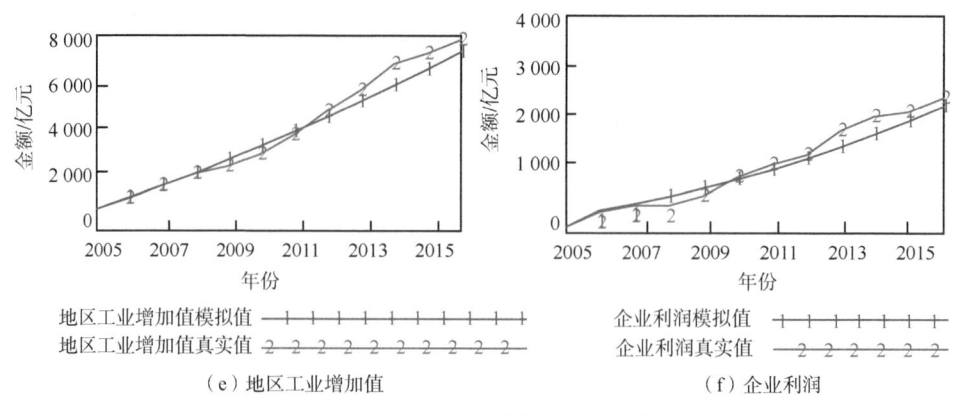

(f) 企业利润

图 28-3　系统主要变量模拟值与真实值对比

由图 28-3 可知，本节构建的系统模拟值与真实值的结果较为一致，说明了模拟值与真实值能够基本吻合。

（3）极端条件检验。极端条件检验主要是通过把模型中的几个变量设置为极端条件，然后观察相关变量的变化状况，它是一种检验模型的方程能否在任何状况下都保持可靠、稳定的方式。其中变量的极端条件主要为取无穷大或者取 0，在此，本节将相关变量取 0 对模型进行极端条件检验，并观察相关输出变量的变化状况，如图 28-4 所示，主要以个人所得税税率设置为 0 后研发人员变化和将财政科技投入比例设置为 0 后专利申请量的变化为例进行分析，当个人所得税税率变为 0 后，研发人员立马开始上升，但是上升的趋势没有突变发生；当财政科技投入比例为 0 时，专利申请量需要一定时间才能反应，并出现下降，其下降趋势也没有突变发生，说明构建的系统仿真模型通过了极端条件检验。

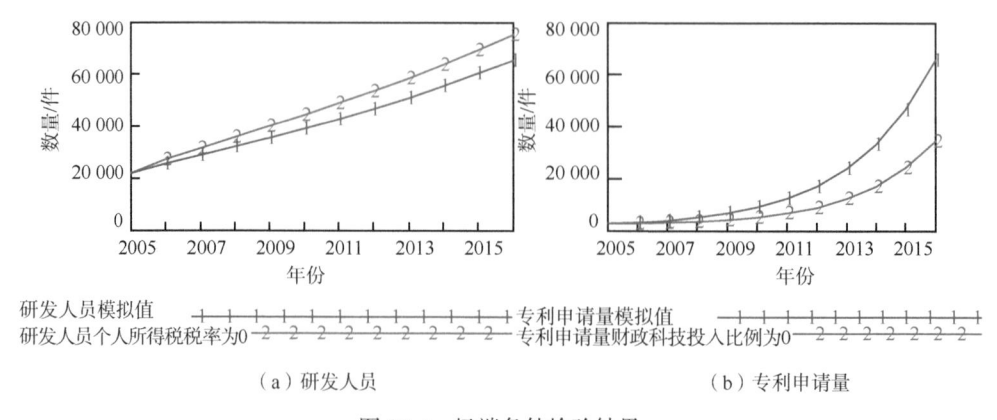

(a) 研发人员

(b) 专利申请量

图 28-4　极端条件检验结果

第28章 引导创新资源高效配置与综合集成的财税政策模拟——以江西省为例

（4）参数灵敏度检验。参数灵敏度检验的目的是测试当模型参数在合理范围内变动时，系统行为如何，通常来说，当一个变量的参数值发生改变时，系统的模拟结构也会发生一定的变化，但是其趋势保持不变。

在 Vensim 软件中参数灵敏度检验主要通过灵敏度检验来实现。该功能的原理为在给定范围内让一个或者几个常数变量服从正态分布或者均匀分布的特征，通过自动多元的蒙特卡罗模型进行模拟，在这个过程中选择相应的模拟规则和次数即可以得出置信水平处于 50%、75%、95%、100%四个位置时相关变量的取值范围。

基于系统参数的数值特征，选择对财政科技投入比例、企业增值税率、个人所得税税率和企业所得税税率单独或者同时增加 5%时的各相关变量灵敏度状况，其中模拟次数为 500 次，研发人员、企业利润、新产品销售收入和专利申请量为相关变量。

灵敏度分析结果如图 28-5 所示（这里仅给出当同步调整上述 4 个变量参数时，系统输出变量的灵敏度结果），当财政科技投入比例、企业增值税率、个人所得税税率和企业所得税税率单独或者同时增加5%时，四个主要输出变量在震动幅度上存在差异，但是波动的趋势没有发生异常，说明所构建的仿真系统的参数是不灵敏的，对模型对真实系统的模拟来说这是有利的。

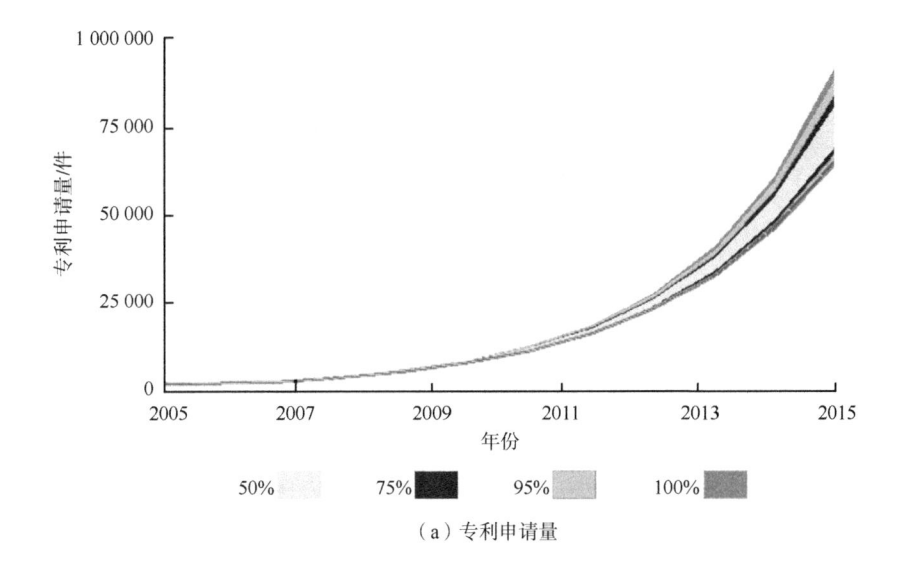

(a) 专利申请量

（b）新产品销售收入

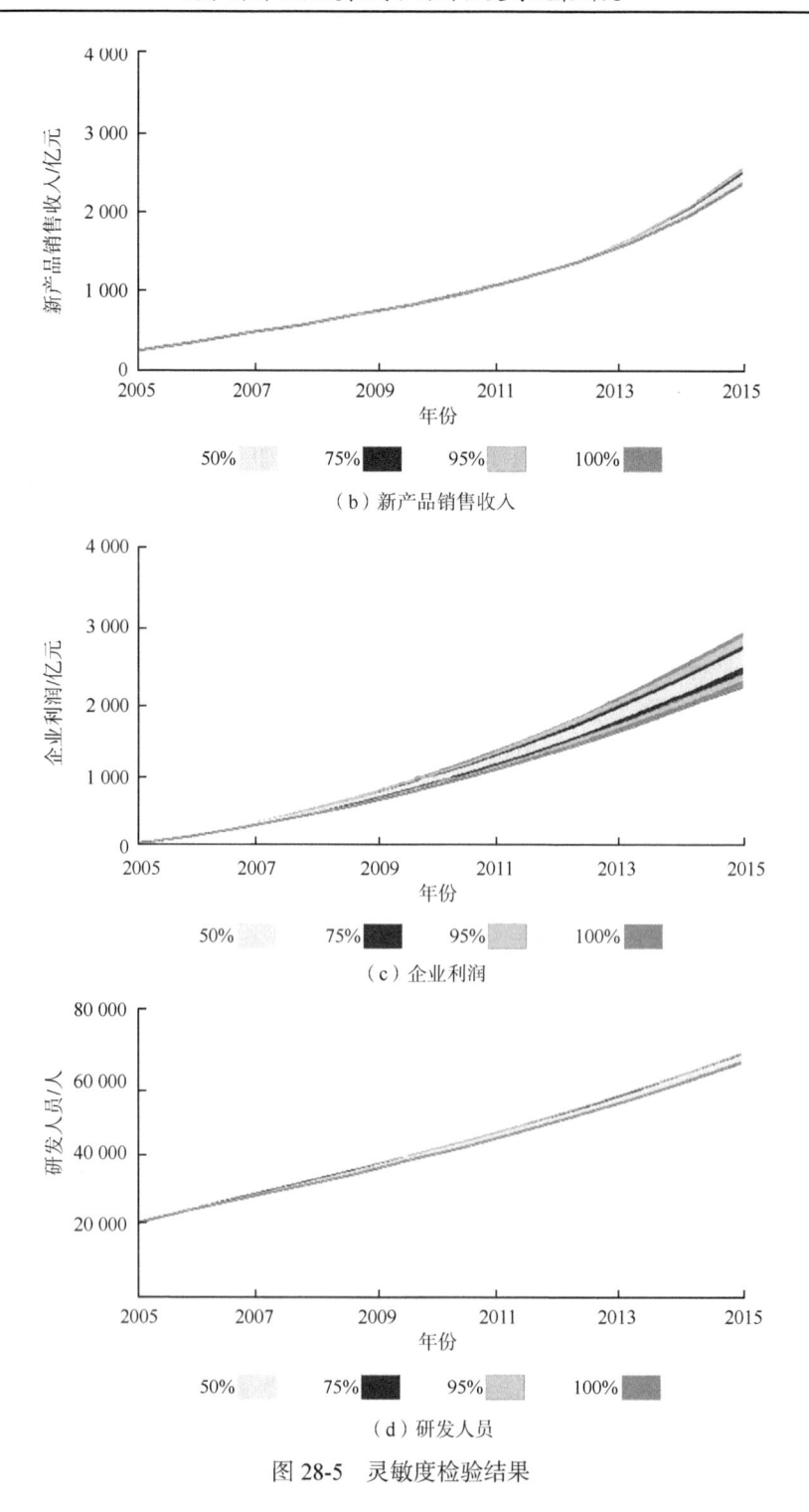

（c）企业利润

（d）研发人员

图 28-5 灵敏度检验结果

通过以上一系列的检验,发现本节构建的系统动力学模型是适用、有效的,而且可以较为真实地反映财税引导创新资源配置与综合集成系统的运行情况,采用该模型就江西省政府财税政策对创新资源配置与综合集成的影响趋势进行分析是合理、可信的。

2. 财税政策模拟

采用 Vensim 软件中"set up a simulation"功能来进行政策模拟,该功能不仅能够检验模型的有效性,还可以通过对相关政策变量参数的调整,分析系统主要输出变量的变化,从而得出系统主要输出变量对政策变化的反应。为了分析财税引导创新资源配置与综合集成系统中主要产出变量对政策变动的反应,将时间范围设定为 2005~2016 年,分析在同一个政策变量进行不同调整和在不同政策变量进行相同调整时,系统主要输出变量的变化状况。具体分析如下。

1)财政政策模拟

首先,根据政府科技投入比例的初始值及其波动特征,分别设定政府科技投入比例减少 15%、10%、5%或增加 5%、10%、15%,创新资源配置的投入变量变动趋势如图 28-6 所示。

由图 28-6 可以看出财政科技投入比例的调整对研发内部支出的影响比较大,这与政府的经费主要用于企业、高校和研发机构的研发活动有关,而且财政科技投入比例增加促进研发内部支出增加的幅度与其比例减少导致研发内部支出减少的幅度几乎相等,说明政府科技投入对研发的正、负作用效果几乎一致,而且其作用效果在短期内就会得到反应,说明政府的财政科技投入对企业创新投入仍是个重要的资金来源。同时由图 28-6 可以看出财政科技投入的调整对研发人员的影响几乎没有,说明政府财政科技投入的多或者少,并不会对研发人员造成影响。

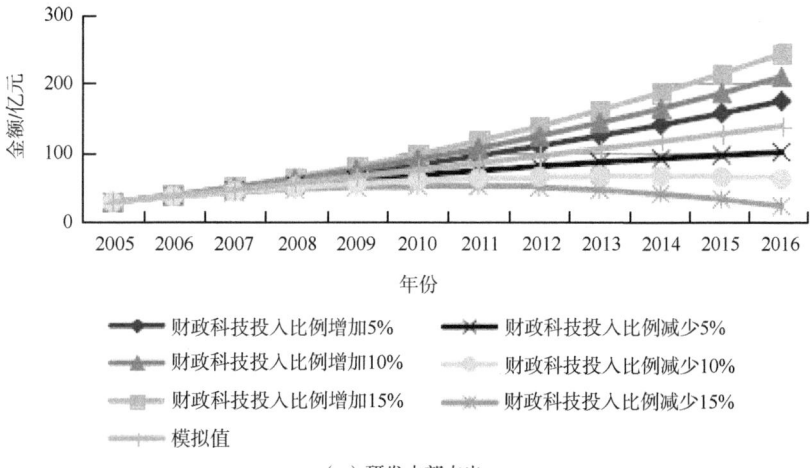

(a)研发内部支出

(b) 研发人员

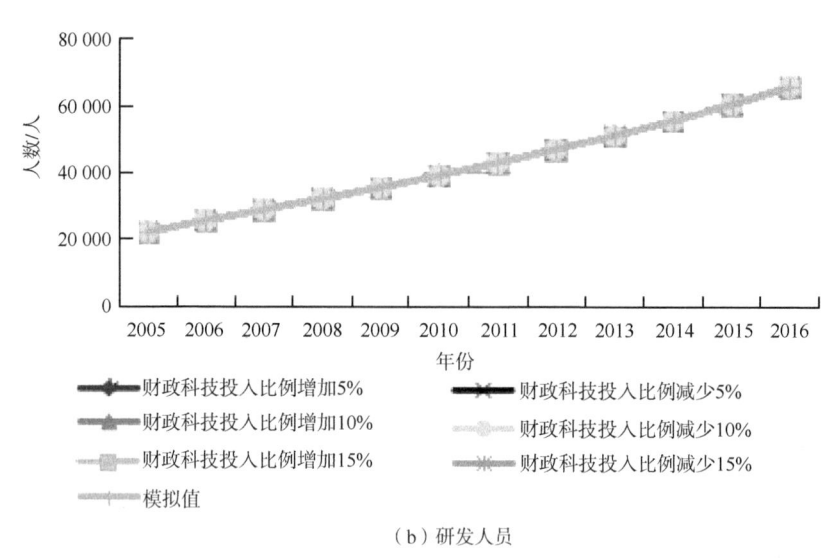

图 28-6　创新投入对财政政策调整模拟

其次，分析政府财政科技投入比例变化对创新产出变量的影响，其波动效果如图 28-7 所示。

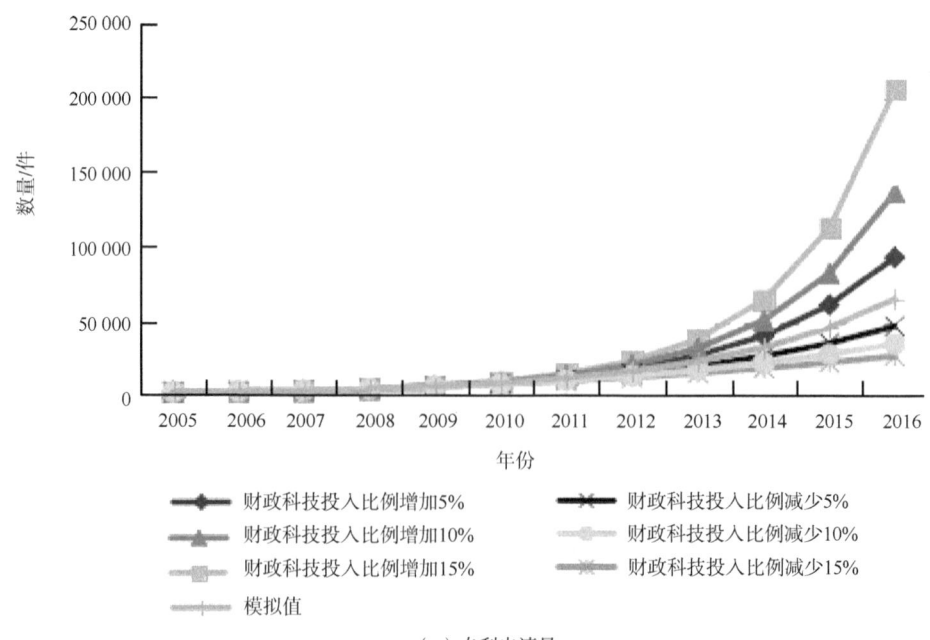

(a) 专利申请量

(b) 新产品销售收入

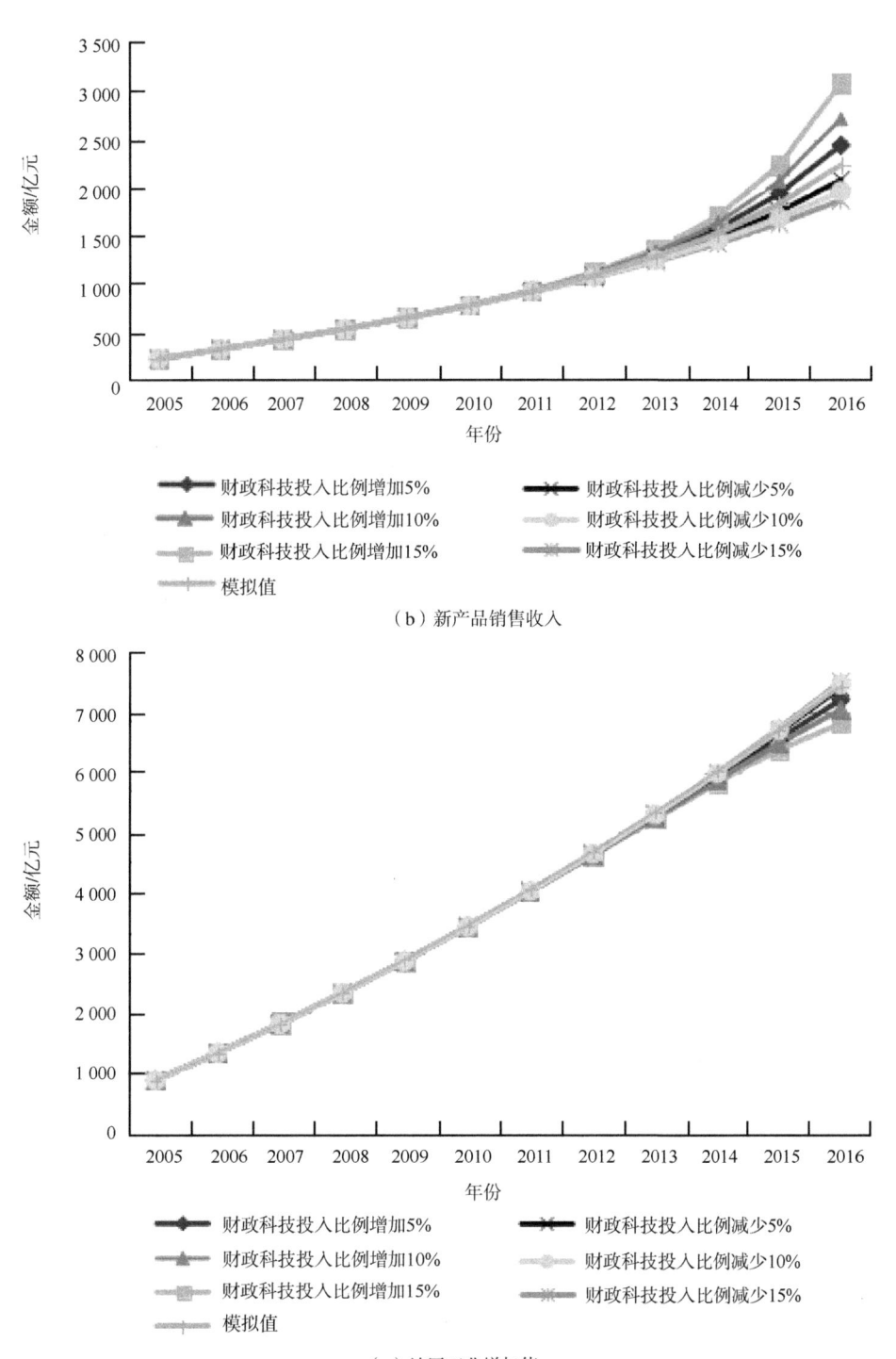

(c) 地区工业增加值

[图表：金额/亿元，2005—2016年，不同财政科技投入比例调整方案对比]

  财政科技投入比例增加5%   　　财政科技投入比例减少5%
  财政科技投入比例增加10%   　　财政科技投入比例减少10%
  财政科技投入比例增加15%   　　财政科技投入比例减少15%
  模拟值

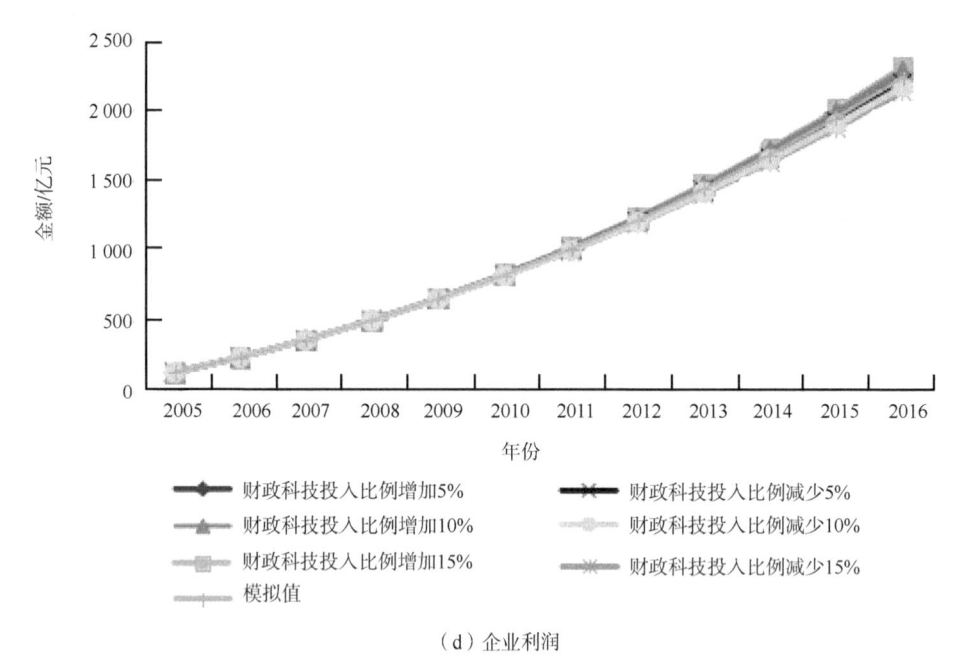

(d) 企业利润

图 28-7　创新产出对财政政策调整模拟

由图 28-7 可以看出财政科技投入比例的变化对专利申请量的影响较大，短期内变动幅度较小，随着时间推移且呈指数增长，这主要是因为发明专利的研发周期相对较长，需要政府资金具有一定的持续性，并且财政科技投入比例增加导致专利申请量增加的幅度大于财政科技投入比例减少导致专利申请量减少的幅度，这说明政府增加财政科技投入对专利申请的正面作用更大；财政科技投入比例调整对新产品销售收入的影响效果几乎与专利申请量一致，短期内财政科技投入比例的变化几乎不会对新产品销售收入造成影响，长期内其影响效果才得到体现，这说明新产品的研发也具有相对较长的周期，需要政府的财政资金持续性的资助，同时财政科技投入比例增加对新产品销售收入造成的正向影响幅度也要大于财政科技投入比例减少造成的负向影响；财政科技投入对地区工业增加值的影响也具有滞后性，且影响幅度相比专利申请量和新产品销售收入来说要小，长期来看，当财政科技投入比例增加时，地区工业增加值会减少，当财政科技投入比例减少时，地区工业增加值会增加，且财政科技投入比例增加带来的地区工业增加值减少幅度要大于其减少时地区工业增加值增加的幅度，说明财政科技投入增加对地区工业增加值的负向作用大于财政科技投入比例减少时地区工业增加值的正向作用，这主要是因为地区工业增加值反映的是企业生产水平和经济效益，当财政科技投入增加时，企业更多的资源用于研发生产，研发生产具有时滞性，从而导致当期生产水平和经济效益下降；财政科技投入比例调整对企业利润的影响效果在四个创新资源配置产出变量中是最小的,且其影响效果也具有时滞性,长期来看,当财政科技投入比例上升时,企业利润增加,当财政科技投入比例下降时,企业利润减少,且增加和减少的幅度几乎一致,这说明财政科技投入比例的增加会使得企业市场创新能力得到提升。

最后,分析财政科技投入比例调整对创新财政政策效率的影响,效果如图 28-8 所示。

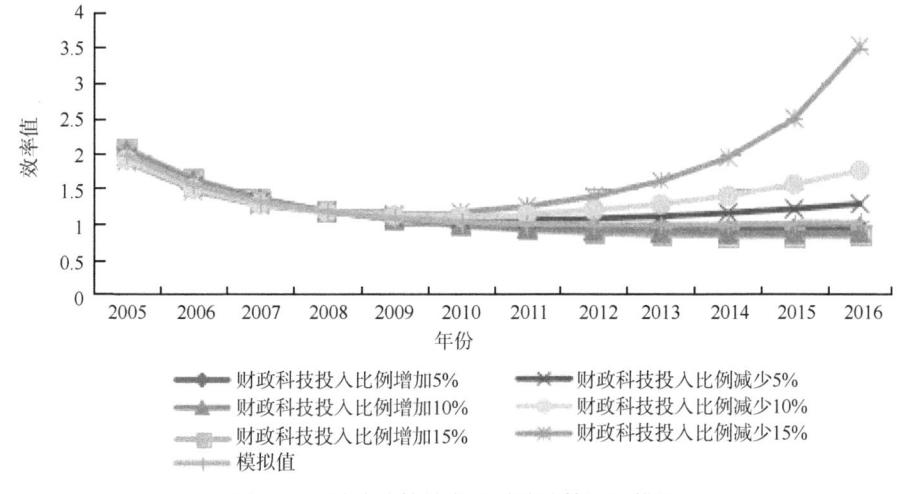

图 28-8 财政政策效率对财政政策调整模拟

由图可知,财政科技投入比例的调整对财政政策效率的影响呈倒"U"形,在 2008 年之前,财政科技投入比例增加,财政政策效率升高;财政科技投入比例减少,财政政策效率降低,且升高和降低幅度几乎一致。在 2008 年之后,财政科技投入比例增加,财政政策效率下降,且财政科技投入比例增加 5%,就会使得财政政策效率低于 1;财政科技投入比例减少,财政政策效率上升,且上升幅度大于下降幅度。这说明对于江西省而言,在 2008 年之前,政府增加科技投入的财政政策对企业创新起到了正向激励作用,2008 年之后政府过多增加科技投入的财政政策对创新资源配置的作用为挤出效应,财政投入没有有效吸引创新资源流入,相对于企业而言,财政政策在引导创新资源配置方面处于劣势。说明在 2008 年金融危机之后,江西省企业的创新发展环境已经跟不上政府科技投入的步伐,更多地增加财政科技投入,只会带来财政政策的无效,所以对江西省而言现阶段更多的是注重提升企业自身的创新能力及整个江西省的创新市场环境。

2)税收政策模拟

根据个人所得税税率、企业所得税税率、企业增值税税率和研发税收抵扣率的初始值及其波动特征，分别设定个人所得税税率、企业所得税税率、企业增值税税率和研发税收抵扣率减少15%、10%、5%或增加5%、10%、15%。

（1）个人所得税税率调整模拟。个人所得税的调整对创新投入变量的模拟如图28-9所示。

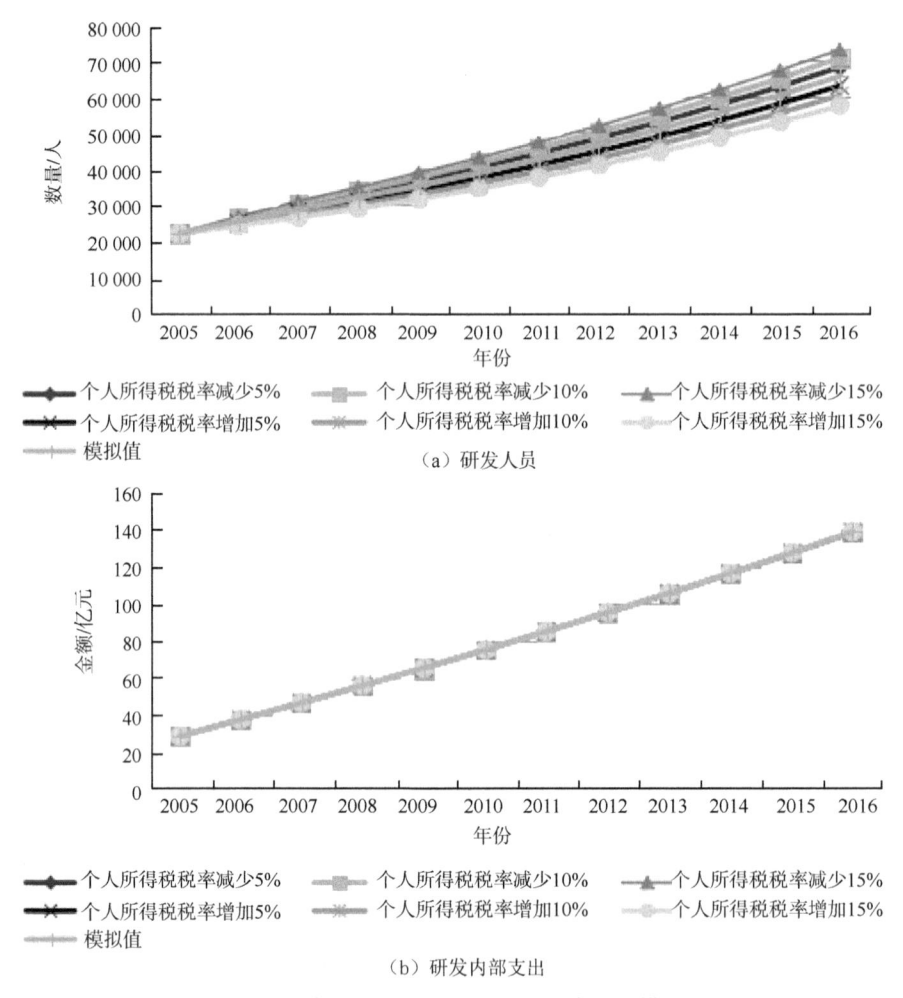

图 28-9　创新投入对个人所得税税率调整模拟

由图28-9可知个人所得税税率变动主要对研发人员产生影响，对研发内部支出几乎没有影响，个人所得税税率变动对研发人员的影响短期内显著，个人所得税税率的增加会导致研发人员减少，个人所得税税率减少会导致研发人员增加，且增加的幅度和减少的幅度几乎一致。

个人所得税税率调整对创新产出模拟如图28-10。

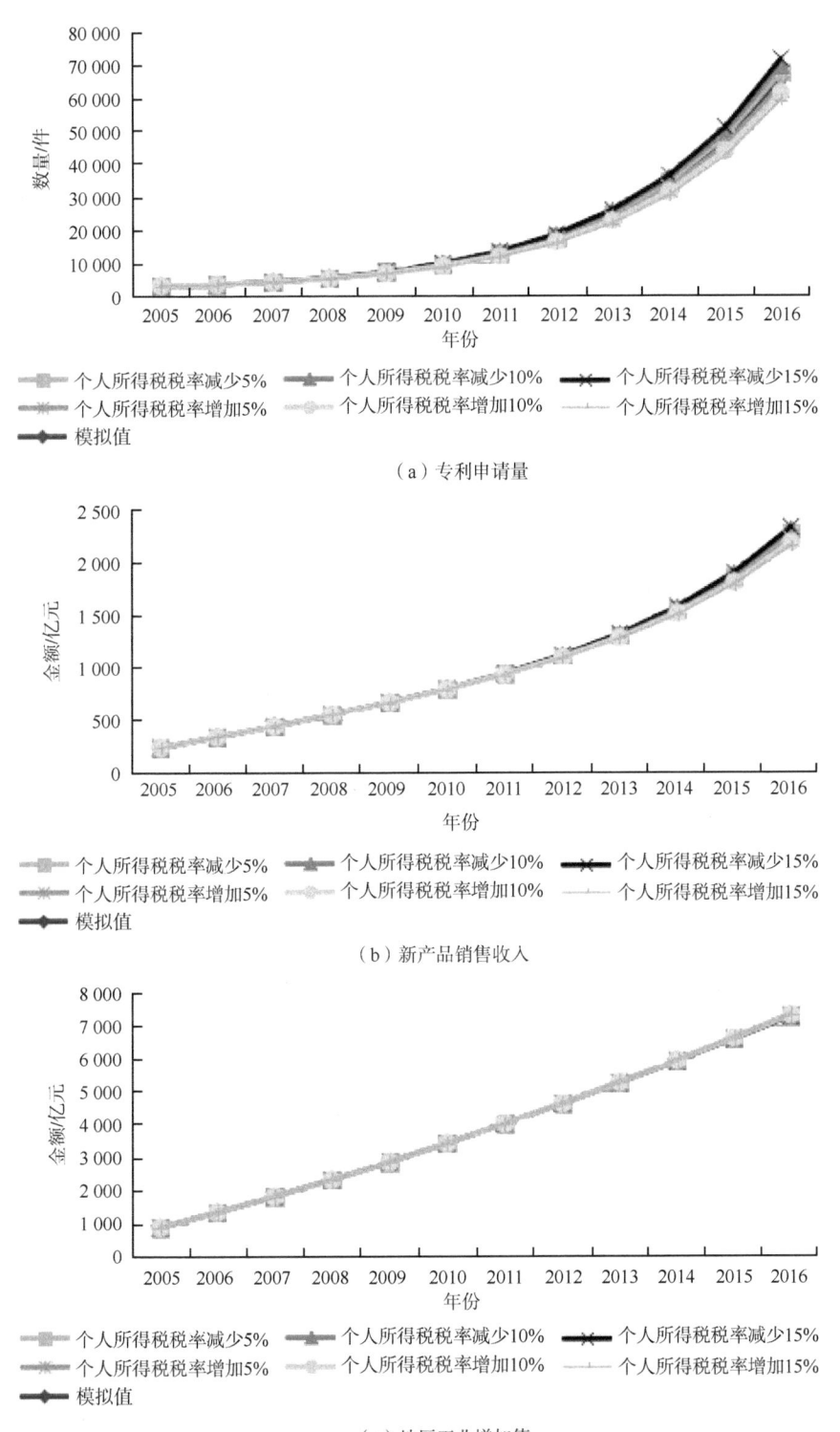

第 28 章 引导创新资源高效配置与综合集成的财税政策模拟——以江西省为例 ·581·

（a）专利申请量

（b）新产品销售收入

（c）地区工业增加值

(d) 企业利润

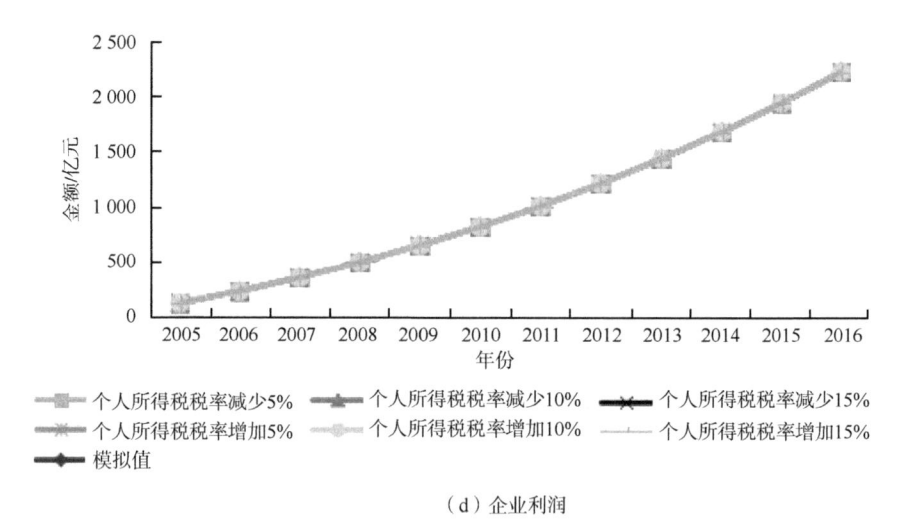

图 28-10　创新产出对个人所得税税率调整模拟

由图 28-10 可知，个人所得税税率调整对专利申请量影响较大，个人所得税税率增加使得专利申请量减少，个人所得税税率减少使得专利申请量增加，且其影响效果具有时滞性，长期而言，适当减少个人所得税率有利于专利申请量的增加；个人所得税税率变动对新产品销售收入影响较小，且长期来说，个人所得税税率增加导致新产品销售收入轻微下降，个人所得税税率降低导致新产品销售收入轻微上升；对地区工业增加值和企业利润而言，个人所得税税率调整不管是长期还是短期几乎不会对其造成影响，这主要与个人所得税税率作用的对象为个人有关。

个人所得税税率调整对引导创新资源配置的财政政策效率的影响如图 28-11 所示。

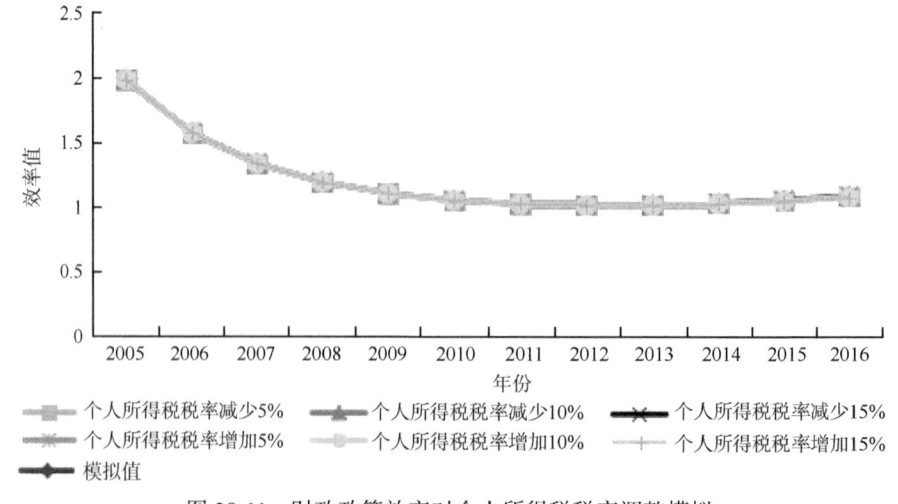

图 28-11　财政政策效率对个人所得税税率调整模拟

由图 28-11 可知，个人所得税税率调整对财政政策效率影响很小，几乎看不到变化趋势，但是通过对数据的分析，发现对江西省而言，个人所得税税率调整并不会对其财政政策效率造成较大影响。

（2）企业所得税税率调整模拟。对企业所得税税率进行增加 15%、10%、5%和减少 15%、10%、5%调整，观察创新资源配置及其财政政策效率变化如图 28-12 所示。

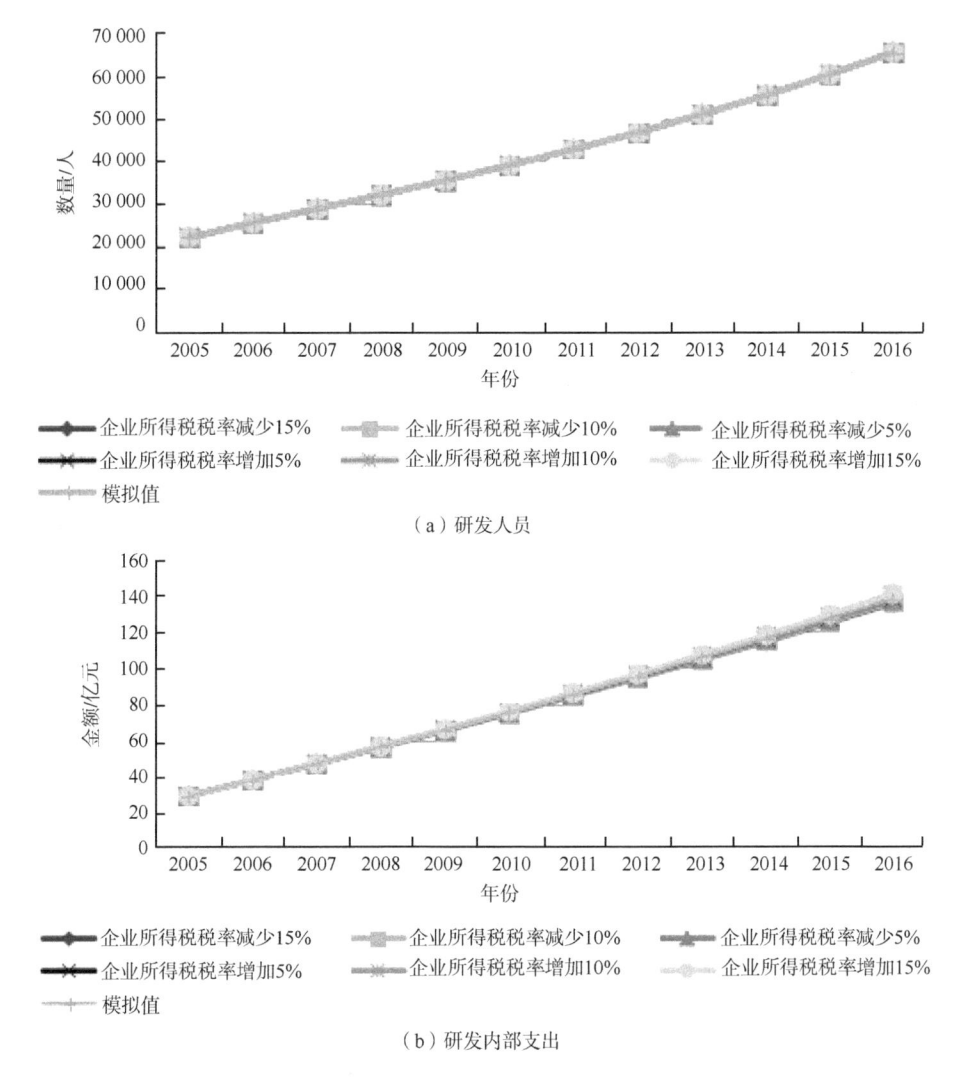

(a) 研发人员

(b) 研发内部支出

图 28-12 创新投入对企业所得税税率调整模拟

由图 28-12 可知，企业所得税税率调整对研发人员几乎没有影响，对研发内部支出具有一定的影响，企业所得税率增加，研发内部支出会稍微增加，企业所得税率减少，研发内部支出会稍微减少，并且这种影响在短期不明显，在长期得到体现。这说明企业所得税的增加对创新投入来说是有利的，会使得创新投入得到提升。造成这种现象的原因主要是企业所得税的增加会使得地方财政收入增加，从而使得财政科技投入增加，进一步促进了企业的创新投入，使得研发内部支出增加。企业所得税税率变动对创新产出变量的影响如图 28-13 所示。

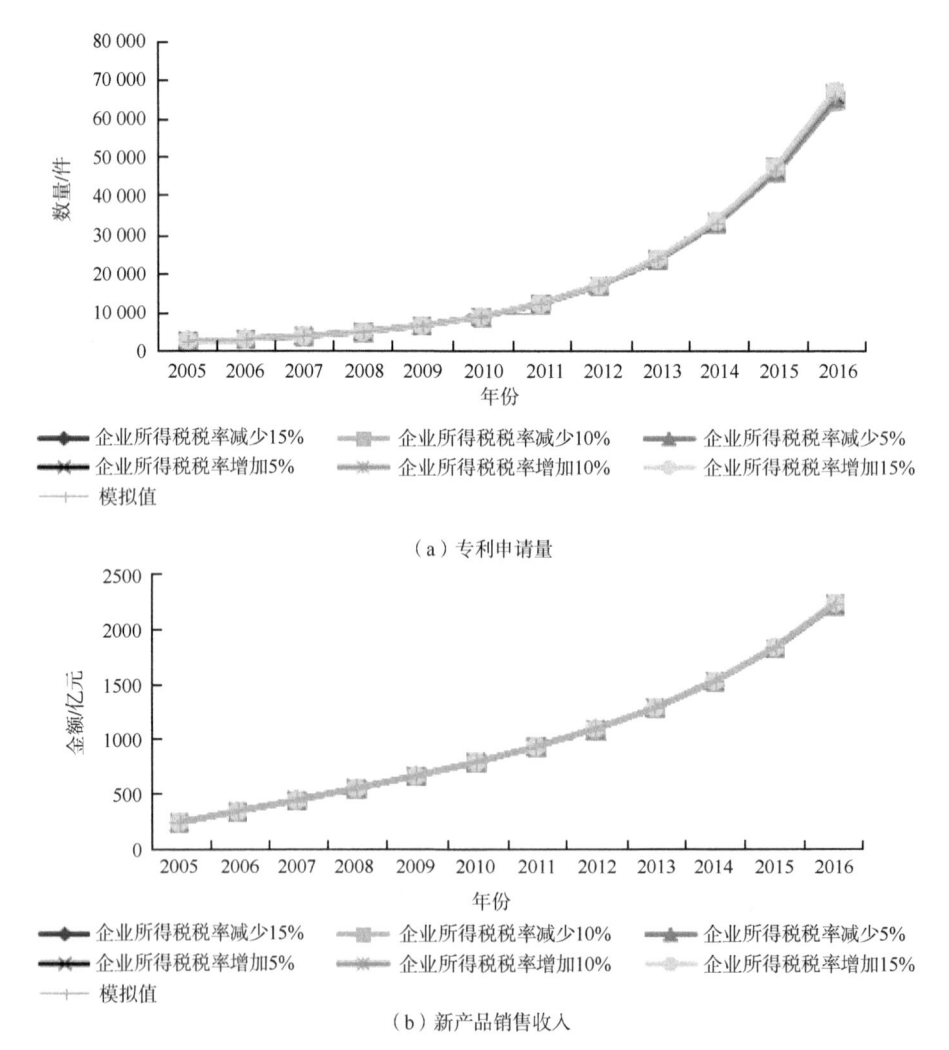

（a）专利申请量

（b）新产品销售收入

第 28 章　引导创新资源高效配置与综合集成的财税政策模拟——以江西省为例·585·

(c) 地区工业增加值

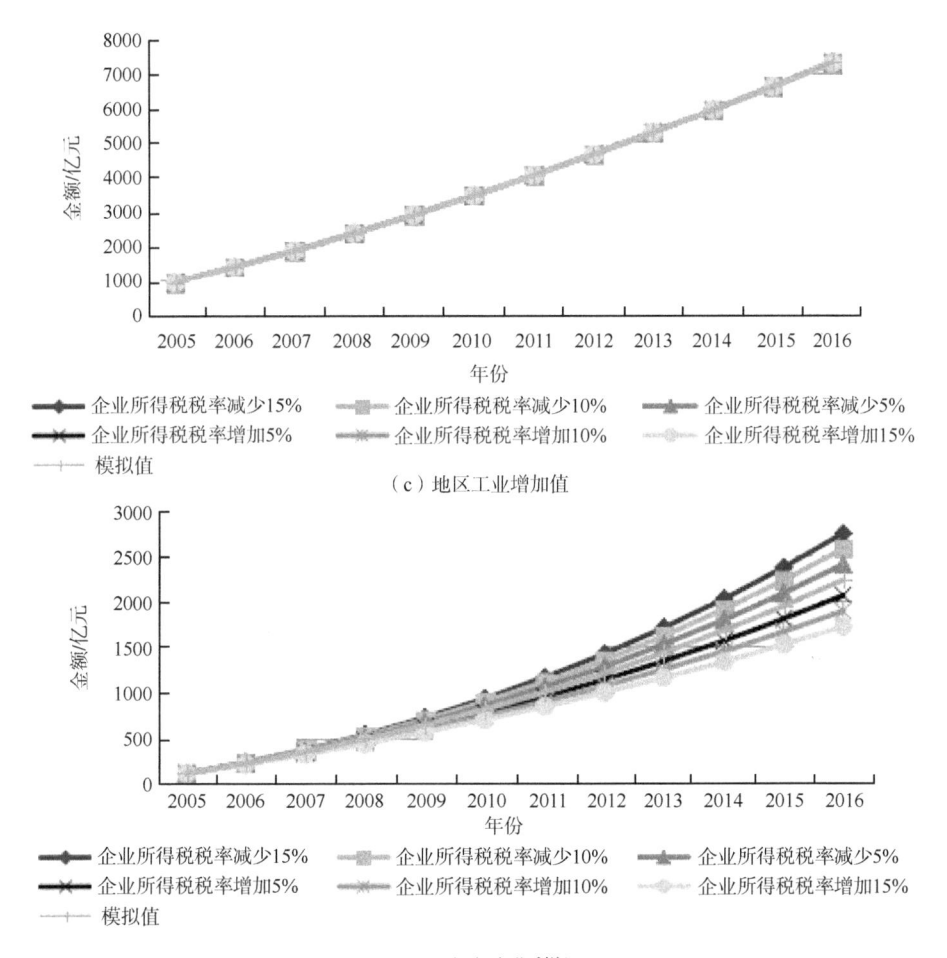

(d) 企业利润

图 28-13　创新产出对企业所得税税率调整模拟

企业所得税税率增加对企业利润影响较大，对专利申请量具有一定影响，对新产品销售收入和地区工业增加值几乎没有影响。企业所得税税率增加会导致企业利润减少，企业所得税税率减少会导致企业利润增加，且这种影响在短期内就体现出来；企业所得税税率增加在长期内会使得专利申请量稍微增加，企业所得税税率减少在长期内专利申请量也会稍微减少。继续分析财政政策效率对企业所得税的模拟，如图 28-14 所示。

企业所得税税率调整对创新资源配置财政效率的影响较小，其效果也是在长期明显，短期几乎不体现，且企业所得税税率减少，财政政策效率增加，企业所得税率提高，财政政策效率减少。

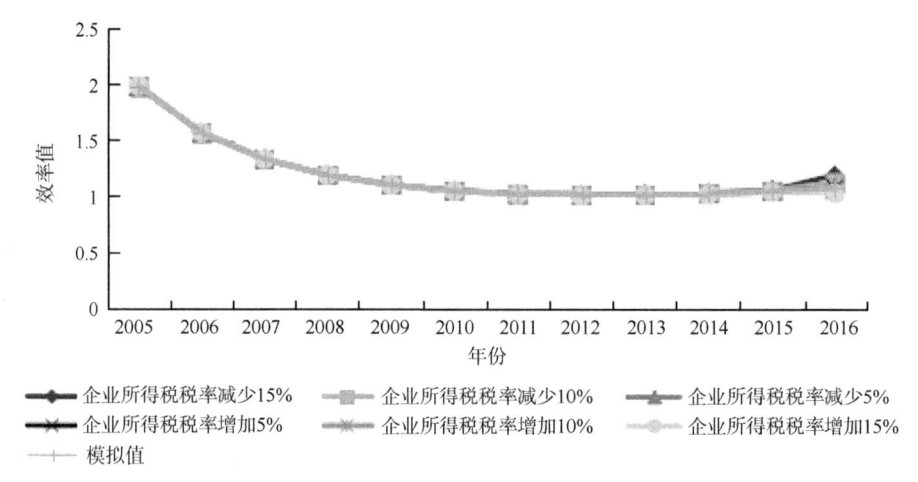

图 28-14　财政政策效率对企业所得税税率调整模拟

总的来说，企业所得税可以适当地减少，这样利于企业利润和财政政策效率的增加。

（3）企业增值税率调整模拟。企业增值税对企业经营来说也是一个非常重要的税种，其对创新资源配置各要素及其财政政策的影响如下所述。

首先，如图 28-15 所示，对创新资源配置的投入要素来说，企业增值税税率的调整主要对研发内部支出产生影响，对研发人员几乎没有影响。企业增值税税率增加，研发内部支出增加，企业增值税税率减少，研发内部支出减少，该影响与企业所得税税率对研发内部支出的影响一致。

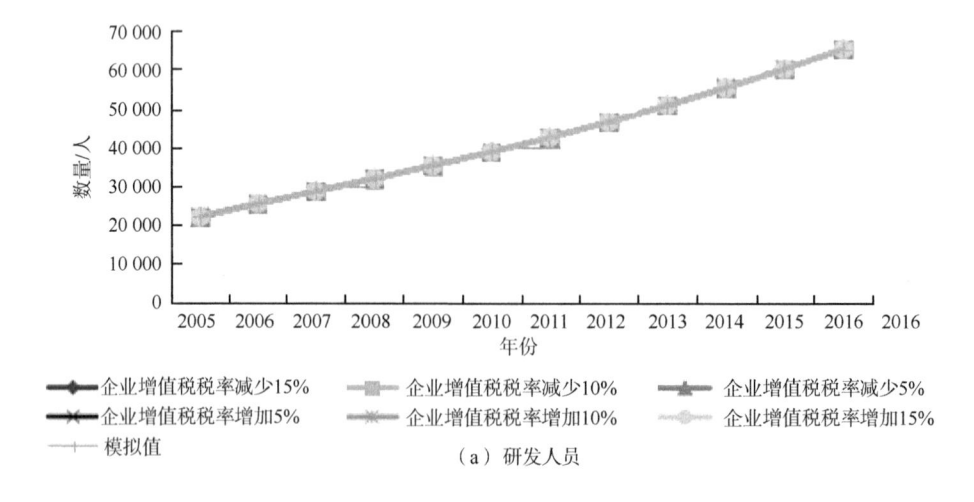

(a) 研发人员

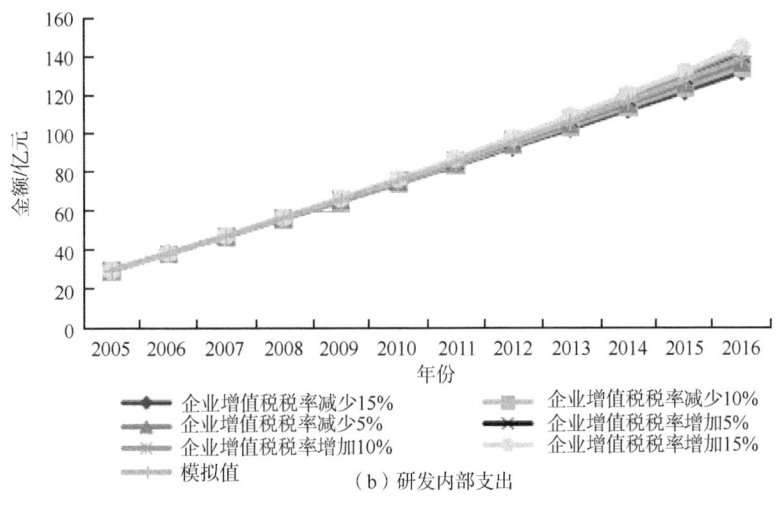

第 28 章 引导创新资源高效配置与综合集成的财税政策模拟——以江西省为例 · 587 ·

(b) 研发内部支出

图 28-15 创新投入对企业增值税税率调整模拟

其次,企业增值税税率调整对创新资源配置产出要素的影响如图 28-16 所示,企业增值税税率调整主要对专利申请量和企业利润产生影响,新产品销售收入和地区工业增加值对企业增值税税率调整几乎不具有敏感性。对专利申请量来说,企业增值税税率增加,专利申请量增加,这主要是在创新资源配置的资金投入方面,政府的作用要优于企业造成的(说明在企业创新投入方面,政府的作用更大,企业的作用小些,因为企业增值税税率增加会导致财政收入增加,政府的科技支出增加,企业收入减少,企业对创新的投入就会减少,只有在政府作用大于企业作用时,专利申请量才会增加);对企业利润来说,企业增值税税率增加,企业利润减少,企业增值税税率减少,企业利润增加,而且企业增值税税率减少使得企业利润增加的幅度要略大于企业增值税税率增加使得企业利润减少的幅度,说明减少企业增值税税率对企业利润的影响要大些。

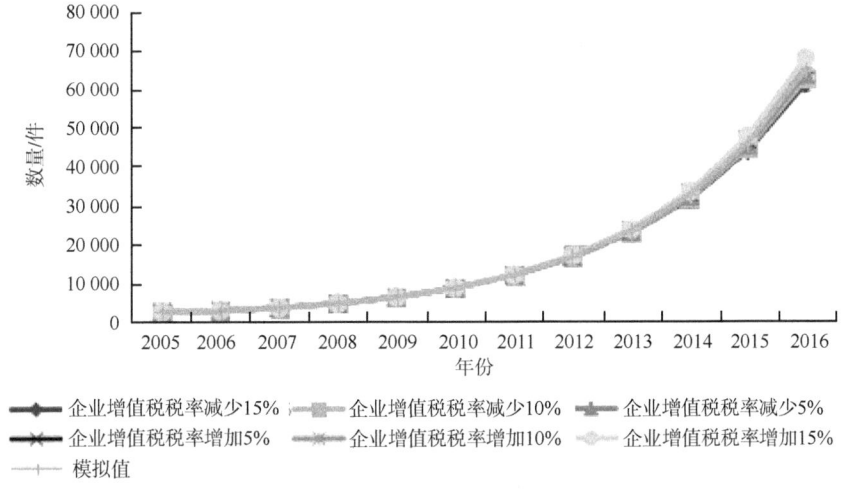

(a) 专利申请量

（b）新产品销售收入

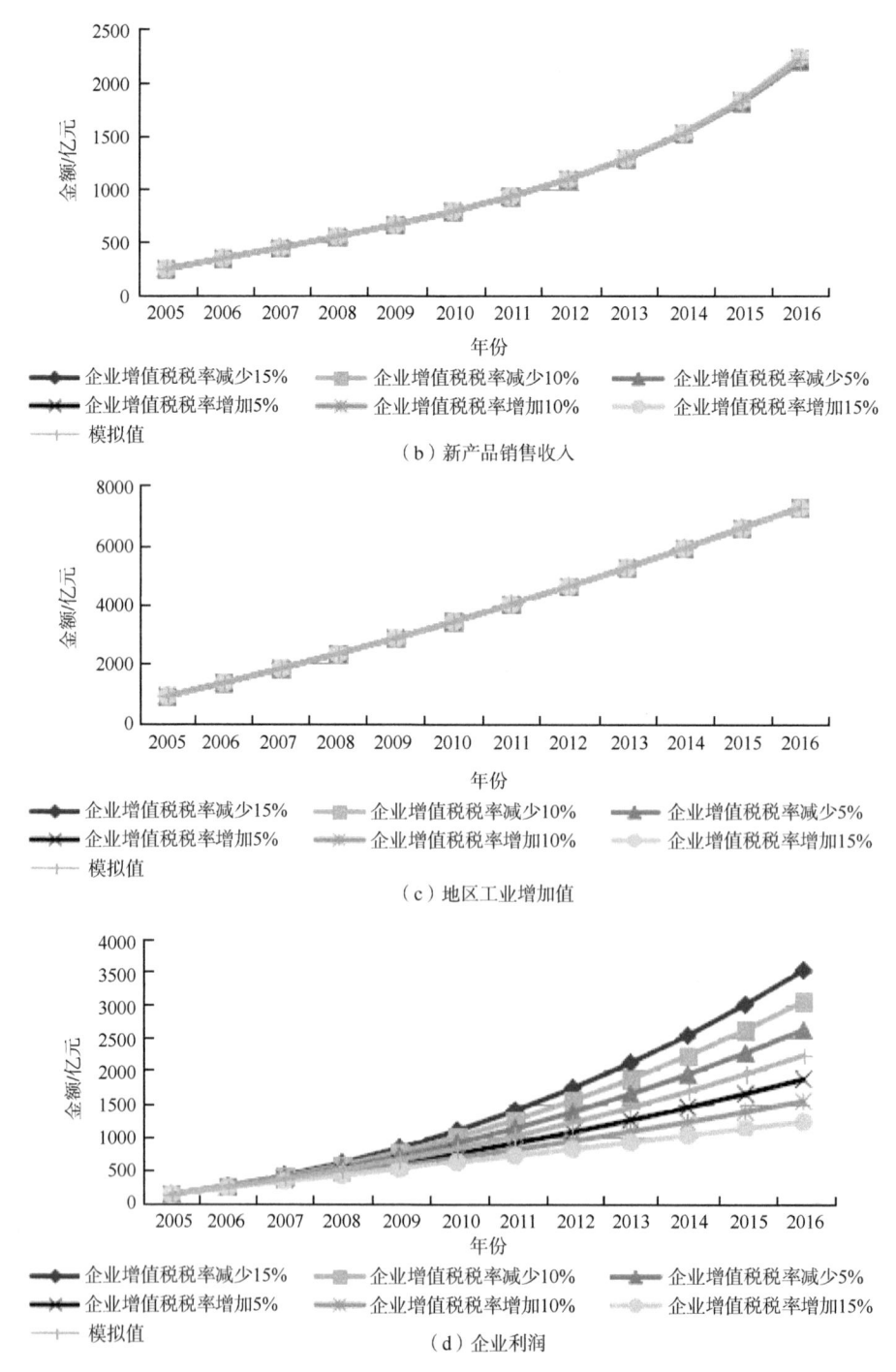

（c）地区工业增加值

（d）企业利润

图 28-16　创新产出对企业增值税税率调整模拟

最后，企业增值税税率调整对财政政策效率的影响如图 28-17 所示，企业增值税税率减少，财政政策效率增加，企业增值税税率增加，财政政策效率减少。说明企业增值税税率的减少对财税引导创新资源配置来说是有益的，会增加其引导的效率。

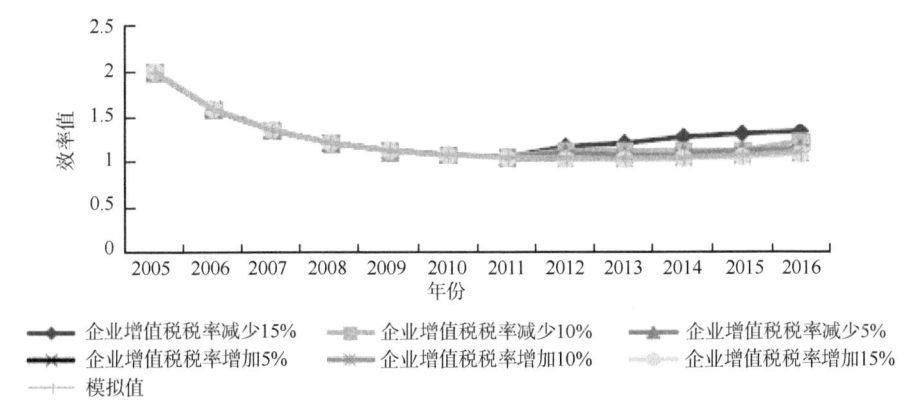

图 28-17　财政政策效率对企业增值税税率调整模拟

通过对比财税引导创新资源配置各要素及其财政政策效率对企业增值税和企业所得税的敏感性可知，二者税率调整导致的各因素变化的方向一致，但是企业增值税税率调整的影响效果要大于企业所得税税率调整。所以就单个税率调整而言，调整企业增值税税率的效果要更好。

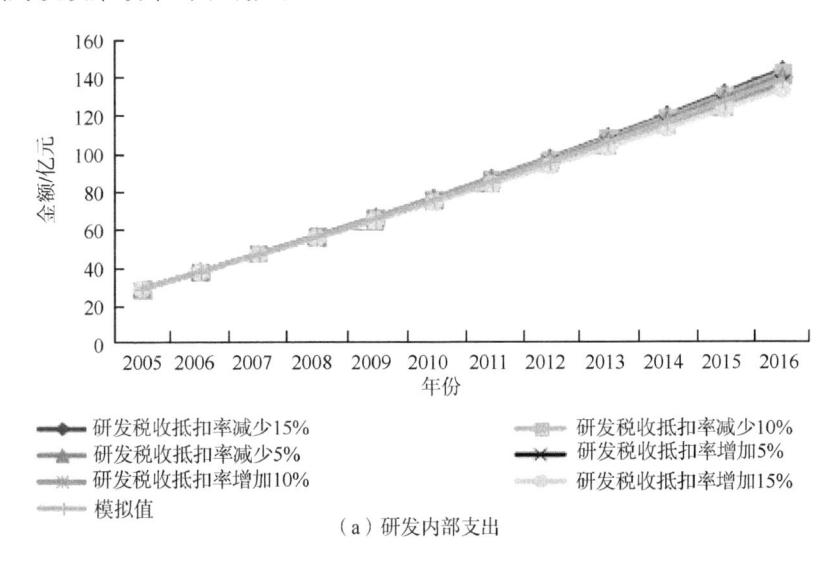

（4）研发税收抵扣率调整模拟。研发税收抵扣率的调整对创新资源配置各要素及其财政政策效率的影响如图 28-18 所示。

（a）研发内部支出

（b）研发人员

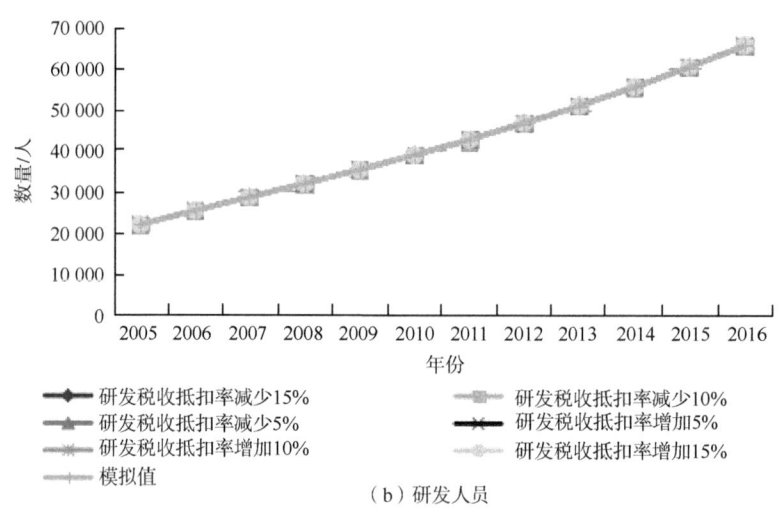

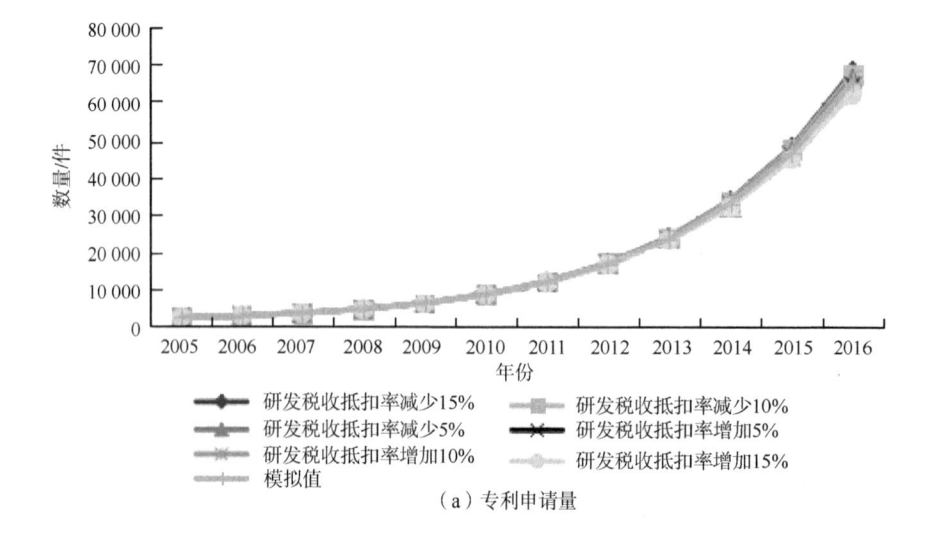

图 28-18　创新投入对研发税收抵扣率调整模拟

由图 28-18 可知，研发税收抵扣率调整对创新资源配置的投入要素的研发内部支出具有较明显的影响，对研发人员几乎没有影响，且随着研发税收抵扣率的增加，研发内部支出减少，研发税收抵扣率减少，研发内部支出增加，造成这种现象的原因也主要是在企业创新资金投入方面政府的作用要大于企业，研发税收抵扣率增加使得政府财政收入减少，从而导致财政科技投入减少，企业研发内部支出减少。

图 28-19 为研发税收抵扣率调整对创新资源配置产出各要素的影响效果，观察四个产出变量的变化可知，研发税收抵扣率调整对专利申请量和企业利润的影响较明显，对新产品销售收入和地区工业增加值几乎没有影响。对专利申请量来说，随着研发税收抵扣率的增加，专利申请量减少，研发税收抵扣率减少，专利申请量增加；

（a）专利申请量

（b）新产品销售收入

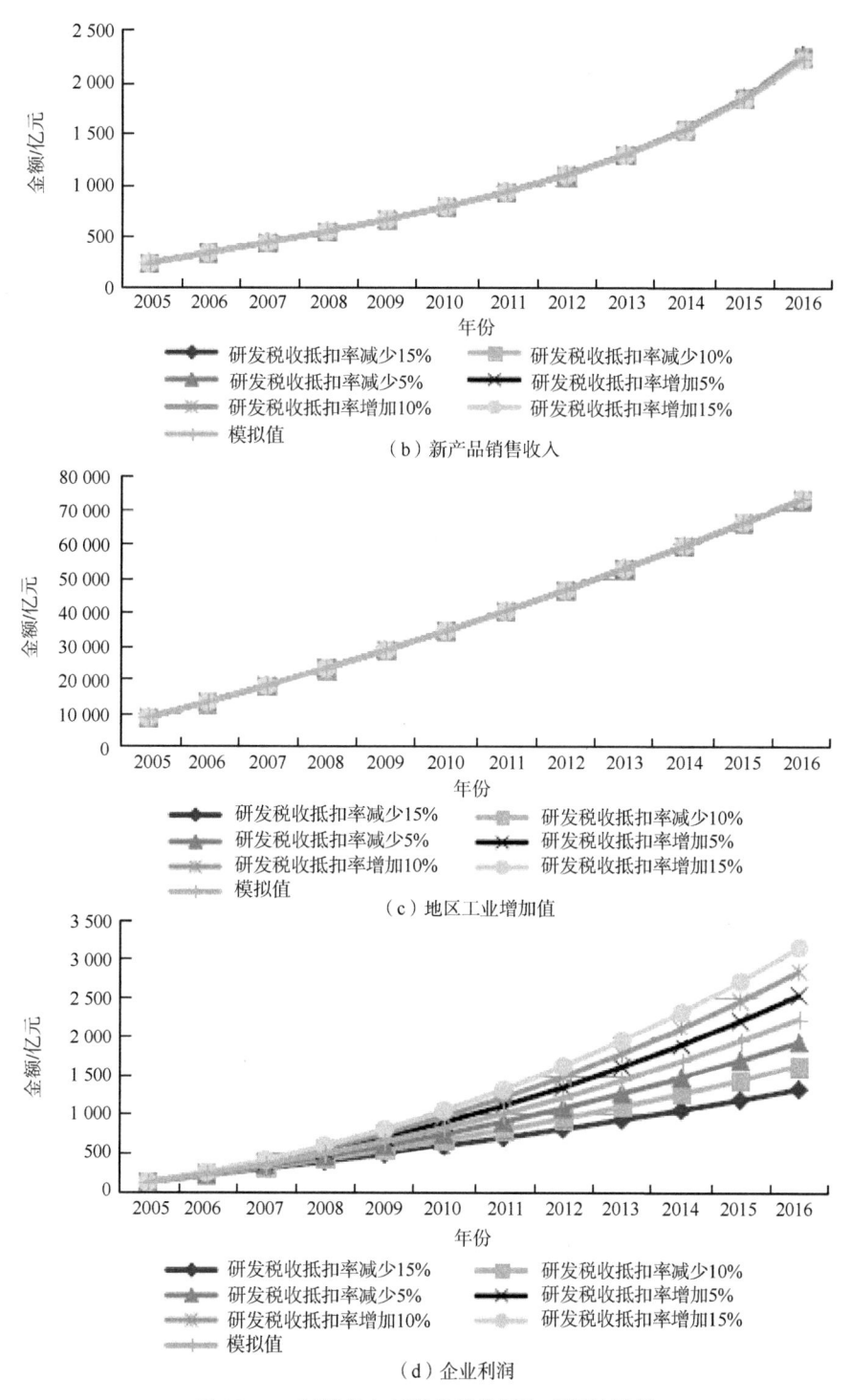

（c）地区工业增加值

（d）企业利润

图 28-19　创新产出对研发税收抵扣率调整模拟

对企业利润来说，研发税收抵扣率增加，企业利润增加，研发税收抵扣率减少，企业利润减少，且研发税收抵扣率增加和减少对企业利润造成的影响幅度一致。

由图28-20可知，随着研发税收抵扣率增加，财政政策效率也增加，研发税收抵扣率减少，财政政策效率也减少，说明适当提高研发税收抵扣率有利于财税引导创新资源配置的效率提高。

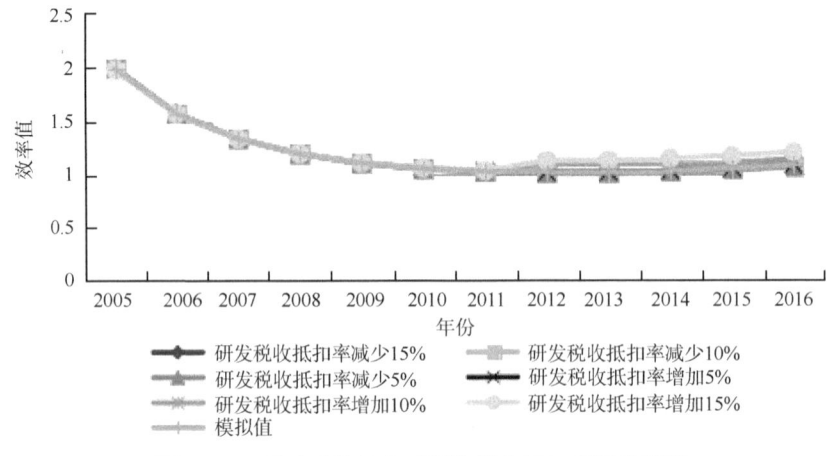

图28-20　财政政策效率对研发税收抵扣率调整模拟

通过对财税政策调整的模拟，创新资源配置各要素及其财政政策效率的变动主要如表28-2所示。

表28-2　财税引导创新资源配置及其效率对财税政策效率模拟结果

项目	财政科技投入增加	个人所得税税率增加	企业所得税税率增加	企业增值税税率增加	研发税收抵扣率增加
研发人员	无影响	减少	无影响	无影响	无影响
研发内部支出	增加	无影响	增加	增加	减少
专利申请量	增加	减少	增加	增加	减少
新产品销售收入	增加	减少	无影响	无影响	无影响
地区工业增加值	减少	无影响	无影响	无影响	无影响
企业利润	增加	无影响	减少	减少	增加
财政政策效率	倒"U"形	减少	减少	减少	增加

实证的研究目标是使得财税引导创新资源高效配置，即主要考察创新产出和财政政策效率的提高，由表28-2并结合上文分析可知，单一的财税政策并不能达到同时使创新产出和财政政策效率增加的效果，且就当前而言，江西省的财政科技投入继续增加会降低其财政政策效率，甚至造成财政无效的情况（财政政策效率<1），而减少财政科技投入又会使得研发内部支出减少，所以就单一政策来说，

江西省的财政科技投入最好保持不变,但是对组合而言可以适当增加或者减少;个人所得税调整是唯一一个对研发人员造成影响的政策,个人所得税税率的减少有利于研发人员增加和效率的提高,所以不管是对组合还是对单一政策来说个人所得税税率减少都是有益的;企业所得税税率、企业增值税税率和研发税收抵扣率,三个税收政策的影响方向一致,但是企业增值税税率的影响效果>研发税收抵扣率>企业所得税税率,就单一政策来说企业增值税税率、企业所得税税率可以适当地降低,研发税收,组合来说,考虑企业增值税税率变化就可以达到同样效果。所以为了达到文章的研究目的,继续考虑组合的财税政策的敏感性。

3. 组合财税政策模拟

财政科技投入对财政政策效率的敏感性在所有变量中是最高的,而且增加5%就会导致其财政效率小于1,基于此将财政科技投入的变动范围调整为1%,在组合财税政策中,其他变量基于历史变动状况设为5%。将财政科技投入增加1%,个人所得税税率减少5%,企业所得税税率减少5%,企业增值税税率减少5%,研发税收抵扣率增加5%,得到的结果如图28-21所示。

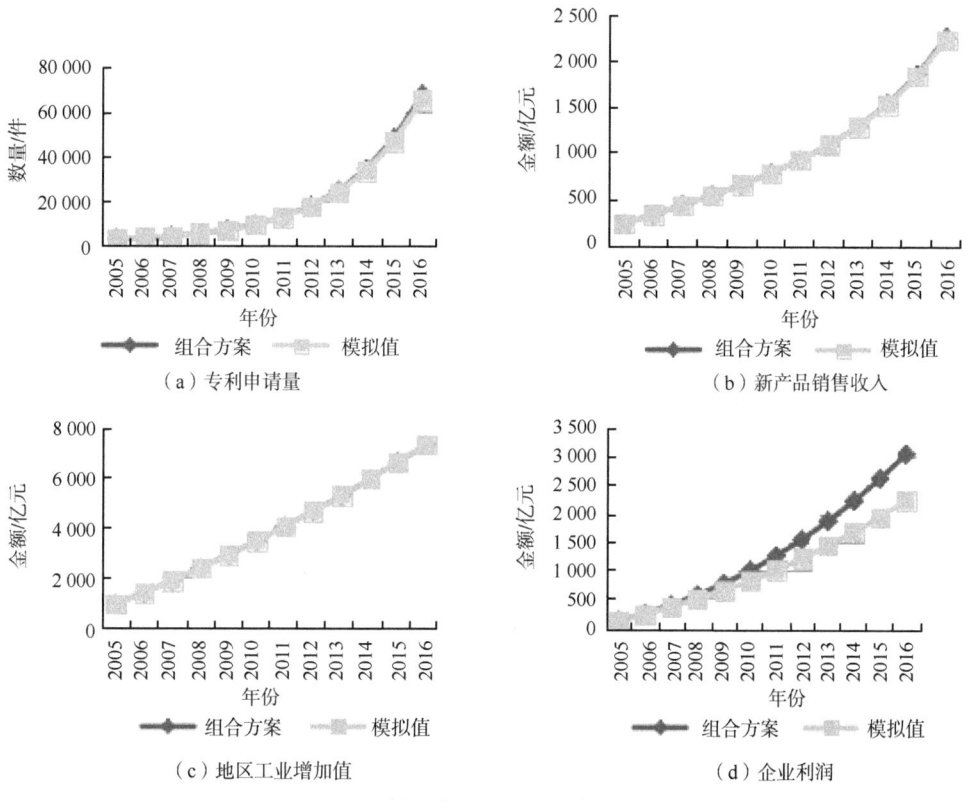

图 28-21 创新产出对财税组合政策模拟

由图 28-21 和图 28-22 可知该组合的财税政策在保持财政政策效率几乎不变的状态下，使得创新资源配置产出中的专利申请量、新产品销售收入和企业利润均得到提升，说明该组合财税政策是可取的。财政科技投入比例的增加虽然会使得财政政策效率下降，但通过税收政策的调整又弥补了该下降值，个人所得税税率降低、企业所得税税率降低、企业增值税税率降低、研发税收抵扣率降低均会使得财政政策效率上升，同时通过图 28-22 可以发现，财政科技投入率增加 1%导致的财政政策下降，通过个人所得税税率减少 5%、企业所得税税率减少 5%、企业增值税税率减少 5%、研发税收抵扣率增加 5%这些税收优惠调整弥补得似乎才刚刚好，说明财政科技投入对财政政策效率的影响比税收政策要大。

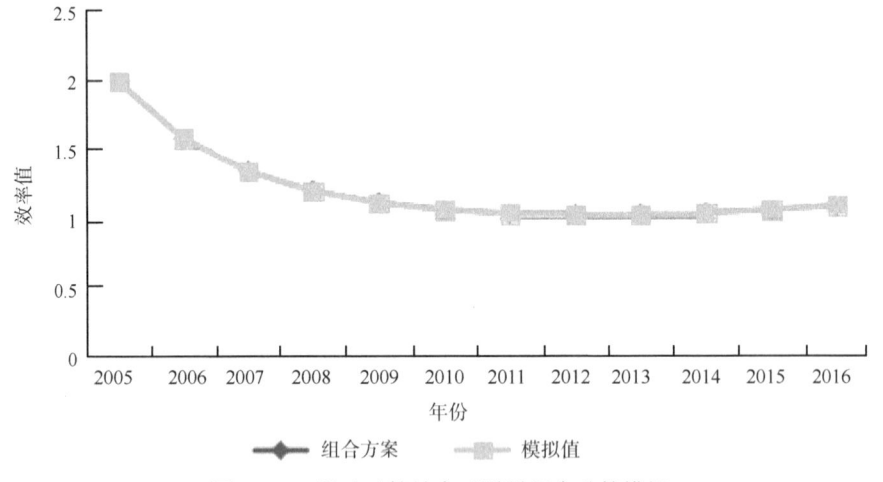

图 28-22 财政政策效率对财税组合政策模拟

综合而言，通过运用系统动力学对江西省财税引导创新资源配置状况进行仿真模拟，得出以下几点结论。

第一，就当前江西省的状况而言，政府在创新资源配置中投入要素的资金投入方面仍然起主要作用，即政府资金依据是企业创新资金的主要来源。

第二，江西省当前财政科技投入已经处于一个恰当的位置，过多地增加财政科技投入可能导致财政政策效率小于 1，即财税政策无效状态。

第三，个人所得税税率的调整是当前研究中唯一一个对研发人员产生影响的因素，适当地减少个人所得税税率能够吸引更多的研发人员，增加财政政策效率；企业增值税税率、企业所得税税率和研发税收抵扣率三个变量对各创新变量的影响方向一致，但是影响效果企业增值税税率＞研发税收抵扣＞企业所得税税率。

第四，单一的财税政策并不能达到财税引导创新资源高效配置的目的，需要将多种政策进行组合，如财政科技投入增加 1%，企业增值税税率减少 5%，个人所得税税率减少 5%，企业所得税税率减少 5%，研发税收抵扣率增加 5%。

第五，财政科技投入率调整对财政政策效率的影响要比税收优惠政策大，就单一考虑提高财政效率来说可以适当减少财政科技投入。

第29章　引导创新资源配置与综合集成的财税政策优化

一直以来，我国特别重视创新在经济社会发展中的作用并制定出台了一系列鼓励科技进步、激励创新的扶持政策，有效地引导了创新资源流动，促进了国家创新能力与企业创新能力的提升。尤其是我国实施国家创新发展战略以后，包括财税政策在内的各类支持创新发展的政策密集出台，也进入政策实施的高峰期，从前面的分析来看，我国财税政策在引导创新资源配置及综合集成方面发挥了积极作用，在某些行业、区域等产生一定的资源集聚效应。伴随着全面建成小康社会、全面建设社会主义现代化国家的新征程开启，财税体制与财税政策要服从和服务于新的政治形势和国家战略。创新作为我国的重要战略，关乎国家竞争力，习近平总书记指出："构建新发展格局最本质的特征是实现高水平的自立自强，必须更强调自主创新，全面加强对科技创新的部署，集合优势资源，有力有序推进创新攻关的'揭榜挂帅'体制机制，加强创新链和产业链对接。"[①] 因此，利用财税政策引导与集成创新资源，有必要对现行的财税政策进行优化、提升与改善，以期更好地服务于国家创造战略。结合上述实证研究结论，政策建议主要考虑从财政政策、税收政策和创新政策间的协同作用三个方面展开。

29.1　充分释放财政投入政策功效

我国要实现创新发展战略，早日进入科技大国"俱乐部"，财政持续、稳定的高投入不可或缺。当前，与科技发达的国家相比，我国在创新方面的投入还有改进的空间，强度也处于低位，对创新资源的有效配置与综合集成还难以发挥更好的作用。正如在前述研究中的发现显示，我国当前财政研发投入对创新资源的作用为负，这说明简单地加大创新投入并不能有效引导创新资源流向该区域，不利于创新资源高效配置与综合集成。同时，在通过财政政策的效率测算后发现西部地区的效率要高于东部地区，说明当前我国在创新方面的投入主要问题在于其投

[①] 《习近平在省部级主要领导干部学习贯彻党的十九届五中全会精神专题研讨班开班式上发表重要讲话》，http://www.xinhuanet.com/2021-01/11/c_1126970918.htm[2021-01-20]。

入结构和资金使用存在缺陷；而对于东部地区来说，由于其市场机制可以在资源引导方面发挥较好的作用，单纯增加财政投入并不能有效引导创新资源配置，可能还会起到相反的作用。基于此，从宏观上来说，通过财政增加创新投入时，在稳定、持续增长的基础上要多注意创新投入的原则、结构、重点和机制等问题，充分释放财政支出功效。

29.1.1 界定财政创新投入的基本原则是前提

实施国家创新发展战略，是站在新的历史起点我国政府做出的英明决策，因为无论是从市场成熟度、财政丰盈程度还是技术发展程度等方面来考量，这都是一个恰逢其时的战略决策。当然，运用财政支出政策来引导创新资源合理流动，朝着符合国家创新发展战略的目标流动，形成高效的创新资源配置格局，就必须界定好财政创新投入的基本原则。

首先，要遵循的基本原则就是财政创新投入必须与我国经济发展水平及财力相匹配。经过改革开放后40多年的发展，尽管我国已经成为世界第二大经济体，且在某些科技领域处于领先水平，但从人均水平来看，我国经济发展水平及财力仍处于较低水平，尤其是近年来，我国遭遇国外经济发展的不确定因素制约，超前投入可能会对创新发展产生抑制作用。

其次，在发挥中央财政关键性作用的同时要注意调动地方财政创新投入的积极性。创新资源要形成合理的流动格局，除了中央财政创新投入在其中发挥作用外，地方财政也应配合中央财政创新投入，优化、补充其遗忘的领域，共同提升创新资源配置效率。同时，各级政府要依据国家创新发展战略，找准定位，履行各自的职责，选择好正确的财政创新投入方式，做好预算管理，有力保障创新发展。

最后，要形成多元化的创新发展投入格局。创新具有较强烈的正外部性，由财政投入引导创新资源自然在情理之中，但是市场在我国资源配置中发挥着基础性作用，在某些科技领域内的创新需要市场发挥作用。因此，要清晰界定政府和市场的活动边界，正确处理创新发展中政府与市场的关系，要对财政职能和责任合理定位，明确财政在创新投入方面的责任，搭建多元化创新投入的宏观架构，使政府与市场在分工的基础上，相互协调、形成合力、共同引导资源高效配置与综合集成，提升国家创新能力与企业创新能力。

29.1.2 改善创新财政投入结构是关键

要发挥财政在引导创新资源配置方面的作用，除了要增加投入外，改善财政投入结构是其发挥作用的关键。因此,在实际操作过程中,要结合出现的结构性问题,进行"靶向"施策。

首先,要改善中央、地方财政创新投入结构。一方面,要适当提高各自支出中创新财政支出比重,增加公益性创新发展财政投入;另一方面,各自要有侧重点,中央财政要更侧重于国家各类重大创新计划、基础研究、科技基础设施、战略性重点项目和战略产品、公益科技产品等领域,地方要重点支持技术应用与产业技术创新。

其次,要改善创新财政投入的宏观与微观结构。从宏观上看,要持续加大财政投入,引导创新资源合理配置。另外,要将国家宏观上做出的创新财政投入的决策落实到具体的微观主体,如要重视对科研机构、科研基础等具体从事创新性工作的微观单位的投入,在保障微观主体正常科研运转经费的同时,合理提高科研人员的人员费标准及公用经费标准。

最后,要注意处理创新主管部门与创新各领域行业协会间的财政投入结构。在过去我国对创新的财政投入上,往往对重大项目、关键技术、基础性研究等重视程度较高,主管部门与各技术行业协会都对其进行资金支持,引导资源向这些领域流动,但这种资金支持往往会形成重复支持,一个项目变换名称在不同的主管部门、不同协会中得到不同的资金支持。因此,改善创新主管部门与行业协会间的财政投入结构,减少重复支持,提升支持效率。

29.1.3 落实创新财政投入的战略重点是核心

目前形成的一个基本共识是我国要跻身科技强国,需要大幅度、持续、稳定地增加财政创新投入。但很显然,尽管我国财政收入已突破10万亿元大关,但要全面增加创新投入仍显不足。因此,在落实创新财政投入政策的过程中,要做好以下几点。

首先,要保障创新发展的战略重点得到持续、充足的财政支持,满足基础研究、共性技术研究、基础技术研究等创新研究需求。其次,在保障基础性研究的基础上,财政创新投入要支持战略性高技术的发展、重大科技专项的实施、关键技术领域与核心技术领域的发展,引导创新资源有效流动。在保障基础性研究与战略技术研究后,创新财政投入要重点支持加快培育和发展战略性新兴产业,发挥其在推进产业结构升级和经济发展方式转变方面的积极作用。最后,要利用财政创新投入这一重要手段,支持科技成果产业化,保证创新投入能够实现相应的价值,为社会财富增长奠定基础。

29.1.4 建立合适的创新财政投入机制是基础

创新发展不是一朝一夕就能干成的事，财政投入也绝非三五年就可以退出，创新发展是未来我国经济发展的主要驱动力，需要财政持续、稳定地投入，那么，建立合适的创新投入机制则是创新发展的基础。

首先，要强化创新财政投入的制度建设。具体而言，要明确经常性财政收入的标准化口径且保持一定的财政透明度，严格执行《科学技术进步法》，保障政府创新投入增长速度高于经常性财政收入增长速度，各地在编制预算与审查决算时，要重点考察这一指标的执行情况。

其次，在保证政府财政持续投入的基础上，要激励企业自身也增加创新投入，为此要在政府统一指导下，建立社会资本广泛参与的投融资体制，引导企业、金融机构加大对创新的投入，如可以建立企业重点、关键技术研发补贴制度，具体补贴比例由各地自行掌握，对符合条件的企业提供强度较大的财政补贴，降低其研发的风险，激发其创新投入的积极性。政府应鼓励不同行业、不同类型的企业自行提取研发费用，并允许其在税前抵扣，建立研发基金，并严格监管此类研发基金的使用，防止被挪用等改变用途。

再次，要鼓励金融机构支持企业研发活动。财政对于金融机构、信用机构等对企业研发活动提供融资服务的，要适当给予政策支持或成本分担支持，鼓励金融机构等加大对企业研发活动的支持力度。

最后，要通过财政手动鼓励其他具有科研实力的机构、高校、团体参与到企业的研发活动中来。为集中所有社会资源及可能的力量从事研发活动，对于重大技术、关键技术、需要集体攻关的技术等项目可以通过财政拨入部分资金的方式，引导相关资源自由配置，通过配置组合，共同开发，共享收益。

29.2 优化税收优惠政策

从世界各国的财税实践来看，除财政支出政策外，税收政策也频繁用于引导创新资源配置与综合集成，因此税收政策用于促进创新发展也是各国的常用操作手段。为引导创新资源配置，形成合理的流向，进而提升我国的创新发展能力，我国各级政府对税收优惠手段的运用也很重视，制定了诸多政策来实现这一目标。但在前面的分析中，发现我国税收优惠政策对创新资源的引导作用不显著。通过对江西省政策模拟也发现税收优惠的作用效果要明显小于财政创新投入。因此，在未来进一步的税收优惠政策优化调整过程中，可以尝试从以下几个方面入手，提升税收优惠政策对引导创新资源配置的积极效应。

29.2.1 提升税收优惠政策法律层次及优化具体政策

在我国税制体系之中,以"法"的形式表现出来的"税"较少,多数是以"暂行条例"等形式出现,从法律效力角度来看,"法"的约束力要大于"暂行条例"的约束力。从本书前述的实证分析来看,企业增值税对创新资源配置效率的引导作用效果要强于企业所得税和个人所得税。因此,如果更多的税能够以"法"的形式出现,其在引导创新资源配置方面将会发挥更积极的作用。从具体税收政策执行过程来看,由于我国税收优惠政策主要呈现出简单、零散、临时等碎片化特征,地方政府不仅不会对其引起足够的重视,有时反而会起到"相反作用",分散了税收优惠政策对引导创新资源配置的效应。因此,为快速扭转这一劣势,首先,应尽快将较为成熟、完备的"暂行条例"上升为"法",提升其立法层次,增强权威性,引起地方政府、企业及个人的重视。其次,要尽快将现行文件进行归纳整理,将所有优惠类的政策文件集中起来,以法律法规的形式再次进行颁布,这样就可以使得这些优惠政策具有强制性、规范性和系统性,实施的效果也会更好。再次,对引导与促进创新资源配置的税收优惠政策要加快整体设计,同时要充分考虑各个税种的作用机制和特征,拟定不同的能产生实际效果的税收优惠政策。最后,在做好包括税收优惠政策在内的税制宣传的同时,要建立企业税收申述制度,允许一些企业对自身认为应该享受税收优惠政策但没有享受到的,可以向相关税收部门进行申述,促进税收优惠政策能够及时、准确到位,引导资源合理流动。

29.2.2 优化税收优惠政策的覆盖范围

在以往税收优惠政策体系中,我国基本采用的是特惠制,尽管这种税收优惠政策对我国经济发展发挥了积极作用,但随着经济社会的进一步发展,特惠制税收优惠政策的继续实施不仅会损坏社会公平,也会扭曲资源配置。显然,要提升国家创新发展能力,不能选择几个行业或几个省份实施优惠,税收优惠政策的覆盖面有必要扩展到所有企业,只要企业从事创新活动,进行研发投资,就应该享受到同样的税收优惠政策。为此,要对现有的创新类税收优惠政策进行归类整理,将研发费用加计扣除政策、固定资产加速折旧政策等优惠政策扩展到企业的研发活动中,减少片面化、碎片化税收优惠政策对创新资源配置的错误引导,确保统一的研发税收优惠政策体系。另外,要利用多税种,加强对创新人才的支持力度,如企业对职工的培训支出可以在计算企业所得税时扣除、个人取得的科技奖只有达到省级以上的级别时免征个人所得税等,提高创新型人才进行创新的积极性和主动性。

29.2.3 优化税收优惠的具体方式

促进企业创新的税收优惠政策的种类从不同的视角可以有不同的类型，但基本包括两种：一是直接的税收优惠；二是间接的税收优惠。前者主要运用的手段包括降低税率、税额减免等，主要为事后优惠，关注的重点是企业经营后的情况。后者的优惠手段主要包括固定资产的加速折旧、研发经费的加计扣除、延期纳税等，主要为事前优惠，重点在于企业的经营过程。我国目前的税收优惠基本属于直接优惠类，间接类税收优惠政策运用较为稀少。为此，首先，我国要根据创新企业的生命周期，在不同的阶段运用不同的税收优惠政策，始终保持企业在政府税收优惠政策的激励下从事创新活动。其次，我国企业所得税中的税收优惠政策要从短期激励为主转向长、短并重，考虑企业眼前生存，侧重国家长远利益，可以具体考虑增加投资抵免、延期纳税等税收优惠政策，优化我国企业所得税研发税收优惠政策格局，引导创新资源流向创新类企业。最后，从长远来看，要着重考虑采用边际税率税收优惠在实践中的具体运用，让创新类企业在创新收益分成中能够占有更大的份额，政府少征甚至不征税，将创新收益留在企业，引导创新资源流动，激励其继续从事研发活动，增强创新能力。

29.3 协同各类创新政策

通过研究发现，当前单一的财税政策的缺陷已逐渐显现，如在东部创新市场已经较成熟的地方，政府考虑更多的是需要配套政策；而在中西部地区也需要通过其他政策来使得其创新市场逐步发展起来，所以要使得财税能够有效地引导创新资源配置，不仅要考虑单一的政策，各个政策之间的协调配合也应充分考虑进去，创新发展是一个多阶段的过程，由发明发展到产品，这直接需要高校、科研机构、企业和政府各个主体之间的相互配合，同时也包含了科技政策、财政政策、产业政策、贸易政策及人才培养政策之间有机结合，协同作用，这样才能使财税政策在引导创新资源配置与综合集成方面发挥其应有的功效。

29.3.1 协同财税政策与科技、产业政策

国家科技政策的主要目标在于促进一国的技术水平与研发能力的提升，并

能够运用技术提升国家竞争能力,对未来具有一定的掌控力。然而,这一目标能否顺利实现,财政的研发投入至关重要。同时,产业政策是以产业发展、产业结构调整及升级换代为目标,是以技术创新、发明等为基础,一国的产业政策实际上反映的是一国技术创新的方向,也是财税政策的主要发力点,它们之间需要协同发力。

与其他国家相比,我国产业技术水平有了长足进步,但财税政策在具体实施过程中仍需要注意协同以下几个方面的问题:第一,财税政策在引导创新资源的过程中,要注意考虑高技术产业发展,也不能忽视新技术对传统产业的作用,也就是说,财税政策既要协同产业政策,也要协同创新的科技政策,共同发力,引导创新资源流动,提升国家产业竞争力。第二,要有针对性地重点支持项目,如一些本身就具有良好基础同时在国际上又具有竞争性的项目,通过政策的支持能够加快其发展,当然对于一些关键性的产业的早期发展,政府也要采取相关政策进行优先支持,这样以科技创新带动产业发展的方式,也使得各个政策之间形成了协作,从而又可以进一步促进我国的创新发展。第三,充分考虑产业发展的需要,对应用型科技支持计划要制定科学的经济指标与技术指标,财税政策可以根据实现程度不一样,给予不同程度的支持。

29.3.2 协同财税政策与人才培养政策

人力资本是经济和创新发展的必要要素,随着知识经济的发展,其作用地位也越来越得到凸显。人才培养同人力资本的积累密不可分,从创新的角度来看,在创新资源配置过程中,不管是在其研究发明、试验发展还是成果转化阶段,人力资本都具有非常重要的主导作用;从科技发达国家的经验来看,在像美国、日本等技术强国中,教育政策与创新发展的财税政策是密不可分的,各国之间基本达成的共识就是要加大教育投入,加强对人才培养的重视。

我国国民经济自改革开放以来有了明显的提升,但是创新能力却依旧不足,对于关键产业的核心技术也没有掌握到位,这与国家的教育投入政策有着紧密关系。近年来,我国越来越重视对人才的培养,推出了包括百千万人才工程、政府特殊津贴政策和国家科技奖励在内的一系列政策,然而这些政策主要针对的是高层次的人才,对于我国庞大的人才体系来说,政策的作用范围不够大,并不能够很好地促进地方和企业吸引和留住人才。因此,财税政策需要与人才培养政策相协同,围绕创新发展目标,加大对人才的培养,采用设立项目基金、人才基金、高层次人才创业优惠和个人所得税减免等政策,稳定高技术人才和创新相关人才,确保人力资源在创新生产过程中充分发挥其原动力的支撑作用。

一言以蔽之，创新生产是一个由多个主体参与且包含众多环节的过程，各个环节的主体均有任务与之相应，创新是一个动态过程，在该过程中由创新活动向经济过渡，同时企业是该过程的主体，企业在政府财税政策的激励下从事创新生产，提高国家的创新能力，促进经济增长，整个过程需要高校、研究机构、企业和政府之间相互作用、相互配合，创新资源在财税政策的支持下，在财税政策与产业政策和人才政策等的协同下，流向越来越合理，配置效率越来越高。

第 30 章　第五篇小结

自改革开放以来，我国一直采用"市场换技术"的方式来促进产业发展，从而实现经济增长，但这种方式使得资源消耗巨大，环境问题也越来越严峻，导致环境、资源和经济发展之间的矛盾越来越大。当前，我国在步入经济发展的新常态阶段后面临新挑战，如国际复杂多变的形势、以国内循环为主实现国内国际双循环法新发展格局、全面建成小康后的乡村振兴、碳达峰与碳中和目标实现等，而要应对这些挑战，加强科技自立自强是关键。客观上说，我国创新发展与发达国家相比还存在很大的差距，企业作为创新发展的主体，本身自立自强的科技创新能力仍然缺乏竞争力，所以促进企业的创新能力是提高我国创新能力的关键，财税政策的作用也要朝此发力，通过财税政策的引导使得创新资源能够得到高效配置和综合集成，从而提高企业创新能力，最终带动经济发展。当前我国政府在引导创新资源配置和综合集成方面出台了大量政策，但是我国创新资源配置状况与政府设定的预期目标仍存在差距。创新资源配置过程中的投入结构问题，以及政府在引导创新资源配置中的重投入、轻管理等问题都是导致创新资源配置状况不佳的原因，这也使得理论工作者开始关注如何能够有效地发挥政府在创新资源配置和综合集成中的最大效用。本篇主要是对前面政府财税政策对创新资源配置的引导状况分析后的一个简要总结。

30.1　主　要　内　容

围绕财税政策引导创新资源高效配置和综合集成，在具体研究过程中，首先，对创新资源的配置现状进行了分析，运用图表法分析创新投入产出在我国各地区的分布和集聚状况；分析了目前我国创新资源配置的现状；并运用 DEA 方法对创新资源配置效率进行了具体测算。其次，本篇具体分析了引导创新资源配置与综合集成的具体财税政策，着重分析我国当前在创新资源配置方面的财税政策的状况和效果，采用数据、图标和列举方法分析引导创新资源配置的财政政策和税收优惠状况；运用计量模型分析法刻画了财政政策和税收优惠政策的实施效果；并结合研究状况，分析了当前我国财税引导创新资源配置存在的问题。再次，对财税引导创新资源配置效率及其影响因素进行了分析。我国一直重视利用财税政策促进与激励创新，提升企业自主创新能力、国家创新能力与竞争力，尤其是近些年来，财税支持与激励的力度持续加大，但通过实证研究发现财税支持力度与创新能力并不是呈现显著的正相关，显然，这与我国创新资源的配置有密切关系，基于此，研究中主要讨论的具体问题包括：第一，财税引导创新资源配置效率的现状分析。运用四阶段 DEA 方法，对财税引导创新资源配置的效率进行分析，并结合财税政策效率状况，分析两者间的具体关系表现。第二，财税引导创新资源高效配置的一般影响因素定性分析，主要从理论角度分析引导创新资源高效配置的一般影响因素。第三，财税引导创新资源高效配置一般影响因素的定量分析，主要是在定性分析的基础上，运用 GWR 和普通 OLS 方法分析不同区域的空间异质性和行业的影响因素状况。第四，以江西省为例对财税引导创新资源高效配置与综合集成的政策模拟，运用系统动力学的方法，模拟分析创新资源配置的政策对区域经济发展水平、创新能力的影响，并根据模拟情况对政策方案进行调整，形成动态的支持创新资源配置的财税政策方案。第五，得出财税引导创新资源高效配置与综合集成的政策优化选择，在对我国历年来所实施的创新资源高效配置的财税政策全面评估及模拟的基础上，综合考虑我国创新驱动发展的战略目标，提出优化我国财税引导创新资源配置和综合集成的政策建议。

通过研究主要得出以下几个观点：第一，当前我国创新资源配置的投入和产出在总量和结构上均有了明显的提升，但创新资源配置效率却依旧较低，大部分地区还都处于创新无效配置状态，创新资源配置有效地区大都分布在我国东部地区，其中排名第一的省份为北京，其次是广东。通过对效率进行动态测算还发现，技术进步对创新资源配置效率的影响要大于技术效率，这说明近年来我国研发技术和创新能力的提高对我国创新资源配置效率的提高发挥了主导作用，但是投入结构不合理，也导致不同程度资源的浪费，这在一定程度上又制约了创新资源配置效率的提高。因此，要使得创新资源得到高效配置和综合集成，在保证投入产出提升的前提下，投入结构问题也应该得到同等重视。第二，当前财政研发投入和税收优惠政策对创新资源的影响都不甚理想，财政政策影响显著且符号为负，然而我国财政科技投入与发达国家仍存在着较大差距，说明造成这种现象的原因主要是财政研发投入结构、财政资金使用不合理等；税收优惠政策虽然影响为正，但在统计意义上表现不显著，说明当前的税收优惠政策作用还并没有真正凸显出来。从各地区来看，财税政策对创新投入的影响存在着区域差异性，且当前财税政策在引导创新资源方面存在着政策制定缺乏系统性，执行效力不高、财政投入结构不合理、财税优惠政策门槛高和缺乏对人力资本的激励政策等问题。第三，基于空间计量分析发现，我国创新资源配置过程中的财税政策效率具有空间异质性，且该异质性主要是结构因素造成的，在各影响因素中，政府资金强度和创新资源市场环境对财税政策效率的影响具有互补现象，政府资金强度作用高的地方往往创新资源市场环境作用小，这说明在财税政策引导创新资源配置这一方面市场和政府之间还没有形成合力，依旧处于互相"竞争"的状态，科研资源禀赋水平在大多数省区市的作用效果为负，说明科研人员的人均经费增加，使得财税政策效率下降，中央地方支出责任的影响受政府资金强度的作用，政府资金强度影响为负的地区，中央地方科技支出责任的影响也几乎为负，结合创新资源配置效率和其财税政策效率发现，对东部地区来说，其创新资源配置效率高，然而财税政策效率低，对西部地区来说，其创新资源配置效率低，财税政策效率高，进一步验证了当前政府和市场并没有形成合力。说明对东部地区等较发达地带，结合其创新资源配置无效的原因主要是产业规模，其财税政策的引导方向应注重促进其相关产业的发展，而对西部地区这些较为落后的地带，财税政策引导方向则不单单要继续增加财税投入规模，同时也要考虑其投入结构，尤其是通过财税政策为创新建立一个良好的市场环境。第四，通过系统动力学方法以江西省为主要分析对象，对财税引导创新资源高效配置和综合集成系统进行仿真模拟。通过模拟，结果发现要使江西省财税能够引导创新资源高效配置和综合集成主要考虑以下几个方面：①当前我国政府资金的投入对企业创新投入产生了挤出效应，要使得财政政策发挥激励效应，更多地要考虑其投入结构的问题；②人才是创新的关键要素，当前财税政策对科技投入人员的影响很弱，要增加相关吸引和保留人才政策的制定；③企业增值税税率、企业所得税税率和研发税收抵扣率三个变量对各创新变量的影响方向一致，但是影响效果企业增值税税率＞研发税收抵扣率＞企业所得税税率，所以在税收优惠方面，如果调整单一税收能够保证政府和企业共同获利，则可以只对一种税收进行优惠，若单一政策无法保持政府和企业共同获利，那么应当选择一个合适的组合，使得政府和企业效益尽可能最大化；④当前税收优惠对创新资源配置和集成的作用明显要低于财政政策，这与国外创新发展强国的状况不符，要加强税收优惠在创新资源配置和综合集成中的作用效果。第五，要使得财税政策能够引导创新资源高效配置和综合集成，其政策方向需从以下几个方面入手：①充分释放财政投入政策功效，主要通过界定财政创新投入的基本原则、改善创新财政投入结构、落实创新财政投入的战略和建立合适的创新财政投入机制几个方面入手；②优化税收优惠政策，主要从提升税收优惠政策法律层及其具体政策、优化税收优惠政策的覆盖范围、优化税收优惠的具体方式几个方面入手；③协同各类创新政策，主要包括协同财税政策与科技、产业政策，协同财税政策与人才培养政策。

30.2 主要创新

本篇的创新点主要体现在：第一，对财税引导创新资源配置的空间异质性与影响因素进行了分析。一直以来受到我国区域差异的影响，各地区经济发展极其不均衡，资源配置状况也是如此，在创新驱动发展战略的要求下，财税政策作为一个引导创新资源配置的重要工具，在创新驱动发展中发挥了较大作用，但这种作用具有空间异质性，财税政策对创新的作用不同使得各省份作用程度不一，而且各自的影响因素也不尽相同。第二，具体测算了财税政策引导创新资源配置的效率。与其他效率测度不同的是，研究中将财税政策也纳入了创新的生产过程，采用四阶段DEA的方法对引导创新资源配置的财税政策效率进行详细测算，避免了将其作为一个外生变量分析效率或作用。第三，具体对财税政策引导创新驱动发展的政策效果进行了模拟。创新是一个系统的概念，存在着主体和阶段的多样化，单一的模型并不能有效地分析其整体效果，研究中以江西省政策为研究对象，运用系统动力学方法构建创新生产系统动力学仿真系统，帮助从整体判断财税政策的作用效果。

30.3 研究展望

本篇是在我国创新驱动发展战略过程中的一段时间内所进行的观察，样本、政策、数据、研究方法选择等都具有一定的局限性，从研究角度来看，未来仍有必要继续深化，持续跟踪观察与研究。第一，本篇对财税政策的界定主要是财政科技投入和税收优惠，然而政府金融科技也是引导创新资源配置和集成的重要工具，在本篇中没有将其纳入进行详细分析，只是在政策建议中考虑要与金融科技政策进行协同。因此在后续的研究中，考虑将政府金融投资政策纳入研究范畴进行长期跟踪研究，使得研究结论更为精准。第二，创新是一个多阶段的过程，包括研究开发、试验发展、成果转化等，在这些过程中不同的政策会有不同的效果，本篇则将创新视为一个直接的投入产出过程，没有下沉到创新的各分阶段细化问题，根据创新过程与企业生命周期理论在后续研究中应考虑分阶段细化问题，这样才能在现有基础上提供更具针对性的决策信息，更好地服务于创新资源高效配置和综合集成。

参 考 文 献

阿儒涵，李晓轩. 2014. 我国科研项目成本管理的问题及成因分析[J]. 科学学与科学技术管理，35（2）：21-27.
艾冰. 2012. 欧美国家政府采购促进自主创新的经验与启示[J]. 宏观经济研究，（1）：13-20.
艾冰，陈晓红. 2008. 政府采购与自主创新的关系[J]. 管理世界，（3）：169-170.
白杨敏，彭语冰，崔婷. 2015. 基于 AHP-DEA 模型的企业技术创新能力评价[J]. 统计与决策，（12）：169-171.
鲍德威. 2000. 公共部门经济学[M]. 北京：中国人民大学出版社.
贝尔纳，赵红州，蒋国华. 1990. 科学学应当做什么[J]. 科学学与科学技术管理，（3）：46-57.
卜祥来. 2014. 财税激励政策影响企业 R&D 支出的实证研究[J]. 税务研究，（3）：82-84.
蔡宁，闫春. 2013. 开放式创新绩效的测度：理论模型与实证检验[J]. 科学学研究，31（3）：469-480.
曹艳杰，陈明森，苏国灿. 2018. 财税激励有利于提升企业创新效率吗？[J]. 东南学术，（2）：96-104.
陈佳洱. 2007. 坚持科学发展观构建和谐科研环境——关于我国科研环境的调查与思考[J]. 科学中国人，（4）：12-13.
陈劲. 1994. 从技术引进到自主创新的学习模式[J]. 科研管理，（2）：32-34，31.
陈劲，陈钰芬. 2006. 企业技术创新绩效评价指标体系研究[J]. 科学学与科学技术管理，（3）：86-91.
陈劲，陈钰芬，余芳珍. 2007. FDI 对促进我国区域创新能力的影响[J]. 科研管理，（1）：7-13.
陈强，朱艳婧. 2020. 美国联邦政府支持基础研究的经验与启示[J]. 科学管理研究，38（6）：134-140.
陈庆江. 2017. 政府科技投入能否提高企业技术创新效率？[J]. 经济管理，39（2）：6-19.
陈瑞生，负玉珑. 2008. 浅析建筑市场招投标管理与合同管理[J]. 科教探索，（9）：12-13.
陈少强，郭骊，郑紫卉. 2017. 政府引导基金演变的逻辑[J]. 中央财经大学学报，（2）：3-13.
陈晓剑，李峰，刘天卓. 2011. 基础研究拔尖人才的关键成长路径研究——基于 973 计划项目首席科学家的分析[J]. 科学学研究，29（1）：44-48，17.
陈钰芬，陈劲. 2009. 开放式创新促进创新绩效的机理研究[J]. 科研管理，30（4）：1-9，28.
陈远燕. 2016. 财政补贴、税收优惠与企业研发投入——基于非上市公司 20 万户企业的实证分析[J]. 税务研究，（10）：34-39.
陈远燕，刘斯佳，宋振瑜. 2019. 促进科技成果转化财税激励政策的国际借鉴与启示[J]. 税务研究，（12）：54-59.
陈治. 2017. 财政可持续视野下预算控制机制的失效与应对[J]. 法商研究，34（3）：38-47.
程聪慧，郭俊华. 2019. 创业投资政府引导基金：国外研究进展及启示[J]. 公共行政评论，12（1）：89-108，213，214.

程聪慧,王斯亮.2018.创业投资政府引导基金能引导创业企业创新吗?[J].科学学研究,36(8):1466-1473.

程曦,蔡秀云.2017.税收政策对企业技术创新的激励效应——基于异质性企业的实证分析[J].中南财经政法大学学报,(6):94-102,159,160.

程雁,李平.2007.创新基础设施对中国区域技术创新能力影响的实证分析[J].经济问题探索,(9):51-54.

程燕红,吕未林.2012.韩国汽车产业自主创新政策的特点及启示[J].科技管理研究,32(24):10-13.

丛菲菲,张强.2019.国有创投资本能拾遗补阙吗?——基于我国创业投资事件的实证研究[J].证券市场导报,(1):20-27.

崔也光,姜晓文,王守盛.2017.财税政策对企业自主创新的支持效应研究——基于经济区域的视角[J].经济与管理研究,38(10):104-113.

代明,牛昕,戴毅.2010.创新导向型财政政策研究综述[J].财会月刊,(3):89-92.

戴晨,刘怡.2008.税收优惠与财政补贴对企业R&D影响的比较分析[J].经济科学,(3):58-71.

戴毅.2009.创新导向型财政理论与政策选择——基于国际比较的研究[D].天津:南开大学.

戴毅,代明,周飞娟.2009.公共预算决策的显性偏好及其对自主创新能力建设的影响[J].科学学与科学技术管理,30(7):84-88.

党文娟,张宗益,唐继军.2008.创新环境对促进我国区域创新能力的影响[J].中国软科学,(3):52-57.

邓衢文,刘敏,黄敏聪,等.2019.我国及世界科技强国的基础研究经费投入特点与启示[J].世界科技研究与发展,41(2):137-147.

邓群伟.2012.发挥财政引导作用 促进科技成果转化[J].中国财政,(12):78.

邓向荣,文青.2004.中国R&D资源投入模式及其相关政策分析——政府主导型R&D投入模式分析[J].当代财经,(3):23-26.

邓晓兰,孙长鹏.2019.企业创新、产业升级与政府引导基金的作用机制[J].山西财经大学学报,41(5):54-67.

邓子基,方东霖.2008.公共财政与科技进步[J].厦门大学学报(哲学社会科学版),(3):35-41.

邓子基,杨志宏.2011.财税政策激励企业技术创新的理论与实证分析[J].财贸经济,(5):5-10,136.

丁大尉,李正风,高璐.2015.后金融危机时代国外基础科学研究政策的战略转向及启示[J].中国软科学,(2):65-73.

董丽英,孙拥军,高志璇.2017.京津冀区域科技成果转化的财税政策探讨[J].中国内部审计,(12):82-85.

董霄.2014.提升四川企业自主创新能力的财政政策探讨[J].软科学,28(5):139-144.

窦鹏辉.2010.提升自主创新能力的财政科技政策取向[J].经济体制改革,(6):101-103.

段异兵,曹晓辉,王新,等.2010.国外医学基础研究资助同行评议特点[J].中国基础科学,12(4):44-49.

范柏乃,班鹏.2008.基于SD模拟的企业自主创新财税政策激励研究[J].自然辩证法通讯,(3):49-56,111.

范柏乃,沈荣芳,陈德棉.2000.中国风险资本供给问题研究[J].当代财经,(11):43-47.

范红忠. 2007. 有效需求规模假说、研发投入与国家自主创新能力[J]. 经济研究, (3): 33-44.

范旭, 张毅. 2020. 夯实创新型国家建设的基础: 地方政府支持基础研究的理论依据与现实需要[J]. 科学管理研究, 38 (3): 41-48.

范允奇, 周方召. 2014. 我国高技术产业技术创新效率影响因素及区域联动效应研究[J]. 科技管理研究, 34 (21): 1-4, 21.

方勇, 乔庆敏, 王明明, 等. 2011. 我国基础研究投入的区域战略布局研究[J]. 科技进步与对策, 28 (12): 114-118.

方重. 2010. 企业自主创新与税收政策相关性研究[D]. 合肥: 合肥工业大学.

冯文娜. 2010. 高新技术企业研发投入与创新产出的关系研究——基于山东省高新技术企业的实证[J]. 经济问题, (9): 74-78.

付伯颖. 2017. 中小企业创新激励税收优惠政策的国际比较与借鉴[J]. 国际税收, (2): 56-59.

傅家骥. 1999. 技术创新是扩大内需的根本途径——兼论技术创新的阻力[J]. 红旗文稿, (21): 18-19.

傅勇. 2010. 财政分权、政府治理与非经济性公共物品供给[J]. 经济研究, 45 (8): 4-15, 65.

傅勇, 张晏. 2007. 中国式分权与财政支出结构偏向: 为增长而竞争的代价[J]. 管理世界, (3): 4-12, 22.

傅宇, 崔维军, 韩硕. 2018. 合作研发与企业创新绩效——基于世界银行中国企业调查数据的实证分析[J]. 科学学与科学技术管理, 39 (1): 98-106.

福州市国家税务局课题组. 2003. 借鉴印度经验完善我国科技投资税收政策[J]. 福建税务, (4): 35-37.

高建, 汪剑飞, 魏平. 2004. 企业技术创新绩效指标: 现状、问题和新概念模型[J]. 科研管理, (z1): 14-22.

高良谋, 马文甲. 2014. 开放式创新: 内涵、框架与中国情境[J]. 管理世界, (6): 157-169.

高茹英, 张红莲, 任蔚. 2008. 我国科研经费投入中存在的问题及对策[J]. 研究与发展管理, 20 (6): 125-130.

高志勇. 2019. 促进我国高校科技成果转化的财税激励政策研究[J]. 经济研究导刊, (21): 65-66.

龚辉文. 2018. 支持科技创新的税收政策研究[J]. 税务研究, (9): 5-10.

苟燕楠, 董静. 2013. 风险投资进入时机对企业技术创新的影响研究[J]. 中国软科学, (3): 132-140.

苟燕楠, 董静. 2014. 风险投资背景对企业技术创新的影响研究[J]. 科研管理, 35 (2): 35-42.

辜胜阻, 王敏. 2012. 支持创新型国家建设的财税政策体系研究[J]. 财政研究, (10): 19-22.

辜胜阻, 吴华君, 吴沁沁, 等. 2018. 创新驱动与核心技术突破是高质量发展的基石[J]. 中国软科学, (10): 9-18.

辜胜阻, 曾庆福. 2003. 我国风险投资制约因素及其战略对策[J]. 中国软科学, (11): 6-12.

关勇军. 2012. 企业研发投入与绩效: 技术创新政策的调节效应分析[D]. 长沙: 中南大学.

桂黄宝. 2014. 我国高技术产业创新效率及其影响因素空间计量分析[J]. 经济地理, 34 (6): 100-107.

桂黄宝. 2017. 政府采购促进技术创新政策效果空间计量评估[J]. 科研管理, 38 (9): 161-168.

郭春立. 2015. 税收优惠对创业板上市公司创新绩效的影响研究[D]. 北京: 中国矿业大学.

郭研, 张皓辰. 2020. 政府创新补贴、市场溢出效应与地区产业增长——基于科技型中小企业技术创新基金的实证研究[J]. 产业经济研究，（4）：1-15.

郭英远，张胜. 2018. 创新驱动发展的内涵和标志[J]. 科技管理研究，38（6）：1-5.

郭玉清. 2004. 地方财政偿债相制构建初探[J]. 西部财会，（2）：11-13.

国家科技基础条件平台中心. 2013. 国家科技基础条件平台发展报告（2011—2012）[M]. 北京：科学技术文献出版社.

国家统计局社会科技和文化产业统计司，科学技术部创新发展司. 2017. 中国科技统计年鉴2017[M]. 北京：中国统计出版社.

国家质量监督检验检疫总局. 2012. 中国质检工作手册：质检科技[M]. 北京：中国质检出版社.

韩东林. 2010. 自主创新试验区财政激励政策分析——以合芜蚌试验区为例[J]. 财政研究，（11）：73-75.

韩凤芹. 2005. 国外促进高技术产业发展的税收政策研究[J]. 经济研究参考，（53）：31-41.

韩莉. 2010. 促进企业自主创新的财政政策研究[J]. 科技管理研究，30（24）：21-24，38.

郝君超，王海燕，李哲. 2015. DARPA科研项目组织模式及其对中国的启示[J]. 科技进步与对策，32（9）：6-9.

贺德方，唐玉立，周华东. 2019. 科技创新政策体系构建及实践[J]. 科学学研究，37（1）：3-10，44.

胡德期. 2009. 支持广西企业自主创新的财政政策研究[J]. 经济研究参考，（11）：43-48.

胡凯，蔡红英，吴清. 2013. 中国的政府采购促进了技术创新吗？[J]. 财经研究，39（9）：134-144.

胡明勇，周寄中. 2001. 政府资助对技术创新的作用：理论分析与政策工具选择[J]. 科研管理，（1）：31-36，30.

胡耘通，徐东云. 2018. 支持企业科技创新的税收政策研究[J]. 财会通讯，（5）：119-122.

胡子昂. 2007. 我国企业自主创新的财政扶持政策取向[J]. 经济纵横，（19）：53-55.

湖北省税务学会课题组. 2015. 促进自主创新的税收政策研究[J]. 税收经济研究，20（5）：1-9.

华蓉晖. 2013. 美国、英国和以色列三国风险投资业的比较与启示[J]. 上海金融学院学报，（1）：108-117.

黄倩，陈朝月，樊霞，等. 2019. 基础研究政策体系对基础研究投入的动态影响——基于政策执行视角[J]. 科学学与科学技术管理，40（1）：20-33.

黄荣晓，陈穗丽，詹求强，等. 2014. 2006—2010年广东高校基础研究发展分析[J]. 华南师范大学学报（自然科学版），46（4）：124-129.

黄亶樾. 2014. 税收激励政策与我国企业技术创新能力提升的关联性研究[D]. 长沙：湖南大学.

降彩晶. 2006. 以建设市场的方法支持科技型中小企业的发展[J]. 天津经济，（4）：44-46.

江静. 2011. 公共政策对企业创新支持的绩效——基于直接补贴与税收优惠的比较分析[J]. 科研管理，32（4）：1-8，50.

江小涓. 2004. 理解科技全球化——资源重组、优势集成和自主创新能力的提升[J]. 管理世界，（6）：4-13，155.

蒋建军，齐建国. 2007. 激励企业R&D支出的税收政策效应研究[J]. 中国软科学，（8）：65-70，84.

金怀玉，菅利荣. 2013. 考虑滞后效应的我国区域科技创新效率及影响因素分析[J]. 系统工程，31（9）：98-106.

经济合作与发展组织. 2010. 弗拉斯卡蒂手册[M]. 6版. 张玉勤译. 北京：科学技术文献出版社.

康淑娟，安立仁. 2019. 网络嵌入、创新能力与知识权力——基于全球价值链的视角[J]. 科学学与科学技术管理，40（9）：88-100.

克莱曼 D L. 2009. 科学技术在社会中——从生物技术到互联网[M]. 张敦敏译. 北京：商务印书馆.

孔淑红. 2010. 税收优惠对科技创新促进作用的实证分析——基于省级面板数据的经验分析[J]. 科技进步与对策, 27（24）：32-36.

孔祥银. 2017. 面向高校科技成果转化的财税支持体系研究[J]. 经济研究导刊,（22）：74-75.

匡小平, 肖建华. 2007. 典型创新型国家自主创新激励的财税政策[J]. 涉外税务,（11）：8-14.

匡小平, 肖建华. 2008. 我国自主创新能力培育的税收优惠政策整合——高新技术企业税收优惠分析[J]. 当代财经,（1）：23-27.

雷小苗, 李正风. 2020. 市场导向型基础研究——反向路径下的技术创新逻辑[J]. 科技管理研究, 40（21）：1-6.

冷军. 2015. 创业板上市公司技术创新与绩效的相关性研究——基于全要素生产率的实证研究[J]. 科技与经济, 28（5）：31-35, 90.

李传喜, 赵讯. 2016. 我国高新技术企业财税激励研发投入效应研究[J]. 税务研究,（2）：105-109.

李春艳, 徐喆, 刘宇佳. 2019. 对我国 1985—2017 年科技政策的数量、效力及效果的评价[J]. 东北师范大学学报（哲学社会科学版）：1-17.

李芳琴. 2015. 防止基础设施过度超前建设[J]. 中国经贸导刊,（34）：30-33.

李方毅, 郑垂勇. 2015. 发达国家促进财政科技研发投入的经验与借鉴[J]. 科技管理研究, 35（11）：23-27.

李庚寅. 2003. 中国工业中小企业行业分布实证研究[J]. 经济学家,（5）：21-28.

李晗. 2010. 中国财政政策对企业自主创新的影响探讨[J]. 现代商业,（20）：207-208.

李红林, 曾国屏. 2008. 基础研究的投入演变及其协调机制——以日本和韩国为例[J]. 科学管理研究,（5）：89-93.

李后建, 刘思亚. 2015. 银行信贷、所有权性质与企业创新[J]. 科学学研究, 33（7）：1089-1099.

李惠娟, 朱福兴. 2008. 地方财政科技投入与科技创新的动态分析[J]. 科技管理研究,（3）：59-61, 70.

李嘉明, 乔天宝. 2010. 高新技术产业税收优惠政策的实证分析[J]. 技术经济, 29（2）：45-49, 73.

李健, 高杨, 李祥飞. 2013. 政策工具视域下中国低碳政策分析框架研究[J]. 科技进步与对策, 30（21）：112-117.

李建军, 朱春奎. 2015. 促进自主创新的政府采购政策[J]. 中国科技论坛,（2）：15-19.

李静海. 2019. 抓住机遇推进基础研究高质量发展[J]. 中国科学院院刊, 34（5）：586-596.

李兰冰. 2015. 中国区域经济增长绩效、源泉与演化：基于要素分解视角[J]. 经济研究,（8）：58-72.

李丽青. 2007. 我国现行 R&D 税收优惠政策的有效性研究[J]. 中国软科学,（7）：115-120.

李丽青, 师萍, 曾观群. 2005. 中外激励企业 R&D 投入的税收优惠政策比较及思考[J]. 科学学与科学技术管理,（10）：22-25.

李露. 2016. 基于 ANP 法的科技企业创新绩效评价研究[J]. 科学管理研究, 34（5）：69-72.

李萌萌. 2016. 基于层次分析法的财政科技投入绩效分析——以芜湖市为例[J]. 吉林省经济管理干部学院学报,（5）：16-19.

李明. 2010. 中美基础研究项目资助管理体制比较——基于财政和项目监控的视角[J]. 科学学与科学技术管理, 31（4）：36-41, 55.

李爽. 2017. 专利制度是否提高了中国工业企业的技术创新积极性——基于专利保护强度和地区经济发展水平的"门槛效应"[J]. 财贸研究, 28（4）：13-24, 42.

李松森，孙哲，孙晓峰. 2016. 国有资产管理[M]. 3 版. 大连：东北财经大学出版社.
李邃，江可申，郑兵云，等. 2010. 高技术产业研发创新效率与全要素生产率增长[J]. 科学学与科学技术管理，31（11）：169-175.
李伟舵. 2017. 地方政府融资平台转型的现状、机遇与挑战[J]. 创新，11（6）：34-47.
李习保. 2007. 中国区域创新能力变迁的实证分析：基于创新系统的观点[J]. 管理世界，（12）：18-30，171.
李显君，钟领，王京伦，等. 2018. 开放式创新与吸收能力对创新绩效影响——基于我国汽车企业的实证[J]. 科研管理，39（1）：45-52.
李晓轩，牛珩，冯俊新. 2004. 科研拔尖人才的成才规律与启示[J]. 科学学研究，（3）：273-277.
李欣洁，袁春林，吴静汐. 2015. 税收优惠政策对我国企业自主创新的激励效应研究——基于对深交所创业板 274 家企业 R&D 投入强度的 GMM 分析[J]. 中国集体经济，（21）：74-79.
李旭红，刘锋. 2017. CRS 对全球资产配置的影响[J]. 国际税收，（2）：40-43.
李雪婷，宋常. 2018. 政府创业投资引导基金的角色定位与管理逻辑[J]. 中国行政管理，（3）：102-105.
李燕，朱春奎. 2016. 政府采购对技术创新的影响效应[J]. 中国科技论坛，（9）：38-44.
李远勤. 2016. 所得税优惠与政府背景对民营企业技术创新投入的影响[J]. 系统管理学报，25（5）：930-939，947.
李湛，张良，罗鄂湘. 2019. 科技创新政策、创新能力与企业创新[J]. 科研管理，40（10）：14-24.
李政道. 1997. 从日美的科技政策看科技发展趋势[J]. 中外产业科技，（5）：13-14.
李忠华，王誉. 2018. 辽宁科技成果转移转化财政支持政策存在的问题及对策[J]. 经济研究导刊，（7）：87，133.
梁凯，李廉水. 2005. 我国促进科技成果转化税收政策问题与对策[J]. 东南大学学报（哲学社会科学版），（6）：27-31.
梁运文，劳可夫. 2010. 网络分割、创新借势与中国国家"创新驱动"发展断裂突破——基于国家竞争优势拓展的视角[J]. 经济理论与经济管理，（3）：23-31.
梁正席，梁东瑾. 2011. 促进我国汽车产业自主创新的财政政策探讨[J]. 西昌学院学报（自然科学版），25（2）：62-65.
林秀华，王孙禹. 2015. 工程教育必须重视基础性协同创新能力建设——基于高校实施"基础研究青年人才培养计划"的实践分析[J]. 高等工程教育研究，（2）：29-33.
林志帆，刘诗源. 2017. 税收负担与企业研发创新——来自世界银行中国企业调查数据的经验证据[J]. 财政研究，（2）：98-112.
刘斌，杨开元，王菊仙. 2013. 小微企业自主创新税收政策的优化思路[J]. 税务研究，（3）：20-23.
刘芳，张晨，朱卫东，等. 2014. 科学基金科研项目经费管理的中美比较研究[J]. 科学学与科学技术管理，35（4）：50-56.
刘凤朝，潘雄锋，施定国. 2005. 基于集对分析法的区域自主创新能力评价研究[J]. 中国软科学，（11）：83-91，106.
刘凤朝，赵雪键，马荣康. 2017. 政府采购促进了企业 R&D 投入吗？——基于中小企业上市公司的实证分析[J]. 科学学与科学技术管理，38（7）：42-52.
刘海兵. 2019. 创新情境、开放式创新与创新能力动态演化[J]. 科学学研究，37（9）：1680-1693.
刘海涛，邵冰. 2006. 促进科技成果转化的财政政策分析[J]. 理论探讨，（3）：138-140.

刘和东. 2009. 产学研合作与企业自主创新关系的实证研究[J]. 科技管理研究, 29（2）: 186-188.
刘慧. 2005. 政府采购对科技创新具有巨大推动作用[J]. 中国政府采购,（11）: 9-11.
刘慧玲, 张宇. 2007. 西部大中型企业自主创新存在的问题与对策[J]. 经济纵横,（7）: 14-17.
刘军民. 2009. 提升企业自主创新能力的财税政策分析[J]. 华中师范大学学报（人文社会科学版）, 48（2）: 45-55.
刘军仪, 王晓辉. 2010. 促进科研诚信: 美国科研道德建设的经验[J]. 外国教育研究, 37（5）: 35-40.
刘立. 2007. 基础研究政策的理论与实践[M]. 北京: 清华大学出版社.
刘立. 2008. 改革开放以来中国科技政策的四个里程碑[J]. 中国科技论坛,（10）3-5, 23
刘满凤. 2006. 我国各地区大中型工业企业技术创新绩效比较[J]. 统计与决策,（20）: 74-76.
刘铭, 姚岳. 2014. 企业技术创新绩效评价指标体系研究[J]. 甘肃社会科学,（4）: 233-236.
刘楠, 杜跃平. 2005. 政府补贴方式选择对企业研发创新的激励效应研究[J]. 科技进步与对策,（11）: 18-19.
刘楠楠. 2017. 促进企业自主创新的税收政策研究[D]. 南昌: 江西财经大学.
刘溶沧. 2000. 促进科技成果转化的税收政策探讨[J]. 中国工业经济,（6）: 11-14.
刘尚希, 韩凤芹. 2016. 科技创新: 中央与地方关系创新研究[M]. 北京: 经济科学出版社.
刘树峰, 杜德斌, 覃雄合, 等. 2019. 基于创新价值链视角下中国创新效率时空格局与影响因素分析[J]. 地理科学, 39（2）: 173-182.
刘伟江, 吕镯. 2017. 税收政策与全要素生产率——基于中国高技术产业的实证研究[J]. 制度经济学研究,（2）: 111-127.
刘伟玲, 李海平. 2008. 高新企业技术创新能力评价指标体系的研究[J]. 商场现代化,（17）: 74.
刘晓凤. 2013. 自主创新税收政策的规范分析[J]. 经济论坛,（2）: 147-149.
刘雪凤, 高兴. 2015. 促进自主创新能力建设的知识产权政策体系绩效研究[J]. 中国科技论坛,（7）: 75-81.
刘云, 安菁, 陈文君, 等. 2013. 美国基础研究管理体系、经费投入与配置模式及对我国的启示[J]. 中国基础科学, 15（3）: 42-52.
刘振, 陈劲. 2010. 动态能力视角下的开放式创新模式初探[J]. 中国地质大学学报(社会科学版), 10（5）: 106-111.
柳剑平, 郑绪涛, 喻美辞. 2005. 税收、补贴与R&D溢出效应分析[J]. 数量经济技术经济研究,（12）: 81-90.
柳卸林. 1993. 技术创新经济学[M]. 北京: 中国经济出版社.
柳卸林. 1997. 技术轨道和自主创新[J]. 中国科技论坛,（2）: 30-33.
柳卸林, 何郁冰. 2011. 基础研究是中国产业核心技术创新的源泉[J]. 中国软科学,（4）: 104-117.
柳卸林, 胡志坚. 2002. 中国区域创新能力的分布与成因[J]. 科学学研究,（5）: 550-556.
楼继伟. 1999. 实施政府采购制度强化财政支出管理[J]. 中国财政,（12）: 4-6.
罗珵. 2019. 基础研究投入对技术进步的影响——来自1998—2014年我国省级面板数据的实证分析[J]. 技术经济与管理研究,（12）: 29-34.
罗杭, 郭珍. 2014. 2012年中国"985"大学效率评价——基于DEA-Tobit模型的教学-科研效率评价与结构-环境影响分析[J]. 高等教育研究, 35（12）: 35-45.
罗亚非, 李敦响. 2006. 我国中部6省和京、沪、粤区域技术创新绩效比较研究[J]. 科技进步与对策,(1):18-21.

骆珣,张振伟. 2007. 高新技术中小企业技术创新能力评价指标体系的构建[J]. 现代管理科学,(9):70-71.

吕汉阳. 2011-03-28. 政府采购电子化:革新全流程 渗透各领域[N]. 政府采购信息报.

吕铁,王海成. 2015. 劳动力市场管制对企业技术创新的影响——基于世界银行中国企业调查数据的分析[J]. 中国人口科学,(4):32-46,127.

吕薇. 2020. 有效发挥企业在基础研究中的作用[J]. 中国科技论坛,(6):4-5.

马承君,王建国,杨颖梅,等. 2018. 政府采购政策对高新企业创新活动影响的效应分析[J]. 中国科技论坛,(7):26-36.

马海涛,蔡杨,郝晓婧. 2019. 财政科技支出是否促进了中国工业企业创新?[J]. 经济与管理评论,35(5):43-57.

马海涛,姜爱华. 2010. 促进科技成果转化与产业化的税收支持方式研究[J]. 税务研究,(8):3-7.

马惠. 2008. 激励企业自主创新的财税政策体系研究[D]. 长沙:湖南大学.

马静. 2012. 提升低碳工业化自主创新能力的财政政策研究——以山东省为例[J]. 学术论坛,35(9):109-112.

马廷灿,曹慕昆,王桂芳. 2011. 从国家自然科学基金看我国各省市基础研究竞争力[J]. 科学通报,56(36):3115-3121.

马小美. 2013. R&D税收优惠对企业创新的影响——基于国家认定企业技术中心的研究[D]. 太原:山西大学.

马永军,彭宏,李逸飞. 2020. 企业家背景、财税政策与企业创新——来自中关村科技园的FsQCA分析[J]. 财经论丛,(11):23-32.

孟卫东,杨琰. 2010. 企业科技成果转化的政府财税政策研究[J]. 技术经济,29(3):13-16,105.

苗庆红. 2015. 地方政府债务偿还机制研究[J]. 经济体制改革,(4):13-19.

苗文龙,何德旭,周潮. 2019. 企业创新行为差异与政府技术创新支出效应[J]. 经济研究,54(1):85-99.

缪小林,伏润民. 2013. 地方政府债务风险的内涵与生成:一个文献综述及权责时空分离下的思考[J]. 经济学家,(8):90-101.

聂辉华,谭松涛,王宇锋. 2008. 创新、企业规模和市场竞争:基于中国企业层面的面板数据分析[J]. 世界经济,(7):57-66.

聂颖. 2011. 中国支持科技创新的财政政策研究[D]. 沈阳:辽宁大学.

宁靓,李纪琛. 2019. 财税政策对企业技术创新的激励效应[J]. 经济问题,(11):38-45.

欧文汉. 2012. 瑞典、德国支持自主创新的财政政策及对我国的启示[J]. 中国财政,(18):73-76.

潘孝珍. 2015. 税收优惠政策对企业技术创新的影响研究——基于上市公司的微观视角[J]. 杭州电子科技大学学报(社会科学版),11(3):27-34.

庞兰心,官建成. 2018. 政府财税政策对高技术企业创新和增长的影响[J]. 科学学研究,36(12):2259-2269.

彭华涛,Bert S. 2014. 开放式创新网络形成及演化的探索性案例研究[J]. 科研管理,35(8):51-58.

彭柳青. 2017. 我国研发投入税收优惠政策效应研究[D]. 南昌:江西财经大学.

彭羽. 2016. 支持科技创新的税收政策研究[J]. 科学管理研究,34(5):94-97.

彭正龙,王海花,王晓灵. 2011. 开放式创新与封闭式创新的比较研究——基于资源共享度[J]. 研究与发展管理，23（4）：35-41.
钱万强，林克剑，闫金定，等. 2017. 主要发达国家基础研究发展策略及对我国的启示[J]. 科技管理研究，37（12）：37-41.
乔天宝. 2010. 促进高新技术产业技术创新的税收优惠政策实证研究[D]. 重庆：重庆大学.
邱洋冬. 2020. 所得税改革与国有企业技术创新——专利数量与专利质量视角[J]. 税务与经济，（3）：93-102.
曲顺兰. 2006. 财税政策激励自主创新的理论思考[J]. 山东社会科学，（11）：65-68.
曲顺兰，路春城. 2007. 自主创新与财税政策效应[J]. 税务研究，（1）：17-20.
饶云清. 2014. 关于我国地方政府债务偿还机制的研究[J]. 武汉金融，（1）：18-21，60.
任冬雪. 2017-09-18. 中小企业税收优惠入法 落实仍需整合细化[N]. 财会信报，（A05）.
任淑荣. 2014. 基于熵值法的企业技术创新能力区域差异研究[J]. 统计与决策，（16）：178-181.
沙赫 A. 2000. 促进投资与创新的财政激励[M]. 匡小平，秦泮义，张文春，等译. 北京：经济科学出版社.
沙亦鹏，叶明海，王玉馨. 2019. 企业家创新成果对公司业绩的影响研究[J]. 科研管理，40（12）：262-271.
单红梅. 2002. 企业技术创新绩效的综合模糊评价及其应用[J]. 科研管理，（6）：120-124.
尚林，林泉. 2004. 论技术创新时滞与制度对策[J]. 科学学与科学技术管理，（12）：57-59.
师萍，韩先锋. 2011. 研发创新全要素生产率的空间趋同分析[J]. 财经科学，（6）：44-51.
施国平，党兴华，董建卫. 2016. 引导基金能引导创投机构投向早期和高科技企业吗？——基于双重差分模型的实证评估[J]. 科学学研究，34（6）：822-832.
石林芬，何榕，刘莹. 2003. R&D 的税收激励政策与构成要素——基于 OECD 国家的设计经验[J]. 中国科技论坛，（6）：87-90.
斯密 A. 2016. 国富论[M]. 林爽喆译. 北京：石油工业出版社.
宋河发，穆荣平，任中保. 2006. 自主创新及创新自主性测度研究[J]. 中国软科学，（6）：60-66.
苏开源. 1998. （基础、应用、开发）三类研究的稳态比例结构和黄金分割律[J]. 成都中医药大学学报，（4）：45.
苏盛安，赵付民. 2005. 政府科技投入政策工具对我国大中型工业企业科技投入的影响[J]. 科技管理研究，（8）：28-32.
眭纪刚，连燕华，曲婉. 2013. 企业的内部基础研究与突破性创新[J]. 科学学研究，31（1）：141-148.
孙百才. 2009. 测度中国改革开放 30 年来的教育平等——基于教育基尼系数的实证分析[J]. 教育研究，（1）：12-18.
孙昌璞. 2020. 合理运用市场机制，实现基础研究多元化协同支持[J]. 科学与社会，10（4）：5-8.
孙龙，雷良海. 2019a. 促进科技成果转化的财政政策功能实现的影响因素分析——基于扎根理论的多案例研究[J]. 当代财经，（12）：38-49.
孙龙，雷良海. 2019b. 地方政府促进科技成果转化的财政政策研究——基于上海市 46 份政策文件的量化分析[J]. 华东经济管理，33（10）：27-32.
孙淑芬. 2011. 日本、韩国住房保障制度及对我国的启示[J]. 财经问题研究，（4）：103-107.
孙晓峰. 2008. 自主创新财政支持的理论基础与政策选择[J]. 财经问题研究，（6）：78-84.
孙莹. 2013. 税收激励政策对企业创新绩效的影响研究[D]. 上海：东华大学.
孙莹，顾晓敏. 2013. 从国际比较看我国研发税收激励政策的特征与问题[J]. 科技进步与对策，

30（24）：143-147.

汤雨婷. 2017. 地方债务管理机制中财政风险金融化的法律防范[J]. 河北金融，（12）：15-20.

唐五湘. 2017. 科技成果转化绩效评价指标体系的比较分析[J]. 工业技术经济，（1）：61-67.

陶长琪. 2012. 计量经济学教程[M]. 上海：复旦大学出版社.

田华，郑晓齐，田中. 2007. 美国国防基础研究资助机制特点分析与启示[J]. 中国软科学，（9）：33-42.

田起宏，刘正奎. 2012. 国家杰出青年科学基金获得者的一般特征和早期成长因素探析[J]. 中国高教研究，（10）：21-24.

田宇. 2015. 我国新能源产业财税政策研究[D]. 北京：北京交通大学.

童锦治，刘诗源，林志帆. 2018. 财政补贴、生命周期和企业研发创新[J]. 财政研究，（4）：33-47.

万钢. 2008. 从科技奥运看创新驱动发展[J]. 中国科技产业，（10）：14-16.

万钢. 2017. 面向科技强国的基础研究[J]. 中国基础科学，19（4）：1-8.

万君康. 2000. 论技术引进与自主创新的关联与差异[J]. 武汉理工大学学报（信息与管理工程版），（4）：43-46.

王春杨，孟卫东. 2019. 基础研究投入与区域创新空间演进——基于集聚结构与知识溢出视角[J]. 经济经纬，36（2）：1-8.

王丛虎. 2006. 论我国政府采购促进自主创新[J]. 科学学研究，（6）：967-970.

王刚，李显君，章博文，等. 2015. 自主创新政策与机制——来自中国四个产业的实证[J]. 科研管理，36（4）：1-10.

王海花，彭正龙，蒋旭灿. 2012. 开放式创新模式下创新资源共享的影响因素[J]. 科研管理，33（3）：49-55.

王海燕，郑秀梅. 2017. 创新驱动发展的理论基础、内涵与评价[J]. 中国软科学，（1）：41-49.

王华，龚珏. 2013. 完善支持科技创新的财税政策 推动产业结构调整[J]. 税务研究，（3）：3-9.

王雎，曾涛. 2011. 开放式创新：基于价值创新的认知性框架[J]. 南开管理评论，14（2）：114-125.

王俊. 2011. 我国政府R&D税收优惠强度的测算及影响效应检验[J]. 科研管理，32（9）：157-164.

王利政. 2011. 我国基础研究经费来源分析及政策建议[J]. 科学学与科学技术管理，32（12）：26-31.

王琪. 2012. 我国政府采购中的寻租行为及对策研究——以高铁"天价"采购事件为例[D]. 大连：东北财经大学.

王谦，董艳玲. 2018. 公共风险约束下中国地方财政支出效率评价与影响因素分析[J]. 财政研究，（11）：46-61，70.

王乔，黄瑶妮，张东升. 2019. 支持科技成果转化的财税政策研究[J]. 当代财经，（7）：28-36.

王铁山，冯宗宪. 2008. 政府采购对产品自主创新的激励机制研究[J]. 科学学与科学技术管理，（8）：126-130.

王玮. 2012. 税收学原理[M]. 2版. 北京：清华大学出版社.

王小鲁，樊纲，余静文. 2017. 中国分省份市场化指数报告（2016）[M]. 北京：社会科学文献出版社.

王一鸣，王君. 2005. 关于提高企业自主创新能力的几个问题[J]. 中国软科学，（7）：10-14，32.

王圆圆，周明，袁泽沛. 2008. 封闭式创新与开放式创新：原则比较与案例分析[J]. 当代经济管理，（11）：39-42.

王震. 2018. 完善我国中小企业科技创新税收政策建议[J]. 中国税务，（2）：60-61.

王宗军，夏若江，肖德云. 2011. 创新能力与技术战略[M]. 北京：人民出版社.

威廉姆斯 M. 2010. 政府债务管理：新趋势与挑战[M]. 张伟，余亮，等译. 北京：中国金融出版社.

韦铁，鲁若愚. 2011. 多主体参与的开放式创新模式研究[J]. 管理工程学报，25（3）：133-138.

卫平，杨宏呈，蔡宇飞. 2013. 基础研究与企业技术绩效——来自我国大中型工业企业的经验证据[J]. 中国软科学，（2）：123-133.

卫欣，刘碧寒. 2008. 国外住房保障制度比较研究[J]. 城市问题，（4）：92-95.

魏江，寒午. 1998. 企业技术创新能力的界定及其与核心能力的关联[J]. 科研管理，（6）：12-17.

魏守华，吴贵生，吕新雷. 2010. 区域创新能力的影响因素——兼评我国创新能力的地区差距[J]. 中国软科学，（9）：76-85.

魏志梅. 2017. 发达国家 R&D 财税政策借鉴研究[J]. 国际税收，（1）：6-13.

温忠麟，张雷，侯杰泰，等. 2004. 中介效应检验程序及其应用[J]. 心理学报，（5）：614-620.

吴丹. 2007. 基于 Malmquist 生产率指数的不同 R&D 对制造业影响评价[D]. 武汉：华中科技大学.

吴林海，杜文献. 2008. 中国 R&D 投入与经济增长的关系——基于 1991～2005 年间中国科技统计数据的协整分析[J]. 科学管理研究，（2）：89-92，100.

吴松强，蔡婷婷. 2015. 美国财政科技投入的经验与借鉴[J]. 中国财政，（11）：73-75.

吴秀波. 2002. 激励 R&D 投资的税收优惠政策研究[J]. 科学管理研究，（3）：82-84.

吴延兵. 2007. 企业规模、市场力量与创新：一个文献综述[J]. 经济研究，（5）：125-138.

吴杨，邵立勤. 2010. 对现代基础研究的几点认识[J]. 中国基础科学，12（5）：44-48.

吴永忠. 2007. 自主创新与科技资源的配置问题[J]. 自然辩证法研究，（1）：85-88.

吴宇军，彭华涛，王峰. 2008. 促进武汉市科技成果转化的财政政策探析[J]. 武汉理工大学学报（社会科学版），（2）：234-237.

吴芸. 2014. 政府科技投入对科技创新的影响研究——基于 40 个国家 1982—2010 年面板数据的实证检验[J]. 科学学与科学技术管理，35（1）：16-22.

吴则稳，薛道喆. 2012. 自主创新的财税激励政策探究[J]. 财经界（学术版），（10）：271-272.

武巧珍. 2009. 风险投资支持高新技术产业自主创新的路径分析[J]. 管理世界，（7）：174-175.

习近平. 2016. 向着世界科技强国奋力迈进——习近平总书记在全国科技创新大会、两院院士大会、中国科协九大上的重要讲话引起强烈反响[EB/OL]. http://www.xinhuanet.com/politics/2016-05/30/c_1118958425.htm[2021-03-10].

习近平. 2017. 决胜全面建成小康社会 夺取新时代中国特色社会主义伟大胜利——在中国共产党第十九次全国代表大会上的报告[EB/OL]. http://www.xinhuanet.com//politics/19cpcnc/2017-10/27/c_1121867529.htm[2021-03-10].

席卫群. 2020. 财政政策对制造业创新活动的效应及评价[J]. 广西师范大学学报（哲学社会科学版），56（3）：52-63.

夏后学，谭清美. 2017. 简政放权与政府补贴如何影响技术创新[J]. 财贸经济，38（5）：129-146.

夏后学，谭清美，白俊红. 2019. 营商环境、企业寻租与市场创新——来自中国企业营商环境调查的经验证据[J]. 经济研究，54（4）：84-98.

夏杰长，尚铁力. 2006. 自主创新与税收政策：理论分析、实证研究与对策建议[J]. 税务研究，（6）：6-10.

夏力. 2012. 税收优惠能否促进技术创新：基于创业板上市公司的研究[J]. 中国科技论坛, (12): 56-61.

夏兴萍. 1998. 当前我国财税政策对企业技术创新的政策取向[J]. 科学学与科学技术管理, (10): 35-37.

肖建华, 谢璐华. 2020. "营改增"与企业创新资源流向——基于上市公司的实证分析[J]. 华东经济管理, 34 (3): 103-111.

肖鹏. 2005. 公益事业财政科技投入模式研究[J]. 中央财经大学学报, (12): 5-7.

肖尤丹, 刘海波, 肖冰. 2017. 中国科学院法律主体性质及其立法重构[J]. 中国科学院院刊, 32 (10): 1133-1141.

谢虹. 2007. 基于层次分析法的科技财政支出绩效评价研究[J]. 中央财经大学学报, (4): 12-16.

谢获宝, 吴壮倩, 惠丽丽. 2020. 税收征管、营改增与企业技术创新投入[J]. 财经论丛, (7): 33-42.

谢其军, 冯楚建, 宋伟. 2019. 合作网络、知识产权能力与区域自主创新程度：一个有调节的中介模型[J]. 科研管理, 40 (11): 85-94.

谢治春, 赵兴庐. 2017. 模仿者动态能力、产业环境与自主创新绩效[J]. 管理学报, 14 (6): 850-858.

谢子远. 2011. 产业集群能否提升我国区域创新能力？——来自国家高新区的证据[J]. 科技和产业, 11 (12): 1-5.

熊彼特. 1999. 资本主义、社会主义与民主[M]. 吴良健译. 北京：商务印书馆.

熊鸿儒. 2019. 我国科研部门成果转化效率的测算与评价：基于价值导向的国际比较[J]. 学习与探索, (2): 114-120.

熊杰. 1990. 大英百科全书[M]. 台北：台湾中华书局股份有限公司.

徐博, 王自强. 2010. 自主科技创新的财政投入政策研究[J]. 河南财政税务高等专科学校学报, (6): 6-10.

徐飞, 汪士. 2010. 杰出科学家行政任职对科研创新的影响——以诺贝尔奖获得者与中国科学院院士比较为例[J]. 科学学研究, 28 (7): 981-985.

徐焕东. 2005. 运用政府采购杠杆 促进自主创新[J]. 中国政府采购, (11): 14-17.

徐建斌, 李春根. 2020. 政府采购促进企业技术创新了吗——基于分行业的比较分析[J]. 当代财经, (9): 28-38.

徐进亮, 杨金祥, 薛怡格. 2016. 北京市政府采购促进科技成果转化实证分析——基于高技术人才的视角[J]. 科技管理研究, 36 (9): 89-93.

徐鹿, 王艳玲. 2012. 高技术产业自主创新税收优惠政策国际比较[J]. 会计之友, (4): 84-86.

徐雪芳, 杨爱华. 2008. 高校基础研究投入的瓶颈及发展路径分析[J]. 北京理工大学学报（社会科学版), (4): 92-94, 103.

徐喆, 李春艳. 2017. 我国科技政策演变与创新绩效研究——基于政策相互作用视角[J]. 经济问题, (1): 11-16, 102.

许长新, 宋敏. 2003. 风险投资中资本与技术的博弈[J]. 财经研究, (11): 56-60.

许强. 2014. 国外激励企业技术创新的财税政策及对我国的启示[J]. 中国财政, (2): 75-77.

薛菁. 2015. 财税政策对企业自主创新的支持效应分析[J]. 技术经济与管理研究, (7): 72-76.

闫文锋, 王福涛. 2017. 新科技革命对我国三种专利保护客体模式的挑战[J]. 知识产权, (12): 80-85.

严成樑, 王弟海, 龚六堂. 2010. 政府财政政策对经济增长的影响——基于一个资本积累与创新相互作用模型的分析[J]. 南开经济研究, (1): 51-65.
杨博. 2012. 日本的R&D税收抵免制度及对我国的启示[J]. 北京市经济管理干部学院学报, 27 (2): 41-44.
杨德林, 陈春宝. 1997. 模仿创新、自主创新与高技术企业成长[J]. 中国软科学, (8): 107-112.
杨建文, 葛伟民. 2014. 改革的深化与发展的升级[M]. 上海: 上海社会科学院出版社.
杨静武. 2007. 开放式创新模式下的技术创新能力研究[J]. 财经理论与实践, (2): 98-102.
杨敏利, 李昕芳, 仵永恒. 2014. 政府创业投资引导基金的引导效应研究[J]. 科研管理, 35 (11): 8-16.
杨武, 申长江. 2005. 开放式创新理论及企业实践[J]. 管理现代化, (5): 4-6.
杨晓芳. 2017. 科技税收优惠政策的国际经验及对我国的启示[J]. 改革与战略, 33 (3): 168-170.
杨雪, 顾新, 王元. 2015. 基于部门R&D投入产出的自主创新政策实施效果评价[J]. 统计与决策, (6): 59-62
杨洋, 魏江, 罗来军. 2015. 谁在利用政府补贴进行创新?——所有制和要素市场扭曲的联合调节效应[J]. 管理世界, (1): 75-86, 98.
杨周杰. 2015. 安徽省科技成果转化绩效评价分析[D]. 合肥: 安徽大学.
姚常乐, 高昌林. 2011. 我国基础研究经费投入现状分析与政策建议[J]. 中国科技论坛, (3): 5-9.
姚林香, 冷讷敏. 2018. 财税政策对战略性新兴产业创新效率的激励效应分析[J]. 华东经济管理, 32 (12): 94-100.
尹恒, 朱虹. 2011. 县级财政生产性支出偏向研究[J]. 中国社会科学, (1): 88-101.
尹建海, 杨建华. 2008. 基于加强型平衡记分法的企业技术创新绩效评价指标体系研究[J]. 科研管理, (1): 1-7.
应瑛, 刘洋, 魏江. 2018. 开放式创新网络中的价值独占机制: 打开"开放性"和"与狼共舞"悖论[J]. 管理世界, 34 (2): 144-160, 188.
于绥生. 2015. 关于基础研究原始创新能力的提升策略研究[J]. 科技广场, (4): 119-125.
于文超, 殷华, 梁平汉. 2018. 税收征管、财政压力与企业融资约束[J]. 中国工业经济, (1): 100-118.
于洋. 2017. 美国研发税收抵免政策——撬动企业持续创新的支点[J]. 全球科技经济瞭望, 32 (6): 45-51.
余明桂, 范蕊, 钟慧洁. 2016. 中国产业政策与企业技术创新[J]. 中国工业经济, (12): 5-22.
袁浩然. 2010. 科技创新财税政策的合理边界研究[J]. 科技进步与对策, 27 (1): 100-102.
袁建国, 范文林, 程晨. 2016. 税收优惠与企业技术创新——基于中国上市公司的实证研究[J]. 税务研究, (10): 28-33.
袁庆明. 2012. 新制度经济学[M]. 上海: 复旦大学出版社.
袁始烨, 周晓珺. 2021. 税制改革、产业集群与企业技术创新——基于"营改增"的政策效应分析[J]. 现代经济探讨, (4): 108-118.
岳树民, 孟庆涌. 2006. 构建税收激励机制 提升企业自主创新能力和动力[J]. 税务研究, (6): 11-14.
曾萍, 邬绮虹. 2012. 女性高管参与对企业技术创新的影响——基于创业板企业的实证研究[J]. 科学学研究, 30 (5): 773-781.
曾彦佳. 2015. 重庆市政府财政促进科技成果转化的问题探析[J]. 企业导报, (5): 57-58.

翟俊生，钱宇，洪龙华，等. 2013. 政府创业投资引导基金运作模式研究[J]. 宏观经济管理，(8)：58-59，76.

张赤东，王元. 2014. 企业创新的动机：来自市场需求的激励——基于国家级创新型企业全样本调查问卷分析[J]. 中国科技论坛，(4)：74-79.

张春香. 2019. 风险投资对高科技企业技术创新的非线性影响[J]. 软科学，33（10）：13-19.

张帆，孙薇. 2018. 政府创新补贴效率的微观机理：激励效应和挤出效应的叠加效应——理论解释与检验[J]. 财政研究，(4)：48-60.

张峰，黄玖立，王睿. 2016. 政府管制、非正规部门与企业创新：来自制造业的实证依据[J]. 管理世界，(2)：95-111，169.

张浩. 2016. 论创新驱动发展战略的价值、内涵及实现路径[J]. 宁夏党校学报，18（3）：33-35.

张继伟. 2016. 关于科技成果转化问题的税收政策研究[J]. 中国研究型医院，3（5）：38-44.

张杰，郑文平，翟福昕. 2014. 竞争如何影响创新：中国情景的新检验[J]. 中国工业经济，(11)：56-68.

张龙鹏，邓昕. 2021. 基础研究发展与企业技术创新——基于国家重点实验室建设的视角[J]. 南方经济，(3)：73-88.

张娜，杜俊涛. 2019. 财税政策对高新技术企业创新效率的影响——基于交互作用的视角[J]. 税务研究，(12)：47-53.

张鹏，李惠苑，陈寅非. 2007. 浅谈政府采购在促进技术创新中的作用及对我国政府的启示[J]. 科技管理研究，(11)：30-32.

张平. 2008. 鼓励自主创新的财税政策的国际比较与启示[J]. 江苏商论，(6)：160-162.

张平. 2017. "十三五"时期我国各类债务偿还压力研究[J]. 经济体制改革，(1)：5-10.

张同斌，高铁梅. 2012. 财税政策激励、高新技术产业发展与产业结构调整[J]. 经济研究，47（5）：58-70.

张炜，吴建南，徐萌萌，等. 2016. 基础研究投入：政策缺陷与认识误区[J]. 科研管理，37（5）：87-93，160.

张新，任强. 2013. 我国企业创新财税政策效应研究：基于3SLS方法[J]. 中央财经大学学报，(8)：1-5，11.

张笋. 2009. 促进高新技术产业发展的税收政策研究[D]. 哈尔滨：哈尔滨工程大学.

张志华，周娅，尹李峰，等. 2008. 新西兰的地方政府债务管理[J]. 经济研究参考，(22)：28-31.

张宗益，唐先明，刘胤. 2011. 基于国家自然科学基金视角的我国省域基础科学研究空间相关性分析[J]. 中国管理科学，19（4）：184-192.

章辉，张翼飞. 2018. OECD发达国家政府采购管理经验与启示[J]. 地方财政研究，(9)：99-107.

赵春生. 2013. 促进企业自主创新的税收优惠政策研究[J]. 东方企业文化，(21)：106-107.

赵婧，吴珍珠，谢朝华. 2016. 金融支持促进技术创新的区域性差异研究[J]. 财经理论与实践，37（5）：38-42.

赵丽霞. 2015. 促进内蒙古科技成果转化的财税政策研究[D]. 北京：财政部财政科学研究所.

赵莉楠. 2005. 中小企业技术创新绩效测度与评价研究[D]. 哈尔滨：哈尔滨理工大学.

赵戌生. 2015. 财政政策扶持背景下中小企业自主创新路径分析[J]. 现代工业经济和信息化，(5)：94-96.

赵宇. 2019. 政府采购、创新导向与企业技术创新[J]. 辽宁大学学报（哲学社会科学版），47（5）：

51-59.

赵志耘，杨朝峰. 2010. 主要国家基础研究管理体系比较研究[J]. 科技与法律，（3）：1-8.

郑安，沈坤荣. 2018. 自主创新、产业政策与经济增长[J]. 财经科学，（6）：39-52.

郑栋伟，陈宏民. 2009. 我国基础研究绩效评估体系研究[J]. 科学管理研究，27（5）：24-27，32.

郑学党，汪春雨，赵乐祥. 2019. 新时代推进高校科技成果转化的财税激励政策研究[J]. 高校教育管理，13（2）：68-77.

郑烨，杨若愚，姬晴晴. 2017. 企业创新绩效国内外研究文献的十五年述评与展望[J]. 中国科技论坛，（3）：73-80.

《中国地方政府融资平台研究》课题组. 2011. 中国财税发展研究报告——中国地方政府融资平台研究[M]. 北京：中国财政经济出版社.

中国科学技术发展战略研究院. 2010. 调整我们的思路和政策：以创新驱动发展[J]. 科学发展，（1）：7-19.

中国科学技术信息研究所. 2019. 2017年度中国科技论文统计与分析（年度研究报告）[M]. 北京：科学技术文献出版社.

中华人民共和国商务部世界贸易组织司. 2011. 世界贸易组织乌拉圭回合多边贸易谈判结果：法律文本[M]. 北京：中国商务出版社.

钟永恒，邢霞，刘佳，等. 2017. 2006—2016年我国省域基础研究竞争力分析——基于国家自然科学基金[J]. 科技管理研究，37（24）：1-9.

周慧. 2015. 中央深改组推全面创新改革试验区 京沪湘鄂争取纳入试点[EB/OL]. https://finance.sina.com.cn/roll/20150507/005922121336.shtml[2021-03-19].

周克清，景姣. 2012. 税收优惠政策对R&D的激励效果检验：以创业板上市公司为例[J]. 税务研究，（6）：20-24.

周黎安. 2007. 中国地方官员的晋升锦标赛模式研究[J]. 经济研究，（7）：36-50.

周明辉. 2012. 我国政府采购合同监督机制研究[D]. 大连：大连海事大学.

周文燕. 2006. 影响高校原创性基础研究水平因素分析[J]. 邵阳学院学报，5（2）：111-113.

周亚虹，宗庆庆，陈曦明. 2013. 财政分权体制下地市级政府教育支出的标尺竞争[J]. 经济研究，48（11）：127-139，160.

朱承斌. 2001. 科技税收政策的国际比较研究[J]. 科技导报，（10）：38-41.

朱楗. 2006. 我国政府采购的主要问题及其审计监督[J]. 审计与理财，（5）：18.

朱军文，刘念才. 2010. 我国高校基础研究产出变迁轨迹：1978—2009[J]. 高等教育研究，31（11）：57-63.

朱平芳，徐伟民. 2003. 政府的科技激励政策对大中型工业企业R&D投入及其专利产出的影响——上海市的实证研究[J]. 经济研究，（6）：45-53，94.

朱正奎. 2013. 新中国科技创新政策的文本与实施效果分析[J]. 科技管理研究，33（9）：18-22，35.

邹洋，聂明明，郭玲，等. 2016. 财税政策对企业研发投入的影响分析[J]. 税务研究，（8）：42-46.

Aiginger K. 1998. A frame work for evaluating the dynamic competitiveness of countries[J]. Structural Change and Economic Dynamic，9（12）：159-188.

Almus M，Czarnitzki D. 2003. The effects of public r&d subsidies on firms' innovation activities[J]. Journal of Business & Economic Statistics，21（2）：226-236.

Ansoff H. 1987. Corporate Strategy[M]. New York: McGraw-Hill Book Company: 127.

Antonelli C. 1989. A failure-inducement model of research and development expenditure: Italian evidence from the early 1980s[J]. Journal of Economic Behavior and Organization, 12 (2): 159-180.

Arrow K J. 1962. Economic welfare and the allocation of resources to invention[C]//The Rate and Direction of Inventive Activity: Economic and Social Factors. Princeton: Princeton University Press: 609-626.

Aschhoff B, Sofka W. 2009. Innovation on demand: can public procurement drive market success of innovations[J]. Research Policy, 38 (8): 1235-1247.

Banerjee R, Roy S S. 2014. Human capital, technological progress and trade: what explains India's long run growth? [J]. Journal of Asian Economics, 30: 15-31.

Bartholomew S. 1997. National systems of biotechnology innovation: complex interdependence in the global system[J]. Journal of International Business Studies, (28): 241-266.

Bellais R. 2004. Post Keynesian theory, technology policy, and long-term growth[J]. Journal of Post Keynesian Economics, 26 (3): 419-440.

Bernstein J I. 1986. The effect of direct and indirect tax incentives on Canadian industrial R&D expenditures[J]. Canadian Public Policy, 12 (3): 438-448.

Bernstein J I, Nadiri M I. 1989. Research and development and intra-industry spillover: an empirical application of dynamic duality[J]. The Review of Economic Studies, 56 (2): 249-267.

Bloom D E, Sachs J D, Collier P, et al. 1998. Geography, demography, and economic growth in Africa[J]. Brookings Papers on Economic Activity, (2): 207-273.

Boskin J, Peggy L. 1975. The glorious failure: black congressman robert brown elliott and the reconstruction in South Carolina[J]. The American Historical Review, 80 (2): 510-511.

Bozeman B, Link A. 1985. Public support for private R&D: the case of the research tax credit[J]. Journey of Policy Analysis and Management, 4 (3): 370-382.

Bush V. 1945. Science: the endless frontier[J]. Nature, 48 (3): 231-264.

Bygrave W D, Timmons J A. 1992. Venture Capital at the Crossroads[M]. Boston: Harvard Business Press.

Cabral R, Leiblein M J. 2001. Adoption of a process innovation with learning-by-doing: evidence from the semiconductor industry[J]. The Journal of Industrial Economics, (3): 269-280.

Callon M, Bowker G. 1994. Is science a public good? [J]. Science, Technology and Human Value, 19 (4): 395-424.

Calvert J. 2006. What's special about basic research? [J]. Science, Technology and Human Values, 31 (2): 199-220.

Cappelen Å, Raknerud A, Rybalka M. 2011. The effects of R&D tax credits on patenting and innovations[J]. Research Policy, 41 (2): 334-345.

Chapman G, Hewitt-Dundas N. 2018. The effect of public support on senior manager attitudes to innovation[J]. Technovation, 69: 28-39.

Chiang J T. 1991. From "mission-oriented" to "diffusion-oriented" paradigm: the new trend of U.S. industrial technology policy[J]. Technovation, 11 (6): 339-356.

Cohen L. 1994. When can government subsidize joint ventures? Politics economics, and limits to technology policy research[J]. American Economic Review, 84（2）: 159-163.

Corchuelo M B, Martinez-Ros E. 2010. Who benefits from R&D tax policy? [J]. Cuadernos de Economía Dirección de la Empresa, 13（45）: 145-170.

Corning P A. 1998. The synergism hypothesis: on the concept of synergy and its role in the evolution of complex systems[J]. Journal of Social and Evolutionary Systems,（2）: 133-172.

Cullen J B, Gordon R H. 2002. Taxes and entrepreneurial activity: theory and evidence for the U.S.[R]. NBER Working Paper,（26）11: 1815-1844.

Czarnitzki D, Hanel P, Rosa J M. 2011. Evaluating the impact of R&D tax credits on innovation: a microeconometric study on Canadian firms[J]. Research Policy, 40（2）: 217-229.

Czarnitzki D, Licht G. 2006. Additionality of public R&D grants in a transition economy: the case of Eastern Germany[J]. Economics of Transition, 14（1）: 101-131.

Czarnitzki D, Thorwarth S. 2012. Productivity effects of basic research in low-tech and high-tech industries[J]. Research Policy, 41（9）: 1555-1564.

Dakhli M, de Clercq D. 2004. Human capital, social capital, and innovation: a multi-country study[J]. Entrepreneurship & Regional Development, 16（2）: 107-128.

Day G S. 1994. The capabilities of market-driven organization[J]. Journal of Marketing, 58（4）: 37-52.

Eaton J, Rosen H S. 1980. Taxation, human capital, and uncertainty[J]. The American Economic Review, 70（4）: 705-715.

Edler J, Georghiou L. 2007. Public procurement and innovation-resurrecting the demand side[J]. Research Policy, 36（7）: 949-963.

Ernst O P, Lodowski D T, Elstner M, et al. 2014. Microbial and animal rhodopsins: structures, functions, and molecular mechanisms[J]. Chemical Reviews, 114（1）: 126-163.

Feldman M P, Kelley M R. 2006. The ex ante assessment of knowledge spillovers: Government R&D policy, economic incentives and private firm behavior[J]. Research Policy, 35（10）: 1509-1521.

Freeman C. 1987. Technology Policy and Economic Performance: Lessons from Japan[M]. London: Pinter Press.

Freeman C. 1991. Networks of innovators: a synthesis of research issues [J]. Research Policy, 20（5）: 499-514.

Gallié E P, Legros D. 2012. Firms' human capital, R&D and innovation: a study on French firms[J]. Empirical Economics, 43（2）: 581-596.

Gentry W, Hubbard G. 2003. Tax Policy and Entry Into Entrepreneurship, Mimeograph[M]. New York: Columbia University.

Geroski P A. 1990. Procurement policy as a tool of industrial policy[J]. International Review of Applied Economics, 4（2）: 182-198.

Gersbach H, Schneider M T. 2015. On the global supply of basic research[J]. Journal of Monetary Economics, 75: 123-137.

Gersbach H, Schneider M T, Schneller O. 2013. Basic research, openness, and convergence[J]. Journal of Economic Growth, 18（1）: 33-68.

Gersbach H, Sorger G, Amon C. 2009. Hierarchical growth: basic and applied research[C]. Zurich:

CER-ETH - Center of Economic Research（CER-ETH）at ETH Zurich.

Gordon R H. 1998. Can high personal tax rates encourage entrepreneurial activity? [J]. IMF Staff Papers, 45（1）: 49-80.

Griffith R, Reenen J V. 2002. Do R&D tax credits work? Evidence from a panel of countries 1979-1997[J]. Journal of Public Economics, 85（1）: 1-31.

Griliches Z. 1957. Hybrid corn: an exploration in the economics of technological change[J]. Econometrica, 25（4）: 501-522.

Griliches Z. 1992. The Search for R&D Spillovers[J]. The Scandinavian Journal of Economic, 94: 29-47.

Grossman G M, Helpman E. 1991. Quality ladders in the theory of growth[J]. Review of Economic Studies, 58（1）: 43-61.

Guellec D, van Pottelsberghe B. 2003. The impact of public R&D expenditure on business R&D[J]. Economics of Innovation and New Technology, 12（3）: 225-243.

Guerzoni M, Raiteri E. 2015. Demand-side vs. supply-side technology policies: hidden treatment and new empirical evidence on the policy mix[J]. Research Policy, 44（3）: 726-747.

Haken H. 1987. Advanced Synergetics, An Introduction[M]. Berlin: Springer-Verlag: 102.

Hall B H. 1993, R&D tax policy during the 1980s: success or failure? [J]. Tax Policy and the Economy, 7: 1-35.

Herrera L, Sánchez-González G. 2013. Firm size and innovation policy[J]. International Small Business Journal, 31（2）: 137-155.

Holemans B, Sleuwaegen L. 1988. Innovation expenditures and the role of government in Belgium[J]. Research Policy, 17（6）: 375-379.

Hottenrott H, Lopes-Bento C. 2014. (International) R&D collaboration and SMEs: the effectiveness of targeted public R&D support schemes[J]. Research Policy, 43（6）: 1055-1066.

Hsu P H, Tian X, Xu Y. 2014. Financial development and innovation: cross-country evidence[J]. Journal of Financial Economics, 112（1）: 116-135.

Hussinger K. 2008. R&D and subsidies at the firm level: an application of parametric and semi-parametric two-step selection models[J]. Journal of Applied Econometrics, 23（6）: 729-747.

Jeng L A, Wells P C. 2000. The determinants of venture capital funding: evidence across countries[J]. Journal of Corporate Finance, 6（3）: 241-289.

Jorgenson D W, Fraumeni B M. 1981. Relative Prices and Technical Change[M]. Cambridge: MIT Press.

Kanniainen V, Keuschnigg C. 2003. The optimal portfolio of start-up firms in venture capital finance[J]. Journal of Corporate Finance, 9（5）: 521-534.

Kirner E, Kinkel S, Jaeger A. 2009. Innovation paths and the innovation performance of low-technology firms—an empirical analysis of German industry[J]. Research Policy, (38): 447-458.

Klassen K J, Shackelford D A. 1998. State and provincial corporate tax planning: income shifting and sales apportionment factor management[J]. Journal of Accounting & Economics, 25（3）: 385-406.

Kleer R. 2010. Government R&D subsidies as a signal for private investors[J]. Research Policy,

39（10）：1361-1374.

Klette T J，Moen J. 2012. R&D investment responses to R&D subsidies：a theoretical analysis and a microeconometric study[J]. World Review of Science, Technology and Sustainable Development, 9（2）：169-203.

Kobayashi Y. 2014. Effect of R&D tax credits for SMEs in Japan：a microeconometric analysis focused on liquidity constraints[J]. Small Business Economics，42（2）：311-327.

Koga T. 2003. Firm size and R&D tax incentives[J]. Technovation，23（7）：643-648.

Lach S. 2002. Do R&D subsidies stimulate or displace private R&D? Evidence from Israel[J]. The Journal of Industrial Economics，50（4）：369-390.

Lawson B，Samson D. 2001. Developing innovation capability in organisations：a dynamic capabilities approach[J]. International Journal of Innovation Management，5（3）：377-400.

Lucas R E. 1988. On the mechanics of economic development[J]. Journal of Monetary Economics, 22（1）：3-42.

Lundvall B. 1992. National Systems of Innovation：Towards A Theory of Innovation and Interactive Learning[M]. London：Pinter Publishers.

Mansfield E，Switzer L. 1985. How effective are Canada's direct tax incentives for R&D? [J]. Canadian Public Policy，11（2）：241-246.

McKenzie K J，Sershuns N. 2010. Taxation and R&D：an investigation of the push and pull effects[J]. Canadian Public Policy，36（3）：307-324.

Metrick A，Yasuda A. 2010. The economics of private equity funds[J]. Review of Financial Studies, 23（6）：2303-2341.

National Sanitation Foundation. 2018. Science and Engineering Indicators 2016[R]. Michigan-Ann Arbor：National Sanitation Foundation.

Nelson R R. 1959. The simple economics of basic scientific research[J]. Journal of Political Economy，67（3）：297-306.

Nelson R R. 1993. National Innovation Systems：A Comparative Analysis[M]. London：Oxford University Press.

Niosi J，Saviotti P，Bellon B，et al. 1993. National systems of innovation：in search of a workable concept[J]. Technology in Society，(15)：3-7.

OECD. 2018. Measuring tax support for R&D and innovation[EB/OL]. https://www.oecd.org/sti/rd-tax-stats.htm[2018-09-25].

Palazzi P. 2011. Taxation and innovation[R]. Paris：OECD Taxation Working Papers.

Radosevic S. 2002. Regional innovation systems in central and eastern Europe：determinants, organizers and alignments[J]. The Journal of Technology Transfer，27（1）：87-96.

Romer P M. 1990. Endogenous technological change[J]. Journal of Political Economy，98(5)：71-102.

Rosen S，Willis R J. 1979. Education and self-selection[J]. Journal of Political Economy，87（5）：7-36.

Rothwell R. 1984. Technology-based small firms and regional innovation potential：the role of public procurement[J]. Journal of Public Policy，4（4）：307-332.

Russo B. 2004. A cost-benefit analysis of R&D tax incentives[J]. Canadian Journal of Economics,

37（2）：313-335.

Ruttan V W. 2006. Is War Necessary for Economic Growth? Military Procurement and Technology Development[M]. London：Oxford University Press.

Saastamoinen J, Reijonen H, Tammi T. 2018. Should SMEs pursue public procurement to improve innovative performance? [J]. Technovation, 69：2-14.

Salter A J, Martin B R. 2001. The economic benefits of publicly funded basic research：a critical review[J]. Research Policy, 30（3）：509-532.

Scherer F M. 1965. Firm size, market structure, opportunity, and the output of patented inventions[J]. The American Economic Review, 55（5）：1097-1125.

Schultz W. 1961. Investment in human capital[J]. American Economic Review,（51）：1-17.

Sgontz L G. 1982. Does the income tax favor human capital? [J]. National Tax Journal, 35（1）：99-104.

Stokes D E. 1997. Pasteur's Quadrant：Basic Science and Technological Innovation[M]. Washington, D.C.：Brookings Institution Press.

Stoneman P. 1991. The use of a levy/grant system as an alternative to tax based incentives to R&D[J]. Research Policy, 20（3）：195-201.

Szczygielski K, Grabowski W, Pamukcu M T, et al. 2017. Does government support for private innovation matter? Firm-level evidence from two catching-up countries[J]. Research Policy, 46（1）：219-237.

Tidd J. 2000. From Knowledge Management to Strategic Competence：Measuring Technological, Market and Organisational Innovation（Series on Technology Management-Volume 3）[M]. London：Imperial College Press.

Toivanen O, Niininen P. 2000. Investment, R&D, subsides and credit constraints[R]. Helsink：Discussion paper in Helsink School of Economics.

United States National Sanitation Foundation. 2018. Science and engineering indicators 2016[R]. Michigan-Ann Arbor：National Sanitation Foundation.

Waegenaere A D, Sansing R C. 2012. Multinational taxation and R&D investments[J]. The Accounting Review, 87（4）：1197-1217.

Wang S S, Zhou H L. 2004. Staged financing in venture capital：moral hazard and risks[J]. Journal of Corporate Finance, 10（1）：131-155.

Wilson D J. 2009. Beggar thy neighbor? The in-state, out-state. and aggregate effects of R&D tax credits[J]. Review of Economics and Statistics, 91（2）：431-436.

Wu Y H. 2005. The effects of state R&D tax credits in stimulating private R&D expenditure：a cross-state empirical analysis [J]. Journal of Policy Analysis and Management, 24（4）：785-802.

Xia C Y, Wang L, Sun S W, et al. 2012. An SIR model with infection delay and propagation vector in complex networks[J]. Nonlinear Dynamics, 69（3）：927-934.

Yager L, Schmidt R. 1997. The Advanced Technology Program：a Case Study in Federal Technology Policy[M]. Washington, D.C.：AEI Press.

Yang W. 2016. Policy：Boost basic research in China[J]. Nature, 534（7608）：467-469.

后　　记

　　本书是在王乔教授主持的国家社会科学基金重大招标项目"国家创新驱动发展战略的财税支持政策研究"（16ZDA028）课题报告的基础上，经系统修改加工而成。

　　该项目于 2016 年 11 月立项。在首席专家王乔教授的组织领导和部署指导下，在匡小平教授、杨得前教授的协助协调下，课题组扎实、有效地推进研究工作，先后召开 9 次工作会议，协调研究进度，讨论研究中遇到的问题。历经 4 年寒暑，克服各种困难，数易其稿，顺利通过全国哲学社会科学工作办公室组织的鉴定，鉴定等级为良好。该项目取得了一系列成果，在全国哲学社会科学工作办公室《成果要报》发表了研究报告，在 CSSCI 来源上发表论文三十余篇，获省部级以上奖励多次。该项目的系列成果推进和拓展了该领域的研究，为政策制定和实际工作提供了理论支持。

　　该重大项目由 5 个子课题组成。子课题负责人分别是熊小刚副教授、杨得前教授、蔡芳宏副教授、汪柱旺教授、肖建华教授。参加课题的其他主要研究成员有（按姓氏拼音字母排序）：戴丽华副教授、黄思明副教授、季俊杰副教授、姜群讲师、刘爱文教授、潘清华教授、潘文荣副教授、齐亚伟副教授、王雯博士、魏吉华讲师、伍红教授、伍云峰副教授、席卫群教授、熊娟娟讲师、徐斌教授、徐建斌副教授；博士生黄瑶妮、唐小明、汪鼎、吴宗福、谢璐华、杨青瑜、张东升、钟泽云；硕士生陈洪良、高元、何玉娟、华帅、黄敏、彭文祥、饶广平、沈烈迷、汪雅婷、王子秀、肖丽丽、邹扬帆。衷心感谢课题组全体成员为课题研究所付出的辛劳和智慧，你们的付出保证了课题的质量。

　　感谢在项目开题过程中提出富有建设性意见的专家学者，他们是：于海峰教授、吴永明研究员、蒋经法教授、庞凤喜教授、黄新建教授。他们深邃而专业的见解帮助课题组进一步厘清了研究思路和框架，提升了研究效率。

　　感谢课题组多次研讨会的参会专家和项目评审专家。由于专家人数多，且有些属于匿名评审，难以一一列举，在此一并致谢。专家的宝贵意见和建议，让我们受益匪浅。

　　课题研究过程中，还有诸多实务部门领导和工作人员以不同方式提供了宝贵支持和帮助，在此也表达我们的诚挚谢意！

感谢科学出版社魏如萍女士为本书出版而付出的努力,她们专业而高效的编辑工作为本书增色良多。

我们深知,本书只是对创新驱动发展的财税政策体系的一个初步探讨,还有许多需要进一步完善的地方。书中不足之处,还请读者多提宝贵意见,在此一并致谢!